山东省一流学科曲阜师范大学中国史学科奖补资金资助成果

塑造论哲学之社会学哲学论证

SUZAOLUN ZHEXUE ZHI SHEHUIXUE ZHEXUE LUNZHENG

张全新 著

山东人民出版社
国家一级出版社 全国百佳图书出版单位

图书在版编目（CIP）数据

塑造论哲学之社会学哲学论证/张全新著.--济南：山东人民出版社，2017.12

ISBN 978-7-209-11259-8

Ⅰ. ①塑… Ⅱ. ①张… Ⅲ. ①社会哲学-研究 Ⅳ. ①B0

中国版本图书馆CIP数据核字(2017)第321071号

塑造论哲学之社会学哲学论证

张全新 著

主管部门 山东出版传媒股份有限公司

出版发行 山东人民出版社

社 址 济南市英雄山路165号

邮 编 250002

电 话 总编室（0531）82098914

市场部（0531）82098027

网 址 http://www.sd-book.com.cn

印 装 青岛国彩印刷有限公司

经 销 新华书店

规 格 32开（148mm×210mm）

印 张 70.5

字 数 1700千字

版 次 2017年12月第1版

印 次 2017年12月第1次

ISBN 978-7-209-11259-8

定 价 198.00元（上中下）

目　录

绪论：由塑造论哲学论社会学何以可能

第一篇　前阶：“无意识—有意识”·从“无意识前提”说起

第二篇　枢纽："潜意识—显意识"·由"潜意识显意识机制"展开

第三篇　超越："显意识—超意识"·向"超意识状态"升华

结语：关于塑造论哲学之社会学哲学论证的结论

绪论：由塑造论哲学论社会学何以可能

一、塑造论哲学关于哲学何以可能的回答

（一）我在《塑造论哲学导引》等专著中强调：哲学要追问形而上。尽管对形而上的追问相当困难，但人类智慧总是要有这学问。有人提出这样的学问有无必要性的问题。我在很早就这样回答：奥运会上，跳高运动员跳过了某个高度的世界纪录，还力争往更高的世界纪录上冲刺，等等，这有无必要？当然，这并不是每个人都要去争取的，可这毕竟是人类向自己运动能力的极限冲刺。我把此推广称作人类“奥林匹克冲刺”。人类的思维也总是向自己的极限冲刺。哲学关于形而上的追问，每一时代有代表性的哲学家都在努力着这种冲刺。在这种冲刺中所作出的哲学体系建构，很难说能很快显示出其实际应用性，但其研究可以调动人类的思维和智慧，推进总结思维规律；此也是向知识的顶端冲刺，这可带动许多学科的研究和发展。就如同数学中关于数学基础的证明，很难说在科学技术应用中能很快显示其作用，但可以由此带来许多命题或科学的研究，推动科学的和技术的研究。道理是一样的。

这样，如何扎扎实实地站在前人的肩膀上，推进哲学体系的建设，就成为非常重要的了。关于这，在哲学界有所争论。一是有人讲，不必要有体系。显然，这是十分外行、浅薄的见

解。作为学问岂能没有体系！只能说，是科学的体系还是非科学的体系，是成热的体系还是非成熟的体系，是正确的体系还是不正确的体系；可不能说学问不必要有体系。二是一些人盲目谈论体系，或妄谈体系。针对现在的一些情况，应当强调，一是要有科学的理论系统，不是停留于碎片化，要努力实现理论体系完备性的基本条件（本人在1980年《东岳论丛》杂志创刊号上曾专门撰文加以阐述）；二是要确立科学的概念范畴，不是硬找、硬造、硬凑新词（现在确有这方面情况，应予以重视避免）；三是要能落实于实践，不是只坐而论道，要指导实践（讲塑造，就从人的发出而言，就是实践）。

我所著的《塑造论哲学导引》就是本着以上精神，强调问题意识、体系意识、中西文化相融合的意识，从哲学最根本的元问题出发，一开始便揪住此书所讲的哲学对象性难题以及方法难题和体系难题。书中强调，哲学这门学问追问的是“形而上”，要追问普遍的“存在”、必然的“成”，追问“‘是’‘在’”“‘成’‘诚’”的必然性何以可能。既然这样，就应当说哲学研究所面对的是“世界整体”或“宇宙整体”。对于哲学对象性难题如何带来哲学方法的困难，《塑造论哲学导引》一书指出，人们常常满足于这样说明哲学的对象：哲学所要研究的是自然、社会、思维的一般规律。但是，这不足以把哲学同部门科学学科区别开来。因为许多科学学科面对的也是“世界整体”或“宇宙整体”，涉及自然、社会、思维的一般规律。如果仅仅注意到这一点，往往会使哲学只限于由经验感知之物去研究“宇宙”或是去进行关于世界本原的研究，甚至只在那里寻找感性物质的最小砖块基质。哲学史已表明，哲学若只限于这样的研究，实际上难以达到哲学的境界，完不成哲学的任务，不可能真正在整体大全，普遍必然性意义上把握哲学所追问的命题。因为这会导致：把哲学研究的方法与部门科学学科的方法一样地看待，从而不管“形而上者为之道”何以能够成立，不管思维的必然性是何以能够成立的，认为哲学对思维本身必然性也不必加以证明，并且是以完全站在经验对象之外的既定思维主体去反映外在的世界。这就会带来一系列很难缠的哲学困难或问题：如果说哲学的考察也只是对经验对象进行反映的结果，那一个个的反映则是永远不完全的。这样，完全的整体、普遍的必然就是没法被证明的。在哲学史上，欧洲有人提出所称的“归纳问题”，就涉及这一点；中国有人论到可称之为的“格物诘难”，也涉及于此。而更要命的是：就算是这种只基于对外界反映的认识、致知有达到外界“完全”的可能性，如果认为哲学只是站于经验对象之外的思考者对其之外的事物进行反映，这显然就把思考者自身排除在对象之外了；于是，对于包含一切的整个世界大全来说，这又成为不完全的。这里的问题在于：既然面对的是世界大全，那么它就是“一切”。以往一些学者曾用“至大无外”来说明这个“一切”。既然“至大无外”，就是世界“至大无外”的一切，就应包括去认识的作为思考者的那个“人”或“人脑”。当说到这“人”或“人脑”非得站到这“一切”之外而成为不是这“一切”中的东西才能认识，这里的“一切”当然就又成为不是包括一切的“一切”了。也就是说，是站在“外面”研究“至大无外”，那整体大全、普遍必然是否真正如此就是值得怀疑的了。这里有与数学史上有人曾经提出的“集合论的悖论”相类似的情况。因而塑造论哲学指出，哲学应当确立这样的立场：哲学不是站在世界之外去思考世界，而是作为世界中的一种物质形态反过来思考包括其自身在内的整个世界；“至大无外”的“一切”不能把作为思考者的人或人脑排除在外。总之，哲学的对象不只限于思考者之外而思考者本身也在其内。在一定意义上讲，哲学是世界自己认识自己。那就必定有对于“形而上者为之道”的追问和把握。这种情况任何科学学科都是不能实现的，只能是由哲学来完成这个任务。

看来，哲学的很大难题在于：怎样才能把握住完全的对象。如果对思考者自身只作为“去思考者”来看待，但因为思考者自身又是整个世界的一部分，在进行哲学思考时把此只划成“去”的而不划成“被”的，即站在“至大无外”之外研究“至大无外”，那“被思考者”就成为不完全的，确立不起完整意义上的哲学对象。而如果把思考者自身也作为“被思考者”，又形成了用自己的思考去思考自己的思考，难又难在如何使“去思考者”本身获得处于本身思考之外的“被思考者”的地位；也就是说，要把握完全的哲学对象又有个如何使思维意识主体的思维意识本身得以对象化的问题。

《塑造论哲学导引》指出，实现这种哲学对象性难题的解决，关键在于找到一种“自然之光”和“人类之光”都投射其中的东西，把它作为既可向外感知又能由其向内去省悟的“着手之处”或“上手之物”。这就是塑造论哲学所说的“我塑之物”或统而言之叫“塑造之物”。因为“塑造之物”既是在自然塑造人中所积淀于人的普遍必然性的外化，又是在人塑造自然中人所加入自然的。自然塑造人，是自然的“出窍”；人塑造自然，是意识的“出窍”。而意识一旦“出窍”这个被塑造之物和去塑造之我就构成了对象性关系，使意识处于既去意识又被意识的地位，由此才确立起主体的对象化客体。因此，塑造论哲学提出，哲学的第一立论应当是：“我塑故我塑造之物和我在”，与之相映照的命题是“塑我故我和塑我之物在”。为了对哲学能够“上手”的“塑造之物”加以准确规定，塑造论哲学作了这样的表述：它是“自然塑造人”和“人塑造自然”的结晶，由此提出了“文化人类”和“人类文化”这两个概念。

“文化人类”和“人类文化”之中，体现着作为有社会属性的人即“文化人”及其内在着的“文化人悖论”。也就是说，人既是被文化的又是去文化的。以往许多思想家涉及关于“文化”与“人类”，而尚未明确把“文化人类”“人类文化”作为“文化人悖论”的内在根据提出来，也有一些论者使用了“文化人”这个概念，但并没深刻揭示“文化人悖论”，特别不能把“文化人悖论”联系“经济人悖论”“政治人悖论”“社会人悖论”并与之整体协调地加以揭示和论述。所以《塑造论哲学导引》特别揭示，“自然塑造人”，“人塑造自然”，这体现着，人既是被“文化”的，又是去“文化”的。书中强调指出：“自然塑造人是自然向人的发出，人的衍生是自然向人的发出；人塑造自然是人向自然的发出，人的实践是人向自然的发出”；“文化是自然塑造人与人塑造自然的交汇点，这形成着人的塑造之物（我塑之物，人我塑造之物，社会塑造之物）”。[①] 这样《塑造论哲学导引》就对一向被人们称为难以定义的文化概念给出了一个适应性很强的定义。《塑造论哲学导引》从“文化人类”和“人类文化”对立统一互为对待相互反思的关系进一步提示文化的特点，指出：“文化是文化人类和人类文化既对立又统一的显现，它既是在自然对人的塑造中自然成为人的标志，也是在人对自然的塑造中人成为自然的痕迹。在这上面既投射着自然之光也投射着人类之光；二者在结晶体上闪烁，又合汇在一起。这既是自然之镜，又是人之镜，是人与自然之镜。以此为镜向人心和自然反照过去，看到‘镜中之自然’和‘镜中之人’，看到‘镜中之人与自然’，就可以看出一个‘光谱’系列，从而映照出普遍的存在必然的成，形成形而上与形而下关系的辉映相照，由此确定人与自然如何成为哲学上的主体与客体，并真正构成统一于形而上与形而下的主客体关系。”[②]

① 张全新：《塑造论哲学导引》，人民出版社 1996 年版，第 7 页。

② 张全新：《塑造论哲学导引》，人民出版社 1996 年版，第 7 页。

（二）由以上论述，《塑造论哲学导引》讲道，哲学方法应当是基于“塑造之物”的“分阶映照方法”。《塑造论哲学导引》指明，对于哲学所追问的“形而上”，应区分两阶：一是“心的形而上”，二是“心的形而上”联带着的“整个世界的形而上”。当然总体上都归于“整个世界的形而上”，这是内含着“心的形而上”的“形而上”，或外延于整个世界的“形而上”。《塑造论哲学导引》同时指出，对于“形而下”亦应区分为两阶：“身的形而下”“物的形而下”。当然总体上都可归于“物的形而下”，这是容纳“身的形而下”的“形而下”，或寓于“物的形而下”的“身的形而下”。这是作为在经验科学中可以感性地直接感知到的人之生理器官及可以感性地直接感知到的世界上呈现象形态的感知之物。

关于心的形而上，实质上是指人的必然性或集中一些说即意识（或思维）的必然性，这是在大自然塑造文化人类的长期历史过程中，整个的自然世界普遍必然性积淀于人的；它是在经验科学的解剖和实验中不能感性地直接感知到的人之意识（思维）结构（形式）；它是由人的“身的形而下”，即由在经验科学的解剖和实验中可以感性地直接感知到的人之生理（心理）器官（质料）体现出来并由其来支撑的。关于整个世界的形而上，总起来说是指整个世界的必然性，或者概括地说这是体现于整个自然过程的普遍必然性；它是在经验科学的实验和解剖中不能感性地直接感知到的世界“在”和“成”的普遍必然性；它是由世界的“物的形而下”，即由在经验科学的实验和解剖中可以感性地直接感知到的呈现象形态的一个个可感知之物体现出来并由其来支撑的。同时，《塑造论哲学导引》又阐述了这样的思想：作为整个世界的形而上，人可以意识到，但它又超越意识，是超意识的；作为心的形而上，是人可以有意识的潜在功能，它是潜意识的。作为塑造之物，是文化人类塑造自然而产生的人类文化，它是潜意识经过身在形而下外化而加入物的形而下的结果，是显意识的。作为自然塑造人的过程，这是无意识的。而人的塑造之物作为人塑造自然的产物，实现这一过程又是有意识的。既然塑造之物是自然塑造人与人塑造自然的“交汇点”，是“人之镜”“自然之镜”“人与自然之镜”，把它作为“上手之物”便可以实现双面映照；那么在其之上把握“显意识”与“潜意识”的相互映照，以此为枢纽，便可以首先从中映照出印于其上的心的形而上，进而在心的形而上与包括身的形而下在内的物的形而下的统一中把体现于其中的“在”和“成”之形而上映照出来。这里的两极延伸是：一极指向“无意识”，一极指向“超意识”。在其相互映照中，实现着形而上与形而下的统一。

《塑造论哲学导引》认为，基于这样一些规定性的“分阶映照方法”实现于哲学和科学的整个历程之中。[①] (1)“塑造之物”一旦上手，便可以进入分阶映照的前阶：“超意识—显意识”的映照。说到超意识，是因为人塑造自然所形成的“塑造之物”总是被塑造出来置于自然界中，一旦与世界融为一体就成为一种超意识的存在。说到显意识，是因为这塑造之物作为一种感性存在物，它显现出主体在塑造过程中“经过”行为处理和语言符号“记录”所印于其上的主体意识结构。(2) 由此就可以踏进分阶映照的枢纽：“显意识—潜意识”的相互映照。通过“由显意识影映潜意识，在显意识中窥视潜意识，实现显意识与潜意识的相互映照”。(3) 在显意识与潜意识的统一之中便可以向着与无意识的统一超越：“潜意识—无意识”的映照。这是因为，作为人之主体的潜意识的意识结构，一旦体现于人的“塑

① 参见张全新：《塑造论哲学导引》，人民出版社1996年版，第40页。

造之物”而被镶嵌在自然界中，这塑造之物似乎又成为无意识的自然物。正是在这一超越的意义上，由主体的符号行为，作为客体的自然界才成为人这一过程的现实部分，形成由人的本质被确证而用确定了的思维意识普遍必然性去把握自然的各门科学。于是，这形成了一个“超意识—显意识—潜意识—无意识”的系列，这是以“我塑故我塑之物和我在”为前提而实现的“哲学对于科学的证明系列”。哲学历程走过的正是这样的系列。[①] 与此相衔接：（1）又可以进入分阶映照的前阶：“无意识—潜意识”的映照。这里面对的是“塑我之物”。这“塑我之物”是无意识的，但当它成为人去考察的对象，又是人的潜意识加入进去了的。这里，实际上总离不开由人向前追溯，其中体现着科学研究中许多人所讲到的“人择原理”。[②] 在这过程中对人的潜意识结构生成有着从无意识前提所作出的证实。这就是以实证材料表明了，有意识的人是由无意识的自然界进化出来的，从而实证地确证能外化成显意识的人之主体的潜意识普遍必然性是由大自然积淀而赋予人的。（2）由此又可以踏进枢纽：“潜意识—显意识”的相互映照。即证实这种潜意识的意识结构通过人之主体的“塑造之物”或“我塑之物”显现出来时，在潜意识与显意识的相互影映或映照中，显意识对潜意识有着既成就又规范、既发散生成又生成收敛、既延长自身又约束自身的“一剑两刃”性质。（3）当显意识与潜意识在塑造单子的意义和形式上达到和谐，便达到对于意识的超越：“显意识—超意识”的映照。从而使潜意识必然性得到证实，又由于显意识

① 参见张全新：《塑造论哲学导引》，人民出版社 1996 年版，第 41 页。

② 参见张全新：《现代物理学中的“实在”与“时间”问题》，山东社会科学技术出版社 2004 年版，第七章；《当代物理学的塑造论哲学审视》，《新华文摘》2003 年第 4 期。

塑之物加入大自然的有序之中，从而证实了它是体现着超越了意识的存在，这也就不断地对物在形而下支持着的存在形而上作出证实。于是，这形成了一个“无意识—潜意识—显意识—超意识”的系列，这是以“塑我故我和塑我之物在”为前提实现的“科学对于哲学的证实”系列。科学历程走过的正是这样的系列。把以上两大系列总和起来，便形成了一个首尾相接的循环圈，而且两个系列各阶映照，成阶梯推进，两个系列之间各因素也形成相互映照。由此不断展开其丰富内容，构成塑造论哲学系统，并且统摄各门具体科学，实现着形而上与形而下的统一。[①]

《塑造论哲学导引》在把视野拓展于社会领域时，强调指出，由于“我塑之物”是“我”在去塑造中把自己的本质力量发挥出来所成的产物，把“我塑之物”当作对象也就是把自己的本质力量作为对象来对待，因此我的本质力量便在“我塑之物”中得到证明。这“我塑之物”便成为自我意识的对象化或对象化的自我意识。如果说，由于“我塑之物”是“我”在塑造中把自己的本质力量发挥出来，把“我塑之物”当作对象也就是把自己的本质力量作为对象来对待；如果说，由于“人我塑造之物”是把“人我间”的本质力量发挥出来，把“人我塑之物”当作对象也就是把“人我间”的本质力量作为对象对待；那么，把“社会塑造之物”当作对象，也就是把社会的本质力量作为对象来对待。其实，塑造之物作为“社会塑造之物”，它总是处在“塑造之物间”，“我塑”总是处在社会之中。当社会的本质力量在“社会塑造之物”上得到证明，这“社会塑造之物”便成为对象化的社会意识或社会意识的对象化，这里确证

① 参见张全新：《哲学何以成为可能》，《新华文摘》1999 年第 9 期。

着“社会意识”。

在以上原理基础上，《塑造论哲学导引》特别作出了其关于“塑造单子”及其“和谐”的解析。

《塑造论哲学导引》一书中写道：塑造论哲学的第一立论既定了“我塑”和“塑我”，即什么都可怀疑而我在塑造和我被塑造无可怀疑。这里，就出现了三个方面：“塑物之我”“我塑之物”“塑我之物”。

从“塑我之物”到“塑物之我”（即“塑成的我”），这是自然对人塑造形成文化人类的过程。这塑成的我既是“被塑的东西”又是“去塑的东西”。由“塑成的我”到“我塑之物”，这是文化人类对自然塑造形成人类文化的过程。这“塑造之物”既是“塑成的东西”又是“塑着的东西”。

当单纯写出“塑我之物”到“塑成之我”，大自然的塑我之物是塑造的主导方面；因为这里作为“塑成之物”的人是由此而成的。可这里讲的自然是并没被照亮的，人与其说是“被塑”或“去塑”之我，不如说就是自然。因为这里还谈不上有去意识的主体（这一切都是自在无意识的）。当不谈或者说没有那有意识的主体，也就谈不上把自然作为被反思的客体。也就是说，在都是自在无意识的意义上讲，自然和人是无所谓的。正因为这样，作为塑造论哲学的第一立论，并不从自然对人的塑造说起（这应当是主要由科学看过去的命题），而是首先强调：我塑故我塑之物和我在（这应当是主要由哲学看过去的命题）。因为，在至大无外的存在中，如果没有“我塑之物”，人是否有意识是不能被证明的；就算是人潜在地有意识，即有潜意识，那也只能在我塑之物中才能被显现出来，才能被对象化地加以证明。而且这我塑之物又是作为“物在”“物成”与大自然融汇在一起的，这成为人之主体和自然客体得以对象化的中介。总之，在“塑我之物”和“塑物之我”之间加进“我塑之物”，“我在”

“我成”才能被确立为去意识的“人在（是）”“人成（诚）”之主体，世界才能被确立为被“人在（是）”“人成（诚）”意识的“自然”客体；自然与人才能反思地成为哲学所面对的带普遍必然性的“在”和“成”，才能作为有反思意识并超越了意识的哲学对象而被确立起来。

（三）中国古代《易》书中有“形而上者谓之道，形而下者谓之器”之说。古希腊的亚里士多德著作，后来在被人整理其手稿时，对于“自然哲学（物理学）之后诸卷”名之为《τωυ μετα ψυσικα》，此被译为中文的《形而上学》；亚里士多德讲道：“有一门知识，静观沉思‘to ti，einai’（‘是的是’或译‘存在的存在’，苗力田译本译为‘是者’）和属于它本身的东西’；亚里士多德说，这指向‘第一哲学’，即‘形而上学’。”塑造论哲学强调，形而上统摄形而下，形而下支持形而上；道统摄器，器支持道。人们常常讲到哲学的“用”和科学的“用”。应当这样认为，对于形而上的“用”和对于形而下的“用”，意义是不一样的。塑造论哲学对于学问区分了两大系列：一是哲学对于科学来说的证明系列，二是科学对于哲学来说的证实系列；前者是由形而上指向形而下，后者是由形而下指向形而上。

在此意义上，对哲学的“用”和对科学的“用”，不同在于：科学确证着哲学、形而下确证着形而上并落实哲学形而上；哲学指导着科学、形而上指导着形而下并体现于科学形而下。这里，“形而上者为之道”的“用”，是“用”于哲学指导科学而体现于“器”；“形而下者为之器”的“用”，是“用于”科学落实哲学而体现着“道”。

对“形而上”与“形而下”的这种区分和联系，人们往往把握不好。一种情况是，只固守形而上，而忽视甚至不承认形而下对形而上的证实性。再一种情况是，完全拒斥形而上，甚至声称要用“奥卡姆的剃刀”削掉形而上。近当代实证论思潮在此方面非常突出，而且产生了不良影响。这表现于一些人对哲学的认识出现误区，表现于对学科建设出现误区，甚至表现于对语词的使用上。如在中文里，“作”是偏于指向形而上的，“做”是偏于指向形而下的；“象”是偏于指向形而上的，“像”是偏于指向形而下的；如此等等。而人们往往不顾这种区分，简单化地一概用“做”、用“像”等来表达；如此等等，久而久之，会使人们失掉关于形而上与形而下相区别的思维，是十分有害的。

在社会学的学科建设上，作为近代第一代实证论者的孔德，他甚至由把一切关于事物本质和原因的学说都斥为“形而上学”，而完全拒斥形而上学。孔德是近代实证论社会学的开创者，他的这一思想在后来的社会学研究领域长期占主导地位，以至到目前的社会学，甚至使社会学成为这方面的重灾区；其不能像其他学科体系那样，向着构建出一种体现形而上与形而下恰当关系的理论体系努力；更多地仅停留于一些社会调查或数字统计之中。

塑造论哲学提出，在社会学长期不注意构建理论体系的情况下，应当找到建立学科体系的方式，构成一个范畴体系。本书正是体现这种精神，通过塑造论哲学对于社会学的论证，而使社会学得到证明，以使社会学形成一个严整的科学理论体系；同时也使塑造论哲学在社会学领域得到证实。

二、塑造论哲学关于社会学对象、体系特点的若干说明

社会学是以社会为研究对象的。关于什么是社会（society），通常讲这是人类生活的共同体。

我国古代典籍中，在许多场合，“社”“会”两个字是分开使用的。“会”即“聚集”“集会”；而“社”的含义就比较复杂一些。它原初是指祭神之所。《白虎通·社稷》中写有：“封土

立社，示有土也。”《孝经纬》中载：“社，土地之主也。土地阔不可尽敬，故封土为社，以报功也。”这里的“社”即是指土地神或用来祭祀土地神的一块地方。后来，“社”又用以指人群聚居之地区，如古代规定有“二十五家为一社”等。再后来，“社”也指志同道合者集会之所，如“诗社”“文社”之类，这最后一类含义甚至沿用至今。“社”“会”两字连用，最初特指人们为祭神而集合在一起。后来宽泛地用于指谓种种集会。《旧唐书》“玄宗上”即“玄宗本纪”卷八中载“礼部奏请千秋节休假三日（唐玄宗钦定他的生日农历八月初五为千秋节——引者注），及村闾社会”。这里的“社会”，是一动名词，是村民集会的意思。后来，“社会”又指志趣相同者结合的团体。如“文社”“诗社”。宋孟元老《东京梦华录·秋社》中载“八月秋社……市学先生预敛诸生钱作社会……春社、重午、重九，亦是如此”；明冯梦龙《醒世恒言·郑使节立功神臂弓》里有，“原来大张员外在日，起这个社会，朋友十人。近来死了一两人，不成社会”；等等。古籍中有关“社会”的两个含义加以引申概括，即是指一群人为了一个共同的目的聚集在一个地方进行某种活动。这个含义虽和我们今天所说的“社会”有一定的相似之处，但总的来看，差异比较大。

英语 society 和法语 société 均源出于拉丁语 socius，原初意思为伙伴，与汉语中“社会”的延伸意思接近，因之，日本学者在明治年间最先将英文“society”译成汉字“社会”。近代中国学者在翻译日本社会学著作时，采用了此词，使之有了现在通常的含义。西方学者对“社会”一词的理解也各有不同，如法国早期社会心理学家塔尔德（Gabriel Tarde）认为，社会是具有共同心理的人们的集合。美国社会学家帕克（Robert E. Park）认为，社会是一种包括人类行为习惯、情操、民俗等在内的遗产。法国社会学家涂尔干（又译迪尔凯姆）认为，社会是“集合意识”，是一种建立在个人意识之上的独立实体。也有一些西方学者从社会关系等角度来理解“社会”，诸多学者把社会看作是人类社会关系的总体。金斯伯格（M. Ginsberg）和帕森斯等均持此看法。在金斯伯格看来，社会是人类关系的整个组织；一切人与人的关系，无论是直接的或间接的，有组织的或无组织的，有意识的或无意识的，互惠的或敌对的，都包括在这个名词以内。也有些学者把社会解释为人类团体。但为了将此与通常所讲的社会团体作出区别，强调此常用以指个人所属的最大团体。费希特等人便持此看法。费希特（J. H. Fichter）指出，社会是有组织的人们的一个集体，在一共同地区内一块生活，在各种群体中合作，以满足其基本的需要，有共同的文化，并且在功能上是一种特殊的复杂单位。后两类学者所理解的“社会”和我们今天所说的“社会”比较接近，但未指出社会的本质究竟是什么。[①] 马克思强调，“生产关系总合起来就构成所谓社会关系，构成所谓社会”[②]。

对于社会的特征，许多文献这样概括：①它是有文化、有组织的系统。社会由人群组成，但不像动物结群那样生活，人类社会是按照一定的文化模式组织起来的，而只有人类社会才有文化。②从事生产活动是人类社会的一大特征。生产活动是一切社会活动的基础，任何一个社会都必须进行生产。③在任何特定的历史时期，社会都是人类共同生活的最大社会群体。它独立存在，不从属于任何其他物种的群体。④具体社会有明确的区域界限，存在于一定空间范围之内。⑤连续性和非连续

① 编写组：《社会学概论》，人民出版社、高等教育出版社 2011 年版，第 70～71 页。

② 马克思：《雇佣劳动与资本》，《马克思恩格斯文集》（第 1 卷），人民出版社 2009 年版，第 724 页。

性是社会的又一特征。任何一个具体社会都是从前人那里继承下来的一份遗产；同时，它又和周围的社会发生横向联系，具有自己的特点，表现出明显的非连续性。⑥社会有一套自我调节的机制，它是一个具有主动性，创造性和改造能力的“活的有机体”，能够主动地调整自身与环境的关系，创造自身生存与发展的条件。

马克思主义认为，社会在本质上是社会关系的总和，只有具体的社会，没有抽象的社会。具体的社会是指处于特定区域和时期、享有共同文化并以物质生产活动为基础的人类生活的共同体。马克思以物质生产方式为依据提出：“亚细亚的、古希腊罗马的、封建的和现代资产阶级的生产方式可以看作是经济的社会形态演进的几个时代。”[①] 并预见共产主义社会的出现。后来人们将社会基本形态概括为5种：原始社会、奴隶社会、封建社会、资本主义社会和共产主义社会（社会主义社会是共产主义社会的初级阶段）。

关于社会的功能，一些文献概括为：①整合的功能。社会将无数单个的人组织起来，形成一股合力，调整种种矛盾、冲突与对立，并将其控制在一定范围内，维持统一的局面。所谓整合主要包括主要是文化整合、另外还有规范整合、意见整合和功能整合等等。②交流的功能。社会创造了语言、文字、符号等人类交往的工具，为人类交往提供了必要的场所，从而保持和发展人们的相互关系。③导向的功能。社会有一整套行为规范，用以维持正常的社会秩序，调整着人们之间的关系，规定和指导人们的思想、行为的方向。导向可以是有形的，如通过法律等强制手段或舆论等非强制手段进行；也可以是无形的，

① 马克思：《〈政治经济学批判〉序言》，《马克思恩格斯文集》（第2卷），人民出版社2009年版，第592页。

如通过习惯等潜移默化地进行。④继承和发展的功能。人的生命短暂，人类一代代更替频繁，而社会则是长存的。人类创造的物质和精神文化通过社会而得以积累和发展。[①]

通常讲，社会学是专门研究社会的学问。了解历史上诸学者对于什么是“社会学”的见解，有利于深化对社会学及其研究对象的认识。

《中国大百科全书》这样写道：社会学（sociology）是现代社会科学中从某种特有的角度，或侧重对社会，或侧重对作为社会主体的人，或侧重对社会和人的关系，进行综合性研究，因而具有自己独特的对象和方法的学科。“社会学”在语源学上的意义是关于社会的学问，由拉丁文 societas（社会）或 socius（社会中的个人）和 logos（词、学说、学问）两个部分组成。绝大多数社会学家认为社会学一词最早是由法国哲学家、社会学家 A. 孔德在 1838 年 10 月出版的《实证哲学教程》第 4 卷中正式提出的。据考察，这部共 6 卷至 1842 年才出齐的著作，从第 1 卷（1830）至第 3 卷（1835 年 9 月）没有出现过社会学这个词，使用的都是“社会物理学”这个术语。因此，有的学者根据第 3、4 两卷发表的时间间隔推算，认为“‘社会学’这个名词，大概是在 1835—1838 年之间用的”。也有个别社会学家认为社会学这个术语是由比利时社会统计学家 L. A. 凯特莱于 1835 年首先提出的。而持此种看法的社会学家也承认，是孔德把这一术语运用到学科中去的。关于孔德后来用“社会学”（“创造社会学”）一词来代替他以前使用的“社会物理学”的原因，学术界至少有两种解释：一种解释认为这是针对 C. H. de 圣西门的，因为孔德认为社会学这门新学科是他发现的，所以

① 见《中国大百科全书》（社会学卷），中国百科全书出版社 1991 年版，第 272～273 页。

要用自己创造的“社会学”来代替圣西门一生中大部分时间使用的“社会物理学”，以此来命名这门学科。另一种解释认为这是针对凯特莱的，因为在孔德看来，社会物理学这一术语已被这位比利时社会统计学家所“窃用”，所以要创造一个新名词来代替它。孔德使用“社会学”这一术语的实质和目的，是为了表明这是一门用实证方法研究社会现象的独立学科。可以认为，K. 马克思提出了马克思主义社会学，这是基于历史唯物论的社会学。据考证，中国各种书刊中最先采用社会学一词的是谭嗣同的《仁学》。这本 1896 年出版的书在第一篇中称：“凡为仁学者，于佛书当通华严及心宗相宗之书，于西书当通新约及算学格致社会学之书。”社会学在刚输入中国时，还叫作“群学”或“人群学”。最初用这一名称的是康有为。据梁启超所记的广州长兴学舍教育大纲，康有为在 1891 年曾把“群学”同政治学原理一起并列为经世之学。但是，谭嗣同的《仁学》只是提到社会学，而没有涉及具体内容；关于康有为的“群学”，人们也往往只知其名称，无从考查其内容。严复是以群学的名称系统介绍西方社会学内容的第一人，他从 1889 年逐译 H. 斯宾塞的《社会研究》的前两章到 1903 年出全书，书名译为《群学肄言》，这标志着中国社会学的开端。章太炎则最早直接用社会学的名称，在 1902 年翻译出版了日本人岸本能武太著的《社会学》。此外，吴建常、马君武也在 1903 年分别出版了 F. H. 吉丁斯的《社会学提纲》和斯宾塞的《社会学引论》中译本。

关于社会学的对象，这直接关系对“社会学是什么?”或“怎样研究社会学?”的理解。这成为社会学的创始人以及后来社会学家总是力图明确回答而又没回答好或不容易回答清楚的问题。社会学家们往往众说纷纭。我国的社会学家孙本文在《社会学原理》一书中曾系统介绍过从 19 世纪中叶起到 20 世纪 30 年代初为止的 9 种关于社会学的定义：①认为社会学是研究社会现象的科学，持此说的有孔德、美国的 E. A. 罗斯和英国的 E. A. 韦斯特马克等；②认为社会学是研究社会形式的科学，其代表是德国的 G. 齐美尔；③认为社会学是研究社会组织的科学，美国的 E. 梅尧—斯密和 W. I. 托马斯主此说；④认为社会学是研究人类成绩或文化的科学，其代表是美国的 L. F. 沃德；⑤认为社会学是研究社会进步的科学，美国 T. N. 卡维尔和蒲希持此说；⑥美国的 J. 赖特和 C. W. 哈特认为社会学是研究社会关系的科学；⑦美国的 A. W. 斯莫尔认为社会学是研究社会过程的科学；⑧P. A. 索罗金认为社会学是研究社会现象间的关系的科学；⑨美国的 R. E. 帕克、E. C. 林德曼以及德国的 L. von 维泽等主张社会学是研究社会行为的科学。美国社会学家 H. 巴利和 B. 穆尔指出，在 1951～1971 年的 20 年中由美国出版的 16 种普通社会学教科书中关于社会学对象的提法就有 8 种，即社会互动、社会关系、集团结构、社会行为、社会生活、社会过程、社会现象、社会中的人。

可见，不论如何对社会学加以定义，这门学科与其他许多门学科有着密切联系以至交融，是显然的。例如，与经济学、政治学，有着明显的包容及连带关系；再如，与历史学的关系，社会学内容离不开历史学的研究，如对社会史的研究、对中国社会史的研究，甚至特别有赖于人类早期关于社会起源的社会史研究，这里，对远古社会史的研究，大大丰富了社会学研究的内容，等等。

郑杭生、杨心恒、苏国勋在 1991 年版《中国大百科全书》社会学卷的序言中，在叙述了社会学产生的历史后，对众多的定义分为三大类型：第一类侧重以社会整体为研究对象。这类观点的主要代表是孔德、斯宾塞、E. 涂尔干等人。其中孔德、斯宾塞在研究整体社会时，强调的是一般社会现象，而涂尔干则强调特殊的社会现象，即“社会事实”。这类观点形成社会学中的实证主义路线。第二类侧重以个人及其社会行动为研究对象。这类观点的主要代表是 M. 韦伯等人，形成社会学中的反实证主义路线。这两类观点对后世影响至深，后世的许多看法多为这两类观点的变形或混成。[①] 第三类则是强调个人是社会的存在物，应当避免把“社会”当作抽象的东西同个人对立起来，同时，社会又是人们交互作用的产物，是各个人借以生产的社会关系的总和。一些书籍还按照上述分类，对中国社会学界关于社会学的定义，大体列出以下几种：

侧重以社会整体为研究对象，①认为社会学是用科学方法研究社会的治和乱、盛和衰的原因，揭示社会由以达到“治”的方法和规律的学问。这是严复首先提出的。他在《群学肄言》的序言中解释说：“群学何？用科学之律令，察民群之变端，以明既往、测方来也。肄言何？发专科之旨趣，究功用之所施，而示之以所以治之方也。”“群学者，将以明治乱，盛衰之由，而于三者（指正德、利用、厚生——引者注）之事操其本耳。”严复这样给社会学下定义，既符合孔德、斯宾塞关于社会学的见解。20 世纪 80 年代，在中国的社会学者中，有人提出社会学是研究现代社会运行和发展的规律性，特别是研究社会良性运行和协调发展规律性的综合性具体社会科学。这一定义可以说是沿着严复的思路发展的。②认为社会学与历史唯物论一样是研究社会发展普遍规律的。1949 年以前中国的马克思主义社会学者李大钊、瞿秋白、李达、许德珩、陈翰笙等人，与俄国的 E. B. 普列汉诺夫、H. N. 布哈林等人一样，坚持这种观点。他们对社会学所下的定义大体相仿，李大钊 1920 年出版的《唯物史观在现代社会学上的价值》写有：“社会学是一种科学，研

① 《中国大百科全书》（社会学卷），中国大百科全书出版社 1991 年版，第1～2 页。

究社会上各种现象及其原则与一切社会制度的学问，且用科学的方法，考察社会是何物，发明一种法则，以支配人间的行动。”人民出版社1980年出版的《李达文集》（第1卷第237页）写道：“社会学者，社会科学之一，其研究之目的在探求社会进化之原理；其研究之方法，在追溯过去以说明现在，更由现在以预测将来。”许德珩1936年出版的《社会科学与社会学》认为，社会学是“研究人类社会之构造，社会构造之存在、发展、变革及其相互联系，分析构成人类社会生活的诸要素，及诸要素的性质、诸要素之间相互作用的关系，探求社会变革的因果关系和法则，以推知社会进行的方法，预测将来的一种学问”。③认为社会学是研究社会整体及其规律性的。由费孝通主持和指导的、中国社会学重建后出版的第一本《社会学概论（试讲本）》，从社会整体的角度来下定义社会学是从变动着的社会系统的整体出发，通过人们的社会关系和社会行为来研究社会的结构、功能、发生、发展规律的一门综合性的社会科学。台湾省的一些社会学者也持有类似的看法。如台湾商务印书馆1979年出版杨懋春著作《社会学》写有：“社会学是使用科学方法，持守科学态度，以研究人类社会；主要论及社会之构造要素，其起源、发展、成熟与变迁；论述诸社会事象如社会制度、社会系统、社会活动、社会关系、社会运作程序、社会团体等；并想在诸社会事象中寻求或建立普遍性公律、原则、原理等的科学。”

侧重以作为社会主体的个人及其社会行为为研究对象。主张这种观点的，在中华人民共和国建立前主要以孙本文为代表。他深受芝加哥互动学派心理行为理论的影响，认为社会学的各种定义虽没有什么错误，“但或失之抽象，或失之广泛，或失之含糊，或失之狭隘，似均不能认为适当的定义。比较在目前可认为适当的定义，即是：以社会学研究社会行为的科学”（《社会学原理》)。

一类认为，如《云五社会科学大辞典》（第 111 页）上讲，社会学关注研究的主要“是在社会互动或社会关系中的人及其由此所造成的社会体系，社会团体，与社会组织，以及它们之间关系的情形”。1979 年以后一些中国社会学学者师承孙本文和龙冠海关于社会学研究对象的观点，论证说：“社会学是研究人们的社会性行为规律的科学……因为社会学是综合地研究人们共同的社会生活中所产生的一切现象和社会问题的，而这些社会现象和社会问题都是由人们的社会性行为造成的。”因此，群众出版社 1986 年出版的杨心恒、宗力著作《社会学概论》讲：“社会学的基本理论，从本质上说就是关于人们各种社会行为规律的理论。”

再一类观点认为，社会学应该着重研究人的社会活动的固定化过程和固定化形式。具体说来，就是要研究个人一定的行为怎样。庞树奇在 1986 年出版的《社会学概论》中写道：“社会学应该着重研究人的社会活动的固定化过程和固定化形式。具体说来，就是要研究个人一定的行为怎样形成一定的关系，一定的关系怎样形成一定的制度。”

另外，第三种类型的观点，有代表性的意见被概括为“剩余说”“科学说”“调查说”“问题说”和“未定说”5 种。①认为社会学是一门“剩余社会科学”，它的研究对象是其他社会科学不研究的“剩余领域”。费孝通在 1948 出版的《乡土中国》一书的后记中对“剩余说”作过一翻概括：在孔德和斯宾塞这些社会学的早期代表人物那里，所谓社会学不过是“社会现象的总论，把社会学降为和政治学、经济学、法律学等社会科学并列的一门学问，并非创立这名称的早年学者所意想得到的”。现在的社会学“只是个没有长成的社会科学的老家。一旦长成了，羽毛丰满，就可以闹分家，独立门户了”。因此，“讥笑社会学的朋友曾为它造下了个‘剩余社会科学’的绰号……政治学、经济学既已独立，留在‘社会学’领域里的只剩下了些不太受人问津的、虽则并非不重要的社会制度，好像包括家庭婚姻、教育等的生育制度，以及宗教制度等等”。“这样它还是守不住这老家的，没有长成的还是会长成的。在最近十多年来，这‘剩余领域’又开始分化了”。②认为社会学是“科学群”。于光远给社会学下了一个兼有“学群说”和“问题说”的界说。于光远在其《社会学文选》（第5页）中说，社会学是“以研究社会问题为中心的一个科学群。它不是一门科学，而是一群科学，一个科学群”。关于这个科学群的范围，他在此书第6至17页列举到：除总论外，至少有7个方面是应归社会学研究的，如：对社会发展不起决定作用但有一定影响的因素的研究；从人的分类对社会问题的研究；尚未被其他学科作为对象的某些社会关系的研究；社会生活；社会风尚；社会病理与社会病态；地域性的社会问题等等。此外，可能还有对于许多社会科学都有用的关于社会学的研究方法。③认为社会学是关于社会调查研究的学科。由于社会学是以经验研究为基础的，离开社会调查研究便没有社会学，有的学者抓住这个学科特征，把社会学界定为调查研究的学科。④认为社会学是研究社会问题的。1979年中国学者在重建社会学、论证社会学的必要性时，有一点共识，就是社会主义仍然存在各种各样的社会问题，因需要社会学。上面的“剩余说”“学群说”“调查说”各种观点中也多少包含有“问题说”。⑤认为社会学对象现在没有确定。有的学者认为社会学是门在发展中尚未成熟的学科，不宜过早地给它划定研究范围。

郑杭生等列举了上述关于社会学研究对象的种种不同观点后，又指出，这是由研究者对社会的观察角度不同造成的。从上述种种不同的角度去研究社会，就构成种种不同的社会学理论。尽管角度不同，观点各异，但是不同学派的社会学家之间仍有共同感兴趣的问题，可以沟通。这是因为：社会学实际上是以别的具体社会科学学科都涉及，但又不作专门研究的东西为对象的。社会学家们都自觉不自觉地在寻找这个东西，都有意识无意识地在沿着这条路探索。所以不论他们的观点和方法有多大的差别，在研究实践中仍然会走到一起来。这确是一个很有趣的现象。应当看到，社会学对象问题上的众说纷纭，是这门学科从不成熟走向成熟过程中必定要经过的现象。社会学界正在进行的讨论，应看作是学术活跃的可喜现象，同时也表明，社会学对象是一个回避不了的基本问题。

基于以上情况，关于社会学体系的框架，学者们也提供了不少主张。

人们注意到，孔德在《实证哲学教程》中，首先将社会学区分为静态社会学（研究社会秩序）和动态社会学（研究社会进步）两部分。沃德在20世纪初出版的《纯理社会学》中，将社会学分为纯理社会学和应用社会学：纯理的社会学把静的社会现象问题和动的社会现象问题与社会势力问题摆在一起，应用社会学则研究社会改进的现象问题。索罗金在20世纪30年代把社会学划分为普通社会学和特殊社会学，前者研究社会现象的共同性与共同关系；后者研究社会现象与社会现象间的特殊性和特殊关系。特殊社会学实际上是分科社会学。另外，有的社会学家还把社会学分为宏观社会学和微观社会学，前者侧重研究社会整体结构功能，后者研究个人、小群体及行动。维泽在《系统社会学》一书中把社会学分成三部分：历史社会学（研究社会生活的历史进程）；哲学社会学（研究由社会养成的内心势力的最后意义，及意识的力量）；系统社会学（根据实际与实验，作社会现象的系统研究）。社会学在后来发展中的相当一个时期，影响较大的是孔德、沃德和索罗金的分法。

对于社会学体系中所包含的内容，美国社会学家A. 英克尔斯依据美国社会学界比较一致的看法列出如下一种框架：1. 社会生活的基本单位：①社会行为和社会关系；②个人的人格；③人群（包括民族和阶级）；④社区：城市的和农村的；⑤社团和组织；⑥人口；⑦社会。2. 社会基本制度：①家庭和亲属；②经济的；③政治的和法律的；④宗教的；⑤教育的和科学的；⑥娱乐和福利；⑦美学的和表现的。3. 基本的社会过程：①分化和分层；②合作，调解，同化；③社会冲突（包括革命和战争）；④联络（包括意见的形成、表达和变化）；⑤社会化和教育；⑥社会评价（价值的研究）；⑦社会控制；⑧社会过失（犯罪、自杀，等等）；⑨社会整合；⑩社会变迁。

英国社会学家T. B. 傅特莫尔将理论社会学分为：1. 人口和社会群体：①人口与社会；②社会群体的类型。2. 社会制度：①社会结构，社会和文明；②经济制度；③政治制度；④家庭和亲属；⑤社会分层。3. 行为规范：①社会生活中的势力；②习俗和舆论；③宗教和道德；④法律；⑤教育。4. 社会变迁：①变迁，发规，进步；②社会变迁的要素。

此外，还有从不同视角构建这门学科的理论体系的。譬如英国社会学家T. 比尔顿等人按照社会生活不同的形式，将理论社会学分为9个组成部分：①不平等的类型；②服从的形式；③权力和政治；④家庭；⑤社会中的性的分化；⑥教育；⑦工作；⑧信仰系统；⑨偏离行为。

中国社会学家大体用两种方式来处理他们的社会学理论框架。第一种是并列式，即将社会学历史地形成的内容加以并列。例如，有的学者将社会学理论分为：社会学的对象；社会及其发展的条件：人的社会化：初级社会群体；社会组织；阶级与阶层；社会制度：社会控制；社区；社会变迁；社会现代化；社会问题；社会工作；社会学研究方法，共14个方面。第二种是分块式。这中间又有分成二块、三块、四块、五块的。①二块式。有的学者以社会关系为中心概念，把社会学理论分成社会学论和社会论。前者是回答社会学是什么，包括社会学的性质和对象；后者回答社会是什么及怎样发展，包括社会构成、社会系统、社会变迁与发展。②三块式。有的学者以社会行为为基础，把社会学理论分为三部分：社会结构（社会、社会中的个人、家庭、基本群体、社会组织、社会阶级和社会分层、社区）；社会行为（社会行为规范、社会行为方式、离轨与犯罪）；社会变迁（包括社会计划与社会指标）。有的学者则把社会学观论框架分为三论：社会元素论；社会组合论；社会系统论。③四块式。有的学者以社会良性运行和协调发展的规律性为主线，把社会学理论分成四部分：社会运行的基本类型；对社会良性运行规律性作正向研究的内容（人的社会化、社会角色、社会互动、基本群体、社会组织、社会阶级和社会分层、社会制度、社区、社会变迁）；对社会良性运行规律性作反向研究的内容（社会问题、越轨行为、社会控制等）；探讨社会运行的方法和手段（社会调查研究方法，社会指标及其体系）。④五块式。有的学者把社会学理论分成五部分：社会的本质和结构；社会的运转和变迁机理；个人、群体和社会；社会生活及其方式；社会管理。[①]

显然，在社会学的发展中，人们并不满意这些“体系”框架。因为这充其量是一些社会学命题的罗列。这只是对社会学某些论题的陈列性描述。还称不上是真正意义上的社会学理论体系。

近现代随着整体论及系统论的日益被人重视，许多人力求

① 郑杭生、杨心恒、苏国勋：《社会学》，载《中国大百科全书》（社会学卷），中国大百科全书出版社1991年版，第7页。

以这种观点来构成社会学理论体系。

实际上，在近现代社会学产生的早期，在19世纪实证主义社会学兴起不久，有学者就充分注意到应把社会看作有机体。因而提出一种社会有机体论（socai organism）。这里，代表人物先是英国社会学家H. 斯宾塞，后来有俄国社会学家P. von利林费尔德、德国社会学家A. 舍夫勒等。斯宾塞从生物进化的基本原则出发，并在其他学科的基本结论基础上进一步充实、验证和肯定了这一基本原则，然后把它扩展到社会领域，建立了自己的社会学体系。在他的3卷本《社会学原理》（1876—1896）一书的第1卷中，论述了社会是什么这一问题。他认为社会同生物一样是一个有机体，这两种有机体之间存在着许多相似之处：①生物体与社会都在生长、发展着，这有别于无机界。②两者规模的增长都意味着复杂性和各部分间区别性的增长。③两者伴随着结构的分化，功能也在分化。④整体内的各部分相互依存，一部分的变化影响到其他部分。⑤整体的每一个部分都可以自成一个小组织。⑥整体的生命被毁灭后，其中部分还会维持生存一段时间。斯宾塞还将社会及其组织比拟为人的机体。人体的生存要有营养、循环和调节3个系统，社会的生存也依赖于相应的3个系统：社会的工业组织向社会提供必要的产品；社会的商业组织，像人体的血缘循环系统一样，把营养输送到机体的各部位；以国家为首的社会政治组织，像人体的神经系统一样调节各部分，使之服从于整体。据此，斯宾塞又将社会中的人分为3类，即从事生产的工人、农民、从事流通的商人、企业家和银行家，以及政府的官员和管理人员。这3类人相互合作，各司其职，保持平衡。如果破坏了这种平衡，就是破坏了社会有机体。斯宾塞还指出两种有机体的不同点：①动物各部分是一个具体的整体，社会的各部分是一个抽象的整体，每一部分有相当的自由。②生物有机体的意识系统集中于神经系统，社会的意识却分布于社会各个成员身上。③生物有机体内各部分器官为整体而生存；相反，社会的整体是为各成员的利益而存在。社会有机体论的观点提出之后，经过利林费尔德、舍夫勒等人的阐发，成为早期社会学中具有普遍意义的方法论基础，对19世纪欧洲社会学和美国早期社会学都发生过重要影响，如W. G. 萨姆纳、A. W. 斯莫尔和L. F. 沃德等人都在不同程度上从中汲取过思想营养。

后来，人们又努力把当代系统科学与社会学研究切实结合起来。涉及于此，不能不提到德国社会理论家尼克拉斯·鲁曼（Niklas Luhmann，1927—1998）。以至于许多学者讲，鲁曼是当代社会系统理论的创始人。从20世纪60年代起，他以其独特风格撰写了大量著作，建构出当代社会理论史上很有特点的社会系统理论。鲁曼关于“社会系统”的研究成果，不仅涉及近现代自然科学研究“系统”的最新成果，包括现代社会科学研究“系统”的理论成果，而且还追溯到自古希腊以来，西方文化从哲学、社会人文科学角度对于“系统”的探索理论观点。[①] 这为社会学的发展作出了重要贡献。

鲁曼理论以他的方式表达了我们所生活的各种系统的“极端复杂性”和“过度复杂性”（überkomplexitat），而学术界许多人评论说，鲁曼社会系统理论，虽然采取非常抽象的复杂理论形态，但它对于极其复杂和多变的当代社会文化总体来说，仍然难以避免“简单化”；也就是说，这是以理论概括形式将当代社会文化的复杂结构简单化的结果。鲁曼自己说过，一切以往的经典社会理论，对我们的重要意义就在于化约复杂性（reduces complexity）（Luhmann，N.，1979）。这为人类文化重建

① 参见高宣扬：《当代社会理论》（第2卷），台北1998年版，第14章。

开辟了许多新思路。鲁曼社会系统理论和同时代的布迪厄反思性社会类学理论（Bourdieu，s Reflexive Social Anthropology）、哈贝马斯交往行为理论（Habermas' Theory of Communicative Action）、埃里亚斯文化过程理论（Elias' Culture Process Theory）、吉登斯结构化社会学理论（Giddens，Structuration Theory）以及其他各种新型多元化社会文化理论一起，成为 20 世纪与 21 世纪交接时期重构整个人类社会理论文化反思的重要研究。

近年来，衍生于自然科学学科的“复杂系统范式”，在社会科学领域中的应用不断扩张。目前国内外学者对于“复杂系统范式”（comllex systems paradigm）并未形成统一的定义。简单地说，它是指主流复杂系统理论家在对各类复杂系统的研究过程中，所形成的一套基本的认知模式和方法论规范，其核心目标是建立一个复杂系统框架。[①] 近 10 年来国外一些学者逐渐认识到了机械论范式主导下的社会科学研究的内在缺陷，并倡导用复杂系统范式及其思维和方法，来发现并解决社会科学所面临的问题。常规科学的研究方法受线性思维的主导，难以处理研究主题所蕴含的真实复杂性，致使社会科学陷入一种困境。对复杂性的新思考有助于社会科学摆脱传统局限性思维，形成新的社会科学研究形式，推动社会科学的革新。[②] 有学者指出，现在复杂系统方法论在各个具体的社会科学研究领域中已经得到广泛应用，主流复杂系统理论家在社会层面上的研究可分为

① 参见 Cliff Hooker，Introduction to Philosophy of Complex Systems：A in Cliff Hooker，ed，Philosophy of Complex Systems，Oxford：Elsevier，2011，p3.

② 参见 Ton Jerg，*New Thinking in Complexity for the Social Sciences and Humanities*：*A Generative*，*Transdisciplinary Approach*，Berlin：Springer，2011，pp. 1－2.

五大类主题领域：设计社会系统、社会世界的结构、沟通、认知和认识论。[①] 国内学者对复杂系统与社会科学的关联性作了一些讨论。涉及复杂性与社会科学创新、与特定社会科学学科的关联以及对具体社会问题的分析等方面。[②] 尽管关于复杂系统的思维、术语和方法等在各类社会科学文献中陆续出现，但一些学者也表现出了对其适用性的质疑。此外，很多学者采取中立立场，既肯定了复杂性科学所带来的思维方式的转移和再定位，也考虑到这些研究复杂现象的新兴工具尚不成熟，很难为大多数研究者所理解和利用。因此，目前来看，"把复杂性视角的经验应用于组织行为研究可能是不成熟的"。[③] 沃勒斯坦（I. Wallerstein）指出，分别代表当代自然科学和人文科学发展方向的复杂性科学和文化研究的出现，为社会科学的重建提供了契机。[④] 学者们强调，社会系统的复杂性是内在的、固有的，我们必须基于新的研究视角，使用新的方方法论工具，把潜在的、隐藏的复杂性明晰地体现出来。[⑤]

又让我们特别注目的是，20 世纪后期，著名物理学家普利高津（I. Pringogine，1917～）提出的耗散结构论（dissipativi-

---

① 参见 K. C. Bausch, *The Emerging Consensus in Social SystemsTheory*, Dordrecht：Kluwer Academic Publishers，2001，pp. 305—390.

② 参见欧阳康：《复杂性与人文社会科学创新》，《哲学研究》2003 年第 7 期；文建东：《经济学研究的复杂性科学思路》，《经济学动态》2005 年第 6 期；李虎群：《试论"认识主体"复杂性》，《自然辩证法研究》2005 年第 9 期；等等。

③ 参见 K. M. Mathews，M. C. White and R. G.. Long，"Why Study the Complexity Sciences in the Social Sciences?" *Human Relations*, *vol.* 52，no. 4，1999，p. 442.

④ 参见［美］伊曼纽尔·沃勒斯坦：《知识的不确定性》，王昺等译，山东大学出版社 2006 年版，第 9～10、99 页。

⑤ 殷杰、王亚男：《社会科学中复杂系统范式的适用性问题》，《中国社会科学》2016 年第 3 期。

ty structure theory）。由于其贡献，他于 1977 年获得了诺贝尔化学奖。普利高津强调，耗散结构理论是关于非平衡态（而且强调是远离平衡态）系统的自组织理论。

首先，耗散结构理论是关于“非平衡态系统”的理论。人们知道，世界上的平衡现象是暂时的、相对的，非平衡现象才是经常的、绝对的。在科学发展史上，科学家们对非平衡现象的研究虽与对平衡现象的研究同样古老，但由于非平衡现象变化多端而且异常复杂，因此，理论的概括比较薄弱。耗散结论论，把客观系统分为三大类：一类为孤立系统，指那些与外界环境既没有能量交换也没有物质交换的系统；一类为封闭系统，指那些与外界环境有能量交换，但没有物质交换的系统；还有一类是开放系统，指那些与环境既有能量交换又有物质交换的系统。普利高津认为，只是开放系统才能形成一种远离平衡态的耗散结构。因为无论是在孤立系统还是在封闭系统中，往往只实现从有序向无序的转化，不能实现无序向有序的转化。例如，在物理学中，当固体、液体等作为一个孤立系统或封闭系统的平衡结构时，在低温条件下，其分子呈有序排列，即保持稳定而有序的结构；当温度上升到一定高度后，原有的分子排列遭到破坏系统整体由有序状态转变为无序状态，最终形成一种“热寂”的死结构。这是自然界中的一条从有序走向无序的规律。而作为一个开放系统，情况就不同了。由于它与环境既有能量交换又有物质交换，会在非平衡运动中排除无序而出现有序结构。从这意义上说，“非平衡是有序之源”。这体现着自然界中从无序走向有序的规律。可见一个系统只有作为远离平衡态的开放系统才有可能形成新的有序结构，并且不因外界微小扰动而消失，保持一种有机活力的稳定性。由于这种结构的形成是以消耗外界的物质、能量和信息为代价的，故称为“耗散结构”。

其次，耗散结构论是一种“自组织理论”。耗散结构理论认为，处于远离平衡态的开放系统，是在随机因素扰动（即涨落）的诱发下，从不稳定态跃迁到一个新的稳定态的有序结构；在此过程中，其内容各要素之间必定发生非线性相互作用，各要素之间产生相干效应和协调动作，这能在多种演化的可能性中出现一个稳定的参量，从而自行产生一种组织性，这是一种自组织现象。而孤立系统、封闭系统只能走向“死寂”，不可能产生这种“活的”自组织现象。可见，耗散结构理论把系统与外界的物质、能量、信息的交换，看作是实现自组织的外部条件；把各要素之间发生非线性的相互作用，看作是实现自组织的内在依据；把随机涨落的出现，看出是系统实现自组织的直接诱因。因此，耗散结构理论又被称为自组织理论。

总之，普利高津等学者所提出的耗散结构论，对于人类认识客观世界的规律有着重要意义。由科学史可知，在对宇宙的形成和发展的认识上，近代德国物理学家克劳修斯曾从热力学第二定律提出了一个“自然增熵原理”。这里的“熵”可看作是标志系统无序性的量度。由此人们曾认为，既然物理过程总是自发地从有序走向无序，系统的“熵”是增加着的，因而宇宙的演化最后将达到“热寂”，由此而失去运动的活力。然而达尔文进化论则认为，生物的发展是由低级到高级，由简单到复杂，是朝着由无序向有序方向发展的。这就产生了物理理论与生物理论的矛盾并引起哲学上的重大争论。恩格斯曾经在其著作中以其“唯物辩证法”的观点对此加以评述。作为现代科学的耗散结构论证明了：对于孤立系统来说，“熵”是增加的，是从有序到无序。而对于开放系统来说，则由于与外界有物质的和能量的交换，可以从外界吸取“负熵”来抵消自身的“熵”增，使系统实现从无序到有序、从简单到复杂的演化，从而解决热寂说与进化论的矛盾，使物理学与生物学的“规律”得到统一。

耗散结构在客观世界中是广泛存在的。物理学中的激光就是耗散结构的典型例子。化学反应中振荡反应也属于时间上的耗散结构典型。生理系统更是耗散结构。因为一个生物体一定要吸收养料排出废物，不断进行新陈代谢才能活着。社会系统也是如此，例如，一个城市需要输入食品、燃料、日用品及各种原料，要输出产品并排掉废弃物，才能保持稳定的高度组织化的有序结构，才能生机勃勃地发展。可见，耗散结构论揭示的规律对于说明自然现象和人类社会及生态系统等等都有着很强的适用性。目前这一理论已被应用于自然和社会研究的许多方面，并且取得了一系列重要成果。耗散结构论起了沟通“软”“硬”科学的作用，起到了沟通自然科学和社会科学的作用。当然，耗散结构论作为一门新的学科，要把它广泛应用到各个领域，还有待进一步努力。基于耗散结构理论，社会学家们认为，在社会系统中，各子系统之间能够协调同步、有机结合，是因为各子系统之间存在一种“促协力”。当“促协力”为正时，起促进协同的作用；当“促协力”为负时，起破坏协同的作用；这种社会自身的“促协力”，是由系统的结构、功能及系统内外起促进协同的作用所决定的；当“促协力”为负时，起破坏协同的作用；这种社会自身的“促协力”，是由系统的结构、功能及系统内外的综合因素所决定的。它的运动方向、运动速度、运动能量、运动方式和状态都有一定的规律。社会系统既有物的运动，又有人的活动。人的活动是整个社会系统能够“协同”的关键。

如果以关于非平衡系统的理论来形成社会学的研究方法，应当如此：一是强调对社会要以非平衡态的观点进行系统分析。应认为社会是一个巨大而复杂的巨系统，层次多、规模大，具有耗散结构的性质，应时时注意到，人们面对的大量系统往往是处于非平衡态。二是充分认识社会系统带有自组织性。无论是否考虑社会系统中人占主导作用，该系统的自组织性都是不可忽视的。它由各个环节组成，是一个相互联系、相互作用的有机整体；同时，社会系统又是一个多目标、多功能的综合体。其中人的活动起主导作用，这是社会系统区别于其他系统的主要标志。为此，更要充分地认真研究各系统要素之间如何实现一种“自组织”状态。三是社会学应重视研究人在建构新系统时的“发展决策”，这主要是指，要注重对如何把一个陈旧的、封闭式的社会系统改造成一个在整体上和在时间、空间及结构、功能上有生命力的、开放的系统，加以研究。在考虑这种“发展决策”时，必须注意目标性、整体性、创新性及同步性、平衡性与非平衡性等，以有利于决策的精确化和最优化。①

作为社会系统的分析，在马克思主义历史唯物主义看来，社会系统是在生产力和生产关系、经济基础和上层建筑、社会存在和社会意识的矛盾运动中实现的。

还有一个重要的、但又往往被人忽视的问题是，社会学从其原本的意义上讲，它应是部门科学。可它又与经济学、政治学等学科有所不同。在许多人那里，并没有看到社会学这门学问自身的特点，甚至把它与经济学、政治学一样看待。这里起码涉及如下的问题是回避不掉的。对此这里不打算作全面的阐述，单就其中涉及的“经济人”“政治人”与“社会人”的区别讲，就标志了“社会学”与“经济学”“政治学”这些学科的不同。经济学中的“经济人”，是在经济领域中从事经济活动的人，而以经济学为研究对象的观察研究者，可以不是在经济领域中从事经济活动的人。即他自身可以不是“经济人”。也就是说，以经济学为对象的研究者或观察者可以站在经济领域之外

① 参见张全新：《“耗散结构论”与“非平衡系统经济学”》，《发展论坛》1995年第1期。参见张全新：《系统方法概论》，黄河出版社1989年版。

来观察研究经济人的活动及整个经济领域的情况。研究对象的情况可以不涉及研究者、观察者自身。同样，政治学中的“政治人”，是在政治领域中从事政治活动的人，而以政治学为对象的观察研究者可以不是在政治领域中从事政治活动的政治人。即他自身可以不是政治人。也就是说，观察研究者可以站在政治领域之外来观察或研究政治人的活动及整个政治领域的情况。研究对象的情况可以不涉及研究者、观察者自身。总之，就经济学、政治学来讲，其研究者在构造描述经济学、政治学等运动模型时，可以作为观察研究者不参与其中。而社会学研究中的“社会人”，就不一样了。作为在社会学领域从事社会学研究的人，却不能不是在社会领域中从事社会活动的人，即他自身不可能不是“社会人”。他所进行的社会学研究本身就是社会人的活动，是社会活动。也就是是说，以社会学为对象的观察研究者不可能站在社会之外研究社会。他们在进行有意义的行动时，本身处于互为主体间性的社会世界，也就是说他的理论活动本身就是处于互为主体的文化世界中的社会活动。这是无论如何也摆脱不掉的。这里有一种自我相关的情况。

塑造论哲学曾专门讨论关于“自我相关”的情况。这里，塑造论哲学特别指出有若干领域会出现非常极端的情况：

首先是哲学的情况。

哲学要追问形而上，要追问普遍的“存在”必然的“成”，那么就应当说哲学研究所面对的是“世界整体”或“宇宙整体”。哲学的对象是“至大无外”的，同时研究者又是处在这“至大无外”之内的。看来，哲学的很大难题在于：怎样才能把握住完全的对象。如果把思考者自身只作为“去思考者”来看待，但因为思考者自身又是整个世界的一部分，在进行哲学思考时把此只划成“去”的而不划成“被”的，即站在“至大无外”去研究“至大无外”，那就变成了“至大有外”；那“被思考者”就成为不完全的，确立不起完整意义上的哲学对象。而如果把思考者自身也作为“被思考者”，又形成用自己的思考去思考自己的思考，难又难在如何使“去思考者”本身获得处于本身思考之外的“被思考者”的地位。也就是说，要把握完全的对象又有个如何使思维意识主体的思维意识本身得以对象化的问题。塑造论哲学对此是通过强调把“塑造之物”当作上手之物而加以“分阶映照”的方式来解决的。[①]

再就是自然科学中指向微观世界和指向宇观世界的情况。

自然科学在形而上的终摄下探究形而下，当物理学指向微观世界和指向宇观世界，特别是指向至大无垠又细微无比的宇宙，由于更加指向终极追问，这就特别涉及了自我相关、自相缠绕的情况：不仅观察的手段或方式与观察的中介和对象自我相关，而且更要害的是考察的主体与考察的客体对象自相缠绕、自我相关、在当代物理学中，这常常把人弄得十分难堪。因为，人们直观的经验世界，是处于人体自身的感知器官所能直接感知到的宏观世界这一层次上。人们对此层次的探索，可以凭借直观的感知器官，这感知器官可以延长，可以凭借人们能直接感知到的观测仪器所标示的状态来进行。当物理学指向微观世界和指向宇观世界，情况就带上了重要的特点。指向这一层次的探索，直接的感知器官已显得无能为力，以至必须依靠仪器才能奏效，甚至到了用以考察的手段和被考察的对象处于同一层次的境地。因而人们开始碰到一系列难以解脱的“怪圈”。这主要在于，观测微观运动的仪器是宏观的，而宏观仪器也是内含着微观运动的，这表现为一个怪圈。人们通过仪器在测量着原子、电子以至更深层次的微观客体等等，而仪器又是由原子、

① 张全新：《塑造论哲学导引》，人民出版社 1996 年版，总论篇、第 2 卷下篇。

电子并包含着更深层次的微观客体构成的。通俗地讲，观察者是要通过“光”来看“光”的，这显然是个怪圈。惠勒曾以令人惊讶而富有智慧的方式改进并引述杨氏的双缝实验，表明了一个自观察系统。他描述道，人作为观察者可以在意识支配下对宇宙的早期进行观察，使宇宙的早期升格为具体的实在，似乎在“创造”遥远过去的实在；而观察者及其意识本身却又是依赖着这宇宙生成的实在。这也显示了一个怪圈。用通俗语言也就是说，进入微观世界，人们是以光子“看”光子，是以自身“看”自身；进入宇观世界，人们是处在“至大无外”之中去看“无大无外”，是在人本来参与的宇宙中去看似乎是人之外的宇宙。总之，这是以自然塑造的人去“看”自然的塑造，是在人塑造自然当中“看”自然对人的塑造。这样，自我相关的“自观测”情况就显得十分严重了。塑造论哲学由对人择原理的解释，由关于仪器的塑造之物性质，对解决这样一些困难进行了说明。[①]

社会学有类似的情况。

社会科学在形而上的统摄下探究形而下，而作为极端情况，社会学在观察研究整个社会现象时，不能不同时关涉作为社会人的观察研究者自身情况。于是，就“社会人”看“社会”来讲，观察研究者必是主观意义参与了被观察研究对象的，因而自我相关、自相缠绕的问题就凸显了。现在，大量社会学研究及其理论，特别是沿着实证论路线走过来而充斥以往和目前研究的该学科领域的社会学，对此问题是缺乏自觉的。而作为现象学社会学的提出者，舒茨则意识到这一问题。所以如舒茨这

---

① 参见张全新：《现代物理学中的“实在”与“时间”问题——关于相对论、量子力学、超弦理论及当代宇宙学的塑造论哲学审视》，山东科学技术出版社 2003 年版，第四章至第八章。

样的社会学家，他所提出的社会学研究的出发点，主要不在于是实证主义所说的“社会事实”，即作为观察研究者之外而去观察的“社会现象的事实”。因此，舒茨在构建其社会学理论体系时特别在构建二级的初始模型时，特别考虑到关涉观察研究者自身的情况。他在其初始模型中，特别设定了作为“傀偶的雏型人”。现在，大量社会学研究及其理论是沿着实证论路线走过来的，而充斥以往和目前社会学研究的该学科领域，对此问题的自觉意识，是十分欠缺的。塑造论哲学认为，社会学在建立理论体系时，应充分考虑到这一点。

三、对社会学进入塑造论哲学论证的展开方式

以上有关基本概念的解析，只是对社会及社会学构成中所涉及要素的主要方面和相关内容粗略而断续的陈述。问题在于如何依《塑造论哲学导引》提出的塑造论哲学分阶映照方法，对其必然性何以能够成立，展开塑造论哲学的论证。这便是《塑造论哲学社会学哲学论证》涉及的第一层面的内容，这可认为是塑造哲学关于社会学的原理基础；第二层面是关于社会学本身体系和原理的论证，这里面对的是社会学的总体层面，或称一般社会学、普通社会学、基础社会学等等；第三层面是关于社会学各个领域或不同角度的分论。本书由第一层面切入，对第二层面展开，向第三层面延伸。

关于第三个层面，社会学对各领域或从不同角度展开的分论，在有些学者的著作中称之为应用社会学，在现在看到的一些著作和文章中，可以看到这样一些分支。如：逻辑应用社会学、科学社会学、科学知识社会学、知识社会学；还有生物社会学、物理社会学等，艺术社会学、审美社会学、文艺社会学、文学社会学、音乐社会学以及电影社会学、电视剧社会学等，技术社会学、道德社会学、德育社会学、思想政治工作社会学

等，人口社会学、婚姻社会学、家庭社会学、家庭生活社会学、家庭同族社会学、女性社会学、裸乳社会学、性别社会学；还有儿童社会学、青年社会学、老年社会学等，民族社会学、族群社会学、集群社会学、姓氏社会学、民族社会学、宗教社会学等，劳动社会学、生产社会学、工业社会学、能源社会学、环境社会学、生态社会学、休闲社会学、旅游社会学、消费社会学，管理社会学、公共管理社会学、安全社会学、灾害（难）社会学、地震社会学、拯救社会学；还有医学社会学、临床社会学、艾滋病社会学，以及卫生社会学、遗传社会学、基金社会学等，教育社会学、学校社会学、班级社会学、考试社会学、视读社会学、体育社会学、奥运社会学等；再就是法社会学、法律社会学、宪法社会学，越规社会学、犯罪社会学、禁毒社会学，以及赌博社会学、博彩社会学，经济社会学、货币社会学、政治社会学、文化社会学、情感社会学、冲突社会学、关系社会学、公共社会学、价值社会学、发展社会学，地域社会学、农村社会学、都市社会学、城市社会学、城市空间社会学、城市规划社会学、社区社会学、单位大院社会学、住宅社会学，草原社会学、海洋社会学、交通社会学、旅游社会学、网络社会学、国际关系社会学、全球社会学，反思社会学、反思历史社会学、历史社会学、汉字社会学、编辑社会学、档案社会学，信息社会学、知识社会学、传播社会学、新闻社会学、宣传社会学、组织社会学、大众培训社会学、咨询社会学、军事社会学、国际政治社会学，以及分析社会学、比较社会学等等。

关于第二个层面，前已涉及，社会学的研究从早期至今，关于体系建构及各方原理的讨论和阐发，一直没有间断，至今方兴未艾。

关于第一个层面，即本书的主要内容。

社会学是要揭示社会必然性的。而实现这种可能性，只有成为哲学形而上所统摄的形而下的现实性，同时又成为形而下科学的现实性支持着的形而上的必然性，这才成为被证明和被证实的。

《塑造论哲学导引》从“哲学的元问题”开始，对“哲学何以可能”作出回答。然后由“哲学方法实现于哲学史”的展开论述，对“哲学方法何以可能”作出回答。之后对于“理论的逻辑真何以可能”“艺术的韵律美何以可能”“技术的程序益何以可能”“道德的伦理善何以可能”作出回答。再后，由“塑造单子”作为向各领域展开的“基本解析图式”，对“塑造单子和谐何以可能”作出回答。为了真正完整地实现哲学统摄科学学科、科学学科又支持哲学，塑造论哲学还围绕“经济的必然性何以可能”“政治的必然性何以可能”等等，在逻辑真和艺术美的“底衬”上，特别体现程序益和伦理善，而向经济学和政治学延伸，对于“经济的必然性何以可能”“政治的必然性可以可能”作出回答；之后在逻辑真、艺术美、程序益、伦理善的文化层面综合意义上，对于“社会的必然性和有成性何以可能”，作出回答。这里由“理论、艺术、技术、道德”以及“经济、政治”从而对社会各个领域，都经由个体及社会的“无意识—潜意识—显意识—超意识”及“超意识—显意识—潜意识—无意识”的个体及社会的循环，贯彻塑造论哲学方法史连带各门科学学科方法史的实现，由回答“哲学何以可能”证明“科学何以可能”，而且也由回答“科学何以可能”而证实“哲学何以可能”；使“形而上的哲学”之可能统摄“科学的形而下”是成为可能的，使“形而下的科学”之可能支持“哲学的形而上”是成为可能的。这就又回到对《塑造论哲学导引》开始提出的关于“哲学的元问题”的证明和证实。

正是在这一大的体系中，作为《塑造论哲学之社会学哲学论证》这一卷，与前面《塑造论哲学之经济学哲学论证》《塑造论哲学之政治学哲学论证》一起，共同构成一个整体。

1.《塑造论哲学之经济学哲学论证》这一卷，首先从“塑造论哲学对哲学何以可能的回答”论述起，把经济学涉及的主要方面纳入塑造论哲学关于“塑造单子”及“单子群”的“基本解析图示”框架。这就是绪论部分的主要内容。然后，沿着“无意识—潜意识—显意识—超意识”，分为一、二、三篇。第一篇由“无意识”前提作为“前阶”，由此说起。第二篇论述作为“枢纽”的“经济潜意识—经济显意识”关系，就此展开。先就作为经济“‘程序伦理’之‘值’的（形式）公设”，或体现“值（值得、值当）”的“原初（经济）状态”，由社会潜意识层面，论述义利的形式必然性何以可能的问题；又就作为经济之“值（值得、值当）”加“民生世事”的义利，由社会潜意识社会显意识的关系，论述义利性的经济何以可能的问题；再就经济的“‘值’统摄‘民生世事’”而“经世济民”所显现出来的经济体系，在社会显意识层面上，论述经济获益至善，即经济义利的绩效性何以可能的问题。这里，“看不见的手”“看得见的手”实现着“值（值得、值当）价值”对经济的调节。第三篇关于向“超意识”状态升华，指向着超越。由值（价值）与法（法律）的关系，通过关于“看不见的手”与“看得见的手”的追问和学说建构史，阐述了“潜意识—显意识”经“对立统一”走向“同一”，从而实现经济发展中一级级的文明，走向和谐与超越。这一系列证论，归结到回答“经济必然性何以可能”“经济学所揭示和论证的必然性何以可能”，从而对作为经济科学学科支持形而上的必然性何以可能，作出结论。这里，与其他卷成为一体，使得由经济价值说开的经济循法运行体现的经济文明（现在人们常表述为物质文明）、由政治依法运行说开的政治价值体现的政治文明（现在人们常主要说到制度文明），镜像对称地合在一起，为论证包括具有社会（文化）价值的社会文明（现在人们常由此讲到其所特别包括的精神文明）何以可能，由塑造论哲学体系给出证明和证实。

2.《塑造论哲学之政治学哲学论证》这一卷，首先从“塑造论哲学对哲学何以可能的回答”论述起，把政治学涉及的主要方面纳入塑造论哲学关于“塑造单子”及“单子群”“基本解析图示”的框架。这就是绪论部分的主要内容。然后，沿着“无意识—潜意识—显意识—超意识”，分为一、二、三篇。第一篇由“无意识”前提作为“前阶”，由此说起。第二篇论述作为“枢纽”的“政治潜意识—政治显意识”关系，就此展开。先就作为政治“‘伦理程序’之‘法’的（形式）公设”，或体现“法（法则）的原初（政治）状态”，由社会潜意识层面，论述正义的形式必然性何以可能的问题；又就作为政治的“法（法则、法规）”加“世情民事”的正义，由社会潜意识社会显意识的关系，论述正义性的政治何以可能的问题；再就政治的“‘法’统摄‘世情民事’”而“布政治世”所显示出来的政治体系，在社会显意识层面上，论述政治至善获益，即政治正义的合法性何以可能的问题。这里，“自然法”“人为法”实现着“法（法则、法规）法律”对政治的调节。第三篇关于向“超意识”状态升华，指向着“超越”。由法（法则）与值（价值）的关系，通过关于“自然法”“人为法”的追问和建构史，阐述了“潜意识—显意识”经“对立统一”走向“同一”，从而实现政治发展中一级级的文明，走向和谐与超越。这一系列证论，归结到回答“政治的必然性何以可能”“政治学揭示和论证的必然性何以可能”，从而对作为政治科学学科支持形而上的必然性何以可能，作出结论。这里，与其他卷成为一体，使得由政治依法运行说开的政治价值体现的政治文明（常主要说到制度文明）、由经济价值说开的经济循法则运行体现的经济文明（常表述为物质文明），镜像对称地合在一起，为论证包括具有社会

（文化）价值的社会文明（现在人们常由此讲到其所特别包括的精神文明）何以可能，由塑造论哲学体系给出证明和证实。

3. 由以上两卷的综合而论，我们要由经济价值说开的经济循法运行体现的经济文明（现在人们常表述为物质文明）、由政治依法运行说开的政治价值体现的政治文明（现在人们常主要说到制度文明），镜像对称地合在一起，由社会习性说到社会运行中体现社会文化价值的社会文明，为进一步论证具有社会（文化）价值的社会文明（现在人们常由此讲到其所特别包括的精神文明）何以可能，由塑造论哲学体系给出证明和证实。

所以又有《塑造论哲学之社会学哲学论证》展开了的有关论述。这里，首先从“塑造论哲学对哲学何以可能的回答”论述起，把社会学涉及的主要方面纳入塑造论哲学关于“塑造单子”及“单子群”“基本解析图式”的框架，形成一个关于“社会”的基本解析图式。这就是绪论部分的主要内容。然后，沿着“无意识—潜意识—显意识—超意识”，分一、二、三篇。第一篇由“无意识”前提作为“前阶”，由此说起。第二篇论述作为“枢纽”的“社会潜意识—社会显意识”关系，就此展开。着眼于“社会在成（社会存在社会生成）的必然性形式是何以成为可能的”，由“社会潜意识”和“社会显意识”的关系，就作为社会之“‘性’（人性、社会性）”体现于“社情民俗”的“社会存在”“社会生成”，论述了“社会存在社会生成的普遍性统摄是何以成为可能的”；又在“社会显意识”层面上，就社会“‘性’体现于‘社情民俗’”而指向“社缘会通”所显示出来的社会体系，论述了社会何以达到“真美益善”统一，论述“社会存在社会生成（落实为社会实在成就）的和谐性显现是何以成为可能的”。这里“人塑造（自然）社会”和“社会（自然）塑造人”实现着对于“性（人性、社会性）”的调节。第三篇关于向“超意识”状态升华，指向着超越。由值（价值）法（法律）性（人性、社会性）的关系，通过解析“人塑造（自然）社会”和“社会（自然）塑造人”及其学说构建史，阐述了“社会潜意识—社会显意识”经“对立统一”走向“同一”，从而实现社会发展中对一级级社会文明的把握，走向和谐与超越。这一系列论证，归结到回答“社会必然性何以可能”并且是“社会学所揭示和论证的社会必然性何以可能”，从而对作为社会学的科学学科支持形而上的必然性何以可能，作出结论。

第　一　篇

前阶："无意识—有意识"·从"无意识前提"说起

第一章　权变性机制中的维护性与攻击性

（一）在自然的塑造中，人作为大自然的精英脱颖而出，在大自然决定之下成为能成为的那个样子。在其活动中有"适与不适"的取悦性机制，以及"对与不对"的对应性机制，还有一种"行与不行"的权变性机制。[①]

"权变性"这个概念，其意义重在：通过自身的活动使外界发生变化，并权衡外界变化使自身随机应变。"行与不行"涉及"能行不能行""可行不可行"。这与"对与不对"和"适与不适"的意义有密切联系。因为对了才能行，适了才去行。但是对了、适了却不一定能行、不一定可行。因此，对应性机制中的对与不对，取悦性机制中的适与不适，就其结果来说往往是形成某种权变。凡是对于保持生存来说，非常显然地都得有个变得能行不能行或可行不可行的问题。

例如生物体对外界刺激作出反应：某些植物在趋光性之中改变自己的生长方向，昆虫为了隐避或摄食而改变着自身的颜色，动物为获取食物和躲避危难而变换自己的动作，等等。这一切从广义上说似乎都有个由自身的变而使外界变，并"权衡"

① 参见张全新：《塑造论哲学导引》，人民出版社 1996 年版，第 3 卷上篇第 3 章。

外界的变化使自身随机应变的过程。

权变性机制是物种在自然选择中基于维护性效应和攻击性效应而发展起来的。

无生命之物中的相互影响、吸引和排斥、作用力和反作用力、振动或阻滞，以及在外力下改变了形状又在自身“记忆”中恢复原状（有所谓“记忆金属”“记忆物质”等）……都可以认为是产生这种机制在物质演进中的向前还原追溯。当然这还谈不上真正在维持自身生存意义上的维护和攻击。

对于生物及动物的维护性效应可在两种情况下加以研究：一是保护自身个体；二是保护物种群体以至“住所”环境（据说，西文中“生态”一词就源于古希腊“住所”这个词）。

对于生物及动物的攻击性效应也可从两个意义上加以研究：一是对同类进行的攻击，如为掠食、为护巢、为占有领地、为争夺异性在同类个体间进行的攻击；二是对异类进行攻击，这里既包括对动物界异类的攻击，也包括对动物界之外的所有自然物进行的攻击，如采集它、捕捉它吃掉它以及取材建筑等等，这都是攻击性的表现。

维护性与攻击性既有走向负熵的可能，也有走向正熵的可能。这种维护性和攻击性都使自身和外界发生着改变，实现着“塑造”。当排斥正熵吸取负熵，这就形成了飨成于自身的、生物体及动物体长期进化发展的结果。作为人类，要使自身进化发展，也总有排斥正熵而吸取负熵的指向。

（二）大自然塑造的有生命之物在新陈代谢中就有权变性机制的萌芽，其摄食总带有维护自己而攻击对象的性质，而排泄之物在一定意义上也可看作是权变的杰作。奥地利动物学家，现代行为科学的创始人康罗·洛伦兹在其著作中有这样一个例子：“鹦鹉鱼生有硬凿子齿，可以连同石灰质的骨架，吃下整个珊瑚枝。假如你潜近在吃食的它色，你可以听到咀嚼的破裂声和嘎叱声，好像一座小碎石厂正在做工一样。实际上，说碎石工厂也名副其实，因为当这种鱼排泄时，可以看到一小阵的白沙雨，形成珊瑚林中的小空地上覆盖着的雪白沙。这就是鹦鹉鱼的杰作。"这个意义上的权变杰作在生物界可谓比比皆是。

当然，对于权变性机制运行的结果，假如从广义上说，可涉及所有生物体的所成之物，包括为维持自身生命的新陈代谢之物，也包括为延续物种及繁育后代的所成之物。

康罗·洛伦兹曾经专门对动物界的此类情况进行研究，寻找其与人之行为之间的联系。诚如他所说："在自然界，斗争一直存在于活动过程之中，在自然选择而形成的淘汰压力下，由于护种的作用，它们的行为机构和武器是如此发达，不仅明显地出现，而且明显地被使用。"人们已充分注意到，"古生物学家已提出许多令人印象深刻的实例，来证实自卫武器和攻击武器之间的进化和竞争"。"有一个正统的例子可以用来说明某一作用的自然淘汰压力会导致相当的适应。即肉食动物和它的捕获物互相影响彼此之间的进化。被追逐的蹄类动物，它们的敏捷迫使狡猾的追逐者发展强大的跳跃力和尖刻的锐趾"。草食动物的牙齿已有愈来愈好的碾磨力，而与它们的进化平行的是，滋养植物也已发展了保护自己不被嚼食的方法，如矽酸盐的贮存和木质的硬刺。这种食者与被食者间的竞争，决不至于引起被食者的灭种。

在这种进化中，以至发展到人能设计自己的工具并制作工具及种种器具用品。

洛伦兹还讲道："使一个物种消失或转变成另一种类的因素是有益的'发明'，这种'发明'在永恒的遗传性突变的赌局中，偶然会落在同类个体中的一个或几个上。这些幸运者的后代逐渐超越其他个体，一直到这些特殊物种只包括那些拥有新

‘发明’的个体。”①

正是在这种权变性机制进化当中产生了有语言、能使用工具的人。

（三）总之，人是在生物、动物进化中才产生的。正是在这种进化中，维护性和攻击性效应在人身上被积淀下来，成为人所具有的。

人在体验中由“维护”和“攻击”效应才成为人所利用的备件，即“寻益对象”。不然的话，就无所谓寻益对象。

这一层次上讲的维护性和攻击性效应，在无意识中并没成为被意识到的，只有在意识中才被意识到。在意识中它会在体验备件材料时起着作用，当受意识的调动，便会涌现出来，从而加入有意识的重组和役使，并为重组和役使所统摄。作为潜意识的程序形式，是以此为前提才得以成为意识的。

① ［奥］康罗·洛伦兹：《攻击与人性》，王守珍、吴月娇译，作家出版社 1987 年版，第 29～30 页。

第二章　共生性机制中的自立性与依他性

（一）从人是自然界的产物来说，服从自组织过程的某种序参量，这强化着排斥正熵、取得负熵而指向进化的过程。

人镶嵌在自然界中生存繁衍，为适应外界而在调节自身与外界关系中所逐步发达起来的"对与不对"的对应性机制、"适与不适"的取悦性机制，以及"行与不行"的权变性机制等等，被积淀下来。同时，还有一种"该与不该"的共生性机制也在选择性的基因遗传中被积淀下来。

共生性机制中的"该与不该"即"应该不应该"，这里涉及"生"，并且首先是个体自身的生。生命体既然要生存，就要有一种适应外界的行为。这里要通过对应性机制决出对与不对，对于对应性来说，"对"的当然就是该的；这里也要通过取悦性机制决出适与不适，对于取悦性来说，"适"的当然也就是该的；这里还要通过权变性机制决出行与不行，对于权变性来说，"行"的当然也就是该的。这些机制支配、制约、影响着生命体的取食活动、居住活动，其中也包括繁殖性活动。如果单纯以对与不对、适与不适、行与不行而分，这里首先有一种以是否有利于个体自立生存为标准的性质，对此可称之为自立性效应或叫自利性效应。

然而，"共生性机制"中还涉及"共"。也就是说，每个个体生存，都离不开同类的群体；真正的进化往往并不表现为个体进化，而是表现为群体进化，而且也不能离开与异类群体共同进化。对此，我们称之为依他性效应或叫利他性效应。

由于在共生性中既涉及自立性又涉及依他性，所以对“该与不该”就要在双重意义上加以说明了。

首先，对的、适的、行的就是该的，这都是为了自身生存，因为任何生物体都有利己的行为本能。然而，个体的生存、繁衍一定要与其他个体特别是和群体发生联系；甚至可以说，个体的生存必须在群体生存下才能实现，繁衍只有在群体中才能得以进行。这就会出现如此的情况，即对某个个体来说是该的，而对于另外个体特别是对于群体来说不一定是该的。这里，作为一种共生性机制，显然是不可忽视的。

（二）有生命之物在大自然塑造的物种进化中就有着一种共生性机制。20 世纪后半叶以来，许多提出社会生物学的学者，注意从生物乃至基因的基础状态上加以考察，认为动物身上就有着为群体生存而牺牲自己的利他主义的基因或因素。

正如美国生物学家威尔逊讲的：“从达尔文主义的意义上讲，有机体不是为了自己而活着。它的基本功能甚至不是繁殖另外的机体；它繁殖的基因，并且像一个昙花一现的运载体那样为基因服务。每个通过性生殖的有机体都是独特的，是组成物种的所有基因的偶然子集合。自然选择是一种过程，它凭借一定的基因在后代中表达来完成，这些获得表达的基因比位于染色体相同位置上的其他基因优越。当每一代生物产生新的性细胞时，优胜的基因都要被分离和重组，以便制造新的机体。一般来说，新的机体包含较高比率的同一基因。但是，有机体的个体仅仅是基因的运载工具，是在最小可能的生化扰动范围内保存和传播基因的那种精巧装置的组成部分。……有机体只是 DNA 制造更多的 DNA 的工具。更为重要的是，下丘脑和边缘系统的天职就是维持DNA的永存不朽。"①

因此，"在自然选择的过程中，任何能在后代中给一定基因以较高的比率的机制，将逐渐给物种赋予特征。一类这样的机制促进延长个体生存，另一类增进优势交配的实施以及对这种交配产生的后代的照料。由于有机体更加复杂的社会行为是复制自身进而增加基因的技巧，利他主义变得日益盛行，最终以平常的形式出现"。②

于是，许多学者把"社会性"这个概念拓展了，从而建立了其所谓的"社会生物学"的理论。至于对"社会性"这个概念能否扩大到整个生物界，应当充分注意概念本质规定性的区别，对此姑且另外再论。但是，关注这方面的研究成果，对于考察人类社会性的生物前提，或者说无意识前提，是有益的。

威尔逊写道："物种当中，具有高度社会性的几千种之多。其中最高级的，我称之为在动物里形成了三个社会进化尖峰的有：（1）珊瑚类、苔藓虫类及其他会形成殖民区城的无脊椎动物类；（2）社会性的昆虫，包括蜂类和蚁类；（3）社会性的鱼类、鸟类和哺乳动物。这三个可营社区生活的生物尖峰是社会生物学这门新学科的主要研究对象。"③ 另外，学者们还特别对离人类最近的黑猩猩的生存社会性进行研究。基辛还曾特别考察了灵长目的社会组织。这里的大量事实似乎已经为多数人所熟悉，在此不详细列举。

威尔逊考察了一系列事实，在说明"社会组织的可塑性"

---

① ［美］E. O. 威尔逊：《基因的伦理学》，中译文载《科学与哲学》1993年第3期。

② ［美］E. O. 威尔逊：《基因的伦理学》，中译文载《科学与哲学》1993年第3期。

③ ［美］E. O. 威尔逊：《人类的本性》，甘华鸣译，福建人民出版社1988年版，第15～16页。

方面，提出了许多新发现，并认为人类社会组织的可塑性“代表着已经出现于狒狒、黑猩猩和其他一些有尾灵长类动物的可变性倾向的延伸”。①

当然，此项研究是生物学、遗传学、生态学、社会学等部门学科以及它们的交叉综合学科所研究的任务。而作为哲学的研究，主要则应指出，人类的社会性与猩猩及其他哺乳动物，以及鸟类、鱼类、昆虫、苔藓虫、珊瑚类的所谓“社会性”不可同日而语。这些生物的“社会性”只能是演化到人类社会性的生物前身，是群体组织的一种形式，而不是真正意义上的社会性；如果着意研究这种组织的形式和人类社会组织的共同性，只能在加引号的意义上讲它带有“社会性”，或者说还没发展到人类真正意义上的社会性的“准社会性”，不能说准社会性就是社会性。但是，这起码能证明人类社会有其生物学发展的前提，有其生物乃至基因演化的基础。

利他是人类社会中一种高尚的行为。动物也有类似的“利他”行为，如兵蚁为了保护蚁群而牺牲自己。动物利他是指个体“自愿”冒着自己的生命危险而去帮助同类的行为。动物利他常常也是由遗传因素决定的。基于动物学的意义，“利他”的特点主要有：①自愿性；②助它性；③非索取报答性；④自损性。

这种情况的“利他性”通常讲有两类：①非紧急情境中的利他。如日常中经常发生的不危及生命或不涉及生存资料的威胁；情境中存在明确的线索和信息，知道有同类需要帮助；利他时不需要采取紧急措施。②紧急情境中的利他。特点是有危及生命及生存资料的威胁；利他者必须付出很大代价，甚至以

① ［美］E. O. 威尔逊：《人类：从社会生物学到社会学》，中译文载《科学与哲学》1983 年第 3 期。

自己的生命为代价；情境不常见，利他者往往缺乏经验；情境特殊，需要用特殊手段利他；情境无法预见，往往使利他者措手不及；利他者有明显的生理变化，如血糖升高、心率加快、肌肉紧张等等。

集中于人类来讲，虽然有些社会心理学家对于利他来自遗传的那部分十分重视，但更多的社会心理学家非常强调学习和模仿的作用。一般认为，产生利他的因素有：①利他者的人格特点，包括世界观、人生观、信念、道德感、理智感等等。②情感因素。利他者独处时和他人的利他行为，都有助于产生利他。③情绪状态。心境愉快时有利于产生利他。④年龄因素。如其他条件相似时，其中年龄较大者易产生利他。⑤受利者的特点。受利者若是女性、老人、小孩、外表可怜者，均易引发利他。⑥社会文化因素。不同的社会文化背景影响人们利他。

应当讲，只有人类才是真正有意识的，人类社会是有文化的。而对这种有意识、有文化的社会性，又可以在无意识的生物学层次上对其产生前提加以考察，从而可以看清其中的塑造过程。

通过这种考察，我们看到，在生物演化的历程中，就大自然的塑造而言，并没有泾渭分明而突然截断的界限，一个有机体不会前无因后无果地突然出现。演化变迁是逐渐且连绵不断的。这里有基因突变的情况，体现在族群内却是带有统计频率的变迁，并不是骤然发生。个体突变的特征是直接的，有就是有，没有就是没有，但突变可能促成较大的变迁，模式却是复杂的和逐渐的。

威尔逊说，我们如果讲没有文化的猿一下子生出了有文化的人，或者说它们在数代之内发生了转变，在生物学上是站不住脚的。

因此说，这种研究能给我们提供重要根据，即人类的社会性也是受自然界塑造支配和制约的。人类之所以能形成其社会性，也与它在自然界序参量支配下，为加入自然生态而由多年生物演化以至在基因遗传中选择积淀下来的性质有关。

为此，杜布赞斯基指出：固然“文化不是通过基因遗传的，它是通过从其他人那里学习而获得的……在某种意义上讲，在人类进化中人类的基因已经放弃它们的首席而让位于一种全新的、非生物学的或曰超机体的力量，这就是文化。然而不应该忘记，这种力量也取决于人类的基因型”。威尔逊在其著作中引用了这段话后指出：“尽管基因已经放弃了它们的大多数统治权，但是至少在潜在于文化差异之间的行为品质方面，可以看到其作用的一定影响。”[①]

（三）总之，人是在生物、动物进化中才产生的。正是在这种进化中，自立性和依他性效应在人身上被积淀下来，成为人所具有的。

人在经验中由“自立”和“依他”效应成为人所生成的性情，这才有“至善对象”。不然的话，就无所谓至善对象。

在这一层次上讲的自立性和依他性效应，在无意识中并没有成为被意识到的，只有在意识中才被意识到。在意识中它会在经验性情欲求中起着作用，当受意识的调动，便会涌现出来，从而加入有意识的自律和他律，并为自律和他律所统摄。作为潜意识的伦理形式，是以此为前提才得以成为意识的。

---

① ［美］E. O. 威尔逊：《人类：从社会生物学到社会学》，中译文载《科学与哲学》1983 年第 3 期。

第三章　走向人类社会意义的"社会何以可能"之物种进化前提

（一）生活在一定环境中的生物（包括动物、植物和微生物）以各种方式彼此作用、相互影响而形成的整体，这往往被称为生物群落（biological community）。

关于生物群落中各种生物之间的关系，生物学家往往将它主要分为三类：①营养关系。当一个种以另一个种，不论是活的还是它的死亡残体，或它们生命活动的产物为食时，就产生了这种关系。这里又可分为直接的营养关系和间接的营养关系。采集花蜜的蜜蜂，吃动物粪便的粪虫，这些动物与作为它们食物的生物种的关系是直接的营养关系；当两个种为了同样的食物而发生竞争时，它们之间就产生了间接的营养关系。因为这时一个种的活动会影响另一个种的取食。②成镜关系。一个种的生命活动使另一个种的居住条件发生改变。植物在这方面起的作用特别大。林冠下的灌木、草类和地被以及所有动物栖息者都处于较均一的温度、较高的空气湿度和较微弱的光照条件下。植物还以各种不同性质的分泌物（气体的或液体的等等）影响周围的其他生物，一个种还可以为另一个种提供住所，例如，动物的体内寄生或巢穴共栖现象，树木干枝上的附生植物等。③助布关系。指一个种参与另一个种的分布，在这方面动物起主要作用。它们可以携带植物的种子、孢子、花粉，帮助植物散布。以上这些关系群落中所具有的重要意义在于，这是生物群落存在的基础。正是这种相互关系把不同的生物聚集在一起，把它们结合成不同规模的相对稳定的群落。

对于生物群落中的"群落结构"，通常认为，包括空间结构、时间组配和种类结构。①关于空间结构。不同生活型的植物（乔木、灌木、草本）生活在一起，它们的营养器官配置在不同高度（或水中不同深度），因而形成分层现象。分层使单位面积上可容纳的生物数目加大，使它们能更完全、更多方面地利用环境条件，大大减弱它们之间竞争的强度；而且多层群落比单层群落有较大的"生产力"。②关于时间的组配。组成群落的生物种在时间上也常表现出"分化"，即在时间上相互"补充"。如在温带具有不同温度和水分需要的种组合在一起：一部分生长于较冷的春秋季节，一部分出现在炎热的夏季，等等。③关于种类结构。每一个具体的生物群落以一定的种类组成为其特征。但是不同的生物群落种类的数目差别很大。

学者们指出，生活在一个群落中的多种多样的生物种，是在长期进化过程中被选择出来而能够在该环境中共同生存的种。它们之中每一个占据着独特的小生境，并且在改造环境条件，利用环境资源方面起着独特的作用。群落中每一个生物种所占据的特定的生境和它执行的独特的功能的结合，即生态位。因此，一个生物群落的物种多样性越高，其中生态位分化的程度也就越高。

关于"群落功能"的讨论，专家往往注意到一种被称作生物"生产力"的功能，认为群落中的绿色植物通过光合作用由无机物质制造有机化合物，这是生物群落的最重要的功能。

就动物来讲，同种动物间或异种动物间的集体合作行为，往往也被人们称作"社群行为"（social behaviour）。当然，这不是"人类社群意上的社群行为"，而是借用了"社群"这个词来说动物界的群体合作现象。这种合作可以仅表现为暂时的和松散的集群现象，但更典型的是动物组成一个似乎有结构的较稳定的"社群"，其中有明确的分工和组织（如所谓"阶级"和优势序位现象）。许多"社群"是环绕着婚姻和血缘关系建立起来的，但配偶和亲子关系本身还不能视为社群现象。蜂群之所以被视为"典型的动物社群"，并非因为它是个血缘集团，而是因为内部有明显的分工和组织。这种"社群"的维系依赖于合作互利的关系，但成员行为的相互协调需要有效的"通讯"机制。气味（外激素）和鸣叫声以及种种仪式化行为是常使用的"通讯"手段。关于动物学意义上的"社群性动物"，往往要降到蜂、蚁、白蚁，狒狒以至人类等。这些动物个体若离开群体则难以独立存活。

动物群落作为"集群"，其成员共同取食、共同御敌、共同育幼，增强了个体存活和种群延续的几率。特别是"职能分工"的出现和"互相学习"导致生活技能的不断改进，这大大提高了上述取食、御敌等行为的效率。在社群中还可见到许多利他行为。如：司警戒的鸟发声警告同类逃遁，本身却招致了灾害；工蜂终日为整个蜂群忙碌，本身却不直接参与繁殖后代，在螫刺入侵天敌时总是同归于尽；等等。

取食、生殖、防御等行为可以个体为单位，也可以群体为单位来进行，后者同时也属于前面所讲到的"社群行为"的范畴。"通讯行为"更是常被视为"社群行为"的重要组成部分。

蜂、蚁等组织严密的"社群"很早便引起学者的注意，但早期的解释多为拟人论的猜测。对灵长目动物的狒狒"社群"的研究，很多是出于探索人类社会进化根源的目的。目前的研究大多集中于以下几个方面：对社群行为的现场观察和精确描述，行为的遗传机制和生理机制的探索，由生物适应的角度分析社群行为的利和弊，试图重建某些社群行为的进化路线，等等。

许多同种或异种个体聚在一起，这可视为是最简单的“社群行为”。当然不能把动物的一切集结现象都视为社群行为。就昆虫来讲，其“社群性”特征表现为生殖功能上的分工。“社群”内的个体分属几个“阶级”。“群体”内大部分个体（例如工蚁、工蜂、工白蚁）从事觅食、饲幼、防御等活动，少数个体专饲生殖。工蜂、工蚁均为不育的雌性，而工白蚁可为能育的雌性或雄性。有些蚁和白蚁还有兵蚁这一“阶级”。蜜蜂用舞蹈动作来向同伴传递关于花蜜和花粉资源方向和距离的信息。分群的蜂飞离旧巢一段距离后即在某处停息，由一些个体出去寻找合适的场所，这些侦查蜂回来时用舞蹈通报关于所找到场所的信息。

此外，分群的工蜂能从腹部的纳萨诺夫氏腺体产生一种外激素，蜂后则以大颚腺分泌外激素。如果彼此失掉联系，这两种外激素的相互作用能使工蜂与蜂后顺利地聚集在一起。蜂后的外激素还起着调节群体的作用。这种化学信息能抑制工蜂育子发生，还能吸引工蜂到它身边，刺激工蜂的“随从”行为。

如果说在昆虫的所谓“社群”中更多的是定型的行为，那么脊椎动物的行为则经常地被“经验”和“学习”所改变。在同一“社群”的成体之间，彼此按一定的优势序位组织起来。优势序位是脊椎动物“社群”的典型特征之一。这种序位是指群体中有的个体通过种种途径成为优势者，另一些则变为从属者。优势者在群体中享有种种特权，如优先选择配偶、得到食物、享有优越的栖居场所等。从属者却总是对优势者表示顺从，并往往敬而远之。另一方面，优势者也承担一些特殊任务，是其群体领域范围的标记者，是从属动物的保护者。脊椎动物“社群”中各个体的序位有的终生不变，有的则不断变换其等级。

灵长类所谓"社群"的各个成员多有不同的分工，如防卫、寻找食物、繁殖等。结群防卫有着重要的意义。一般几个体大强壮的雄性为优势者。有时数只较高等级的雄狒狒共同组成优势群组，彼此互相支持协作。

在动物界的所谓"社群"中，优势者常常干预和阻止群内争斗，有时是为了保护体弱的个体。优势和从属地位的信号在不同的灵长类中不同。有的用声音，有的用特别的姿势，还有的用面部表情来表示。灵长类"社群"的大小和构成也各不相同。长臂猿"社群"仅包括一雌一雄；黑猩猩和大猩猩则由8～9只结合为一社群，共同生活；而恒河猴却形成150只的大"社群"。一般说来，营地栖生活的种类，其"社群"成员数目远比树栖者多。①

动物群体并不是只要动物聚集在一起就能形成一个"社群"。只有那些相互之间有较强的吸引力并且个体之间表现出一种密切合作的共同生活在一起的动物才能称为动物"社群"。

觅食、繁殖和防卫是决定一切动物行为的三大生存需要，不论是独居动物还是群居动物。群居生活可以有多种形式，这些形式既反映了群居种类的多样性，又体现了它们繁殖、觅食和防卫的方式。在动物个体之间存在的多种关系使动物个体组成了一个群居网，这些关系显示出某些普遍特质。首先，群居动物通过个体之间的相互交流、相互交换信号和信息之后便产生了某些特殊的联系，随后这些特殊的联系又解除了。不管这些联系是暂时的还是永久的，它们使动物个体聚集起来，并构成群体乃至"社群"生活的基础。在动物体内部，我们可以看

① 参见《中国大百科全书》（生物学卷），中国大百科全书出版社1991年版，第768、2279～2280、1415～1417、1294～1296页。

到多样性和专业化。多样性是指个体的多样性、联络和功能的多样性。专业化是指职责和任务的专业化。

（二）如前所说，19世纪中期以后的近现代生物学的发展特别是20世纪的人口遗传学的发展使人们清楚地看到，作为历经几百万年演化而来的生命，人类和动物本性的持久特性是在极其不同的自然环境与社会环境中进行遗传选择的结果。利己在不同环境条件下的存活价值是不难理解的，但是为什么人类中，也能见诸某些动物中，其中的利他行为能延续下来呢？一些遗传学家和生物学家提出了这类问题，最近20年尤为如此。他们所从事的工作被爱德华·威尔逊在一部整理和发展了已有认识的重要著作中称为如前所说的“社会生物学”。按照威尔逊的说法，“社会生物学的中心的理论问题是，根据定义减少个人适应性的利他主义如何能够通过自然选择得以进化?”为了解决上述问题，社会生物学家建立了“群体选择”模型，这一模型可以通过它的一个特殊变种“亲缘选择”加以说明。这里，立足于假定某人对他的兄弟采取利他主义行为，愿意通过降低自身的遗传适应性来增强他的兄弟的适应性。作为这种利他行为的结果，如果他使自身的适应性降低了b个单位，那么，他将使他的兄弟的适应性增加譬如c个单位，由于在他们的基因中大约1/2相同，所以，如果c>2b，那么他的利他主义将使他的自身基因的预期的适应性增强，尤其是，这将增强作用于他的利他主义基因的预期的适应性，因而，对同胞、子女、子女的子女或任何具有相同基因的人的利他主义将有较高的存活价值，由此可以解释，对亲戚的利他主义是人类和动物“本性”的持久的遗传特性。

有研究者由此认为，学者们关于个人理性同社会生物学家的群体理性的结合能够形成更有说服力的分析。为了说明这种潜力，可以运用关于社会相互作用的研究，分析“社会生物学”

的中心问题，即对于"动物利他主义行为的生物选择"作出研究。

贝克尔提出，社会生物学可以从社会学家的分析手段同人口遗传学、解剖学及社会生物学的其他生物研究的分析手段的结合中获得收益。这些理论认为，偏好一定，并笼统地将偏好归于"人性"或诸如此类的说法——例如强调自私、对亲戚的利他主义、社会的差异性，以及偏好的其他持久延续的特性——可以在很大程度上用不同时期具有更大存活价值的特性的选择予以说明；然而，反过来，存活价值在一定程度上是不同社会环境与自然环境中的效用极大化的产物。为了说明这一点，应当指出，利他主义的自然选择这一社会生物学的中心问题如何通过考虑利他主义者与利己主义者的效用最大化的行为之间的相互作用得以解决。①

还要提到的是，在当代学问中有一个作为"人类学"的学科。人类学（anthropology）一词，源于希腊语 Anthropos（人）和 Logos（逻辑、科学），带有"人的科学"或关于"人的学科"的意思。人类学一般分为"体质人类学"和"文化人类学"两大分支。

"体质人类学"又称"自然人类学"，主要研究人类自身的起源、分布、演化和发展过程以及种族、民族体质特征和分类。文化人类学主要是研究人类文化的起源、成长、发展、变化过程，拓展于各民族及区域、各国文化的差异和不同文化类型、模式，包括史前考古学、语言人类学、民俗学等分支学科。人类学这门学科在不同的国家有着不同的含义。在日本、原苏联和欧洲大陆的许多国家，人类学曾专指研究人类体质的学问，

① 参见［美］加里·S. 贝克尔：《人类行为的经济分析》，王业宇、陈琪译，三联书店上海分店、上海人民出版社 2003 年版，第 334～350 页。

包括灵长类学在内，这是狭义的人类学；在英美等国家，这门学科的研究则不仅包括体质人类学，而且包括关于人类的社会和文化的研究在内，叫作社会人类学或文化人类学，涉及民族学、考古学、语言学等等，这是广义的人类学。所以人们认为，日本、原苏联以及欧洲一些国家的人类学范围相当于英美等国的体质人类学或生物人类学。在日本、原苏联和欧洲大陆的许多国家，人类学、民族学和考古学有较明确的界限。考古学根据物质遗存来研究人类的历史；民族学研究现存民族的文化和生活方式的各个方面，研究这些民族的起源、定居和迁徙以及他们在文化史上的相互关系；而人类学则研究人类各种体质类型在时间和空间上的变化。所以说，这种所谓狭义的人类学，相当于英美等国的体质人类学或生物人类学。① 有人指出，无论形而下的现实如何，人类学应该有其形而上的知识母体（思维框架）。

“体质人类学”这门学科特别相关于“古人类学”这门学科。古人类学（palaeoanthropology），作为一门专门研究人类进化的学科，其作为研究对象的材料主要是来自古人类和古猿类的化石遗骸，在进化理论的指导下，利用体质人类学、比较解剖学的知识和方法研究古人类及其猿类祖先的体质变化和系统关系。因此，古人类学与石器时代考古学、古生物学、第四纪地质学等有关学科有着密切联系。当然，人们还往往按更为狭窄的范围来理解古人类学的内容，将它限于古人类和古猿类遗骸的结构、机能、比较解剖及系统关系，探索古人类及其古猿祖先的体质构造在时间上的变化规律和在空间上的分布，并作出合理的解释。按照这样的理解，古人类学是体质人类学的一

① 参见《中国大百科全书》（生物学卷），中国大百科全书出版社 1991 年版，第 1211 页。

个分支，也是古生物学的一个组成部分。不仅如此，古人类学还综合利用古人类制造和使用过的工具及其他遗物，利用与他们共存的古动物、古植物化石和古气候、古地理以及年代学等方面的资料，以阐明古人类的行为的发展过程以及他们生息于其中的自然环境。古人类学综合考虑这些方面的资料，探索人类起源和发展的规律，并力求作出合理的解释。①

另外，还有一门叫"文化人类学"的学科分支。通常讲，文化人类学（cultural anthropology）作为人类学研究领域两大分科之一，在历史上曾出现过多种形态。1901 年，美国考古学家 W. H. 霍姆斯创用这一专称，旨在研究人类的文化史，以区别于人类自然史的体质人类学（physical anthropology）。而在英国则称为社会人类学（social anthropology）。目前西方有把二者合并为社会文化人类学（socialculture anthropology）的趋势。有的学者认为，社会人类学、文化人类学与民族学相当或相近。在欧洲大陆，"人类学"专指体质人类学，"民族学"主要在于社会文化方面的研究。在中国，广州中山大学于 1980 年成立人类学系，主要从事文化人类学的教学研究。学者们认为，文化人类学是研究人类社会群体的文化起源及其发展规律的学科。要探讨人类文化的起源及其发展等各方面问题，主要借助于有关的学科开展综合研究。这里强调，运用考古学材料，不能只停留在物质文化遗存的器物类型对比分析上，要见物又见人。结合民族学和语言人类学有关材料，有助于正确地复原特定地区人类群体的生产活动、社会结构以及精神生活的全貌。民族学提供某个或某些民族社会的实地调查材料，与文物考古、历史文献相印证，更能使人了解当时的物质生活和精神世界，

① 参见《中国大百科全书》（生物学卷），中国大百科全书出版社 1991 年版，第 426 页。

勾画出某一特定性质的社会图景。在确定历史上某一人类群体，特别是在研究没有文字或文字不完善、不通用的群体的迁徙、混合的历史时，也可以在语言人类学的研究中，在对各种有关语言的分布、亲缘关系及相互作用的分析中，找到人类社会行为中的这种或那种反映。①

关于文化人类学，从学说史的角度讲，其作为一门学科名称最初是美国学者 W. H. 霍姆斯于 1901 年提出的，其目的在于区别体质人类学。从文化的观点对人类进行科学研究，则始于 1880 年德国 A. 巴蒂斯安的《历史中的人》一书。该书以实证的方法对人类精神的发展进行了研究，认为人类心理的统一决定了人类文化的统一。到 19 世纪末，许多人类学家转向了文化及文化史的研究。代表人物有英国的 H. 斯宾塞、J. 卢伯克、E. B. 泰勒，法国的 C. 勒图尔诺，德国的巴斯蒂安、J. 利佩特等。他们主要运用进化论的观点研究人与文化的进化，认为人的心理与文化的发展有着一致性。19 世纪末与 20 世纪初，在文化人类学领域产生了德国的文化圈派、英国的传播学派和美国的历史学派。德国的 R. F. 格雷布纳、英国的 W. 施密特等人认为，人类文化都是一次性产生的，其他地区的相同文化都是传播的结果，并以“形式标准”和“数量标准”来判定不同地区各种文化现象的传播。美国历史学派的 F. 博厄斯等人虽受文化传播论的影响，但更多着眼于不同文化区的形成和历史发展，以说明人类不同文化特质的创造。20 世纪 20 年代，产生了以英国的 B. K. 马林诺夫斯基、A. R. 拉德克利夫—布朗为代表的功能学派的人类学，他们从不同的文化布局中研究不同的文化价值和功能，并说明人类的不同心型、性格和行为。

① 参见《中国大百科全书》（民族学卷），中国大百科全书出版社 1986 年版，第 455 页。

但功能学派的理论不能真正解释人类不同文化的差异和价值，到40—50年代，在美国又产生了L. A. 怀特、J. H. 斯图尔德、M. J. 赫斯科维茨等人的现代进化论、多向进化论，用现代自然科学的理论和方法说明不同民族文化独特的发展特殊进化。这个时期，在文化人类学领域还有弗洛伊德学派和民族心理学派。S. 弗洛伊德、罗海姆·盖佐等人用性欲、性爱解释人类文化或文明的起源和功能；E. 米德、R. F. 本尼迪克特、M. D. 萨林斯等人用儿童早期教育、喂养等方式说明个体心理的发展，并以此推论出不同民族的文知模式。50—60年代，C. 列维—斯特劳斯等人用人类不同的文化结构、体系来说明所包含的价值，从而促进了文化人类学的发展，但60年代以后这一学派很快又衰落了。文化人类学与社会学、民族学的关系非常密切。从广义的文化意义上讲，文化人类学所研究的文化现象与社会学所研究的社会现象大致相同，许多文化人类学家也是社会学家，如马林诺夫斯基、拉德克利夫—布朗等，特别是20世纪初文化人类学的研究重点从原始文化转向现代社会生活以后，它与社会学是互为一体的，英国和美国的文化社会学就是文化人类学转向研究现代社会生活并与社会学相结合的产物。文化人类学的理论和方法与社会学、文化社会学基本一致，英国功能学派的人类学本身就称作"社会人类学"。文化人类学与民族学的区别主要在于：后者以民族共同体为研究对象，前者研究的范围包括原始人类及史前人类文化的发展。当代文化人类学愈来愈走向应用研究，涉及人类生存的经济、政治、法律、教育，以及人口、营养、医疗等活动。

与"文化人类学"接近，西方思想史上出现过一种"社会人类学"（social anthropology）。其生长于一种特别注重研究原始民族和非西方社会的行为、信仰、习俗以及社会组织和制度的人文学科，其特点在于，注重在实地考察、调查的基础上对不同类型的社会进行比较，所以又称“比较社会学”。此种社会人类学的所谓曾流行于英国、芬兰和瑞典等国。学界不少人认为，美国一些学者主张的文化人类学以及法国和原苏联等欧洲大陆国家所研究的民族学是与之相当的学科。作为英国进化学派人类学家的J. G. 弗雷泽和作为功能学派创始人的B. K. 马林诺夫斯基等人，都把此学科界定为社会学中讨论原始民族问题的一个分支。第二次世界大战后，一些英国学者将此学科的研究对象扩展到现代都市社会。从他们的实际研究情况看，此种社会人类学和此种文化人类学，尽管都强调进行实地调查而且施行参与观察法即局内观察法，但各自课题关心的兴趣与角度有所不同。前者从功能与结构分析入手，重在研究亲属、婚姻、经济、宗教等制度，极少涉及物质文化与技术；后者的范围相对庞杂，如事物的起源、文化的传播，以至民族的语言谱系关系等都在其探讨之列，这与文化史、史前考古学、语言学等密切相关。中国学者吴文藻等曾将社会人类学与民族学作为同义术语使用。有的当代西方学者则采用“社会—文化人类学”这一名称，显示出学科差异缩小的发展趋势。

我们重视的是，从发生和发展来看，马克思主义重在揭示，人是自然的产物，更是社会的产物；人类的产生是在自然历史发展中产生的，人类的根本属性又在其社会性；以我们塑造论哲学的语言讲，人类的自然属性是具体于其社会性的。马克思主义认为，作为人类社会历史范畴的社会生产力和生产关系、经济基础和上层建筑、社会存在和社会意识的矛盾是基本的。有这一前提，人类社会才能够在生产力和生产关系、经济基础和上层建筑、社会存在和社会意识的构成中呈现出各种社会形态，形成各种社会制度。这样，人处在其中就不能不成为社会关系的总和，在经济关系中内在着这种总和。而不能忽视的是，马克思从其唯物史观的基本观点出发，是非常重视人的自然历史及其构成前提的。马克思讲，"自然界，就他自身不是人的身体而言，是人的无机的身体"；"人靠自然界生活"；"所谓人的肉体生活和精神生活同自然界相联系，不外是说自然界同自身相联系，因为人是自然界的一部分"。[①] 马克思又讲，"自然界是人为了不致死亡而必须与之处于持续不断的交互作用的过程的、人的身体"[②]，"自然界成为人这一过程的现实部分"[③]。于是，马克思写道："自然界的社会的现实和人的自然科学或关于人的自然科学，是同一个说法。"[④] "在人类历史中即在人类社会的形成过程中生成的自然界，是人的现实的自然界；因此，通过工业——尽管以异化的形式——形成的自然界，是真正的、人本学的自然界。"[⑤]

就此，这里由塑造论哲学的视角来归结："人是自然界的一部分"，自然塑造人；人塑造自然，"自然界成为人这一过程的现实部分"。

前面我们着重从生物、动物进化中讲了人和社会的生物、动物前提。近现代，社会学中还出现了由社会物理学展开的理论研究。我国科学出版社 2009 年前后出版了一部社会物理学系列，系列第 1 号主要是对国际上社会物理学研究前沿的探索进行分析综合，系列第 2 号中牛文元等编著的《社会物理学理论

① 马克思：《1844 年经济学哲学手稿》，《马克思恩格斯文集》（第 1 卷），人民出版社 2009 年版，第 161 页。

② 马克思：《1844 年经济学哲学手稿》，《马克思恩格斯文集》（第 1 卷），人民出版社 2009 年版，第 161 页。

③ 马克思：《1844 年经济学哲学手稿》，《马克思恩格斯全集》（第 42 卷），人民出版社 1979 年版，第 128 页。

④ 马克思：《1844 年经济学哲学手稿》，《马克思恩格斯文集》（第 1 卷），人民出版社 2009 年版，第 194 页。

⑤ 马克思：《1844 年经济学哲学手稿》，《马克思恩格斯文集》（第 1 卷），人民出版社 2009 年版，第 193 页。

与应用》一书的序言写道：

“社会物理学的发轫，可以追溯到久远的年代，古希腊的柏拉图和古罗马的西塞罗都论述到社会领域中所涉及的物理学规则。到了17世纪威廉·配第对‘政治算术’的提出，开启了人们像物理学那样以严谨的定律去研究社会现象。法国社会学家奥斯特·孔德在1830年前后，最早使用‘社会物理学’这一术语，建立起研究社会的科学设想。他坚持认为，只有当理论假设与已确证的定理无矛盾的‘相容性’和所得结论同观察相一致时的‘可证性’同时存在时，预设的假定才能转换成科学的陈述。他一直企图用这种理性的思考去面对复杂的社会问题，并想象出‘社会秩序’是‘自然秩序’的延伸，分别以研究社会结构的社会静力学和研究社会发展的社会动力学等观念，去分析和判别社会问题，并实现社会研究的严格性。”

该文指出：“自孔德提出社会物理学以来已有近200年的时间，社会物理学相继经历了古典社会物理学、近代社会物理学和现代社会物理学的三个发展阶段。古典社会物理学以法国的圣西门、孔德，比利时的凯特莱，英国的霍布斯等为代表，通过力学体系的机械论，去看待和阐述复杂的社会现象。由于类比的牵强和认识的浮泛，虽然它在科学发展史上创立了一个学科发展的崭新空间，但因受到各方严厉的质疑，其发展终究还是逐渐式微了。第二次世界大战之后，近代社会物理学在所谓的哈佛学派、华盛顿学派和剑桥学派的共同努力下，在古典社会物理学长期萎靡的境况下，迎来了一个发展的新阶段。其主要代表人物有著名的量子物理学家薛定谔，以及基夫、西蒙斯、威尔逊、哈盖特和普里高津等。近代社会物理学企图将自然科学中尤其是物理学中规则，嫁接性地运用到经济计量、人口分析、空间活动、过程模拟、政治运动、社会行为中，以解释等级性、协调性、选择性、偏好性、不确定性和自组织行为等，并力求在一个可计量的系统中作出某种严格的解释。尽管近代社会物理学和古典学派相比，无论其涉及的广度和深度都有长足的进步，但是仍然未能跳出传统意义下的物理学与社会学硬性组合的'硬伤'，不是显示出机械论的死板，就是陷入了结合论的凿枘。因此，尽管近代社会物理学的理论与方法曾受到研究界的热心推动和发扬，但始终未能寻找出统一的还原基础和条分缕析的解析空间，因此仍未能获得科学界的积极认同。现代社会物理学最显著的特点是'量子化的社会'和'社会的量子化'。在社会网络普及的前提下，研究社会行为的形成机理，运用海量微观粒子（每个个人）的'类量子力学'原理，寻求社会物理学的实证基础是社会物理学在新形势下的必然。爱尔兰一群年轻的物理学家提出了这样的口号：'为什么人的行为会相似于基本粒子的行为（Why people do what the particles do?）。'上述见解似乎可将现代社会物理学的内涵统一到一个还原论所期望的基础形态，即从物理世界的量子化扩展到人文社会的量子化。中国学者也把网络社会中的社会行为、社会组织、社会结构的研究归纳为：如何从微观上'人'所表现出的随机性和无序性，通过识别和挖掘，寻求在宏观上'人'所表现出的可认知性和可观控性。综上所述，现代社会物理学的实质总是建立在如下的共识中：统一承认物理世界和人文世界随处呈现出广义的'差异'；统一承认广义的'差异'和'非均衡'必然导致广义的'梯度'；统一承认广义的'梯度'必然要生成广义的'力'；在统一承认广义的'力'的作用情况下，必然产生广义的'运动'和广义的'流'。而探索广义的运动和广义的流，是自然科学和社会科学共同面对的一致要求。现代社会物理学就是为适应这种统一要求而存在的。可以试图对现代社会物理学的一般定义作如下的表述：在社会量子化的现实情景中，应用自然科学的思路，经过有效融合和理性修正，可以形成用来识别、模拟、解析和寻求在网络社会中行为规律和结构分布的充分交叉性学科。”

该文又指出：“抛开枝节上的纷扰和争论，社会物理学的科学地位至少在如下三个方面被肯定：其一，在各类学科当中，社会物理学是充分地既联系着自然科学，又联系着社会科学的独特学科，具备‘统一论’所梦想的沟通自然规律与人文行为之间的桥梁作用。其二，在现代社会物理学体系中，将每个人的个体及其空间分布比拟为离散的粒子行为，将人的整体和时间过程比拟为连续的波动行为，这种波粒二象的特征，又似乎具备‘还原论’所梦想的由本原探索社会现象的要求。其三，当社会进化到每一个个体所触及的边界几乎等同于人类整体所触及的边界时，已经颠覆了传统上个体影响力的极大差异性，由此引发社会结构、社会心理、社会行为和社会作用的跃迁，是现代社会物理学自身规定的目标函数，由此它就萌发了统一解析现代社会结构和现代社会功能的冲动。”

该文还指出：“社会物理学发展的一个前提是必须承认人是整个自然界的一部分，而由人组成的社会在具有自身特点的同时，同样也离不开整个自然规律的制约。恩格斯的一段话十分发人深思：‘自然界的统一性，显示在关于各种现象领域的微分方程的‘惊人相似’之中。’德国著名科学家洪堡在其鸿篇巨制的《宇宙》第1卷中，开宗明义地坚信这种统一性的存在：‘我的主要动机是想把外部环境的现象，都纳入到世界的总的联系之中。自然界是一个被运动着的和被作用着的整体。’我们当然不惧怕认识这种统一基础出现的缓慢，只惧怕人们根本不屑一顾这种统一基础的存在；我们也不惧怕认识这个统一基础的不完美，只惧怕社会物理学家们各执一词而不去寻找共同的语言。这就是为什么明知到达社会物理学的彼岸是荆棘遍地，也要横下心来艰难行进的唯一理由。”“世界进入到21世纪的大趋势及其所显露的新特点，都预示着社会物理学正在酝酿着某种突破性的萌动。这种萌动既来自于社会需求的推挽，更来自于社会物理学家的自身反省。人们很难想象，处于信息时代的社会物理学，会一直因袭旧的哲学观念而不去变革它；也很难想象在新潮流激荡的节点上，社会物理学家会不去重新思考它的定位和价值。""中国学者自 1994 年以来一直致力于'社会燃烧理论'、'社会激波理论'和'社会行为熵理论'的研究，就是希望在未来能参与建立社会物理学的基础体系，早日促进这门学科完成其新的历史使命。"①

在物质特别是生物的进化中产生人类及人类社会。对于人及社会的物质及生物进化前提，即对于走向人类社会的物种进化前提，当代遗传学开拓了新的知识领域、丰富了有关知识。②

美国学者里夫金强调，"社会生物学家和其他持相同见解的人认为"，"大多数社会的和经济的行为问题的答案在遗传学层次上已被揭示"。"发展遗传学家"宣称"一个生命体系的组织与装配的指令，要体现生命细胞中 DNA 分子"。这涉及"我们长期以来为之奋斗和艰难文化的个人和集体的安全"③。

有学者指出："20 世纪的成就主要体现在物理和化学领域里取得的惊人突破，而 21 世纪将属于生命科学。全世界的科学家们正在迅速地破译生命遗传密码和揭开地球上千万年生物进化的奥秘。由于分子生物学和生物技术的突破，我们的生活方式在以后的几十年里可能比先前的 1000 年发生更为根本的改变。

---

① 牛文元等编著：《社会物理学理论与应用》，科学出版社 2009 年版，第 i～iii 页。

② 参见赵功民：《遗传学与社会》，辽宁人民出版社 1986 年版。

③ ［美］里夫金（J. Rifkin）：《基因社会学——生物世纪前夕的遗传学与教育》，摘自美国《卡潘》杂志总 79 卷，项亚光译、彭小虎校译。

到 2025 年，我们和我们的孩子可能生活在一个与过去人类经历完全不同的世界里。人们将重新思考长期坚持的有关自然的本质、包括人类自身本性的假设。”这“正在彻底改变我们对社会现实的看法”。“同时，这些倾向于人类动机和驱动的遗传学解释新发现，又为社会生物学增添新内容。”

人和社会是在物质进化中才发展起来的。人和社会更是在生物、动物进化中才发展起来的。特别在生物、动物的进化中，权变性机制和共生性机制在人和社会所经历的事情，才有所谓人和社会所生成的民俗社情，这形成着“追求‘诚是’‘在成’的对象”。不然的话，就无所谓对象。

这一层面上讲的权变性和共生性机制，在无意识中并没有成为被意识到的，只有在意识中才被意识到。在社会意识中，它会在生活世界中起着作用，当受到意识的调动，便会涌现出来，从而加入有意识的实是（寔事）和义成（宜成），并为其所统摄。作为社会潜意识的性（人性、习性）的形式，是以此为前提才得以成为社会意识的。

第　二　篇

枢纽："潜意识—显意识"·由"潜意识显意识机制"展开

第一章　社会潜意识：形式化的初始模型（必然性形式何以可能）

塑造论哲学在论述意识之无意识前提的基础上，论述了"无意识与潜意识"的关系，之后进入作为枢纽的"潜意识与显意识"关系。这里很重要的是弄清楚何为潜意识。要理解"潜意识"，离不开"显意识"。应当说，"潜意识"，是与已通过塑造之物显现出的意识即"显意识"相区别的、尚未外化于塑造之物显现的潜在意识。用通常的哲学语言讲，这"潜意识"是只就意识活动潜在的功能意义而言。这里的"社会潜意识"，是在前面几卷关于经济的社会潜意识、关于政治的社会潜意识综合意义上，并且整个地就综合全社会因素而论述的，是与"社会显意识"相辅相成的"社会潜意识"。

塑造论哲学认为，当社会潜意识与社会显意识未能实现真正的统一，便表现出一种关于社会人的悖论，即作为社会关系总和的人与人自由而全面发展的悖论。也就是说，人在此种悖论情况中的社会关系总和中是实现不了自由而全面发展的。

为了认识作为社会关系总和的人与人自由而全面发展如何由对立而走向统一，即作为社会关系总和的人实现人自由而全面发展是如何成为可能的，必须首先论及社会潜意识的必然性是何以成为可能的。

对此，以往一些思想家，从解析诸如“绝对命令”“原初状态”“二级构想”等等切入，延伸涉及这一问题。

塑造论哲学的社会学论证形成了，关于把“原初状态”看作社会潜意识的独特论述：以社会的形式真、社会的形式美为底衬，社会的形式益、社会的形式善为支架，而基于社会学基本关系确立起社会学基本图式。

第一节　由康德到罗尔斯再说到舒茨的理论

一、康德的“先天综合判断”与“绝对命令”

康德哲学是由回答“先天综合判断如何可能”进入的。对这里的“判断”即通常所讲的“命题”，康德是从先天综合的角度来讲的。康德说：“如果我们能把一大堆考察纳入到一个唯一课题的公式之下……于是纯粹理性的真正课题就包含在这个问题之中：先天综合判断是如何可能的？”①

首先，康德讲的先天综合判断是先天的而不是经验的。康德如此解释道：“人们把这样一种知识称之为先天的（a priori），并将它们与那些具有后天的（a posteriori）来源即在经验（Erfahrung）中有其来源的经验性的（empirische）知识区别开来。”②

其次，康德讲的先天综合判断是综合的，不是分析的。康德说，分析的判断“也可称为说明性的判断”，综合的判断“则

① ［德］康德：《纯粹理性批判》，B19。

② ［德］康德：《纯粹理性批判》，B2。

可称为扩展性的判断"。[①] "经验判断就其本身而言全都是综合的。若把一个分析判断建立于经验基础上则是荒谬的，因为我可以完全不超出我的概念之外去构想分析判断，因而为此不需要有经验的任何证据"。所以这里要提出的"是一个先天确定的命题，而不是什么经验判断"。[②] "这样，我们先天的思辨知识的全部目的都是建立在这样一些综合性的、亦即扩展性的原理之上的；因为分析判断固然极为重要且必要，但只是为了达到概念的清晰，这种清晰对于一种可靠的和被扩展了的综合、即对于一个实际的新收获（第一版为'新扩建'）来说是必不可少的"[③]。

总之，康德要追求的在于，作为必然性的先天综合判断是如何可能的。于是根据以上设定，康德哲学在《纯粹理性批判》之后，演进到《实践理性批判》时，又专门论述了"绝对命令"[④] 这个命题。按康德的观点，"绝对命令"乃是对我们行为原则或公理的选择上，基本的和绝对的形式要求。康德讲，"绝对命令则是这样一种命令，它代表了一个行为，就这个行为本身而言是客观必然的，而不必参照另一个目的"[⑤]。

二、罗尔斯的"无知之幕"与"原初状态"

与康德的学说特别是与其关于"绝对命令"的立论相联系，罗尔斯提出了一种有关"无知之幕"及"原初状态"的设定。

---

① ［德］康德：《纯粹理性批判》，B11。

② ［德］康德：《纯粹理性批判》，B11。

③ ［德］康德：《纯粹理性批判》，B14。

④ 也有译者译为"定然命令"。见孙少伟所译的［德］康德：《道德形而上学》，中国社会科学出版社2009年版。

⑤ ［德］康德：《道德形而上学基础》，第二章，参见《康德哲学原著选读》，商务印书馆1963年版。

这不仅是伦理上的设定，实际上是一个关涉经济的、政治的以至社会的设定。对于罗尔斯理论中的这种设定，其关涉经济学及政治学方面的意义，我在《塑造论哲学之经济学哲学论证》《塑造论哲学之政治学哲学论证》中已进行了论述，而在《塑造论哲学之社会学哲学论证》这一卷中，则要对其关于社会学的启示意义，作出论述。

许多人对于罗尔斯的理论并不陌生。虽然，许多论者认为罗尔斯在此问题上并未真正实现可行性探索，但应当强调，至少就其关于“原初状态”的形式而言，对理论建设是有启发意义的。罗尔斯在其理论中提出，当追问我们会选择什么时，可先关心的是，在一种无知之幕（veil of ignorance）中会选择什么。罗尔斯把这种作为“无知之幕”的背后境界亦称为“无知境界”（situation of ignorance），并对之定义或描述为“原初状态”（original position）。罗尔斯写道：“我们假定各方是处在一种无知之幕的背后。他们不知道各种选择对象将如何影响他们自己的特殊情况，他们不得不仅仅在一般考虑（general consideration）的基础上对各种原则进行评价。”[①] 也就是说，人们不得不设想自己是处于上述作为“无知之幕”的背后而面临着一个任务，即从各种可能的安排形式中作出选择。按罗尔斯的表述，这里强调的实质问题是，如何能够在“无知之幕”的屏蔽下作出“原初状态”的选择。在作出这一选择的过程中，人们没有将自己复杂的事情掺入进去。

对罗尔斯的这种理论见解，人们作了许多解释。按塑造论哲学的看法是：这里提出所谓的“无知之幕”，实际上是力图先就“撇开”或“隔开”显意识的复杂经验层面来加以论证。从

---

① ［美］罗尔斯：《正义论》，何怀宏译，中国社会科学出版社2001年版，第136页。

一定意义上讲，亦可认为这是力图撇开种种的复杂的经验内容因素，仅就最单纯的形式而言。也就是说，这种"隔开""撇开"的结果，是指向形式的。然而形式的抽象不应是离开具体的"抽象性"而是"具体的"抽象性。"无知之幕"，实际上是要暂时撇开"显意识"，从与"潜意识"和"显意识"的一体中剥离开，这是暂时对"原初状态"之外的情况即对一些复杂内容因素暂时撇开、暂不去"考虑"，从而先考察其中的内在形式，然后再一一考虑显意识的复杂因素。与康德哲学一起分析，这一方法是有启发性的。美国人往往不善于思辨而善于描述经验。罗尔斯是由经验描述而触及、涉及思辨内容的。用罗尔斯的话讲，上述方法意味着在各种可供选择的安排中选定最值得向往的安排，当人们设想自己处于"原初状态"之中时，实际上是在设想，对有关人类和社会组织的一般形式结构是有所意识的。在这种"原初状态"中，假定要作出明智的选择，那么，人们所选定的安排，必须是根据这种一般情况的信息看来是可行的安排。

可以说，历史上许多思想家对于这种可作为如此起点的状态作过探讨。罗尔斯就讲，"我想，在康德的伦理学中无疑包含有无知之幕的概念"。[①] 罗尔斯多次表示，他是受到康德的启示。罗尔斯曾就此把他所揭示的"原初状态"与康德所论述的"绝对命令"作了一番比较性说明。他说："对原初状态的描述使我们能够证实这样一种意义：即按照这些原则去行动表现了我们作为自由、平等的理性人的本质。""于是，原初状态可以被看成是对康德的自律和绝对命令观念的一个程序性解释。调节目的王国的原则也就是将在原初状态中被选择的原则"。罗尔斯还

① ［美］罗尔斯：《正义论》，何怀宏译，中国社会科学出版社2001年版，第40页。

强调说：当展开为关于复杂经验内容的理论，“这些概念不再是纯粹超越的，不再缺少与人类行为的种种明显联系，因为原初状态的程序性观念允许我们造就这些联结”①。

罗尔斯强调，他之所以用这样的方式构造，恰恰在于：“康德以这样一种观点作为开始。”罗尔斯说：“对原初状态的描述就是解释这个观念的一个尝试。在此，我不想根据康德的著作来辩护这一描述。一些人肯定将从不同的角度阅读康德的著作。”② 所以罗尔斯强调，“在这方面”，须注意“康德式解释，注意到这一点看来是恰当的”。③ 对我们十分有启发性的在于，正如罗尔斯所讲，他所提出的“正义原则也是康德意义上的绝对命令。因为康德把一个绝对命令理解为一个行动原则……这个原则的有效性并不以假设人有一种特殊的愿望或目的为先决条件。相反，一个假言命令却的确假设了这样一点：它指示我们采取某些步骤作为有效的手段来达到某种特殊目的”。④

罗尔斯还讲到，他对这些原则的论证在不同的方面补充了康德的观念。他写道：“例如，我增加了这样一个特点：即被选择的原则要运用于社会的基本结构……我相信这些补充是足够自然的，而且至少在我们通盘考虑所有的康德伦理学著作时，它们是相当接近于康德的学说的。”⑤

---

① ［美］罗尔斯：《正义论》，何怀宏译，中国社会科学出版社 2001 年版，第 256 页。

② ［美］罗尔斯：《正义论》，何怀宏译，中国社会科学出版社 2001 年版，第 250～251 页。

③ ［美］罗尔斯：《正义论》，何怀宏译，中国社会科学出版社 2001 年版，第 250 页。

④ ［美］罗尔斯：《正义论》，何怀宏译，中国社会科学出版社 2001 年版，第 252 页。

⑤ ［美］罗尔斯：《正义论》，何怀宏译，中国社会科学出版社 2001 年版，第 250 页。

同时罗尔斯又认为，这里有一个困难的问题需要澄清：西季维克评论说，在康德伦理学中，最使人震惊的莫过于这样一个观念，即当一个人按照道德律行为时，他就实现了真正的自我；相反，如果一个人让感官享受的愿望或偶然性的目标来决定他的行为，他就屈服于自然律了。罗尔斯指出，按照西季维克的观点，康德的这个想法是空洞的。因为西季维克认为，根据康德的观点，圣人和恶棍的生活都同等的是（作为本体的自我的）一种自由选择的结果，都同等的是（作为一个现象的自我的）因果律的承担主体。康德从来不解释，为什么一个过着邪恶生活的恶棍，不是以一个过着一种善良生活的圣者表现其个性和自由选择的自我的同样的方式，表现他的个性和自由选择的自我的。[①] 罗尔斯在与西季维克讨论中阐述的道理，是值得重视的。正因为这样，由我所著的《塑造论哲学导引》的原理来讲，由本书前面第一篇所论述的前提来讲，对此要加以补充说明的是，这应当是潜意识的，它出现的前提在于动物的关于维护性与攻击性的权变性、自立性与依他性的共生性，进而由潜意识的程序和伦理，并在其统一中加以提取。

罗尔斯还讲道："我认为，如果人们像康德的观点似乎所允许的那样，假定本体的自我能选择任何具有一致性的原则，并按照这些原则（不管这些原则是什么）行动这一点，就足以表明一个人的选择是作为一个……理性存在物的选择，那么西季维克的反对意见就是决定性的。康德肯定是这样反驳的：虽然按照任何有一致性的原则而行动可能是本体自我的一个决定的结果，但并不是现象自我的所有此类行为都表明这一决定是一个……理性存在物的决定。这样，如果一个人通过他的表现自

① 参见［美］罗尔斯：《正义论》，何怀宏译，中国社会科学出版社2001年版，第253～254页。

我的行为实现了他的真正自我，如果他的最高愿望是要实现这个自我……这一论证中的遗漏之处涉及表现的概念。康德没有说明遵循道德律的行为以一致的方式表现了我们的本质，而按照相反原则的行为则没有表现我们的本质。"① 所以罗尔斯强调，"原初状态"的观念克服了这个缺点。应当认为，关键在于需要有一种论证，来表明作出追求的理性人会选择哪一种原则，并且这些原则必须在社会中是可行的。

罗尔斯自己同时也申明，他在有些方面实际上已离开了康德的观点，这里有两点应当注意：第一，在此是把作为一个本体自我的个人选择假设为一个集体的选择。这意味着作为本体的自我，每个人都要同意这些原则。这种一致同意很好地表现了单个自我的本质。而恶棍的原则将不会被选择，因为它们不能表现这种自由选择，不管单个的自我可能多么想选择这些原则。第二，在此是始终假设各方知道他们服从于人类生活的各种条件。前提包括有关人们及其在自然中的地位的基本事实。康德似乎意指他的学说可运用于所有的理性存在物。

应当讲，罗尔斯体系中的表述用语和表述方式主要是用了其所在国度的自己的话语，而其中渗透的精神，体现哲学创新、哲学建构、哲学方法是很显然的。但是，罗尔斯的整个体系构成缺乏以哲学体系的逻辑方法贯彻其中加以推演（这似乎是美国人的传统习惯），而且在罗尔斯的体系中，经济学的概念与政治学的概念以及社会学的概念是合在一起、混在一起的；所以经剥离，才能转换成我们塑造论哲学关于社会学问题论证所使用的概念范畴及话语系统。

吸取罗尔斯等人讨论中的有意义因素，我认为，他关于

---

① ［美］罗尔斯：《正义论》，何怀宏译，中国社会科学出版社 2001 年版，第 254 页。

"原初状态"的分析，在方法论上是可取的；可借用"原初状态"这个概念和其中的方法论取向，来设定关于社会或社会人的社会学"原初状态"公设。当然，罗尔斯关于"原初状态"所设定的，并不是由我们的论证话语系统来论述的，而且他论述的学科命题主要并不是专门从社会角度看过去的社会学问题；另外，他所设定的关于"原初状态"的内涵，更是应当进一步讨论的。就连西方许多学者对罗尔斯的这方面见解也提出了大量批评或建议，如诺齐克、哈贝马斯等人。而了解这些讨论，对我们的理论建构是有启发意义的。

三、舒茨的"二级构想"

与以上思想相关，我们更应提到舒茨所提出的实质可谓社会学原初形式的模型。阿尔弗雷德·舒茨（Alfred Schutz，1889—1959，有的中文译本按德文发音译为许茨）针对近代以来实证主义在社会学领域中一直处于主导地位的倾向，从韦伯"理解的社会学"出发，为体现胡塞尔现象学的观点，构建了一个人们所称的现象学的社会学理论体系；尽管西方社会中的社会学界对舒茨的现象学社会学尚重视不足，而不能忽视的是，其在当代社会学理论建设中有重要意义。

由塑造论哲学的社会学哲学论证来说，值得重视的是，舒茨由现象学方法专门提出的，关于社会学的"二级构想"及作为"傀偶雏型"的形式模型。

按舒茨的见解，科学的理论构想原则上要在超越常识中的构想；而社会学家进行的科学构造活动以常识构造活动为基础。由此舒茨区别了两级构想。在他看来，普通人对社会世界的构想，是一级构想（first order construct）；而社会学家的构想则是对普通人构想的构想，属于二级构想（second order construct）。可以讲，在舒茨那里，"社会学根据在日常生活中所运用的‘一级构想’（the first order construct）基础之上的‘二级构想’具有至关重要的意义”[①]。具体而言，第一级构想，也即常识构想，它所涉及的是，从行为者的观点出发对行为者行动的“理解”。为了要说明他所说到的“社会实在”，舒茨强调还要有二级层面上的构想。他说，这是在现象学意义上对于行为者行为建构的理论建构。

由塑造论哲学看过去，在舒茨社会学理论的“二级建构”中，第一级建构相当于日常生活的建构；第二级建构相当于塑造论哲学中提出的“塑造单子”的建构，舒茨于此提出了一个“傀偶模型”。也就是说，按塑造哲学理解，这里的一级建构，相当于通常讲的形而下的内容；一级建构相当于“塑造单子”的层次，相当于社会学面对生活世界拟向形而上提升的层次。在塑造论哲学中，这之上，才指向达于形而上的层面。

在舒茨看来，社会学家的观察领域——“社会实在”，对于在其中生活、行动和思考的人类来说，具有一种特别的意义和关联结构。舒茨说：“社会学家的首要任务就是开发那些人们在日常生活中根据这些原则组织他们的经验、特别是关于社会世界的各种经验一般的原则。”这主要在于“通过一系列常识构想，他们已经对这个被他们当作他们的日常生活的来经验的世界进行过预先选择和预先解释。而社会科学家为了领会这种社会实在而构想的思维客体，必须以人们的常识思维构想的思维客体为基础。正是在这个意义，社会学的构想是二级构想，也

① Thomason，B. C. Making Sense of Reification：Alfred Schutz and Constructionnist Theory. London：The Macmillan Press. 1982：49.

即是对社会世界中的行动者所作出的建构的建构"[①]。

由塑造论哲学的视角看过去，进而说，这里无非体现着，由"社会显意识"来透视"社会潜意识"。也可以说，这是实现"社会显意识"向"社会潜意识"的"还原"，从而为由"社会潜意识"说明"社会显意识"奠定基础。舒茨所讲的"一级构想"大体相当于塑造论哲学所讲的"社会显意识"层面，而他所讲的"二级构想"则指向于塑造论哲学所讲的"社会潜意识"层面。前已论述罗尔斯追求"原初状态"，从实质上说是有此指向的。

如果说，罗尔斯所揭示的"原初状态"并不是专门从社会学的角度来追求，其中大量关涉并详细讨论了政治学、经济学的乃至伦理学领域的问题；那么，舒茨这里关于两级构想的建构，则如他自己明确所言，是力求专门关于社会学的。

如果说，康德只是提出个"先天综合判断"、提出个"绝对命令"作为整个先在的或叫先验的命题，来论证先天综合判断是何以可能的，而并没有专门论述此判断或命题是怎样得到的；那么，舒茨的理论则强调了，其提出的"二级构想"是从"一级构想"还原才明了的。舒茨用现象学方式加以解析，由两个级次的构想来实现其社会学研究。他特别进入"二级构想"；他又从"日常生活世界"的"类型化"入手，进而说到"主体间性"。

① Schutz A. Collected Papers I: The Problem of Social Reality [M] J. ed. Maurice Natanson. The Hague: Martinus Ni jhoff, 1962: 58～59. 在此，我们参考使用了范会芳《舒茨现象学社会学理论建构的逻辑》(郑州大学出版社 2009 年出版) 一书中的译文，行文及用语上略有校改。后面，涉及舒茨此书的中文译文，多是使用并尊重霍桂桓、索昕译，华夏出版社 2001 年版的中文译本——《社会实在问题》，此系《舒茨文集》第 1 卷的主要内容。当涉及《舒茨文集》第 2 卷、第 3 卷及其他论文的译文，另外注出。

（一）“日常生活世界”“类型化”“主体间性”。

1. “日常生活世界”。

舒茨将他的分析纳入胡塞尔现象学意义的分析。舒茨这里的所谓“现象学分析”，是指将研究对象视为“现象”（phenomenon）并还原成赋予意义的最初模型；他强调了主观意识的地位，不过这不是站在研究对象之外所去研究的认识主体的主观意识，而是包括观察者在内的、处于生活世界之中的、具有自然态度的社会行为者的主观意识，于此他是从对生活世界阐明其意义结构出发的。

舒茨为实现“现象学还原”，由两级构想，先对处于“一级”的“常识世界”（common-sense world）进行了分析。他这里所谓的“常识世界”，与此相关的概念还有“生活世界”（life-world）或“日常生活世界”（everyday life world）以及“社会世界”（social world），等等，这指涉于人们在其中生存并进行各种日常活动的具体社会环境。在这种社会环境中，每一个正常人都通过社会行动和有意义的沟通（meaningful communication）而相互影响和相互联系起来，不仅相互之间达成协议，并且也与自身达成协议。

对于 communication 这个词，霍桂桓在其译为中文的舒茨《社会实在问题》一书“译者后记”里说道：他“不像国内某些人的做法那样，把 communication 译为‘交往’，而是译为‘沟通’；因为后者不仅更贴近该语词的本意、同时也符合社会学界的一般译法，而且，舒茨在运用这个语词阐述其有关思想的过程中，侧重强调的并不是社会个体进行这种社会活动的外在物质维度、抑或形式的维度，而是其内在的精神意义的交流维度；

所以，笔者采用后一种译法"[①]。

胡塞尔曾把人们关于"生活世界"的态度称为"自然态度"。这是指人们在其普通的日常生活中自然而然具有的态度，即人们对生活所持的最初的、朴素的、未经进入反思的态度；"生活世界"指的是人们在其中度过其日常生活所直接经验的世界，其特征是预先给定性（pregivenness），它存在于社会个体对它进行的任何理论研究之前。舒茨从胡塞尔的晚期思想中借用来的"自然态度"和"生活世界"这两个概念，就其基本含义而言，二人的理解大致相同。不过，胡塞尔和舒茨对它们的具体运用有所不同。

应当讲，在整个的基本思路方面，舒茨与胡塞尔类似，都重视主观意识，遵循了由"自我"到"他人自我"（他我、他人）的研究线索；并且舒茨在"主体间性"问题上颇受胡塞尔的启发。而在论证时，舒茨用"常识"经验构建的"日常世界"来详述社会行为的意义。这形成了舒茨的独特出发点，这与胡塞尔对"生活世界"的关注有所区别。在舒茨看来，胡塞尔的"生活世界"是对常识经验所进行的超验还原的结果；而舒茨强调，就总体而言，世界的连贯性及意义源于过去和现在反省的"沉积"，包括科学的、形而上的与宗教的谈论："所谓常识知觉的具体事实，并不像表面看起来那么具体。它们已经包含对一种高度复杂性质的抽象。"这样，常识的"类型化结构，"构成了舒茨社会学的内容；也正是通过类型化的不断建构与重构，才产生了"共同世界"，这个世界由世界的"知识库存"组织，

① 载［德］阿尔弗雷德·许茨：《社会实在问题》，霍桂桓、索昕译，华夏出版社2001年版，第483页。

是一个建构物及其类型化的系统”。①

特别是，舒茨显然受 M. 海德格尔关于“畏”的论述之启示，以“原始焦虑”（the fundamental anxiety）作为展开论述的重要前提，这改变了胡塞尔现象学只在认识维度上关注主体意识的研究视角，使其论述更为深入和充实；这成为推动现象学研究从意识现象学转向关于社会的现象学的关键之处。

仔细说来，舒茨强调：“在自然态度中，支配我们的整个关联系统都建立在我们每个人都具有的这种基本经验之上：我知道我会死，而且我怕死。我们建议把这种基本经验称为‘原始焦虑’。它是这样一种原始预期——其他所有预期都由它肇始。从这种原始焦虑中产生出许多由希望和畏惧、需要和满足、以及机会和风险组成的相互联系的系统，后者激励处于自然态度之中的人努力征服这个世界，克服各种障碍，设计各种方案并且实现它们。”② 舒茨还讲，“这种原始焦虑本身只不过是我们作为人类存在的实存在日常生活的最高实在中所具有的相关物”。③舒茨这些论述清楚表明了他所理解的“原始焦虑”的内容和意义，把它提到了相当重要的地位。人们这样评论：如果说“日常生活世界”和“自然态度”是舒茨展开其现象学社会学研究的出发点，那么，“原始焦虑”则是他具体论述所要走出的第一步。也就是说，就舒茨理论的发展脉络而言，他的一系列观点直接发源于他有关“原始焦虑”和“关联系统”的见解，这构成舒茨的研究由胡塞尔的意识现象向他自己的社会现象学转化

① 参见［英］哈维·弗格森（Harvie Ferguson）：《现象学社会学》，刘聪慧、郭之天、张琦译，北京大学出版社 2010 年版，第 99～100 页。

② ［德］阿尔弗雷德·许茨：《社会实在问题》，霍桂桓、索昕译，华夏出版社 2001 年版，第 307 页。这里引用时，译文有所改动。

③ ［德］阿尔弗雷德·许茨：《社会实在问题》，霍桂桓、索昕译，华夏出版社 2001 年版，第 307 页。

的基本契机。

舒茨在进行"现象学还原"时，基于"原始焦虑"及各种关联系统的考虑，对"常识世界"或"日常生活世界"这样论述道："我们相信这个世界在我们出生以前就存在着，它具有自己的历史，并且是以一种有组织的方式呈现给我们的。它首先是我们进行各种行动的场所，是我们对行动作出反应的场所：我们不仅在这个世界中活动，而且也影响这个世界。我们最初的意图与其说是解释或者理解这个世界，还不如说是解释或者理解我们在其中造成的变化所具有的影响。在努力理解之前，我们就试图支配。因此，常识世界是社会行动的领域，人们在这个领域中互相联系起来，不仅努力互相达成协议，而且也努力与他们自己达成协议。""对它们的说明取决于详细考察那些就常识世界的可能性而言是先天的条件。"

舒茨由"生平情境""现有知识储备""社会基质的坐标"等，开启了他的现象学还原的首当工作。

关于"生平情境"（Biographical situation）。舒茨指出，每个个体都以一种特殊的方式使自身处于日常生活之中，这就是所谓"生平情境"。在这个世界上出生首先意味着我们是由只属于我们的父母生下来，接受那些成年人的哺育，正是他们构成了我们的经验片断的引导成份。"由于人类是由母亲生育的、而不是在曲颈瓶中被调制而成的，所以，每一种生活的形成阶段都是以一种独特的方式实现的。不仅如此，每个人在他的生活中都始终会持续不断地根据由他的特殊兴趣、动机、欲望、抱负、宗教信仰以及意识形态承诺构成的视角，解释他在这个世界上所遇到的东西"。舒茨对处于日常生活世界之中并且具有自然态度的社会个体的表现，特别注重从柏格森关于人的意识生活表现为由行动平面（plane）这一极一直延伸到梦那一极的无数平面的观点出发，进行了论述。舒茨在这里的基本思路是，在人的生活世界行动平面，表现了个体行为者对满足各种现实要求的最大兴趣，因而表现的意识张力（tension of consciousness）程度最高，而梦则表现了对现实完全缺乏兴趣，所以意识张力程度最低。这其中，他涉及“记忆”。因此在舒茨看来，柏格森把其所谓的“注意生活”认作是调节社会个体意识生活的基本原则，它不仅将其思想流连接起来、决定其记忆的广度和功能，而且界定与之相关的世界的范围，或者使其生活在现在针对对象的经验之中，或者使其以反思态度回顾过去的经验并寻求其中的意义。可见，舒茨在这里借用柏格森的观点，所强调的实际是“其主体把意义赋予经验和对象”的基本观点，而且由此进一步突出了社会个体的主观意识界定其行动范围（“情境界定”）的观点。可见，常识世界是以“历史形式和文化形式呈献给我们所有人的”。但是，“一个个体在其生活中解释这些历史形式和文化形式的方式，却取决于他在他的具体存在过程中积累起来的经验总和。在‘我’所发现的约束‘我的’生活的条件之中”。舒茨写道：“行动者的实际情境具有它自己的历史，它是他以前所有主观经验的积淀。行动者不是把这些主观经验作为毫无个性的东西来体验，而是把它们作为独特的、从主观角度呈现给他并且仅仅呈现给他的东西来体验。”“我认识到两种成份类型：一种成份处于我的控制之下，或者说可以为我所控制；另一种成份则处于我的控制范围之外，或者超越了我进行控制的可能性。我在这个世界上活动，我就要设法改变它、使它变个样，努力改进我的活动场所。我的生平情境限定了我确定这种行动领域、解释它的各种可能性以及控制它的各种挑战的方式。即使决定个体能够改进还是不能够改进的东西，也会受到他那独特情境的影响。”他指出，储备起来的生活经验——现象学家称之为个体体验的“积淀”结构——是人们此后解释所有各种新事件和新活动的前提条件。“这个”世界被我根据我的生平情境的关联成份转化成为"我的"世界。"因此，个体作为社会世界中的行动者限定了他所遇到的实在"。

关于"现有的知识储备"（stock of knowledge at hand）。舒茨认为，个体在生平情境中生活的任何时刻都离不开"现有的知识储备"。每个人都不仅把这个世界当作现存的东西来接受，而且当作在我们出生以前就存在的东西来接受；不仅把它当作同伴栖息的场所来接受，而且把它当作他们以某种方式解释过的东西来接受；不仅把它当作具有未来的东西来接受，而且把它当作具有充其量只能部分确定未来的东西来接受。不仅如此，人们还知道，我们的世界既包括有生命的存在，也包括无生命的客体。人们从一开始就是通过熟悉的视界察觉这些存在和客体的。人们之所以把新的、不同的东西当作不平常的东西来认识，是因为它是对照着由平常的东西构成的背景表现出来的。人们从童年时代起，个体就开始持续不断地积累大量的"诀窍"，这些"诀窍"成为他后来理解——或者至少可以说"控制"——他的各种体验方面的技巧、在日常事件的发展过程中产生的成千上万种有问题的、必须以某种方式加以处理的具体情境，都是由人们根据这种个体现有的知识储备察觉并且最初系统阐述出来的。而且，一个人的知识储备在其他一些情境中得到进一步发挥。在这里，知识是从社会角度被确立、从社会角度被分配、从社会角度被报道的。可见，"对知识的个体表述取决于个体人在社会世界中所处的独特地位"。这就是舒茨讲到的"社会基质的坐标"。

关于"社会基质的坐标"（the co-ordinates of the social matrix）。舒茨为对此加以说明，专门举出了一个"制图"的例子。他写道："一位制图员对一个地理区域的描述，很可能与我个人对同一区域的意识或者记忆相去甚远。就他的专业工作而言，他在绘制这个区域图的过程中所必须使用的坐标是客观需要的，但是，这些坐标当然与我所关心的东西毫不相干。首先，这位制图员是根据得到人们普遍承认的经纬系统标绘他的地图；他在标绘地图时所处的地理位置必然是无关紧要的。同样，这幅地图的读者所处的实际位置对于他理解地图上所标绘的东西来说也是无关紧要的，尽管它可能与他的其他意图有关。但是，在我欣赏一幅风景画的过程中，首先需要考虑的恰恰是我在空间和时间中所处的位置。这幅画面的各种成份就在我面前，我认为处于边缘的这些方面相对于我认为是中心的方面来说就是处在边缘；我所拥有的关于这种环境的知识，取决于我的肉体在这个世界上所处的位置。就这幅风景画的边缘而言，前部和后部、近处和远处、上面和下面、这里和那里，这些都是由于我在这个世界上所处的位置而变成可以理解的了。不仅如此，由现在和过去、以前和以后、早和晚构成的时间视角，也在时间中随我的位置而定。因此，除了数学坐标和自然科学的坐标之外，还存在有关个人直接经验的坐标，正是这些个人坐标对于常识实在来说只有根本的重要性。”舒茨强调指出：“我的身体在这个世界上所占据的位置，我的实际的‘此在’，就是我在空间中确定我的方位的出发点。可以说，它就是我的坐标系的中心点O……同样，我的实际的‘现在’（Now）也是所有各种时间视角的原点，我正是依据这些时间视角来组织这个世界中的各种事件。”

2．“类型化”。

舒茨关于生活世界意义结构“类型化”的论述，既继承和发展了胡塞尔关于“类型”的基本思想，同时综合了韦伯论述中有关“理想类型”（ideal type）的观点。在舒茨看来，一种有组织的方式，呈现出来并且影响人们，同时也接受人们的行动的影响。这里，意识、行动和沟通都存在于自然态度；处在这一层面上，人们对日常生活的各种结构并没有反思的认识，同时人们在日常生活中的常识出现着潜在的类型化（typification）；人们在日常生活世界中总是力求从类型（type）的角度看待这个世界的一切方面。人们认为，"类型"在韦伯和舒茨那里，大体上是处于理论性概念与经验性操作之间的"静态的理想化之物"。

在舒茨的工作中，很重要的是，通过对"常识"的"生活世界"加以分析，努力在类型化中考虑"常识构想的社会世界结构""类型化"。他写道："作为人类，我出生在这个社会世界之中，在其中度过我的日常生活，把它当作围绕着我在其中的位置建立的东西来经验，当作对我的解释和行动开放、却又总是指涉我那实际被从生平角度决定的情境的东西来经验。只有当涉及到我的时候，我与他人形成的某种关系才能获得特殊的意义，我用'我们'这个词来称呼这种特殊意义；只有当涉及到'我们'——我是'我们'的中心——的时候，其他人才会作为'你们'表现出来；只有当涉及到'你们'——'你们'又反过来指涉我——的时候，第三组人才会作为'他们'表现出来。根据时间维度，在我的实际生平时刻存在着与我有关的'同时代人'，我可以和这些人形成一种由行动和反行动构成的相互作用（mutualinterplay）；也存在着'前辈'，我无法影响这些前辈，但是，他们过去的行动及其结果却对我的解释开放，可以影响我自己的各种行动；还存在着'后来人'，我不可能对他们进行体验，但是，我却可以通过一种多少有些徒劳的期望，针对他们调整我的各种行动。"① 而且，"我们生活在其中的这个世界，是一个由多少受到限定的、多少具有一些确定属性的客体构成的世界，我们在这些客体之间运动，它们阻挡我们，我

① ［德］阿尔弗雷德·许茨：《社会实在问题》，霍桂桓、索昕译，华夏出版社2001年版，第42页。

们也影响它们”。舒茨讲，这种视界被看作毋庸置疑的，人们才会认为它本身是理所当然的。而这些毋庸置疑的前经验从一开始就像那些被预期的相似经验所具有的、一直保持开放的视界一样，是现有的“类型物”。例如，人们并不是把外部世界当作那些个别的、独一无二的、分布在时空之中的客体排列来经验，而是当作“山脉”“树木”“动物”以及“同伴”来经验。用胡塞尔更专门的语言来说，人们在实际知觉一个客体的过程中所经验到的东西，可以从统觉的角度转化成其他任何相似的客体，后者只是作为与它的类型有关的东西才被人们察觉的。实际经验可能验证、也可能不验证我对这种与其他客体类型的一致性的预期。如果它得到验证，那么，这个被预期的类型就会得到扩展，同时，这种类型会分裂成为一些次级类型（sub-types）；另一方面，具体的真实客体将证明它具有它的个别特征，只不过这些特征具有类型性的形式。[①]

由此，舒茨指出：“可以把这种从类型角度统觉到的客体，看作是一般类型的范例（example），并且允许自己推导出这种类型的概念。”

他详细论述说，在日常生活的自然态度中，我们所涉及的只是某些客体，这些客体对照着由以前经过我们经验的其他客体构成的毋庸置疑的领域突出表现出来。我们的心灵进行选择活动的结果，就是确定这样一种客体具有的哪些独特特征是个别性特征，哪些独特特征是类型性特征。更一般地说，我们所涉及的只是这个被当作类型的特定客体的某些方面。以“S是P”的形式断言这个客体S具有特殊的性质P，这是一个省略陈述句。因为，如果根据S对我表现出来的样子去看它，那么毫

① 参见［德］阿尔弗雷德·许茨：《社会实在问题》，霍桂桓、索昕译，华夏出版社2001年版，第33～34页。

无疑问，S决不仅仅是P，同时也是q、r以及其他许多东西。这个完整的陈述句应当是："在其他许多东西之中，S是诸如q、r以及P那样的东西。"如果就被认为理所当然的一种世界成份而言，我断言"S是P"，那么，我这样做是因为我在目前情况下对S的P存在感兴趣，同时把它的存在以及q和r的存在作为暂时无关的东西忽略了。这一系列"关联系统决定了那些必须构成一般化的类型化基本的成份，决定了我们必须把这些成份的特点当作从特征角度来看合乎类型的东西选择出来，决定了我们必须把其他成份的品质当作独一无二的个别的东西挑选出来，这决定了我们必须深入这种类型性的开放视界的程度"[①]。

他指出："个体应当是可以相互转换的，行动过程类型指涉'任何一个'以被这种构想界定为类型的方式活动的人的行为。"遵循着同伴所具有的、得到社会承认的行为模式；使自己变得可以理解，根据这种行为模式调整自己的行为。[②]

但要注意到的是，舒茨强调，当一个人把他人当作一种部分自我、当作各种类型角色的扮演者或者类型功能的进行者来构想，加入到与他互动的过程中去，这种自我类型化过程就必然出现，这是在自我类型化过程中具有的一个必然结果（corollary）。当把自己的整体人格加入到这样一种关系之中，便使自己的人格的某些层次加入了这种关系。可见，在界定他人角色的过程中，自己同时承担了自己的角色；在使他人的行为成为类型的过程中，也使自己的与他的行为联系在一起的行为成为类型。这种自我类型化正是区别与社会自我有关的"主我"和

① ［德］阿尔弗雷德·许茨：《社会实在问题》，霍桂桓、索昕译，华夏出版社2001年版，第36～36页。

② 参见［德］阿尔弗雷德·许茨：《社会实在问题》，霍桂桓、索昕译，华夏出版社2001年版，第45页。

“客我”的原因。[①]

舒茨进一步写道：在这样一种关系之中，我们就可以把他人当作存在于其独特生平情境（虽然这种生平情境只是被片断地揭示出来）之中的一种独特个体性（尽管这种个体性只不过是他的人格明显表现出来的一个方面）来领会。在其他所有各种社会关系形式之中（就他人自我的那些尚未被揭示出来的方面而言，我们甚至还可以说在合作者之间的关系之中），要通过“对想象假设的意义呈现的贡献”。这里指的是通过构造一种有关行为的类型方式的构想，构造一种有关各种潜在动机的类型模式，从而构造一种有关的人格类型。此间，“在想起我的不在场的朋友A的过程中，我在我过去把A作为我的合作者来经验的基础上构造有关他的人格和行为的理想类型”。[②] 在这样的情况下，舒茨对“行动过程类型和人格类型”等方面展开了详细解析。

舒茨由此得出结论说：“我们必须记住，这些用于使他人类型化、使我自己类型化的常识构想，在很大程度上都是来源于社会并且得到社会承认的。在内群体之中，大量的人格类型和行动过程类型作为一整套规则和诀窍，被认为是理所当然的……它们迄今为止已经经历过检验，并且被人们期望在将来也经得起检验。不仅如此，这种类型构想模式还经常被人们当作一种行为标准而制度化，它不仅得到传统习俗和习惯性习俗的保证，而且有时还会得到所谓社会控制的特殊手段的保

① 参见［德］阿尔弗雷德·许茨：《社会实在问题》，霍桂桓、索昕译，华夏出版社2001年版，第46页。

② ［德］阿尔弗雷德·许茨：《社会实在问题》，霍桂桓、索昕译，华夏出版社2001年版，第44页。

证——诸如法律程序的保证。"[①]

3．"主体间性"。

（1）主体间性与"此在""彼在"。

为实现"类型"的现象学还原，舒茨特别讨论了"主体间性"问题。也就是说，舒茨由关注先验现象学的各种考虑，基于常识世界各种类型化的分析，进行了关于"主体间之本性"的研究。

关于这个问题，要从胡塞尔说起。胡塞尔强调纯粹自我具有明证性。关于纯粹自我是否自明，胡塞尔由对这个问题开始说明的不彻底性，在后来的著作中对他的早期著作《逻辑研究》（1900—1901）中的看法作了调整。在《逻辑研究》中胡塞尔曾断言，在意识中根本不能发现那托普（Paul Natorp，1854—1924）所主张的一个作为一切意识内容的联系中心的纯粹自我。而在后来的《纯粹现象学通论》中胡塞尔否定了自己过去的观点。他说："在《逻辑研究》中有关纯粹自我的问题上……这一立场随着我的研究的进展不能再加以坚持了。因此我对那托普那部博大精深的《心理学导论》所作的批评在一些主要问题上不再适当了。"[②] 胡塞尔在发表《纯粹现象学通论》之后，又在自己的一些批注中表达了对作为意识体验的统调者的纯粹自我是否自明问题的疑虑，他提出：把纯粹自我称为意识之流的"中心""发射极""接受射入的极"等等意味着把自己的人脑理解为意识之流的"中心"，理解为意识行为的发射和接受的中心；但是当离开了我思的器官时，我们是否还能想象"思的中

① ［德］阿尔弗雷德·许茨：《社会实在问题》，霍桂桓、索昕译，华夏出版社2001年版，第46页。

② ［德］胡塞尔：《纯粹现象学通论》，李幼蒸译，商务印书馆1992年版，第152页。

心”呢？这成为胡塞尔先验现象学所面临的最大难题。在这里胡塞尔遇到了循环论证的麻烦：确认我的意识之流要以确认别人的意识之流为前提，而确认别人的意识之流又要以确认我的意识之流为前提。这里的症结在于：倘若世界上只有一个自我，我可以根据意识之流的统一性得出作为其“中心”或“统调者”的自我的存在；倘若世界上有许多自我，我必须相对于其他的意识之流来区分我的意识之流。因为只有当我们能区分不同的意识之流并确认它们的统一性时，我们才能知道作为这些意识之流的统调者的自我。显然，认识我自己与认识别人是互为关联的。

所以胡塞尔对其中的“互为关联”给予了特别重视。这“关联”在于，当一个人告诉我他的想法，我认为他的想法与我的想法不同的时候，我就区分了一股意识之流与另一股意识之流，并区分了我与他。但是在这里，当他告诉我他的想法并且我认为他的想法与我的想法不同的时候，我与他之间已经使用了主体际交流的语言，已经区分了“我”“你”“他”等主体际的概念；也就是说，这里已经把由不同的自我构成的主体际的关系当作既成事实接受了。①

舒茨在此问题上发展胡塞尔思想，他讲道：“虽然个体从他自己的视角出发限定他的世界，但他却是一种社会存在，根植于一种主体间际的实在之中。”“我们在其中出生的这个日常生活世界从一开始就是一个主体间际的世界”。这样，有关主体间性的哲学问题，成为理解社会实在的线索。②

---

① 参见张庆熊：《自我、主体际性与文化交流》，上海人民出版社 1999 年版，第 10～12 页。

② 参见张庆熊：《自我、主体际性与文化交流》，上海人民出版社 1999 年版，第 7～8 页。

舒茨这里的分析由主体间性切入了关于"自我的'此在'和'彼在'"问题。他指出："如果把我的身体作为标绘我的世界的坐标原点，那么我就可以说，我的身体的位置在与一个作为'彼在'的同伴身体的关系中构成了我的'此在'。我发现，改变我的位置，并且由'此在'移动到'彼在'是可能的。经过移动，'彼在'就会变成'此在'。但是，由于我的同伴的身体对于他来说仍然是'此在'，所以，它对于我来说仍然是'彼在'。虽然我实际上无法直接处于他人'此在'的视角之中，但是，我却可以假设把视角的相互关系归因于他。这样，由于我从'彼在'出发可以察觉我从'此在'出发所察觉的同样的事物。所以，尽管视角发生了变化，但是，这个世界的各种客体和事件对于我们两个人来说仍是共同的。在这个常识世界之中，人们认为视角的相互关系所包含的东西完全是理所当然的，即从主体间性的角度来看，人类经验的各种客体和事件是共通的，并且对于所有'正常的'察觉者来说也基本上是相同的。""也许这意味着，正常（normality）这个概念本身就是从常识对于感官知觉的结构所作的各种含蓄假定中推导出来的。存在于自我之间的'此在'与'彼在'的可相互转变性，是得到共享的实在存在的必要条件。但是问题还不止于此，因为除了空间坐标之外，还存在着在我的'现在'零点之上建立的各种时间关系。各种时间视角的相互关系构成了'此在'与'彼在'的辩证关系的相似物。"①

舒茨论证说："对于有常识的人来说，关于其他人心灵的知识如何可能的哲学问题，根本不会作为一个正式问题而产生出来，这正是日常生活的一个特征。""主体间性作为我们的世界

① 参见张庆熊：《自我、主体际性与文化交流》，上海人民出版社1999年版，第8～9页。

所具有的一种明显属性却被认为是理所当然的。”也就是说，常识中的“类型”只是“潜在”着的。常识通过这些潜在的“类型”来看世界、在这个世界中活动、并解释这个世界；而必须正视的是：关于常识认为理所当然的东西中必定会有哲学命题。因为“如果它要与那些潜在于人类经验之中的构造特色达成协议的话，它就必须正视主体间性问题”。“主体间性问题”“作为一个形式论题被提出来”，“可以进一步说它是哲学任务的一部分。这种哲学既要考虑这种事态，又要继续展开论述潜在于各种人际关系之间的那些方法论原则”。“说‘这个’世界在常识经验中被转化成‘我的’世界，在这里意味着，自然科学那标准化了的时间和空间，并不是人们在日常生活中所利用的时空位置的各种类型化的基础。”“我们在这个世界中存在的首要基础存在于主观的时间和空间之中；再者，正像生平情境和现有的知识储备那样，这种个体世界的界定也是从他那经过独特积淀和构造的主观性中产生的。”①

（2）“他人自我”（变型自我）何以可能。

舒茨强调：“这里需要提出的第一个问题是，从根本上说，有关他人自我（alter ego）的知识如何才是可能的。”对于 alter ego 这个词，海内外有人把它汉译为“他我”，这实际上是“他人自我”的缩写。在舒茨的理论脉络中，它是个体通过其与他人的意识活动同时进行的意识活动所把握的、存在于个体自我之中又不同于个体自我的他人的意识流（Other's stream of consciousness）。依此，笔者在书内对舒茨文献作出评述时多用“他人自我”的译名。而现在有的翻译成中文的舒茨原著中译为“变型自我”，我们在引用时，仍保留了原译。这里就出现了一

① 参见张庆熊：《自我、主体际性与文化交流》，上海人民出版社 1999 年版，第 8、9 页。

对概念：一是"自我"，即作为某个体并且也包括观察者研究者自己的自我；二是"他人自我"（即"变型自我"），这是作为与某个自我相对应的作为他人的自我。在舒茨说来，就"自我"与"他人自我"而言，二者是互为"同伴"的（对此有时也译为"伙伴"）。

舒茨讲："在我经验的外部世界的各种成份之中，不仅有各种物理客体，而且有同伴，还有变形自我（the Alter ego）。"也就是说，"一个同伴的身体是作为一个心理一生理统一体的组成部分而被经验的，这意味着人们在认识这个身体的同时，还意识到并且鉴别它所拥有的身体之外的自我"，一般说来这是一个"与我那由认知意识和意动意识构成的世界相同的世界"。这种自我的确定就"是一个变形自我，是一种对于它来说存在着一个世界的存在。虽然我对我自己的了解无限多于我对他人的了解，但是，这里也存在着一个极其重要的方面——通过这个方面，我所具有的关于他人的知识就超越了我的自我认识"。这里有一种"反思过程"。舒茨分析道："在反思过程中，我只能根据我过去的活动领会我自己。只有当反思的客体是过去——即使是最接近现在的过去——的一部分时，反思这个事实才可能存在。"正像舒茨又进而指出的，我们通过他人思想的生动在场（vivid present），即"我们在他人思想的生动的现在之中、而不是在'最接近现在的过去（modo preterito）'之中捕捉他人的思想"；这基于"他人的言语和我们的倾听是作为一种生动的同时发生（vivid simultaneity）而被人们经验的"。"这种同时发生是主体间性的本质，因为它意味着，我对变形自我的主体性的领会，与我生存在我自己的意识流之中是同时的。通过这些关系，我们就可以把变形自我界定成为'可以通过其生动的现在而被人们经验的主观思想流'"。舒茨把这种通过生动的同时性体验他人的意识流现象称为"关于变形自我实存的一般论题"，认为这意味着他人自我的思想流与作为自我个体的思想流的基本结构相同，他也能够像这个个体这样活动和思考。舒茨讲道："这种通过同时发生对他人的领会和他对我的相应领会一起，使我们在这个世界上的共同存在成为可能。"① 在舒茨看来，由作为"主体间性本质"的"生动的同时性"，诸个体通过自我理解和理解他人的同时进行，就可以使他们在生活世界中的共同存在成为可理解的。那么，就前面讲述的个体在生活世界中的时空关系而言，个体与其同伴的共同存在是如何表现出来的呢？舒茨指出："'同伴'这个名称确实包括了广阔的变型自我领域。"② 舒茨强调，变形自我的领域是广阔的、多层次的，从时间维度上讲，他分析了个体所涉及的三类人：

①舒茨讲："我的同伴可以是一位前辈（predecessors），他生活在我出生之前，我只是通过其他人的讲述才知道他"。"我所具有的有关我的前辈的知识总是以过去的方式存在，他们的生活和观念可能会影响我的活动，但是，他们却处于我的影响范围之外。他们可以产生影响，但是却不可能接受影响。当然，也许我并不了解他们，只是在不断变化的清晰程度和详细程度上听说过他们。""虽然我可以调节我的行动向着他们的方向发展，但是从理论上说，他们仍然是我无法了解的。""后来人所处的视角则具有更大的朦胧性。"③

②舒茨讲，也"可以是一位同时代人（contemporares），他现在还活着，我和他在时间上共享一种实在（我们都生活在同

① ［德］阿尔弗雷德·许茨：《社会实在问题》，霍桂桓、索昕译，华夏出版社2001年版，第9～10页。

② ［德］阿尔弗雷德·许茨：《社会实在问题》，霍桂桓、索昕译，华夏出版社2001年版，第10页。

③ 参见［德］阿尔弗雷德·许茨：《社会实在问题》，霍桂桓、索昕译，华夏出版社2001年版，第10～11页。

一个时代)；也可以是一位合作者，他不仅是我的同时代人，而且他还与我共享一种面对面关系（我们生活在这个世界的同一个空间部分之中)"。"我的绝大部分社会交往只能发生在我和我的同时代人以及合作者之间。同样，我在这里也是通过常识世界的各种类型化了解他们的。对于其他所有各种社会关系来说，'面对面'关系是基本的社会关系。在我与合作者面对面地相遇的过程中，我不仅在我们力所能及的范围——我在这个范围内解释他人的各种活动——内共享了一种时间共同体，而且也共享了一种空间共同体。合作者被卷入到一种不断发展的时间流之中，并且被共同的空间界限束缚在一起。"因此，舒茨写道："每一个参与他人不断发展的生活的伙伴，都可以通过一种生动的现在，在他人的各种思想被一步一步建立起来的过程中领会这些思想。他们可以……互相分享他们对未来的各种期望，诸如各种计划、希望或者焦虑。简而言之，合作者是一起变老练的。正像我们可以称呼的那样，他们生活在一种纯粹的'我们关系'（We-relationship）之中。"只有在合作者的生活之中，人们才能领会个体的同一性，才能领会人的独特性。不过，即使在这里，它也只是一个适用于理解他人的个体性的方面。①

③舒茨讲，还"可以是一位后来人（successors)，他在我去世以后生活，而且在我的有生之年不可避免地处于鲜为人知的状态。与所有这些同伴类型相关联的社会结构有着根本的不同"②。这样，从空间维度上看，"前辈"和"后来人"都处在该个体目前所处的空间共同体之外，只有"同时代人"与该个体

---

① ［德］阿尔弗雷德·许茨：《社会实在问题》，霍桂桓、索昕译，华夏出版社2001年版，第10、11页。

② 参见［德］阿尔弗雷德·许茨：《社会实在问题》，霍桂桓、索昕译，华夏出版社2001年版，第10页。

处于同一个时间共同体之中；而且与该个体共处于一个具体时空环境之中的“同时代人”是最直接与该个体发生各种关系并且相互影响的，于是这才是真正意义上的“伙伴”（consociates）。

上述情况共同构成了具有过去、现在以及未来的生活世界。[①] 而所谓主体间性问题也就存在于个体自我与这几种人的自我之间。显然，无论是对生活世界的描述还是对主体间性问题的研究，舒茨都是以由“同时代人”构成的当前的生活世界为重点的。舒茨明确指出，正像所有各种社会关系那样，前辈，同时代人或合作者以及后来人，都是通过常识生活的类型化，以各种各样的方式得到确定和解释的。

可见，“社会世界并不单纯是一个对象，而首先是我通过一种生动的现在所经历的我的情境，全部历史的过去借助于这种情境也变成了我可以接近的东西，社会世界总是作为一种单纯生活的变体显现给我，我参与这种生活：根据这种生活，我的同伴对于我来说总是另一个主我，总是一个变形自我。”[②]

于是舒茨又这样论述：“只要这种关系在我的同时代人中持续存在下去，那么，在这些同时代人中，就会有这样一些人——他们不仅和我共享时间共同体，而且也和我共享空间共同体。”对这种作为同时代人的“伙伴”（consociates），舒茨把“存在于他们之间的关系称为‘面对面’关系（face-to-face relationship）”。“共享一种空间共同体意味着，外部世界的某一部分同样处在每一个伙伴力所能及的范围之内，并且包含着与他

① 参见 A. Schutz，*The Phenomenology of the Social World*（《社会世界现象学》），London，1980. pp. 139～214.

② ［德］阿尔弗雷德·许茨：《社会实在问题》，霍桂桓、索昕译，华夏出版社 2001 年版，第 202 页。

们有关、他们共同感兴趣的客体。对于每一个伙伴来说，其他人的身体、他的姿态，他的步态以及他的面部表情，都是可以直接观察的。他不仅可以把它们当作事物或者外部世界的事件来观察，而且还可以通过它们的外貌意义来观察——也就是说，把它们当作其他人思维的征兆来观察。共享时间共同体——这不仅意味着共享外在（编年的）时间的共同体，而且意味着共享内在时间的共同体——意味着每一个伙伴都参与其他人那不断发展的生活，都可以通过一种生动的现在，在其他人的思想被一步一步确立起来的过程中领会这些思想。也许这样，他们就可以共享对方当作计划、希望或者焦虑的对未来的预期。简而言之，这些伙伴互相包含在对方的生平之中；他们是一起变老练的；正像我们可以称呼的那样，他们生活在一种纯粹的'我们关系'（We-relationship）之中。"①

基于以上论述，舒茨指出："总而言之，我们可以说，除了在合作者纯粹的'我们关系'中以外，我们根本无法根据我们的同伴那独特的生平情境领会他的个体独特性。在常识思维的各种构想中，他人至多是作为部分的自我显现出来的，即使进入纯粹的'我们关系'，他也只不过是运用了他的人格的一部分。"其由于一种"镜映效果"（looking glass effect）而处于一种自我起源理论的基础之中；这使有关学者得出了"一般化的他人"概念；这对于阐明诸如"社会功能""社会角色"以及最后一个但是同样重要的"理性行动"这样一些概念，"具有决定性意义"。②

---

① ［德］阿尔弗雷德·许茨：《社会实在问题》，霍桂桓、索昕译，华夏出版社2001年版，第43～44页。

② 参见［德］阿尔弗雷德·许茨：《社会实在问题》，霍桂桓、索昕译，华夏出版社2001年版，第45～46页。

这样，舒茨写道："我们生活于其中的这个共同世界既不是我的世界也不是他的世界。这个客观世界——奥尔特加称之为人化的世界（the humanized world）——就是我们在其中出生的这个社会的相关物。在这个世界中，他人首先是一个抽象的'他'，这样，他才可能被个体化，并且变成一个'你'。然而，'主我'通过其具体性最后才显现出来。正是他人使我发现了我的边界，把我和他分开，也把我的世界与他的世界分开。这样浮现出来的我的具体的'我'，是被我当作一个他人、特别是当作一个'你'、当作一个'变形的你'（alter du）来经验的。社会和共同体，国家和集体，都是被我通过'某人'、通过'人民'、通过做'刚才已经做过的'事情所具有的匿名来经验的。""我变成了一种社会性自动机械（automaton），进入了一个非确实性（inauthenticity）的国度"，"不断简单地重复我'所想的东西，所说的东西'。简而言之，我被社会化了，我要不断顺从那对我发挥约束作用的社会化的惯用法（usage）的力量"。①

（3）主体间的事是社会化的事。

舒茨强调说，我们的"这个世界""从一开始就是一个主体间际的文化世界。它之所以是主体间际的，是因为我们作为其他人之中的一群人生活在其中，通过共同影响和工作与他们联结在一起，理解他们并且被他们所理解"。主体间际的世界，"是一个文化世界，是因为对于我们来说，这个日常生活世界从一开始就是意义的宇宙，也就是说，它是一种意义结构（a texture of meaning）"。"这种意义结构来源于人类行动——我们自己的行动以及我们的同伴的行动，当代人的行动和前辈的行动——并且一直是由人类行动规定的，正是这一点把文化领域

① ［德］阿尔弗雷德·许茨：《社会实在问题》，霍桂桓、索昕译，华夏出版社2001年版，第203页。

与自然领域区别开来了。所有各种文化客体——工具、符号、语言系统、艺术作品、社会制度，等等——都通过它们的起源和意义回过头来指涉以往人类主体的各种活动。因此，我们总是能够意识到我们在传统和习俗中遇到的文化所具有的历史性。我们可以根据这种历史性对各种人类活动的指涉（它就是这些人类活动的积淀）来检验它。出于同样的原因，如果我不求助于产生一个文化客体的人类活动，那么，我就无法理解这个文化客体。例如，如果我不了解人们设计一种工具的意图，我就无法理解这种工具；如果我不了解一个指号（或者符号）在使用它的人心中代表什么，我就无法理解这个指号（或者符号）；如果我不理解一种制度对于那些个体（他们调整他们与这种制度的存在有关的行为）来说意味着什么，我就无法理解这种制度"。舒茨由此专门分析了"知识社会化问题的三个方面：a）各种视角的互易性（reciprocity）或者知识的结构社会化；b）知识的社会起源或者知识发生的社会化；c）知识的社会分配"。舒茨讲，只要我们把此考虑在内，即可见，"我所具有的关于它的知识也不是我个人的事，而是从一开始就是主体间际的事（或者社会化的事）"。也就是说，"这个世界不是我个人的世界，而是一个主体间际的世界"。①

由此舒茨写道："存在一个社会世界，存在一些作为同伴的人，我们可以和其他人进行有意义的沟通，存在对于日常生活来说是真实的、非常宽泛而一般的原则——这些基本事实都交织在自然态度的结构之中。对它们的说明取决于详细考察那些

① ［德］阿尔弗雷德·许茨：《社会实在问题》，霍桂桓、索昕译，华夏出版社2001年版，第36～39页。

就常识世界的可能性而言是先天的条件。”①

总括一下，这里的所谓“先天条件”在于：由在类型化中行为者“有意义行为”中意义一致性，由一个个的个体“知识储备”的积淀，由“历史形式和文化形式”，形成的“互为主体的文化世界”，使“主体间的事成为社会化的事”；正是这些，使“主体间性”成为可能。

（二）生活世界与工作世界·有限意义域·最高实在与多重实在。

1. 作为“最高实在”的“生活世界”与“工作世界”。

舒茨由关于“此在”“彼在”“主体间性”，又返回来对生活世界、工作世界作了解析。

（1）行为者。

舒茨为了实现其关于社会学“两级”构想的理论建构，在对日常世界类型化及其中主体间性进行现象学分析过程中，凸显了一个重要概念，即由作为“此在”“自我”及“他人自我”而提出的“行为者”。这样，在舒茨论证体系中，对“行为者”加以论证就成为再一步进行现象学分析的关键。正是由于对“行为者”这一概念的提升，其参与之中的“生活世界”，才成为“工作世界”，这种“世界”便具有了“最高实在”的地位。

舒茨为实现这一论证，特别注意揭示，在“生活世界”成为“工作世界”过程中，“精明的行动者”要实施其行动计划以满足其基本需要，这实质上说出了个体进行社会行动的根本目的。因而，作为“最高实在”的“工作世界”成为“生活世界”之基本维度。

关于舒茨的这个命题，要从他关于行为者的“意义与行为”

① 参见［德］阿尔弗雷德·许茨：《社会实在问题》，霍桂桓、索昕译，华夏出版社 2001 年版，第 4 页。

"动机与设计""社会互动与角色"的整体论证说起。

（2）意义与行为、动机与设计、社会互动与角色。

①关于意义与活动。

舒茨为了对"行动"特别是他关注的"有意义行动"作出分析，他从胡塞尔现象学出发并借助柏格森的"绵延"理论，通过对生活世界、个体在其中的实存以及主体间性的论述，努力从理论层面上阐明韦伯"理解的社会学"的一个关键性基本概念，这就是"意义"。

从学术渊源上看，对于包括社会学在内的全部社会科学来说至关重要的"意义"（meaning）问题讨论，起源于19世纪末至20世纪初欧洲学术界展开的方法论论战：以J. S. 穆勒为代表的实证主义学派主张人类的社会和历史现象与自然现象并无本质区别，认为可直接运用物理学方法为典范的科学方法研究它们，即可得到相应的科学结论。而以W. 狄尔泰的生命哲学和以W. 文德尔班、H. 李凯尔特所在的"巴登学派"为代表的学说，则强调社会历史现象的主观性和独特性，其目的就在于理解、把握和描述对象的主观意义。这形成关于社会的科学及其方法与自然科学的区别。

舒茨大约在1924年注意接触柏格森的生命哲学。舒茨曾试图通过柏格森的哲学在个体的意识和个体的行为之间架起一座桥梁，由此通向理解社会学。舒茨阅读了柏格森的著作和论文集之后，认为，其中包含着他所寻找的有关问题基本洞见。从1924年到1928年，舒茨围绕着"为何生活形式的结构没有能够提供关于意义之构成的完整的分析"这一问题着重分析了六种生活形式的图式。这分别是：关于"主我"的纯粹绵延的形式，关于"主我"的意义赋予的绵延的形式，关于行为的自我的形式，关于与"汝"相关的自我的形式，关于说话自我的形式以及在概念上进行思考的自我的形式。而每一种类型都有其自身的“意义建立的体系”。有学者认为，例如在兰斯铎（Langsdore）看来，舒茨关于此生活形式结构的建构，其目的在于：在由主我的不同层级所决定的内在的绵延和由韦伯的起点所决定的客观的外在时空之间架起一座桥梁。[①] 舒茨由柏格森的“绵延”理论认为，意义的任何方面，这个内在的、连续的时间流，经由回顾（retrospective）而得到交换。既然这样，反思就将我们关于内在的时间流的飞逝的瞬间转化为完成的形态。这里，舒茨试图通过借用柏格森“绵延”的概念，从而由意识的基本结构，搭建一座通向“主体间性”的桥梁，以从行为者的观点出发提供对于社会行动理解的基础。

舒茨通过对柏格森生命哲学中“绵延”的研究，指出，社会行为只能具有一种主观意义，即行为者本人的主观意义。他认为，当行为者在特定社会情境中进行某种行动时，这对他而言所具有的意义是理所当然的，只有当他停下来对该行为进行“反思”时，他才能明确意识到由他赋予该行为的意义。就主体意识而言，任何社会行为都是在其内在时间意识中、在内在绵延中发生的，当一种行为从中被主体“挑选”出来并加以注意和“反思”时，它对主体的意义就被构造出来了。因此，意义来源于主体，是在主体的意向性活动中被构成的。[②]

胡塞尔的现象学理论对舒茨产生了非常重要的影响。正如人们所知，胡塞尔为他的计划发展了一种特殊的方法。他关注作为一种关于现象的经验研究。在胡塞尔看来，经验是作为正

---

① Langsdore, L. Schutz's Bergsonian Analysis of the Structure of Consciousness. Human Studies, Vol. 8. 1985：315～324.

② ［美］舒茨：《社会世界的现象学》（A. Schutz, *The Phenomenology of the School World*, Hague, 1980.）第一章，五、主观意义与客观意义，卢岚兰译，台湾久大文化股份有限公司、桂花图书股份有限公司1989年版，第29～36页。

在发生的和意识行为内组成的现象而被看待的，现象学的步骤就是有意地揭示出经验的自我给定的过程，也即，让它们自我呈现。这样，所有关于意识行为意义建立过程的陈述都是用现象学的意识进行自身描述的行为。胡塞尔相信，用现象学的描述来论证基本结构的自我给予以及意义建立的过程，它构成了这个世界有效性的可能性条件，因此必须被认为是先验的、有效的。他因此相信，关于构成的持续的现象学分析能揭示意识行为的意义建立过程。对于这个世界进行还原，这样意识行为才能够在脱离了任何经验的内容的基础上以纯粹的形式被观察。

有学者指出："胡塞尔对于意识行为构成的现象学分析不仅展示了一种澄清所有科学知识的途径，而且打开了一片想象不到的研究领域，它明显包含了所有人类知识构成的条件。因为，既然科学思想意义的基础现在能够用现象学进行说明的话，那么意识行为的意义建立也就能够以一种相似的方式进行研究。"[①]

在舒茨看来，胡塞尔有关这方面问题的论述（尤其是在《形式逻辑与先验逻辑》中）已经说明了意义的产生过程。舒茨这里的观点明确表明了他为什么要求助于胡塞尔现象学。

韦伯的"有意义行为"概念对舒茨影响很大。舒茨指出，韦伯那里的"意义"是通过行为在生活世界中具体表现出来的。为了阐明这一问题，舒茨对韦伯的方法论进行了考察。舒茨感到韦伯的理论有吸引力之处在于，他将社会学理解为社会行为的科学，而社会行为则是具有"主观意义的"。胡塞尔曾以一种可能的最为普遍的方式，用意识描绘实在，即将之描述为有意义内容而加以界定。舒茨认为，韦伯与胡塞尔都赞同"社会世界的结构可被揭露为可理解的意向性意义的结构"这一命题。

① 范会芳：《舒茨现象学社会学理论建构的逻辑》，郑州大学出版社2009年版，第66页。

意义被作为其可能性的本质性条件嵌入实在中。又由于人类行为“在发生时已经具有意义，并且在日常生活的层面可以理解”，所以舒茨把“在社会世界中解释个体行为，以及个体赋予社会现象意义的方式”作为自己的任务。然而意义并不在经验本身里。相反，“被反思地理解的经验是有意义的”（Schutz，1967），这并不是在具体概念范围内的抽象表达，而是一种关注态度的产物，这一态度限定了对正在进行的日常活动的具体划分：“当我沉浸于自己的意识流中时，我并未发现任何明显分化的经验”，但是“意识到这一洪流的过程已经假设了洪流的折回，一种对待那股洪流的特殊态度，我们称之为‘反省’”。[①] 韦伯讲：“当活动着的个体把一种主观意义附属在‘行动’上的时候，而且就此而言，‘行动’包含了全部人类行为……由于行动借助于活动着的个体（或者一些个体）把这种主观意义附属在它之上，并把他人的行为考虑在内，并且由此在发展过程中接受后者的调整，所以，行动就此而言是社会性的”[②]。

学界认为，韦伯在社会学研究中，开方法论中关于个体主义研究之先河。就其“理解的社会学”而言，他整个理论体系，整个对各种社会现象、社会关系以及社会结构的研究，都建立在对社会行为者赋予其行动的意义的“理解”（Verstehen）之上。在他看来，社会实在的本质在于诸个体的互动，因此，任何科学有效地对社会实在的分析，都必须回过头来指涉个体在社会中的行为，而后者则是由行为者主观预期的意义塑造的。

① 参见［英］哈维·弗格森（Harvie Ferguson）：《现象学社会学》，刘聪慧、郭之天、张琦译，北京大学出版社2010年版，第99页。

② 参见［德］马克斯·韦伯：《社会组织与经济组织理论》（The Theory of Social and Economic Organization），A. M. 亨德森和塔尔科特·帕森斯英译本，纽约，1947年版，第88、345～347、484页。

因此，要想科学地阐明各种社会现象，就必须以社会行为者之行为的主观意义复合体（meaning-complex）为认识对象，通过理解实现对意义的再创造，而这种意义就是行为者在行动时所体验到的（或者说行为者赋予其行为的）意义。而要做到这一点，社会科学家置身于行为者的位置非常重要，但只有经过经验性统计资料证实的解释才是科学有效的。① 所以在韦伯看来，社会学是"一门……涉及对社会行为的解释性理解的科学"；行为是行为者将主观意义附着于其上的行为；而意义则既可以"指特定行为者在既定情况下实际存在的意义"，也可以"指被赋予处在既定行为类型中的一个或多个假设行为者的、从理论上假设的主观意义的纯粹类型"②。

舒茨指出，虽然韦伯的"理解的社会学"博大精深，通过对社会的纯粹精确描述使社会学不再是意识形态而真正成为一门科学；但是，由于韦伯更关注具体社会问题而对有关其理论基础的各种哲学问题没有什么兴趣，所以，他对诸如"意义""理解""行为"这些构成其理论基础的关键概念的理解和表述都不甚清晰。舒茨认为，"只有当我们牢固地把握了意义概念以后，我们才能一步一步地分析社会世界的意义结构。通过遵循这样的步骤，我们就能够把理解的社会学的方法论工具固定在……更深刻的要点上"。③

① 参见［德］马克斯·韦伯：《社会组织与经济组织理论》，（英文版），（The Theory of Social and Economic Organization），A. M. 亨德森和塔尔科特·帕森斯英译本，纽约，1947 年版，第 87～110 页。

② 参见［德］马克斯·韦伯：《经济与社会》（英文版），E. 费沙夫等译，加利福尼亚大学出版社 1978 年版，第 4 页。

③ ［美］舒茨：《社会世界的现象学》，（A. Schutz，*The Phenomenology of the School World*，London，1980. p. 15），卢岚兰译，台湾久大文化有限公司、桂花图书股份有限公司 1989 年版，第 15～17 页。

具体说来，舒茨认为韦伯对意义的论述可分为以下五个层次：第一，行动对于行为者而言是有意义的，这里只涉及个体本身；第二，个体进入社会关系即预设他人存在，意义有了进一步变化；第三，意识到他人存在与意识到他人正在如此这般地行为属于截然不同的意义域；第四，社会行动必须取向他人行为，建立在对后者意义的理解之上；最后，社会学的任务是对他人的社会行为加以理解和解释。舒茨指出，韦伯这种论述并未回答以下三个基本问题：说行为者把一种意义附着于其行动之上是什么意思？另一个自我是以什么方式被当作有意义的东西给予自我的？自我以什么方式理解他人的意义？[①] 由此，"舒茨继承了韦伯的'有意义行动'这一概念，同时指出他并未完全发展出奠基其上的洞见，并宣称韦伯就行为对行动者在事件中的主观意义和观察者得出的意义所作的区分是不恰当的。"[②]

基于以上认识，舒茨指出，韦伯对作为其理论之最核心概念的"行为"，论述是含糊不清的；他将它界定为"个体的有意义的活动"，未对"行动""行为"（Handeln，action）和"活动"（Handlung，act）作出区分，也未阐明一个行为者如何构造才是有意义的。因此，舒茨在论述"生活世界""主体间性"以及"意义"的基础上，进一步对"行为"进行了具体分析，以阐明行为者的实际构造过程。

因而舒茨对"行为"或"行动"联系"活动"作了概念界定。舒茨指出，人们在常识世界中一般地谈论"行动"和"行

① 参见［美］舒茨：《社会世界的现象学》（A. Schutz，*The Phenomenology of the School World*，London，1980. p. 15），卢岚兰译，台湾久大文化有限公司、桂花图书股份有限公司1989年版，第15～17页。

② 参见［英］哈维·弗格森（Harvie Ferguson）：《现象学社会学》，刘聪慧、郭之天、张琦译，北京大学出版社2010年版，第99页。

为"（behavior）时，总是说前者是"有意识的"或者"自愿的"，而后者的特征则是"反应"（例如各种肌体反射活动）。这种区分是肤浅的。由现象学的角度来说，行为被看作是通过自发的活动（spontaneous activity）赋予意义的"意识经验"，而在行为的发生或者进行过程中，这种自发的活动不过是使有意义的构造作用的客观性得以给定的意向性的方式。从这种意义上说，行动不过是行为的一个子集（Subclass）而已。[①] 实际上舒茨所要着重加以区分的不是同作为有意识的"行动"与"行为"，而是作为个体行为者之意识活动过程的"行为"与"活动"。舒茨强调，作为"行为"，指的是具有自我意识的个体行为者根据一个预先设计的方案所进行的、取向未来某一具体目标的人类行为。它来源于个体社会行为者的意识经验，最突出的特征是有目的性、有计划性。[②] 舒茨指出，"行为"或"行动"可以是与个体行为者所处的外部生活世界相连接的公开的行为，也可以是个体行为者在其主观意识中私下进行的隐蔽行为（诸如科学家通过苦思冥想解决科学问题之类）；可以是个体行为者决定努力达到既定目标的行为，也可以是他决定放弃既定目标的行为（如从政者决定放弃竞选特定职位）。如果不着重强调行为的主观性、目的性和有计划性，只能称为"进行"（performance）。

相对于上面对"行为"的论述，舒茨对"活动"的论述比

① 参见［美］舒茨：《社会世界的现象学》（A. Schutz，*The Phenomenology of the School World*，London，1980.），卢岚兰译，台湾久大文化有限公司、桂花图书股份有限公司1989年版，第55～57页。

② 参见［美］舒茨：《社会世界的现象学》（A. Schutz，*The Phenomenology of the School World*，Hague，1980. p. 15），卢岚兰译，台湾久大文化有限公司、桂花图书股份有限公司1989年版，第59～61页；《舒茨文集》（第1卷）（A. Schutz，*Collected Pepers*，vol. I，The，London，1962.），第19～20页。

较简单："活动""指的是这个不断发展的过程的结果。也就是说，指的是已经完成的行动"。[①] 关注这方面的学者指出，实际上，舒茨是在两种含义上运用"行动"这个术语的：首先，而且也是最主要的，是在个体行为者的主观意识层面上运用它。舒茨认为，行动的基本特征是目的性和计划性，因此它必须以个体行为者的主观设计活动为基础，而行为者要进行设计就必须通过其幻想过程把这种行为的结果形象化、并且以之为设计过程的出发点[②]。舒茨固然用"活动"来指涉由个体行为者在生活世界中采取特定的行为所造成的、作为事态（state of affairs）的结果；这种用法主要见于他对社会互动的论述中，但"活动"范畴在他的理论中并不占据关键地位。多数学者认为，舒茨在这里的论述总起来说是为了强调"有意义行为""来源于主观意识"。

要指出的是，舒茨对行为诸方面的论述，虽然坚持从胡塞尔现象学的基本立场出发，遵循着将一切社会现象及其意义主体化的基本路线，但在具体论述中也时常不自觉地求助于生活世界那个似乎不依赖个体行为者之主观意识而存在的各种客观维度。而舒茨十分强调的是，这些维度是个体行为者不能直接体验的、"匿名"程度很高的社会维度。

②关于动机与设计。

人们认为，由于舒茨构建其现象学社会学理论是以韦伯关于行为者把意义赋予其行为的观点为基础的，所以，他对"行为"之诸方面的论述都是以探索主观意义为主线的。另一方面，

---

① 参见《舒茨文集》（第1卷）（A. Schutz，*Collected Pepers*，vol. I，The Hague，1962），第20页。

② 参见《舒茨文集》（第1卷）（A. Schutz，*Collected Pepers*，vol. I，The Hague，1962），第20页。

就舒茨上面关于"个体在生活世界中的实存和主体间性"的论述而言，他实质上已经指出个体从出生时起就处在一个作为意义网络的主体间际的文化世界之中。因此，个体行为者在生活世界中采取行为，首先必须面对他所处的具体情境，理解并且界定它的意义，以及他将要采取的行为在其中所具有的意义。[①] 舒茨借用美国著名社会学家 W. I. 托马斯的术语称这种情况为"情境界定"，并且引用托马斯的名言来强调说明这一点："如果人们把各种情境界定为真实的，那是因为就其结果而言它们是真实的。"[②] 舒茨认为，个体在生活世界中所面临的情境首先是他所要对付的问题——这个世界首先向他提供了无数开放的可能性[③]。他根据他的主观兴趣以及其"生平情境"的相应成份，对这些可能性加以怀疑和选择，最后确定由经过选择的有问题的可能性（problematic possibilities）构成的情境。这里包括可能性和反可能性（counterpossibilities）。舒茨指出，解释这种情境就是个体行为者在其中进行的最基本的行为，而这种界定就是行为。因为个体进行这种界定所使用的方式确定了这种情境在他的世界中所具有的状态。舒茨指出，不仅不同个体界定同一个情境会出现复杂性和相对性，而且同一个体在不同时刻这样做也是如此；这是因为日常生活本身的结构就是这样。通过以其"生平情境"为基础界定情境，个体就完全沉浸在这种情境之中了。舒茨在这里努力强调了"情境界定"的主观方面及其与个体行为的关系；生活世界向该个体提供的、并且使该个

---

① 参见苏国勋编：《当代西方著名哲学家评传》（第 10 卷）。山东人民出版社 1996 年版，第 354～355 页。

② 参见《舒茨文集》（第 1 卷）（A. Schutz, *Collected Pepers*, vol. I, The Hague, 1962），第 348 页。

③ 参见《舒茨文集》（第 1 卷）（A. Schutz, *Collected Pepers*, vol. I, The Hague, 1962），第 81 页。

体不得不在其中作出选择的诸多可能性，迫使个体的自我之间“达成协议”。那么，界定了情境并且沉浸在其中的个体行为者，要开始其行为，是以其动机为前提的。就“动机”而言，舒茨指出，韦伯在其论述中用这个术语来囊括截然不同的两种情况：一是行为者主观认为的作为其行为基础的意义脉络，一是观察者假定是行为者之行为基础的意义脉络。舒茨指出，必须从个体行为者赋予其行为的主观意义出发，对之作出深入细致的研究。舒茨指出：“在平常的语言中，‘动机’这个术语包括着两类不同的概念，我们必须把这两类概念区别开来”[①]，这就是“目的动机”（in-order-to motive）和“原因动机”（because motive）。

首先，“动机”指主体努力使某种事态达到某种结果。这种结果可以由行为者所采取的行为造成。“我们可以把这种动机叫作‘目的动机’。从行为者的观点来看，这一类动机所指涉的是未来。对于实现这种行为来说，这种通过其设计被预先幻想过、并且可以由未来的行动造成的事态就是目的动机”。[②] 可见，舒茨认为，所谓“目的动机”是指包含了人们所要达到的目的、所要追求的结果的动机，在这里，动机指的是将由行为者通过采取行动而造成的未来的事态或者结果；因此，它所涉及的是将来时态，其本身构成属于个体的主观范畴。

其次，某行为者之所以由动机作出某种行为，“是因为他是在这种或者那种环境中成长起来的，是因为他有这些或者那些童年经历，等等”。“我们可以把这一类动机称为‘原因动机’。

① ［德］阿尔弗雷德·许茨：《社会实在问题》，霍桂桓、索昕译，华夏出版社2001年版，第49页。

② 参见［德］阿尔弗雷德·许茨：《社会实在问题》，霍桂桓、索昕译，华夏出版社2001年版，第49页。

从行动者的观点来看，这种动机所指涉的，是他过去那些曾经决定过他的活动如此进行的经验。在一个行动中，以'原因'的形式被激发起来的东西.就是这种活动本身的设计"。[①] 可见，舒茨认为，所谓"原因动机"是指由行为者之所以如此行为的原因和根据，涉及社会文化背景、生存工作环境、经历和心理倾向等等；因此，它所涉及的是过去时态，其本身构成个体行为者自身和作为观察者的社会学家可以接近的客观范畴；前者通过自我反思接近它，后者则通过主观理解接近它。

综合起来，舒茨的论述体现着，"生活在他那不断发展的活动过程之中的行动者，所考虑的只不过是他那不断发展的行动的目的动机，也就是说，只不过是经过设计并且应当实现的事态"。这涉及将来时态。只有在过去时态中"通过回顾他那已经完成的活动，或者通过回顾他那仍然在进行的行动所具有的以往那些最初阶段"，才能形成原因动机。行为者在将来时态与过去时态的结合中，由"目的动机"和"原因动机"，形成"已经建立起来的预期将来完成时态的活动的设计"，行为者才能从追溯既往的角度，领会那决定他做他未来应当做的、"决定他计划要做的事情"。[②]

可见，以动机为前提，才会有行为方案的设计。对此，依我的概括，舒茨在理论构成中大体是这样论述的。

一是处在生活世界中的个体的"各种成份"被"类型化"为一种"常规"（rubric），这里的"各种成份"，涉及"生平情境"中的"原始焦虑"、特定"生平情境"中的"关联情境"、

① ［德］阿尔弗雷德·许茨：《社会实在问题》，霍桂桓、索昕译，华夏出版社2001年版，第49页。

② ［德］阿尔弗雷德·许茨：《社会实在问题》，霍桂桓、索昕译，华夏出版社2001年版，第49页。

个体在“生平情境”中的“知识储备”等等。舒茨讲，人在“生平情境”中总会有“原始焦虑”；人在生活世界中，任何一种行动都和其他客体一样，不是孤立存在而是相互联系的，而且它们都以生活世界的类型化成份为基础：“在进行设计的时候，有关我未来活动的全部设计，都建立在我现有的知识基础之上。我有关以前进行的活动——从类型角度来看，这种活动与设计的活动相似——的经验就属于这种现有的知识。”[①] 在舒茨看来，已经类型化的世界对发源于生平情境的原始焦虑、各种关联系统、以及现有知识储备，诸如此类的各种成份都被类型化成为一种“常规”（rubric）；正是这些“常规”决定了个体的态度、承诺，以及具体选择，决定了他将使其行动沿着一定的方向而不是其他方向进行，决定了他的行为及其结果有可能呈现出与众不同的特征。因此，个体设计其行动方案的最深刻的根据，存在于由这些“常规”和个体在生活世界中的“此在”和“现在”共同构成的诸关联系统之中。[②] “显而易见，在日常生活的习惯性行动和常规性行动（routine action）之中，我们既把刚才描述过的这种构造运用到下面这些从实际经验中得出的、迄今为止一直在经受考验的规则和诀窍之中，而且也经常在没有清楚地认识手段和目的之间各种真实联系的情况下，把它运用到将手段与目的联系起来的过程之中。即使在常识思维中，我们也想了一个由假想的相互联系的事实构成的世界，这些事实完全包含了那些被认为与我们现有的意图有关的成份。”[③]

---

① ［德］阿尔弗雷德·许茨：《社会实在问题》，霍桂桓、索昕译，华夏出版社2001年版，第47页。

② 参见《舒茨文集》（第1卷）（A. Schutz，*Collected Pepers*，vol. I，The Hague，1962），第74～77页。

③ 《舒茨文集》（第1卷）（A. Schutz，*Collected Pepers*，vol. I，The Hague，1962），第48～49页。

二是全部设计过程包含着一种特定的理想化。舒茨论述说："全部设计过程都包含着一种特殊的理想化，这是理所当然的，胡塞尔称这种理想化为'我可以再做它一次'（I-can-do-it-again）的理想化，也就是说，它包含这样的假定，即我为了造成同样类型的事态，可以在同样类型的情况下，以和我以前活动所采取的方式类型相同的方式活动。显而易见，这种理想化包含着一种特殊的构造（construction）。严格说来，在进行设计的时候，我现有的知识必然与我完成我设计的活动以后现有的知识不同，这正是因为我'变得老练了'，至少我在实现我的设计的过程中所具有的经验，已经改进了我的生平境况，并且扩大了我的经验储备。因此，这种'重复的'行动就成了与纯粹再次进行的活动不同的东西。第一个行动 A′在一整套境况 C′中开始，的确造成了事态 S′；重复的行动 A″在整套境况 C″之中开始，人们就会期望它造成事态 S″。C″必然与 C′不同，因为 A′在造成 S′方面获得了成功，这种经验属于我的知识储备，这种知识储备现在是 C″的一种成份；反之，就我那过去是 C′的一种成份的知识储备而言，属于它的只有下列空洞的预期，即情况就应当是这样。正如 A″不同于 A′那样，S″也不同丁 S′。之所以如此，是因为所有这些术语——C′，C″，A′，A″，S′，S″——本身都是独特的、无法重复的事件。然而，对于我的常识思维来说，正是这些在严格意义使上述事件变得独特和无法重复的特征，被当作与我现有的意图无关的东西消除了。当我作出'我可以再做它一次'的时候，我只对 A、C、以及 S 的类型性感兴趣，而它们都不具有最初的东西（Primes）。形象地说，这种构造就在于把这种最初的东西当作不相干的东西抑制住。"

三是人们在设计中是通过"将来完成时态"来预期其活动的。舒茨讲："'行为'这个术语指的是行为者预先设计的人类行为举止，也就是说，指的是建立在一个预想设计基础之上的人类行为举止。‘活动’这个术语则指的是这个不断前进的过程的结果，也就是说，指的是已经完成的行为。”人们“与外部世界相连接的行为”总是“由了有目的地避免就行为本身而言所考虑的活动而发生”。因此，“全部设计过程都存在于通过幻想对未来行为举止的预期之中”。[①] 这是个体在其主观心灵中以“将来完成时态”对其行为各种结果（即“活动”）的预期。就这种预期而言，个体通过幻想使自己置身于将来的时空环境中，并且从其生平情境和现有的知识储备出发，将其正在设计的行为想象成似乎已经进行过了，从而构想完成该行动的每一步骤。舒茨指出，尽管由这些预期构成的行动方案在生活世界中不可能都实现，而且即使得到实现也只能是部分的实现，因为从这种设计过程到将设计方案付诸实施时，情况已经发生了变化。然而，这种设计毕竟不是目前现实中当下如此的“行为过程，而是被当作已经完成的活动来幻想，这种活动是全部设计过程的出发点”。因为“在我能够设计这种未来活动过程的每一个步骤，从而造成一种事态之前，我必须把这种即将由我的未来行为造成的事态形象化。从比喻的角度来说，我在设计蓝图以前，必须具有关于所要确立的结构的某种观念。这样，我就必须通过幻想把我自己放在一个未来时间之中”。“设计所特有的这种时间视角具有相当重要的结果”。“这时，这种行为就是已经完成的了。只有在这种情况下，我才能在幻想中重新构想将会造成的这种未来活动的每一个步骤。就我们上面提出的术语而言，人们通过设计所预期的不是未来的行为，而是未来的活动；而且人们是通过‘将来完成时态’（mode future exacti）预期这种

① 参见《舒茨文集》（第1卷）（A. Schutz, *Collected Pepers*, vol. I, The Hague, 1962），第47页。

活动的"。[1]

③关于社会互动与角色。

基于动机，经过设计，行为者加入社会互动并成为其中的角色。

舒茨讲，一般说来，任何社会互动形式都建立在已经描述过的那些构想基础之上，这就与我们对他人和对行为模式的理解联系在一起。"我们可以把包含在问答过程（questioning and answering）中的合作者的互动作为一个例子。在设计我的问题的过程中，我预期他人可以把我的行为当作一个问题来理解，并且这种理解可以诱导他以这样一种方式活动，使我能够把他的行为理解成一种适当的反应"。"在这种特定的情境中，我的行动的目的动机是为了获得适当的信息，这预先假定了他人对我的目的动机的理解会变成其原因动机，从而使他为了向我提供这种信息而进行行动——我假定，他不仅能够提供这种信息，而且愿意这样做。我预期他懂英语，他知道墨水在哪里，而且只要他知道，他就会告诉我，等等。""用更一般的话来说，我预期他会接受同一些动机类型的引导；而根据我现有的知识储备，我自己和其他许多人过去就是在同样类型的境况中接受这些动机类型引导的。我们的例子表明，即使普通生活中最简单的互动也以一系列常识构想（commense construsts）为前提，而在这种情况下，互动是以有关被预期的他人行为的构想为前提的，所有这些构想都建立在这样一种理想化基础之上，即行为者的目的动机可以变成他的伙伴的原因动机，反过来说也是如此。我们将把这种理想化称为有关动机互易性的理想化。显而易见，这种理想化取决于有关视角互易性的一般主题，因为

① 参见《舒茨文集》(第1卷)，(A. Schutz，*Collected Pepers*，vol. I，The Hague，1962)，第47页。

它意味着，这些被转嫁到他人身上的动机，从类型角度来看与我自己的动机或者与处于同样类型境况之中的其他人的动机是相同的，这一点完全与我那真正的现有知识——或者来源于社会的现有的知识——相一致。”①

这就是说，个体行为者通过类型对其行为过程的设计，预期他的互动伙伴会在一系列可以理解的动机类型引导下，通过适当的行为作出相应的反应。因此，只有揭示决定一个既定行为过程的这种动机，个体行为者才能理解和解释其伙伴的主观意义，并且在此基础上预期其相应的行为。舒茨指出，这种揭示过程的根据是关于“动机互易性”（the reciprocity of motives）的理想化，即个体行为者的目的动机在互动过程中可以转变成其伙伴的原因动机，反之亦然。舒茨指出，这种理想化实际上取决于关于视角互易性的一般论题，因为它意味着个体行为者转嫁给其伙伴的动机，在类型上看与处于同样位置上的他的动机毫无一致。舒茨指出，参与社会互动的行为者都认为这种理想化是理所当然的；而且这种理想化也得到了社会风俗、习惯、规则、法律等方面的认可。这样，从“视角的互易性”到“动机的互易性”，这种过渡成为理所当然的；因为社会成份的类型化是其基本依据，而且这两者都得到了社会成员的认可和应用。

在舒茨看来，处于“动机互易性”及“视角互易性”，行为者才成为真正意义上进行社会行为的角色。个体在这种行为过程中，从外部时空和内在绵延时间来观察和体验它；这种行为因此把外在时间和内在时间统一起来而形成个体之“生动的在场”。他既是“主我”，也是“客我”。当“主我”个体把自身当作这个行为过程的创造者来体验，并且通过这种过程与生活世

① 《舒茨文集》（第 1 卷），（A. Schutz，*Collected Pepers*，vol. I，The Hague，1962），第 50～51 页。

界中的其他他人形成互动和沟通；当他回过头来以反思态度审视这个过程时，他那在进行这种活动时作为整体而存在的自我就分裂成部分自我，成为被反思的"客我"（me）了。另一方面，尽管有些行为不是"公开行为"而是"隐蔽行为"，它在个体行为者之主观意识中发生，不对外部生活世界产生直接影响，而且它的过程和结果都具有可变更性；个体自我在这种行为过程中同样是作为一个整体、作为这种行为过程的创造者而发挥作用的；当他回过头来以反思态度审视这个行为过程及其结果时，他那曾作为整体而存在的自我同样会分裂成被反思的"客我"。舒茨的论述显然是直接受到G. H. 米德关于"主我"（I）和"客我"（me）的论述的启发。

这样，生活世界中的每一个体都命中注定要扮演多方面的角色，而个体行为者正是通过其特定的、形形色色的社会行为，通过其自我方面在这些社会行为中的具体表现，来承担各种社会角色并将其呈现给同伴和社会的；其他未得到表现的自我片断则潜在于个体主观经验之中。

详细讲来，舒茨进一步写道："在这样做的过程中，我毫不怀疑这个被想象的自我只不过是我的全部人格的一部分，是我可以扮演的一种可能的角色。"但是，"在我的想象中，我可以幻想我已扮演我所希望扮演的任何角色"。这种角色"是一个只由我的恩惠才存在的客我"。因为"在我的幻想中，我甚至可以改变我的身体表象"，尽管"这种任意决定的自由的障碍却存在于我对我的身体边界的最初经验之中，无论我把我自己想象成一个矮子还是想象成一个巨人"。"我可以通过现在的想象过程重新塑造我的过去"。此"想象过程可以是个人的，也可以是社会的"，"它既可以在'我们关系'中发生，也可以在后者的所有各种派生物和变体中发生"。"其他人以及任何一种社会关系，各种社会行动以及反行动，都可以成为想象的客体。在这里，正在想象的自我所具有的任意决定的自由是一种非常大的自由”。[①]

（3）最高实在·自然态度的悬置·精明成熟的自我。

①最高实在。

舒茨说：“不断运转的世界，或者换句话说，由常识和日常生活构成的世界，被认为是最高的实在。在这种最高实在之中”[②]：“a）因为我们总是利用我们的身体参与它，即使在做梦的时候也是如此，而我们的身体本身就是存在于这个外部世界之中的事物”[③]。当“个体把自己作为一个身体，作为一个从物理角度看在这个世界上不断运作的身体，作为既不断面对同伴的反对、又不断抵挡事物阻力的身体而确立起来”。有研究者评论讲，“用舒茨的术语来说，不断运转意味着不断与外部世界相连接，而这同样又意味着作为存在于常识世界之中的一个行动者，我知道我的行动会造成一些变化，这些变化又会影响其他事态并且引起其他人的注意。”[④] “b）因为这些外界客体通过向我们提供抵抗为我们的行动自由的可能性定界。c）因为这个领域正是我们通过我们的身体活动所能够连接的领域，所以，它是我们可以改变或者改造的领域。”[⑤]“通过回顾我的活动，我不仅认识了它们的因果关系特征，而且也认识了它们的生产性价

① 参见《舒茨文集》（第1卷），（A. Schutz，*Collected Pepers*，vol. I，The Hague，1962），第320页。

② 参见《舒茨文集》（第1卷），（A. Schutz，*Collected Pepers*，vol. I，The Hague，1962），第21页。

③ 参见《舒茨文集》（第1卷），（A. Schutz，*Collected Pepers*，vol. I，The Hague，1962），第444页。

④ 参见《舒茨文集》（第1卷），（A. Schutz，*Collected Pepers*，vol. I，The Hague，1962），第21页。

⑤ 参见《舒茨文集》（第1卷），（A. Schutz，*Collected Pepers*，vol. I，The Hague，1962），第444页。

值。通过在幻想的设计心境中预期各种活动，我就可以想象它们的结果和它们的影响。"[①] 最后，d）因为在这个领域中，而且也只有在这个领域中，我们才能与我们的同伴进行沟通，因而在胡塞尔的意义上建立一种"共同的理解环境"。这一点只不过是以上几点的必然结果。[②] 也就是说，"只有在这个不断运转的世界上，在这个成年人普遍精明的日常生活世界上，沟通才获得了其最基本的场所。不断与世界连接起来也意味着在其中不断进行沟通。由于沟通以主体间性为前提，主体间性又以构成所有社会关系基础的类型化为前提，所以，正像舒茨已经努力表明的那样，个体就出生在这种所有类型化都植根于其中的最高实在之中"。那么，"怎样才能保卫这种最高实在的疆域不受侵犯呢？这些问题最终引出了下列现象学问题"，即自然态度的悬置，这是"有关自然态度的哲学何以可能"[③] 的关键。

②"自然态度的悬置"（Epoche）。

舒茨论述道："现象学曾经向我们讲授过'悬置'这个现象学概念，即通过使笛卡尔式哲学怀疑方法变得更彻底，把我们对这个世界实在的信仰存而不论，以此作为克服自然态度的一种手段。也许我们可以大胆地提出这样一种意见，即具有自然态度的人也使用一种特殊的悬置……他并不把他对外部世界及其各种客体的信仰存而不论，而是与此相反，把他对这个世界存在的怀疑存而不论了。他放进括号之中的是这样一种怀疑，即这个世界及其各种客体可能与它们显现给他的样子有所不同。

① 参见《舒茨文集》（第1卷），（A. Schutz, *Collected Pepers*, vol. I, The Hague, 1962），第21页。

② 参见《舒茨文集》（第1卷），（A. Schutz, *Collected Pepers*, vol. I, The Hague, 1962），第444页。

③ 参见《舒茨文集》（第1卷），（A. Schutz, *Collected Pepers*, vol. I, The Hague, 1962），第21页。

我们建议把这种悬置叫作自然态度的悬置。”①

舒茨曾将“这种悬置的某些特征总结如下”：“在这种悬置中，有以下几方面被‘括起来’（存而不论）了：(1) 思想家作为处在同伴之中的一个人所具有的主体性．包括他在这个世界中作为一个心理——生理的人的身体实存；(2) 他在实际力所能及的、可以复原的、可以达到的范围等等之内，把这个日常生活世界组织成各种领域所依据的取向系统；(3) 原始焦虑以及从其中产生的实用关联系统。但是，在这个经过修正的领域中，我们所有人共有的这个生活世界仍继续作为实在存在，也就是说，它虽然不作为实践兴趣的实在而存在，但是却作为理论静观的实在而存在。”②

舒茨特别重视提到把“原始焦虑”（the fundamental anxiety）悬置起来，即“自然态度的悬置把我会死这样一种意识包括在它的括号之中”。舒茨说：“在自然态度中，控制我们的整个关联系统都是建立在我们每个人的基本经验之上的：我知道我会死，但是我害怕死。”“其他所有预期都是从这种原始预期发源的。从这种原始焦虑中产生了许多由希望和畏惧、需要和满足以及变化和风险构成的相互联系的系统，它们激励处于自然态度之中的人努力征服世界，克服各种障碍，设计各种方案并且实现它们。”“在这种条件下，对死亡的畏惧就成了有关人类实存的一种原始材料，无论在有关人类实存的恰当的哲学论述中，还是在它那与任何一种社会实在理论有关的蕴涵中，这种材料都是不可避免的。”“日常生活的最高实在就建立在每一个

① 参见《舒茨文集》（第1卷），(A. Schutz, *Collected Pepers*, vol. I, The Hague, 1962)，第22页，第308页。译文略有改动。

② 参见《舒茨文集》（第1卷），(A. Schutz, *Collected Pepers*, vol. I, The Hague, 1962)，第329～330页。

人对他自己的这种必死性的秘密理解基础之上。无论他如何限定他对死亡的意识，他都无法避开它在概念方面和情感方面所产生的剧烈影响。最高实在凌驾于我们所有人之上的，正是人类存在的这种至高无上的状态。"①

基于此种情况，舒茨又讲，如果"在这种系统的引导下所进行的各种行为和操作产生了我们所希望的结果，那么，我们就相信这些经验、我们对查明这个世界是否真实存在、或者它是否仅仅是由不矛盾的表象构成的首尾一致的系统感兴趣。我们没有任何理由对我们那些有充分根据的经验提出怀疑，所以，我们相信，它们按照事物的真实现状把事物提供给我们，要使我们修改我们以前的信念，就需要有一种特殊的动机因素，诸如一种无法纳入现有的知识储备或者与它不一致的'陌生'经验的侵入。"②

总之，舒茨主张，由以上悬置，即把"这个世界及其客体可能与它显现给它的样子不同"③ 这种"怀疑"悬置起来，就会"认为这个世界及其客体是理所当然的"④。

关于舒茨现象学社会学意义上的"悬置"，英国学者哈维·弗格森这样评论道："对舒茨而言"，经过"自然态度的悬置"，"关键问题不是考察自然态度瓦解后还剩下什么，而是这些持续强烈的信仰是如何通过社会行为，以一种直接而非反身性的方

① 参见《舒茨文集》(第 1 卷)，(A. Schutz, *Collected Pepers*, vol. I, The Hague, 1962)，第 23 页。

② 参见《舒茨文集》(第 1 卷)，(A. Schutz, *Collected Pepers*, vol. I, The Hague, 1962)，第 308 页。

③ 参见《舒茨文集》(第 1 卷)，(A. Schutz, *Collected Pepers* vol. I, The Hague, 1962.)，第 30 页。

④ 参见《舒茨文集》(第 1 卷)，(A. Schutz, *Collected Pepers* vol. I, The Hague, 1962.)，第 30 页。

式构建和产生的。因此，舒茨所关心的是阐明一种联系，即存在于我们对不同行动计划直接而重要的兴趣与持续存在的作为互动主体的既定实在的社会结构之间的关系”①。正是在此基础上，舒茨提出了作为“工作自我”的“精明成熟的自我”这样的概念。

③精明成熟的自我。

可以说，舒茨对此论证了这样一个概念系列：行动—工作—工作世界—工作自我—精明成熟的自我。舒茨在论及“行动”时具体指出了两种行动：个体行动者的隐蔽行动，即个体不是通过采取与外部生活世界相连结并且影响外部生活世界的活动实现其行动方案，而是通过内心的理性思考解决他所要解决的问题；个体行动者的公开行动，即他通过身体运动把他设计好的行动方案付诸实现，影响生活世界并且在其中扮演一定的角色。舒茨认为，这两种行为都是“行动”，但后者更重要，因为这，才有了真正意义上的“工作”。在舒茨看来，“工作”（working）是个体根据其行动方案在外部生活世界中采取的行动，个体可以通过其身体运动最终造成他所设计的事态。由这种“工作”形成“工作世界”。舒茨讲，“希望和畏惧以及与它们相关的满足和失望，都以这个工作世界为依据，而且只有在这个世界中才成为可能。它们是它的实在的基本成分”②。处于“工作世界”中的“自我”，才能成为“精明成熟的自我”。也就是说，只有在“生活世界”成为“工作世界”，作为“工作自我”而存在的作为个体行动者的自我，才是“精明成熟的自

① ［英］哈维·弗格森：《现象学社会学》，刘聪慧、郭之天、张琦中文译本，北京大学出版社2010年版，第98页。

② ［英］哈维·弗格森：《现象学社会学》，刘聪慧、郭之天、张琦中文译本，北京大学出版社2010年版，第307页。

我"。舒茨指出，"精明成熟的自我"中的所谓"精明成熟"，是指来源于充分注意生活各种要求这样一种态度的、意识张力程度最高的平面[①]。在舒茨看来，只有"精明成熟的自我"，才在生活之中真正处在"工作自我"的活动之中，才完全对生活感兴趣：它将其注意力完全集中在实现其行动计划上了。正因为如此，个体行为者才既能够通过其社会行为过程及其结果支配外部世界、改变其中的各种客体及其相互关系，同时也能够通过生动的在场理解他人的主观经验及其意义，并且与他人进行社会互动与沟通。

对此，舒茨是这样论述的："它处在他的活动范围之内，而且在空间和时间中以他为中心。我的身体在这个世界上所占据的位置，我的实际的此在，就是我在空间中确定我的方位的出发点。可以说，它是我的坐标系的中心点O，以我的身体为基点，我根据右和左、前和后、上和下、近和远等等范畴组织我的环境的成份。通过同样的方式，我的实际的现在也成了所有时间视角的起源，我根据这些时间视角，根据诸如从前和以后，过去和未来，同时性和相继性等等范畴，组织在这个世界中发生的事件。"[②] 这个"工作世界"是通过实在的各种层次而结构化的。米德的功绩在于，"根据自然事物与人类行动、特别是与那些实际手工操纵的客体的关系"，提出了"操纵领域"（manipulatory area）这个概念，并强调"操纵领域""构成了实在

① 参见《舒茨文集》（第1卷），（A. Schutz, *Collected Pepers* vol. I, The He ague, 1962.），第213页。

② 《舒茨文集》（第1卷），（A. Schutz, *Collected Pepers* vol. I, The He ague, 1962.），第301页。

的核心”。[1]“操纵领域”包含了那些我们既可以看到、又可以处理的客体，它们与那些我们无法通过接触来经验、但仍然处在我们的视觉领域之中的遥远客体截然不同：“在这个操纵领域中，只有对自然事物的经验允许全部实在的基本检验，即抵抗的存在，只有它们能够界定米德称为事物的‘标准尺寸’（Standardsizes）的东西”；而“遥远的客体”“在这个操纵领域之外、在各种视觉视角的扭曲变形中显现出来的”。[2]

可见，“操纵领域”之所以被舒茨强调成为实在的核心，是因为作为“工作世界”的实在，是由个体行为者的工作、由其可以操纵的客体、由其可以处理的人和事构成的；“精明成熟的自我”由其在生活世界中的时空位置决定，处于个体力所能及的范围中；这是个体可以达成可以操控的世界；这种作为“工作世界”的实在，正是“作为最高实在的工作世界”[3]，并且成为“多重世界”的根据。

于此，在舒茨的论证中，以“自然态度”进行行动的行为者成为“精明成熟的自我”；“日常生活世界”成为“工作世界”，这是“最高实在”。这样，如果说“精明成熟的自我”是对个体“自我”提升、并成为其全部社会哲学的主角；那么在这里，作为“最高实在”的“工作世界”则是“生活世界”的提升，并且构成了“生活世界”之诸维度中最根本、最重要的

① 参见［美］G. H. 米德：《关于现象的哲学》（The Philosophy of the Present），芝加哥，1932年，第124页及以下部分；《关于活动的哲学》（The Philosophy of the Act），芝加哥，1938年，第103～106页，第121页及以下部分，第151页以下，第190～192页，第196～197页，第282～284页。

② 参见《舒茨文集》（第1卷），（A. Schutz，*Collected Pepers*，vol. I，The H ague，1962），第301页。

③ 参见《舒茨文集》（第1卷），（A. Schutz，*Collected Pepers*，vol. I，The H ague，1962），第305页。

维度，而且成为提出"多重实在"的根据。

舒茨是这样论证的：他针对个体行为者在行为中的表现，他指出，在个体行为者实施其行为方案的具体过程中，其自我不可能是一个作为整体的"我"，而只能是这整体在此一行为过程中表现出来的一个片断（fragmentation）、一个方面，无论公开行动还是隐蔽行动，情况都是如此。个体行为者正是通过其特定的、形形色色的社会行为，通过其自我方面在这些社会行为中的具体表现，来承担各种社会角色并将其呈现给同伴和社会的；其他未得到表现的自我片断则潜在于个体主观经验之中。这成为舒茨提出"有限意义域"及"多重实在"的重要基点。

2. "有限意义域"（"次级宇宙"）成为"多重实在"。

舒茨的"有限意义域"概念，是由詹姆斯的"次级宇宙"概念演变过来的。

W. 詹姆斯在其《心理学原理》中，曾根据事物与主体情感生活的关系确定各种实在，把此称为"次级宇宙"（subuniverses）；舒茨就此指出，因为主体各种经验的意义才构成实在而非客体的本体论结构构成实在，所以他以"有限意义域"（finite provinces of meaning）概念来代替"次级宇宙"。在他看来，由于客体实在真实与否是由主体的主观意识界定（"情境界定"）的，所以，这就可以把实在特征赋予某种"有限意义域"。只要主体之某一部分经验表现出特定的认知风格，并且就这种风格而言前后一致且彼此相容，那么它就构成一个"有限意义域"。①

对此"有限意义域"，舒茨指出，"有限"指的是它们都自成一体，其中任何一个意义域中的经验都与其他意义域不相容，而且社会个体不能通过转换公式从一个意义域过渡到另一个意

① 参见《舒茨文集》(第1卷)，(A. Schutz, *Collected Pepers*, vol. I, The H ague, 1962)，第229～230页。

义域，或把一个意义域化约为另一个意义域——只有当外部冲击（shock）使其意识张力出现一种根本性修正时，他才能从一个意义域“跳跃”（leap）到另一个意义域。舒茨指出，所有这些意义域的认知风格都包括以下成份：特殊的意识张力、特殊的悬置、普遍的自发性形式、特殊的自我体验形式、特殊的社会性形式，以及特殊的时间视角。在这些意义域中，“工作世界”是原型，而其他意义域都是它的变体①。

“工作世界”有其特殊的认知风格，舒茨认为这主要在于：来源于充分注意生活、作为精明成熟我的意识张力，自然态度的悬置，作为“工作”的活动形式，关于“工作自我”的特殊体验，由社会行为和沟通构成的社会性形式——主体间际的文化世界，以及作为内在绵延与宇宙时间交叉之产物的时间视角——生动的在场②。

因此，在舒茨看来，“工作世界”是“最高实在”，这体现于社会个体界定的诸“有限意义域”；他认为，其他“有限意义域”还有梦的世界、想象和幻想（包括艺术）的世界、儿童的游戏世界，以及精神病患者的世界等等。舒茨指出，它们都具有其与“工作世界”的认知风格不同的独特认知风格，都可以接受一种特定的实在特征，而且社会个体在其中任何一种世界中所具有的经验都与其自身相容（尽管可能与其他在“工作世界”里的经验不相容）③。这些世界就是舒茨所谓的“多重实在”，可以说，正是它们构成了舒茨现象学社会学之广义的社会

---

① 参见《舒茨文集》（第1卷），（A. Schutz，*Collected Pepers*，vol. I，The H ague，1962），第232页。

② 参见《舒茨文集》（第1卷），（A. Schutz，*Collected Pepers*，vol. I，The H ague，1962），第230页。

③ 参见《舒茨文集》（第1卷），（A. Schutz，*Collected Pepers*，vol. I，The H ague，1962），第231～232页。

世界。

也就是说，正是在"生活世界"到"工作世界"的概念提升中，原来意义上的"有限意义域"成为"多重实在"，并构成了舒茨现象学社会学意义的"社会世界"。

舒茨写道："我们已经看到，威廉·詹姆斯通过他的《心理学原理》（Principles of Psychology）的一章表明，这里存在几种、也很可能存在无数种实在秩序，其中每一种秩序都具有其特殊的和分离的存在风格。詹姆斯称它们为'次级宇宙'，并且把各种感觉的世界或者（作为最高实在的）各种自然事物的世界、科学的世界、各种理想关系的世界、神话和宗教的世界、'部落偶像'的世界、各种各样个体观点的世界以及纯粹疯狂和异想天开的世界当作例子来论述。"但是，"每一个世界与它被人们注意的时候，都由于他自己的样式而是真实的"。

因为"实在仅仅意味着与我们的感情生活和主动生活的关系。无论什么东西使我们激动并且刺激我们的兴趣，都是真实的东西。我们的最初冲动是直接确定我们设想的所有东西的实在，只要它保持不矛盾的状态"。所有命题，无论是属性命题还是存在命题，除非它们与人们同时相信的其他命题发生冲突，否则，它们就会由于被人们设想这个事实，通过确定它们的术语与这些其他命题的术语相同而被人们相信。用詹姆斯关于多种次级宇宙的提法讲，"当我们注意其中每一级次级宇宙的时候，我们都可以根据它自己的样式把它设想为实在"。为了具体加以说明，舒茨举了许多例子："只要不受到干扰，小女孩的游戏世界就是她的实在。她就是妈妈，她的洋娃娃就是她的孩子。只有从外部世界的实在的观点来看，丢勒绘画中的骑士才是一种通过中性修正的形象化的呈现。在这个艺术世界中，也就是说，在这种情况下，在这种形象化的想象的世界中，骑士、死神以及魔鬼作为存在于艺术幻想领域中的实体"，都属于"'真实的’存在。在剧情发展的时候，哈姆雷特在我们看来确实是哈姆雷特，而不是劳伦斯·奥利维尔‘正在扮演’或者‘正在表现’的哈姆雷特”。

之后他重申：“我们宁愿谈论我们赋予其实在特征的有限意义域，而不愿像威廉·詹姆斯所作的那样谈论次级宇宙。我们通过这种专门术语的变化所要强调的是，正是我们的各种经验的意义，而不是客体的本体论结构，构成了实在。”“它是被当作最终实在或者最高实在标志出来的”。而它又是作为“有限意义域”的“多重实在”而出现的。

这样，“每一个意义域——由各种真实的客体和事件构成的、我们通过我们的行动与之连接起来的最高世界，各种想象和幻想的世界，诸如儿童的游戏世界、精神病患者的世界以及艺术的世界、梦的世界，科学静观的世界——都其有其特殊的认知风格。这正是我们的一整套经验所具有的这种特殊认知风格把它们构造成一个有限意义域。就这种认知风格而言，存在于这些世界之中和每一个世界中的全部经验本身都是一致的，而且相互之间也是相容的（尽管它们与日常生活的意义不相容）。不仅如此，除了别的东西以外，这些有限意义域之中的每一个有限意义域，都是由一种特殊的意识张力（从日常生活实在中的完全觉醒，到在梦的世界中的沉睡），由一种特殊的时间视角，由一种特殊的经验自己的形式，以及最后由一种特殊的社会性形式描述其特征”。

“可见，舒茨这里对‘有限意义域’和‘多重实在’的论述，继续贯彻了其关于主体意识界定情境、把意义赋予经验及其对象的观点，从吸收柏格森、詹姆斯、以及克尔凯郭尔（‘跳跃’）的有关观点出发，在进一步通过论述以‘工作世界’充实以往理论的同时，把研究论述的范围进一步扩展，从而触及了人类社会生活的各个层面并作出了相应结论"。[①]

3. "最高实在"与"多重实在"的关系。

如果说舒茨对生活世界以及社会个体在其中的实存的论述，曾经只是从个体有意义的行动及其理解的角度来进行的，那么，他随后对"工作世界"（the working world）和"多重实在"（multiple realities）的论述则在继续遵循其现象学社会学基本研究思路的同时，把他原来关于生活世界及其中的行动者构造和理解意义的论述进一步发展了。有学者指出：实际上，如果把舒茨的整个学术生涯以1939年为界分为"欧陆时期"和"美国时期"，那么，这种发展可以说突出表现了其在美国学术脉络中呈现出来的特征。细说，以自然态度进行行动和社会互动的行动者，成了"注意生活"（attention a la vie）的"精明成熟"（wide-awakeness）的人，日常生活世界则成了"多重实在"，这是一个以作为"最高实在"（paramount reality）的工作世界为基础的、多层次的社会世界体系。[②]

对于舒茨所论的"最高实在"与"多重实在"的关系，我们可以作出如下简要概括：

（1）"日常生活构成的世界"和提升了的"工作世界"，被认为是"最高实在"；当"精明的自我"操纵"生活世界"从而呈现一个"工作世界"，这就构成作为"有限意义域"的"多重实在"。

（2）作为"最高实在"的"工作世界"，一方面是一个整体，另一方面其中实存于日常生活的相关物被悬置了。

---

① 参见霍桂桓：《舒茨》，载《当代西方著名哲学家评传》（第10卷），山东人民出版社1996年版，第367页。

② 参见霍桂桓：《舒茨》，载《当代西方著名哲学家评传》（第10卷），山东人民出版社1996年版，第361页。

（3）作为“多重实在”的“有限意义域”被当作“最高实在”标示出来。作为“最高实在”的“工作世界”成为“多重实在”，这才构成“多层次的社会世界体系”。

舒茨在其著作《社会实在问题》第三部分第一章第一节中列出“作为最高实在的工作世界，原始焦虑，自然态度的悬置”这样的标题，论述道：“作为一个整体，作为最高的实在，工作世界是对照着实在的其他许多次级宇宙（sub-universe）突出表现出来的。它是由自然事物构成的世界，包括我的身体在内；它是我的各种运动和各种身体操作的领域；它提供要求我们努力去克服的各种抵抗；它把各种任务摆在我面前，允许我把我的计划进行到底，使我能够通过尝试达到我的目的获得成功、或者遭到失败。我通过我的工作活动与外部世界连接起来，而且我改变它。虽然这些变化是由我的工作引起的，但是，作为产生于、并且存在于这个不依赖于我的工作活动而存在的世界之中的事件，它们不仅可以被我自己经验和检验，而且还可以被其他人经验和检验。我和其他他人一道分享这个世界及其客体；我和其他他人具有共同的目的和手段；我通过多种社会活动和社会关系与他们一道工作，检查他们并且被他们检查。这种工作世界是这样一种实在，只有在这种实在中，沟通和双方动机的相互作用才能变得有效。因此，人们可以根据两种参照图式，根据各种动机的因果关系和关于各种意图的目的论，来经验它。”“这个世界”“是一个我们支配的领域。我们对它具有突出的实践方面的兴趣，这种兴趣是由满足我们生活的基本需要的必然性造成的。但是，我们并不是一视同仁地对这个工作世界的所有各种层次都感兴趣。我们的兴趣所有的选择功能——就时间和空间而言——在两个方面把这个世界组织成主要关联层次或者次要关联层次。从这个处在我实际的或者潜在的力所能及的范围之内的世界出发，下面这些客体被我当作头等重要的东西选择出来——它们实际上是与实现我的设计有关的目的和手段，或者将来可能变成与我实现我的设计有关的目的和手段，它们或者是可能带来危险的东西、可以享受的东西，或者是在其他情况下与我相关的东西。我一刻不停地预期我从这些客体出发所能够期望的各种未来反响（repercussions），一刻不停地预期我设计的工作即将造成的、与这些客体有关的未来变化"[①]。在这种情况下"有限意义域"形成"多重实在"。

《社会实在问题》绪论还这样表述："我们要谈的是各种意义域"，"因为构成实在的是我们的各种经验的意义，而不是客体的本体论结构"。"所有各种有限的意义域的基本特色都得到了描述。每一种意义域都具有它自己的认知风格，就这种认知风格而言，每一个世界中的经验都是相互一致的。每一个有限的意义域都可以接受'实在的特征'，都可以被人们当作真实的东西来注意。但是，这里却不存在能够使一个人顺利地从一个意义域转移到另一个意义域的转移准则。只有通过克尔凯郭尔式的'跳跃'，这种转移才是可能的。"而"这些考虑需要一个限制条件：虽然它们都延伸到日常生活的世界之中去了，但是，它们进行这种延伸却是有区别的"。根据舒茨的观点，"这个在日常生活中不断运转的世界是我们经验实在的原型。所有其他意义域都可以作为它的变体来考虑"[②]。这就是作为"有限意义域"的"多重实在"。

舒茨在《社会实在问题》第三部分第一章，特别在第二节"多重实在及其构成"中，归结说，就"詹姆斯关于多种次级宇

① 霍桂桓：《舒茨》，载《当代西方著名哲学家评传》（第10卷），山东人民出版社1996年版，第305～306页。

② 霍桂桓：《舒茨》，载《当代西方著名哲学家评传》（第10卷），山东人民出版社1996年版，第20页。

宙的理论”来讲，“当我们注意其中每一种次级宇宙的时候，我们都可以根据它自己的式样把它设想成为实在”。“这些次级宇宙之中的每一种次级宇宙，都具有其特殊的和个别的存在风格。”于是，“我们可以把实在的特征赋予每一个有限意义域”。“正是我们的各种经验的意义而不是客体的本体论结构构成了实在”。因为“如果我们的某一部分经验表现出一种特殊的认知风格，而且就这种风格而言它们不仅自身前后一致、而且彼此相容”。这里构成“许多‘有限意义域’中的一种‘有限意义域’”，“它是被当作最终实在或者最高实在标示出来的”。

这里，理解关于“实在”的情况，英国学者哈维·弗格森的一段评述是有参考意义的：“最初舒茨和舍勒一样，专注于主体间性的问题，并将其视为胡塞尔现象学悬而未决的难点。在胡塞尔的《危机》出版之前，舒茨已经着手发展出一套解决这一问题的社会学方法。一开始，他将主体间性构建为社会建构的现象，即被构建与主动构建的实在。事实上，只有作为社会建构的实在，某物才能显现为‘既定的’物，即外在于直接的自我感受和自我呈现之流的某物。”对主体间性这一问题的“解答”，既把问题置于自然态度的框架内，又将实在视为“知识库存”和“参照框架”，它们维持着社会互动并为其所维持。这某物成为可供使用的意义储备，行为者可借此详细分析他们自己和其他人正在进行的行动。“换句话说，舒茨的最初兴趣牢固地扎根于自然态度，作为对我们而言单纯存在于‘那儿’的实在。他认为，超验现象学是误导的且多余的。”“‘超验自我’成为对某种事实上简单得多之物笨拙而没有必要的表达”。“并非扎根于笛卡尔式自我意识的哲学问题需要社会学的解决；相反，那个问题在社会学的框架内并不存在。社会与社会行为既是不断更新的自然态度立场的前提，也是它的结果。对舒茨来说，作为社会实在特征的是：我们“无法轻易悬置对实在的信念；尤其是在其既定的特性上，它仍具有压倒性且不可抗拒"。"在这里舒茨吸收了韦伯的方法论原则，并将其纳入他认为的胡塞尔关于主体间性的基础性问题中"。而"实际上舒茨反转了胡塞尔的方法"。[①]

基于以上引述，我这里要进一步评说一下舒茨社会学理论体系中关于"实在"的问题，特别是关于"最高实在"和"多重实在"的关系。由关于"共相和殊相"（"一般"和"特殊"）以及"无限和有限"（"终极"与"定域"）的观点来看，应当是这样的：塑造论哲学指出，存在是形而上的，实在是形而下的；"实在"是"自然界成为人这一过程现实部分"的"存在"。[②] 形而上的存在统摄着形而下的实在，形而下的实在支撑着形而上的存在；形而上的存在寓于形而下的实在，形而下的实在体现着形而上的存在；它们之间有着共相与殊相（一般与特殊、普通与个别）这样的关系，有着无限与有限（"终极"与"定域""统摄"与"多重"）这样的关系。

舒茨讲的"最高实在"（paramount reality），按许多人认为的，实质上指的是作为共相即一般或普遍性的"存在"；舒茨讲的"多重实在"（multiple realities），确切地说，指的是作为殊相即特殊或个别性的"实在"。形而上的共相寓于形而下的殊相，形而下的殊相体现着形而上的共相；共相寓于殊相之中，殊相体现着共相。当然，这里所说的"共相"并不只是在共同点意义上的共相，而是在形而上的"一般"意义上的共相。这

① 参见［英］哈维·弗格森：《现象学社会学》，刘聪慧、郭之天、张琦译，北京大学出版社2010年版，第98～99页。

② 张全新：《现代物理学中的"实在"与"时间"问题——关于相对论、量子力学、超弦理论及当代宇宙学的塑造论哲学审视》，山东科学技术出版社2003年版，第259页。

样，作为共相的“最高实在”寓于作为殊相的“多重实在”；作为殊相的“多重实在”体现着作为共相的“最高实在”。在这种共相与殊相的统一中，才形成“多层次的世界体系”。

进一步说，舒茨讲的“最高实在”强调其是“最终的”；舒茨曾把“最终实在”与“最高实在”并列使用，他有这样的用语：“最终实在或最高实在”①；“最终的”即“终极的”。我们的塑造论哲学强调，“无限寓于有限之中，有限包含着无限”，由此来理解，终极的指向无限；这样，“最高实在”实质上是指向“无限的”。可见，舒茨此意义上讲的“最高实在”作为“最终实在”是指向无限的，是指向形而上的“存在”的概念。我们的塑造论哲学强调“形而上的存在寓于形而下的实在，形而下的实在体现着形而上的存在”，因此，“存在”与“实在”既有区别又有联系。至于两者涉及区别，舒茨曾专门说过：“构成实在的是我们的各种经验的意义，而不是本体论结构”②；“正是我们的各种经验的意义而不是客体的本体论结构构成了实在”。③从哲学史来看，我们从塑造论哲学的角度认为应这样辨析：“本体论”（ontology）中所讲的“本体”（substance）不同于“实在”（reality），也不同于“实存”或“生存”（existance）。而关于联系，我们的塑造论哲学原理讲，“存在统摄着实在，实在也是存在，是被规定了的存在”。④ 这样来了解和探讨舒茨的“最高实在”，当由作为形而上本体意义上的存在来理解，总要落实

① ［美］舒茨：《社会实在问题》，霍桂桓、索昕译，华夏出版社 2001 年版，第 309 页。

② ［美］舒茨：《社会实在问题》，霍桂桓、索昕译，华夏出版社 2001 年版，第 20 页。

③ ［美］舒茨：《社会实在问题》，霍桂桓、索昕译，华夏出版社 2001 年版，第 309 页。

④ 张全新：《当代物理学的塑造论哲学审视》，《新华文摘》2003 年第 4 期。

于作为形而下的实在意义上的"多重实在"，由此才形成舒茨所讲到的"多层次的社会世界体系"。

当然，舒茨并不一定是明确地在这种形而上"存在"与形而下"实在"意义上来谈论他的命题的。在一定意义上讲，他似乎回避讨论本体论意义上的存在；而在实际的理论建构的证明中，却摆脱不了也离不开这样的概念框制，只不过他的论述用语为适合现象学以及美国哲学的习惯，表述得含糊罢了。这特别表现在舒茨在其行文中对"最高实在"与"多重实在"到底在何种意义上体现于"生活世界"，从而完成其理论构成中的区别和联系，论述得并不十分明确。

我们在本书中之所以这么详细地叙述舒茨这方面的理论及其概念构成，在于从塑造论哲学的视角看过去，舒茨的工作，实质上是在做着：由"社会显意识"透视"社会潜意识"来提取那形式的结构，尽管其提出的形式模型在学术界研究中是会有争论的；而其研究的取向，是我们由塑造论哲学原理所认可的，是可以为塑造论哲学关于此方面理论见解提供证明和证实的。

（三）关于"科学行为模式构想"与作为"傀偶""雏型"的"行为者模型"。

1. "科学行为模式构想"。

基于前面一系列的解释，舒茨进一步的论述就是，把"常识行为模式构想"和"科学行为模式构想"区别开来。舒茨强调，"这些区别是在被从生平角度决定的情境向科学情境转化的过程中产生的"。

（1）舒茨讲："常识构想是人们从这个世界之中的一种'此在'出发构造的，这种'此在'决定了人们预设的各种视角的互易性。它们把在社会中产生并且在社会中得到人们认可的知识储备视为理所当然的。知识的社会分配决定了正在成为的构想。然而，这种社会分配本身都取决于现有的知识储备的异质构成（heterogeneous composition），后者本身即是常识经验的一种成份。”“所有这些方面不仅完全适用于社会互动模式之中的那些参与者，而且也完全适用于这种互动的纯粹观察者”。然而，这两者，构造的都是“与它们的生平情境相对应的常识构想。无论在哪一种情况下，这些构想在由各种动机构成的链条中都具有一个特定的位置，而这些动机则是由构想者那被从生平角度决定的计划等级体系产生的”。

（2）“然而，由社会科学家构造的有关人类互动模式的构想，却是一种截然不同的构想”，在这种构想中：一方面“社会学家并不以他自己为中心”，暂时中断了他与自己生平情境的联系；另一方面，“他现有的知识储备就是他的科学的总体”，“而且他必须认为它是理所当然的”，“他把这种总体看作是被从科学角度确定了的东西。那些已经经历过检验的程序规则——也就是说，他的各种科学方法，包括一种从科学角度来看正确稳妥的方式构造各种构想的方法——也属于这种科学的总体。与人们在日常生活中现有的知识储备的结构相比，这种知识储备所有的是完全不同的另一种结构”。“这种结构化却取决于科学家关于那些已经解决的问题的知识，取决于科学家关于那些仍然潜藏的蕴涵的知识，以及科学家关于其他尚未得到系统表述的问题所具有的开放视界的知识。科学家认为他界定成为一种材料的东西是理所当然的”，他“在社会舞台上作为一个合作者加入到与任何一个行为者构成的互动模式之中去”。“它们的暂时中断联系完全是为了重新恢复联系。”“这样，通过采取这种科学态度，社会科学家等可以在各种人类互动模式或者其结果是他的观察所可以接近、并且对他的解释保持开放的范围内，观察这些互动模式或者其结果”。“为了遵守这种假设，科学观察者沿着一条与日常生活世界中社会互动模式的观察者所走的同样的道路前进，尽管引导他的关联系统与引导后者的关联系统截然不同。"然而，为了能够真正完整地领会"社会实在"，"他必须根据这些互动模式所具有的主观意义结构来解释它们"①。

（3）在舒茨的著作中特别把"理性行为模型"即"科学行为模式构想"所应具有的特征描述如下："1）他构想各种社会互动模式的可能性所依据的是这样一种假定，即从理性的角度来看，这样一种互动所有参与者都在一整套条件、手段、目的、动机之中活动，后者是由社会科学家界定的，并且被他认为不是对于所有参与者来说是共同的，就是通过一种特殊的方式在这些参与者中间进行过分配：通过这样一番安排，我们就可以孤立地研究那些标准化了的行为了——诸如所谓社会角色，制度性行为，等等。2）与除非通过空洞的预期、否则生活世界中存在的个体行为就无法预见相反，根据界定，一种被构想的人格类型的理性行为应当是可以预见的，它存在于已经在构想中类型化的各种成份的界限之中。因此，我们可以把关于理性行动的模型当作我们在真实的社会世界中确定越轨行为的一种方法手段来使用，当作把这种行为归结为'超出材料范围的问题'，也就是说，当作把它归结为尚未类型化的成份的一种方法手段来使用。3）通过对这些成份中的某些成份的适当变化，我们就可以为解决同一个科学问题构想某些、甚至构想成套的有关理性行动的模型，并且对它们进行相互比较。"②

这样，舒茨提出了"关于社会世界的科学模型构想的一些

---

① 参见［美］舒茨：《社会实在问题》，霍桂桓、索昕译，华夏出版社 2001 年版，第 67～69 页。

② ［美］舒茨：《社会实在问题》，霍桂桓、索昕译，华夏出版社 2001 年版，第 74～75 页。

假设”。他讲道：“社会科学的主要问题在于发展一种方法，以便以一种客观的方式研究论述人类行动所具有的主观意义，而且社会科学的思维客体必须与常识的思维客体保持一致，后者是人们在日常生活中为了与社会实在达成协议而构造的。如果这些模模型构想象我们以前所描述的那样，是根据下列假设构造的，那么，它们就会满足这些要求。”

①关于逻辑连贯性的假设。社会科学家设计的类型构想系统，必须通过它所隐含的概念框架的最高程度的清晰性和确定性建立起来，而且必须与形式逻辑的各种原理完全相容。遵守了这个假设，就可以保证社会科学家所构想的思维客体的客观有效性。它们所具有的严格的逻辑特征是它们最重要的特征之一，正是这种特征把科学的思维客体与它们所必须取代的、常识思维在日常生活中构想的思维客体区别开来了。

②关于主观解释的假设。为了说明各种人类行为，社会科学家必须询问，关于个体心灵的什么模型是可以构想的，而且为了把他所观察到的事实当作这样一种心灵在一种可以理解的关系之中活动的结果来说明，必须把什么样的类型内容赋予这种模型。遵守这种假设就可以保证下列可能性——使所有各种人类行动或者其结果，都指涉这种行动或者一种行动的结果对于行动者来说所具有的主观意义。

③关于适当（adequacy）的假设。在一个关于人类行为的科学模型中，每一个方面都必须是通过这样一种方式构想的，即在生活世界中，由一个个体行为者通过由类型构想指出的方式进行的人类活动，不仅对于行为者本身来说是可以理解的，而且对于他那些根据常识解释日常生活的同伴来说也是可以理解的。遵守这种假设，就可以保证社会科学家的构想与人们关于

社会实在的常识经验的构想的一致性。[①]

在作了以上论述后，舒茨提出，要回到处于主体间性的此在彼在中的"行为者模型"。

2. 作为"傀偶""雏型"的"行为者模型"。

（1）"傀偶""雏型人"。

舒茨讲，他是基于以上假设，去构造"社会世界的科学模型"的。他强调，这里构造的是与构想者"所观察到的事件相对应的类型行动过程模式"。第一，这是"一种与这些类型行动过程模式相对应的人格类类型，一种他想象成与意识一起被给定的行动者模型"。第二，这里的意识，"是一种有限的意识，它所包含的只不过是与进行他所观察到的行动过程有关的、因此也与社会科学家详细研究的问题有关的所有各种成份"。第三，其中"把与他所观察到的行动过程模式的目标相对应的一整套类型目的动机以及这些目的动机建立于其上的类型原因动机，看作是由这种虚构意识造成的"；"这两种动机类型都被他假设为在这种想象的行动者模型的心灵中是固定不变的"。

由此，舒茨专门用"homunculi"这个词来标示模型中作为主体的"行为者"。对于"homunculi"，目前在翻译成中文的文献中，往往被译为"傀儡"或"侏儒"。我觉得这不够确切，甚至让人不知所云。根本在于，这些中文译名体现不出舒茨所要表达的意思。因此，要对"homunculi"这个词从语源到延伸的使用作一些辨析。

关于 Homunculus 的语源，有辞书写道：mid 17th cent.（17 世纪中期）：from Latin（拉丁文），diminutive of homo，homin-'man'。这里，词根 hum 来自于拉丁语 humus，由 hum

① ［美］舒茨：《社会实在问题》，霍桂桓、索昕译，华夏出版社 2001 年版，第 72～73 页。

（表示“土”）加-an（表示“人”）两部分构成的“Human”意思为“土生人”。Hum后演变成homo。在英语中也有hum或homo两个词根形式的构词，用来表达“土生人”的意思，另延伸有“原初人”或“没长成的人”等等的含义。许多辞书这样说明：homunculus：［həu'mʌŋkjuləs］n. very short people矮人、侏儒→由hom-（human）＋-cul（表示“小”）构成，“小个子的人”→“矮人、侏儒”→复数形式为homunculi。《爱词霸网络词典》这样解释道：Homunculus：（1）侏儒；（2）矮人；homunculi矮子、矮人；（3）动画里的人造人；（4）人造人（源之于炼金术师）。词典中还解释说，人造人（homunculus）的名词来源于基督教的七宗罪“homunculus”一词则真正源于炼金术的人造人。Homuncululus的德语拼写为：der Homunkulus。《法文大辞典》的解释是：HOMONCULE（ACAD.）ou HOMONCULE［om kyl］. n. m.（1611；lat. *homunculus*，dimin. de *homo*《homme》）. 1. *Hist. sc.*（Souvent sous la forme lat. *homunuculus*，XIXe）. Petit être vivant *à* forme humaine，que les alchimistes prétendaient fabriquer. 2. Vx. Pteit home. V. Avorton《*Un homoncule，un nain manqué，un pygmée*》（BUFF.）。[①]

值得注意的是，本书由对舒茨“两级构想”的研究，强调homunculus这个词带有“雏型人”的意思。在陈维昭等主编的《最新英汉医学大辞典》中这样解释道，“homunculus”：①“早期生物学家想象是存在于精子中的”。这是其他所见辞典中所没有的解释。后面的解释与其他辞典大致相同。②“矮人”等等。由此“雏型人”来进一步分析homunculus，这里homo有向

① 见《Dictionnaire alphabétique & analogique de la langue francaise-Par Paul Robert》。

"同型"的延伸，以致带有"同质"的意思；例如：homotypic 即同型的或等模的，homotyposis 即同型原理，以 homo 打头的许多英文词多带有"同型"的意思。③另外，以 homo 打头的英文词译为中文，往往还带有"纯"的意思，如 homozygosis、homozygosity 可译为"同型接合性或纯和性"，homozygote 则译为"纯合子、同型合子，纯合体、同型结合体"等等，与此相类似的情况在汉语对英文的译名中有很多。

由此，把 homunciilus 放到舒茨论著所要表达其特有范畴的语境中，显然，这里译成"侏儒"，是不准确的；译成"傀儡"，只带有"可操控"的含义；而译成"雏型人"，又往往失却"参与者操控"的含义。这样，把几个意思综合一下，寻找一种新译法是必要的。于是，本书为使这个词的中文译名同时带有"纯"及"同型"含义，并且是参与者操控的，而且可容纳舒茨所讲"变型自我"或"他我"的意义，似乎译为"可操控的雏型人"，或译为"作为傀儡的雏型人"，或者为减弱译为"傀儡"所带有的贬义色彩，同时又体现"可操控"，可译为"傀偶"，即"作为傀偶的雏型人"，更能体现舒茨理论的本意。

对 homunculus 的这样一种把其内在体现中文几种意思合在一起的译名，不是像习惯上那样只把原词与某一种译名相对应，这复杂了一些，会让一些译者、读者不易接受；但为了准确表达作者原义，应当说是不得已而为之。而且作为旁证，可举以往翻译中往往有这样的先例。例如，德文 recht 这个词，既表示"法"又兼有"权利"以及"正义"等含义。后来，在我国有些中文著作中曾把它译为"法权"；因为对这个词在该论文中，只译成"法"或只译成"权利"都显得有所不足，所以把"法"与"权利"两个中文词复合起来，形成了"法权"的译名。

本书著作者对于 homunculus 这个词，当表述舒茨的意思时，译成"作为傀偶的雏型人"；而在对于现有译成中文的原著加以引用时，为方便，仍保留了原有的译名，如“侏儒”“傀儡”等等；只是有时为强调舒茨的本意，在某些地方加上括号，注明是“作为傀偶的雏型人”。

（2）“行为者模型”中“作为傀偶的雏型人”的内涵。

舒茨对于作为“行为者模型”的“傀偶雏型人”详细考察了“他”的一般特征并描述了其所具有的主要内涵。

舒茨这样讲：这些行为者模型，在其构成意义上并不是生活在真正生平情境之中的人。“他”不是真正意义上由人生育的，谈不上“他”会长大，也谈不上死去。用书中的原话说：“它们既不具有什么生平，也不具有什么历史，它们置身于其中的情境不是由它们自己界定的，而是由它们的创造者、由社会学家界定的。他创造这些傀儡或者侏儒，是为了操纵它们为他的目的服务。”①

也就是说，这种作为“傀偶”的“雏型人”“既可以摆脱对于他人对他自己的行动所作出的反行动的空洞预期，也可以摆脱各种自我类型化”。“正是他决定了这里所涉及的‘各种设计的广度’。支配这种模型的行为模式的所有各种标准和制度”，而这都是由“科学观察者的构想提供出来”的。

第一，“社会科学家”把一种纯粹的意识“转嫁给它们”，“这种意识是以这样一种方式构想出来的，即它所预设的现有知识储备（其中包括归结于想象的行动者模型的一组固定不变的动机）将使由它造成的各种行为成为主观可以理解的，而且它可以证明这些行为是由真实的行为者在社会世界中进行的”。“由于转嫁给他的人造意识只包含了那些使他发挥从主观上看有意义的类型功能所必须的成份，所以，他只不过是他这些类型

① ［美］舒茨：《社会实在问题》，霍桂桓、索昕译，华夏出版社2001年版，第69页。

功能的创设者（originator）。"由于"这种侏儒不是由人生育的，他不会长大，也不会死去。他既没有希望，也没有畏惧。他并了解作为他的所有各种行为之主要动机的焦虑"。"因此，除了社会科学家转嫁给他的各种兴趣和动机的冲突之外，他不可能具有其他兴趣和动机的冲突"。"他除非在社会科学家放在他面前供他选择的各种待选方案之中进行选择，否则他就无法进行选择。""犯错误不是他的类型命运"，谈不上他会"犯错误"。第二，"这种侏儒被赋予了一种关联系统"，这"来源于他的构想者所研究的科学问题，而不是来源于一个行动者在这个世界中所具有的、被从生平角度决定的特殊情境。正是社会科学家为他的傀儡界定了一种'此在'和一种'彼在'，界定了什么东西处于他力所能及的范围之内、界定了对于他来说什么是'我们'、'你们'或者'他们'。"这种"被社会科学家置于一种社会关系之中"的"侏儒"，"把这种社会关系全部包含在他的整体之中"。这样，"人只以其自我的一个组成部分加入到任何一种社会关系之中，而且他总是既处于这样一种关系之中，同时又处于这种关系之外"。第三，社会科学家决定了他所假想的模型之现有的知识储备。这种知识储备是"与社会科学家详细研究的科学问题有关的关联系统，本身即决定了它内在固有的结构，也就是说，决定了这个侏儒所应当'认识'的那些成份，决定了他对其只具有熟识知识的那些成份，也决定了他仅仅认为理所当然的其他成份。这样决定了以后，什么东西应当是他所熟悉的，什么东西在他看来是匿名的，转嫁给他的关于这个世界的各种经验类型化在什么层次上发生，就都被决定了"。如果说，"这样一种行动者模型被设想成与其他行动者模型——它们也是侏儒——相互联系和进行互动的东西，那么，有关视角互性的一般主题，这些视角的相互连结，以及与此相关的各种动机的相互对应，就都是由构想者决定的。由他的伙伴的傀儡从假设角度构造的行动过积类型和各种人格类型——其中包括对他们的各种关联系统、各种角色以及各种动机的界定，都不具有一个纯粹的机会的特征，这种机会或者由于那些意外事件而得到实现，或者因为那些意外事件而得不到实现"[①]。

可见，在舒茨那里，"在这样一种简单化了的社会世界模型之中，纯粹的理性活动、出于理性动机的各种理性选择之所以可能，是因为所有在日常生活世界中妨碍真实行动者的困难都已经被消除殆尽了"。因此，"已经在严格意义上得到界定的合理性这个概念"，并不直接是那些存在于社会感性经验中社会世界的即日常生活常识经验之中的行动，它是对一种有关某些特定社会世界模型的特定构想类型的表达，社会科学家正是处于某些特定的"方法论意图构造了这些社会世界的模型"。[②]

总之，在舒茨看来，"社会科学家和他所创造的傀儡之间的关系，在某种程度上反映了一个古老的神学和形而上学问题，即上帝和他的创造物之间的关系问题"。只是由于社会科学家的设定，这种傀儡才存在和活动，"它不可能不根据社会科学家的智慧""决定由它来实现的意图活动"。不过，在模型中，他的活动是自主的。"赋予这个傀儡的被决定的意识和预先构想的环境之间存在的全部和谐"，是"预先建立起来的"，设定的是它"在这种环境中自由活动，作出各种理性的选择和决定"。这种和谐之所以存在，只是因为，"这个傀儡和它那被化约过的环境，都是由社会科学家创造的"。通过"遵循"这些"原则"，"社会科学家""在这样创造的'宇宙'之中"，能"发现"在

① ［美］舒茨：《社会实在问题》，霍桂桓、索昕译，华夏出版社2001年版，第69～71页。

② ［美］舒茨：《社会实在问题》，霍桂桓、索昕译，华夏出版社2001年版，第71～72页。

"由他自己确立的这种完美和谐方面"是可能的。①

（3）舒茨社会学模型的建构特点。

第一个特点是：通过现象学还原，通过努力实现形式化，撇开种种复杂的经验内容的要素。

应当认为，舒茨社会学理论，很重要的在于，其所倚重的基本手段，是在现象学还原中，对类型、主体间性，及工作世界进一步形式化，是从形式角度来加以刻画，特别建构了一个关于行为者的理想模型。这显然是受追求普遍有效图式（shemata）的胡塞尔现象学和以"理想类型"（ideal type）为研究手段的韦伯社会学的影响所致。可以说，舒茨所要讲的是指向形式（formal）的或形式化的。

关于此方面的方法论问题，不妨联系古中国关于周易八卦所刻画的形式模型，这也可认为是人们进行现象学还原而取得的形式结构。

对于舒茨的论说，由"现象学还原"的意义来讲，经过对"生活世界"达到理想化，追求形式化，而这又内在着要由形式化模型形成关于世界的理论说明，再返回到"生活世界"。

①就整个过程而言，舒茨强调，首先是"理解"（韦伯的用语）而且是一种"科学静观"（舒茨用语）。

舒茨引申韦伯社会学和社会科学之关键概念的"理解"，区分了相互联系又相互区别的三个层面：第一，"是关于人类事件的常识知识的经验形式"。这指的是人们在日常生活中把他们的世界理解成类型化而充满意义的世界，而且认为这一切都是理所当然的。第二，"是一个认识论问题"。这指的是有关社会世界的有效知识及其构成条件的哲学问题。第三，"是社会科学所

① ［美］舒茨：《社会实在问题》，霍桂桓、索昕译，华夏出版社2001年版，第72页。

特有的一种方法”①。这在舒茨那里指的是社会科学家在研究其对象——既是被观察研究的客体、又是进行观察和行动的主体——的过程中，把“理解”作为一种手段，在作为其研究对象的社会行动者们面对生活世界构造的第一级构想（first-order constructs）的基础上，构造关于他们的第二级构想（second-order constructs）。

舒茨是这样看的，第二级构想所形成的，是一种“科学静观的世界”。虽然科学家在其中的思考活动也是具有目的动机和原因动机、遵照相应的行动方案进行的有目的行动，但科学家在其中活动的世界，作为“科学静观的世界”，是在实现一定纯粹化中，观察者参与了的世界。此中，观察参与者被设定为一个公正无私的（disinterested）、孤独的（solitary）观察者。虽然存在于他的主观意识中的研究方案和结果都可以更改和取消的，但他只是由眼下面临的问题而制定的研究方案、只具有由特定的科学知识主体（Corpus）和科研程序构成的知识储备、只研究处于客观时间和特定空间之中的对象、只能通过其各种研究方案和研究结果才与其他人联系起来。② 在此，舒茨强调要体现“价值中立”，即把人们在日常生活世界中的一系列复杂的价值判断撇开了。

这个意义上的“实在”，“作为理论静观的实在而存在”，“随着关联系统从时间领域向理论领域的转变，在工作世界中指涉行动和进行的所有术语——诸如‘计划’、‘动机’、‘设计’——的意义都发生了变化，并且获得了‘引号’”。这样才

① 参见《舒茨文集》（第1卷）（A. Schutz, *Collected Pepers*, vol. I, The H ague, 1962），第57页。

② 参见《舒茨文集》（第1卷）（A. Schutz, *Collected Pepers*, vol. I, The H ague, 1962），第245～259页。

能理解"科学静观领域中目前处于主导地位的关联系统的特征"。"也就是说，通过陈述现有的问题，选择他进一步研究探索的客体。与此相关，这个得到或多或少空洞预期的问题的解决办法，就成了科学活动的最高目标。"社会学家"在不提出质疑的情况下，通过它们的给定性把它们看作是单纯的'材料'"。"只要他在这个方面下定决心，科学家就进入了一个预先构造过、并且由他的科学的历史传统传给他的科学静观世界"。"静观"作为表现"静态的术语"表现的却是"一个不断发展的过程"，"作为一个过程，它是根据严格的科学程序规则进行的"。于是"陈述现有的问题马上就可以展现它的开放视界，展现科学家必须以后再陈述的那些有关问题的外部世界，以及展现隐含在这个问题本身之中、科学家为了解决它就必须使之显露出来并加以说明的全部蕴涵的内在视界"[①]。

②就关键环节而言，舒茨强调，要实现一种"悬置"。

这里的悬置是借用了胡塞尔现象学的概念和方法。舒茨讲的"悬置"，简单说就是，把参与者在自然态度中的"生平情境""身体存在"，特别是此间的"原始焦虑"，悬置起来。

舒茨讲："对处在自然态度中的人来说，支配他的关联系统来源于我们称为原始焦虑的基本经验。一旦进行了向这种公正无私的态度的跳跃，理论思想家就摆脱了这种原始焦虑，摆脱了由它产生的各种希望和畏惧。"[②] 在此舒茨还注释道："这并不意味着原始焦虑不是诱导人类开始进行哲学化的必要动机。与此相反，哲学是人们克服原始焦虑的尝试之一——也许是一种

---

① 参见《舒茨文集》(第1卷)，(A. Schutz, *Collected Pepers*, vol. I, The H ague, 1962)，第330、331页。

② 参见《舒茨文集》(第1卷)，(A. Schutz, *Collected Pepers*, vol. I, The H ague, 1962)，第328页。

主要尝试。一种不朽的存在——例如，托马斯·阿奎那理论体系中的一个天使——也许不需要成为哲学家。但是，在进行过向理论静观领域的跳跃以后，人就会从原始焦虑出发进行一种特殊的悬置，把它以及它的全部蕴涵放进括号里。”① 这包含着——在我们前面提出的界定得到充分理解的意义上——对生活兴趣的某种脱离，包含着对我们称为精明成熟状态（the state of wide-awakeness）的脱离。

舒茨论述道：在“我们已经界定的这个术语的意义上”，如果说，“‘处于我们力所能及的范围之内的世界’这个概念依赖于我们的身体”，此“被设想成我们组织这个世界所依据的坐标系的中心点 O”。显然，作为“中心点 O”的原点，是不占据经验意义的。那么，“在转向理论思维领域的过程中，这个人把他的生理实存以及他的身体和以他的身体为中心和起源的取向系统，都‘放进了括号里’”。“这种理论思维独立于这个处于思想家力所能及的范围之内的世界的部分而存在”。“向理论思维领域的‘跳跃’包含了个体把他的主观观点而不论的决心。仅仅这个事实就可以表明，不是完整无缺的自我，而仅仅是部分自我。”② 也就是说，“在理论思维领域中，‘行动者’根本不是作为科学家整体人格的完整无缺的主我，而只不过是一种部分自我”；同时也“把他人的自我当作完整无缺的单位来领会”。“所有这些陈述都可以总结成为一个陈述：这种进行理论化的自我是孤独的。”③

① 《舒茨文集》（第 1 卷），（A. Schutz，*Collected Pepers*，vol. I，The H a-gue，1962），第 345 页。

② 《舒茨文集》（第 1 卷），（A. Schutz，*Collected Pepers*，vol. I，The H a-gue，1962），第 328、329 页。

③ 《舒茨文集》（第 1 卷），（A. Schutz，*Collected Pepers*，vol. I，The H a-gue，1962），第 334 页。

舒茨是这样总结的："在这种悬置中，有以下几方面被'括起来'（存而不论）了：(1) 思想家作为处在同伴之中的一个人所具有的主体性，包括他在这个世界中作为一个心理——生理的人的身体实存；(2) 他在实际力所能及的、可以复原的、可以达到的范围等等之内，把这个日常生活世界组织成各种领域所依据的取向系统；(3) 原始焦虑以及从其中产生的实用关联系统。"①

③基于此，舒茨提出了"作为傀偶的雏型人"的形式化"理想模型"。

舒茨指出，生活世界是由各种各样的行动者组成的，包括社会科学家在内的行动者都以相互联系而又各具特色的类型方式界定其情境。他们的行动都是社会科学家的研究对象和资料。因此，对于社会科学家来说，关键在于发展一种方法②。以此方法构想出的模型，须把行为者理解成处于生活世界中观察和理解社会互动模式的人，以其所使用的某种方式，在撇开实际生活中种种复杂内容因素的情况下，形式化地刻画社会行为者的社会互动，并且在此基础上构想与其观察行动相对应的类型行为过程模式，以及与这些类型行为过程模型相对应的行动者人格模型；这才成为关于社会行为者社会互动过程模式的"第二级构想"，于是形成了社会科学家构造出来并以之代替实际行动者的模型——"作为傀偶的雏型人"(homunculi)。

关于这种"作为傀偶的雏型人"，显然是撇开了实际生活世界中人的种种复杂内容因素的。由此构成的模型是形式化了的

---

① 《舒茨文集》(第1卷)，(A. Schutz, *Collected Pepers*, vol. I, The Hague, 1962)，第329页。

② 《舒茨文集》(第1卷)，(A. Schutz, *Collected Pepers*, vol. I, The Hague, 1962)，第43页。

"理想模型"，是社会学家还原的"纯粹模型"，是从日常生活的常识中提炼出来的一个"价值中立"的"理想模型"。因为"作为傀偶的雏型人""不是由人所生育的，因此，它不会长大，也不会老去"。"除了社会科学家转嫁给它的各种兴趣和动机的冲突之外，它不可能具有其他的动机和兴趣的冲突"。[①]"作为傀偶的雏型人""被赋予了一种关联系统，此关联系统是来源于社会科学家所研究的特定问题，而不是行动者在现实人生的社会世界中所具有的、被从生平角度决定的情景，是社会科学家为他们界定了一种'此在'和'彼在'"。

舒茨还强调说，"我们在这里必须避免一种危险的误解"。为此我们必须把"关于人类行动模型的理性构想"与"关于理性的人类行动模型的构想"之间的关系搞清楚。他举例说，科学可以构想关于非理性行为的理性模型，就像人们看任何一本精神病学教程一眼就可以表明的那样。科学家的思维中经常关注而以高度理性构想人类的非理性行为的模型，例如，可以面对行为者的思想感情及无意识的情况，构成模型，来说明他们那些经济、政治、军事甚至科学方面的决定。然而，这种关于非理性行为的思想模型构造的合理性是一个问题，关于理性行为的模型的构造却完全是另一个问题。

在舒茨理论建构中他所感兴趣的是，作为参与者"理性行为"的模型，此中暂时把参与者的"非理性性行为"撇开了，然而正如舒茨理论的研究者凯罗尔（Carroll）讲，在此是"通过运用理想类型这个人为的工具，用'傀儡'替代真实的行为

① ［美］舒茨：《社会实在问题》，霍桂桓、索昕译，华夏出版社2001年版，第70页。译文有改动。

者"，"舒茨因此而克服了个体事件和行为的唯一性的问题"[①]。

舒茨讲，这"可以很容易地被人理解，这是可能的。之所以如此，是因为在构想关于一种虚构意识的模型的过程中，社会科学家可以只选择那些与他的问题有关、并且使他的侏儒的理性行动或者理性反行动成为可能的成份"。"通过这样一番安排，我们就可以孤立地研究那些标准化了的行为了——诸如所谓社会角色、制度性行为，等等"。[②] 并且可以"根据界定，一种被构想的人格类型的理性行为应当是可以预见的，它存在于已经在构想中类型化的各种成份的界限之中"。因此，我们可以把关于非理性行为的模型"当作我们在真实的社会世界中确定越轨行为的一种方法手段来使用，当作把这种行为归结为'超出材料范围的问题'"，也就是说，在此是"当作把它归结为尚未类型化的成份的一种方法手段来使用"。"通过对这些成份中的某些成份的适当变化，我们就可以为解决同一个科学问题构想某些、甚至构想成套的有关理性行动的模型，并且对它们进行相互比较。"[③]

有些人对舒茨提出的"作为傀偶的雏型人"到底有什么意义，往往不理解。我们要指出的是：这有着与关于社会建构的形式公理地位相当的意义。在舒茨那里，作为 homimciili，既然是形式的，那当然也就暂时无所谓实际生活中活生生人的生死、畏惧、焦虑、非理性等等的人生内容；对此，在考虑一开始的公理化形式时，不能不使之暂时"悬置"起来，即把对其的论

---

① Carroll. R. Adequacy in Interpretive Sociology: A Discussion of Some of The Issues and Implications Alfred Schutz's Postulate of Adequacy, 1935.

② ［美］舒茨：《社会实在问题》，霍桂桓、索昕译，华夏出版社 2001 年版，第 74 页。

③ ［美］舒茨：《社会实在问题》，霍桂桓、索昕译，华夏出版社 2001 年版，第 75 页。

证暂时排除了，以保证给出一个“理想”的“形式化”的合理的初始模型；于此，如前所说，舒茨反复强调其应符合三个假定，这就是，①逻辑连贯性假设：社会科学家第二级构想中关于“作为傀偶的雏型人”的构想系统必须清晰、确定，并且与普通逻辑诸原理不矛盾；②主观解释假设：社会科学家必须弄清楚，为了达到其理解和解释其研究对象的目的，可以构造什么样的“作为傀偶的雏型人”并把观察者和被观察者的主观因素包括进去；③适当性假设：即社会科学家构造的这个模型系统的每一个方面，都应当与生活世界中之行动者本人及其同伴的常识相一致。[①] 以这种形式出现的形式模型必定满足其各种命题与其他科学命题相容和一致；他们直接或间接来源于人们在生活世界中的直接经验；它的全部术语和观念清晰确定。舒茨指出，满足这些假设和要求，该构想系统的客观有效性、主观解释的全面性，以及科学解释的确切性，才得到保证。

可以认为，这个通过撇开种种复杂因素而提出模型的过程，类似于公理化的过程。这就要简要说明一下什么是“公理化形式”或“公理化方法”的问题。对此《塑造论哲学导引》中作过详细叙述。公理化的方法产生于数学。古希腊数学家欧几里得在总结古代几何学知识时，借助亚里士多德的逻辑方法，首先选取少数原始概念和不加证明的几何命题，作为公理、公设，使它们成为全部几何学的逻辑起点，然后推出一系列几何定理。按照这种公理化结构，欧几里得撰写了著名的《几何原本》。到近代，数学家希尔伯特又对几何基础做了大量研究工作，他在《几何基础》中给出了一个比《几何原本》更为完善的公理系

① 参见《社会世界的现象学》，卢岚兰译，台湾久大文化股份有限公司、桂花图书股份有限公司 1989 年版，第 237～238 页；《舒茨文集》（第 1 卷），（A. Schutz，*Collected Pepers*，vol. I，The H ague，1962），第 43～44 页。

统。希尔伯特的工作并没局限在只对几何学这门数学理论加以公理化，而是把公理系统本身的逻辑问题作为研究对象。因此他把"公理化"分为"具体公理化"和"形式合理化"两种。具体公理化可看作是以公理化方式处理具体学科的经验材料而构成严整理论体系的方法；形式合理化可以认为是以公理系统本身为研究对象的元逻辑或元数学的研究。

希尔伯特在形式公理化的研究中提出了公理系统的一般要求。这里重要的是他明确提出了，作为理论出发点的公理系统必须满足三条要求：第一是完全性要求。这里强调，作为出发点的一组公理，对于刻画每一种关系来说，应是对基本关系的全面刻画，而不应漏掉什么。第二是独立性要求。就是说作为初始公理系统中所包含的公理不应该有多余的，即不应出现其中一个公理可以由另一个公理推出的情况，如果出现了这种情况就要对公理系统中包含的公理加以简化。第三是相容性要求。"就是说，不可能从所提到的这些公理出发，用逻辑推论得出和其中某条公理矛盾的事实"。即如果在公理系统中有一命题为 a，它的否定为 $\bar{a}$，则不能由此公理系统在推演定理时，同时导出 a 和 $\bar{a}$。[①]

从希尔伯特的这些见解可以看出，理论体系实现公理化，重要的是首先提取出作为出发点的公理系统。这公理系统可以刻画出一个初始模型。而得到这样的公理系统，要符合完全性要求和独立性要求，即公理系统中的公理既不能多也不能少，这恰恰表现的是必须最大限度地并且是恰当地撇开种种复杂内容因素，并在理论构成及演进中，保持自身逻辑同一的要求。这里显然与舒茨的三条假设是一致的。

① 参见 Hilbert：《几何基础》。

与此相仿的情况是，塑造论哲学还关注了作为理论体系形成的“抽象上升到具体”的逻辑行程。这与实现公理形式“还原”而成公理化系统，既有相同点而相联系又不可混为一谈。

理论思维从抽象上升到具体，是以关于对象的最抽象范畴为逻辑起点，由它向具体展开，形成一个完备的理论体系。这里的最抽象范畴有这样的特点[①]：

第一，它体现着对象的最本质规定性。也就是说，它是撇开客观事物种种复杂的现象，抽出对象的本质属性形成的。最抽象的范畴和其他范畴相比，最大限度地撇开了各种个别的、偶然的、现象的形态。所以抓住了最抽象范畴作为起点，就能对大量较之具体的范畴，从本质出发构成其内在的联系，能从客观事物的本质上解释种种现象。

第二，对象整体中最抽象的范畴，集中着被研究对象所包含的一切矛盾的胚芽。它本身就是具体的，也就是说，由于最抽象的范畴表现着对象有机整体中的最本质的矛盾，有了它就可以掌握对象的最基本形态。这个最基本的形态，包含着整个被研究对象之机体的矛盾胚芽，整个对象复杂的机体，都是由它发展起来的。所以，这个最抽象范畴一旦确立，它的一系列发展形态就潜在着了。只有抓住了抽象的范畴，才能把整个机体如何从最简单、最基本的矛盾胚芽生长起来的全部过程描绘清楚。

第三，它和对象发生的最原初的历史起点是相吻合的。正如马克思所说：“比较简单的范畴可以表现一个比较不发展的整

---

① 参见张全新：《澄清一个不正确的提法——兼论什么是抽象上升到具体的最抽象范畴》，《天津师大学报》1983 年第 1 期；《新华文摘》1983 年第 6 期。

体的处于支配地位的关系。"[①]"历史从哪里开始，思维进程也应当从哪里开始。"[②]"从最简单上升到复杂这个抽象思维的进程符合现实的历史进程"[③]。

这样才有理论体系的完备，即带有反映客观对象的完备性。对这种完备性，在抽象具体矛盾运动的解释下应当是这样的。

首先，作为一个完备的理论体系，必须从对象中抽出能规定对象本质的最抽象范畴。关于这一点如前所述，最根本的是要看能否准确抽出这类对象的本质一般，要达到本质的一般，既不能抽象不足，也不能抽象过限。这表现在概念形式上，是达到内涵简单到足够程度，外延能覆盖整个范围。表现在模型形式上，要恰当地达到最简单最典型的理想形态，决不能因要素的简化而破坏模型的典型性，同时也不能带有复杂因素使模型不够简单。表现在公理化形式上，要达到完全性独立性，即达到公理既不能再减少也不能再增加的程度。

其次，在完备的理论体系里，逻辑起点所代表的本质规定性，在展开了的体系中，总被内在地体现在里面。表现概念形式上，它总作为内涵体现在被初始概念外延所覆盖的具体概念之中。表现在模型形式上，对象其他形态不过是这一理想模型加上了更加复杂的因素而已。表现在公理化形式上，推出的定理是公理在保持相容性情况下的各种变化。

另外，一个理论体系，只要理论起点是完备的，而且在说明种种现象时没被歪曲，它应该能够规定该理论范围中的全部

① 马克思：《1857—1858年经济学手稿摘选》，《马克思恩格斯文集》（第8卷），人民出版社2009年版，第27页。

② 恩格斯：《卡尔·马克思〈政治经济学批判〉》《马克思恩格斯文集》（第2卷），人民出版社2009年版，第603页。

③ 马克思：《1857—1858年经济学手稿摘选》，《马克思恩格斯文集》（第8卷），人民出版社2009年版，第27页。

现象。这表现在概念、模型、公理化等形式上，便是在由初始的概念、模型、公理展开的体系中，保持逻辑的协调，保持首尾一贯。[①]

也就是说，一个理论体系在它成熟以后，它在本质的规定下，范畴的发展是自身同一的，这表现为通常所说的无逻辑矛盾。这里所说的无逻辑矛盾就是说的要在逻辑上达到协调，也就是所谓范畴发展必须首尾一贯。"首"指的就是作为逻辑起点的最抽象范畴，"尾"指的就是由最抽象范畴上升到最具体范畴。理论体系若达不到这首尾协调，便说明有错误。要有逻辑协调性，这对任何关于确定范围对象的理论体系都是无一例外的。

总之，提出形式公理的过程，可认为是公理化方法的实现；这与关于经验内容的"抽象上升到具体"逻辑方法中提出作为逻辑起点的"细胞"形态，其相同点是都是从简单到复杂，而实现的方式是有区别的。提出形式公理的过程，是暂时撇开种种复杂的经验内容因素而达于基本公理，这是关于公理化的形式化。按塑造论哲学体系中的解释，这是指透视逻辑根据，由此形成公理化体系才能达到对复杂内容因素的逻辑形式的把握；这是由显意识窥察潜意识，也可以说是由显意识的内容因素还原到潜意识的形式结构。而在关于经验内容抽象上升到具体逻辑行程中提出作为逻辑起点的"细胞形态"，则是指通过暂时撇开经验对象的现象因素而到达关于经验对象的"本质规定"即"本质的一般"；达到"本质的一般"，才能以此为"本质规定"，由抽象上升到具体，达到关于对象经验现象的把握。按塑造论哲学体系的解释，这是在由潜意识到显意识中，先须在现象因

① 参见张全新：《理论体系完备性的基本条件》，《东岳论丛》1980年第1期。

素中从作为"感性具体"的"完整表象"开始抽象出"最抽象范畴"而能规定"感性具体"从而形成"思维具体"的过程。

舒茨提出的关于"二级构想"的模型，提出"作为傀偶的雏型人"，来建构行为者形式模型，大体是相当于前者的。

舒茨社会学模型的第二个特点是：体现"适当性"的"理论静观"，使整个论证有上升到"生活世界"的可行性。

如前所说，舒茨"在讨论社会世界的'理性'模型所具有的各种特殊功能"时，提出了"某些一般支配构造人类行为的科学模型的原则"，即"关于社会世界的科学模型构想的一些假设"。前已引述，这些模型构想"是根据下列假设构造的"，需"满足这些要求"：第一，关于逻辑连贯性的假设。社会科学家设计的类型构想系统，必须通过它所隐含的概念框架的最高度的清晰性和确定性建立起来，而且必须与形式逻辑的各种原理完全相容。遵守了这个假设，就可以保证社会科学家所构想的思维客体的客观有效性。第二，关于主观解释的假设。为了说明各种人类行为，社会科学家必须询问，关于个体心灵的什么模型是可以构想的。这种假设可以保证使各种人类行为及其结果都指涉这种行为及其结果对于行为者来说所具有的主观意义。以上假设，最终归结于，第三，关于适当（adequacy）的假设。舒茨指出，在一个关于人类行为的科学模型中，每一个方面都必须是通过这样一种方式构想的，即在生活世界中，由一个个体行为者通过由类型构想指出的方式进行的人类活动，不仅对于行为者自身来说是可以理解的，而且对于他那些根据常识解释日常生活的同伴来说也是可以理解的。遵守这种假设，就可以保证社会科学家的构想与人们关于社会实在的常识经验相一致。

舒茨强调的三个假设中的适当性假设，是社会学家在构造行为者模型时作为归结点特别要考虑到的，也就是说，行为者的行为都是由处在生活中的人完成的，而这些普通人在完成这些行为时借助了他们自己能够理解的类型构造。这保证着社会科学家对社会现实的构造和常识性的构造之间的一贯性，保证着社会学建构的可能性与行为者的主观意义是一致的，这表明此假设与主观解释的假设能够证实的一致性在事实上已经被建立起来。可见，适当性假设与其他两个假设，是一个连贯的整体。为更充分说明这个假设，后来舒茨还补充说明了一个相容性假设（the postulate of compatibility），这是指社会科学家构想的模型必须包括那些科学上可以验证的假设，必须与我们的整个科学知识体系相容。另外，舒茨对于适性还指出了一个要求，这就是可重复性（repeatability）。为此，舒茨进一步区别了客观或然率与主观或然率。在他看来，社会学家必须做的就是根据主观或然率来看待适当性的问题。也就是说，他是从行为者的观点出发来看待意向意义、意义脉络以及可重复性。

可见，社会科学家在行为者一级建构的基础上所建立的二级构想，是行为者在自我理解和理解他人的很大范围内所进行的模型建构。一级建构的适当性知识是本然的、明显的，而这种情况不是必然的，不是绝对受到保障的。而在二级建构的模型中，作为参与者的社会学家处于一种独特位置来测试关于他人动机的知识。在与适当性假设相一致的二级建构中，才使理想模型与生活世界的相容性成为可能。

显然，就舒茨的整个学说来讲，是面对这样的情况：在行为者根据一级建构对于日常世界中的客体和事件的意义进行预先解释的基础上，社会科学家发展二级构想模型，这就构成了科学地把握社会实在的理想模型建构。为了能够描述这种社会世界，就要用社会世界的模型来替代其成员日常经验中的那个生活世界。当上升到即还原于“二级建构”，社会世界才被一种科学模型间接地得以描述。在舒茨那里，选择的是“作为傀偶的雏型"模型。一般而言，这些模型不仅与他们自身相一致，而且与关于日常世界的已有经验相一致。

正如舒茨讲的，与社会学家以这样的方式来建构理性的行为过程模型，就使参与行为者在社会世界中具有与这种行为相关的各种成分、而且这里是由其理想化的成分并伴随清晰确定的知识，运用其可达到由这种构想本分所界定的各种目的。这其中要有社会科学家假定由他自由支配的最合适手段。由这种行为者模型，才有返回到生活世界的可行性。①

关于此，舒茨在其著作《社会实在问题》的部分内容中，作了特别论述，他讲到，当"分析局限在""作为科学静观客体的世界上""经常采取的许多静观态度形式"，使之似乎"与工作的实践态度相对立"，"可以把它们称为理论态度"。此时，"我们都是在理论静观（theoretical contemplation)"，即"沉溺于理论静观之中。但是，这种静观思维的全过程都是为了实践的意图和结果而进行的，正因为如此，它在这个工作世界中、而不是在一个有限意义域中，构成了理论静观的'飞地'（enclave)"。可见，"理论静观"实现着关于对象的理论化；一旦理论化，就在一定意义上形成了关于对象的一种割裂，形成一种不连续，在一定意义上脱离了活生生的、丰富多彩的、复杂多变的"生活世界"。

舒茨讲："就每一种科学而言，意义的基础（Sinnfundament）都是前科学的生活世界（Lebenswelt)，它是我自己的、是你的、也是我们所有人的一个一元的（unitary）生活世界。"然而，一门科学在理论化过程中，"可能丧失关于这种基本联系（nexus）的真知灼见"。要"弄明白这个生活世界本身"就必须

① 参见 A. Schutz，Collected Papers I：the Problem of Social Reality . The Hague：Martinus NIjhoff，1962：45.

“在不断的理想化和形式化过程”中把握“所经历的意义变化”，“这个过程包含着科学成就的本质”。从而使我们“能够从理论上重新阐明这种联系”。“如果这种阐明没有出现，或者即使它出现了却没有达到足够的水平”，“那么，在科学发展的下一个阶段，这些有关基础的问题和这些悖论就会显现出来，所有实证科学今天都在遭受这些问题和悖论的折磨”。

舒茨于此涉及芬克曾在一篇著名论文中系统论述过的二种悖论；胡塞尔认为这篇论文表现了他自己的观点而完全加以认可。舒茨“通过广泛借用法伯教授的出色表述”，“把芬克——胡塞尔的论点总结概括如下”：“在进行过现象学还原以后，现象学家发现自己面临着与仍然处于自然态度中的‘独断论者’沟通他的知识的困难。难道这不预先假定在他们之间存在共同基础吗？这是第一种悖论形式。”“第二种悖论——有人称之为‘现象学命题的悖论’，我们对它特别感兴趣——建立在第一种悖论基础上，它与那些世俗的世界概念（world-concepts）和语言有关，后者完全由进行沟通的现象学家支配”。与此相关，舒茨还以“沟通悖论”“世俗悖论”加以表达：“只有当我们把我们称为有限意义域的东西，看作是客观存在于它们从其中产生的个体意识流之外的本体论静态实体的时候，这种‘沟通悖论’”就存在。“它既是现象学的悖论，也是我们前面的分析专门研究过的世俗悖论”。[1] 而“第三种悖论叫作‘先验规定的逻辑悖论’，它是三种悖论中最重要的悖论……它指涉的是这样一个问题，即逻辑是否同样适用于解决那些来自基本先验关系规

① ［德］阿尔弗雷德·许茨：《社会实在问题》，霍桂桓、索昕译，华夏出版社 2001 年版，第 338 页。

定的问题的任务"[①]。关于以上悖论何以解决，舒茨强调，"这里所涉及的问题是通过表明下面这一点被解决的，即现象学家并没有离开这种先验态度回到自然态度上去，而是把自己置于这种被他看透了的、作为一种先验情境的自然态度'之中'了"。[②]

所以，舒茨又强调，"科学的理论化是一回事，在这个工作世界中研究科学则是另一回事。我们的题目是前者，但是，我们的主要问题之一是弄清楚，这个属于我们所有人的生活世界怎样才可能被变成理论静观的客体，而且，这种理论静观的结果怎样才可能被运用到这个工作世界之中去"。

总之，舒茨强调，注意"生活世界""常识世界""是理论化的全部过程的先决条件。它存在于人们抛弃自然态度的实践领域中处于主导地位的关联系统的过程之中"。"对于生活在这个工作世界中的人和进行理论化的思想家来说"，"这个世界的其他部分和其他成份都是相关的"，"'公正无私的观察者'的态度建立在一种特殊的注意生活的基础上"。由此，才"使一种可能作为理论态度基质的、关于全部客体的广泛而系统的观点成为可能"。这样，"马上就可以展现它的开放视界"，"展现隐含在这个问题本分之中、科学家为了解决它就必须使之显露出来并加以说明的全部蕴涵的内在视界"，"展现科学家必须以后再陈述的那些有关问题的外部视界"。[③]

值得提及的是，在舒茨之后的伯格（P. Berger）与卢克曼（T. Luckmann）曾提出他们的见解，以使在运用现象学方法

---

① ［德］阿尔弗雷德·许茨：《社会实在问题》，霍桂桓、索昕译，华夏出版社2001年版，第347页。

② ［德］阿尔弗雷德·许茨：《社会实在问题》，霍桂桓、索昕译，华夏出版社2001年版，第337页。

③ ［德］阿尔弗雷德·许茨：《社会实在问题》，霍桂桓、索昕译，华夏出版社2001年版，第330页。

时，更“客观化”和“社会化”地来阐明社会结构。伯格与卢克曼有影响的著作是他们的名著《现实的社会建构》，特别以知识社会学的方式作了理论的建构。对伯格和卢克曼来说，“实在是被社会地构建而成的”[①]。社会学研究“任何‘知识’体被社会地建构为实在的过程”。[②] 同时，对他们来说，实在在形式上被限定在“对情境定义”的层面上。固然自然态度往往被作为理解社会学的知识起点。而即使在自然态度下，实在的界定也包含了很多依赖于我们的意志与情绪的东西，并认为许多知识都是不确定的。所以说，实在被经验与经历，它与我们的意志及自主性活动联系密切。伯格和卢克曼同舒茨一样，将“理所当然”的世界视为社会的“最高实在”，而且认为经过现象学还原，必须返回到作为社会的最高实在。他们讲：“与日常生活的实在相比，实在是作为有限意义域而出现，被实在所统摄，最高实在是以被界定出的意义与经验模式所标示。实在从各方面将它们统摄，而意识则像经远足回到其中一样，返回最高实在。”[③] 现象学社会学的关键议题在于，将实在的“亚世界”（人体相当于“常识世界”）整合为连贯的整体。通过更高符号层级的整合，这一问题得到解决。如柏格森所讲，需要帕森斯主义式的架构来保证最高层次的秩序。起点扎根于日常实在，此实在是实际发生的一个层级，而语言是使社会世界或客观实在基础性合法化的根本机制。使实在合理化的奥秘在于挽救实在。在日常层次中，是语音实现了这一目标，这“构成制度化建构

---

① Berger P，T. Luckmann，*The Social Construction of Reality：A Treatise in the Sociology of Knowledge*. New York：Doubleday，1996.，p. 3.

② Berger P，T. Luckmann，*The Social Construction of Reality：A Treatise in the Sociology of Knowledge*. New York：Doubleday，1996.，p. 15.

③ Berger P，T. Luckmann，*The Social Construction of Reality：A Treatise in the Sociology of Knowledge*. New York：Doubleday，1996.，p. 39.

的激发性动力，但更重要的是，在符号层次，它存在于更高的符号整合领域"。因此，"情境定义"是结构性和历史性的。由对系统完整性与整体性的要求，"合法化通过将认知的有效性而归诸于其客观化的意义，来'解释'制度性的秩序"①，并广泛"解释"常识中的社会生活。②

在许多学者看来，伯格和卢克曼的重要贡献是：发展了舒茨的现象学社会学，以现象学方法论系统地总结了社会理论的研究成果，并深入地应用于更广泛的经验研究中去。③ 这使得"社会学的边界更宽了，而且分布更广"。

由舒茨的社会学理论，加芬克尔（Garfinkel）以其强调的"常人方法学"作了进一步发挥。有人对这段学说史这样讲：舒茨对于胡塞尔发生现象学的阐发，被加芬克尔用常人方法论继承并与功能主义进行了整合。加芬克尔提出了如下研究计划："常人方法学的研究在分析日常生活活动时将其看作（社会）成员拥有的方法，成员用它们使日常生活看起来是理性的，并出于各种实践目的使行动变得可以报道，也就是'可以说明'。"④ 常人方法学的中心研究内容是将日常实践活动视作社会生活的自我构建过程。由参与创造它们的人所使用的对这些日常活动所作的例行性"解释"和描述，既被当作主题又被当作对当地社会习性的有效说明。常人方法学严肃地对待现象学对理论概

---

① Berger P，T. Luckmann，*The Social Construction of Reality*：*A Treatise in the Sociology of Knowledge*. New York：Doubleday，1996.，p. 11.

② 参见［英］哈维·弗格森（Harvie Ferguson）：《现象学社会学》，刘聪慧、郭之天、张琦译，北京大学出版社2010年版，第103～104页。

③ 高宣扬：《当代社会理论（上）》，中国人民大学出版社2005年版，第492页。

④ H. Garfinkel，*Studies in Ethnomethodology*. Englewood N. J. Cliffs：Prentice-Hall，1967，vi。

念的不信任。理解和意义也被当作武断构建的概念而遭受怀疑。社会结构是在日常性的习性中构建的，在它们所处的情景及嵌入性特点中，习性欢迎人们对他们自身及彼此习性进行说明："简而言之，可辨识的知觉、事实、有秩序的特征、非人格性或说明的客观性，都不独立于使用它们的社会性组织场合。"① 这些说明使复杂的道德秩序变得"合理"并可理解。加芬克尔强调，社会学家不应超出这些说明，"我所说的常人方法学指的是探究索引的表达方式及（作为日常生活有系统的技术性实践中持续偶然成就的）其他实践行为的理性特质"。② 他写道："对社会成员来说，社会生活事实的常识性知识是真实世界的制度化知识。常识性知识不仅仅为成员描绘了一个真实的社会，还以一个自我实现的预言方式，由人们在带有背景预期所激发的心理下产生出真实社会的特征。"③ 常人方法学倾向于将现象学的范围限制在揭示实践理性隐含的规则与能力上，并且是用一种语言学的方法来加以阐明。这一研究是情境化的。④ 加芬克尔明显地强调作为社会制度化互动性结构的"自然态度"，并努力在不同的情境和不同概括水平中，阐明这一结构如何产生与运行，如何更新与维持。当常人方法学聚焦于社会生活的微观过程，而卢克曼与伯格则运用现象学以"客观化"和"社会化"来阐明社会结构。在这里，现象学的遗产转回知识问题上，被看作

---

① H. Garfinkel, *Studies in Ethnomethodology*. Englewood N. J. Cliffs: Prentice-Hall, Garfinkel, 1967, p. 3.

② H. Garfinkel, *Studies in Ethnomethodology*. Englewood N. J. Cliffs: Prentice-Hall, 1967, p. 11.

③ H. Garfinkel, *Studies in Ethnomethodology*. Englewood N. J. Cliffs: Prentice-Hall, 1967, p. 53.

④ Aaron Cicouel, *Cognitive Sociology: Language and Meaning in Social Interation* (Harmondsworth: Penguin). 1974.

社会理论现象学激发的知识社会学的发展。[①]

关于这方面问题，加芬克尔还围绕关于行为者的"判断傀偶"与帕森斯进行论辩。加芬克尔针对的情况是：帕森斯对此提出一个"经过完全社会化的个体"。"这其中，有两类表现：一种是'文化傀儡'（又有人译为：文化傀儡雏型人，我们译为：傀文化偶雏型人——引者注），指的是按照文化决定的合法行动规则来行动的；另一种是'心理学傀儡'（又有人译为：心理学傀儡雏型人，我们译为：心理学傀偶雏型人——引者注），指的是受各种心理因素内在影响的行动者。而在加芬克尔看来，无论是'文化傀儡'还是'心理学傀儡'都完全忽视了日常生活社会行动复杂的组织过程和行动者所从事的带权宜性、创生性的努力和工作。"就此，加芬克尔指出，这不是行为者亦步亦趋的遵循预先确定的规范的产物，而是一个"永无止境、正在进行的权宜性（contingency）成就"。也就是说，加芬克尔更加强调行为者在行动时的权宜性和创造性。加芬克尔基于对日常生活中社会现象和社会事实的关注，明确指出，传统社会学对那些显而易见的事实采取明显忽视的态度，从而未能将其看作是应该研究的现象，这是"视而不见"。加芬克尔认为，社会学家长期以来完全忽视对这个社会学最基本的问题研究；只有舒茨例外。他首次将社会学家的注意力引向了"日常生活"这块处女地，而"常人方法学"就是沿着舒茨开辟的道路投入对日常生活的实践活动的分析。[②]

可见，"常人方法学"充分指向展现生活世界，这是显然

---

① 参见［英］哈维·弗格森（Harvie Ferguson）：《现象学社会学》，刘聪慧、郭之天、张琦译，北京大学出版社2010年版，第103～104页。

② 参见［英］哈维·弗格森（Harvie Ferguson）：《现象学社会学》，刘聪慧、郭之天、张琦译，北京大学出版社2010年版，第103～104页。

的。可以说这形成一种很有影响的趋势。这些影响可以通过社会学在 20 世纪后半叶的许多发展而找到踪迹。斯宾伯格（Spiegelberg）认为，舒茨对于瓦格纳的影响可以称为“完全的影响”，后者接下来成为一个拥护者、追随者，以及对于他的导师的思想和理论进行发展的人。而伯格和卢克曼继续扩充、详述并发展了他们导师的观点及其暗示的内容为知识社会学的一种新的方法。加芬克尔则通过与舒茨深入的交往、面对面的互动，在发展“常人方法学”的过程中，有了更重要的贡献。[①]

舒茨社会学模型建构的第三个特点是：强调观察者是参与了的，这就涉及“自我相关”，因而以“分层”与“操控”加以解决。

①前面的分析已涉及，舒茨构造的“作为傀偶的雏型人”模型，很重要的在于，模型构造的有意义行动者是参与动态操控的。所以要指出的是，这里有三个关键之点：第一，有意义行为参与者其主观因素已体现其中，甚至可以说是有意义行为者的自我呈现。第二，其中出现的行为不是不可被操控，而是可被操控的；第三，操控者不是在外面，站在圈外操控，而是参与其中操控，是置身于其中的伙伴。这就使作为观察者的社会学家作为有意义行为参与者，其主观因素已介入于他所观察研究的模型之中了。之所以有这种情况，是由社会学的研究对象决定的。

应当说，舒茨意识到了这一点。对此他基于两种情况作出比较分析。

舒茨讲，通常意义上，可以这样看待观察者：“他并不是一个置身于这种互动模式之中的伙伴。他的动机并没有与那些被

① 参见范会芳：《舒茨现象学社会学理论建构的逻辑》，郑州大学出版社 2009 年版，第 225～226 页。

观察的人或者人们的动机连结在一起，他要'适应'他们而不是他们适应他。换句话说，他并没有参与这种包含在同时代人的互动模式之中的复杂的镜式反映（mirro-reflexes）。"这是一种情况。而另一种情况是，从舒茨由现象学构造的行为者模型设定来讲，"观察者"在涉及"领会行为者的各种活动"时，"具有的主观意义"。这"随着观察者行为的匿名程度和标准化程度的提高而增加"。"作为人类各种相互关系模式的科学观察者"，是介入其中的。这"必然会指涉"观察者参与的"主观的观点"，"也就是说，必然会指涉"包括观察参与者"根据行动者而对行动及其环境作出的解释"。

对于这后种情况，舒茨论述说："初看起来，这种陈述似乎是与作为先进的社会科学那已经完全确立的方法相矛盾的。我们可以把现代经济学视为这方面的一个例子。难道经济学家研究的不是'价格行为'，而是出于市场环境中的人们的行为吗？难道他研究的不是'需求曲线的形状'而是由这些曲线表现出来的经济主体的预期吗？难道经济学家没有成功地研究诸如'储蓄'、'资本'、'经济危机周期'、'工资'与'失业'、'收益增值率'与'垄断'这样一些题材吗？——似乎这些现象与经济主体的任何活动毫不相干、更不必说没有进入这些活动对于他们来说可能具有的主观意义结构之中去。""有关的那些人类行动的潜在的主观成份，不是被视为理所当然的，就是被视为与问题毫不相干的，因此被完全忽略了"。

而就社会学来讲，"如果这一点是正确的，那么，我们就必须回答另外两个问题。首先，我们通过前面的分析已经看到，一种行动对于行动者来说所具有的主观意义既是独特的，又是个体性的，因为它来源于行动者那独特的和个别的生平情境。那么，人们怎样才能科学地领会主观意义呢？其次，任何一个科学家的知识系统所具有的意义脉络都是客观的知识，但是，所有作为他的同伴的科学家，都既可以同样接近它，也可以同样控制它，这意味着他们都能够证实它，或者证伪它，使它失效。那么，人们怎样才能根据一个客观知识系统领会主观的意义结构呢？这难道不是一个悖论吗？”在塑造论哲学看来，这里悖论的要害在于：对象既是我面对着所去研究的，又是我参与其中的；处于自我相关、自相缠绕的境地，形成了悖论。

可以说，在舒茨社会学理论体系中，为解决以上所面临的悖论，努力依赖于这样的论点，即“参与”“有意义行动”者的“主观世界”，在“主体间性”中主观世界“从一开始就是一个互为主体的文化世界”。[①] 英国学者弗格森甚至讲到，对这一世界的恰当理解并不需要超验还原的穷尽方法，而一旦根本洞见被牢牢掌握，这种理解立即就会让位于直接研究。正如在现象学哲学中，意识通过它自身的意向性被理解，作为“日常实在”的世界是历史的、不能被理解为“建立”在它本身之外的事物。“不存在某种原始经验，使其之后的知识都能建立在它之上”[②]，并且作为我们当前类型化系统和意义框架推论性的起源而产生。正是通过类型化和“主体间性”的建构，才产生了“共同世界”[③]，这个世界由世界的“知识库存”组织，是一个“建构物及其类型化的系统”[④]。所有的实在都能通过它们的主题和视域加以描述；但都建立在社会建构的日常生活的最高实在中，这是无数历史沉积的具体结果。另外，每个实在都由与之相适应的“张力”所标记；比如，特殊工作所要求的机警，与休息的

---

① A. Schutz, *Collected Papers*, vol. I, The Hague, 1962, p. 10.

② A. Schutz *The Phenomenology of the Social World*. *Trans.* G. Walsh, F. Lehnert Evanston: Northwestern University Press, 1967. p. 75.

③ A. Schutz, *Collected Papers*, vol. I, The Hague, 1962, p. 114.

④ A. Schutz, *Collected Papers*, vol. I, The Hague, 1962, p. 7.

放松状态相对。在不同实在与等级复杂的相互关系中，经验的内在连贯性，舒茨似仍将其视为"哲学"前提，"尽管被经验为一个整体，但我所做的并不是单一的活动；它是一系列同质性活动，每一活动都发生在它自己适宜的生活环境中"。[①] 舒茨说，社会的实在作为一个系统，首先依据"生平决定的境遇"排序，这是最初的经验参照系或"相关结构"。舒茨"对已经确定的'生命规划'和'次规划'中'生平境遇'给予了特别的关注，赋予他的工作一种与众不同的存在主义特点，即在生命规划和次规划的框架中则产生了对更具体项目的选择"。存在主义思想家强调在选择生命计划时的主体内在自由，舒茨则将自己的注意力放到产生这些选择的已存在的社会情境上。主体间性还意味着世界被经验为超越直接接触范围的领域，它"包含"它自己的过去、未来和偏远之地。换句话说，它包括我们暂时还不能获得的第一手经验的实在以及想象的实在，它们以类型化的形式单独出现；还包括对远距离的客体、任务、事件、地区等的特性描述。直接的生命计划和类型化都被理解为构建的社会过程。[②]

所以，舒茨强调，"为了避免可能出现的各种误解，这里提出一种告诫是必要的"。"就科学活动是从社会角度确立起来的而言，它是存在于社会世界中发生的其他所有活动之中的一种活动。研究和论述社会世界之中的科学和科学问题是一回事，科学家针对他的对象所采取的特殊科学态度是另一回事"。"许许多多的误解和争论——特别是在社会科学中——都来源于无视这个事实。"

---

① A. Schutz, *Collected Papers*, vol. I, The Hague, 1962, p. 10.

② 参见［英］哈维·弗格森：《现象学社会学》，刘聪慧、郭之天、张琦译，北京大学出版社 2010 年版，第 100～101 页。

这个事实显然涉于前面讲到的“总体”与“层次”问题。一方面，“社会科学家进入了一个以前经过人们组织的知识领域，进入到所谓他的科学的总体（corpus）之中”；另一方面，当“人把他自己看作是社会世界的中心，他根据各种各样的亲密程度层次和各种各样的匿名程度层次，把这个社会世界在他周围组织起来”。“在一个层次上看来关联程度最高的东西，在另一层次上也许会变成毫不相干的东西”。“他要么必须接受那些作为他的同伴的科学家认为已经被确立为知识的东西，要么必须‘表明’他无法这样做的‘原因’。”观察参与者在生活情景中成为行动者时，本身就是受影响而可变的。“也许仅仅在这个框架之中，他才可以选择他的特殊科学问题，作出他那些科学的决定。”“这种框架构成了他‘在一个科学情境之中的存在’，后者把他的生平情境当作存在与这个世界之中的一个人而取代了。正是这种已经被确立起来的科学问题本身，决定了什么东西与解决它有关，什么东西与解决它无关，因而决定了科学家必须研究什么，并且他可以把什么东西看作是一种理所当然的‘材料’。”这样，它“在最宽泛的意义上决定了科学家研究的层次，也就是说，它还决定了那些抽象、那些一般化、那些形式化、那些理解化——简而言之，它还决定了科学家把这个问题当作已经得到解决的问题来考虑所需要、并且可以采纳的那些构想。换句话说，科学问题是与它的解决有关的所有可能存在的构想的‘场所’，而且每一种构想——借用一个数学术语来说——都带有一个指涉这个问题的下标（subscript），后者是科学家为了解决这个问题而建立的。从这里可以得出以下结论，即这个被详细研究的问题以及研究层次的转变，既包含了对各种关联结构的改进，也包含了对人们以往为了解决另一个问题或者在另一种研究层次上构造的各种构想的改进"①。

由此舒茨讲，"如果我们这样考虑"，"所有构想都具有一种指涉正在被社会科学家详细研究的问题的'下标'"，"即任何一个问题都只不过是各种可以弄清楚的蕴涵所处的场所，或者用胡塞尔的话来说，它具有它那无可争议、然而也可以质疑的成份的内在视界"。"为了使问题的内在视界明确表现出来，我们可以改变这些虚构的行动者所应当在其中活动的外界状况，改变他们应当有所认识的这个世界的各种成份，改变他们那被假定的相互连结的动机，改变他们被假定在其中联系起来的熟悉程度或者匿名程度，等等"。如果这样，"那么，这种矛盾就不复存在了"②。

②塑造论哲学曾专门讨论关于"自我相关"的情况。这里，有若干领域会出现非常极端的情况。正如前面已说到的：

一是哲学的情况。哲学要追问形而上，要追问普遍的"存在"必然的"成"，那么就应当说哲学研究所面对的是"世界整体"或"宇宙整体"。哲学的对象是"至大无外"的，同时研究者又是处在这"至大无外"之内的。看来，哲学的很大难题在于：怎样才能把握住完全的对象。如果把思考者自身只作为"去思考者"来看待，但因为思考者自身又是整个世界的一部分，在进行哲学思考时把此只划成"去"的而不划成"被"的，即站在"至大无外"去研究"至大无外"，那就变成了"至大有外"；那"被思考者"就成为不完全的，就确立不起完整意义上的哲学对象。而如果把思考者自身也作为"被思考者"，又形成

① ［德］阿尔弗雷德·许茨：《社会实在问题》，霍桂桓、索昕译，华夏出版社2001年版，第65～66页。

② ［德］阿尔弗雷德·许茨：《社会实在问题》，霍桂桓、索昕译，华夏出版社2001年版，第75页。

用自己的思考去思考自己的思考，难又难在如何使“去思考者”本身获得处于本身思考之外的“被思考者”的地位。也就是说，要把握完全的对象又有个如何使思维意识主体的思维意识本身得以对象化的问题。塑造论哲学对此是通过强调把“塑造之物”当作上手之物而加以“分阶映照”的方式来解决的。[①]

二是自然科学中指向微观世界和指向宇观世界的情况。自然科学要在形而上的统摄下探究形而下；当物理学指向微观世界和指向宇观世界，特别是指向至大无垠又细微无比的宇宙，由于更加指向终极追问，这就特别涉及了自我相关、自相缠绕的情况：不仅观察的手段或方式与观察的中介和对象自我相关，而且更要害的是考察的主体与考察的客体对象自相缠绕、自我相关。在当代物理学中，这常常把人弄得十分难堪。因为，人们直观的经验世界，是处于人体自身的感知器官所能直接感知到的宏观世界这一层次上。人们对此层次的探索，可以凭借直观的感知器官，这感知器官可以延长，可以凭借人们能直接感知到的观测仪器所标示的状态来进行。当物理学指向微观世界和指向宇观世界，情况就带上了重要的特点。指向这一层次的探索，直接的感知器官已显得无能为力，以至必须依靠仪器才能奏效，甚至到了用以考察的手段和被考察的对象处于同一层次的境地。因而人们开始碰到一系列难以解脱的“怪圈”。这主要在于，观测微观运动的仪器是宏观的，而宏观仪器也是内含着微观运动的，这表现为一个怪圈。人们通过仪器在测量着原子、电子以至更深层次的微观客体等等，而仪器又是由原子、电子并包含着更深层次的微观客体构成的。通俗地讲，观察者是要通过“光”来看“光”的，这显然是个怪圈。惠勒曾以令

① 张全新：《塑造论哲学导引》，人民出版社1996年版，总论篇、第2卷下篇。

人惊讶而富有智慧的方式改进并引述杨氏的双缝实验，表明了一个自观察系统。他描述道，人作为观察者可以在意识支配下对宇宙的早期进行观察，使宇宙的早期升格为具体的实在，似乎在"创造"遥远过去的实在；而观察者及其意识本身又是依赖着这宇宙生成的实在。这也显示了一个怪圈。用通俗语言也就是说，进入微观世界，人们是以"看"光子，是以自身"看"自身；进入宇观世界，人们是处在"至大无外"之中去看"无大无外"，是在人本来参与的宇宙中去看似乎是人之外的宇宙。总之，这是以自然塑造的人去"看"自然的塑造，是在人塑造自然当中"看"自然对人的塑造。这样，自然相关的"自观测"情况就显得十分严重了。塑造论哲学由对人择原理的解释，由关于仪器的塑造之物性质，对解决这样一些困难进行了说明。①

三是社会学的情况。社会科学也是在形而上的统摄下探究形而下；社会学由其原本意义上讲，它应是部门科学，可它与经济学、政治学等学科有所不同。对此，这里不打算作全面的阐述，单就其中涉及的"经济人""政治人"与"社会人"的区别讲，就标志了"社会学"与"政治学""经济学"这些学科的不同。经济学中的"经济人"，是在经济领域中从事经济活动的人；以经济学为对象的观察研究者可以不是在经济领域中从事经济活动的人；即经济学家本人可以不是"经济人"，他完全可以作为旁观者去观察研究经济人的活动，他所进行的经济学研究可以不直接是经济活动，不是真正意义上的"经济人"活动。也就是说，以经济学为对象的观察研究者可以站在经济领域之外来观察研究经济人的活动及整个经济领域，研究对象可以不

① 参见张全新：《现代物理学中的"实在"与"时间"问题——关于相对论、量子力学、超弦理论及当代宇宙学的塑造论哲学审视》，山东科学技术出版社2003年版，第四章至第八章。

涉及观察研究者自身。类似，政治学中的“政治人”，是在政治领域中从事政治活动的人；以政治学为对象的观察研究者可以不是在政治领域中从事政治活动的人；即政治学家本人可以不是“政治人”，他完全所以作为旁观者去观察研究政治人的活动，他所进行的政治学研究可以不直接是政治活动，不是真正意义上的“政治人”活动。也就是说，以政治学为对象的观察研究者可以站在政治领域之外来观察研究政治人的活动及整个政治领域，研究对象可以不涉及观察研究者自身。对以上情况，要补充说明的是，在某些情况下就经济学或政治学来讲，其研究者也可以是“经济人”或“政治人”，也会在进行理论刻画时参与进主观因素，而在描述、构造经济学或政治学的原初模型时，从总体上讲，要使观察研究者客观地进行研究，其主观因素不参与其中，起码是尽量地不参与其中。而社会学中的“社会人”，与单纯的“经济人”“政治人”不一样。作为以“社会学”为对象的观察研究者不能不是在社会领域中从事社会活动的人；他自身不可能不是社会人，他所进行的社会学研究本身就是社会人的活动，是社会活动。也就是说，以社会学为对象的观察研究者不可能站在社会之外去研究社会。他在看他人的主观意义时，本身发出着自身作为社会人的主观意义。他在进行有意义的行为时，本身处于互为主体间性的社会世界，也就是说他的理论活动本身就是处于互为主体文化世界中的社会活动。

③这样，在观察研究整个社会现象时，就不能不同时关涉作为社会人的观察研究者自身情况。于是，就“社会人”看“社会”来讲，观察研究者必是主观意义参与了被观察研究对象的，因而自我相关的问题就凸显了。现在，大量社会学研究及其理论，特别是沿着实证论路线走过来而充斥以往和目前研究的该学科领域的社会学，对此问题是缺乏自觉的。所以在舒茨

看来，他要作的社会学研究的出发点，不是实证主义所说的"社会事实"而是社会事实的"意义"。对此，舒茨在构建其社会学理论体系时特别在构建二级的初始模型时，注重考虑到这一点。当然，对于舒茨模型构成要素的提取及描述，是有不同看法而有争议的。

无论如何，舒茨的社会学探索很有意义，在社会学理论建设中应当说是有其独特地位的。所以我们在塑造论哲学关于社会学的哲学论证中，对之特别予以重视。在塑造论哲学看来，就社会学领域说，观察者或研究者本人既是被社会塑造的，又是参与对社会去塑造的。其主观意义是一定考虑其中的。而为了避免"自我相关""自相缠绕"，塑造论哲学与舒茨不同的是，特别强调诉诸作为主体所形成的"我塑之物"，把问题纳入由显现意识还原于潜意识、纳入潜意识与显意识关系的理论框架中，由"我塑故我和我塑之物在并且成"及"塑我故塑我之物和我成并且在"的第一立论而展开体系，这显然把作为"我"的主体因素或主观意义体现于其中。这里十分独特的是：对其中如何由显意识窥察潜意识，从而得到作为潜意识的形式公理，给出揭示；并由此给出能联接潜意识和显意识的"图式"；在由潜意识显意识而展开的体系中，这个"图式"成为中介；有此，才得以上升到显意识；在本书中即上升到社会显意识，对社会现象作出说明，这里体现着对社会学方法论困难的解决。

3. 胡塞尔的现象学作为当时哲学领域内新的思考，在它产生以后很快就影响到了哲学与社会科学领域内的具体研究。舒茨认为，在两次战争期间和社会科学领域，胡塞尔现象学思想主要体现在三个方面。① 而以舍勒和 H. 普莱斯纳为代表的哲学

① K. Wolff (ed.) Alfred Schutz: *Appraisals and Derelopments*. Martinus Nijhoff Publishers. 1984.

人类学研究则是运用现象学的方法对人类社会行动进行研究的另一种尝试。这与阿尔弗雷德·舒茨的研究属于同一范畴。

就舍勒本人而言，他并不接受后人对他的哲学所作的“应用现象学”的解释，但在施泰格穆勒看来，“所谓的‘应用’是指舍勒在道德、宗教、教育、政治等这些人类文化领域中对现象学主旨的实施和对现象学方法的应用，是对绝对认识的把握，对传统偏见的摒弃和对本质、观念的直观[①]。”也就是说，舍勒将胡塞尔的哲学方法付诸实施，这成为他的哲学被命名为“应用现象学”的理由。

有学者基于以上见解评述道，舍勒将人作为精神的个体，并以此概念开始了他的分析。在他那里，个体是一个“不仅由他自然身体所决定的存在，而且也是由他的智力所决定的自由存在”。因此，舍勒用一系列方法去接近产生情感的身体感知和认识的本质，正是这些构成了他所理解的知识存在模式。因此，对于舍勒而言，解释不是一个理性的过程，而是从情感的以及身体的评价开始；在这其中，僭越经常发生，对于个体而言常从其环境开始。这样一种扩展的视角被认为是代表了一种在相对自然的态度下本质上接近行为者的真实情景。

这使舍勒将情感现象和身体的经验作为他研究的对象。这些现象虽然被认为是重要的，但经常被当作知识构成边缘化的条件。在舍勒那里，情感形成意向性行为，是通过个体内在地被赋予的；它同时还是人际关系、个体社会性所最早建立的地方。比如，成熟的个体对于他的家庭、群体或者其他双向的关系都有着情感的附着。

在意义的社会起源理论中，舍勒提出，在人类存在的生命

① 参见倪梁康：《现象学及其效应——胡塞尔与当代德国哲学》，生活·读书·新知三联书店2005年版，第309页。

和精神的构成要素中，他们不能够被相互还原。社会性是决定要素；这由此使人类从动物王国中独立出来。因为，人类的知识一方面是由身体的感知和情感对于自身和自然的经历的存在决定的；另一方面，是在互动过程中产生的，而且是代际传递。因此，在与自然的关系中，知识总是嵌入在社会性中。社会性意味着知识的视角，它不仅仅是基于感觉器官的选择，而且是互动过程的结果，在其中，种群的经验和关于这个世界的知识得以产生。因此，意义的社会起源就成为个体由此进入世界中的一个特殊的框架，甚至可以说，它已经成为人类存在的条件。这种关系的结构化代表着社会行动理论的基础。

如果细读舍勒的作品，就会发现他的著作中充满了试图发现社会行为理论的尝试。霍桂桓认为：舍勒对于舒茨的影响是很大的，如果说胡塞尔构成了舒茨的"问题意识"，并使他成为社会学家，而舍勒则为舒茨建立现象学社会学提供了主要的立场、观点和方法。[①]

由舍勒强调过的不同主题在他的后继者 H. 普莱斯纳那里得到了系统的发展和修正。普莱斯纳试图构建一门关于"社会性"的人类学。他强调，对于人类存在的特性，既超越自然，同时又是人类卷入自然的结果。

普莱斯纳的哲学人类学因此被一些学者作为一种试图通过分析人类存在于自然界的界限，而形成某种解释的工具。他通过揭示人类文化的结构，阐释了一种解释社会行为的基础。在论述他的概念时，普莱斯纳试图表明，经验科学的发现确实能够成为哲学人类学建构的基石。

普莱斯纳作为胡塞尔的追随者，他以现象学为研究工具，

① 参见苏国勋：《当代著名哲学家评传》（第 10 卷），山东人民出版社 1996 年版，第 334 页。

试图揭示人类行为的基本结构，这必须深深地根植于人类自然历史中。人们认为，作为这个理论的起点，是充分的、普遍的。只有根据意义给予的这样一种结构，日常世界中人类的存在才是可以理解的，而且才能够建立作为日常世界经验科学的社会学。在伯格和勒克曼《社会实在的建构》一书中可以看到这个传统对于现象学社会学的深刻影响。

在舒茨看来，尽管他们的理论在严格意义上不是社会学的，更多的是属于哲学人类学或“原社会学”的范畴，但他们对于社会学思想的影响确是持久的。

通过以上分析可以看出，现象学社会学的出现离不开舒茨的努力和贡献，但在很大程度上也是社会科学发展到一定程度后出现的结果。而舒茨的贡献则在于他首先运用现象学的方法来处理社会学的问题，或者说他最先将现象学哲学与社会学结合起来。他敏锐地把握住了理解社会学的基本问题，并且找到现象学这个武器来帮他完成为社会学奠基的工作。

现象学社会学的出现直接源于舒茨对于韦伯“理解社会学”的熟读以及对于胡塞尔现象学方法的接受。正是从韦伯和齐美尔那里，舒茨发现了理解社会学的基本问题以及对于行为问题的重视和兴趣。这两位思想家的理论构成了舒茨的“问题意识”。同时，舒茨的理论背景中也绝不只有韦伯和胡塞尔。事实上，舒茨到美国以后，还非常注意从舍勒、海德格尔、萨特等受胡塞尔现象学影响的哲学家那里吸收营养，同时他还从符号互动论的几个代表人物那里找到了相近的理论兴奋点，并用他们的理论来补充和完善他自己的社会学理论。

在现代社会里，对于意义的质疑仍然在日益见长，意义仍然是被继续寻找的东西。而此处也正是韦伯和齐美尔的社会学发现和现象学相互补充的地方。胡塞尔和上述两位社会学家都没有在社会实在的具体情境中来理解意义，而此种事实对于社会实在的阐释，是由人类学作出的。这就是两种观点相遇的地方：如果社会学能够描述社会实在，将它作为解释意义结构的某种东西，那么它必须研究这些结构。然而，既然它并没有展示出任何普遍的、类似的而且主要是相互捆绑的阐释图式，要我们到哪里去寻找这些实在呢？胡塞尔将注意力引到这样一个事实，即意义构成的基础能够在关于生活世界的日常实践的社会实在中找到，从而为社会学的研究指出了如下途径，即通过由日常生活的行为者的主体间的有效意义的建立的过程从而发现这个问题的解决办法。由此我们可以看出，哲学和社会学视角的相互补充包含了现象学社会学所出现的最为必要的基础，这同时也是现象学和理解社会学之间内在的亲和力所交融的地方。①

第二节　关于"图式"与"社会学意义上的图式"

一、康德、胡塞尔、皮亚杰等所涉及的"图式"理论

（一）康德在论证中为实现先天综合判断与经验世界的联系，他在论述了作为先验纯直觉的时间与空间之后，提出了他所概括的作为与经验世界联系中介的"图式"（Schema）。

也就是说，在康德的论述中，他首先重视的是作为"先天综合命题是如何可能的"这个总课题所需要的构件，"这就是先天的纯直觉，时间与空间"②。在康德说来，直觉性的时间是人

① 参见范会芳：《现象学社会学的缘起》，《江西社会科学》2009年第4期。

② ［德］康德：《纯粹理性批判》，B73。

的验前能力。他写道："一般先验的时间规定，就它是普遍的并建立在某种验前规则之上而言，是与范畴（它构成这个先验时间规定的统一性）同质的。但另一方面，就一切经验性的杂多表象中都能包含有时间而言，超验的时间规定又是与现象同质的。"[①]"时间是所有一般现象的验前条件……正因此也间接的是外部现象的条件"。而关于空间，康德说："一切外部现象都在空间中并依空间的关系而验前地被规定。"[②]

对"先天综合"，康德强调了"三重综合"。第一重综合，即"领会的综合"，此过程是思维的自发性对感性杂多的贯通（das Durchlaufan）与整合（die Zusammennehmung）；"第二重综合"，即"再生的综合"，这是在"领会综合"基础上形成的；"第三重综合"，成为"认定的综合"，这被归之为"先验统觉"的作用。"领会的综合""再生的综合"是通过"先验想象力"实现的；"认定的综合"是在前两重综合基础上，将现象的杂多构成为"对象"。康德特别强调，前两重综合，作为"自发的机能"，是"生产性综合"，是"杂多一切组合之可能性基础"；关于后一种综合，康德强调其是"自我意识"的"纯粹统觉"，是"先验统一"，"统觉的原始综合统一"是"三重综合"中的"最高点""最高原理"，"统觉的功能实即知性自身"。进而，康德又讲，这其中"对杂多进行认定这些根据，就其涉及的只是某个一般形式而言，就是范畴"。

关于"范畴"（Category），这源自希腊词 kategorein，原意为"指责，控告"。后来，其被用来指谓思想、语言或实在的基本的和一般的概念。亚里士多德把这个术语引入到"逻辑—哲学"的语境中，意为"以某物去断言另一物"，或"述说某物

① ［德］康德：《纯粹理性批判》，A138～139，B177～178。

② ［德］康德：《纯粹理性批判》，A34，B50～51。

(作为某物的谓项)"。这样，他的范畴概念便与"主—谓"形式密切相关。范畴首先是各种谓词。在《范畴篇》《正位篇》1.9中，亚里士多德提出了十类范畴：本体、数量、性质、关系、地点、时间、姿态、状况、活动、遭受。作为谓词的种类，他们解释了主项得以存在的不同方式。因为每个范畴都有相应的一类存在，因此每类范畴也可以被看作是一类存在。某些范畴来源于普通的疑问句(什么、何时，何处，如何)；其他一些范畴是从语法结构引申出来的(例如，主动和被动)，亚里士多德只在两个地方列出了十个范畴，其他地方列得更少些，通常以"等等"而结束。通过范畴的分类，亚里士多德说明了巴门尼德和柏拉图哲学中的许多困难，并且深刻地影响了形而上学的后来发展。

对于康德来说，范畴是人们必须借以构造和整理经验对象以使经验自身成为可能的纯粹非经验的知性概念，这是被直觉统摄于其中的概念，或对直觉的综合给予统一的概念。亚里士多德列出了第一张范畴表，作为谈论世界的基本结构。康德相信，范畴的产生离不开先天综合判断，即判断中思维的逻辑功能。因为判断的行为就是要把诸表象带入统一，而范畴恰恰就是据以组织已有直觉中的纯粹概念。因此，范畴和判断的行为在这种意义上是同一回事，即两者都对直觉的综合给予统一。在康德看来，有多少判断行为，便有多少类范畴。传统逻辑区分了四类判断，每一类包含三个"环节"。①量：全称的，特称的，单称的。②质：肯定的，否定的，无限的。③关系：直言的，假言的，选言的。④样式：或然的，实然的，必然的。相应地，康德的范畴表包括四类范畴，每一类有三个成员：①量：统一性，杂多性，总体性。②质：实在性，否定性，限制性。③关系：实体/偶性，原因/结果，主动与被动之间的相互作用。④样式：可能性/不可能性，存在性/非存在性，必然性/偶然性。在每个类别中，头两个范畴构成了二分法，第三个产生于它们的结合。这十二个范畴一起形成了思维的基本法则。

康德对于他所列出的范畴表，指认为“先验知性范畴表”；“知性范畴被视为可能经验的规定性的基础”；于是才有“在范畴之上就建立了在想象力的综合中一切形式的统一性”。[①]

康德哲学基于“先天综合判断”与“范畴”的关系，论及“知性”与“感性”的关系，强调它们恰恰在“先验综合”（通常的提法谓之“先天综合”）的先验机能中“发生关联”。而在这种关联之间，有个“第三者”[②]。也就是说，在知性范畴和感性现象之间，有使之联系的“中介”，这就是“先验图式”。康德指出，这作为“第三者”的“中介”，它是“纯粹的”，“却一方面是理知的（亦有中文译本译为“智性的”——引者），另一方面是感性的”。康德讲，“这样一种表象就是先验的图式”。[③]也就是说，要将现象归摄于范畴，使范畴统摄现象，必须“借助于‘先验图式’的作用”。

以上可见，在康德哲学体系的论著中，基于“先天综合判断如何可能”的提出，在列出他“先验逻辑”的“范畴表”之后，特别重视了它如何被运用于感性经验上的问题。于此，康德提出了关于其体系中的“图式”理论；这里，康德用的词是Schema。对这个词的中文翻译，许多人译成“图型”（康德《纯粹理性批判》，生活·读书·新知三联书店，1957 年蓝公武译本），或译成“架构”（见李泽厚《批判哲学的批判》），另外也有人译成“范型”以及“间架”“格局”等等。Schema，此词在我的著作中谓之“图式”。

---

① ［德］康德：《纯粹理性批判》，A125。

② ［德］康德：《纯粹理性批判》，A138，B177。

③ ［德］康德：《纯粹理性批判》，A138，B177。

这里，康德涉及了"知性"（也有人译为"悟性"）；而在通行的哲学体系中，只讲感性和理性，而且只是强调"感性认识"（或称"感性经验"）广泛积累便可"上升""飞跃"为"理论"（或叫"理性认识"），然而，这种"上升""飞跃"是如何可能的？如果只是说一系列感性达到一定量便可实现"飞跃"而"上升"到理论，还说明不了这"何以可能"的问题。实际上，这种"上升""飞跃"要有个前提，这并不只是单纯从感知而来。塑造论哲学强调，这其中必须重视潜意识形式的作用。有潜意识的形式，才能使感性经验被必然性所统摄。而康德所讲的"知性"（或叫"悟性"）正是处于潜意识与显意识之间由形式来统摄经验现象的"中介"，这离不开"图式"（Schema）的作用。康德讲的"图式"（Schema）一头联着先验的形式，一头联着感性的经验。由塑造论哲学来讲，康德重视提出"图式"的原因和依据，就在这里。

由于图式与感性相连、与杂多在时空中的综合相关，并不只具有逻辑的意义，还具有指向感性经验的意义。这样，以塑造论哲学的解释，图式既与先验逻辑有同构性的一面，又与感性现象有同构性的一面，就不言而喻了。总之，正是经过图式才能实现纯逻辑范畴与经验现象的同构。

（二）胡塞尔曾由其现象学强调，"每一次物显现必然在自身中包含着一个我们称作物图式（Dingschema）的层次：它是仅只充实着'感性'性质的空间形态——不具有'实体性'和'因果性'之任何规定性。"[①]

这也证明了，从我们塑造论哲学观点来看，这 Schema（图式或格局）是体现潜意识的，是内在思维意识普遍必然性的心

① ［德］胡塞尔：《现象学通论》，李幼蒸译，商务印书馆 1992 年版，第 362 页。

的形而上；而且它又是潜意识与显意识相联系的中介。①

1. 胡塞尔看到了，韦伯所发现的“由理性化而导致的科技对世界的统治”，这不仅导致了对于传统社会行为中宗教奇理斯马取向的质疑，而且打碎了对于启蒙理性作为世界中唯一可感知的力量的信仰。正是在此基础上，胡塞尔认为，作为欧洲人根本生活表现的科学出现了危机。也正是在此基础上，胡塞尔要发展出一门严格的关于哲学的哲学。

在胡塞尔看来，现存生活世界的意义是主体构造的结果。因此只有彻底地追问这种“主体性”（subjectivity）才能理解客观的真理，弄清世界最终存在的意义。因此，他一生都关注于建立一门对于其他具体科学具有“奠基性”作用的科学。实证主义的科学观无力为科学提供可靠的基础从而陷入了深刻的危机，因此需要一种基础牢靠的哲学——“先验现象学”来为其奠定基础。

胡塞尔的现象学主张，要由我们面对的世界以及在心理经验中呈现出了的意识开始，进行现象学的还原。他最初既不对判断的客体感兴趣也不对纯粹的形式感兴趣，而是对意识的行为结构感兴趣。在胡塞尔看来，意识总是代表了经验内容的整体以及经验的形式，成为遭遇到知识客体时每一种既定模式的基础。

胡塞尔提出了他的计划，自认为发展了一种特殊的方法。他关注作为一种现象的经验的研究。经验是被作为正在发生的和在意识行为内组成的现象来看待的。现象学的步骤就是要有意地揭示出经验的自我给定的过程，也即，让它们自我呈现。

自胡塞尔《观念1》发表以后，关于“自我”，成为现象学

---

① 参见张全新：《塑造论哲学导引》，人民出版社1996年版，第157～162页。

研究和建立的中心，自我概念不断有新的发展。他所著的《形式的与先验的逻辑》和《笛卡尔沉思录》均探讨了这一主题。胡塞尔的后期自我观念是，自我通过意识流，但保持着自己的同一性，因而它超越了此意识流，即不受意识流内容之影响。自我成为"习性"的载者。习性体即历史性的自我，自我为诸习性之轴心。人们这样解释：它是说，自我实行着历史上属于我的诸行为，因此自我有一历史及历史中的习惯性现实，保持同一性的自我遂成为诸习性的永恒基底。胡塞尔说，自我与其习性（Habitulität u. Monade）共同形成一"单子"，自我在单子的形式中具体地存在着。胡塞尔干脆断言，现象学即对先验单子之阐明。他强调，诸凡意向性本质结构，作为其相关项的意象对象意义，这些意义的整个历史和最终根源，无不在单子之中。于是单子即意识生活和其客体化构成之全体。在单子中有效的是动机化法则，这与自然世界的因果性法则对立，动机化行为体现了自我的自由。作为单子的自我就是先验的自我，成为绝对性的"主体"。它具有纯粹主体性，它在具体自我思维中是一切实显行为的"有效性基础"。

在胡塞尔看来，"自我"本身并不是"自身被给出"或"自明地呈现"的，因此无法被我们直观或描述。如果非要说有"自我"存在，那么它不过是意识行为或心理体验的代名词。

胡塞尔对于意识行为构成的现象学分析，不仅力求展示一种澄清所有科学知识的途径，而且打开了一片想象不到的研究领域，这包含所有人类知识构成的条件。

胡塞尔相信，用现象学的描述来论证有基本结构的自我给予以及意义建立的过程，它构成了这个世界有效性的可能性条件，此被认为是先验的、有效的。为了使意识行为在脱离了任何经验内容的基础上以纯粹的形式被考察，胡塞尔在讲他的现象学步骤时主张，首先要对于这个世界进行悬置和还原。

胡塞尔论述过了若干重要课题：反思，“我”，意向性，素质等；目的在于达到严格说来的意象对象概念。他认为，一种简单的本质心理学向一种真正先验的现象学转折，在于理解在哪一种原初的意义上一切超验物都包含在排除了自我之后的先验自我中，后一自我被看作简单的内在意识。因此问题与考察平面的逐渐改变有关，在此改变过程中首先被当作“诸区域”内的“区域”被分离出来的意识，成为原区域，即构成性的区域。他指出，由从意识的一种“分离”导向被意识“包括”的这种逆转，纠正了还原的最初的明显意义。

在胡塞尔那里，反思，这一主题既被用于在前现象学分析和还原分析之间的过渡，又被用于在有关方法的谈论和体验的直接研究之间的过渡；事实上，反思既是现象学的基本程序，又是体验的一个特征。问题在于通过批评讨论和直接直观来确定反思是体验的直接直观，如刚刚被体验到的那种直观。因此反思的本质涉及现象学时间的构成。这样，如果体验首先是反思的，那么，反思如何能达到这类体验呢？反思要显示那种以非反思样式刚刚被体验到的体验。同样，被反思的记忆或复忆基于前反思的记忆，基于将过去持存着的体验的性质：我把事物甚至知觉作为“刚刚存在的”东西；同样，反思能落在其对象之后，并发现未经反思地“存在过的”体验。

胡塞尔强调，在发现未被反思的意识时，如在反思前的意识，反思本身显露为未被反思的体验的“变样”：同样，反思终于本身相对于它所如实揭示的非反思而出现。因此我们将看到“变样”概念的重要性和种种形式，这个概念适合于有关注意、再现、理性运用等等的“诸变样”。因为反思是直观的，关于体验的研究和关于对体验反思的研究也可能是直观的；同样，现象学在其初步研究中自行质疑和自行证明。反思的真正现象学分析的进程在于系统地思考作为诸可能的变样之一的反思。

胡塞尔强调，对体验流的研究在种种具有特殊结构的反思行为中进行，这些行为本身也属于该体验流，而且它在较高层次上的相应反思中也可称为现象学分析的客体。这是因为这样的分析对于普遍现象学和对于它所必不可少的方法论洞见来说是至为根本的。这可说明，反思是这样一种行为的名称，在这种行为中体验流连同其复合关联体（体验因素，被意象物等等）的出现，成为显然可把握的和可分析的。正如我们也可能说的，它是对一般意识认识的意识方法的名称。然而正是按此方法，它本身成为可能研究的客体：反思也是本质上相关联的诸种体验的名称，因此是现象学主要一章的主题。其任务在于区分不同的"反思"，并在一系统的秩序中充分地分析它们。

胡塞尔强调，在这方面，首先人们必须阐明，任何一种"反思"都具有一种意识变样的特性，而且它在本质上是任何意识都能加以经验的。正是这些反思向我们展示了自身首尾一贯的重要研究领域，或者说在物区域观念内包含的一组重大课题。按照物的区域观念，物所具有的规定性意义内容，被设定为存在的同一的X，规定着支配显现复合体的规则。这意味着，不存在偶然聚集在一起的复合体，正如如下事实已经指出的那样，这个复合体在从它们自身和从纯本质观点考虑时，与物，被规定的物有关系。区域的观念规定着确定完结的显现系列，这个显现系列是完全被规定的，具有严格秩序的，无限地前涌着的，并被当成观念性整体，显现系列的展开历程有一确定的内在组织，这个组织从本质观点和按照研究的可能性在于物区域观念中被普遍称作其组成部分的部分观念（Partialideen）相一致。例如——作为这个组织的一个部分的——单只一个广延物的统一体，没有作为物质观念之准则的统一体，似乎是可以设想的；虽然不是一广延物的物质物是不可设想的。结果显然（永远在本质的现象学直观中）每一次物显现必然在自身中包含着一个我们称作物图式（Dingschema）的层次：它是仅只充实着“感性”性质的空间形态——不具有“实体性”和“因果性”之任何规定性（在引号中被理解作在意向对象侧被变样的）。一种单纯广延物的有关概念已经是众多现象学问题的名称了。

胡塞尔说，“诸感觉图式，诸较高和较低层次上的‘视觉物’，它们必须完全展现于此级次上，并按其分离的和相互联系的方式在意向作用——意向对象的构成中加以研究。在此层级中的最高层上的是实体——因果物，它本来在特定意义上被称作现实，然而永远以构成方式与一个进行经验的主体及其观念的知觉复合体相联系。”①

学界认为，胡塞尔对于意识行为构成的现象学分析不仅展现了一种澄清所有科学知识的途径，而且打开了一片想象不到的研究领域，它明显包含了所有人类知识构成的条件。

胡塞尔相信，用现象学的描述来论证基本结构的自我给予以及意义建立的过程，它构成了这个世界有效性的可能性条件，因此必须被认为是先验的、有效的。因此，为了使意识行为在脱离了任何经验内容的基础上以纯粹的形式被考察，这样，胡塞尔在讲他的现象学步骤时主张，首先要对于这个世界进行悬置和还原。

通过对基础问题的解决，体会胡塞尔自己的想法，他相信，他已经完成了科学到哲学的转变。一方面，作为一门普遍的、严格的和基本的科学，它既能够关注科学的基础，同时也关注知识的自然构成。另一方面，这门科学也被认为是普遍的和基本的，因为它能够揭示在意识行为的经验中世界有效性的原因。它的自明性已经得到了论证。这门科学也就被认为是严格的，

① ［德］胡塞尔：《现象学通论》，李幼蒸译，商务印书馆1992年版，第189、361～362、363～364页。

反思和哲学的直观就独立于非科学的憎恶。因此，反思的方法就得以建立。同时，构成的现象学分析也能够被认为是所有科学的意义的基础。它迎合了自然科学的需求，根据自然科学的理论基础，澄清纯粹逻辑有效性的逻辑基础。同时，它还可以为文化科学提供一种哲学的基础。因为，意义构成的基本结构是任何试图阐释和理解世界的知识构成的潜在基础。

有研究者指出，如果说现象学不仅仅是研究逻辑思考的经验意义的情景，而是导向对于生活世界有效性的注意，那么它就面临这样一个关于以自然态度来经历的主体的基本假定：其对于这个世界的知识以及对他人的知识在本质上是相容的，或者能够被做成是相容的。而且，这个相容性代表了这个世界的客观性。在这个自然态度内，它被视为是理所当然的，这个主体间际的世界也是既定的。它的有效性（合法性）就是一个社会的产物。

因此，人们认为，胡塞尔"构成的现象学分析"，面临着将这个假定的起源作为它的研究对象的问题，即要描述意识的超验的结构。只有当对于这个世界的主体间际的有效性构成经过完整的现象学的澄清后，才可以说完成了对于这个世界的知识构成基础的阐述。

在这方面，胡塞尔做出了几种尝试，但是没有一个令人满意的答案。最初，他试图在意识的超验自我中建构"变形自我"（他人自我）。然而，他发现，对于这个问题的解决需要对变形自我的构成作更多的澄清。这样，就有必要发展对于自然态度内主体间际的普遍知识之结构的分析，因为是它构成了人类所有知识的意义基础，正是这些结构导致了生活世界的类型学，这正是胡塞尔希望通过现象学的还原进行研究的东西。这些结构同时也是客观的科学知识所赖以建立的基础。科学的哲学基础因此只能通过来自于生活世界的对于事实的反思才能够发生。

因此，现象学必须成为关于生活世界的科学。

有学者指出，对于生活世界的原初事实的现象学的反思不仅能够澄清科学的概念化的意义基础，从而将科学从“无知的状态”中解放出来。现在，生活世界同样被作为意义的起源的基础而加以描述。因为，科学正逐渐背离对于世界的理解的任务而走向相反的方向，生活世界的起源因为被压制从而遮蔽了对于这个世界的观念。因此，在舒拔教授看来，作为生活世界的科学现象学就有三重任务①：第一，通过基于知识理论的方法来澄清科学思维的基础；第二，澄清作为一种文化现象的科学意义；第三，澄清在自然态度下基于生活世界的类型学的主体间际知识的构成的起源。

胡塞尔的方法导致了对于许多问题的综合，这与他那个时代的哲学讨论密切相关；当时的探讨陷入僵局，从而重新使哲学成为一门有效的研究工具。人们看到，胡塞尔的方法使得对于经验的分析和逻辑理性主义融合在一起，而且，构成的分析与超验的基础相容。他指出了通向自然科学以及人文科学的哲学的基础。他的现象学表明了：对于意识之意义建立的过程进行直接的观察的程序是可能的，以至于它能够被希望成功地处理那些关于这个世界的人类经验的问题。同时，胡塞尔还提供了对于希望严格的哲学研究将能够揭示边界的理由，以反对那些认为现代人类实在是无望的、片断化的观点，在他看来，人类实在可能经验到它们真实的意义并且因此形成一个整体。

诸学者讲，结合基本的普遍性和具体详细的分析，现象学的理论优势因此就很明显。它暗示了在科学的许多领域，现象学都能够提供对于许多问题的更有意义的、进行重新界定的可

① Srubar，I. On the Origin of Phenomenological Sociology. Human Studies. Vol. 7，1984：177.

能性。

诸学者讲，这样，胡塞尔的现象学对于社会学的关联，尤其是对于将自身定义为对社会行为的意义进行研究的社会学的关联就十分清楚了。首先，存在方法论上的理由。胡塞尔的方法给希望进行解释与理解的社会科学提供了基础，将它从自然科学和人文科学之间关系的尴尬中解放出来。而且，根据上述分析，现象学的方法对于意义建立和理解的过程进行更为精确的研究看来也是适合的。舒茨敏锐地把握到这一点。其次，胡塞尔关于知识构成的概念引起了对于所有知识的社会构成及其精确的哲学起源的重视。在这一点上，舒茨从胡塞尔那里得到启发，并因此建立起他的关于生活世界的社会学。胡塞尔的现象学与社会学的第三个也是最重要的关联，即对于发生在生活世界中的自然态度下意义建立的过程的分析。这些，被舒茨以他的现象学社会学理论加以综合和发扬。①

（三）皮亚杰从发生认识论的角度，由探讨人类逻辑思维的自组织机制讲到"图式"。他总结了大量实验报告提出了一套理论，给我们展示了一个很出色的研究方向。皮亚杰不是孤立地、静态地说明现成的认识结构，而是重在解释结构在自组织中形成的过程。他用了动态的、发生的、自组织的观点。无怪乎有人认为皮亚杰的这个理论"明显地使他的概念与贝特朗菲的普通系统论联系在一起"。贝特朗菲自己也这样看。② 实际上，皮亚杰的发生认识论可以看成是智力系统发展的自组织理论。

皮亚杰把认识的发生和发展归结为两个主要方面，即认识形成的行为、心理结构或认识，行为结构与知识发展过程中新

① 参见范慧芳：《舒茨现象学社会学理论建构的逻辑》，郑州大学出版社 2009 年版，第 65、67～69 页。

② 贝特朗菲：《普通系统论》，《自然科学哲学问题丛刊》1979 年第 2 期。

知识形成的机制。他认为，智慧本身就是与调节相适应的，而每一个智慧活动都含有一定的行为、认知结构。皮亚杰在论述这种认识结构时，使用了“图式”（也有人译作格局）“同化”“顺应”和“平衡”这样一些概念。

在皮亚杰那里，所谓“图式”（scheme）既是认知结构的起点又是这种结构的结果。它相当于自组织系统中的组织核心。同化和顺应是个体适应环境的两种机制。同化是个体把客体纳入主体的图式中。顺应是当主体不能同化客体时便调整原有图式或建立新的图式。所谓平衡，则是指同化和顺应的协调。

皮亚杰指出，婴儿最初的图式基本是一些遗传性的本能动作。在以后的适应环境的过程中，总是试图用原有图式去同化客体。如果成功便得到行为和认识上暂时的平衡，反之，如果原有的图式在此不奏效，便做出顺应，调整原有图式或创立新图式再去同化新的客体，直至达到新的平衡。这样，通过各种动作或活动，不断同化新客体，在顺应中调整建立新图式；图式不断改变和复杂化，并逐渐分化为多个图式的协同活动；然后又进一步进行新的各种水平的同化；图式不断扩展，智慧系统的结构越来越复杂，直至达到建立起丰富的逻辑结构或认识结构。皮亚杰认为，这种结构的进化是不断地建构起来的。所以，他把自己的发生认识论称之为建构主义。这种建构过程，就是从无序到有序，从低级有序到高级有序的自组织过程。

皮亚杰根据大量的儿童心理学的实验材料，把儿童认识发生过程划分为四个年龄阶段：①感知运动阶段（从出生到两岁左右）；②前运演阶段（两岁左右到六至七八岁左右）；③具体运演阶段（六至七岁到十一至十二岁左右）；④形式运演阶段（十一至十二岁左右到十四至十五岁左右）。上述四个阶段是一个统一的、开放的智力和行为系统自身发展的系列。其中每一个阶段都是前一个阶段的延伸，是在新的水平上把前阶段进行改组，并以不断增长的程度超过前阶段。由于各阶段间结构的连续整合作用，前面结构引出后面结构，形成智力系统在自组织当中不断发展。

霍夫斯塔德在谈到"思维结构的不同层次间的相互作用"时，由哥德尔定理揭示了，在思维结构中，"上面的层次是靠底下的层次来支持的，但是又返回来影响和控制底层的活动。因此我们理解自己思维过程的关键在于了解我们大脑内部层次之间的自相缠绕"。

皮亚杰的发生认识论给我们提供了一个从某一水平到另一水平不断重建的图景。皮亚杰与关于自组织系统的理论相一致，认为任何结构都有三个特点，即整体性、变易性和自我调节性。皮亚杰强调，"结构的这个自身调整性，是按照不同的程序或过程才能实现的，这就又引入了一个复杂性逐渐增多的级次的考虑；因此，就又归结了构造过程的问题和最终是形成过程的问题"①。"由不断的自我调节的功能作用所产生的结构连续性"造成在"一切阶段上都看到另外的一些连锁通路"，它们"只不过是不断的连锁通路中的一个环节"②。"当问题是要决定，像在有限的基数和序数之间、概念之间、在概念和判断之间等等的关系之中那样，究竟是系统 A 导致系统 B，或者是相反系统 B 导致系统 A 时，人们可以肯定，最后总是要由辩证的相互作用或辩证圈来取代线性的先后关系或前后联系。"③

皮亚杰以他的体现自组织理论的行为建构论，给哥德尔定

---

① ［瑞士］皮亚杰：《结构主义》，倪连生、王琳译，商务印书馆 1984 年版，第 9 页。

② ［瑞士］皮亚杰：《发生认识论原理》，王宪钿译，商务印书馆 1981 年版，第 69 页。

③ ［瑞士］皮亚杰：《结构主义》，倪连生、王琳译，商务印书馆 1984 年版，第 87 页。

理以及由此而引出的递归层次的观念以很好的说明。皮亚杰在他的《结构主义》一书中论述道："1931 年哥德尔（Kurt Godel）有一个发现，影响深远，值得注意。"这个发现给形式化规定了一些界限；无疑，这些形式化的界限是可以变动的，或者说是权益性的，但是在结构建立的某个时候却始终是存在的。的确，他已经证明了一种足够丰富和前后一贯的理论，例如像初等算术，是不能用它本身的手段或某些更"弱"的手段（在这个特殊情况下，是怀特海德（Whitehead）和罗素（Russell）的《数学原理》中的逻辑）来证明它本身是没有矛盾的：仅仅依靠它自己的工具，这个理论就的确会导致一些不能决定真假的命题，因而也就不能达到完备的境地。相反，人们后发现，在作为出发点的理论内部原来不能实现的这些论证，要是用了更"强"的手段，却可以实现。金琛（Gentzen）用坎托尔（一些著作亦译作康托——引者）的超穷算术在初等算术上做到了这一点。但是坎托尔的超穷算术也无法完成他自己的体系；"为了做到这点，就得求助于更高一级型式的理论"[1]。由此只能得出这样的结论："一个逻辑体系，就它所证明的定理的整体而言，就是一个封闭性的整体。但是，这只是一个相对的整体，因为对那些它不加以证明的定理而言……这个体系的上方是开放着的；而且这个体系的下方也是开放着的，原因是作为出发点的概念和公理，包含着一个有许多未加说明的成分的世界。"[2]

因为这样，皮亚杰认为，"形式必然是会有局限性的，这就是说，在没有整合到一个更全面的形式中去时，它不能保持自

① ［瑞士］皮亚杰：《结构主义》，倪连生、王琳译，商务印书馆 1984 年版，第 23 页。

② ［瑞士］皮亚杰：《结构主义》，倪连生、王琳译，商务印书馆 1984 年版，第 21 页。

身的前后一致性”，这根本是因为“形式化跟发生学的建构具有类似性”，“因为他的存在本身是从属于整个构建过程的”[①]。皮亚杰指出：必须“在诸结构是可以互相比较的某个特定的领域内引进结构相对强弱的概念”[②]。“建立结构的谱系学的方法，是哥德尔在各种结构之间引进比较‘强’些或‘弱’些的区分而不得不采取的方法。”[③] 皮亚杰说：“哥德尔的这些发现。……非常直接地迫使大家要接受构造论的观念，因为要在论证其不矛盾性方面完成一个理论，只分析这个理论的先验的假设是不够的，而必须去建构一个理论！”[④]

皮亚杰认为，逻辑理论正是这样被建立起来的，“直到那时候，人们原可以把各种理论看成是组成了一座美丽的金字塔，建立在自给自足的基础之上，最下面的一层是最坚固的，因为它是用最简单的工具组成的”[⑤]。但是由于“抽象的构造过程只是一个发生过程的形式化了的倒转”[⑥]；因此“如果简单性成了弱的标志，如果为了加固一层就必须建造下面一层；那金字塔的坚固性实际上是悬挂在它的顶上；而金字塔的这个顶端本身也没有完成，而要不断往上增高；于是，金字塔的形象要求颠

---

① ［瑞士］皮亚杰：《发生认识论原理》，王宪钿译，商务印书馆 1981 年版，第 76～77 页。

② ［瑞士］皮亚杰：《结构主义》，倪连生、王琳译，商务印书馆 1984 年版，第 23 页。

③ ［瑞士］皮亚杰：《结构主义》，倪连生、王琳译，商务印书馆 1984 年版，第 8 页。

④ ［瑞士］皮亚杰：《结构主义》，倪连生、王琳译，商务印书馆 1984 年版，第 23～24 页。

⑤ ［瑞士］皮亚杰：《结构主义》，倪连生、王琳译，商务印书馆 1984 年版，第 24 页。

⑥ ［瑞士］皮亚杰：《结构主义》，倪连生、王琳译，商务印书馆 1984 年版，第 100 页。

倒过来了，更确切地说，是被一个越往上升越来越大的螺旋塔的形象所代替了”①。

从皮亚杰的论述中可以看出，他把人的认识、思维，在一定意义上也就是逻辑结构的发生，看成是在人的行为中不断建构的结果。它们中间每一个都不可能达到绝对平衡，而是在顺应同化之中不断地遇到新的不平衡，再去达到新的平衡。不仅如此，皮亚杰强调的作为逻辑结构自组织核心的图式，是在人的行为、人的实践活动中发展的，而且是与之同构的。它曾写道：“认知功能或实践功能的平衡作用，包含了为了解释理性图式所必需的一切东西。”他的理论正是力求由此去说明逻辑学遇到的一系列问题。尽管皮亚杰的理论有种种缺陷和不足，还不能立足于人的整个社会实践对人的精神活动作出全面的说明，但他的学说引导了人们从人的行为世界中去揭示逻辑结构发生的根源，这和马克思主义实践论是相通的。在这一点上，实际是在考虑到逻辑与人的行为世界同构这点上，我们认为是非常深刻的，也是十分可贵的。这是逻辑学及在哲学追问中的发展必定走向如此的趋势。

二、舒茨社会学意义的图式建构

（一）在舒茨那里，关于如何使“科学行动者模型”，简单说“行动者模型”，与社会现象相衔接，那就要由社会提取出一系列要素，在符号化中形成图式建构。“图式”，在舒茨社会学中，有了新的刻画。

1. 社会与符号。

舒茨基于一系列研究，进一步提问：“有意义的接近呈现和

① ［瑞士］皮亚杰：《结构主义》，倪连生、王琳译，商务印书馆1984年版，第24页。

符号的接近呈现在什么程度上依赖于社会文化环境呢？主体间性本身和各种社会群体是怎样通过有意义的接近呈现和符号的接近呈现被人们经验呢？"

关于第一个问题，舒茨认为，这里涉及的是"知识社会学"问题。

为了回答这个问题，舒茨在此首先把"从社会学角度得到认可的知识"作为前提。

舒茨说："要再一次从我们对日常生活实在的经验开始。"他指出，作为一个社会文化世界日常生活实在充满了接近呈现参照。当我们论述记号和指示概念的时候，我们为了表达得更清楚，曾经假定一个想象出来的孤立的个体必须"安排设计"处在他力所能及的范围之内的世界。实际上，人发现他自己从一开始就处在由其他他人为他"安排设计好"的环境之中，也就是说，他发现他的环境已经被其他他人"预先做好记号""预先指示过""预先意味过"甚至"预先符号化"了。这样，他处在日常生活中的生平情境就总是一种历史情境，因为它是由已经造成这种环境的实际形态的社会文化过程构造的。在此意义上讲，可以认为这是先于经验的。因此，人现有的知识储备只有一小部分来源于他自己的个体经验。他的知识的更大部分是从社会角度产生出来的，是由他的父母和老师当作他们的社会遗产传给他的。它由一整套相关的类型化系统，由解决类型的实际问题和理论问题的类型方法系统以及有关类型行为的类型戒律系统——包括接近呈现参照的相关系统所组成。这种知识全部被各自社会群体认为是理所当然和毋庸置疑的，因此，它是"从社会角度得到认可的知识"。从社会角度得到认可的知识由一整套诀窍组成，人们设计出这些诀窍，是为了帮助社会群体的每一个成员在日常生活的实在中以类型的方式界定其情境。如果这种知识的全部成分——包括任何一种接近呈现参照，都被人们认为是真实的知识，那么，它们就是这个社会群体成员的"情境界定"的真正的组成部分。"情境界定"指涉社会学家们非常熟悉的所谓托马斯公理："如果人们把情境界定为真实的，那么，它们就其结果而言就是真实的。"这条公理意味着：如果一种接近呈现关系从社会角度得到了认可，那么，被接近呈现的客体、事实或者事件，就会由于其类型性而被人们毋庸置疑地认为是这个被认为理所当然的世界的一种成分。

舒茨其次由作为"语言共同体"的"语言群体认可"，作了论证。

舒茨说，就本地语言来讲，在传播从社会角度得到认可的知识的过程中，学习母语方言具有特别重要的作用。他指出，我们可以把本地语言看作是一整套参照，它们与被语言共同体认可的、相对自然的世界观相一致，已经预先决定了这些特征的哪些属性以及它们之间的哪些关系应当得到注意，预先决定了对于以类型的手段达到类型的结果来说，哪些类型化、概念化、抽象、一般化以及理想化是相关的东西。不仅任何一种方言的词汇，而且任何一种方言的词法和句法，都反映语言群体的这种从社会角度得到认可的关联系统。例如，如果说阿拉伯人的语言拥有数百个用来表示各种各样的骆驼和名词，但是没有一个名词表示"骆驼"这个一般概念；如果说在某些北美印第安人的语言中，"我看见了一个男人"是一个简单的观念，若没有各种前缀、后缀和间缀（inter—fixes）指示这个男人是站着、坐着还是正在行走，表明他是说话者可以看见的还是倾听者可以看见的，那么，这个观念就无法被表达出来；如果说希腊语言已经发展了诸如双数、祈使语气、动词不定过去式时态以及动词的中位语态（medium voice）这样一些词法的特性；如果说非常突出地适用于表达哲学思想的法语只拥有一个表达"意识"和"良心"的术语，也就是说，只拥有了"conscience"

（意识、良心）——那么，所有这些事实都揭示了由各自的语言群体认可的相对自然的世界观。

就词典语词来讲，舒茨数次说到，"威廉·詹姆斯已经注意到，一种语言并不单纯存在于一部从理想角度来看完备的词典和一种从理想角度来看完备的、经过整理的语法的内容之中"。因为，"词典只向我们提供了语词意义的内核"，而这些语词内核由"各种边缘"包围着。他指出：第一，这些边缘是各种各样的：一些边缘来自说话人对语词的特殊的个人用法；第二，另一些边缘则来源于这种术语在其中得到运用的言语脉络；第三，还有一些边缘取决于我的言语的收信人，取决于这种言语在句中出现的情境，取决于现有的应当解决的问题。在社会交往中，这种边缘围绕着其赖于附着的内核。就沟通来讲，舒茨说："对什么东西值得沟通、什么东西必须沟通的确定，取决于人们必须解决的那些类型问题实践问题以及理论问题。"他指出，一般说来，对于这个群体的成员所承担的各种各样社会角色，如对于男人和女人、年轻人和老年人、猎人和捕鱼人来说，这些问题会有所不同。每一种活动对于进行者来说都具有其特殊的关联方面，都需要一整套特殊的专门术语。这是因为我们的知识是被从社会角度分配的，我们之中的每一个人都只具有关于一个特殊领域的精确清晰的知识。他在这个领域中，某种专门知识被认为是理所当然的，而这种专门知识正是门外汉所无法接近的。人们可以设想某些事物是众所周知的、不需要解释说明的，其他事物则需要说明，这取决于我是一个和我共同情境中的人谈话，取决于我是和参与者谈话还是非参与者谈话。

舒茨最后强调，这里面有一种文化移入过程。舒茨说："人们必须通过一个文化移入过程学习任何一个社会群体经验自身所依据的整个类型系统。"他指出，对于有关处在社会群体分层之中的每个个体所占有或者所具有的位置、地位、角色以及声望的各种各样记号和指示来说，所有这些已经预先假定了各种社会关系、相互沟通的各种社会形势、被社会群体认为理所当然、因而从社会角度得到社会群体认可的社会分层的现存的类型化。“得到社会群体认可”，意味着：“为了在社会群体中找到我的方位，我必须了解服装打扮、行为处事的各种不同方式，了解各种各样的标识、纹章、器具等等。”因为，“社会群体认为这些东西指示人的社会地位”，所以，它们才作为相关的东西从社会角度得到了认可。由社会群体的认可，这个人就处在了现有的类型化之中。这“可以指示我所预期的”某种角色认为的类型行为、行动以及动机。“一言以蔽之，我为了承担我所期望被社会群体认可的适当的相应角色和进行适当的相应行为，我就必须学习各种类型的社会角色，了解人们对关于这些角色的承担者之行为的各种类型期望。同时，我必须学习在这个社会群体中目前流行的知识的类型分配，这包括学习关于接近呈现图式的知识，关于参照图式的知识，以及关于解释图式的知识。每一个社会次级群体（subgroup）都认为这些图式是理所当然的，并且把它们运用到它们各自的接近呈现参照上去。”而所有这些知识“都是从社会角度产生出来的”。

总之，舒茨认为，以上“这些方面都是从社会角度决定的”：这是人们的任何研究探索都从其中开始的毋庸置疑的基质；是那些应当被人们认为是从社会角度得到认可、并且因此可以被人们认为理的当然的知识成份；“是就指号和符号而言，适用于人们研究处理所涉及的问题的程序，如时间程序、巫术程序、政治程序、宗教程序、诗的程序、科学的程序等等”；是某问题已经解决所依据的类型条件，以及把各种结果纳入被人们认为理所当然的知识储备之中去所依据的条件。这对于“各种符号参照来说”，“具有特别重要的意义”。“如果人们把一个现有的问题与一个从社会角度得到认可的符号”联系起来，那么"就可以作为其他更高级的符号化的一种进行接近呈现的成份继续发挥作用"。

关于第二个问题，舒茨强调，这涉及"社会的符号接近呈现"。

舒茨指出，由"伙伴之间面对面关系为中心组合起来的社会世界"包含着"各种各样的维度"。而在日常生活的社会情境中，属于所有这些维度的关系经常是缠绕在一起的。我们只有通过我们已经描述过的接近呈现参照系统，才能理解这些个体同伴及其思考，在这种意义上，他人的世界超越了我的世界，但是，这种超越仍然是在我们的日常生活实在中存在的一种"内在固有的超越"。

严格说来，"各种社会集体和制度化的关系"，并"不是存在于日常实在的意义域之中的实体"。固然，"我们可以从最显而易见的情况开始，即从我们对社会集体的经验开始"。例如，"对于我们来说，政权是通过个体表现出来的：国会议员、法官、税务官、军人、警察、公务员，也许还有总统、女王或者领袖（Fuehrer）"。在我们还不能真正地理解它时，这都是处于经验层面的。

然而，当"我们关系本身在最高的实在中超越了任何一个伙伴的实存，它只有通过符号化才能被接近呈现"。"由于我们的关系观念是一个纯粹的形式概念"，"所以，这些关系被接近呈现所依据的符号也具有极大的变化"。这样，社会关系越稳定、越制度化，这些符号就变得越容易辨别。例如，家庭的居住地点获得了"家"这种接近呈现意义，后者是由诸如 lares（家神）和 penates（灶神）这些神祇保佑的。灶边不仅仅是壁炉，邻居关系也不仅仅是一个生态学概念。结婚（matrimony）和婚姻（wedlock）是有关婚姻生活在礼仪方面（或者甚至是神圣的）和法律方面的符号。正因为如此，我们只有从符号的角度才能理解他们。而接近呈现它们的符号本身属于最高的实在，而且激发我们在这种最高实在中的行动。

这就考虑到，当引入触及群体（primary group）这个概念时所考虑的群体类型；就要考虑到，埃里克·沃格林曾经在《新政治学》（The New Science of Politics）中细致严密地分析过的那些接近呈现。沃格林为这种群体的“自我解释”提供了大量具体的说明，他使这种解释与理论家对同一些符号的解释有了对比。这就是说，内群体解释自身所依据的符号接近呈现，是在外群体或者在一些外群体对同一些符号的解释中具有其对应物。于此，这两种群体的关联系统“有一个广阔的具体研究领域对社会科学家开放，这些研究不仅从理论的观点来看是重要的，而且从实践的观点看更是重要的”，因为对“操纵符号”“需要阐明其内在固有的结构”。在这种关系中，社会本身变成了某种存在于它自身之外的东西的代表，变成了一种超越性实在的代表。根据沃格林的观点，人要通过各种特殊的接近呈现经验社会组织和政治组织，它“是被当作一种宇宙状态从内部阐明的”。这里有一种对宇宙的符号参与。

舒茨总结道：可见“人确实是一种‘符号动物’，如果我们通过这个术语所理解的是他需要以及他借助于各种接近呈现关系与超越他实际的此在和现在的各种各样超越达成协议的能力，那么情况就是如此。对这些超越——从那些超出处在他实际力所能及的范围之内的世界的界限的超越，到那些超出日常生活的最高实在的界限的超越——分析的是任何一种哲学人类学的主要任务。同时，对于全部社会科学的适当的基础来说，阐明日常生活中常识思维的各种范畴是必不可少的。就更狭隘意义上的符号而言，它们超越最高实在的领域这一事实，不是具有排斥以经验为依据的社会科学根据制约这些科学的概念和理论构造的各种规则、研究符号在社会世界中的各种功能和形式的倾向，而是具有鼓励这些科学进行这些研究的倾向"。

2．接近呈现的层次问题。

舒茨讲："我们一直使我们的注意力完全只想由进行接近呈现的客体和被接近呈现的客体构成的一对成员，似乎其中任何一方都没有与其他客体相互联系在一起。"①

而"所有各种接近呈现参照的特征，都是由一种特殊的、对与解释者的实际'此在和现在'有关的被接近呈现客体的超越描述的"。因为，接近呈现关系方面，如"接近呈现的成员和被接近呈现的成员以及解释着"，"这属于日常生活最高实在的同一个层次"，属于同一层次的有限意义域。而当我们考虑不同层次的客体，就往往有这样的情况，"被接近呈现的成员却在另一个有意义域中拥有其实在"。正如前面提到的威廉·詹姆斯关于"多种次级宇宙"的理论时讲到的，当我们注意其中每一种次级宇宙的时候，我们都可以根据它自己的式样把它设想成为实在。詹姆斯自己曾经指出：这些次级宇宙之中的每一种次级宇宙，都具有其特殊的和个别的情况；这"是其他许多'次级宇宙'中的一种'次级宇宙'，或者是其他许多'有限意义域'"；尽管"它是被当作最终实在或者最高实在标识出来的"。

这样，"无论在直接理解中，还是在类比理解中，都不存在作为孤立客体的这样一种东西，都不存在我可以孤立地经验的客体。每一个客体都是处在一种领域中的客体；每一种经验都具有它的视界"。

这里就"不同"而"接近"的呈现而言，"不仅包括那些处在我们实际的和潜在的力所能及的范围之内、本身被我们通过单纯的统觉图式觉察的自然客体、事实以及事件"；而且也包括

① ［美］舒茨：《社会实在问题》，霍桂桓、索昕译，华夏出版社 2001 年版，第 392 页。

那些“较低级层次的接近呈现”，这里是“把外部世界的各种客体、事实或者事件看作是他们进行接近呈现的成员”，“自然界的自然客体被转化成社会文化客体所依据的较低级层次的接近呈现参照”。所以舒茨强调，“这样一种理论”还“必须研究处理实在的多层及其相互联系问题”，以“表明这些系统对于一种特定的文化和社会来说如何是构成性的”。一方面，“这种关系，处在一种特定的秩序之中。因为，虽然‘接近’呈现的客体是自然界的一种自然事物”，然而它是“与存在于这个自然领域中的其他所有自然客体、事件和遭遇联系在一起的”。另一方面，在某层次接近呈现参照的东西，总得有更深层次的解释。也就是说，当考虑到深层次的情况，人们“通过更高级的接近呈现参照形式，我可以知道一个客体从接近呈现的角度指涉另一个客体，但是，我或者不知道这种接近呈现参照的本性，也就是说，我或者不知道由它建立起来的脉络，或者（即使我知道这种脉络）我也无法建立有关这个进行接近呈现的客体与这个被接近呈现的特殊客体配对过程的综合。例如，我在一个书商的图书目录中，发现有一些项目上标有一个‘*’，我知道‘*’这个印刷符号一般被用来表示脚注。但是，这里不存在脚注，因此，我对这种指号表示什么茫然不解。我可以在无法阅读诸如中国的表意文字或者格雷格速记法（Gregg shorthand）的墨迹的情况下，认出印在纸上的某些墨迹模式”。

所以舒茨说，对处于某层次的“接近呈现参照”，当“我们不能把它解释成我们所面对的并且通过直觉领域觉察的这个客体或者那个客体”，就“应当把它解释成针对另外某种东西的第二级理解的载体、媒介物或者中介”。“这样，我们就发现了这种简单关系中所包含的几种秩序”。

这就出现了，人们可以通过一次“冲击经验”而实现“从这种最高实在向其他有限意义域的转变”。舒茨指出，日常生活的世界作为被我们的常识思维认为理所当然世界，"只要我们的实践经验证明这个世界的统一性和一致性有效，它就会因此而获得实在的特征"。而"这种实在是一种自然的实在"，"强迫我们打破这些'有限'意义域的界限、并且把实在的特征转移到另一个有限意义域上去"。因而，就各种经验的特殊性而言，"这些经验的一致性和相容性紧紧存在于这些经验所从属的、而且我曾经赋予其实在特征的特殊意义域的边缘之中"。一种情况是，"在意义域 P 中是相容的东西，在意义域 Q 中也是相容的"。另一种情况是，"从应当是真实的 P 出发来看，Q 以及所有各种从属于它经验的东西"，可能会显现成"不一致而且不相容的东西"。

至此，舒茨又特别讲道："的确，有一些有限意义域当然无法从上体间际的角度被人们共享，如我的梦、甚至我的白日梦。"然而，这并不意味着这些"有限意义域无法社会化"。"这里存在允许主体间际参与、甚至允许人们根据共享的幻想进行互动的其他有限意义域，诸如儿童的游戏世界。在宗教体验的世界中，一方面存在有关神秘之物或者有关预言者的孤立幻相，另一方面，也存在共同体服务——这里存在孤独地祈祷者，也存在由会众提供的祈祷者"。论说到这一点，舒茨进一步讲道："在这里，我们的目的不是在各种各样有限意义域中发展关于各种社会化形式的类型学。""但是，我们希望强调指出，在出现这种人们从主体间际角度参与这些有限意义域之中的一个有限意义域的任何一种情况下"，"这些客体、事实或者事件却是从接近呈现的角度被人们统觉的"。"这一点也完全适用于各种符号接近呈现，只要他们被人们沟通、或者被人们设计成可以沟通的东西"，"根据这种特征，人们就把各种符号接近呈现与其他所有各种接近呈现关系区分开来"。

符号关系所具有的特有结构"意味着，所有这些图式都进入这里所涉及的各种各样接近呈现层次中的每一个接近呈现层次之中，而且，在这些层次之中的每一个层次上，人们都可以把这些图式之中的一种图式当作秩序的原始模型挑选出来，从这种秩序的原始模型出发，其他秩序仅仅表现为任意的和偶然的东西”。“柏格森的秩序问题也指涉这种存在于各种各样接近呈现参照层次之间的相互关系，在这里，对于在解释者之间建立一个话语领域来说，解释图式的同一，或者至少是相似，具有最重要的意义。一种符号结构的各种各样的解释者都可能接受同一种参照图式，然而他们却能把不同的接近呈现图式运用到统觉形态上去。”这样，“人们很可能把这种接近呈现的方面看作是一种秩序的原型，这样，各种各样时常不一致的参照图式就与同一种符号结构联系起来了”。“参照图式一旦被构成，可以说，就会变成自主的东西，也就是说，就会变成不依赖于接近呈现图式而存在的东西，因此，看来它仅仅是偶然的或者缺乏任何秩序的东西。在后一种情况下，人们就会在不参照那些最初进行接近呈现的成份的情况下，对这些符号进行重新解释和理解。”

总之，“我们直接理解或者通过类比理解的每一个客体，都是处在一个领域之中的客体，都指涉具有同样经验风格的其他客体”。在此，“它们构造成一个分离的意义域”。“有限意义域及种种秩序对于人们理解符号结构来说，具有重要意义”。这本身就涉及了“多重实在问题”。

这表明，社会世界的多层次体系，要由分级的接近呈现，才被表现出来；这里十分高级的形式化就是符号接近呈现。而“更高一级的接近呈现参照”需要有这种过程“本身在其中发生的秩序的知识”。

3. 把不同层次的符号接近呈现区别开来。

舒茨指出：“各种符号接近呈现，只要它们被人们沟通、或者被人们设计成可以沟通的东西。"这里就"存在一个主要特征——根据这种特征，人们可把各种符号接近呈现与其他所有各种接近呈现区别开来"；同时它们又是联系着的。因此，要由层次的区别和联系来考虑问题。

这就涉及了符号对层次的呈现问题。舒茨指出，日常生活的世界，常识世界，在实在的各种各样领域中具有首要地位，"因为我们只有在它之中才有可能与我们的同伴进行沟通"。"但是，常识世界从一开始就是一个社会文化世界，而且是与符号关系的主体间性有关的许多问题"。"它们全都共同具有以下事实，即它们是在日常生活的实在中被人们经验的。但是，这种实在却不是人们在其中生活的唯一实在。除了我们迄今为止提到的超越以外，这里还存在其他的超越。"接近呈现关系作为一种特殊形式表现出来，就出现了符号，其中包括"各种记号、指示、指号"，这"是与这些特殊超越之中的每一种特殊超越相对应的"。当"从威廉·詹姆斯所提出的一种理论出发"，考虑到"多重实在，或者叫作'次级宇宙'"；我们就会发现，只有通过特殊的接近呈现形式才能把握这些世界。因此，"我们还要研究符号关系在实在的这些各种各样层次之中的某些层次上的功能"，研究"它作为把一种层次与另一种层次相互联结起来的手段所具有的功能"，研究"作为有意义的关系和符号关系"对于层次的"一般形式的接近呈现"。

那如何依上述要求形式化地形成符号的图式呢？舒茨依以下层次对其中涉及的要素进行了陈述和解析。

（二）符号、配对与统觉。

这里所谓的呈现是符号关系对有意义关系的形式呈现。这才在真正意义上步入在形式化中讨论两级建构中的"二级衔接"。

舒茨对此讨论是由分析符号与配对、配对与统觉、统觉与符号这一系列关系切入的。

1．关于符号与配对。

基于前面的论述，舒茨对有意义关系和符号关系进行了研究。他论述道："被人们称为指号或者符号的客体、事实或者事件，所指涉的都是某种与自身不同的东西。"

这样，在"进行接近呈现的方面，亦即通过直接统觉呈现出来的方面，是与被接近呈现的方面配合或者配对的"①。舒茨举例说："烟是一种自然事物，它对于我们的感官知觉来说是给定的。我们可以看到它，嗅到它，也可以从化学角度分析它。但是，如果我们不把烟看作是一种单纯的物理客体，而是把它看成对火的一种指示，那么，我们就把它看成了对某种与它本身不同的东西的表现。正像我们的某些著作家所做的那样，把烟叫作指号、把被它指示的火叫作所指物，我们就可以说这双方构成了一对成员。"一旦有烟就表示有火，一旦有火就会有烟。这显然是"配对"的或者说是"配合现象"。"胡塞尔在他生命的后期，曾经研究过一般的配对现象或者配合现象，根据他的观点，这种现象是我们的意识所具有的一般特征。它是一种被动的综合形式，人们一般把被动的综合叫作联想。"对于"配对或者配合这种特殊联想形式，胡塞尔把它称为'接近呈现'或者'类比统觉'（analogical apperception）"。

2．关于配对与统觉。

舒茨讲，作为"配合或者配对联想的最原始情况的特征"，"即在意识的统一体中，两种或者更多的材料是被从直觉的角度给定的，正因为如此，这种意识统一体把两种性质不同的现象构造成一个统一体。无论它们是否被人们注意到，情况都是如

① ［美］舒茨：《社会实在问题》，霍桂桓、索昕译，华夏出版社2001年版，第390页。

此"。关于"我们对外部世界的一个客体的知觉"，"可以说，在直接统觉中，事物是作为这个客体或者那个客体被我们觉察的，是作为视角缩短的、被暗示过轮廓的东西被我们觉察的，等等。在这里，它是与我们共同在场的，而我们正是通过直接的直觉活动把这个客体当作'自身'来直觉的"。可在实际中常常是这样，一个物体有面向我们的正面，也有其暂时看不见的背面，而统觉总使我们有一种"预期"。如果我们转动这个客体、或者如果我们围绕着这个客体走动我们就会在觉察到中实现观察这个东西的预期。"这种预期是建立在我们过去有关这种正常客体的经验基础上的。从对正面的统觉出发，我们认为，这个客体是一个红色的木制立方体，而且，我们期望我们所看不见的它的背面，也具有同样的形状、色彩以及质料。但是，我们的预期很可能流于失望。事实可能证明我们所看不见的它的背面，是扭曲变形的、是铁制的、并且是蓝色的。"然而，"我们所看不见的这一面总会具有某种形状、某种色彩、并且是由某种质料构成的"。可见，"无论如何，我们都可以说，我们通过直接性统觉到的、或者通过呈现对于我们来说是给定的这种正面"，可以"以一种类比的方式接近呈现（appresents）我们所看不见的背面"。"通过接近呈现，我们就可以把某种东西当作有意义地指示或者描绘其他某种东西的东西来直觉经验。""通过接近呈现进行的经验具有其特殊的证实风格：每一种接近呈现都具有其特殊的、被接近呈现的视界，这些视界进一步指涉那些正在完成、正在证实的经验，指涉那些秩序井然的指示系统，包括各种新的、可以潜在地证实的综合，以及那些新的非直觉性的预期。"

3. 关于统觉与符号。

至此，以上的研究还一直是"不言而喻地预先假定"，"进行接近呈现的一方和被接近呈现的一方共同在场"。然而，"这只不过是更一般的情景的一种特殊情况”。胡塞尔在他的专题论文《经验与判断》（Erfahrung und Urtcil）（第 34～43 节）中指出：“配对的被动综合在实际的知觉和回忆之间、在知觉和幻想（fictum）之间也可能存在。因此，它在实际的经验与潜在的经验之间、在人们对事实的理解和对可能性的理解之间也可以存在。”舒茨在这里所涉及的“联想的被综合的结果是，人们对以前构造的一对成员所具有的现在成分的理解，‘唤醒’或者‘唤起’了被接近呈现的成分”。舒茨举了“一个例子：现在的知觉对象‘唤醒了’那些被遗忘的回忆，后者因而‘开始浮现出来’，无论我们想不想让它们这样做，情况都是如此。不仅如此，根据胡塞尔的观点，任何主动的记忆过程的发生都以一种以前曾经发生过的联想觉醒过程为基础。一般说来，通过被动的综合发挥作用的过程，直觉的统一体不仅可以在各种知觉和回忆之间构造，而且也可以在各种知觉和幻想之间构造”。

以上的这种“接近呈现理论囊括了”“各种有意义的参照和符号参照情况。在所有这些情况下，一个客体、事实或者事件，不是被当作‘自身’来经验，而是被当作代表另一个没有通过直接性呈现给经验主体的东西来经验”。它可以是“一种回忆，一种幻想，一个梦，等等”。“它甚至可以是超时间的。这些接近呈现关系可以在各种各样的层次上发生：一个被接近呈现的客体同样可以接近呈现另一个客体，这里存在指号的指号，也存在符号的符号，等等。”这形成关于“接近呈现”不同层次的形式的呈现。

（二）一步步走向更高一级的接近呈现和参照解释。

关于对自然界的超越，舒茨指出：“在我的日常生活中，我发现我自己处在一个不是由我自己创造的世界之中。我认识这个事实，这种认识本身属于我的生平情境。这里首先存在的是我的下列认识，即自然界在时间和空间两个方面都超越了我的日常生活实在。就时间而言，自然界在我出生以前就存在，而且很可能在人类灭亡之后仍然存在。就空间而言，这个处在我实际力所能及的范围之内的世界"，是"开放的""无数视界"。"不仅如此，在这个处在我力所能及的范围之内的世界中也存在某些客体，诸如那些我无法将其纳入我的操纵范围之内的天体，而且，在我的操纵范围之内还存在一些我无法进行控制的事件，诸如天体造成的各种潮汐。"但是，"关于这些视界的经验"，使我们确信，"每一个处在我潜在的力所能及的范围之内的世界一旦被我转化成处在我实际力所能及的范围之内的世界，它同样会被各种新的视界所包围，诸如此类"。

舒茨讲道：在社会世界中"我被生在一个经过人们预先组织、在我死后仍然会继续存在的社会世界之中，这是一个从一开始就由我和那些被组织成群体的同伴共享的世界"。"在时间方面，在空间方面，以及在社会学家们称为社会距离的方面，都具有其特殊的开放视界的世界。就时间方面而言，这里存在由部分相互重叠的一代又一代人构成的无限的链条，我的氏族指涉其他氏族，我的部落指涉其他部落，他们是我的敌人或者我的朋友，他们和我操同一种语言或者操其他语言，但是，他们总是通过他们那特殊的社会形式组织起来，以他们那特殊的生活方式生活。我的实际社会环境总是指涉那些潜在的社会环境的视界，我们可以像谈论自然界的超验的无限那样，谈论社会世界的超验的无限。"

舒茨写道："这两种超越，即自然界的超越和社会的超越。"面对于此，"一方面，我发现我自己在我的存在的任何时刻，都是处在自然界和社会之中的存在"；"另一方面，他们构成了一种框架，'我只有在这种框架之中才拥有我的各种潜在性的自由'"。总之，我们"必须根据各种事物和事件的秩序理解自然界和社会世界"。"自然界和社会的秩序对于所有的人来说都是共同的。它向每一个人提供他那由出生、成长、死亡，由健康和疾病、希望和畏惧构成的个体生活圆圈的环境。我们之中的每一个人都参与自然界那循环往复的有一节奏的变化，对于我们每一个人来说，日月星辰的运动，白天黑夜的交替，以及四季的循环轮转，都是他的情境的成份。我们之中的每一个人，都是这个他在其中出生或者他已经加入其中的群体的成员，如果它的某些成员死去而另一些成员加入进来，那么，它就会继续存在下去，无论什么地方都会存在亲缘系统，存在各种年龄群体和性别群体，存在根据职业产生的分化，以及导致社会地位和声望范畴的权力组织和支配组织。但是，我们在日常生活的常识思维中仅仅认识到，自然界和社会表现出某种秩序”。那这里“所指涉的那些超越”是如何可能的呢？

舒茨指出，可以“在我们的社会文化环境本身之中发现的各种从社会角度得到认可的系统”。“为了理解那些以与人们在日常生活世界中所熟悉的现象的方式相似的方式超越日常生活世界的令人烦恼的现象，人们发展了各种手段。这一点是通过创造更高一级的接近呈现参照实现的”。这是通过与“记号”“指示”“指号”等术语相对照的符号，来实现的“接近呈现参照”。这是一步步走向更高一级的接近呈现和参照解释。

（三）符号化的形式呈现。

胡塞尔指出，对他人思想的任何理解，都需要人们把外部世界中客体、事实或者事件当作载体、承担者或者媒介来理解。然而，人们不是通过单纯的统觉图式把这种客体、事实或者事件当作自身来理解，而是从接近呈现的角度把它们理解成对一个同伴的思考的表现。

这就涉及了“符号”，这是用“来表示外部世界中存在的各种客体、事实或者事件”的载体、承担者或者媒介；“对于解释者来说”，以此可“理解接近呈现一个同伴的思考”。

正因为这样，舒茨讲，我们才"近似地把符号界定为更高一级的接近呈现参照"。

那么，"存在于我们的日常生活实在之中的一个客体、一种事实或者一个事件，怎么可能与超越我们日常生活经验的观念配合起来呢?"舒茨在提出以上问题之后，回答说，"首先，这里存在一些普遍的、可以用来为符号化服务的接近呈现参照，因为它们植根于人类状况之中。研究这些接近呈现参照是哲学人类学的问题。其次，我们可以研究由各种各样的文化在不同的时期发展的各种符号系统的特殊形式。这个问题是文化人类学和思想史的问题。"

用怀特海的说法解释，这是"以各种关系始终一致的系统图式的方式"。"现代人类学家、社会学家、神话学家、语言学家、政治学家以及历史学家们的许多研究已经表明"，人们是"把自然界、社会以及他们自身当作同样参与宇宙秩序、并且被宇宙秩序所决定的东西来经验的"。这在各种文化甚至在我们文化的早期，就表现得十分明显。恩斯特·卡西尔在《人论》(An Essay on Man) 中曾"具体说明了处于神秘体验中的人、社会和自然界之间的关系，表明了存在于这些秩序之中的一种秩序中的任何成份，为什么可以变成从接近呈现角度指涉存在于其他秩序之中的那一种秩序中的相应成份的符号"。

与此相关，罗伯逊·史密斯在《关于闪米特人宗教的讲演》(Lectures on the Religion of the Semites) 之中还有下列陈述："在古代中国思想中，我们可以找到被卡西尔称为生命社会的符号相互关系的充分整合方面的例子。根据法国汉学家马塞尔·格拉内的观点，在中国古典文献中，在微观宇宙——人——和宏观宇宙——宇宙之间存在着结构方面的统一性，而且，人们是根据社会结构来说明宇宙结构的。所有这些结构都受两种基本原则支配：首先，男与女，正与负，阳与阴的地位；其次，在社会等级体系结构中主人与奴仆之间的对立。根据这些原则，礼仪明察秋毫地限定和调节人们日常生活的全部细节。”“现在，我们将努力通过少数几个例子表明，那些普遍的符号怎样从一般的人类状况中产生出来。正像我们以前指出的那样，人认为他自己是一种坐标系的中心点O，他在这种坐标系中根据‘上面和下面’、‘前面和后面’、‘右边和左边’组合他的环境中的客体。现在，对于每一个人来说，下面的成份是地，上面的成份是天。地是人和动物所共同拥有的，它是植物性生命的生殖者，是食物的提供者。天则是各种天体出现和消失的地方，也是雨水由之降下的地方，如果没有雨水，地上就不可能出现丰收。头作为主要感觉器官、呼吸器官以及言语器官的承担者，处在人体的上部，那些消化器官和生殖器官则处在人体的下部。所有这些现象的联系都使‘上面和下面’这种空间维度变成了一整套符号接近呈现的出发点。”例如，在中国思想中，头象征天（房屋的屋顶也同样如此），而脚（地板）则象征地。但是，由于天为了使地丰产必须播送雨水，所以，对于中国思想来说，天也是男的原则，是正的原则，是阳；地则是女的原则，负的原则，是阴。这种高——低的象征意义在中国的医学、音乐、舞蹈、社会等级体系以及礼仪中都具有其相关物。“所有这些方面都是相互关联的，都可以纳入到符号接近呈现参照之中去。这里还存在前—后方向的象征意义，人们面对、或者人们必须面对的那些事物因而是可见的事物，那些不被人们面对的事物因此有可能是危险的事物，关于右和左也同样如此。”舒茨就此说明道：“对于所有的人来说日月星辰的升降所依据的相反方向，对于每一个人来说则是他用来找到他的方位的‘记号’。但是，如此确定的罗盘上的四种基本方位也具有其符号含义，因为它们是和昼与夜、明与暗、醒与睡、可见与不可见、时间到来与时间过去之间的交替联系在一起的。人们的生命周期——

出生、幼年、青年、成年、老年、死去——在四季的循环、植物性生命以及动物性生命的循环方面也具有相似之处，后面的循环对于农业、渔业以及畜牧业来说同样是重要的，它们同样也和天体的运动相关联。人们还建立了一整套相互关系——这种相互关系允许它的成份的接近呈现配对以符号的形式存在。社会组织及其由统治者和部下、主人和奴仆构成的等级体系，在天体的等级体系中也具有其相关物。这样，宇宙、个体以及共同体就构成了一个统一体，它们都同样受支配所有事件的普遍力力量的统治。人必须理解这些力量，而且由于他无法支配它们，所以，他必须祈求它们。""社会以及自然宇宙的各种力量（mana，orende，manitu，这三个词的含义分别是'超自然力'、'精神力量'，以及'主宰自然界的神祇'、阴和阳，各种各样的神祇和等级体系等等）被接近呈现所依据的各种符号形式，就像接近呈现它们的符号那样是多种多样的（表现姿态，有目的的姿态，模仿姿态，各种语言表达或者形象化表达，各种护符，咒语，各种巫术仪式或者宗教仪式，各种典礼仪式）。对于由其他符号系统建立起来的秩序的有效性来说，神话符号具有特殊的辩护和担保功能（马林诺夫斯基语）。""在这种层次上，神圣的世界与世俗的世界是相互紧密联系在一起的。"

于此舒茨写道："关于符号（就我们在这次讨论中所运用的意义而言）在人类社会和各种政治组织中所发挥的作用，我们最后想引用埃里克·沃格林的一段话，他在他的著作《新政治学》（The New Science of Politics）中把他研究政治观念史的六卷本著作总结如下"："人类社会并不像一种自然现象那样，仅仅是存在于有待观察者研究的外部世界之中的一种事实或者一个事件。虽然它像它的一个重要组成部分那样具有外界存在性，但是，它作为一个整体是一个小小的世界，是一种宇宙状态（cosmion），它是被持续不断地创造它、并且把它当作他们自我实现的方式和条件来忍受的人们通过意义从内部来具体说明的。它是被人们通过一种详尽的符号论，通过各种各样的致密性（compactness）和分化程度从典礼仪式，通过神话，一直到理论——来具体说明的，在符号使这样一种对于人类实存的奥秘来说的宇宙状态的内部结构，使它的成员以及成员群体之间的关系，以及使它作为一个整体的实存变得清晰明澈的范围内，这种符号论是用意义来具体说明它的。社会通过符号进行自我说明，这是社会实在的一个不可缺少的组成部分，而且人们甚至可以说，是它的根本组成部分，因为通过这样的符号化，一个社会的成员就不再把它仅仅当作一种偶然事件或者一种便利来经验，他们把它当作有关他们的人类本质的东西来经验。相反，这些符号表达这样的经验，即人由于参与一个超越他的特殊实存的整体才完全成为人。”

这样，舒茨认为，“我们关于符号是更高一级的接近呈现参照的界定，不仅与我们刚刚讨论过的这些思想家的发现相一致，而且得到了这些发现的证实”。在此，我们可以不再叙述“各种超越经验通过这些形式就在各种科学、哲学和各种分支、各种艺术、神话学、各种宗教以及政治学等等巨大的符号系统中被接近呈现。我们也不想表明在社会群体生活中、或者甚至在个体生活中存在的关于真实世界的各种超越的无数符号参照。有关全部符号化的重大的主题，本身只能通过符号被表达出来。概括叙述它们需要以黑格尔的方式写一部完备的哲学科学的百科全书。在这些领域中的每一个领域之中——或者像我们将要称呼它们的那样，在这些有限意义域中的每一种有限意义域之中，各种符号接近呈现都是根据这种领域所特有的认知风格特征构成的”。

最后，舒茨进一步归结了“符号接近呈现的特性”。首先，符号化是更高一级的接近呈现参照，也就是说，它是建立在诸如各种记号、指示、指号甚至符号这样一些经过人们预先构造的接近呈现参照基础上的接近呈现参照。其次，一系列接近呈现参照和每一个层次都可以变成操作性的。这些进行接近呈现的载体之中的每一种载体都可以被另一种载体代替，每一种接近呈现意义都可以经历一系列变化，形象表现转移原则扩展到了整个接近呈现结构。超验的东西往往通过密码表现自身，而译解这些符号的密码翻译术正是人的实存问题。第三，在参照图式之中，如前所说，这里涉及就不同级次来讲的"四种秩序"：统觉图式、接近呈现图式、参照图式、解释图式或者脉络图式。

（三）舒茨在关于社会学意义上的图式建构中，特别注重了对他所给出的 4 种社会学"图式"作出说明。舒茨强调，这是构成"被我的社会环境当作从类型角度看相关的东西和认可的"图式。①

关于"统觉图式"，舒茨讲，"一般来说，我们对于外部世界之中各种客体，事实或者事件的统觉，是由存在于我们的社会环境之中的类型关联系统引导的，一种特殊的动机要想引起我们对一个特殊的客体、事实或者时间的独特性、非类型性，或者对它的特殊方面的兴趣"，这都是"从我们之中每一个人的个人生平情境中产生出来"② 的。"只要我们直接直觉到的客体被我们当作自身来经验，那么，它就属于下面这种客体秩序"。舒茨"把这种秩序称为'统觉图式'（apperceptual scheme）"。③

① ［德］阿尔弗雷德·许茨：《社会实在问题》，霍桂桓、索昕译，华夏出版社 2001 年版，第 426 页。

② ［德］阿尔弗雷德·许茨：《社会实在问题》，霍桂桓、索昕译，华夏出版社 2001 年版，第 426 页。

③ ［德］阿尔弗雷德·许茨：《社会实在问题》，霍桂桓、索昕译，华夏出版社 2001 年版，第 394 页。

关于“接近呈现图式”，舒茨指出：“我们双方，我和我的同伴，都认为这种存在于我们的社会文化环境之中的类别方式是理所当然的——通过这种类型方式，外部世界中被直觉统觉的各种课题、事实或者事件，就不是被我们当作‘自身’来理解，而是被我们从接近呈现的角度理解成所谓对其他某种东西的代表，也就是说，被我们理解成对各种接近呈现参照的‘唤醒’‘唤起’或者‘引起’。同时，就沟通而言，他人（作为沟通者或者收信人）将会把包含在沟通之中的同一种接近呈现图式运用到各种接近呈现的参照上去。例如，如果沟通是通过日常语言的方言媒介发生的，那么，我就认为下面这一点是理所当然的，即以这种惯用语法表达自己的其他他人，通过他们运用的这种语言表达所意味的东西，从实质上看，与我所理解的他们所意味的东西就是同一种东西，反过来说也是如此。这样，‘日常生活世界’或‘日常生活实在’的术语并不仅仅表示像被我经验的世界那样的自然界，而且还表示我在其中生活的社会文化世界。”“它包含那些处在我实际力所能及的范围之内的外界客体、事实以及事件，也包含那些处在我潜在的力所能及的范围之内的”“外界客体、事实以及事件”。其间有相互“接近呈现功能，这些接近呈现功能把各种事物转化成文化客体，把人们的身体转化成同伴，把他们的身体运动转化成行动或者有意义的姿态，把各种声波转化成言语，等等”。总之，“如果我们直接统觉到的客体不被我们看作是自身，而被我们看作是接近呈现的一对成员之中的一个成员，因而指涉某种与它自身不同的东西，那么，它就属于下面这种客体秩序”。舒茨“把这种秩序称为‘接近呈现图式’（appresentation)”①。

① ［德］阿尔弗雷德·许茨：《社会实在问题》，霍桂桓、索昕译，华夏出版社2001年版，第426～427、394页。

关于"参照图式"，舒茨讲，"以类比的方式统觉到""一对成员"，"可以把这些秩序之中的任何一种秩序看作是我们的根据地，看作是我们的出发点，看作是我们的参照系，或者用胡塞尔的术语来说，我们可以'生活在'这些秩序中的任何一种秩序'之中'"。"我们任何时候都可以用一种参照系代替另一种参照系，而且，在日常生活的自然态度之中，我们确实在持续不断地这样做。似是，当我们把这些图式之中的一种图式当作基本秩序来注意的时候，看来，其他图式的特征就是由任意性、偶然性、甚至由对秩序的要求或者秩序的不在场描述的"。这"属于下面这种客体秩序"，舒茨"把这种秩序称为'参照图式'(referential scheme)"。

关于"脉络或解释图式"，舒茨讲，图式和图式之间的关系存在从属的秩序。也就是说，"联系起来的特殊配对类型或者脉络所从属的秩序"，这属于客体"本身所从属的秩序"。舒茨"把这种秩序称为'脉络或者解释图式'(contextual or i. nterpretational scheme)"[①]。

第三节 塑造论哲学由社会潜意识论及社会学基本图式

塑造论哲学的社会学论证，受启于康德及其之后一系列哲学、社会学理论，特别是舒茨的社会学理论，以及有关学说关

① ［德］阿尔弗雷德·许茨：《社会实在问题》，霍桂桓、索昕译，华夏出版社 2001 年版，第 395 页。

于“原初状态”的建构，而展开论述；由塑造论哲学刻画的塑造单子基本图式，解析其在社会学领域的体现。就实质上讲，塑造论哲学的社会学论证，是基于人及社会在形而上与形而下的映照中，以逻辑真、韵律美、程序益、伦理善为形式底衬，在塑造单子的社会学基本图式的展开框架中，指向塑造单子的和谐，从而解决社会学面对的“人是社会关系的总和”与人要求“自由而全面发展”所形成的悖论。

一、形式底衬与构架形式（“真、美、益、善”与“程序、伦理”）

（一）前面我们对舒茨的社会学理论作了较长篇幅的论述，目的在于汲取其中关于社会学理论建构的合理因素。塑造论哲学在一定意义上受启发于其中的某些思想及方法而提出了与其理论所不同的社会学论证及见解。这特别体现于塑造论哲学体系关于“原初状态”的初始模型的建构方式。这里很重要的是，讲社会学既离不开其所体现的整个社会科学、人文科学的精神和内容，又特属于社会学体系；要在社会学理论中提出自己体系特有的社会学基本图式。也就是说，塑造论哲学之社会学哲学论证，要先解析关于塑造论哲学基本图式及社会学图式的底衬与构架形式。这是与从前的社会学理论所不同的。

塑造论哲学延伸于社会学论证，是以逻辑真、韵律美、程序益、伦理善为底衬的，这是最初形式预设的前提，这是在底衬意义上作为社会及社会学建构的条件。而且其中内在的“程序伦理”“伦理程序”，成为关于社会构架形式的直接支架。

（二）形式底衬（关于“真、美、益、善”的底衬）。

1. 社会的“逻辑真”，关于社会的形式真。

《塑造论哲学导引》中，对于“逻辑”的形式真，是从理论真的视角看进去。这是由“逻辑”来意识“现象事实”的形式真，人们往往强调这"形式"带有与感性经验不同的先验性质。

逻辑形式的根据到底在哪里？塑造论哲学认为，这是在自然塑造人和人塑造自然的过程中，主要经过行为（工具＋语言）内化而成的。

《塑造论哲学导引》对其如何由"无意识前提"生长而来，作过向前追溯。也就是说，有意识主体的形成有其无意识前提。在无意识前提中，就产生着一种对应性机制，这是关于"对与不对"即"对头不对头"的对应性机制。逻辑意识是对应性机制发展的产物。对于"逻辑"这个词，既可在主体理论活动的意义上使用，也可在自然客体本身就有逻辑的意义上使用，我们所讲的真正意义上的逻辑，是在主体与客体关系中体现同构对应性意义的逻辑。

逻辑公设往往也常被称之为公理。对于这种"公设"或"公理"，马克思主义的经典作家及其继承者历来也指认它有"不证自明"和"用不着通过经验来证明"[①] 的性质。对于其产生，列宁曾围绕三段论规则，写出过这样一个著名论断："人的实践经过千百万次的重复，它在人的意识中以逻辑的格固定下来。这些格正是（而且只是）由于千百万次的重复才有着先入之见的巩固性和公理的性质。"[②]

显而易见，马克思主义是基于实践来解释逻辑公设发生的。

实践这个概念，就其本义讲偏重于"行"或"行动"。这个概念在康德、黑格尔哲学体系中就有其重要地位。马克思主义更是特别重视这个概念。马克思曾专门强调它是"人的感性活动"。他还把实践与劳动相联系。因为劳动被认为有劳动行为本

① 恩格斯：《自然辩证法》，《马克思恩格斯文集》（第 9 卷），人民出版社 2009 年版，第 539 页。

② 列宁：《哲学笔记》，《列宁全集》（第 38 卷），人民出版社，第 233 页。

身、工具和劳动对象这些要素，所以马克思主义理论家常常把工具看作是实践的标志性因素。另外，恩格斯还曾经专门强调了语言与劳动的共同产生的性质，并由此论证了其在由猿到人过程中的作用。这样，劳动作为有目的（意识）的活动，语言作为有意识（思维）的产物，因而劳动、语言、意识（思维），被看成是人之所以已不是一般动物而成为人的带种差性的标志。作为真正人的活动，作为有意识的活动，是有思维有语言的活动；它可以预先把行动可能性的模态设置出来，这才使人的实践成为有目的的活动。

马克思曾在批判费尔巴哈时写道："从前的一切唯物主义（包括费尔巴哈的唯物主义）的主要缺点是：对对象、现实、感性，只从客体的或者直观的形式去理解，而不是把它们当作感性的人的活动，当作实践去理解，不是从主体方面去理解。"①马克思讲得非常清楚，对对象、现实、感性应该由人的感性活动，由实践去理解，不能忽略从主体方面去理解。这说明马克思持这样的见解，固然对象、现实在经验中是客观存在着的，但没有有意识的主体也就无所谓客体，不讲有意识的主体去把握，那么哲学上讲的对象、现实、感性是无法去讲的。只能是因为有了有意识的主体，才谈上去理解和被理解着的对象、现实、感性。这是在寻求必然性，而对必然性仅从感知当中是得不到的，但体现于实践之中。

之所以讲在实践中体现着必然性，是因为实践作为人的感性活动它本身就是一种"感性的存在"，或者说是一种客观存在。塑造论哲学强调，它不是纯"主观"的，是因为它在"客观"的必然性之中；它也不是纯"客观"的，因为它是由本身

① 马克思：《关于费尔巴哈的提纲》，《马克思恩格斯文集》（第 1 卷），人民出版社 2009 年版，第 499 页。

积淀着潜在必然性的人所发出的。

黑格尔讲实践，说它是"行动"，重在强调一种"实践理念"。在黑格尔看来，这实践理念是"绝对理念"发展的结果，(对于黑格尔的"理念"如果在世界必然性的意义上对之加以理解是很有哲学概括力的)。黑格尔讲，当"自为的概念现在是自在而自为的规定的概念，理念就是实践的理念，即行动"。"在理论的理念中，主观概念作为普遍的东西，自在自为的无规定的东西，与客观世界是对立的，它从客观世界为自己取得规定内容和充实。在实践的理念中，它却是作为现实的东西而与现实的东西对立"。而"把对个别的、外在的现实之要求包括在之内的规定性，就是善"①。黑格尔认为"绝对理念"是"理论理念"和"实践理念"的同一。

马克思讲的实践从内涵上讲包含着黑格尔的原意，不过由于马克思在整个哲学上把黑格尔的"头足倒置"正立过来，因而把黑格尔完全合在一个"理念"中的意识和世界必然性区分开，强调人意识中的思维必然性与客观世界的必然性的一致性，体现于人的实践。可是这"实践"本身就有的必然性是从何而来的？在黑格尔体系中这是"绝对理念"外化或演化出来的。因为理念这个词，既可理解成"客观"世界之理，也可理解成"主观"想法之理（通常 ideal 翻译成理念，而它本义又带有"思想""想法""主意"等义)。显然，如果认为实践只是从人的"想法"而来，这就会陷于主观随意性，证明不了也实现不了的必然性。如果认为实践不是从世界的必然性演化而来的，认为实践不带有在这种演化中所造成的必然性，那就更有问题了。

---

① ［德］黑格尔：《逻辑学》（下卷），杨一之译，商务印书馆 1976 年版，第 522、523 页。

塑造论哲学没有笼统地使用“理念”这个词，而注重讨论“必然性”这个概念。以塑造论哲学的观点讲，在大自然对人的塑造中衍生出能劳动有工具有语言的文化人类，这就把必然性积淀于人，文化人类在实践中塑造着自然，这是一种目标在于主客体达到统一，从而使自然衍生的人在实践中飨成自身的过程，这一定要体现必然性。从哲学论证上说，不透过实践就难以证明意识的必然性；从发生过程来说，人不去实践也形不成意识的必然性。而论不出意识的必然性，理论认识的真理性是无法被证明的；人发挥不出意识必然性，认识过程也就达不到真理性。

也就是说，由塑造论哲学的观点讲，自然对人塑造，在衍生中就形成着人的意识必然性的前提，而人真正有意识是体现于以有语言有工具的劳动为主要标志的实践上；然而只讲人有了意识，还不足以使自己意识真正成为被意识了的，那只能是潜意识的。问题在于如何使之成为被意识了的。而意识一去意识那被意识的东西，有个重要条件是，它一定得成为显现了的，没有显意识，潜意识难以说出是有意识的。而显现了的意识，显现于“我塑造之物”“人我塑造之物”“社会塑造之物”之中。“我塑造之物”“人我塑造之物”“社会塑造之物”属物在形而下，但它是心在形而上的外观，同时映照着存在形而上。这正与“实践”的真正含义相合。重要的是，马克思主义强调的实践，是社会实践。在此意义上讲的“实践”，其囊括的因素有：有目的的行为或劳动、有意识的行为或行动，工具、语言、符号等等。应当认为，目的的必然性体现着逻辑的必然性，就逻辑本身讲它不可能从感知中得来，它里面体现着形而上的必然性，但它若没成为形而下的物在状态，便无法使之对象化；而工具、语言符号以至行为、行动或借用马克思主义通常讲的那“劳动本身”，却是有其物在状态的，可以作为形而下的来对待，因而可作为对象化了的东西。也就是说，工具、语言、符号以及行为、劳动本身中，其形式结构体现着的逻辑意识或处在逻辑模态中的目的结构，这是其有必然性的必要条件。为此，塑造论哲学把实践这个概念解析开了。实践实现着人塑造着自然，而它又是在自然塑造人的前提下才产生的，而其间作为中介的离不开工具符号、劳动行为等等。这样，虽然意识的必然性无法对象化地去加以研究，而通过对行为（以及劳动本身）符号、语言、工具的研究却可以使之对象化，从中可以透视出意识必然性的根据。

《塑造论哲学导引》这样总结道："逻辑公设在行为（工具＋语言）的内化中形成，从而形成逻辑意识。""逻辑公设体现着理论的形式真，它在人的意识过程中有着向感知中的现象之内容拓展的涌动。由于逻辑形式的作用，前面讲到的在无意识前提下首先形成作为带时间性和空间性效应的形式，被调动起来并包摄于其中，才形成求真意识的建构和预设。""建构和预设是对应性机制的延伸，是对处在时间性和空间性效应之中的现象事实，以逻辑形式在空间上作出新的构成，在时间上给出新的预见；这才能求得理论的内容真；这扩大着可能世界，形成着对于现象事实的把握。""这是以逻辑来意识，从而成为关于现象事实的求真过程。这是以逻辑来意识现象事实，并协带着感知中的现象事实，在建构和预设中形成外观于语言并体现于行为的理论体系。概言之，有关理论的逻辑形式，理论潜意识才能外化为理论显意识。"

对于社会学来说，关于逻辑真的逻辑意识，必成为作为前提条件的形式底衬。

当延伸于社会学，有所谓关于社会的理论真。因为社会有其自然的历史过程。这样，社会必有其关于社会运行规律的逻辑，即在此意义上可称之为"社会逻辑"。这"社会逻辑"不同于一般的逻辑，不同于一般的“自然逻辑”。其特殊性在于：自然过程是无意识的，它可以无须人的参加，就其自身讲，是不以人的意识为转移的；而社会则不然，“在社会历史领域内进行活动的，全是具有意识的、经过思虑或凭激情行动的、追求某种目的的人；任何事情的发生都不是没有自觉的意图”。忽视社会的这一特点，把它等同于自然界，是错误的。当然，也不能因为社会生活中存在着人的理性和意志的作用，从而否认社会客观规律的逻辑。在社会生活中，人们预期的目的会彼此发生协调或冲突，而无数个别愿望和个别行动协调与冲突的结果，就“在历史领域内造成了一种同没有意识的自然界中占统治地位的状况完全相似的状况”①，人们的活动受着不以人的意志为转移的客观规律的支配。人们把握了此规律，就意味着把握了关于社会的逻辑真。

这里有一个要说到的问题：真正的信仰离不开逻辑真，真正的逻辑真是体现于科学之中的；要有使科学形而下支持的形而上，应当是信仰和科学发展成熟的结果。不可否认的是，在形而上尚没实现建立于科学之上时也有信仰，例如原始崇拜的、宗教信仰的，及延伸建立于民俗、世俗传统中的，等等。要指出的是，固然这还谈不上是建立于科学形而下基础上的形而上，但有诸多社会因素起着重要作用，这里包括原始部落的、奴隶社会的、封建社会的，宗法氏族的社会关系使之受其制约，其中，非逻辑的因素在信仰中会起到重要作用甚至是支撑作用。这是只研究逻辑真以及只关注科学形而上难以奏效的，这正是社会学要特别关注研究的。

① 恩格斯：《路德维希·费尔巴哈和德国古典哲学的终结》，《马克思恩格斯文集》（第 4 卷），人民出版社 2009 年版，第 302 页。

2. 社会的"韵律美"，关于社会的形式美。

《塑造论哲学导引》中，对于有关"韵律"的形式美，是从艺术美的视角看进去的。因其是由"韵律"来意识"形象意蕴"的形式美，人们常指认这"形式"带有与"形象意蕴"不同的先验性质。

韵律形式的根据在哪里？塑造论哲学认为，这是在自然塑造人和人塑造自然的过程中，主要经过符号（工具＋行为）内化而成的。

《塑造论哲学导引》对其如何由"无意识前提"生长而来，作过向前追溯。也就是说，有意识主体的形成有其无意识前提。在无意识前提中，就产生着一种取悦性机制。这是关于"适与不适"即"适悦与不适悦"的取悦性机制。韵律意识是取悦性机制发展的产物。

我们所讲的韵律、韵律美，实质上指的就是形式美。与此相关，康德曾以 freie schönheit［德］（free beauty［英］）这一概念来概括。对此中文可以译为"纯粹美"，也常被译为"自由美"。康德是以此指："不以对象的概念为前提"，不涉及对象的性质和内容，只以纯形式令人愉快的美，是"无条件的美"。在康德那里，"纯粹美"是与"依存美"相对的。在我们看来，如果说"纯粹美"（"自由美"）大体与"形式美"相当，那么"依存美"则涉及依存于内容，大体与"内容美"相当。在《判断力批判》一书中，康德论述了这样的意思：想象力的活动不受概念的限制，处于自由的协调之中，故称自由美（纯粹美）。一个审美判断如果涉及认识、伦理或单纯的感受愉快，就不是一个纯粹的审美判断，这样的美就不是自由美。自由美（纯粹美）只存在于形式中，不伴随着感官的吸引力，不受情绪的影响，如花卉、自由的图案、没有任何目的地相互交织在一起的线条等都属于自由美（纯粹美）。在审美中，大量的审美情况都与认识、伦理有关，这种不涉及对象任何性质和内容的纯形式的自由美很难存在，但对一个有认识、伦理意义的客体作为审美判断时，只要主体在下鉴赏判断时抽象掉这些意义，对它们的存在毫不理会，只“依照眼前的东西”而不是“依照在他思想里的东西”下判断，该审美判断也可能是自由的、纯粹的，即形式的。

塑造论哲学对形式美没用“纯粹美”及“自由美”来指谓，而是用了“韵律美”来指谓，是通过论述“韵律形式”来表征“形式美”的意义。

对于“韵律”这个词既可以在艺术活动的意义上使用，也可以在自然本身就有韵律的意义上使用。但我们所讲的真正意义上的韵律，是在主体与客体关系中体现同态取悦性意义上的韵律。

这是人合于自然的韵律，而且是人把自身的韵律加入自然的韵律；这是人“按照美的规律来塑造”（马克思语），这才能创造出美。

关于韵律，这存在于自然现象之中。我们知道，物质运动在震荡中是有频率的，各种物质的动静平衡是有节奏的，地球上的昼夜、四季是有周期的……这对于生命体来说，谁也摆脱不了。这种大自然的频率、节奏、周期称为在其中生存的生物体之生命频率、节奏、周期之序参量，这才出现了生物体自身发出的有一定频率的电磁波、声波、热辐射等，出现了心跳、呼吸、咀嚼及摄食、休息时的动静平衡的节奏，出现了诸如蜕皮、换角、活动和睡眠以及发情交配等生命活动的周期……这一切成为自然塑造给人的韵律。或者说这是一种大自然把自己的韵律给予生命的塑造。

而同时，生命体使自己的韵律合于大自然才能生存，这便产生了适悦感的问题。生命体特别是人的动感就是这类情况之一。如人能感到自己的心跳和呼吸，当自己的运动节奏与之相合便舒服而有快感，与之不合则不舒服而失却快感；人在作出某种动作如走路跑步以及跳跃时，当其节奏在一种使自身达到某种平衡的情况下进行，就感到愉快，否则就没有愉快。

这些过程作为人们感知的物在形态来说，总要表现出它的"形"或"色"。例如昼夜交替，使人感受到明亮和黑暗、日照和星月、温热和寒冷等等。生命体动静节奏充分表现在其肌肤、体态、姿色之上等等。……当这其中的光、空气振动、温度以及物体之变化等作用于人之主体，它既可成为客体变化的一种征兆，又可成为客体激起主体变化的一种信号，也可以成为引导主体发生某种行为的信号，还可以成为对之以这个托于那个或以那个托于这个的带指喻性的符号。然而这里要特别强调的是，这符号不仅能够起指义作用，而且它本身就有着使主客体一起律动或带有动韵的韵律形式。也就是说，在这种情况下的符号本身就是有韵律的。

从广泛意义上说，人在行为中一切作为其物化形态的东西都可认为有这样的符号性质。例如人在劳动中使用工具。美国人类学家匹尔比姆（D. Pilbeam）指出："工具的出现，说明在制作和使用工具的过程中，必然要求手跟眼作更精密的配合活动。"许多学者就此指出，对于作用于客体来说，工具有棱角；而对于主体持握来讲，工具需要圆润。这是工具的两大基本命脉。这是因为，有棱角才尖锐、锋利，人的工具一开始主要寻求的就是这一点，这是自然与工具关系决定的；圆润了人把握起来才顺手，当猿的掌进化为人手，当拇指逐渐前移而变成可以对握以后，对握起来的手就成为一种制约工具制造的尺度，这是人与工具的关系决定的。另外棱角往往是轴对称的，圆润又往往或者是轴对称或者是全对称；棱角与圆润又形成对比，既棱又圆是有节律的；如此等等。随着工具的多样性，一系列几何形状的对比在变化中丰富多彩。

从劳动的工具光滑的意义上考虑，圆是一种重要的韵律形式。然而这只是一个方面，当考虑到使用轮子，这曾成为人类劳动工具的一大突破。因为轮子能使得人的行为与工具的协调更有省力而愉悦的韵律。而圆又是服从圆周率的，在大自然的规律中圆周率又与三角形变化多端的性质相通。埃及人建造的多面三角的金字塔，体现着一种有韵律的建筑美。据说，在金字塔的结构中可以明显地测算出圆周率，由此有许多人作出这样说明：金字塔的建造早于圆周率的发现许多年，似乎设计建造金字塔的人早就知道并应用着圆周率，因此大惑不解。没有办法，甚至推测金字塔可能是高于地球人类智能的外星人所建。其实，金字塔建造史材料能证明，当时人们在建造工程中往往使用轮子进行丈量测算，轮子是圆的，这就把圆周率用在了金字塔的结构之中。这使得金字塔具有了与圆相通的韵律美结构。

由此也可以看出，不论是圆还是角，不仅形成对比结构而且其内在韵律是相通的，而它体现于由自然塑造人和人塑造自然所积淀的人体、生理结构中，也体现于人们的活动行为之中，体现在人们所制造的工具之中。这种韵律内化于人之主体便成为形成人们艺术韵律的基础。

例如黄金分割是非常稳定平衡的结构，大自然的许多结构服从着黄金分割。由于大自然的塑造，使人体的结构也服从黄金分割。但这并不是足以形成人审美的韵律意识。人在劳动和其他行为中制造出工具，服从黄金分割，便最有力量或最稳定；人建造的建筑服从黄金分割具有稳定牢固的力学结构；由此，服从或体现黄金分割之韵律的大量制造物便出现了。当这种有韵律的适悦形式作为审美形式内潜成人之审美的韵律意识，便又进一步体现了工具、建筑以至雕塑、绘画以及音乐之中。

人类在早期制造中选料的标准是便于加工。那时还顾不到色彩。便于加工的石料如（燧石、砂岩等）刚巧都是素色的，因此早期石器往往都比较灰暗。随着对石器加工精度的提高，随着刮、削、切、割的程度的提高，硬石料越来越被起用。这意味着选料范围的扩大，这使一些色泽漂亮，但难于加工，原来被抛弃的石料，越来越多地被加工成石器。这就给石器色泽造成了对比的机会。正是这种夺目的对比效果，才激起色彩感的更大兴奋；也正是这种世世代代不断重复的刺激，才进一步激活色彩感本能，并逐渐敏感化。当这种敏感发展到一定的程度，当夺目的色彩不仅使眼睛舒服而使心灵激动时，它就会成为一种相对独立的心理力量，从内部促使人们越来越有意识地选择夺目的石料。可见，作为自己生存竞争中的特殊力量，工具形式一开始就让主体关注，并作为自己本质力量的感性确证。工具形式一开始就让主体激动，有了这种深厚的心理积淀，夺目的色彩组合逐渐出现在自己的产品中时，主体才能为之兴奋，色彩感才被逐渐唤醒，并得到提升。这使人的眼睛成为"欣赏形式美的眼睛"。这个过程一旦得到实现，人们越来越能够主动地以欣赏工具色彩的眼睛来欣赏自然界的红花、绿草、彩虹、蓝天。于是眼睛形成了以色彩韵律形式来看自然，这才使艺术带形式美的自然人化过程日益扩大。

就工具的有效性而言，对称、色彩并非绝对必须。后来人们又逐步有意识地追求着超出功利需要的对称和色彩，并逐步成为一种相对独立的心理力量影响工具造型。创造的愉快不再是官能性适悦的对立力量，相反，工具的形式韵律大大强化了创造的愉快。只有制作既好用又好看的工具，主体才能更充分地享受到本质力量得到的物化确证的愉快。正像今天的建筑工人把墙垒得笔直才心满意足一样。

制造工具的这种手、眼以至整个机体高度配合的行为，经过千万世代的重复，才使官能的需要转化为整个机体的需要，才使直接的功利性的适悦快感转向超越了直接功利性的带有韵律意识的适悦快感而发展成为艺术美感。这种体现艺术美感的创造物，开始曾用于人在求偶、征服时的炫耀，这同一般动物用自己的体态来对自己的情敌进行炫耀相类似，但这里已在用人所制造出来的东西，如配挂穿戴的装饰、文身等等，把它作为证明自身魅力及力量的符号。另外，体现韵律的种种形式开始还曾用于人对自然、人对自己形体、人对社会不理解而产生的许多原始崇拜意识中，这形成了许多祭祀形式。在种种作为原始崇拜物形象中的韵律形式对人的韵律意识形成也起着重要作用。这些物品中的韵律形式显然加强着人的审美韵律意识。

人们感受韵律，开始在于自身生命直接联系的，这是陷于求生中的直接欲求，如摄食或求偶，就带有很大的直接求生性。这里，作为人的劳动产生之根据的求食、设居等等最为直接，这种求生性对于人说，发展起来便是直接的功利性。但在发展中，当逐步扩展为离开这种直接生存性的状态，便出现了一些非功利性的行为。例如，当生物有足够的能量和精力使自身生存，便出现了一种既和直接生存性有关，又不为直接生存性（功利性）而发出的行为。如可称为“游戏”的那样一些行为。游戏虽然不直接指向外在求生性（功利性），却与运动系统和高级神经系统生命的内在求生性相一致。正如许多学者指出的，运动系统的新陈代谢和生长发育，从内部要求动物不断地运动，这就是一种在韵律中取悦的运动欲。这种欲望一般在物质追求的实际活动中得到满足，当实际的功利性活动暂时不能满足内在的运动欲时，动物就会自发地表现出一种运动。当功利性的活动过量时，机体则要求紧张后的松弛，这里动物也会表现出消闲式的运动，使机体得到调整和休息。游戏是带符号形式的，人们在游戏中取悦离不开从这些符号形式中获得韵律感，因而使人的韵律意识得到加强。

总之，人由符号之上的韵律而获得的快感一旦冲脱尚未进化到人的动物之局限性，他就成为自由的；而这又反过来成为进一步唤醒本能的巨大力量。人类的部分本质的优先解放，是推动人的本质力量全面解放的前提和先导。也正是在这个过程中，动物本能经过意识的呼唤才越来越成为人的本质力量。

由以上可见，艺术韵律是由劳动、炫耀、祭祀、游戏中的一系列符号行为内化而成的。

一是劳动和炫耀。如前所述，从本质上说劳动是产生艺术功能符号的最基本的活动。人类劳动重要的是社会的活动，要有社会的联结；这样，人类在处理相互关系时，在相互协同相互交往过程中，就会产生一种造成相互之间有协同行为的信号，鲁迅讲"哼约哼约派"则是肯定了劳动号子在韵律意识起源中的地位。同时又由于，劳动能力强的人在群体中易于取胜；这样，炫耀往往突出的又是劳动能力的炫耀。这既可以由此来显示自己的能力，来征得配偶和取得群体中的支配地位；又可以在炫耀过程中强化劳动能力，引申劳动产品的种类。这都同时内化着韵律意识。

二是劳动和祭祀。劳动本身就有仪式化的因素。作为艺术起源的仪式化行为许多是由劳动行为的演化而成的。历史表明，艺术活动的产生又并不仅仅是生产劳动的结果，还与人们的原始崇拜有很大关系。图腾崇拜往往和人们追求一种人与自然和谐有关。同时，祭祀行为又使劳动组织和社会组织巩固，使带韵律而协调的劳动行为得以总结并发生演变。这也内化着韵律意识。

三是劳动和游戏。劳动的动作本身是能量的发泄，游戏是当劳动能量有剩余时的进一步发泄，以求得快感；同时远古时的游戏往往又是劳动动作的演化，而且游戏形式还是有韵律的劳动技能训练。这同样内化着韵律意识。

四是炫耀和祭祀。祭祀往往通过某种炫耀来进行。炫耀的东西往往又称为祭祀中所崇拜的东西。祭祀总有仪式的形式。这往往显示出巨大的力量，同时也内化着韵律意识。

五是炫耀和游戏。在一定意义上讲，炫耀本身就是一种游戏，起码炫耀本身也易变成游戏。因为游戏是人们在生产劳动之余精力过剩，为寻求娱乐快感而出现的一种活动。而这种活动同时又是展现自己，成为吸引征服别人特别是异性的一种表现，所以游戏之中往往就有炫耀的因素。韵律意识也在其中内化。

六是祭祀和游戏。游戏的仪式化往往成为祭祀的形式，祭祀逐渐失去它本来的意义时，往往又称为游戏的形式。这其中总表现出种种符号化的东西。韵律意识在这种过程中内化是很显然的。

《塑造论哲学导引》这样总结道："韵律在符号（工具＋行为）的内化中形成，从而形成韵律意识。""韵律体现着艺术的形式美，它在人的意识过程中有着向感受中的形象之内容拓展的涌动。由于韵律形式的作用，前面讲到的在无意识前提下形成作为带简约性和整合性效应的形式；其被调动起来并被包摄于其中，才形成臻美意识的想象和喻示。""想象和喻示是取悦性机制的延伸，是对处在感性的简约性整合性效应的之中的形象意蕴，以韵律形式在简约中给出新的喻意，在整合中想出新的镜像；这才能臻得艺术的内容美；这扩大着虚构世界，形成着对形象意蕴的把握。""这是以韵律来意识，从而成为关于形象意蕴的臻美过程。这才能以韵律来意识形象意蕴，并协带着感受中的形象意蕴，在想象和喻示中形成外化于符号或表现于行为的艺术体系。概言之，有关于艺术美的韵律形式，艺术潜意识才能外化为艺术显意识。"

对于社会学来说，关于韵律美的意识，由此成为作为前提条件的形式底衬。

当延伸于社会学，有所谓关于社会的社会美（social beauty）。社会美实现于社会的自然、社会的人的统一。它不同于单纯的艺术美（artistic beauty），更内在着人性美（beauty of human nature）。人性美被认为是顺应历史发展规律的人的本质、人的本性的美。人性美本身就被认为是社会美。

作为人性美，就生活中人的美来说，往往使人想到"美丽""美貌"。"美貌"应作为社会学的重要概念来考察。有本小册子《美貌论——美容的价值》，系美国的罗宾·拉克夫和拉克尔·L. 谢尔所著，其中对美貌的历史、美貌心理学、美貌政治学而实质上涉及美貌社会学进行研究，展示了"美貌背后所蕴含的巨大的社会、文化和心理内涵"[①]。

对人之美貌，俗语也称"漂亮"。心理学家马克·施耐德（Mark Snyder）讲道："虽然漂亮可能太过肤浅，但它的影响却渗透到我们的生活中。美丽为日常的互动带来了有利条件，但是它也有其他方面的影响。其中之一就是，如果你在外表上具有吸引力，你有可能赚到更多的钱。荷兰和美国的研究者发现，有着较好外表的经营主管人员的广告公司有较高的收入（Bosman et al.，1997；Pfann er al. 2000）。原因是什么呢？研究者认为，人们更愿意与他们觉得漂亮的人合作。""外表吸引力影响着我们日常社会多方面的社会互动。"这表明"男大学生是会根据吸引力调整他们的互动"。汉斯林还围绕着"触摸"和"眼神接触"论说美貌。他强调，"在不同文化中（身体）触摸的频率不同，即使在同一文化中，触摸的意义也不一样"。他又分析了"眼神触摸"。他写道："'眼神触摸'是日常生活中吸引人的

① ［美］罗宾·托尔马奇·拉克夫、［美］拉克尔·L. 谢尔：《美貌论》，黄劲、张威、顾爱彬译，上海人民出版社1989年版，第1页。

一个方面。在大多数的互动中，我们使用短暂的眼神互动，比如与收银员和课间在走廊里所碰到的人的眼神互动。正如我们把亲密的个人空间留给我们最亲密的人一样，我们也把持久的眼神接触留给他们。”他又说：“伊利诺伊州的很多超市，因为想成为‘城里最友好的商店’，命令他们的收款职员和每一位顾客都要有直接的眼神接触。女职员抱怨男顾客会把这种眼神接触误认为是亲密邀请。职员讲，‘我们知道这些男人看我们的眼神的意思’，所以他们拒绝与顾客进行直接的眼神接触。”“社会学家欧文·戈夫曼（Erving Goffman，1922—1982）提出的拟剧论（draimaturgy）（又称拟剧分析），给微观社会学增添了一种新的方法。这一术语的意思是，社会生活就像一出戏剧或舞台剧；出生把我们带入了日常生活的舞台，而我们的社会化就是由学习在舞台上的表演组成的（Goffman，1959）。自我位于我们行为表现的核心。我们知道我们想要别人怎么想我们，我们利用我们在日常生活中的角色来表达这些想法。戈夫曼把这种处理别人对我们的印象的努力称作印象管理（pression management）。”①

有社会学家还专门研究了“身体形象和大众媒体”的关系。其中有这样的论述：“我们所有的人在照镜子的时候都会把我们看到的现实与我们文化中的理想体型相对照。”“当你站在镜子前，你喜欢你看起来的样子吗？为了使你的身体更有吸引力，你是否注意节食或锻炼减肥？你肯定会有你应该是什么样子的想法，那么你是从哪里得到这种想法的呢？”“电视和杂志广告一直在大张声势地传递着这样的信息：我们的身体不够好，我们应该去改善它们。当然，去改善它们的方法就是去买广告产

① ［美］詹姆斯·汉斯林：《社会学入门——一种现实分析方法》（第7版），林聚仁等译，北京大学出版社2007年版，第108～109页。

品：假发、假睫毛、头发移植、加厚的胸罩、减肥药和运动器材。"虽然我们"知道它们是被设计来推销产品的，我们仍会注意到他们。这渗透到了我们的思想和感觉中，帮助我们塑造我们'应该'是怎样的理想形象。当那些模特沿着 T 型台扭来扭去的时候，她们的衣服和头发都整理得非常有吸引力"。"塑造体形是件非常痛苦的事。一旦你用它来塑造体形"，"你不能停止"。[①]

由美，说到美貌，说到人性美；与此相反的是，丑。通常强调，美是对丑加以否定的。而在社会美的确立发展中有的丑往往显示出其特定的性质和地位。一是丑可衬托美，在比较中越发托显出美；所以常常有以丑来讽刺某些人及社会现象，以此来赞扬美。二是丑往往体现于滑稽、幽默，并延伸于荒诞、怪诞[②]，给人以欢笑、愉悦；艺术作品中以此创作出有特殊效果的而特别受人欢迎的作品，常常很有观众。三是以外表丑而对比地揭示心灵美，恰恰在外表丑中使心灵美得到彰显；如大仲马笔下的巴黎圣母院的打钟人。笑的历史[③]，给人以特殊的思考。

被写入《剑桥意大利文学史》的意大利作家翁贝托·艾柯有两本很有影响的专著，一本名为《美的历史》[④]，一本名为《丑的历史》。他在《丑的历史》这本书中一开始的导论中写道：

① ［美］詹姆斯·汉斯林：《社会学入门——一种现实分析方法》（第 7 版），林聚仁等译，北京大学出版社 2007 年版，第 110～111 页。

② 参见［美］A. P. 欣奇利夫等：《荒诞·怪诞·滑稽》，杜争鸣等译，陕西人民出版社 1989 年版，第 102 页。

③ 参见［美］A. P. 欣奇利夫等：《荒诞·怪诞·滑稽》，杜争鸣等译，陕西人民出版社 1989 年版，第 101 页。

④ ［意大利］翁贝托·艾柯：《美的历史》，彭淮栋译，中央编译出版社 2007 年版。

“每个世纪都有哲学家和艺术家提出‘美’的定义，借助于他们的作品，我们能够建构一部审美观念史。‘丑’却不是这样。大多时候，丑被界定为美的反面，但几乎不曾有谁针对丑写一部专论。丑沦落为边缘作品顺带一提的东西。因此，美的历史可以援引范围很广的理论文献（我们由此推导出一个特定时代的品味），丑的历史则必须在关于人或事物的视觉图像与文字材料里穷搜线索。”“不过，丑的历史和美的历史还是有些共同特征的。首先，我们只能假定一般人的品味在某些方面与他们同时代的艺术家相同。假如一位来自外太空的访客走进一所当代艺术的画廊，看见毕加索画的女子脸孔，并且听到其他观赏者形容其为‘美丽’，他可能误以为，在日常生活里，我们这个时代的人也认为毕加索画的那些女子脸孔美丽、秀色可餐。但是，这位访客看一场时装秀或环球小姐选美，目睹那里赞美其他类型的美，可能就要修正他的见解了。很不幸，我们回顾久远以前的时代，无法做到这一点。不管是谈论美还是谈论丑，我们都没有这样的参考，因为那些时代留给我们的只有艺术品。”①

该书又写道：“理论家往往不会考虑无数个人的变数、癖好和偏离常态的行为。美的经验固然是不带利害关系的静观，但一个心思必定的青少年就是看见米罗的维纳斯，也可能产生绮思骚动的反应。丑也是如此：一个小孩子在童话里看到巫婆可能做噩梦，别的孩子可能只觉得那巫婆逗趣。伦勃朗时代许多人看到他画的解剖尸体，可能不是欣赏他的大师手笔，而是生出害怕的反应，仿佛那尸体是真的似的。就像一个经历过空袭的人，可能无法带着不含利害考虑的审美心情观赏毕加索的《格尔尼卡》，而是会重新陷入过去的恐怖经验之中。”“阅读这

① ［意大利］翁贝托・艾柯：《丑的历史》，彭淮栋译，中央编译出版社 2010 年版，第 7 页。

部《丑的历史》时，我们必须谨慎对待丑的林林总总的变化、形形色色的形式，这些形式引起我们的多样反应里的细微差别。我们还应该时时想到《麦克白》第一幕中巫婆的呼声，如果他们说得没错，真是一语道破天机：'美就是丑，丑就是美。'"[①]

在民俗中及在有些文化作品中，悲[②]和笑往往相辅相成，笑成为乐观主义的张扬，往往又成为排除痛苦或种种烦恼的方式。人类历史中特别有"笑的历史"，使人产生特殊的思考。[③]

"人性美"统摄着"人体美"（physical beauty）。对人体美，古希腊称之为"身体美"。毕达哥拉斯学派曾认为身体美在于各部分之间的比例、对称。这与形式美、自然美相交融。很显然的是，当"人体美"成为真正意义上的社会范畴，对其评断则要依赖社会因素。因为这成为社会中的人对人类自身的理想追求。一方面，人的自然性因素来自在自然塑造人的过程中先天的遗传秉赋；同时人的自然秉赋离不开其在改造外在世界中，也改变着自身。这是人在塑造自然的过程中，人在社会劳动实践中，使自己发生的演变。另一方面，人们由社会实践对这种美的评价，包含了社会实践、社会生活的要求；完全离开社会实践、社会生活去谈人体是否美，如只对身体构成比例、对称加以考虑，而对是否为美作出判断，这往往是苍白无力的，甚至是无意义的。

这就涉及了心灵美。从社会美的角度讲，人体美必须与心灵美相统一。这种美体现着社会对美的要求。达到这种要求才

---

① ［意大利］翁贝托·艾柯：《丑的历史》，彭淮栋译，中央编译出版社2010年版，第7、20页。

② 参见［西班牙］乌纳穆诺：《生命的悲剧意识》，北方文艺出版社1987年版。

③ 参见［美］安格斯·特鲁贝尔：《笑的历史》，孙维峰译、秦传安校译，中央编译出版社2009年版。

能达到人格美（beauty of personality）。人格在社会学中包含着综合的社会意义。首先特别包括人的品德品格的美。品德品格的美，如尊严、责任、正直、诚恳、光明磊落等，在推动社会历史前进的实践中形成，表现了人与人之间在共同进步事业中的和谐关系，体现出一个人自觉的道德意识和良好的社会行为与习惯以及对社会所履行的义务。这成为心灵美的重要方面。人格是人的主体性和自我意识的内在凝聚，是人的精神力量的最高表现。因此，一个人的人格美，标志着他在社会中自我修养和自我完善方面所达到的高度。由于它外化为人的美的言行、仪态，所以具有审美价值和社会感召力。

美延伸于仪态、言行，有所谓仪表美、行为美、语言美。说到行为美、语言美，便又指涉到人与人之间的关系、人与社会的关系，当然也包括作为社会的人与自然的关系。总之这里内在着社会关系。这才谈得上人情美、环境美等等。关于人情美（beauty of human feeling），这是指在社会人际交往中所流露出来的友爱互助的感情的美，是联结人际关系的精神纽带，并表现于美的言行，故有审美价值。关于环境美（environmental beauty），这是就人所生活于其中的物质环境和精神环境的美而言。对此不能仅理解为在离开人的意义上而谈论自然的所谓自然美（natural beauty）。对自然美不能认为它只是人之外的所谓纯粹自然的属性，而是作为“人这一过程的现实部分”而出现的，它是属于人的、属于社会的。环境美亦属于社会美。广义的环境美包括山川草木、气候风物等自然环境的美，社会风俗习惯、社会制度以及人与人的关系等社会环境的美。即便是狭义的环境美，也是既体现于人们生活、学习、工作环境的布置与美化之中，又体现在社会活动环境的美化上，如公共场所的卫生、整洁、绿化，街道、村社的布局，建筑、园林设计的美等等。这样，讲到环境必是生态环境。生态，固然人们先想到的是自然生态，而讲到人的生态环境，必是社会中人的生态，是社会因素中的生态，从根本上说是人的社会生态。环境美作为人类遵循美的规律所展开的创造性活动的结果，受特定时期社会物质条件和文化发展状况的制约。它是心灵美的外化，是人的行为美、语言美在物质产品、精神产品上的具体体现。而且必定直接进入现实美（realistic beauty）即生活美。环境美积极作用于人的情绪、思想，影响人们身心的健康发展，是人类社会文明的重要表现。

塑造论哲学在论美时，特别论证指出，美基于一种生命"适悦不适悦"的取悦性机制，这是指向求取"愉悦"的。与"取悦"相联系，这必导致"亲和"。"亲和"的进一步就是"爱"。对此，诸多学者，如弗洛姆专门写有《爱的艺术》[①]、美国的罗洛·梅写有《爱与意志》[②]，另有有关学者写的《爱的哲学》[③]、《超越的爱》[④] 等等。而爱的反面则是恨。爱与恨构成人类情感世界的主体，因而也成为艺术创作的主要题材。

可见，社会美，体现着美的形式与内容向社会的延伸，这成为社会的及社会学所要论及的底衬。这既直接是人与社会相互作用的美之形式，又直接是社会与自然、人化自然的美之形式；在社会中的人进行劳动、进行生产并形成社会关系，这本身内在着美；制造劳动产品、建设生态环境，这创造了美；美

---

① ［美］埃里希·弗洛姆：《爱的艺术》，刘福堂译，安徽文艺出版社 1986 年版。

② ［美］罗洛·梅：《爱与意志》，冯川译、陈维正校，国际文化出版公司 1987 年版。

③ ［保］基里尔·瓦西列夫：《爱的哲学》，梁萍、文琪、袁详、冯丽译，工人出版社 1987 年版。

④ ［美］欧文·辛格：《超越的爱》，沈彬等译，何怀宏校，中国社会科学出版社 1992 年版。

的形式加美的意蕴，美渗透于社会生活，完善着社会中的人，确证着人的本质力量。这是论说社会学不言而喻的底衬。

3. 社会的“程序益”，关于社会的形式益。

《塑造论哲学导引》中，对于有关“程序”的形式益，是从技术益的视角看进去的。因其是由“程序”来意识“备件材料”的形式益，人们常指认这“形式”带有与“备件材料”不同的先验性质。程序形式的根据在哪里？塑造论哲学认为，这是在自然塑造人和人塑造自然的过程中，主要经过劳动（行为＋工具）内化而成的。

《塑造论哲学导引》对其如何由“无意识前提”生长而来，作过向前追溯。也就是说，有意识主体的形成有着无意识前提。在无意识前提中，就产生着一种权变性机制。这是关于“行与不行”即“能行不能行”的权变性机制。程序是权变性机制发展的产物。这里讲的程序是在主体和客体关系中体现同规权变性意义的程序。

在权变性机制中生物体总是为了从中“得益”。这离不开基于人之需要的“目的”，而且达到“目的”真正得益，是在“对与不对”的对应性机制、“适与不适”的取悦性机制和“行与不行”的权变性机制共同运作中实现的。

新陈代谢中的摄取与排泄，择偶与交配，筑巢与取食等等，大自然本身就造成了其中的对应性机制、取悦性机制、权变性机制。

然而在无意识情况下，“对与不对”只是直接的反应，“适与不适”也只是直接的反应，而“行与不行”也只是直接的反应，行的便成功地保存下来，不行的便被淘汰了。

这里面，从原生质到复杂生物，到高级些的植物或到高级些的动物等等，它们在大自然的变迁或自然选择中，从水生到陆生，使之离开水的束缚而以陆地支撑；到能上天能下地能爬树，从而摆脱地上的眼界达于空中、树上的视野；又到如古猿那样在一定自然变化中从树上走下来，在直立行走中使"手"变得可以更方便地操作，以至真正变成人的能使用工具的手，并形成着有语言的喉头。这伴随着形体结构的不断变化。

而手之所以能成为人能劳动的手，喉头之所以能成为人能使用语言的喉头，工具在这过程中起着决定性的作用。正如恩格斯说到的，在猿类中，手和脚是有不同用途的。手主要是用来摘取和拿住食物，就像比较低级的哺乳动物用前掌所做的那样。有些猿类用一手在树林中筑巢，或者像黑猩猩一样在树枝间搭棚以避风雨。他们用手拿着木棒抵御敌人，或者以果实和石块向敌人投掷。他们在被捉住以后用手做出许多简单的模仿人的动作。但是，正是在这里我们看到：在"甚至和人最相似的猿类的不发达的手，同经过几十万年的劳动而高度完善化的人手相比，竟存在着多么大的差距。……任何一只猿手都不曾经制造哪怕是一把最粗笨的石刀"。当人用手首次把一块石做成刀子，"具有决定意义的一步迈出了：手变得自由了，并能够不断地获得新的技能，而由此获得的更大的灵活性便遗传下来，并且一代一代地增加着"①。恩格斯在此还论述了使用工具的劳动与产生人的喉头并产生语言的联系。

从广义上说，人所使用的语言、符号也是一种工具；而工具也可认为是人所使用的一种符号及语言。因为人们完全可以用一种工具来表达什么，甚至每一种工具都是人之思维意识所落下的痕迹、征兆，或者说就是符号，它恰恰也是人的思维意识的一种表达。

然而工具的作用还不限于此，它是一种权变性机制的产物。

---

① 恩格斯：《自然辩证法》，《马克思恩格斯文集》（第9卷），人民出版社2009年版，第551页、第552页。

它是人在维护和攻击中改变了对象而成的。

前面我们论述关于美的韵律意识时，已涉及了人之所以能按照美的规律去塑造，形式美产生的根据在很大程度上恰恰来自人制造工具的行为。这一点本身就与技术的产生有关。艺术活动中带有虚构世界的情态，本身就与技术创造的人为世界异曲同工。人们按韵律形式来臻美的取向本身也就是技术的取向。

再往前我们论述关于真的逻辑意识时，涉及在行为内化中产生的逻辑形式可构成带有关于可能世界的模态，由此才有所谓目的选择。而这里实际上一点也离不开工具。要说明的是，在讲逻辑意识产生的根据时，我们特别是从行为角度讲过去的；其实，一讲人的行为，工具在很大程度上就是题中应有之义。因为人之行为总是对某对象的操作，操作往往离不开中介，工具就是中介。从这里可引申出，如果模态不通过带有符号性的东西设定陈列在那里也就不成其为模态；而一设定陈列出来，不是以作为工具的符号为载体就是以作为符号的工具为载体。没有带符号性的东西，逻辑模态是没有依托陈列到那里而被人意识到的。反过来，（实际上也是对讲逻辑形式来源问题的补充），如果讲行为不把工具或作为工具的符号包括其中，那行为也就不成其为带有人之特点的行为。正是在这一点上不言自明的是，使用工具的劳动是真正能内化为逻辑意识的行为，它是能真正体现人之特点的行为。可见，没有工具或作为工具的符号也就不可能有逻辑意识，也就谈不上有带有可能世界的模态，不可能从中选择出意识到的目的。

然而，更进一步的是，论证了逻辑形式所带来的模态世界产生的根据，还并不足以证明技术可行是否可能以及有效地获益是否可能。

因为逻辑只涉及普遍必然性中关于“真”的问题，而技术还要涉及获益可行有效的问题。可行有效就得有程序，这是只讲逻辑模态所解决不了的。因为若仅就模态来讲，它只提供有若干种可能性的框架，还不等于意识到主体实现"目的"的"程序"。因为这其中重要的是涉及关于"益"的普遍必然性问题。

"程序"首先是"有序"，但光是讲有序还算不上是程序。在"序"字之前加上的那个"程"字，标示了它不是一般的有"序"。"程"这个字，在中国文字的本义中带有这样的意思：度量衡之总称，有所谓"程者物之准也"[①]；"器所容受之程限"，有所谓"按度程"[②]；"课其技能"，有所谓"程角觝之妙戏"[③]；以及路径、示见、成效等等。这里强调着人向对象发出并在对象中所成的有序。

可见这"程序"，既不单纯属于客体，也不单纯属于主体，它处在主体客体之间，处于为达目的而趋向平衡的调控之中。这样，如果说逻辑形式主要是出于行为向主体内化，那么程序形式则主要是出于劳动中使用工具（符号）向主体内化。因为工具是由人来使用的。使用它或造成它来获益是否可行有效，主要不在于从中选择目的，而在于让它本身就体现目的。工具的型态本身就已由目的来支配，并不是只把模态放在那里。而工具本身又是有自己结构的，这结构既是人之主体所发出的又是纳入自然客体的。当不停地改变工具结构，就既改变着客体又改变着主体。于是这结构的形成过程就成为过程的程序。体现于工具结构变化而展开的程序，在操作中内化于主体，主体全身心地与之协动，这就逐步形成了主体潜意识的程序形式。

基于此也就有了关于在程序中达到有目的获益的手段。

---

① 《荀子·致仕》。

② 《礼记》，《按度程》。

③ 《文选》，《张衡西就赋》。

黑格尔在其逻辑学体系的概念论中，在作为主观概念、客体、理念的过渡环节中，涉及“推论”的环节，由机械性、化学性讲到目的性。他认为，目的性是机械性和化学性的扬弃，他写道：“通过对作为客体的概念所陷入的外在性和直接性的否定，于是概念得到解放，回复其独立性，并超出其外在性和直接性，因而被设定为目的了。”[①]“目的虽说有它的自身同一性与它所包含的否定性和与客体相对立之间的矛盾，但它自身即是一种扬弃或主动的力量，它能够否定这种对立而得与它自身的统一，这就是目的的实现。”[②]“人们的需要和意欲可说是目的的最切近例子。它们是人的机体内：感觉到的矛盾，这矛盾发生于有生命的主体本身的内部，并引起一种否定性的活动”[③]。

黑格尔进一步论述道：“说到目的的活动，有一层还须注意，即在表示目的活动的推论里，目的通过实现的手段作为中介与其自身相结合。”[④]“一方面是合目的性的活动，一方面是被设定为直接从属于目的的客观性，即工具”[⑤]。“有生命的存在具有一个肉体；灵魂控制住肉体，并直接客观化其自身于肉体内。为了使它的肉体成为它的工具，人的灵魂有许多工作可做。人似乎首先就须占领或控制住他的肉体，从而他的肉体才可作为他灵魂的工具”。[⑥]“由于具有这种活动力量，客体才作为工具，直接与概念相结合，并从属于概念的活动力量”[⑦]。黑格尔强调，“既然目的的自身直接与一个客体相关，并使它成为手段，而且通

① ［德］黑格尔：《小逻辑》，贺麟译，商务印书馆 1980 年版，第 387 页。
② ［德］黑格尔：《小逻辑》，贺麟译，商务印书馆 1980 年版，第 387 页。
③ ［德］黑格尔：《小逻辑》，贺麟译，商务印书馆 1980 年版，第 389 页。
④ ［德］黑格尔：《小逻辑》，贺麟译，商务印书馆 1980 年版，第 389 页。
⑤ ［德］黑格尔：《小逻辑》，贺麟译，商务印书馆 1980 年版，第 391 页。
⑥ ［德］黑格尔：《小逻辑》，贺麟译，商务印书馆 1980 年版，第 393 页。
⑦ ［德］黑格尔：《小逻辑》，贺麟译，商务印书馆 1980 年版，第 393 页。

过手段来规定另一客体，这就可以看作是强力"[①]。

手段，从广义上说可以涉及所有生物的维护和攻击过程。包括诸如个体释放出气味、变化着的色彩、自身灵牙利爪以及用"棍棒"敲打等等，这是有明显实物型态的，这是硬件的。当然这还是无意识的，还不算上是真正意义上的有意识的手段。然而这种自身武器经过某些动物中产生着的萌芽性工具（如灵长类使用的棍棒）发展到人所使用的工具（也包括武器）。就这成为有意识的手段。另外，这里也应包括软件的东西，如个体所使用的"谋略""策略""战略""诡计"（在西文中这属于同一个词，其中没有褒贬的意义）。某些生物早就有能通过色彩的、声音的以及自身运动的变化来伪装、隐蔽自己并引诱"别人"，在迂回"走迷宫"中学会脱离困境和防止被侵害的本事，等等。这虽然这还算不上真正有意识的手段，然而这却是真正有意识"谋略"的前身。当人能够有意识地去设计谋略方案，那就有了很好的技术手段。

黑格尔在说到目的和手段时，使用过一个很特别的概念："理性的机巧"（die List der Vernunft，也常常译为"理性的狡黠"，在中文版的《小逻辑》中译为"理性的机巧"）。他说，"目的既然把自身建立于客体的直接关系，并在自身和那个客体之间插入另一客体，这就可以认为是理性的狡狯"。[②]"理性是有技巧的，同时也是有威力的。理性的机巧，一般讲来，表现在一种利用工具的活动里"[③]。

---

① ［德］黑格尔：《逻辑学》（下卷），杨一之译，商务印书馆 1976 年版，第 437 页。

② ［德］黑格尔：《逻辑学》（下卷），杨一之译，商务印书馆 1976 年版，第 437 页。

③ ［德］黑格尔：《小逻辑》，贺麟译，商务印书馆 1980 年版，第 394 页。

黑格尔使用的“List”这个词，既可当机巧、狡狯、狡黠、狡猾讲，又带有谋略、策略、权谋、巧计等等的含义。这显然是与理性的“逻辑”本身有区别的。而在黑格尔看来，这又是体现理性的必然性的，它是和目的手段贴在一起的，但又可以形式地加以讨论。黑格尔讲，“由于有一个现成的当前的客体作为它（目的）实现的材料或外在条件”，“在这种情况下，它的自身决定性只是形式的”①。黑格尔对此纳入了三段论推论的逻辑形式加以论证：“工具作为客体在这第二前提里是与三段式中的另一极端，即假定在先的客观性、材料有了直接的联系。这种联系就是现在能服务于目的的机械性和化学性的范围，这个目的就是它们两者的真理性和自由的概念。这样，那作为支配机械和化学过程的力量的主观目的，在这些过程里让客观事物彼此互相消耗，互相扬弃，而它却超脱其自身于它们之外，但同时又保存其自身于它们之内。这就是理性的机巧。”②

我们从塑造论哲学的角度对黑格尔的这些思想加以吸收，对那种体现逻辑但又与逻辑不同，主要表现在利用工具的活动里，带有机巧、谋略、巧计意义的，那种在现代工程中特别予以重视的，具有很强形式化性质的程序，特别提取出来作为技术领域必然性和有效性获益的根据加以论证，说明它是由工具劳动行为向主体内化形成的，从而证明其形式必然性的根据。

当代许多学者的确对于体现权变机制的人的程序意识形式，作了许多总结，如系统分析、系统工程中体现的，如对策论即博弈论总结的形式系统等等。冯·诺依曼等人曾经对策略博弈中的一系列形式给出一个公理化系统，展开了从“零和二人博弈”，到“零和三人博弈”，到“零和 n 人博弈”，以及“一般非

① ［德］黑格尔：《小逻辑》，贺麟译，商务印书馆 1980 年版，第 390 页。

② ［德］黑格尔：《小逻辑》，贺麟译，商务印书馆 1980 年版，第 394 页。

零和博弈"，"博弈的合成与分解"的形式化体系，并对"效用的公理化"给出了形式化处理。而且近几十年来，有人又重视关于合作的博弈，提出合作博弈论。博弈论在经济的、政治的、军事的，总括起来在社会存在的各种竞赛策略的技术方面，产生了很大影响。这显示了人们对深入研究程序意识形式的重视。

博弈论在社会中体现甚广。可以说，整个社会中人的行为总是处在博弈之中。另外，社会学中还有关于博彩业的研究[①]。要正视，由博弈及由之所形成的博弈论所体现的程序意识领域，与作为求真意识之体现的理论逻辑、与作为臻美意识之体现的艺术韵律、与作为至善意识之体现的道德伦理，都不同。这是人把握世界的独特方面、独特方式。

应当认为，正是由于在工具的内化中产生着程序形式，才会有成为意识了的技术模型，才能构成设备世界。技术模型，不仅体现着逻辑，而且体现着韵律，更体现着作为"理性机巧"的程序。

《塑造论哲学导引》这样总结道："程序在劳动（行为＋工具）的内化中形成，从而形成程序意识。""程序体现着技术的形式益，它在人的意识中有着向体验中的备件之内容拓展的涌动。由于程序形式的作用，前面讲到的在无意识前提下首先形成的作为带维护性和攻击性效应的形式，被调动起来并包摄于其中，才形成获益意识的重组和役使。""重组和役使是权变性机制的延伸，是对处在维护性和攻击性效应之中的备件材料，以程序形式在维护中做出新的组合，在攻击中做出新的试用；这才能获得技术的内容益；这扩大着设备世界，形成着对于备件材料的把握。""这是以程序来意识，从而成为关于备件材料

---

① 参见程惕杰：《博彩社会学概论》，社会科学文献出版社2009年版。

的获益过程。这是以程序来意识备件材料，并协带着体验中的备件材料，在重组和役使中形成外化到行为并体现于工具的技术体系。概言之，有关于技术益的程序形式，技术的潜意识才能外化为技术的显意识。”

对于社会学来说，关于程序益的程序意识，必成为作为前提条件的形式底衬。

正如大家普遍认识到的，当技术延伸于社会学意义，便成为社会生产力的范畴；这样，关于技术的程序益，便成为关于社会程序益的范畴。马克思主义认为，在社会发展中，社会生产力是决定性的力量。整个社会从根本上说依赖于生产力的发展。而生产力的要素中内在着作为生产力之主体的劳动者的劳动，内在着劳动者的劳动在劳动手段与劳动对象关系中建立的程序。同时，整个社会的各个领域及各个领域构成的整个社会，要有良性的运转，关于社会的程序益，必定是内在于其中的。因而程序益成为论说社会学不言而喻的底衬。而且，关于益的程序是社会架构形式的直接支架。

4. 社会的“伦理善”，关于社会的“形式善”。

《塑造论哲学导引》对于有关“伦理”的形式善，是从道德善的视角看进去的。因其是由“伦理”来意识“性情欲求”的形式善，人们常指认这“形式”带有与“性情欲求”不同的先验性质。伦理形式的根据到底在哪里？塑造论哲学认为，这是在自然（社会）塑造人和人塑造自然（社会）的过中，主要经过语言（符号＋工具）行为内化而成的。

《塑造论哲学导引》对其如何由有无意识前提生长而来，作过向前追溯。也就是说，有意识主体的形成有其无意识前提。在无意识前提中，就产生着一种共生性机制。这是关于“该与不该”即“应该不应该”的共生性机制。伦理是共生性机制发展的产物。这里所讲的伦理是在主体与客体关系中体现同律共生性意义的伦理。

康德曾经在《实践理性批判》的第1卷第一章中讲到，"实践原则这种命题含有意志的一般确定，其下面有种种不同的实践原则。如果主体把条件看为只对他自己一个人的意志有效，则这些原则或准则就是主观的；如果看为客观的，对每一个有理性的存在者都有效，则这些原则就是客观的，或称为实践规律"[①]。康德把这种"实践规律"的把握看成是一种"实践理性"。黑格尔则以"实践理念"涉及大体同样的问题。马一克思主义讲实践是人的有意识的感性活动。如果不从康德的先验论体系以及黑格尔的思维与存在绝对同一的体系这样的情况来看，在有意识的感性活动中的"有意识"就带着体现实践规律的"理性""理念"那样的普遍必然性的性质。

实践作为一个联系主体和客体的过程，以人的行为和工具表现为一种物在的结构。同时，如恩格斯所说："语言是从劳动中并和劳动一起产生出来的。"[②] 一方面是由于劳动的作用；作为劳动产物的手日益演化成真正能劳动的器官，手变成自由的，同时由生长相关律，人的身体结构中的口部发音器官也发生着变化，成为能发出人的语言的喉头；另一方面也是由于劳动的作用：人在自然的生存斗争中，为了更有生存能力，劳动总是日益形成群体有分工、有协同的劳动，这使得作为劳动的过程总是日益有其社会性，"劳动的发展必然促使社会成员更紧密地互相结合起来，因为劳动的发展使相互支持和共同协作的场合增多了，并且使每个人都清楚地意识到这种共同协作的好处。

① ［德］康德：《实践理性批判》，《康德哲学原著选读》，商务印书馆1991年版，第221页。

② 恩格斯：《自然辩证法》，《马克思恩格斯文集》（第9卷），人民出版社2009年版，第553页。

一句话，这些正是在生成中的人，已经达到彼此间不得不说些什么的地步了。需要也就造成了自己的器官：猿类的不发达的喉头，由于音调的抑扬顿挫的不断加多，缓慢地然而肯定无疑地得到改造，而口部的器官也逐渐学会发出一个接一个的清晰的音节”①。

人是处在“语言间”的，语言必定带有人与人之间的语言间的性质。这样，人在语言间中协同的劳动、实践，就摆脱了那种一般动物主要是发生于个体的那种维护和攻击的权变性行为，也摆脱了那种一般动物主要是处于直接反应层次的自立和依他的共生性行为，而是既由工具的发展把人与人联结在一起，又由语言的发展把人与人联结在一起。所以说劳动、实践一出现就指向着社会性，并且越来越带着不可能去掉的社会性。因此说人在实践中的行为、语言是一定带社会性的，在语言行为中的人也就一定是带社会性的。在马克思看来，“不仅我的活动所需的材料——甚至思想家用来进行活动的语言——是作为社会的产品给予我的”②。语言、工具和劳动是同生的；人在生产劳动中结成生产关系；马克思强调，“人的本质不是单个人所固有的抽象物。在其现实性上，它是一切社会关系的总和”。③ 这是非常重要的思想。

在塑造论哲学说来，每个人都能造成“我塑造之物”，而“我塑造之物”总是加入“塑造之物间”因而成为“人我塑造之物”，“人我塑造之物”总起来构成“社会塑造之物”。这样在

---

① 恩格斯：《自然辩证法》，《马克思恩格斯文集》（第 9 卷），人民出版社 2009 年版，第 553 页。

② 马克思：《1844 年经济学哲学手稿》，《马克思恩格斯文集》（第 1 卷），人民出版社 2009 年版，第 188 页。

③ 马克思：《关于费尔巴哈的论纲》，《马克思恩格斯文集》（第 1 卷），人民出版社 2009 年版，第 501 页。

"塑造之物"上确证的人，必定是社会的人。而作为社会关系总和的人，作为社会人的实践，总是离不开"语言间"的性质；同时，人在形成既有普遍必然性又有带直接现实性的实践时；由其社会性，其不仅对自己个体成立、又对他人成立的"实践理性"（我们暂借用这个词），总是落在人塑造出来物在之上；既总是落在人的行为之上，也总是落在人的语言及符号之上；总之落在人的各种塑造之物之上。

如同马克思所说，人要把自己的类的力量统统发挥出来，"人作为现实的类存在物即作为人的存在物的实现"，要"显示出自己的全部类力量""这又只有通过人的全部活动、只有作为历史的结果才有可能"。[①] 人之当下如此的行为随着个体人的死亡而成为不在后人眼前的，但人的语言却可积淀流传下来，特别是能通过文字、符号及各种塑造之物，呈现在后人面前。这上面印记着自然（社会）塑造成的人在长期历史中去有意识塑造的"实践理性"。这里面体现着人的行为结构，体现着人在"语言间"协调着的行为结构，记录着人在世界中生存发展的因长期选择而集中了、积淀了的种种社会行为规范以及经济的政治的典章法规制度的保留因素。总之它印记着人在社会中所塑造出来的种种文化形态。

当一个体的人一出现就必定使自己逐步加入"语言"。这就使语言中体现的带必然性的"实践理性"，左右自己的行为，而且在语言行为的内化中，使这种既对自己又对他人的必然性与在无意识前提下生成的生理心理结构共同生长并内化于潜意识之中，这既使自己形成自我意识成为能把自己与外界区别开来而确立其自我意识的主体，又形成着似乎带有先在性的伦理

① 马克思：《1844年经济学哲学手稿》，《马克思恩格斯文集》（第1卷），人民出版社2009年版，第205页。

意识。

黑尔说："事实在于（道德）原则毫无疑问地被人们所公认……然而，在我表示赞同这个原则的这个当儿，并非在作事实的陈述而是作出一项道德决定。即使我口是心非——表面上接受实际上并不承认这些从小就灌输给我的道德标准——但重要的是，我自己仍然在对这个标准尽责。"①

历史上的思想家、哲学家，一直没忽略对于一种体现必然性的伦理形而上的追问。

康德认为伦理学必须从具有普遍性和必然性的道德律出发，这是整个伦理学的基础和前提。这种普遍道德律应当排除经验的内容，并且是不受经验制约的。把道德中的具体内容彻底清除，只剩下形式本身。这就是康德强调的先验的普遍道德律。

在康德说来，先验的普遍道德律排除了一切经验内容，出于纯粹理性自身，所以它是普遍的、必然的。康德称它是适用于一切人的绝对命令，人们无条件地遵守。康德对此列了三条，第一条律令："不论做什么，总应该做到使你的意志所遵循的准则永远同时能够成为一条普遍的立法原理。"换一种说法，"这个原则就是：我一定要这样行为，使得我能够立定一直要我行为的标准成个普遍规律"。第二条律令："你必须要这样行为，做到无论是你自己或别的什么人，你始终把人当目的，总不把他只当作手段。"第三条律令："意志的第三个实践原则就是：'个个有理性者的意志都是颁定普遍律的意志'——这个原则就是使意志与普遍的实践理性相调和的最高条件。"这就是所谓"意志自律"。这样康德通过意志自律把第一律令和第二律令统一了起来。康德一再强调人的价值就在于的意志自律。它使人

① ［英］R. M. 黑尔：《道德语言》，牛津大学1952年版，第196页。

自由、伟大和有尊严。这样的人组成一个系统，康德叫作"目的国"，它不同于自然的必然王国，而是一个自由王国。康德说："这是一切有理性者都服从的规律。这样由共同的客观规律的关系就产生个由一切有理性者组成的系统。这个系统可以叫作目的国……这个目的国只是一个理想。"①

康德认为，人作为道德的主体，纯粹理性表现为实践理性，康德说："我们如果认定，纯粹理性能够在自身就包含一个实践的、即足以决定意志的根据，那么实践法则就是存在的；否则，那么一切实践原理都将是单纯准则。"② 意思是说，纯粹理性在道德世界中，有不依赖于经验而自己决定自己意志的能力。这种意志自律或意志自决的能力，就是实践理性，道德法则就是从中而来。康德认为这是不需证明，也无法用经验证明的。他说："道德法则仿佛是作为一个我们先天地意识到而又必定确实的纯粹理性的事实被给予的……"③ 所以康德时常在"形式道德"意义上，谈论那种先验的普遍道德律。

这里作为形式的"道德律"，与他以先天综合判断来提出问题的关于逻辑形式的性质，可在相应系列中加以考察。

康德在追问形而上的必然性何以可能时，提出的道德律或道德形式，对应于塑造伦哲学的语言准确说，应称之为伦理律或伦理形式。如同逻辑形式与理论的关系，在此应当以伦理形式与道德的关系来表达。

可见，正如塑造论哲学所强调的，伦理作为形式的，讲到

① 参见［德］康德：《道德的形而上基础》，参见《康德哲学原著选读》，商务印书馆1963年版，第204～213页。

② ［德］康德：《实践理性批判》，韩水法译，商务印书馆1991年版，第17页。

③ ［德］康德：《实践理性批判》，韩水法译，商务印书馆1991年版，第50页。

它，特别是与道德相联结；以人与人之间的关系来定义伦理，这表明其本身就明显与社会有脱不开的关系，是社会的。

在中文里，伦理一词似乎更带有表征人之必然性的形而上性质。伦理的“伦”字，《说文解字》解：“伦，辈也，从人仑声。”《礼记·曲礼下》有“儗人必辨於其伦”，有注曰：“伦犹类也。”《礼记·文王世子》有“如其伦之丧”，《中庸》有“毛犹有伦”，谓顺序、亲疏之比。《孟子·离娄下》有“察于人伦”。所谓人伦、伦常是经常的用法。可见，“伦”字本身来自对辈、对类、对亲疏的区分以及由此形成的顺序，这显然与这样的情况有关：在自然对人塑造中，在文化人类的进化中，人一方面把自身与其他动物区别开来，而成为意识到的“类”；另一方面在自身内部有辈分的区别，因而形成父母与后代之间及兄妹之间不能有性关系等等的伦常。这对人的确立和人类的遗传进化来说，既是自然形成的，也是必须的。进一步发展，人们把人之间的长幼地位区别和亲疏关系都叫作人伦，这成为与人的确立和进化密切相关的种种规范。在中国的传统思想中“伦”本身就带有与“理”与“道”相通的意思，这显示着人们意识到，“人伦”是必然如此而不能不遵循的。“伦”和“理”合起来称为伦理，这个词很重地带上了人伦的理之必然性，这是指向形而上的。

在伦理学研究中，与“伦理”经常交叉使用的一个重要概念是“道德”。“道”在中国概念中带有很强的形而上性质。这是众所周知的，我们曾作过大量论述，在此无须多论。关于“德”字，《广雅·释诂三》说：“德，得也。”《释言·释言语》讲：“德，得也，得事宜也。”所以“道德”一词的本意带有对道能得到的意思。有人说老子书《道德经》，其实讲的是“德道”，即“得道”。（人们在马王堆出土的帛书中发现，似乎在原来就是“德经”在前“道经”在后。假如真是这样，“道德经”

就似乎应当叫"德道经"了，那"道德"便可称"德道"）事实上，对"德"一词的解释，后来基本是："修养而有得于心也"，"修养后既成之性也"，等等。道德基本是指人们得到"道"才有的，在后来的经验中才有德行，谓人之才艺善行也。老子书中有言："道生之，德畜之。"王弼对此注曰："道者物之所由，德者物之德也。"这里偏重于指以形而上的道来统摄性情，故曰"得道"，即"道得"或"道德"，这是指向形而下的。

这样，在我们的体系里如果把"伦理"和"道德"两个词规范一下使用的话，"伦理"一词与"逻辑"一词属同一系列，它偏重于指向形式的，即作为潜意识必然性的形式，这是指向形而上的；而"道德"一词与"理论"一词属同一系列，这偏重于指体现必然性的潜意识形式去统摄感性的性情，这是潜意识功能显示出来，是伦理形式携带着性情欲求外显出来，是指向显意识，指向形而下的。

如果说逻辑学主要地应是研究逻辑形式，涉及逻辑形式统摄现象事实，才谈得上理论；那么就应该说，伦理学主要地应是研究伦理形式，涉及伦理形式统摄性情欲求，才谈得上道德。

康德在力求确立道德律的形式和必然性时，还提出了"良心能教吗?"这个问题。康德认为，良心是作为理性存在的人本来就具有的，是天赋的、绝对的，良心实等于善良意、义务意识、内心法则，是对普遍道德律的绝对尊重。因此普遍的道德法则就处于更优先的地位。后来叔本华讲良心是"道德的自我决定"。黑格尔则专门谈到过良心作为抽象的内心形式的无内容性质，他曾讲道："良心作为自己同自己相处的这种最深奥的内部孤独，在其中一切外在的东西和限制都消失了，它彻头彻尾地隐遁在自身之中。人作为良心，已不再受特殊的目的的束缚。”①

显然，就如同逻辑形式与公理、公设成为同一系列的概念相仿佛，伦理形式与律令、良心也成为同一系列的概念。

在中文“良心”一词中的“良”字，本作㒰、𡧯，《说文解字》解：“𡧯，善也。”《尚书》中的良字，多是在“善”的意义上使用，如《尚书·益稷》有“股肱良哉”，疏：良，善。后来“良”广泛使用，带有贤、吉、甚、佳品等等含义。“良”与“心”一起使用为“良心”，《孟子·告子上》有“其放其良心者，亦犹斧斤之于木也，旦旦而伐之，可以为美乎”。《集注》曰：“良心者，本然之善心。”所以人们常称良心谓“人之所居天赋之善心也”。

在中国哲学史上，主要的视角多是由追问伦理必然性来实现对形而上的追问。从“仁”“义”“道”到“诚”，后来直接指向“心”的形而上。一系列所谓的体悟，以及静观、反观、大其心、诚敬、主敬等等的说法都是指向对这种体现伦理必然性的心在形而上的追问。理学中的“理”实质上也是指向着这种追问，心学中直接讲“心”，更是直接实现这种追问。体现心学成就的王阳明，提出了一个重要概念“致良知”，这“良知”与西方哲学中后被中文译成良心的词十分接近。

在现代几种主要的西方语言中，与汉语“良心”相对应而可以用来互译的词，在英文中是“conscience”，在德文中是“Gewissen”，在法文中是“conscience”，或再加个形容词“conscience morale”。这些词有一个共同的特点，即它们作为合成词，是由一个前缀加上后面面的词干组成。它们的前缀（英文

① ［德］黑格尔：《法哲学原理》，范扬、张企泰译，商务印书馆1961年版，第139页。

con-，德文 Ge-，法文 con-）都带有"共同""一起""同一"之意，接近英文介词"With"、德文"mit"的意思；而后半部分的词干（英法文同为-science，德文-wissen）都带有"知""知识"的意思，把它们合起来从字面上解就是"同知""共知""和（别人）一起知"之意。而这"同知""共知"在中文的用法中接近于"良知"即"良心"。从这种"共""同"与"良"的联系中。我们已经可以看到一种对普遍必然性的暗示。

有人基于以上情况加以追溯，考证出，从表面的字形字义看，上述表示"良心"的词都可以说渊源于拉丁词"conscientia"（con-"共同、同一"，加上-scientia，"知"，即为"共知""同知""良知"）。这个拉丁词虽有"良知"的意思，但是，在中世纪，基督教哲学家常常把"conscientia"这个记号仅用于较低层次的"决疑论"（casuistry）中，即用于处理具体情况，指谓在特殊场合中辨别善恶是非的"良知"。至于更高的普遍意义的"良知"，他们使用了另一个原子古希腊的词"synderesis"。这种普遍意义的"良知"（synderesis）才是不会出错的，明白无误的，它是上帝赋予人的、先天的，即存在于每一个人的心中，无须经过后来经验就能得到；而具体应用的"良知"（conscientia）则可能出错，需要通过后天的学习、训练和培养，才能使之趋于健全和正确。于是之故，拉丁语中才会有"错误的良心"（conscientia mala）这样似乎自相矛盾的概念。另外还有"怀疑的良心"（conscientia dubia）、"粗糙的良心"（conscientia alxa）、"褊狭的良心"（conscientia angusta）、"疑惧的良心"（conscientia scrupulosa）等等。当然，"conscientia"一词仅在中世纪是这样的用法，自近代以来，尤其在 18 世纪英国宗教伦理学家约瑟夫·巴特勒（Joseph Bulter）之后，"conscientia"渐渐获得了作为普遍道德原则规范的意义，而不重在指谓决疑论层次的原则，这是在特殊情况中的应用。也就是说，良心不再只是指“共”，而更是指“经”——准确地说，指对“经”的认识。“syndercsis”也就渐渐废用，决疑论也同样从历史上消失。

就此细讲，往前追溯，作为普遍意义的天赋良心“synderedsis”，是中世纪的圣杰罗米（Jcrome）首先使用的。这演化自古希腊词，来自“syneidesis”。这个词的原初古希腊含义也带有“同知”“共知”的意思，它在一个时期里等同于“意识”（即英文 consciousness 之意，而法文的“conscience”一词仍然保留“意识”之义作为其主要含义，所以用来作“良心”解时常常要在后面加上“morale”，组成“道德意识”这一词组）。然而，圣杰罗米把“syneidesis”（知识、意识）改造为“synderesis”（良知、良心）使用时，却赋予了这个词以一种特殊的伦理含义。“synderesis”不再是一种一般意义上的知识，而是指一种特殊的知识，即一种关于道德是非正当与否的知识。另外，在古希腊的哲学语汇中，接近于后来所谓“良心”概念的还有亚里士多德《伦理学》中所说的“明智”“审慎”（在英文中一般被译为“prudence”）。但它和我们现在所理解的“明智”“审慎”有些不同。在亚里士多德的体系中。它实际上更接近于“moral、sight”（道德直觉、道德感知力）的意思。当然，再往前讲，苏格拉底在法庭为自己申辩时讲到自己心中有一种“灵异”，即心里有一种神的声音告诉他应该怎么做，比方说，这种声音劝告他勿涉足公共生活，勿参与政治，但这种声音看来更像是现代人所理解的“明智”。人们曾这样列举，在苏格拉底那里，更接近于我们听说的“良知”的是他在被判死刑后心里出现的“法律的声音”，《克里同篇》所展示的苏格拉底临刑前的心理活动被认为是一种典型的良心活动。在肯定这种意识具有某种直觉性，乃至奇异的直觉性上，苏格拉底与中国古代一系列主张心性说的儒家学者颇有相似之处，但在苏格拉底那里，这种意识还与神、与法律有一种联系。这却是与后者有所不同的。另外，苏格拉底虽然在这种意识的本源问题上，在解释它为什么会发生在自己心里的问题上，讲到有一种直觉的肯定和把握，但他对这一意识的运用还是很理性的，用弗兰克纳（W. D. Frandena）的话来说，是提供了一个在特殊情况下诉诸普遍道德原则的典型范例。①

基于以上辨析，在我们来看，"良心"这个词是与"良知"接近的。但是作为伦理学中所讲的"良心"，主要不在于"知"而在于体现一种伦理必然性的心在形而上。这就是伦理形式，这是一种带必然性的潜意识结构。由于伦理形式或伦理良心带有这样的性质，历史上经常有人把它说成是天赋的，认为它是纯粹先验的。

实际上应当这样看，在自然塑造人的过程中，本身形成着一种自立性和依他性相辅相成的共生性机制，这是人们伦理意识的无意识前提。这种机制在一般动物那里并没成为意识的。由于人能在塑造自然过程中，在人的塑造之物中。例如在语言中，把自身与外界区分开，确立起自我意识；同时把自身与外界相契合，形成人我意识或社会意识。这时在共生性机制中，作为无意识前提中的自立性效应，成为基于潜意识必然性而有自我意识的权利，即在自身活动和塑造中能动地保持自身，这是把自己看成是与他物不同的独立存在，并在确证自身本质中维护自己的权利。这时在共生性机制中，作为无意识前提中的依他性效应，已成为基于潜意必然性的人我意识或社会意识的义务，即在自身活动和塑造中能动地把自己与外界相联系，这是把自己看成是与他物处在一起的共同存在，并在确证自身本

① 见何怀宏：《良心论》，上海三联书店1994年版，第5页。

质中履行自己的义务。

这种确立自我意识与人我意识的伦理形式，并不是无缘产生的，它是由人进入带社会性质的人类社会的塑造之物，在接受诸如语言以及种种工具行为的过程中，内化到主体而产生的。

这里当然应涉及种种的内化过程，这里有着与作为人塑造之物、社会塑造之物与整个文化形态的关系。对与此相关的问题，由于人们就某些方面已涉及许多研究说明，而且我们还要在另外的地方展开细致之说，在此我们暂来不及作全面的详细论述，只是着重专门强调了一下，作为进入语言而发生的内化，有着不可忽略的作用。

人总是在语言中存在着。语言保存着历史积淀，伽达默尔曾借用德国哲学家海德格尔之比喻，说语言是储存历史和传统的水库。每一代人、每一个人同历史建立联系，都离不开在历史负载下而形成的语言内化。对语言的学习和使用，并不只是一种技巧性的活动。用塑造论哲学语言讲，这是由语言进入一种潜意识的规范。对语言的使用，实际上是一种每代人都不得不从事着的与历史建立联系的活动。掌握语言、理解语言同时也就是进入历史、进入文化并创造文化、创造历史。在语言中，活跃着一个民族的历史积淀。没有这种作为语言积淀的历史文化，任何理解和创造的可能性都消失殆尽。

人能够成为社会的人，思想的人，理解的人，赖于他承接了前人的语言。语言在长期历史的提纯中，形成着一种必然性的结构，“语言间”的性质也就是人我关系的表现。所以每代人无法拒绝历史，从其生存上说，在于他不能没有语言，而只要他拥有语言，他就接受了历史向自身的积淀。

这种联系从每个人在某一历史时刻降生到某一特定文化传统之中便开始形成，并再也无法割断。他进入语言环境，他也就参与到语言之中，并且也就加入一定历史必然性之中了，当这种历史积淀内化到潜意识之中，便构成着自我意识和人我意识，形成着一种体现必然性善的伦理良心形式。

《塑造论哲学导引》这样总结道："伦理良心的形成离不开语言（工具+行为）的内化，这形成着伦理意识。""伦理良心体现着道德的形式善，它在人的意识中有着向经验中的性情之内容拓展的涌动。由于伦理形式的作用，前面讲到的在无意识前提下首先形成的作为带自立性和依他性效应的感性形式，被调动起来并包摄于其中，才形成有意识的权利和义务。""权利和义务是共生性机制的延伸，是对处在感性自立性和依他性效应之中的性情素质，以伦理形式在自立中确立新的权利，在依他中担负新的义务；这才能达到道德的内容善；这扩大着社会世界，形成着对于性情欲求的把握。""这是以伦理来意识，从而成为关于性情欲求的至善过程。这是以伦理来意识性情欲求，携带着经验中的性情欲求并形成外化到行为并体现于语言的道德体系。概言之，有关于道德的伦理形式，伦理的潜意识才能外化为道德显意识。"

正因为在一系列内化中形成着伦理良心形式，才会有成为意识的道德姿态，并且构成着人我世界。人我世界是一种凝缩着的社会世界。在此意义上，正如马克思所说，人是社会关系的综合。由此主体也就有着基于良心善的价值调控。

价值是对与不对、适与不适、行与不行以及该与不该的综合评价，是真、美、益与善的统一。

概括起来说，人们在对应性中求真，在取悦性中求美，在权变性中求益，在共生性中求善。但一般来讲，善的包含着益、包含着美、包含着真；但真的不一定美、美的不一定益、益的不一定善。如果把这四个方面不作为一个整体系统，那可能只"对"而不"适"，只"适"而不"行"，只"行"而不"该"，等等。离开综合评价，固然在某种情况下也可使其中某个方面成立，但不可能真正实现作为人的和社会的“价值”。

通常说，“价值的一般本质在于它是现实的人同满足其某种需要的客体之间的一种关系”。也就是说，满足了需要才有价值，不满足需要就没有价值。然而人的需要是分层次的。应当对满足需要作出综合的考虑。在种种需要中，从哲学上概括，根本在于满足对人的本质加以确证的需要。

关于社会的价值调控的意义，其在于：从横向说，要使“对、适、行、该”这几个方面协调起来确证人的社会本质；从纵向说，主体在塑造之物中完善着自我、完善着人我、完善着社会，这满足着人的需要，并按是否能确证在社会中人的需要，调整着自己的塑造；分层说，要在内化外化、抽象化具体化、典型化具象化、优选化具备化、理想化具在化，以及发散收敛中使意识的理论、艺术、技术、道德活动达到真、美、益、善的统一，达到在社会中的“义成”。这是一个由一系列反馈控制系统构成的大的反馈调控的社会系统。

对于社会来说，关于伦理善的伦理意识，必成为作为前提条件的形式底衬。

这涉及个人与社会的关系。于是便有个人善（personal merit）与社会善（social merit）关系的社会学命题。这在古希腊亚里士多德那里就作出过区分。亚里士多德认为，“个人善”是指个人的活动符合理性生活。此以中道为原则，顺应理性指导，使感情和行为“适度”，通过训练形成习惯而达到善。同时还依靠理性中的“纯粹理性”的自我活动，以达到至善。“社会善”是求得整个社会的善，是社会生活的目的。依靠公正和友爱等等德行，调节社会中诸成员之间关系，使之和谐有序。社会善高于个人善，个人善只有在良好的社会制度中，亦即个人善只有依靠社会善才能完善。

总之，个人善与社会善是相辅相成的；社会善体现着善的形式延伸于社会而形成的善，它成为关于善的社会形式的底衬。而且，关于善的伦理是社会构架形式的直接支架。

（三）社会学构架形式中的"程序伦理""伦理程序"。

逻辑真、韵律美、程序益、伦理善，它们作为形式，各自分别又是相互联系的。由向社会学意义的延伸情况来讲，其越来越凸显在社会中是成为一体的，它们在一起才成为社会学意义的形式底衬。而"程序"和"伦理"成为社会学架构的基本形式预设。

如前所说，关于"程序"，首先是"有序"，但光是讲有序还算不上是程序。在中文里，在"序"字之前加上的那个"程"字，标示了这不是一般的有"序"，这里强调着人向对象发出并在对象中所成的有序。这"程序"，既不单纯属于客体，也不单纯属于主体，它处在主体客体之间，处于为达到目的而趋向平衡的调控之中。[①] 其社会学意义是显然的。也就是说，就"程序"而言，其本身就是密切于社会的。

又如前所说，关于"伦理"，在中文中，其中的"伦"字，本身就内在着指谓人的社会关系的必然性。在中国的传统思想中"伦"本身就带有与"理"与"道"相通的意思，这表明人们意识到，"人伦"是必然如此而不能不遵循的。"伦"和"理"合起来称为伦理，这个词很重地带上了社会人伦的理之必然性。也就是说，就"伦理"而言，其本身就是与社会密切相关的。

塑造论哲学在进入对经济学、政治学乃至社会学的论证时，特别重视了在塑造论哲学体系的视域中，论述关于"程序伦理""伦理程序"在构架中的形式意义。

如果说，在我们已作过的塑造论哲学关于经济学论证中，

---

① 见张全新：《塑造论哲学导引》，人民出版社 1995 年版，第 841～844 页。

重在于把“程序伦理”认作经济学的构架形式，这体现于“程序义利”“伦理义利”；如果说，在我们已作过的塑造论哲学关于政治学论证中，重在于把“伦理程序”认作政治学的构架形式，这体现于“伦理正义”“程序正义”；那么，当我们在进行塑造论哲学关于社会学的论证时，重在于则把“程序伦理”“伦理程序”综合地认作社会学的构架形式，这体现于“伦理程序的‘诚是’‘在成’”“程序伦理的‘成在’‘是诚’”。

二、塑造论哲学提出的基本图式及其向社会学图式的延伸

（一）塑造哲学提出塑造单子及单子群。塑造论哲学对于作为单子的基本图式刻画，在最简单意义上，可以这样给出：

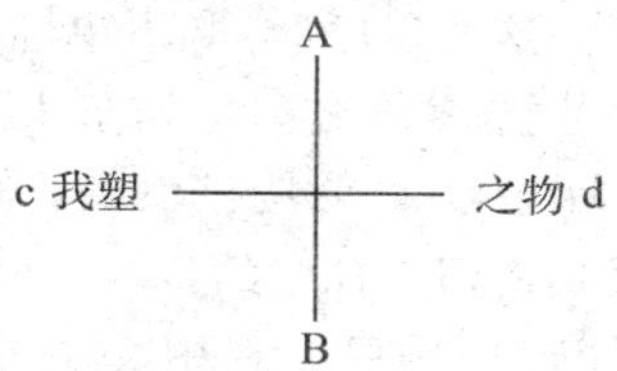

如果以交叉点 O 为中心做一个圆，把交叉线的 4 极连接起来便可以形成以下的图式。这里的 A、B，表示主体和客体的两极；c、d 系塑造之物，它处在主体与客体之间，既是主体的又是客体的。在圆的轨迹上表示着 A 与 c、c 与 B、B 与 d、d 与 A 之间所形成的更丰富的要素，形成圆表示着“圆满”。图式如下：

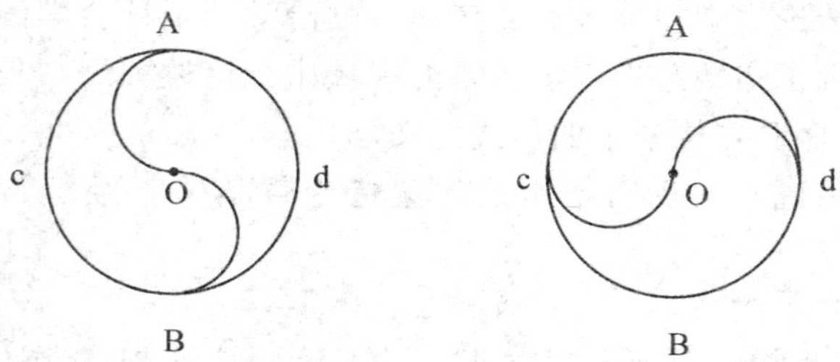

这其中，A 点、B 点分别是 AOB 趋于圆之切线的极限之点；c 点、d 点分别是 cOd 曲线趋于圆之切线的极限之点。这里，圆中通过 O 点的曲线，把塑造单子隔开形成类似八卦阴阳鱼的图像。

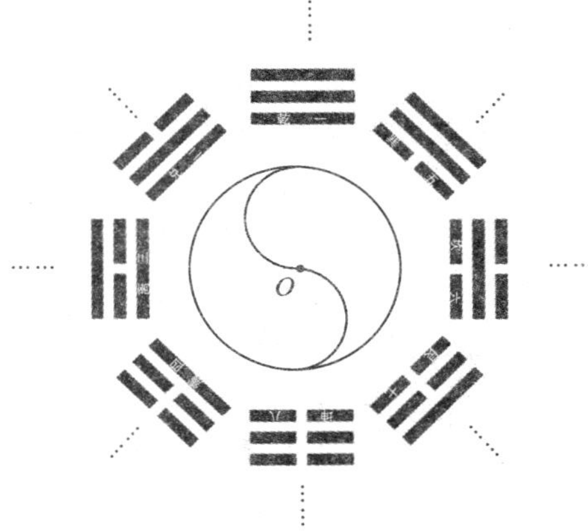

阴阳鱼周围的八卦爻数，可延伸，爻数增多。这里，以二值的方式表示着各种模态，即组合成各种可能性世界。

为了对单子图形构画方便，在后面构画的图式中，AB 线、cd 线，依其拓扑关系，暂画成直线：

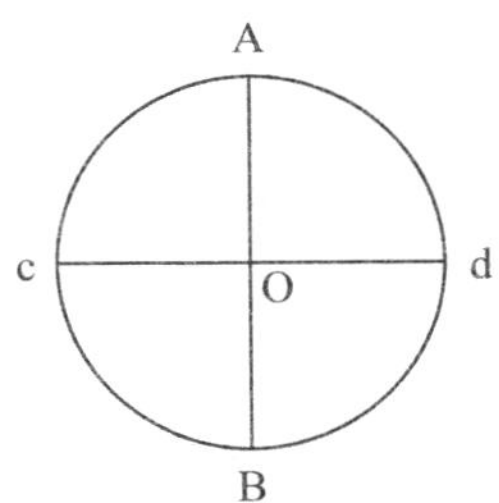

这里，中间的 c—d 指向 A、指向 B。

当 c—d 上移指向 A，是趋向于并且趋近于 A（主体、心）

极限状态的，也就是说A是c—d所趋向的极限，是其“边际”。

当c—d上移指向B，是趋向于并且趋近于B（客体、物）极限状态的，也就是说B是c—d所趋向的极限，是其“边际”。

作为中介的c—d是“我”“塑”“物”的组合，是有意识或由意识所成的人之所为或人为之物。它是与A和B双面映照的，既可映现出（在自然塑造人的过程中形成的）人之主体意识A（在人塑造自然的过程中）所把握的自然客体B；又能映现出（在人塑造自然过程中）去把握自然客体B的（在自然塑造人的过程中形成的）人之意识主体A。

然而要强调的是，c—d作为中介，就其与人体和自然客体的联系上说，有这样几个方面：一是身在的延长，二是心在的显示，三是物在的展新，四是存在的呈现。这里作为身在的延长和物在的展现，它凝成形而下的晶体；而作为心在的显示和存在的展现，它又聚着形而上的光亮。

关于A—B之间的关系：从A去意识B而B被A意识的意义上说，A是主体、边际主体，B是客体、边际客体。

恩格斯曾在1895年3月12日致康·施米特的信中说：“思维和存在的同一（用黑格尔的话来说）完全符合于您举的圆和多边形的例子。换句话说，这两者，即一个事物的概念和它的现实，就像两条渐近线一样，一齐向前延伸，彼此不断接近，但是永远不会相交。两者的这种差别正好是这样一种差别，由于这种差别，概念并不无条件地直接就是现实，而现实也不直接就是它自己的概念。”[①]“概念和现象的统一是一个本质上无止境的过程，这种统一无论在这个场合下还是在其他一切场合都

① 恩格斯：《恩格斯致康拉德·施米特（1895年3月12日）》，《马克思恩格斯文集》（第10卷），人民出版社2009年版，第693页。

是如此。"①

关于圆和多边形的例子：在公元前 287 年希腊数学家阿基米德就利用过圆内接正多边形的周长求圆的周长。在公元 263 年我国数学家刘微注《九章算术》载有，求圆周以圆内接六边形起算，谓："割之弥细，所失弥少，割之又割，以至不可割，则与圆合体而无所失。"这就是说，计算圆可以从圆内接正六边形入手，然后增为十二边形，再增为二十四边形……这样正多边形的边数增加了再增，越来越趋近于某个极限，这个极限是应该和圆的周长相符合的。然而，由于分割是无限的，所以多边形边数的增加是无限的，也就是说，多边形与圆的误差可以越来越小，一直到很小很小，趋向于 0，而且在思维中它可以到达 0，但在实际的分割中却永远不会达到。关于渐近线的例子：假定在直角坐标系 xoy 上有一方程为 y＝f（x）的曲线 N，x 轴是这曲线 N 的渐近线。x 轴和曲线 N 上的某点始终有垂直距离 ΔL。当 x 逐渐增加，离坐标原点无限远移时，曲线 N 与 x 轴的垂直距离将逐渐接近，ΔL 是趋向于 0 的。用数学中极限的表示法就是$\lim\limits_{x\to\infty} f(x)=0$。这里，当 x 趋向于无穷大时，ΔL 将趋向于 0；而当我们在过程中的某个时刻来看 x 轴和曲线 N 的垂直距离时，总有 ΔL 存在。

以上情况很能说明主体与客体的关系。由于 N 是 x 轴的渐近线，如同当 x 趋向于无穷大时，ΔL 趋近于 0 的道理一样，主体与客体的差异，随着经验现象趋向于总和而差异趋近于 0。然而又如同当 x 为任意大的某一值时 ΔL 永远存在一样，由于对象的总和是有限范围中包含着无限个因素，主体概念和经验中的客体对象之间的差异只能是永远趋近于 0，却永远不是 0。所以

① 恩格斯：《恩格斯致康拉德·施米特（1895 年 3 月 12 日）》，《马克思恩格斯文集》（第 10 卷），人民出版社 2009 年版，第 695 页。

当概念和其中的某些个别因素相比较时，总是不能绝对地符合，它们的符合点是近似的，其差异总是存在着。[①]

而重要的是，塑造论哲学强调，A—B在此情况中，一定与c—d相联系。有c—d成为A—B之间联系的中介，这才谈得上潜意识显意识的运行问题。同时，这里面包含着以感官为通道的感知、感受、体验、经验；作为成为主体的人与成为客体的自然的关系，经由感官系统对刺激加以反应或反映，是处在意识活动统摄之下的，但作为机制前提，可以在无意识的生命基体意义上对之作出前提性的考察。因为，自然进化出人，人演化于自然，这里有着直接的物质能量信息联系，这形成着意识中主体与客体的无意识前提。

关于c与d之间的关系：他们属于作为A—B中介的塑造之物。就前面提到的而言，c表示“出窍经过的”，集中注意的是“行为处理”或“处理行为”；d表示“出窍记录的”，先要注目的是“符号语言”或“语言符号”。c—d还涉及在使用人为制作的工具中造成用品的劳动以及在使用器具中品用用品的人口繁衍的活动，等等；故亦可以“符号行为活动”或“活动行为符号”来概括。总之涉及塑造之物的塑造“经过”及其物的“记录”的各个方面。

c—d作为人（主体）与自然（客体）之间的“行为处理——语言符号”中介结合线。与关于A—B的直接结合线相交于O，这标示着有意识与无意识的交汇点、潜意识与显意识的交汇点。这在扩展于经济的、政治的乃至社会的图式之中，又成为体现于“交换流通”“统治治理”“交往沟通”的“交汇点”或称为“辐射点”。

---

① 张全新：《形成科学理论的思维方法》，山东人民出版社1982年版，第165～167页。

当以上诸要素在主体客体联系中实现"同构""同态""同规""同律"即实现"协调运转"的"同步和谐"，也就实现了人在潜意识与人为的显意识的对立统一，这形成了有意识与无意识重合的"超意识"。这才能实现，把握意识当中的"心在形而上"，从而实现对关于物质世界的"存在形而上"的把握，实现其对立统一以至同一。也就是说，在塑造过程中只有实现于此，才能达到"两阶形而上"的统一，乃至同一。

"塑造单子"中的诸要素一旦达到上述那样的统一，便可认为达到了"塑造单子"的"圆满"。所以对此，才以形成了以O为圆点过A、B和c、d以及后面要标示出的p、q如此等等诸点而形成的圆来标示。如果加以补充说明，那就是，这标志主体与客体的统一，这便是在主体和客体关系中所实现的"得体"。我们这里讲的"得体"，实质上就是主客体所有因素在"塑造单子和谐"意义上成就为统一整体。因此，《塑造论哲学导引》还进一步指出，这种情况标示在这个圆上，诸点都有它不可偏离的适当位置；任何一个点离开这个位置，都可以认为是没真正"得体"，也就没达到或破坏了"圆满"。也就是说，从O分别指向A、指向B、指向c、指向d，以及指向p、指向q，这几个矢量是相等的即均衡的，这样形成的圆表示着一个"圆满"单子。为此，塑造论哲学强调，作为建立在科学之上的哲学和哲学统摄之下的科学，重要的就是依这种塑造单子理想图式中各因素所体现的关系，对于理论、艺术、技术、道德以至于经济、政治及整个社会（文化社会）的塑造如何由上述的那种不协调统一而实现如前所述的那种协调统一作出解析，给出由其作为根据的回答。

这里，当我们以cOd这条线为界可把圆划为两个域。从上面的（cAd）部分看过去，可以认为是从"主体域"（或叫"主体世界"）看过去；从下面的（cBd）部分看过去，可以认为是从"客体域"（或叫"客体世界"）看过去。同样，当我们以

AOB 这条线为界可把圆划为两个域。从左边的（AcB）部分看过去，可以认为是从“行为域”（或叫“行为世界”）看过去；从右边的（AdB）部分看过去，可以认为是从“符号域”（或叫“符号世界”）看过去。从图中又可以看出，作为主体和客体的联系线 AB 与作为行为符号的联系线 cd 在相交时，当不经过最佳的结合点 O，就不可能形成标准的圆，象征着不可能“圆满”，这四个域是不可能相均衡的。在这种情况下表示着：主体与客体相互塑造过程中没能通过行为世界与符号世界中介达到和谐运行的最恰当状态；行为世界与符号世界在主体与客体相互塑造过程中没能承担起使之同步运行的最恰当作用。

因此，在一个“圆满”的塑造单子当中，对于连接 AB（人之主体——自然客体）线来说，如果以 O 为中心不论朝哪个方向转动，都能与 cd 线重合并使 A、B 点各自落在 c、d 点上以及落到 p、q 点上。这表示着由主客体相互塑造和谐地显露于符号世界行为世界。这表示，在主体与客体相互作用中的符号和主体与客体相互作用中的行为，是显露为显意识的。对于连接 cd（行为活动——符号工具）线来说，如果以 O 为轴心不论朝哪个方向运转，都能与 AB 线相重合并使 c、d 点分别落在 A 或 B 点上。对于 p、q 同样如此。这表示着由行为符号潜生于主体与客体协调的相互塑造。这表示，行为和符号在主客体相互作用中，前者是潜生于潜意识并表现于显意识的。

如前所说，如果撇开 cd（即符号工具活动行为）那么，A 与 B（人与自然）之间呈现出天然的关系，即至多只有作为机体生命新陈代谢和作为生命机体刺激反应这样的联系，这是自在无意识的，还谈不上真正作为主体、客体的 A、B。然而，只要是真正的人（主体）与自然（客体）的联系，就一定伴随着符号工具行为活动作为中介而联系，这是自然塑造人所形成的文化人类所特有的；而人（主体）只要通过符号工具行为活动与自然（客体）相联系，就一定有意识，这是人塑造自然去形成人类文化所必备的。"人在"与"有意识"同步，"文化人类"与"人类文化"映照存在，才成为"有意识"的"人在"。

作为人类文化是显现出来的意识，而就其尚未显现出来而言，它是文化人类潜在的意识功能。也就是说，人一定有其符号工具行为活动的潜在功能，这是潜意识的；但人的潜意识只有外化到符号工具行为活动之上，才能成为显意识的。应当讲"潜意识"与"显意识"总是互为表里地对称着的。而且，"潜意识"一定以"显意识"刻画出来，"显意识"必定依"潜意识"得以形成。在"圆满"的"塑造单子"中，图中连结 A、B 点的线与连结 c、d 点的线，向不同方向旋转总能实现线与点的重合，这表明，文化人类与人类文化定要同步发展，潜意识与显意识必是互为映照。而"塑造单子"一旦达到"圆满"，即其中的诸因素达到了协调统一、人（主体）在以符号工具行为活动与自然（客体）发生联系时达到了同构同态同规同律，潜意识与显意识、有意识与无意识，文化人类与人类文化，自然塑造人与人塑造自然达到了协调统一，这就进入了一种自然无意识与人类有意识统一乃至同一的状态。这才能到达形而上与形而下的统一或同一。如果不是这样，那么由 A—B，和 c—d 构成的"塑造单子"就不会"圆满"；这在"单子圆"或"单子球"的图形上表示出来便是，A、B、c、d 及 p、q 各点不是处在"单子圆"或"单子球"的所在位置上。

塑造论哲学以此解析了"逻辑真、韵律美、程序益、伦理善"所涉及的基本要素及其关系，并以此为"底衬"，形成关于"程序伦理"或"伦理程序"的架构。

另外，《塑造论哲学导引》还由"塑造单子圆"展开，进一步论述了塑造"单子球"及塑造"单子群"的情况，对其中涉及的更复杂因素，以及扩展于经济、政治乃至社会构成的诸问题，以其特有的范畴分析综合方式给出了说明。[①]

（二）在前面讲到的单子圆中，中间的O既是c—d线的交叉点也是主客体联系线A—B的交汇点。因此，当c—d（行为处理与符号语言）与A—B（主体与客体）相联系，再与作为人口繁衍生存和建设进化发展的p、q相联系，其连线之间在理想化中形成直角，由此拓展成为一个三维的球体，原来的单子圆便能形成一个单子球。

也就是说，“塑造单子”可以是一个三维的“单子球”。于是由塑造单子“A—B、c—d”的四极表示，形成“塑造单子球”“A—B、c—d、p—q”的六极表示：

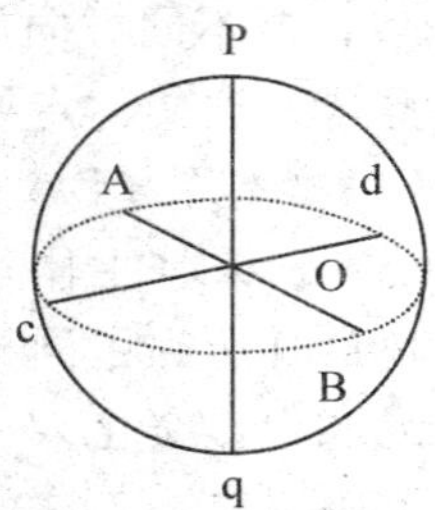

这里，如果只从“A—B、c—d”面正视过去，“塑造单子球”是这样的：

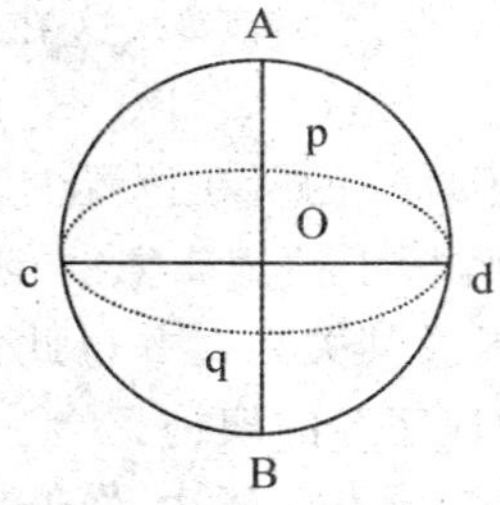

① 见张全新：《塑造论哲学导引》，下篇第一章，人民出版社1996年版。

在此，p、q两个点重合在了AB线上；调转90°从另一个方向来看，那A、B两个点投射在O点上，重合成了一个点O。将此单子球沿cpoqd形成切面，即与A—B、c—d切面，成90°切面，便可给出如下图式：

（人口繁衍）生存（活动行为）

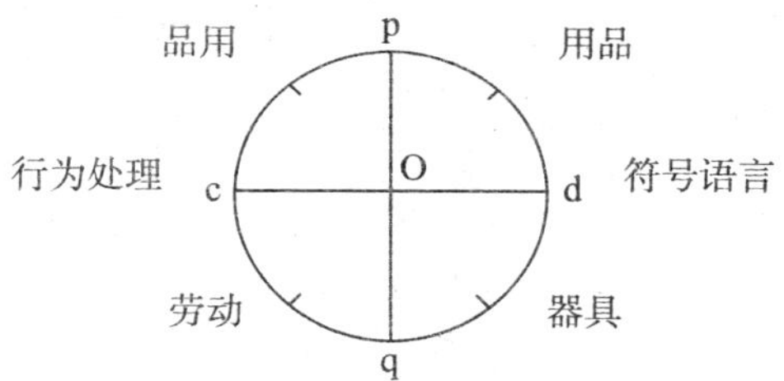

（工具符号）建设（进步发展）

在这其中，由原来在单子圆中作为c—d的中介线，又有了单子球当中作为c—d与p—q相交而形成的"行为处理——符号语言"与"人口繁衍生存—建设进化发展"相交的中介面。

这样，如果说，前面我们为使表述显得单纯，在以A、B、c、d构成图式对塑造单子作出解析时，先是以c—d作为一条中介线所形成的纵向平面图式进行解析的；那么，就横断面细究一下，即从横断面的图式来讲，实际上，c作为集中注意的行为处理，关涉于劳动品用，指向人口繁衍生存的活动行为；d作为先要注目的符号语言，关涉于用品器具，指向工具符号建设的进化发展。对于它们之间的交融关系，再概括地分析一下，可以这样认为：作为自然的人口繁衍生存的活动行为，是伸向原本基础的一极；作为人为工具符号建设的进化发展，是伸向根本目的的一极。

（三）再把"塑造单子球"依"A—B、c—d"正视面，联成"塑造单子群"（这里同有调转后的各种情况，为表示方便，此图仅从由"A—B、c—d"正视过去的一种情况解析，其他省略），于是有以下图式：

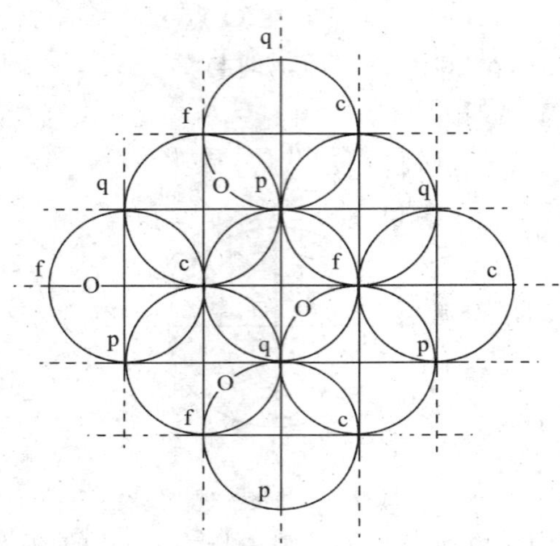

这里，在 qOc 域中的相交，表示生产交往。在 pOd 域中的相交，表示消费交往。在 pOc 域中的相交，表示生活交往。在 qOd 域中的相交，表示财富交往。由关于“单子群”的如此情况可以看出，这里形成了赋予意义的、可认为是塑造之物间的若干条链“⋈⋈⋈”：一是生产链（q ⋈ c ⋈ q）；二是消费链（p ⋈ d ⋈ p）；三是财富链（q ⋈ d ⋈ q）；四是生活链（pcp）。它们相互交错在一起，其统摄并归摄于交换流通，由此可形成基本范畴图式。这可被称之为经济链，这是指向“义利”的“（财富）生产—交换流通—消费（生活）”的经济链。这制约着单子群的和谐。

另外，由此图又可以看出，还有贯穿社会塑造之物间的两条线，这两条线与前四条链形式上有所不同。前面的链其形式是，每一个链都是由单子之间互渗构成的。而这两条线却是分别直贯单子中介面的上下左右四极，并且处在与之相交的圆的切点上。这样，线是否落在每个单子圆的四极上，是否正好切在相应圆的切点上，并且中间穿过相应圆心、分别与生产链、消费链、财富链、生活链相交叉，决定着单子圆的构成是否圆满，由此来标示它是四个链的集中表现。这可认为是被赋予意义的社会塑造之物间的政治线。作为政治线，这其中，一是占有线（p—q—p），涉及人的活动中对工具及生产成果作出趋向和谐的社会支配方式；二是管理线（c—d），涉及人的社会行为在社会符号中按规则化要求而指向和谐，其统摄并归摄于统治治理，由此可形成指向"正义"的"占有—统治治理—管理"的基本图式。这可被称之为"政治线"。这两种线与四种链一起，不论哪一个发生偏差都影响单子及单子群的协调和谐。

综合起来，涵盖"线"与"链"形成的"网"，统摄与归摄、统调与被调于"线"与"链"共同表示"交往沟通"；这便形成指向"义成"的"（人口繁衍）生存（活动行为）—交往沟通—（工具符号）建设（进步发展）"的"社会网"。基于"线""链"综合的"网"，在总体上形成着在塑造单子群中表示的和谐。其综合含义可如下图所示：

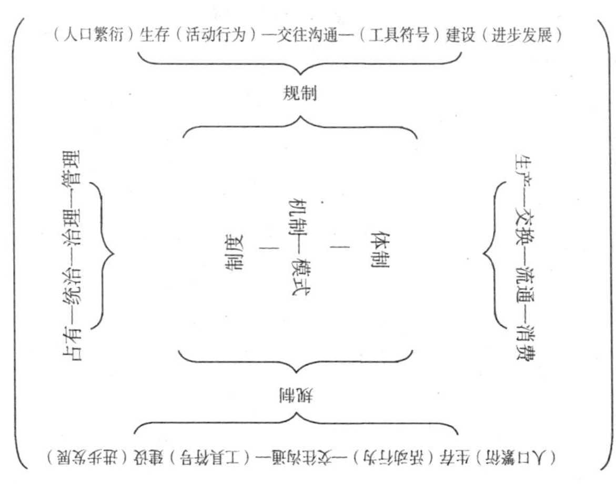

总之，以上所描述的每个单子圆都是个完整单位，而由诸多单子构成的单子群，又形成一个大的单位，这又可看成是一个大单子。[①] 其中单子的诸极是要伸展（发展）的，在此过程中带来单子或单子群的不协调；这又带来单子诸因素、单子群的诸链和诸线在新的变化运动中，开始趋于新的协调圆满和和谐。在新的协调中，单子或单子群又形成着新的圆满。新的圆满又形成着一个更大单子圆的圆满……这时可以看到这样的图式表示：A—B以O为中心向c—d、p—q等等转动，总能圆满地与c—d、p—q等等重合，这是协调和谐的显露；而c—d或p—q等等向A—B转动，也总能圆满地与A—B重合，这是协调和谐的潜生。

（四）塑造单子的和谐。

在塑造单子群中，整个的和谐圆满有赖于每个单子诸因素的和谐及其圆满；而单子群的整体和谐圆满又制约着每个单子自身诸因素的和谐及其圆满。这种和谐圆满标示着所走向的文明。

走向圆满的和谐，体现着人们所意识到的形而下与形而上经由“对立统一”走向“同一”。这符合于圆和多边形作为例子所标示的情况，它们之间各因素关系线与理想图式所标示的各因素线的接近或走向同一，就像渐近线一样，在延伸中彼此不断接近，既不重合，而其极限状态又是重合的。它们之间经由“对立统一”而达到同一似乎是在渐进中的无止境过程，而同时又是可以在突变的超越中经由“对立统一”形成同一的过程。这可以说明：哲学并非无条件地直接就是科学，而科学也不直接就是哲学；然而哲学是统摄科学的，并且科学是指向哲学的；

① 见张全新：《塑造论哲学导引》，人民出版社1996年版，第933页。

同时在趋于极限的意义上，科学走向超越的指向，是指向哲学的。

概言之，哲学追求的是形而下与形而上经由"对立统一"而走向"同一"。在这里，形而上达到的是普遍必然性，形而下体现着这种普遍必然性。人去意识，追求形而下与形而上的统一，重要的是在 A—B、c—d、p—q 之间的同构、同态、同规、同律关系中实现科学与哲学的映照，以达于"和谐""圆满"。

《塑造论哲学导引》由塑造单子和谐的思想，对哲学与科学的关系作出的论述是：从学问的角度说，哲学是追问形而上的，科学是探究形而下的。这里就前面所说单子圆的运转来讲：作为形而上向形而下的显露，可认为是哲学向科学显露的轨迹；作为形而下依形而上的潜生，可认为是科学依哲学潜生的轨迹。

也就是说，由塑造单子及单子群和谐的理想设定，及其内在诸因素走向和谐的运转，便可确定哲学与科学的关系：

哲学只有当塑造单子处在能达到圆满才能显露为真正的科学，从而成为哲学统摄下的科学；科学只有当塑造单子处于能达到圆满才能潜生为真正的哲学，从而成为科学支持着的哲学。

科学只有被哲学所理解才成为真正科学的，但哲学本身并不等于科学学科；哲学只有成为科学的才能成为真正被理解的，但科学本身又不等于哲学。如果把科学学科当成哲学，就会产生哲学的非哲学化倾向；而要确立哲学，又必须有科学的支持。哲学体系是依赖于科学而成为科学的哲学体系的，通过科学的语言才能表达出哲学，但哲学并不是科学理论本身，而是塑造单子的"圆满"。这里就要借助于"塑造单子"刻画的那种关系，对如何才得以指向"圆满""圆满"如何成为可能或讲"何以可能"作出哲学论证了。

所以，哲学应抓住塑造单子及单子群所刻画的关系及其各种情况，追问若干情况中运转的协调统一，这才能实现基于科学的哲学潜生。因此，真正展开哲学体系，就必须抓住塑造单子就其中刻画的某种具体关系为细胞来显露各门学科与哲学的关系。[①]

（五）塑造论哲学的展开。

在塑造论哲学的展开中，基于以上哲学原理，首先，塑造论哲学强调了哲学方法实现于哲学史之中，这是一个层次。其次，塑造论哲学对于理论、艺术、技术、伦理这几个领域由塑造单子及其和谐为基础，进行解析，这是又一层次。再一层次，是具体论证塑造论哲学之经济学的哲学基础、塑造论哲学之政治学的哲学基础、塑造论哲学之社会学的哲学基础。这其中，从经济人悖论说起，特别证明经济必然性和有成性；从政治人悖论说起，特别证明政治必然性和有成性；从社会人悖论说起，整体证明社会必然性和有成性；在总体上实现着从文化人悖论说起，特别综合地证明处于文化人类与人类文化关系中的人类必然性和有成性的情况。

这种展开了的研究，是为了把塑造论哲学体系完整地建构起来，既表现为塑造论哲学对各门科学学科结论的统摄，又显示了各门科学学科对塑造论哲学原理的支持。总而言之，本书所要论证的是塑造论哲学之各门科学学科哲学基础，不是各门科学学科本身。也就是说，我们的这种建构不能直接说就是各门科学学科体系，而是在塑造论哲学视野下把塑造论哲学的原理和方法贯彻于各门科学学科为其提供解决自身难题的关于其哲学基础的体系，这里是依塑造论哲学原理通过塑造单子解析为各门科学学科提供寻求必然性证明的基础，同时又是依塑造单子实现塑造论哲学所揭示的“两大系列”[②] 的证明和证实，这

① 见张全新：《塑造论哲学导引》，人民出版社 1996 年版，第 935 页。

② 见张全新：《塑造论哲学导引》，人民出版社 1996 年版，第 54～58 页。

也是对整个必然性何以可能的证明，是为了对塑造论哲学加以证实，旨在使塑造论哲学体系完成得更加彻底。

三、图式中社会学主要范畴解析

（一）作为两极的"（人口繁衍）生存（活动行为）"和"（工具符号）建设（进步发展）"。

关于"人口"（population）。这是指生活在特定地域、特定时期，具有一定数量和质量人的总称。这是社会生活的基础，是社会生产力最基本的构成要素和生产关系的体现者。人口具有自然属性和社会属性。人口的自然属性指人是自然界的物种，具有生命的机体组织。同其他生物一样，人也有出生、成长、衰老、死亡的自然发展过程，需要维持和延续生命，要不断地进行自然的新陈代谢。整个人口总是进行着生产再生产。人口的社会属性则指任何人类社会的人口都是由一定数量的社会人所构成，人口现象本质上是一种社会现象，人口的存在和发展是由社会生产方式决定的。人口的各种关系，如性别关系、家庭关系、种族关系、民族关系、宗教关系、文化关系等等，总是要带上社会性质。在阶级社会里，人口是划分为阶级的。

关于"繁衍"。即繁殖衍生。"繁殖"，指生物产生新的个体，以传接后代。"衍生"初始常用于生物学；指较简单的化合物所含的原子或原子团被其他原子或原子团取代而生成较复杂的化合物；这里成长的化合物即衍生物。后来，这个词由原来的最初意义，演变成亦可指人口的发生演变，用以指谓人口繁衍。而人口繁衍又离不开性。

关于"生存"。即生命的存活。这里的最基本含义是保存生命，与死亡相对；在此意义上讲"生存繁衍"更精确讲是"生死繁衍"，出生往往作为生出的个体讲他自己是无法真正驾驭的。死亡又是生命个体自身无法反过来经验、回顾的。有人讲死了又救过来，严格讲，他当时并没死，所以说他并未经验死亡，只能说是对临近死亡的经验。死是人们预知的结局，这是从他人死亡来猜测、推论和预知的。作为人的生命，在其存活中必定要发生社会关系；也就是说，主要是社会存在的生存；这是在社会实践中作为衍生活动的生存。

关于“活动”。这里涉及一般意义上的活动，基本含义是指谓人的活动；就实质性的拓展来说，显然是为达到某种目的而采取的行为。

关于“行为”。这里强调的是人的行为；而人的行为从根本上说总是带有社会性质；有社会行为是人与其他生物的根本区别。社会行为作为人类区别于其他物种的标志性特征，当人们与社会环境发生关系，介人社会生活时，他们的所作所为便成为社会行为。抽象地说，社会行为就是社会人与环境相互作用的结果。这里通常指人们关于社会生活的各种活动。马克思主义认为，对具体的社会行为应历史地看待。人的社会行为，在其生存的特定社会中有其特定社会的特征，例如在阶级社会中有其阶级的特征。从分析的角度讲，人们往往根据不同的标准把社会行为分为以下几类：①个人的社会行为（个别社会行为者的活动）和集体的社会行为（集体参与的社会行为）；②直接的社会行为（不通过中介环节而对社会环境作出的直接社会反应）和间接的社会行为（经过中间媒介而对社会环境作出的间接社会反应）；③民间的社会行为（主要偏重于指向民众的社会行为）和官方的社会行为（行为主体主要偏重于指向政府）；等等。

关于“工具”。其基本内涵是进行生产劳动所使用的器具，这是作为主体的人在劳动中使用以达到目的的器具。

关于“符号”。就社会符号来讲，表现着社会实体。社会实体（Body），通常说，这是由进行社会活动的人或组织构成的作为社会实在的社会主体和客体的综合称谓。用马克思主义的语言讲，这是关于作为社会关系总和的现实部分，这是一种物质实体性的客观实在，是物质实体性的基础。这样，社会中种种社会组织等成为该社会的重要社会实体。种种社会符号是作为社会实体的表现及标志而出现的。社会符号表现出社会实体中的社会关系。社会关系通常是指人们在社会生活中基于某种社会利益而发生的相互联系。由塑造论哲学讲，它是社会角色之间的相互关系，表现着社会角色之间的相互作用和影响。这种社会角色关系既包括个人之间的关系，也包括社会、团体、集团及各社会领域的机构等等之中的社会角色或社会符号形成的关系。应当认为，这里外显或外现着实际的社会属性，是一种客观实在。在特定社会角色中的特定社会关系，规约并整合着人们的社会行为。

关于"建设"。直接说这是指增加新设施、创建新事业。由狭义往广义上说，这不仅指经济建设、政治建设等等，而总的说是指社会建设。

关于"进步"。人类进步，是在人类在动物进化基础上实现的。"进化"，原指物种由无序到有序、由简单到复杂、由低级到高级的逐渐变化。以物理学耗散结构的语言讲，进化是熵减，这与熵增相对；熵减是在与熵增相辅相成中实现的。研究进化的理论，曾出现生物进化论，并延伸于人类学。而社会进化论，是将生物进化论的概念借用于社会学研究，认为人类社会是自然界的延续。对于人类社会，不能简单地理解成等同于生物界或动物界的"进化"。自然界中有物种进化的规律，人类社会有历史变迁的规律。这样，社会变迁成为社会学必须研究的现象。对此，从人的社会行为学及社会心理学上讲，学者们认为，在社会变迁中，既有先是整个社会发生变迁，作为个体的人随之而发生变化；也有先是少数人的行为改变，然后才有多数人的行为的改变。而总起来说，只有成为多数人完成的行为改变，才能成为一种显著的社会变迁。即使改变是初步的或少数人的行为改变时，社会的变迁也作为一种潜流而存在。这种潜流的发生也同样是一种变迁，只不过还未显现到社会的表面。构成社会变迁的个人行为的初步改变，在社会学上，叫作态度的改变。态度是人们对于刺激的反应。社会潜能变迁和社会实现变迁同样重要，由了解社会潜能变迁可以充分理解社会变迁的征象和现实社会问题的起因，应特别予以重视。社会的变迁，有进步的变迁也有非进步的变迁，这里我们特别列出的是进步的变迁，这才谈得上“发展”。

关于“发展”。进化不一定是发展，而发展一定包括进化。对于社会的发展不能仅理解为渐变、改良过程，而应在肯定人类社会发展是一个自然历史过程的同时，重视社会变革、社会革命在人类社会进步、社会发展中的重要作用。适时强调社会变革、社会革命，对于在人的能动改造作用中推进社会的进步发展，有重要意义。

（二）作为两极归摄其中的“交往沟通”。

在塑造论哲学提出的社会学图式里，中间标示出的是“交往沟通”。在外文概念中与此相关的词大体上有：英文的 communication、interaction，法文的 commerce，德文的 verkehr，等等。英文中的 communication，本义是传播、传达、传递、传染、通信等等，并与消息，信息相关。这个词大体是在 14 世纪晚期进入英文的；最初源自古典拉丁语的 communicare，此从 communis 派生出来；直接语源来自法语的 communicacion，意为分享、传达、联合、参加，法语中后来与此意思大体相同的有 commerce。德文中的 verkehr，其英文对应词是 intercourse。intercourse 意指交往、交际，贸易的交流、思想的交流，还与交媾、性交相通。另外，英文中还有个更强调相互作用、相互影响的词 interaction，亦常译为沟通。

1. 马克思在致安年柯夫的信中提到他所使用的法文 Commerce 这个术语时指出："我在这里使用'Commerce'一词是就它最广泛的意义而言，就像在德文中使用的'Verkehr'一词那样。"[①]

马克思、恩格斯在《德意志意识形态》中讲到生产时，特别写道："生产本身又是以个人彼此之间的交往［Verkehr］为前提的。这种交往的形式又是由生产决定的。"[②] 对于德文中的这个词，1960 年版《马克思恩格斯全集》第 3 卷中曾专门注释说："在《德意志意识形态》中'Verkehr'（交往）这个术语含义很广。它包括个人、社会团体、许多国家的物质交往和精神交往。马克思和恩格斯在这部著作中指出：物质交往——首先是人们在生产过程中的交往，这是任何另一种交往的基础。《德意志意识形态》中所使用《Verkehrsform》，《Verkehrsweise》，《Verkehrsverhältnisse》（'交往形式'、'交往方式'、'交往关系'）这些术语，表达了马克思和恩格斯在当时所形成的生产关系的概念。"[③] 恩格斯后来在谈到这一范畴时说："我们在《宣言》中使用了'Verkehr'一词，通常是从'Handesverkehr'［'贸易关系'］意义上使用的。"[④]

马克思早在《1844 年经济学哲学手稿》中，就明确把人的

---

① 马克思：《马克思致帕维尔·瓦西里耶维奇·安年柯夫》，《马克思恩格斯文集》（第 10 卷），人民出版社 2009 年版，第 44 页。

② 马克思、恩格斯：《德意志意识形态》，《马克思恩格斯文集》（第 1 卷），人民出版社 1996 年版，第 520 页。

③ 参见关于马克思、恩格斯《德意志意识形态》中《费尔巴哈》的注释，《马克思恩格斯全集》（第 3 卷），人民出版社 1960 年版，第 697 页。

④ 恩格斯：《致劳拉·拉法格》，《马克思恩格斯全集》（第 39 卷），人民出版社 1974 年版，第 300～301 页。

自然交往视为人生存的基本条件，他反复提到“同别人的实际交往”[①]。在《德意志意识形态》中，马克思、恩格斯从各个角度，先后涉及了“个人的交往”“相互交往的人们”“世界交往”，反复探讨“人们的普遍交往”“交往形式和交往本身”“各种交往形式的相互联系”“交往的力量”“生产力的交往形式”“生产力和交往手段”“生产力和交往形式”“交往形式与个人的行动或活动的关系”“生产方式和交往方式”“最发达的交往形式”“普遍交往”等概念。[②]

马克思重视论述“现实中的人”：“这些个人是从事活动的，进行物质生产的，因而是在一定的物质的、不受他们任意支配的界限、前提和条件下活动着的。”[③] 他指出：“每个个人和每一代所遇到的现成的东西：生产力、资金和社会交往形式的总和，是哲学家们想象为‘实体’和‘人的本质’的东西的现实基础。”[④] 所以马克思在《关于费尔巴哈的提纲》中强调，“人的本质”“在其现实性上，它是一切社会关系的总和”。[⑤] 因为生产作为社会性的生产，是许多个人的共同活动，“这些力量只有在这些个人的交往和相互联系中才是真正的力量”。[⑥] 马克思认为，

---

① 马克思：《1844年经济—哲学手稿》，人民出版社1979年版，第79页。

② 马克思、恩格斯：《德意志意识形态》，《马克思恩格斯文集》（第1卷），人民出版社2009年版，第533、538、539、540、542、567、574、575、577、579～580页。

③ 马克思、恩格斯：《德意志意识形态》，《马克思恩格斯文集》（第1卷），人民出版社2009年版，第524页。

④ 马克思、恩格斯：《德意志意识形态》，《马克思恩格斯文集》（第1卷），人民出版社2009年版，第545页。

⑤ 马克思、恩格斯：《关于费尔巴哈的提纲》，《马克思恩格斯文集》（第1卷），人民出版社2009年版，第501页。

⑥ 马克思、恩格斯：《德意志意识形态》，《马克思恩格斯文集》（第1卷），人民出版社2009年版，第580页。

物质生产和由此产生的交往形式应该被"理解为整个历史的基础"[①]。马克思讲道："随着生产力的这种普遍发展，人们之间的普遍交往才能建立起来。"这里的"普遍交往"德文原词是weltrerkehr，这成为马克思在19世纪世界市场形成的时期，对当时交往程度和发展趋势的概括性用语。有时马克思、恩格斯又在"世界交往"的用语中讲这个问题。他们讲到，由于"普遍交往……最后，地域性的个人为世界历史性的、经验上普遍的个人所代替"。而这是"以生产力的普遍发展和与此相联系的世界交往为前提的"[②]。

综观马克思关于交往理论的论述，其很大贡献在于，第一，马克思主义将交往与生产实践紧密地联系在一起。通过生产劳动人类才真正使自己与动物区分开来。因此，将全部社会交往建筑在生产实践的基础上，正是人类交际超越于动物交往水平的明显标志。物质资料生产本身就是对象性和交往性的统一。一切社会交往行为，只有最终追溯到变革客观世界的对象化活动，才算是找到了根。失去了这个根，把交往活动孤立起来考虑，就会导向两个极端：或者把全部人类交往活动归结为"刺激一反应"的生物行为模式，从而导向行为主义机械论；或者只看到交往过程中的心理过程和意向活动，忽略了交往首先是一种客观物质活动，这就导向了心灵主义。第二，马克思主义交往理论的另一个贡献是将人类社会交往区分为物质交往和精神交往两大类型，并指出后者归根到底是前者的产物。马克思、恩格斯说："思想、观念、意识的生产最初是直接与人们的物质

① 马克思、恩格斯：《德意志意识形态》，《马克思恩格斯文集》（第1卷），人民出版社2009年版，第544页。

② 马克思、恩格斯：《德意志意识形态》，《马克思恩格斯文集》（第1卷），人民出版社2009年版，第538～539页。

活动，与人们的物质交往，与现实生活的语言交织在一起的。人们的想象、思维、精神交往在这里还是人们物质行为的直接产物。表现在某一民族的政治、法律、道德、宗教、形而上学等的语言中的精神也是这样。”[①] 第三，马克思、恩格斯除了表明了一切精神交往都是物质生产和交往的产物这一基本思想之外，还有两点值得注意：首先，他们将“物质活动”与“物质交往”“精神生产”与“精神交往”一起论述，引申了实践的对象性与交往性相统一的原理；[②] 其次，他们认为，“物质交往”体现在“现实生活和语言”中，“精神交往”则表现在“政治、法律、道德、宗教、形而上学等的语言中”，并认为二者是“交织在一起”的。

在马克思主义看来，“交往”在基础上主要体现于“生产关系”。马克思强调，生产关系是人们在物质资料生产过程中形成的相互关系。它是生产方式的一个方面，是物质生产的社会形式。与一定的社会生产力相适应的生产关系的总和，即经济关系。这是人类社会存在和发展的基础。马克思主义认为，在社会生产过程中，除了有人与自然之间的关系之外，重要的在于人与人之间所结成的一定关系，这是在人类社会中作为基础的关系。人们如果不以一定的方式结合起来共同活动，便不能进行生产。孤立的一个人在社会之外进行生产，那是偶然的和罕见的事情，而且是难以持续存在的。马克思主义政治经济学同资产阶级政治经济学的根本区别之一，就是它反对从单个的、孤立的人出发研究生产，而总是强调物质生产的社会性质和社

---

① 马克思、恩格斯：《德意志意识形态》，《马克思恩格斯文集》（第 1 卷），人民出版社 2009 年版，第 524 页。

② 参见万光侠：《市场经济与人的存在方式》，中国人民公安大学出版社 2002 年版，第 163、164 页。

会形式，强调人们在生产中所结成的一定的、必然的、不以他们的意志为转移的生产关系。生产关系是马克思主义政治经济学中的重要范畴。

在马克思和恩格斯的较早著作《神圣家族》（1845）中，就提出了"人对人的社会的关系"这样的概念，其中已经接近关于生产的社会关系这个思想。前已提到，在《德意志意识形态》一书中，使用了物质关系、社会关系以及交往形式、交往方式、交往关系等概念。这里所要表示的正是人们的生产关系。不过，在马克思的著作中，"交往"一词，有时在更广泛的含义上使用，它还包括例如社会团体之间、国家之间的物质交往和精神交往关系。在《德意志意识形态》一书中，也出现过"生产关系"一词，但它的含义是指人们在生产中同生产资料的技术关系，是指"小规模的粗陋的土地耕作和手工业式的工业"[①]。在《哲学的贫困》一书中，马克思进一步使用了"生产关系"概念。例如："每一个社会中的生产关系都形成一个统一的整体"，"人们生产力的一切变化必然引起他们的生产关系的变化吗?"[②]人们通常认为，在马克思主义文献中，关于"生产关系"有狭义和广义的不同情况。狭义的生产关系指直接生产过程中人与人的关系。广义的生产关系则包括再生产过程中的一切经济关系，其中有直接生产过程中的关系、分配关系、交换关系和消费关系，也包括作为一定生产的前提和基础的社会条件。广义的生产关系的各个方面并不是孤立存在的、互不相关的，而是紧密联系和相互作用着的"统一的整体"，它们共同构成生产关

① 马克思、恩格斯：《德意志意识形态》，《马克思恩格斯文集》（第1卷），人民出版社2009年版，第523页。

② 马克思：《哲学的贫困》，《马克思恩格斯文集》（第1卷），人民出版社2009年版，第603、613页。

系体系。

在马克思主义看来，作为整体意义的“生产关系”是由“生产力”决定的，并作用于生产力。马克思主义特别强调生产关系和生产力之间内在的、本质的必然联系，决定着生产方式的发展变化和社会经济形态的更替。这是在一切社会经济形态中都起作用的共有规律。马克思、恩格斯在1845—1846年写成的《德意志意识形态》中，第一次全面论述了生产关系与生产力之间的内在联系。在《哲学的贫困》和《共产党宣言》中，马克思、恩格斯又以更明确的表达方式把这一发现公之于世。1859年在《政治经济学批判》序言中，马克思对生产关系同生产力的关系作了如下表述：“人们在自己生活的社会生产中发生一定的、必然的、不以他们的意志为转移的关系，即同他们的物质生产力的一定发展阶段相适合的生产关系。这些生产关系的总和构成社会的经济结构，即有法律的和政治的上层建筑竖立其上并有一定的社会意识形式与之相适应的现实基础。”“社会的物质生产力发展到一定阶段，便同它们一直在其中运动的现存生产关系或财产关系（这只是生产关系的法律用语）发生矛盾。于是这些关系便由生产力的发展形式变成生产力的桎梏。那时社会革命的时代就到来了。随着经济基础的变更，全部庞大的上层建筑也或快或慢地发生变革。”① 马克思主义还认为，生产方式由生产力和生产关系两个方面构成。生产力作为人类利用自然、改造自然的社会物质力量，是生产的物质内容；生产关系作为人们在生产过程中结成的经济关系，是生产的社会形式。内容和形式是统一的，又是有矛盾的。一方面，生产力和生产关系有机地联系在一起，既不存在离开生产力的生产关

① 马克思：《〈政治经济学批判〉序言》，《马克思恩格斯文集》（第2卷），人民出版社2009年版，第591～592页。

系，也不存在离开生产关系的生产力。另一方面，在社会生产中，生产力是最活跃、最革命的因素，而生产关系同生产力相比，则有相对的稳定性。因此，随着生产力的不断发展，必然会使原来同生产力相适应的生产关系，变得不相适应，从而要求以新的生产关系代替旧的生产关系。新生产关系也不可能永远是新的，随着生产力的更进一步发展，它又会由旧变新。在生产力与生产关系之间，矛盾不断产生又不断解决，从而推动着人类社会向前发展。生产关系与生产力的矛盾是社会的基本矛盾。

马克思主义强调，生产力对生产关系起最终的决定作用。在物质资料生产过程中，人们建立什么性质的生产关系，这种生产关系具有什么样的基本特征和具体形式，归根到底是由当时的生产力状况决定的。所谓生产力状况，就是指生产力在不同发展阶段上所具有的质和量的规定性。其主要标志是生产工具。生产工具是人们在生产过程中用来直接对劳动对象进行加工的物件，亦称劳动工具。它被用于劳动者和劳动对象之间，起传导劳动的作用。生产工具是劳动资料的基本的和主要的部分。能制造和使用生产工具是人区别于其他动物的标志，是人类劳动过程独有的特征。人类劳动是从制造工具开始的。生产工具在生产资料中起主导作用。社会生产的变化和发展，始终是从生产力的变化和发展上、而且首先是从生产工具的变化和发展上开始的。生产工具不仅是社会控制自然的尺度，是社会生产水平的标志，也是生产关系的指示器。这是因为生产工具在生产力的发展中起着决定性的作用，生产力的质的飞跃是以生产工具的重大变革为先导的。因此，人们用石器工具、铁器工具、蒸汽机和电动机、电子计算机等等，成为生产力提高到新的阶段的主要标志。马克思说："手推磨产生的是封建主的社会，蒸汽磨产生的工业资本家的社会。”[①] 人类历史的发展表明，任何一种生产关系都经历着由新变旧，即由同生产力基本适合变为基本不适合的过程。生产力决定生产关系，生产关系又反作用于生产力，它们的交互作用是人类社会向前发展的根本动力。生产关系由适合生产力状况到不适合生产力状况，经过社会革命，又在新的基础上适合生产力的状况，这是一个不断前进的历史过程。

2. 胡塞尔在“一切人共有的主体间性（intersub jektivitat）世界”的意义上涉及交往的理论。这里的“主体间性”（德语 intersubjektivität，英语 intersubjectivity），又译为“主体际”“互主体性”“交互主体性”“交互主体”等。这一概念早期可以追溯到黑格尔，在胡塞尔那里得到了进一步阐发。

在胡塞尔那里，1901 年发表的《逻辑研究》，在论述语言交流表达的功能时，已触及“我”与“他人”的“交互主体性”问题。[②] 从 1905 年至 1909 年，胡塞尔开始着手从方法论上系统地探讨他人经验问题，把现象学还原看成“所有方法中最主要的方法”。1910 年冬季，胡塞尔以“现象学的根本问题”为题开讲，提出再当下化（Vergegenwärtigung）的所谓“双重还原”思想。由此，他一方面把这种“现象学的经验”延伸到在“同感”（Einfühlung）中被当下化的他人体验，另一方面把自然看作已经由现象学处理和整合过的一种“样标”（Index）。这个自然包括了一切在同感的联系中相互交织的“意识流”或者“我

① 马克思：《哲学的贫困》，《马克思恩格斯文集》（第 1 卷），人民出版社 2009 年版，第 602 页。

② 参见胡塞尔《逻辑研究》（Logische Untersuchungen，Ⅱ/1，Siebte Auflage，Max Niemeyer Verlag Tübingen，1995）第 32～37 页，即第一逻辑研究“表达与意义”的第七节“在交流功能中的诸表达”、第八节“在孤独心灵生活中的诸表达”。

一单子"（Ich-Monade）。胡塞尔讲，这在"交互主体性"中重要的是"同感"，这显然是受到被称为"慕尼黑现象学之父"的李普斯（T. Lipps，1851—1914）的启示，但胡塞尔不同意李普斯的解释。胡塞尔认为，同感并非"他人"经验（Fremderfahrung）在"我的"本己经验的一种插入[①]，不再是关于来自对他人外部躯体（Körper）的感觉域（Empfindungsfeld）的同感，而是一种外在的呈现如何被"解释"为内在的呈现系统，即一种新的、在本己的零位点（Nullpunkt）上定位的、被中心化的对他人以及世界的观照。这里的问题是：另一个亦如此处于中心而指向世界的观照点（Gesichtspunkt）如何可能。对于这个棘手的哲学问题，胡塞尔的考虑是，"我"绝不可以在自己的感觉域内对一个外在被感知的他人躯体直接发生同感。换言之，"我"并不可以直接地直观"他人"内在的感受、体验和经验。相反，"我"只有在我自己的意识里，对"他"的"观照点"再进行"当下化"的处理，才可能对他产生同感。引起"我"的再当下化意识的根据是，"我"已经不再把他的躯体单纯作为外在的躯体来感知，而是看成像"我"的本己身体（der eigene Leib）那样的另一个本己的身体。这就是所谓的"造对"（Paarung）理论，由此形成了胡塞尔处理他人构造问题的基本思路。胡塞尔在1921年5、6月至1922年初的讲座中，继续发挥他1910年冬季讲座所形成的见解，试图在一个系统的框架内，解决同感关系中相互并存的诸单子（意识主体）的现象学多样性，这就是胡塞尔提出的把先验自我学加以扩大的现象学单子论问题。在胡塞尔那里，这种单子论的结论，是通过各种

① 参见《胡塞尔全集》（第13卷）（Husserliana XIII，Zur Phänomenologie der Intersubjektivität，Erster Teil：1905—1920），即《关于交互主体性的现象学》（第一部分：1905—1920），第70～76页。

意识联系作现象学的先验反思而获得的。[①] 值得注意的是，胡塞尔在这段时间里，还研究了其他社会学家如齐美尔（G. Simmel，1858—1918）、韦伯（M. Weber，1864—1920）等人的思想，试图从他人的"观照点"出发，为社会学奠定一个先验哲学的基础。胡塞尔的研究包括：区分不同社会行为的概念，如单纯的同感行为概念、单纯的理解行为概念、在每个个体之上的"更高秩序上的位格性统一体"概念，等等。胡塞尔还探讨了，通过联结诸单子的"我—主体"（Lch-Subjekt），而实现诸单子联结的各种可能性。在1926年至1927年的冬季学期，胡塞尔以"现象学导论"为题开设讲座，对交互主体性的研究又作了新的发展。这时候，他研究现象学的着眼点，不是寻找那种确然认识的观念（die Idee apodiktischer Erkenntnis），也不是还原到确然的自我的我思活动，而是建立作为哲学知识出发点的普遍科学的观念。在他看来，鉴于科学基本概念的不明确性，有必要对此来一次彻底的沉思，从而找到在一切科学中所共有的东西——那个在人的纯粹经验中呈现的世界。[②] 这就是后来在《危机》中着重处理的"生活世界"（Lebenswelt）。《沉思》是胡塞尔生前发表的三部现象学导论式著作中的一部，这对于研究他的先验现象学，特别是交互主体性理论有重要意义。在这部著作中，胡塞尔把他以前主要是20世纪20年代对交互主体性的研究加以系统化，从而使交互主体性，特别是关于他人经验，在先验现象学的基础上能够有一个比较完整的理论形式。在这部著作的前四个沉思之后，胡塞尔又着力解决交互主体性的问题。

---

① 参见《胡塞尔全集》（第14卷），即《关于交互主体性的现象学》（第二部分：1921—1928），附录十八、二十三、二十四，文本九、十。

② 参见《胡塞尔全集》，文本二十至三十七。

由此可见，关于交互主体性的问题，具体说这是涉及的"我"和"他人"的问题，在胡塞尔哲学体系中总是绕不开的。尽管胡塞尔在《沉思》中对交互主体性问题作了相当详尽的论述，但是他对自己的研究并不感到满意。在 20 世纪 30 年代前后直到 1938 年去世为止的那些日子里，胡塞尔一再地重新考虑一些涉及交互主体性的哲学问题。例如，"本己"的和"非本己"的同感，作为单纯同感的社会行为和作为与他人发生交往的社会行为问题，等等。①

作为现象学社会学家的舒茨（Alfred Schutz，1899—1959），把生活世界概念引入社会学，并在知识社会学框架内，把生活世界视为文化再生产（culturale production）的场所和重要条件，它是生活在一起的社会成员所共有的，主要功能是促进人类之间的交往。可见，舒茨与胡塞尔的理解有所不同，舒茨所理解的生活世界是人们在其中度过日常生活所直接经验到的主体间性的文化世界，具有预先给定性特征，即存在于社会个体对它进行任何理论反思和理论研究之前。而米德和帕森斯等人，则要么强调生活世界的个性社会化层面，要么强调生活世界的社会制度层面。

舒茨在提出他的现象学社会学理论时，面对胡塞尔的理论困难，强化了"主体间性"的概念。胡塞尔把纯粹自我理解为意识行为的执行者，因而提出了"纯粹自我意识流统调者"这样的命题，强调意识体验的统调者是"中心""发射极"，又是"接受射入的极"。舒茨围绕于此，作了进一步论证，而且有了归结于社会化的论述倾向，并且涉及了语言符号。他认为，这样"纯粹自我"才具有被证明性。舒茨对于"交往"，很强调其

① 参见《胡塞尔全集》（第 15 卷），《关于交互主体性的现象学》（第三部分：1929—1935），文本二十九至三十八，附录三十至五十六。

中的“沟通”意义。可作为旁证的是，我国许多学者在翻译舒茨的著述时对此作了特别的辨析。例如：霍桂桓、索昕在对舒茨的专著《社会实在问题》进行翻译时，专门强调：他们“不按 interaction 的字面意义而把它译为‘相互作用’，而是根据社会理论的通行译法，译为‘互动’”。他们申明，其之所以“不像国内某些人的做法那样，把 communication 译为‘交往’，而是译为‘沟通’，因为后者不仅更贴近该语词的本意、同时也符合社会学界的一般译法，而且，舒茨在运用这个语词阐述其有关思想的过程中，侧重强调的并不是社会个体进行这种社会活动的外在物质维度、抑或形式的维度，而是其内在的精神性意义的交流维度，所以笔者采用后一种译法。”[①] 然而即使是把 communication 界定为“沟通”，舒茨理论的问题仍在于，在“主体间性”中“沟通”，依靠什么“沟通”？一个个的个体在沟通中怎样取得在意义问题上的一致性？舒茨并没有解决好。

3. 哈贝马斯（1929—）把“主体间性”视为其交往行为理论的基本概念之一，用来指称主体之间的相互性、共通性、共存性。哈贝马斯强调，这主体间性世界不是抽象的，而是人们生活于其中的具体的世界；这是一个无须论证的、自明的基础性世界。简言之，生活世界就是指社会成员生活于其中的现实而又具体的环境，它具有普遍性、直观性、基础性。哈贝马斯认为，在促使人们相互交往成为可能的层面上，以往传统社会学家如舒茨、米德、帕森斯等人对生活世界的理解是远远不够的，因为生活世界这个概念不能随便运用到社会学之中，所以为了避免社会学的困境，社会批判理论就必须采取语用学的立场，这需要引入生活世界概念来作为“交往行为”的互补概念。

① ［德］阿尔弗雷德·许茨：《社会实在问题》，霍桂桓、索昕译，中译本后记。华夏出版社 2001 年版，第 483 页。

早在《理论和实践》(1963)、《认识与兴趣》(1968) 等著作中，哈贝马斯就开始关注生活世界问题，而到他写出《交往行为理论》《后形而上学思想》(1988) 等著作，则较为详细地阐述了自己关于生活世界的学说。哈贝马斯指出，可以把生活世界概念首先作为理解过程的关系而引入进来，因为"交往行为主体"始终是在生活世界范围内相互理解的，他们的生活世界是由多少有些分散的、但总是固定的确实背景构成。这种生活世界背景是作为状况规定的源泉而设置的，这些状况规定又是"交往行为主体"作为固定的规定首先设置的。这样，一个"交往共同体"的成员就借助于他们的解释成绩，区分了客观世界 (die objiektive Welt)、他们主体内部划分的社会世界 (die soziale Welt) 与个人和其他集体的主观世界 (die subjiektive Welt)。也就是说，"交往行为主体"把各种有争议的、但需取得意见一致的状况关系首先设置为无争议的生活世界，这样生活世界就贮存了前辈们的解释成就。哈贝马斯关于生活世界的论述与其关于三个世界的论述是联系在一起的。所谓"三个世界"就是指：客观世界，即作为真实论断可能涉及的所有事态的总体，它要求真实性和有效性；社会世界，即作为规范调节的所有个人内部关系的总体，它要求公正性或正确性；主观世界，即作为行为者个人经历的总体，它要求真诚性。而总起来说，哈贝马斯强调，"生活世界"就是主体间性的世界，它要求真实性、公正性、真诚性。[①] 在生活世界问题上，哈贝马斯与胡塞尔、舒茨等人具有相似之处，他们都强调"生活世界"的直观性、整体性、基础性。哈贝马斯曾经说过，和一切非主题性知识一样，生活世界背景是潜在的，通过前反思才能表现出来。因而，生

① 参见［德］哈贝马斯：《交往行为理论》(第 1 卷)，洪佩郁等译，重庆出版社 1994 年版，第 77～78、100～101、141 页等。

活世界第一个特征就是直接明确性（das unvermittelte Gewissheit）。它赋予人们共同生活、共同经历、共同言说和共同行为所依赖的知识以一种悖论的特征。背景的在场既让人觉得历历在目，又让人感到不可捉摸，具体表现为一种既成熟又不足的知识形式。这样，生活世界第二个特征是其总体化力量（die totalisierende Kraft）。生活世界是一种总体性，具有一个中心和许多不确定的界限，这些界限可以穿透，但不能逾越，因为它们带有收缩性质。于是，生活世界第三个特征是背景知识整体论（der Holismus）。有了这种整体论，背景知识表面上是透明的，但实际上是无法穿透的。当然，哈贝马斯与胡塞尔、舒茨等人又有不同点，他认为生活世界是由不同要素混杂在一起的"灌木丛"（das Dickicht）。有研究者指出，在胡塞尔那里，生活世界是先验主体自我构造出来的视域总和，然后才展开为"主体间性的共同视域"。许多研究者这样认为，胡塞尔生活世界的终极性在于先验主体性，这表明他还没有摆脱主体中心主义制约；而哈贝马斯强调生活世界是通过话语相互理解的主体间性共同构建的世界，这样，他就从主体性转向了"主体间性"、从工具理性转向了"交往合理性"、从意识哲学转向了"交往行为理论"，从而实现了哲学范型的转换。①

哈贝马斯进一步指出，生活世界的各种要素，如文化传统、社会秩序以及个性结构，是贯穿于"交往行为"中的理解过程、行为协调过程以及社会化过程的浓缩和积淀；而产生并维持生活世界各种要素的，是有效知识的连续性、群体协同的稳定性，以及有能力行为者的出现。他说，这样，"我把文化称之为知识储备，当交往行为主体就世界上的某种事物获得理解时，他们

① 参见龚群：《道德乌托邦的重构——哈贝马斯交往伦理学思想研究》，商务印书馆 2003 年版，第 84～85 页。

就用这些知识储备来加以解释。我把社会称之为合法秩序，交往行为主体通过这些合法秩序，把他们的成员协调为社会集团，并从而巩固联合"。这就是说，使一个主体能够参与理解过程，并从而能论断自己的同一性。"交往行为"就是按照象征性内容的语义学领域、社会空间和历史时间构成的各个方面加以延伸的。交织为日常"交往实践网"的内部活动构成媒介，文化、社会和个人就是通过这种媒介进行再生产的。"这种再生产过程延伸到生活世界的象征型结构上"。他又讲道："我把社会称之为合法秩序，交往行为主体通过这些合法秩序，把他们的成员协调为社会集团，并从而巩固联合。"[①] 这样，社会秩序表现为制度秩序、法律规范以及错综复杂、而又井然有序的实践和应用；个性结构则表现为人的组织基础。由于文化知识传递、社会行为协调以及个性社会化，都是通过以语言为媒介、以相互理解为核心的交往行为来实现的。所以，生活世界作为"交往行为主体"一直在其中活动的视域，是在"交往行为关系"中表现出来的。对此，哈贝马斯在《道德意识与交往行为》中说，生活世界构成"交往行为"的前理解背景，同时给理解过程提供了富源。"交往行为主体"借助于理解过程来满足在"交往行为"中产生的理解需要，即"交往行为主体"如果要想以共同界说的"交往行为环境"为基础，实现他们的行为计划，那就必须对世界中某种东西有一致的理解。在这种情况下，他们就把作为存在事态整体的客观世界的形式概念定为关联系统，借助于这一系统他们可以制定当时情况是如何或非如何。然而，说明事态不过是语言理解的诸多功能中的一种。这样，语言行为就不只是服务于说明（或假定）各种情况与事件，"交往行为

① 参见［德］哈贝马斯：《交往行为理论》（第2卷），洪佩郁等译，重庆出版社1994年版，第189页；王凤才在其博士论文引用时对个别文字作了改动。

主体”以此同客观世界中的某种东西发生关联；语言行为同时服务于建立（或更新）个人关系，“交往行为主体”以此同社会世界中的某种东西发生关联；同样也服务于表现自我表达的种种体验，在此，“交往行为主体”是同主观世界中的某种东西发生关联。总之，生活世界包括文化、社会、个性三种结构要素，它既代表一种人们共同接受的价值规范和行为准则，又体现着个人社会化取向；它是主体进行交往行为的背景预设，是“交往行为主体”相互理解的信息储存库；是客观世界、主观世界、社会世界成为可能的前提条件。这样，哈贝马斯对生活世界结构就作了综合性理解。[①] 由这一理解可知，文化、社会和个性作为生活世界三种结构要素，与文化再生产、社会一体化（或社会整合）、个性社会化过程是相一致的，它们又分别对应着“交往行为”中的理解、协调、相互作用，而后者又与语言行为中的陈述、以言行事、表达相对应。换言之，就文化层面来说，人们“交往”不只是依赖文化资料作为“相互交往”的媒介，而是在“交往”过程中会同时传递和更新文化知识；在社会层面上，“交往行为”不只是调节不同意见和社会行为，并且会促使社会整合与人的归属感；在个性方面，“交往行为”通过社会化过程促使个性社会化。当然，生活世界结构要素的区分是相对的，这三种结构要素相互关联，形成了一个复杂的意义关系网，并通过语言媒介相互交织在一起，而“每一种再生产过程都为维持生活世界的一切因素作出了贡献”[②]。

在哈贝马斯那里，“交往”是个实践性概念。更明确地说，

① 参见张博树：《现代性与制度现代化》，学林出版社 1998 年版，第 60 页。

② 参见［德］哈贝马斯：《交往行为理论》（第 2 卷），洪佩郁等译，重庆出版社 1994 年版，第 194 页。

他认为交往本身是实践。所以哈贝马斯曾经使用过"交往实践"[①] 字样。哈贝马斯对交往或交往行为的论述，散见在他诸多著作中，而能给人们一个较明晰的概念性解释的代表作，最初是他的《什么是普遍语用学》。在那里，他曾提出人们的社会行为总体上分为三类：一类是"工具性行为"，它是按照以经验知识为基础的"技术规则"行事的、以工具为媒介的行为；第二类是"战略性行为"，它是按照以经验知识为基础的"行动方案"来进行"合理选择"的行为，即是"以成功为指向"的、以"有目的—理性行为之功利化模式"来行事的行为。第三类是"交往行为"，则与上两种行为显著不同。按哈贝马斯解释：它是两个以上的主体之间的"相互作用"，其功能在于建立人际关系，其他的社会行为则是交往行为的"衍生物"[②]。但是由于主体之间的"任何一种相互作用，都可建立人际关系"[③]，有的导致人与人的冲突、竞争，有的则导致人的和解与协调。因而在哈贝马斯那里，交往行为，其一是"以达到理解为指向的行为"；其二是从背景性交感出发的"交感性行为"[④]，即言者和听者通过相互解释，对他们共处的情境作出一致同意的"界定"而进行的交感式活动，其作用在于使"以达到理解为目的的行为"得以继续或重新开始。哈贝马斯声明，他把交往行为"限

① ［德］哈贝马斯：《生产力与交往》，中译文载《哲学译丛》1992年第6期。

② ［德］哈贝马斯：《交往与社会进化》，张博树译，重庆出版社1989年版，第40～41页。

③ ［德］哈贝马斯：《交往与社会进化》，张博树译，重庆出版社1989年版，第1页。

④ ［德］哈贝马斯：《交往与社会进化》，张博树译，重庆出版社1989年版，第35页。

定在以达到理解为指向的行为方面”[①]。但主体间要进行交感性、理解性的相互作用，总要借助什么。灵长目动物的相互作用主要是借助手势，类人猿的相互作用主要是借助符号。人们之间的交往当然也往往会借助符号，乃在原始符号与手势。但是人最主要和最普遍的是以“日常语言”（即“言语”“话语”或“交谈”）为相互作用的媒介。就是说，是语言“将人类从已被人类观察到的其他灵长类动物的符号性中介的相互作用中区别了出来”[②]。所以语言行为是人类交往的最主要形式，换言之，语言是“最基本的交往媒介”[③] 然而，“不论交往行为是否具有明晰的语言形式，它总是与行为规范和价值的关联域相联系”，它“定向于主观际地遵循与相互期望相联系的有效性规范”[④]，因而交往行为还是由规范导向的相互作用。基于以上情况，研究者往往把哈贝马斯关于交往或交往行为的基本规定性总括如下：“交往”是两个或两个以上的主体之间的以语言或符号为中介、以达到理解为目的，以他们共同认可的规范（包括社会规范与语言规范）为导引，从而建立起人际关系的“相互作用”[⑤]。

哈贝马斯把“交往”与“实践”相联系，但不同意把“交往”只归结于劳动。哈贝马斯强调，社会实践虽然包括“劳动”与主体间的“相互作用”，但劳动作为工具性行为，仅仅建立

---

① ［德］哈贝马斯：《交往与社会进化》，张博树译，重庆出版社 1989 年版，第 216 页注②。

② ［德］哈贝马斯：《交往与社会进化》，张博树译，重庆出版社 1989 年版，第 94 页。

③ ［德］哈贝马斯：《交往与社会进化》，张博树译，重庆出版社 1989 年版，第 61 页。

④ ［德］哈贝马斯：《交往与社会进化》，张博树译，重庆出版社 1980 年版，第 42 页。

⑤ ［德］哈贝马斯：《作为“意识形态”的技术与科学》，李黎、郭官义中文译本，学林出版社 1999 年版，第 62 页。

"主体与客体的技术理论关系"，而只有作为主体间相互作用的交往行为才能建立人际关系，所以主张把"劳动"与"相互作用"严格区分开来。哈贝马斯认为，生产活动是"有目的的理性行为"，而交往则是"道德—实践"行为①，其目的在于通过正常的合理的谈话以达到相互理解与谅解，建立起合理的人际关系。因此在他看来，在一切社会行为中，"我把达到理解为目的的行为看作是最根本的东西"，而只有通过交谈才能达到理解，所以语言行为才是最基本的交往行为，是故对交往"只有进行语用学分析才是适宜的"②。

根据哈贝马斯的理解，交往理性要求主体以语言为中介，进入互动状态。其中实际操作的应是交往行为，才能保证主体平等参与。关于交往行为，哈贝马斯指出："是这样构局的：种种理解行为把不同参与者的行为计划联接起来。……理解过程以一种意见一致为目标，这种一致依于以合力推动的对一种意见内容表示同意。意见一致不能强加于另一方，不能通过处置加于对方：明白可见地通过外在干预产生的东西，不能算作达于意见一致。意见一致是基于共同的信念。这些信念的产生可以依照对一种建言表态的模式来分析。只有当对方接受其中包含的提议，一个人的语言行为才能达到成功。"所以哈贝马斯十分重视对语言交往进行语用学分析，认为人们的日常语言具有三种功能：呈示性功能（呈示某种东西）、表达性功能（表达某个意向）和交往性功能（建立人际关系）。从而交往就具有"三种模式"：认识式交往、表达式交往和相互作用式交往。但对交

---

① ［德］哈贝马斯：《交往与社会进化》，张博树译，重庆出版社1989年版，第179页。

② ［德］哈贝马斯：《交往与社会进化》，张博树译，重庆出版社1989年版，第121页。

往理论来说，只有“相互作用式交往”才是最重要的，因为只有通过“调整性语言”的运用，才能调整人与人的交往以建立合理的人际关系。所以，哈贝马斯说他把语言行为的“第三种功能方面”即“人际关系方面”作为“交往行为理论的核心”，并声称“把言语行为理论当作我的出发点”①。于是交往理论在哈贝马斯那里最终被收缩成一种“言语—行为理论”②。总之，在哈贝马斯理论中，认为最基本的交往是“语言交往”，而不是“物质交往”；他的交往理论是以语言行为的研究为出发点，而不是以“物质交往”的研究为出发点。③

分析哈贝马斯理论对以上问题的强调，应当认为，哈贝马斯理论中对于他使用的 communication 这一概念，对应于中文的译名，与其说重在“交往”，不如说重在“沟通”。

所以我国一些学者指出，应当重视对于哈贝马斯理论中的“Kommunication”（德语）和“communication”（英语）的翻译，予以辨析。例如孙国东在其论文《“交往”，抑或“沟通”？——哈贝马斯理论中“Kommunication”译名辨兼及“Law As Communication”的翻译》④ 中，专门就此进行了论述。文章指出，从总体上看，哈贝马斯理论中的“communication”（有人译为“交往”也有人译为“沟通”）是与其“com-

① ［德］哈贝马斯：《交往与社会进化》，张博树译，重庆出版社 1989 年版，第 35 页。

② ［德］哈贝马斯：《交往与社会进化》，张博树译，重庆出版社 1989 年版，第150～152 页。

③ 以上参见欧力同：《交往的理论：马克思与哈贝马斯》，《上海社会科学院学术季刊》1993 年第 4 期；曹卫东：《communication（交往）》。

④ 原载［比］马克·范·胡克：《法律的沟通之维》，孙国东译，法律出版社 2008 年版，第 347～361 页。（来源网址：复旦大学社会科学高等研究院 http：//www. ias. fudan. edu. cn/Results/Detail. aspx. ID＝1246）

municative paradigm"（有人译为"交往范式"也有人译为"沟通范式"）相联系的，是其意欲取代始自柏拉图，止于康德、黑格尔的形而上学思维即意识哲学范式的一种努力。在哈贝马斯看来，意识哲学是形而上学的主要样态，又是一种主体哲学，而他正是通过将"主体性"（subjectivity）强化为"交互主体性"（intersubjectivity），建构了一种"后形而上学"时代的哲学，其理论基础即是其"the theory of communicative action"。从其早期著作中看，哈贝马斯之所以强调"communicative action（行动）"，是针对着马克思"社会劳动"概念。在哈贝马斯看来，马克思把劳动作为人类物质生产活动和精神发展过程的统一基础在本质上仍未脱离意识哲学，它根植于主宰自然的主体主义雄心，缺乏交互主体性的向度，也因之忽略了互动、特别是"communicative action"的作用。他说："马克思对相互作用和劳动的联系并没有作出真正的说明，而是在社会实践的一般标题下把相互作用归之劳动，即把交往活动归之为工具活动。生产活动调节着人类周围自然的物质变换，正如（黑格尔）耶拿时期的《精神哲学》中所说，工具的使用促使劳动着的主体与自然客体联系起来——这种工具活动，成了一切范畴产生的范式；一切都融化在生产的自我活动中。"①

哈贝马斯将"劳动"或曰目的理性行为理解为工具行动，或者合理的选择，或者两者的结合。工具行动按照技术规则进行，而技术规则又以经验知识为基础，这种合理的选择又是一种策略行动。② 这种行动正是其后来详细阐述的沟通行为的对立

---

① ［德］哈贝马斯：《作为"意识形态"的技术与科学》，李黎、郭官义译，学林出版社 1999 年版，第 33 页。

② 参见［德］哈贝马斯：《作为"意识形态"的技术与科学》，李黎、郭官义译，学林出版社 1999 年版，第 49 页。

面，是与强调人的主体性的意识哲学相一致的。而“communicative paradigm”的诞生证明了“意识哲学的范式已经枯竭。……枯竭的症状应消融于对相互理解范式的转换之中”。[①]在《后形而上学思想》等著作中，哈贝马斯为其“communicative paradigm”的确立奠定哲学基础。在他看来，始于柏拉图，止于康德、黑格尔的这种绵延了两千多年的哲学传统尽管内部各不相同，但“一般都把存在者的存在问题作为出发点”，“追求的永远都是普遍性、永恒性和必然性”，因此，在本质上是“一种本体论意义上的形而上学思想”。这种意识哲学范式下的形而上学表现为：同一性思想、唯心论、作为意识哲学的第一哲学和强大的理论概念等，但是后黑格尔哲学已经从“形式（程序）合理性”“理性的解先验化（情境化）”“语言学转向”和“实践之于理论的优先性”等四个方面根本上动摇了形而上学。在这样的背景下，“只有转向一种新的范式，即‘communicative paradigm’，才能避免作出错误的抉择”[②]。

而从“社会理论”的知识谱系上看，哈贝马斯的“communicative paradigm”中所谓的“communicative”在理论上主要受到米德的符号互动论、特别是帕森斯甚或卢曼“communicative theory”（有人译为“交往理论”，也有人译为“沟通理论”）的智识激励。米德的符号互动论揭示了语言、社会组织等“符号”对于个人和集体的互动、进而社会之构成的重要价值，将以符

① A. J. 曼特：《康德的先验主体的不可理解性——康德形而上学的绝境》，载周贵莲、丁东红编译：《国外康德哲学新论》，求实出版社1990年版，第146页。

② ［德］哈贝马斯：《后形而上学思想》，曹卫东、付德银译，译林出版社2001年版，第13、29～50、41页。

号为基础的互动看作是理解得以产生、社会得以形成的基础。[①]帕森斯的结构功能主义社会理论将秩序（order）、行动（action）和价值（values）作为社会学研究的三大核心问题。为了说明三大核心问题的关系，帕森斯率先引入"communication"的概念，并由此说明"communication"对于社会系统运作的重要意义。受帕森斯启发，作为帕森斯的学生鲁曼则将帕森斯的"结构功能主义"改造为"功能结构主义"，着重研究社会系统的运作和构成问题，并将"communication"看作是社会系统存在和运作的基本条件。[②] 而哈贝马斯以米德的符号互动论和帕森斯的结构功能主义为基础，通过对行动理论的语言哲学、特别是形式语用学改造，最终形成了自己的沟通行动理论。经由劳动与互动的区分，他在主客体二分的认识框架中看到了交互主体性的向度，强调公共领域中以语言为媒介的交互主体性理解和共识对于社会整合的意义，并将行动和社会的合理化、甚或人类的彻底解放都建基于此。

人们注意到，现在汉语译本中，论者们所谓的哈贝马斯理论中的"交往"和马克思学说中的"交往"是有区别的，甚至不能认为是同一语词（"Verkehr" VS "kommunication"），从语义上看，汉语中"交往"或"沟通"（Verkehr、commerce &intercourse，kommunication、communication）都可以指人际

① 关于哈贝马斯的沟通行动理论与米德符号互动论的学术关联，参见 Habermas，The Theory of Communicative Action：Vol. 2，Lifeword and System：A Critique of Functionlist Reason. （tran Thoms McCarthy，Beacon Press，Boston，1984.）pp. 1—40. 和 Erik Oddvar Eriksen and Jarle Weigard，Understanding Habermas：Communicative Action and Deliberative Democracy，（London：Continunum，2001），pp. 48—52.

② 参见高立扬：《鲁曼社会系统理论与现代性》，中国人民大学出版社 2005 年版，第 138～172 页。

之间、以语言为媒介发生往来关系而产生的一种互动（interaktion、interraction）——这是内涵的共同之处，也是人们将两者等同的原因所在。但是，从“现代汉语的通常用法”看，两者的内涵和外延都有细微差别。

尤为关键的是，正因为在哈贝马斯理论中，对“communicative action”强调了其在汉语中“沟通”所具有的理解甚或共识这一意旨，所以他无论是在早期的著作中，还是在其专门阐述“communicative action”的《the theory of communicative action》等书中莫不如此。他在早期的《作为“意识形态”的科学和技术》中，他认为，“communicative action”是以符号为媒介的互动，这种互动是按照必须遵守的规范进行，而必须遵守规范规定着相互的行为期待，并且必须得到至少两个行动主体的理解和承认。[①] 在后来专门阐述“communicative action”的著作中，他将“communicative action”与“规范调节行动”（normatively regulated action）和拟剧行动（dramaturgical action），特别是主要与“目的（策略）行动”［teleological（strategic）action］对立起来，更明确地指出了这一点。在他看来，“communicative action”是以“理解”为导向的，而“目的（策略）行动”则是以“成功”为导向的。“communicative action”是指“至少两个有言说能力和行动能力的主体之间的互动，这些主体（使用语言或语言以外的手段）建立人际关系。为了以一致（agreement）的方式协调其行动，这些行动者寻求达致一种有

① 参见［德］哈贝马斯：《作为“意识形态”的技术与科学》，李黎、郭官义译，学林出版社 1993 年版，第 49 页。

关行动情境及其行动计划的理解（understanding）"[①]。"communicative action"区别于"目的（策略）行动"之处在于有效地行动协调不是建立在个体行动计划的目的理性之上，而是建立在沟通行动的理性力量之上；这种沟通理性表现在沟通共识的前提当中。[②] 结合前文对"交往"的语义考察，会发现，作为对行动主体之间往来关系的一种"价值无涉"的描述，"交往"对其目的并不关切，它可能是达致"理解"甚或"共识"，即哈贝马斯这里的"communicative action"，也可能恰恰是哈贝马斯那里作为"communicative action"对立面的"目的（策略）行动"，其目的是各种各样的"成功"，如经济上的盈利、政治上的联盟，甚至社会生活中的感情期待等等。这一不问目的之"交往"显然不符合哈贝马斯对"communicative action"的界定，而汉语"沟通"中所包含的"理解"甚或"共识"意境则恰好契合了哈贝马斯那里的"communicative action"。

从哈贝马斯的整个理论体系看，他之所以强调以"理解"或"共识"为目的之"沟通"，也是与其"共识真理论"（consensus theory of truth）相联系的。与其后形而上学思想相一致，他极力反对那种认为"话语所陈述的内容与实在事物相符"的"真理符合论"（correspondence theory of truth），而认为，"话语真实性的判断标准只能是它的主体间性。……当所有人都进行平等对话，并就同一话语对象进行理性的探讨和论证，最后达成共识是，该话语才可被看作是真实的"[③]。

① Habermas, The Theory of commuicative Action: Vol. 1, Reason and the Rationalization of Society Crran Thomas Mc Carthy, Beacon, Press, Boston, 1984.), p.86.

② 参见［德］哈贝马斯：《后形而上学思想》，曹卫东、付德银译，译林出版社2001年版，第60页。

③ 章国锋：《哈贝马斯访谈录》，《外国文学评论》2000年第1期。

范·胡克指出："没有什么能像'客观真理'（objecive truth）对哈贝马斯更为根本的了；从'客观真理'中，我们可以采用演绎或归纳方法推断出结论。在他看来，合理性不是给定之物，而是通过与他人的持续沟通而获致的。存在、也必须存在一个不断寻求最佳可能答案的过程；原则上，这一过程需经由与所有其他人的持续对话而实现。实践理性不能再从历史的目的论（teleology of history）中找寻（如同马克思主义所作的），不能再从人种的构造（the constitution of human species）中获得也不能再从某种传统的延续中简单地找到。（哈贝马斯谈到了马克斯·舍勒（Max Scheler）或阿诺德·盖伦（Arnold Gehlen）的哲学人类学。——引者注）哈贝马斯正确地拒绝相对主义和理性否定论的简单替代，他用'沟通（交往）理性'代替了'实践理性'。"[①]

讲到"沟通"，如果从社会学指向形而下之意义来讲，在我国学术界对其意义偏重于揭示以下情况。在《中国大百科全书》社会学卷中，是这样解释的："沟通（communication），人们相互之间传递、交流各种观念、思想、情感，以建立和巩固人际关系的过程。"有的学者视沟通、互动、认知为社会交往结构的三个方面，从而把沟通、社会认知和人际互动并列为社会交往的一个因素。沟通也是日常生活中最常见的社会现象之一。有关沟通的研究一直集中在沟通的过程和方式两方面。

该书详细解释道：沟通的过程。沟通是一种信息的传递和交流，社会心理学家常借用信息科学的术语，采用信息流程图来类比人际沟通的过程，揭示人际沟通的规律。图就是显示沟通过程的一个最基本的模式。发信体——把一定的意图、感情、

---

① Mark Van Hoecke，Law as Communication，（Oxford－Portland Oregon：Hart Publishing，2002），p. 9.

态度、知识传递给受信者；编码——把意图、知识等变成对发信者和受信者均有意义的符号；信息——用以进行沟通的符号系列；通道——沟通的媒介；译码——把接受的信息恢复原意，给予解释；受信体——接受信息并给予反应的个人或群体；反馈——把对信息的反应送回发信者。

在沟通过程中，信息首先要在发信体那里接受编码，在经过一定的通道，然后到达受信体。受信体对经过编码的信息进行译解，恢复原意，理解发信体传递的本来内容。最初，研究者们以这种简单的通讯模式，类比人际沟通过程；后来逐渐发现这种模式中信息单向传递的缺陷，又从控制论中引进了反馈概念，弥补单向传递假设的不足；强调人际沟通中的受信体与发信体一样主动、灵活、独立，以及对沟通内容的反应反送回发信体时所起的主动作用。苏联社会心理学家却认为，即使引进了反馈概念，仍不足以概括人际沟通的全部特点；在人们进行社会交往的条件下，任何信息都不是一成不变地被传递，而是在传递中形成、补充和发展的；人际沟通的双方都带有各自的动机、意图和期望，并以此理解、判断、反应信息，而在一般的人际沟通中，言语沟通和非言语沟通这两种方式几乎是交织在一起的。因此有人提出，人际沟通是在一定社会情境中运转的一个动态系统，不能采取行为主义式的刺激—反应的研究模式，而应对其加以系统的考察。

就沟通方式讲，最基本的方式是言语沟通和非言语沟通。言语沟通是以语言为媒介进行的人际沟通，它是人们最常见的沟通方式。有的研究者区分了语言和言语的差别，指出语言是人们交流信息、感情的一种既成的符号系统；言语则是一种动态的过程，是人们根据一定的规则用语言进行沟通的过程，即说话和听话。说话者有一种思想要表达，利用言语对它惊醒编码，表现为合乎语法的话语，把深层结构转化为表面结构；听话者则对话语进行译码，把表层结构按其理解还原为深层结构，并对此作出反应。这就是言语沟通的基本过程。1948年，美国一位研究者曾以如下模式概括这种言语沟通的结构过程：1. 谁？（谁传递信息）——沟通者；2. 什么？（传递什么）——本文；3. 怎样？（怎样完成传递）——渠道；4. 向谁？（向谁传递）——听众；5. 效果如何？——（效果）。

围绕着言语沟通的这五个要素，研究者从多个领域展开研究。在心理学研究领域，主要是认知心理学家和发展心理学家重视语言的研究；在心理学研究领域以外，则主要是语言学家、哲学家、计算机专家对语言现象感兴趣。这些研究都侧重于语言的个体发生、习得，侧重于个人说话或听话时的心理活动，以及思辨语言和思维的关系，而对于语言的社会基础没有足够的重视。社会心理学对沟通的研究则指出社会因素对于言语活动的重要性，特别注重研究说者和听者之间发生的互动。例如，他们如何合作，以便轮流说话；在不同情境下对话的性质及其差异；说的内容和理解的内容如何依赖于说者和听者是什么人等。社会心理学家们研究了交谈的规则，发现顺利交谈必备的条件在不同的社会和文化、不同的群体和场合中是不同的。对言语沟通的语义分析又划分出基本意义和情绪意义两种。如“演员”和“戏子”，虽然都指从事表演活动的人，但“戏子”具有侮辱性含义。词的情绪性意义在沟通中起着特别重要的作用，一旦使用不当就可能导致破坏性的交往结果。此外，社会心理学还对信息沟通网络进行了大量研究，设计了五人群体的各种信息沟通网络，并揭示出沟通网络和领导选择的关系。一个人只要处于控制信息沟通的地位，就易于被选为领导。

言语是最重要的沟通工具，在信息传递中，借助言语表述的意义损失最少；言语沟通也是人们最主要、最常见、最熟悉的沟通方式。但是，言语只有在加入了活动系统统时才有意义，这种加入必须用其他非言语的符号系统加以补充。脱离了非言语的手段，沟通过程是不完全的。

非言语沟通，即不用言语为媒介进行的沟通，包括动态无声的沟通、静态无声的沟通、副语言三类。动态无声的沟通，即无声的动姿，包括点头、姿势转换、面部表情、手势、拥抱等。此外，眼神的运用也属于无声的动态的范畴。对这种动态无声的沟通行为，人们早就发生了兴趣。1872 年，英国生物学家 C. R. 达尔文率先研究了人的面部表情，认为面部表情具有普遍的意义，在不同社会、不同文化中的人，至少能够通过相同的表情表达六种情绪：愤怒、幸福、悲伤、厌恶、恐惧和惊讶。以后，在这一领域中最卓越的研究者是美国的 R. L. 伯德惠斯戴尔。他于 1963 年首创"身势语"的概念，认为人体的大部分动作就像组成词的字母和音素一样，是表达意思的组成部分。他把这些组成部分称为"身势语的最小表述单位"，由这些最小表述单位进一步组成"身势语词素"，由一系列动作构成，用以表达某一具体的含义，可以被看成是身势话语。身势语词素进一步按句法结构原则结合成扩大的、相互联系的行为组织，即复杂的身势形式结构，它有口语句法的特点。伯德惠斯戴尔进而认为这种有内在结构的身势语，随文化的不同而变化，是特殊的习得的而非本能的。静态无声的沟通，即无声的静姿，主要包括人们静止无声的姿态和人与人之间在交往时所保持的空间距离两个方面。静止的体态和运动的体态一样能够作为非言语沟通的方式。有的研究者发现，静止的体态不仅能表达出个体内心的情绪状态、指示群体内的一般倾向，而且还能反映出沟通双方的社会背景、地位、学识水平等。美国人类学家 E. T. 霍尔对交往中的人际空间距离进行了经典性研究，提出"近体学"概念，认为人们进行交往时，互动双方的空间距离从近至远可分为 4 圈，即：亲昵区，3～12 英寸；个人区，12～36

英寸；社会区，4.5～8英尺；公众区，8英尺以上。霍尔进而指出影响人们交往的空间距离的4个主要因素，即相互亲密程度、文化背景、社会地位差别和性别差别。副语言，主要包括声音音调、音量、节奏、转音变调、停顿、沉默等。在书面语言中，通常用标点符号把它们表示出来。副语言在沟通中起着不可低估的作用。它们常伴随着言语，帮助表达意思。研究揭示出，副语言不仅能影响听话者对说话者的知觉，而且还能调节沟通。

社会心理学在研究沟通方式时，为了方便常把言语沟通和非言语沟通分别论述，但在实际沟通过程中，两者往往是相互起配合作用的。有时两者传递的信息也会产生矛盾。如果言语和副言语不一致，人们会接受副言语表达的信息；如果副言语和面部表情不一致，则会接受面部表情传递的信息。

基于以上情况列举，塑造论哲学对于社会学论证时关于“交往沟通”的阐明，形成了与以往论者有所不同的见解：塑造论哲学把交往、沟通作为既联系又有所不同的两个范畴提出来。塑造论哲学又特别指出，“交往沟通”要依赖于人的符号行为，强调是通过塑造之物实现的。这里讲的“塑造之物”，是人的符号行为及其延伸或行为符号及其延伸。塑造之物作为符号行为或行为符号，是就极化状态而言，典型标志是劳动工具和语言符号，延伸于广泛的操作器具，延伸于人类的种种文化创造物品。塑造论哲学强调，塑造之物是潜意识与显意识的统一：个体潜意识在社会化中成为社会潜意识，个体显意识在社会化中成为社会显意识，个体的潜意识和显意识通过社会化才成为统一的社会潜意识显意识。“交往沟通”是在“塑造之物间”实现的。在此，塑造论哲学对于“主体间性”落实于“塑造之物间性”来论述，强调“主体间性”没有“塑造之物间性”是实现不了的。总之，也就是说，有“塑造之物间”，社会潜意识显意识才能确定，社会才得以确立。

塑造论哲学，将中文里的"交往"与"沟通"同时陈述出来，论证了其实现诉诸"社会塑造之物"；是以"塑造之物间性"来论证"主体间性"，强调"主体间性"处于"塑造之物间性"之中，这是在"自然塑造人""人塑造自然"中，"我""汝""他"在"我塑""汝塑""他塑"中的"交往"，在"塑造之物"中沟通；也就是说，在"自然塑造人""人塑造自然"中的"塑造之物间"上，"主体间性"才成为可能。

不仅如此，塑造论哲学将"交往沟通"诉诸"社会塑造之物"，还实现着"过去、现在、将来"的沟通。"塑造之物"一旦陈列出来，现在稍瞬即逝，总是过去的；过去的和现在的"塑造之物"总是留于将来。所以说，只讲"主体间性"，只是表述了"现在"的"主体间性"，而讲"塑造之物间性"，其中过去的"塑造之物"成为历史留给现在的，现在的"塑造之物"又成为历史留给将来的，于是在"塑造之物"的积淀中形成了"过去、现在、将来"的历史性沟通。而且，在这里由"塑造之物"对人之主体"飨成"与"不飨成"，这必定形成着人类在历史积淀中的自然选择和淘汰筛选。

塑造论哲学由诉诸"塑造之物"来规定"交往沟通"，在"（人口繁衍）生存（活动行为）"和"（工具符号）建设（进步发展）"这两极中，把"交往沟通"置于中间，凸显了"交往沟通"在两极中的统调作用。这体现着对社会学不可不把主体的主观意义介入其中这一难题的解决。因为由"行为符号"或"符号行为"实现"交往沟通"，在"塑造之物"上体现着"我"的发出，同时体现着"汝"的发出，也同时体现着"他"的发出。这里面既体现着客体的"物在""存在"，又体现着主体的"心在""存在"。"我""汝""他"中各自的"我所发出"，在"塑造之物"上形成"塑造之物间"的关系，既确证着"我"，更确证着带有“人我意识”的“人我关系”，确证着“社会意识”的“社会关系”。在此也就把所有人在现在和过去、将来的“我的意识”“人的意识”“社会意识”体现了进去。

不仅如此，塑造论哲学提出在“塑造之物间”中不仅确证着“主体间性”而且确证着“客体间性”，由此可明示主体与客体的统一性。这样，“塑造之物间”成为明示“我”“汝”“他”统一于社会的镜子，成为明示“交往沟通”中诸因素“自返性”与“摄他性”的镜子，成为明示包括主体、客体、特别是主体自身融入社会的镜子。

交往沟通从直接的交往沟通到在带反思性的“习性”关系中的交往沟通，到作为社会关系总和的人自由而全面发展，从而回归到自觉的人性、社会性意义上的交往沟通。这是逻辑与历史相一致的过程。

在塑造论哲学关于社会学的论证中，“交往沟通”是纳入以下框架论证的：当我们说到从“无意识”到“有意识”，就社会来说，就要先从形成一般的“性（人性、社会性）”向“习性”这种演化说开去。在此要讲到的是，由关于“程序”“伦理”的“一般”到社会的“程序伦理”“伦理程序”，这就涉及“社会存在”的“是”以及“社会之成”的“诚”，涉及形式的关于社会之“性（人性、社会性）”。人们在此意义上的交往沟通是基于作为社会之“性（人性、社会性）”的“程序伦理”“伦理程序”，而这又是在社会行为符号的内化中形成的。伴随着从无意识到有意识即形成有潜意识显意识的人的发展，涉及社会关系，才形成了人类社会的“社会潜意识”“社会显意识”及其表现出来的交往沟通。要强调的是，这里不是在“抽象人”意义上的意识而是在社会的“具体人”意义上的意识，是社会人的意识，是社会意识。

这也正是从“性（人性、社会性）”到“习性”再回归到

"性（社会性、人性）"的历程，也正是社会的人从没分化出表现为"人是社会关系总和与人自由而全面发展"之中潜在的习性内在矛盾冲突，到突出表现出习性中的这种矛盾冲突，再回归于无所谓体现这种矛盾冲突的习性。其中包括着从社会没产生国家与法律到有国家与法律再到国家消亡而社会性回归于人性的历程。这指向：从直接的自生即自生的"性（人性、社会性）"到形成体现社会性与人性内在矛盾的习性，再到习性的内在矛盾达到统一，进入到在更高程度上体现"性（社会性、人性）"，而实现超越。这是经历"自生—自发—自觉"而走向的超越，这是社会在发展中诸因素愈益走向和谐统一的超越，这是走向由"负熵"或"信息"增加形成有序而不断焕发有机活力的超越。这时的交往沟通实现着摆脱习性外壳而达到更高水平自觉的超越，这是使社会不断显示出有更高更完善生命生机的超越。

第二章　社会潜意识与社会显意识：社会之性（人性、社会性）体现于民俗社情（社会形式统摄社会内容何以可能）

就社会潜意识与社会显意识的相互作用、相互渗透、相互成就讲，就客体发生史及主体理论史统一的视域讲，当“原初状态”形式得到进一步生长并由之统摄社会生活，于是在社会运行及其理论体系表现中，体现着历史和逻辑的一致以及发生史和建构史的一致，经历着两条交织进行的“道路”：由自然的规制形成习性规定，习性规定在社会运行中展现于规制。

这里，“第一条道路”可认为是习性化过程（这主要体现于社会潜意识生成社会显意识的过程和作用）；“第二条道路”可认为是规制化过程（这主要表现为社会显意识成就社会潜意识的过程和作用）。

第一节　（自然生长的）规制→习性

"（自然生长的）规制→习性"，是指自然规制在社会的生长中，即在社会的"性（人性、社会性）"生长之中，形成习性规定的过程，这在社会潜意识生成社会显意识的过程和作用中体现出来。

首先，基于自然的民俗社情规制。

就社会的获益至善而言，作为前提的主要是权变共生性机制。社会在自生中形成群落，群落生长着民俗。

在体现社会"程序伦理"形式的性（人性、社会性）作用下，社会意识的"性（人性、社会性）"使民俗社情由社会规律统摄。社会规律是民俗社情的"反思"。社会规律寓于民俗社情之中，民俗社情为社会规律所规范。社情呈现的民俗十分多样，然而在社会的"性（人性、社会性）"还没凸现社会规律的情况下（即还没在显意识中使社会规律以意识符号外化地显现出来而规范社会行为的情况下），这只是自然的规制。

这样，社会的建设要达到带和谐性，关键在于能在社会的"程序伦理"性（人性、社会性）的形式中，由民俗社情的总和经过习性化过程凸现社会规律的通则。由于社会规律是寓于民俗社情之中的，在民俗社情的总和中才能提升出社会规律的通则，所以凸现社会规律通则，有一个重要基础是在自然中出现的初始民俗社情要得以整合，这样，有助于自然整合的大量协调是必有的。

其次，形成习性的规定。

习性的规定不一定可称得上是社会规律的通则。而习性的规定，内在着社会规律的通则。社会规律通则规范着民俗社情的总和。也就是说，因为社会规律的通则寓于民俗社情的总和之中而且规范着民俗社情的总和，所以社会规律的通则作为关于民俗的习性规定，其形成有一个习性化过程。当理论地把握实际中的社会变革和建设，在实现这一要求时，总是一时地忽略种种复杂的民俗因素。这里，习性化不足和习性化过限都不会形成良好的社会运行系统。习性化不足会陷在纷繁民俗社情中，使习性化结果无足够的普适性；习性化过限会导致其所寓于的民俗社情总和缺失因而丧失其应有的实则性。

这一过程，在习性化中处理着社会的自然规制和习性规定的矛盾。这里自然规制是起点，习性规定是终点，它们是这一过程的两级，处于对立统一之中。由这一过程，民俗社情体现社会规律，社会规律与民俗社情相互对待。

一、基于自然生长的民俗社情规制

这里讲的民俗社情涵盖着人们在生存和发展中进行的各种活动。这里，最基本的是衣食住行等活动，进而涉及更为丰富复杂的物质资料的、精神享受的各方面情况，是生命活动，是社会活动，是社会生活的活动。这里讲的是人在“生活世界”中的活动。

而此意义上的社会生活的活动，或生活世界，当尚未成为严整理论体系的社会学切近规定（在整个社会学理论体系的意义上讲），只是直接陈列在那里的人口、群落、民俗意义上的民俗社情时，可先在发生学意义上对此进行考察。

（一）生活世界中的人口及婚姻、家庭。

1. 关于人口。

社会生活中总有一定数量和质量的人口（population）在特定地域及情境中生活。人口具有自然属性和社会属性。人的自然属性，是指人作为高等动物群体的人口；个体在自然界中，同其他动物一样有其出生、成长、繁殖、衰老、死亡的自然过程。其要在吃穿住中，在新陈代谢中，维持和延续生命；要进行人口的生产和再生产，要进行世代更替。这是人在生物学和生理学方面的属性。人的自然属性是其社会属性的前提；人的自然属性只有依存于人的社会属性，才成为人的自然属性，否则只能是动物性。人的社会属性强调着，人口现象作为社会现象，其性质是由社会各方面的因素决定的；人总是社会的人，人是社会关系的总和。这主要在于：①人口的生命过程在从事物质资料生产的过程中，总在一定的社会生产方式下进行。生活资料是人口"在"和"成"的物质前提，但这要通过人们的劳动才能获得。人口在从事物质资料生产的过程中，一方面与自然界发生联系，一方面彼此之间又结成一定的生产关系，形成一定的社会生产方式，这决定着物质资料的生产、分配、交换和消费，制约人口的数量和质量。②人口的繁育是在人类逐渐形成的一定婚姻家庭形式中进行的，家庭是社会的细胞，婚姻家庭受一定社会生产方式制约，社会通过婚姻家庭影响人口的数量和质量。③人口作为生产力的重要因素和生产关系的承担者，是社会生活的主体。

人口的自然属性和社会属性是具为一体的。人口的自然属性是人口存在和成就的自然基础，而社会属性则是人口的本质属性。个体人的生老病死，人口增加，人口减少，这既是自然属性所由，更有社会属性所致。

根据人口所固有的双重属性，还可以把生活在一定时间和空间内的人口，按其不同特征，划分为不同组别的人口。例如，男性人口、女性人口，老年人口、青年人口、少儿人口，不同民族的人口，不同宗教信仰的人口等等；也可以按不同地域划分为世界各大洲人口、各个国家的人口、各个行政区的人口等。

"人口"涉及于"人种"。有一门叫作人种学（ethnology）的学科，这是人类学中的一个分支学科。其中主要研究人类各人种的起源及其分布，并比较人类诸种族的演变、体质特征的演变，探讨各人种与自然环境及生活条件的关系。

人口在某一区域的空间分布情况，即所谓"人口分布"（population distribution），在人口增加、人口减少中，会有"人口过稀"（under-population）或"人口过剩"（over-population）的情况。人口有其历史，这是由时间序列来讲，历史上每个阶段的人口都会有其特定的情况。"人口"在空间与时间中，总与地理环境、人文环境有着重要联系，与特定区域里历史上的文化紧密联系。

人类社会只要存在，就必然需要一定的生活条件，脱离一定的地理环境而生存的人类是不存在的，脱离地理环境的社会同样不会存在。所谓地理环境是指与社会发生联系的自然条件，包括地理位置和在这个地理位置上的土壤、气候、山脉、河流、海洋、矿藏、动植物以及其他自然资源等。地理环境在整个社会的发展中虽然不是决定性因素，却是人类社会不可缺少的物质条件。地理环境为社会的存在和发展提供了必不可少的自然条件的前提。地理环境，直接相关于自然条件的优劣，涉及天然资源的贫乏和富饶程度及其分布状况，这影响着人的劳动生产率，影响到生产的重点和分布及居住人群活动的发展方向。

有一门学科叫作人口地理学（population geography），这是人口学的分支学科之一，它着重研究人口空间分布和地域差异的变化规律，是人口学和地理学之间的边缘科学。人口地理学发端较早。19世纪初近代人文地理学创始者，如德国的K. 李斯特、O. 佩舍尔等人把人或种族作为地理学的研究重点。后来，德国地理学家F. 拉采儿写了《人类地理学》，第一次提出人类生存空间的概念。该书被西方学者奉为人口地理学最早的经典。此后，英国的A. H. 肯尼、A. C. 哈登，法国的J. 布吕纳等学者也写了一些有关人口与地理关系的著作。20世纪以来，人口地理学已发展成为具有完整体系的独立学科。第二次世界大战后在美国华盛顿召开的国际地理学大会上，人口地理已单独成为一个分组。在中国古代就有对人口与地理关系的文献记载，但直到20世纪30年代后才从西方引进人口地理学。随着人口科学在中国的蓬勃发展，人口地理学研究也进入了一个新阶段。人口地理学研究的主要内容包括：①人口数量及其地区分布的研究。利用人口统计的成果，按照国家或地区探讨人口数量在地理分布上的差异性，从自然、社会、经济等方面分析其原因的主次，并从发展的观点揭示各国、各地区人口分布不平衡的规律性。②人口构成及其分布的研究。探讨人口自然构成和社会构成的地区差异，为规划地区经济社会发展、预测劳动力资源状况和消费需求提供科学依据。③人口自然变动的地区差异研究。探讨人口自然变动的地区差异，并分析它的社会经济原因。④人口迁徙研究。人口地理学研究人口在空间上的位置移动的流向、流量、强度及地区差异，迁徙原因及其后果。为解决地区之间、部门之间劳动力的合理调配，以适应经济发展的合理布局。⑤人口的城市化研究。主要从人口的集聚状况研究人口分布的地理形式。研究人口地理分布与城镇布局的关系、不同类型城镇人口的合理规模问题、农村人口向城镇转移与城镇化的速度问题。⑥人口的合理容量研究。人口是物质财富的生产者，也是消费者。一个国家在一定的资源条件下，人口数量和增长速度应与经济发展的规模和速度相适应，合理容量是指一国之内各地区对人口的负载能力。各个地区的人口容量是随着经济发展和技术进步而不断扩大的，但归根结底有一个极限。这个极限的产生来自资源、环境负载能力的有限性。一个地区如果人口盲目增长，对事物、燃料等方面的需求超过大自然的稳定支付能力，将易于导致当地资源枯竭、生态环境恶化。人口地理学通过全面综合地研究自然环境，掌握不同地区对人口的最大容量和合理容量，特别是从负载能力的角度探索这种容量。20 世纪 60 年代以来，全世界人口激增、不可再生资源枯竭、生态环境恶化等问题日益突出，研究人口与环境之间的关系，研究人口的合理容量，成为人口地理学所面临的重要任务之一。人口地理学应用各种各样的人口统计数据，应用数学模式来揭示人口因素和其他因素的相互关系。同时还应采用实地调查、精确编制人口地图等方法。人口地理学的成果，可以为国家因地制宜地制定人口政策，规划地区经济社会发展，编制区域规划和城镇规划，以及合理组织安排移民等提供依据。

人口在地理环境中总伴随着人文环境。人口的地理环境总是人文的。有门学科叫人文区位学。人文区位学有以下基本特征：①强调环境的重要；②认为人口是研究问题的出发点；③将一个人口单元视为完整的或自给自足的整体；④认为社区区域位置的各个部分的相互关系经常处于“不平衡—平衡”的变动状态中。

区位一词译自英文 ecology，它源于希腊语词 oikos，意指家庭或住所。19 世纪后期，动植物学家开始用 ecology 一词，以描述生物如何在环境中生活，由此产生了生物学的一个分支学科即生物生态学，简称生态学。20 世纪 20 至 30 年代，社会学家借用该词，用以说明社区的区域位置，创立了社会学的一个分支学科即人文区位学。

人文区位学（human ecology）往往借用生物学进化论原理，研究人口环境的空间格局及其相互依赖关系，又称人类生态学。它是由美国芝加哥经验社会学派的代表人物 R. E. 帕克和 E. W. 伯吉斯提出的。人文区位学注重研究区位对于人类组织形式和行为的影响。

人文区位学的研究流派，主要有古典区位学派和现代区位学派，后者又分为社会文化区位学派和新正统区位学派。

古典区位学派，又称芝加哥学派。主要代表有帕克、吉伯斯和美国社会学家 R. D. 麦肯齐等。帕克在《人类社区：都市与人文区位学》(1952) 一书中提出，人文区位学识研究人类组成的生命或低于社会层次的科学。麦肯齐则认为，人文区位学是研究人类在其环境的选择力、分配力和调节力的影响作用下，在空间和时间所形成的联系的科学。古典区位学派强调，人文区位学研究的主体是人，人与动植物不同，人有创造文化并按自己的意志行事的能力。因此，人文区位学不仅要研究不同群体之间的生物关系，还要研究文化和有目的的人类行为所造成的区位状况。

古典区位学派强调以社区作为分析和研究的单位，认为社区是一种生态区位秩序。早期古典区位学家认为，社区是人类生存的自然环境。人类在社区中生活存在着一种共生关系。人们要生存就要依赖他人，与他人发生各种各样的关系。后期古典区位学家在作进一步的研究中发现，人类在社区中生活既处于相互依存的状态中，也处于彼此竞争的状态中，他们在某种程度上修正了共生关系的性质。

古典区位学派把区位学的观点运用于都市的分析，认为都市是一种生态区位秩序，支配都市组织的基本过程是竞争和共生。在都市环境中，为了生存而彼此依赖的个体或群体同时在为匮乏的资源进行竞争，竞争关系的性质因世因地而异。都市区位的形成过程表现为：①浓缩。指既定区域内安置的同类人口和机构在数量方面增长的趋势。各种区位单位浓缩的程度由密度来衡量。所谓密度是同类单位在某一特定地区的数量，如每平方公里的人口等。②离散。指既定区域内同类人口和机构在数量方面下降的趋势，也由密度来衡量。③集中。指有相同职能的机构在都市中枢地带产生和发展的趋势。④分散。指人口或机构离开都市中枢位置的现象。⑤隔离。指人口和机构分别并入与自己同质的地区，这些地区彼此分离。⑥侵入。指一个群体进入另一个群体居住区域的运动过程。⑦接替。指进入另一居住区域的群体取代原有群体之后对这一地区实施的有效统治。都市区位的形成过程反映了都市的竞争和共生的复杂关系。伯吉斯在探讨都市生态秩序时，还创立了都市发展和空间组织方式的模型即同心圈理论。

古典区位学派在研究方面的不足是：一是没有考虑作为人类行为原因的社会变量和次社会变量；二是有将人类生活的社会方面和次社会方面分割开来的倾向；三是这一学派强调地缘性，但地缘性是一个模糊不清的区位学原则。现代区位学家就此提出了许多批评性见解，并改进了研究方法，避免只用一种方法研究都市结构和土地利用问题的倾向。现代都市的变化和技术的革新对古典区位学的性质产生了巨大的冲击，并产生了现代区位学的流派。

现代区位学的流派，主要有社会文化区位学派和新正统区位学派。社会文化区位学派是现代区位学的主要理论流派。其与古典区位学派的不同点在于，十分强调文化在人类行为中的重要作用。认为文化是一种习得性行为，既可与土地和稀有资源的合理利用息息相关，也可与此毫无关系。美国社会文化区位学家 W. 法尔里经过对实例的区域位置分析后断言，除了“次社会”的自然变量外，文化变量也是区位学理论的有机组成部分。C. 乔纳森通过对纽约、挪威人社区地域流动的分析，也得出与法尔里一致的结论。这说明美国都市中人们的区位行为受到多种变量的影响。

新正统区位学派是现代区位学的另一个主要理论流派，代表人物有美国的A. H. 霍利、J. 奎因、O. D. 邓肯等。新正统区位学派试图将社会生活的社会因素和次社会因素结合起来分析，强调自然经济变量对都市土地利用模式的决定作用。奎因认为，人类区位学应该专门研究劳动分工问题及其对空间分布的影响。区位学家应该把他们的研究限制在人类群体及其与环境的相互关系上。霍利则认为，区位学识研究人们如何在不断变化中维持自我、控制环境的科学，不能把它限制在狭窄的范围内。他试图避免古典区位学派将社会性和次社会性截然分开的倾向，把社会文化定义为人类群体努力适应环境的方式，文化适应性应成为区位学研究的合理课题。邓肯等人利用芝加哥都市地区的职业差别、隔离、低价租房的集中与都市中心的距离等统计指数，考察了帕克关于社会地位有明显差异的人们一般在空间上相互分离的假设。指出社会现象、职业区别和自然空间存在着一定的关系，并非截然分离，提出了区位复合体的范畴。区位复合体由四个变量组成，即人口、组织、环境和技术，简称POET变量。一个区位系统中的各种因素都可分别归纳到这四个变量之间的关系。邓肯认为，社会性质不能与自然空间相脱离，区位系统中某一部分发生变动，必然会影响、作用到其他部分。整个区位系统结构是建立在社会体系内部各要素的相互关系基础之上的。区位系统是一个不断变化的体系，它不断进行自我调整，每一次变化之后新的调整便接踵而至。但是，大多数区位系统在调整之后的一段时间内，能保持相对的稳定。

20世纪30年代以来，人文区位学在理论观点上不断修改，研究方法也有新的发展。这些方法主要表现在定量技术、社会区域分析，以及模型与模拟等方面。定量技术是一种依靠计数和度量的方法。定量分析理论是30年代社会学向客观性和合理性发展的产物。现代区位学家依靠计算和统计的方法来搜集、分析资料，已经能够进行高度负责的都市区位资料分析，在统计的数字指标基础上创立新的都市类型学和都市设计的数学模型。关于社会区域分析，这是数字计算机对人文区位学产生重大影响的结果。社会区域分析是由美国的 E. 谢夫基和 W. 贝尔在 20 世纪 40～50 年代创立的一种都市区位研究方法。他们通过复杂的因素分析，找到了构成社会区域类型的三项指标。这三项指标是：①社会等级指标。通过对职业和教育的分析获得。②都市化指标。来自妇女与儿童的比例和独家住宅的比例。③隔离指标。来自对人口构成、种族群体隔离的测量。社会区域分析虽然受到许多批评，但这一方法已在人文区位学的大量研究实践中得以成功地运用，并对都市结构的性质提出了许多有意义的见解。关于模型与模拟。模型一词在社会科学中通常指关于规定或说明某一事物基本性质的概括性陈述。当模型被用于人文区位学时，模型的制作一般涉及现代统计学、数学方程式、曲线图、图表和地图等。K. 施维里安划分了两类区位学模型，即区域特征区位模型和群体特征区位模型。前者有古典模型（同心圈、扇形和多核心）、因素模型（社会区域分析）和密度型，后者有居住隔离模型和群体位置模型。模拟和模型有许多共同之处，二者都试图对社会状况和社会条件中最重要的因素加以概括。在模拟中，关键的变量被用来理解条件变化带来的影响。在模型中，关键变量则被用来描述实际存在的现象。模拟方法为区位学家探索区位分布中各要素之间相互作用的规律，预测都市区位结构的未来演变等提供了重要的手段。[①]

关于人口的文化构成（cultural composition of population ）问题，在研究人口的人文环境时，不可小视。这成为反映人口

① 参见《中国大百科全书》（社会学卷），中国大百科全书出版社 1991 年版，第 262～264 页。

总体一定质的规定性及量的比例关系的范畴，属人口社会构成的组成部分。这是衡量人口文化素质的标志，也是一个国家或地区经济社会发展水平的标志。文化因素对人口的自然变动和人口的社会变动有广泛制约作用。人口学总是注重研究文化因素对人口的出生、死亡、迁徙等生命过程的影响，如对不同文化程度人口的生育率、死亡率、平均期望寿命、初婚年龄、结婚率、离婚率、再婚率等进行比较研究；对于不同文化程度人口的职业行业分布和收入差别进行比较研究，以揭示文化因素对人口发展的影响。

人口的人文环境由人口的语言、民族、宗教等构成。这也成为人口社会的组成部分。语言是人们社会交往的工具。随着交往地域的扩大，语言经历着混合、分化和统一的过程。一般认为，世界人口使用的语言有 2000 多种，被广泛使用的语言有 200 多种，世界 95%以上的人口使用的语言不到 100 种。民族的最基本特征是民族意识和民族语言，世界民族的数量和语言的数量是接近的。世界上大有 2000 多个民族，其中分布在亚洲的民族多达 1000 个以上。分布在非洲、美洲、大洋洲的民族各在 200～300 个之间。分布在欧洲的民族有 70 多个。在 2000 多个民族中，包括拥有十几亿人口的汉族，也包括只有几百人甚至几十人的小民族。100 万以上人口的民族约有 260 个，占世界总人口的 96%以上。人口在 10 万以下的民族只占 0.5%左右。世界上信仰宗教的人口约占世界总人口的 3/5，信徒的数目和地域分布都无精确统计。信徒最多的是基督教徒（包括天主教、东正教和新教）约有 10 亿左右，伊斯兰教徒有 5.4 亿多，佛教徒 2.5 亿多，以上合成为世界性三大宗教。此外，印度教徒约 4.7 亿左右，神道教徒约 5615 万，犹太教徒约 1438 万。天主教徒主要分布在意大利、法国、爱尔兰、西班牙、葡萄牙、匈牙利、波兰和多数拉美国家以及菲律宾。新教徒主要分布在北欧国家、美国、加拿大、澳洲和南非。东正教徒分布在俄罗斯、巴尔干半岛和埃塞俄比亚。伊斯兰教徒主要分布在阿拉伯国家、东非、西非、印尼和马来西亚。其他地方性的宗教教徒为数不多，在亚洲和非洲一些地区仍然存在原始宗教。[①]

讲到人口，特别是讲到人口的繁衍，不能不说到性。人口是个笼统的概念，对人口最直接的区分即男性、女性。对于性，可在生物学、动物学、人的生理学、人的心理学等自然科学的领域及视角中加以考察，又由人类学、社会心理学、社会学意义及视角加以考察，这通常被指认为属社会科学或人文科学领域。于是产生了大量对这方面领域及对象的表述及概括。可以看到的有：作为从社会学角度写作的专著，如佟新的《社会性别研究导论》[②]、刘达临的《性社会学》[③] 等。再有：《读懂人类，地球人的性本能》[④]《从兽性到人性》[⑤]《性的解析》[⑥]《性的学习》[⑦] 等等。以及拓展到心理学领域的，如《性心理学》[⑧] 等。再是光明日报出版社出版的《世界性文化史》（上、下卷）[⑨]、湖南文艺出版社出版的《西方性观念的变迁》[⑩] 等；另有《“性”

① 参见《中国大百科全书》（社会学卷），中国大百科全书出版社 1991 年版，第 261～262 页。

② 佟新：《社会性别研究导论》，北京大学出版社 2005 年第 1 版、2011 年第 2 版。

③ 刘达临：《性社会学》，山东人民出版社 1986 年版。

④ 彭斌：《读懂人类，地球人的性本能》，吉林摄影出版社 2000 年版。

⑤ 张敦福：《从兽性到人性》，山东人民出版社 2004 年版。

⑥ 胡佩诚主编：《性的解析》，中国人口出版社 2004 年版。

⑦ 马晓年：《性的学习》，中国人口出版社 2004 年版。

⑧ ［英］霭理士：《性心理学》，潘光旦译，商务印书馆 1997 年版。

⑨ 马道宗主编：《世界性文化史》（上、下卷），光明时报出版社 2004 年版。

⑩ 余风高：《西方性观念的变迁——西方性解放的由来与发展》，湖南文艺出版社 2004 年版。

在古代中国——对一种文化现象的探索》[1] 《中国性史图鉴》[2]《性是必需的吗?》[3] 等。特别还有米德的《性别与气质》[4]。在远古，性崇拜曾是重要的文化形态。这伴随着生殖器文化及其崇拜，由此扩散于带有明显性特征的男、女性器官及身体的描述和研究，如弗里德曼所著的《我行我素：男根文化史》[5]、玛丽莲·亚隆所著的《乳房的历史》[6] 等等。还有专门讨论女性的，如《女人是宇宙一滴水》[7]《女性箴言》[8]《少女的美学》[9] 等等。

由关于女性的研究还形成一种关于女性主义及其分支的概述及研究，如由南宫梅芳、朱红梅、武田田、吕丽塔著的《女性生态主义》[10]，以及对一些社会形态中的性、特别是女性，在社会中被扭曲、摧残加以研究的论述。另外可见陈存仁所著《被阉割的文明——闲话中国古代缠足与宫刑》[11]、麦古布鲁姆所

---

① 江晓原：《"性"在古代中国——对有种文化现象的探索》，陕西科学技术出版社 1988 年版。

② 刘达临：《中国性史图鉴》，时代文艺出版社 2003 年版。

③ ［美］詹姆斯·瑟伯、爱尔文·怀特：《性是必需的吗?》，吴明编译，中国电影出版社 1988 年版。

④ ［美］M. 米德：《性别与气质》，光明日报出版社 1989 年版。

⑤ ［美］戴维·M. 弗里德曼：《我行我素：男根文化史》，刘凡群等译，华龄出版社 2003 年版。

⑥ ［美］玛丽莲·亚隆：《乳房的历史》，何颖怡译，华龄出版社 2003 年版。

⑦ 憨氏编著：《女人是宇宙一滴水——和女性融洽相处的艺术》，内蒙古文化出版社 2004 年版。

⑧ ［日］池田大作：《女性箴言》，仁章译，吉林人民出版社 1986 年版。

⑨ ［苏］贝拉·列昂尼多娃：《少女的美学》，沛之、化国译，湖南人民出版社 1987 年版。

⑩ 南宫梅芳、朱红梅、武田田、吕丽塔：《女性生态主义——性别、文化与自然的文学解读》，社会科学文献出版社 2011 年版。

⑪ 陈存仁：《被阉割的文明——闲话中国古代缠足与宫刑》，广西师范大学出版社 2008 年版。

著《第三性》[①]等等。

性的问题，成为文学中的重要内容，对此加以总结反映的有《中国情色文化史》[②]《禁忌与放纵——明清艳情小说文化研究》[③]《世界情色电影》[④]《世界情色电影精品鉴赏（Ⅰ、Ⅱ、Ⅲ）》[⑤] 等。

还有专门论述娼妓的，如王书奴编著的《中国娼妓史》[⑥]等。又有专门论述性犯罪的，如塞威特兹等著的《性犯罪研究》[⑦] 等。

2. 关于婚姻。

婚姻是男女间结成夫妻的关系和行为，是家庭的基础和依据，是家庭成立的标志。婚姻是建立于性关系特别是应建立于性爱关系之上的。婚姻看起来是男女两性的生理结合，实质是男女的一种特定的社会结合。关于性爱与婚姻的关系，罗素有本《性爱与婚姻》[⑧] 的著作，给出了许多见解。对于婚姻的历史考察，中外学者出版过许多专著。在中国早在 20 世纪 30 年代就有人写过《中国婚姻史》[⑨]。马克思主义经典著作中，恩格斯

---

① ［美］帕特里夏·A. 麦古布鲁姆：《第三性》，赵达雄、沈一龙译，湖南人民出版社 1988 年版。

② 刘达临：《中国情色文化史》，人民日报出版社 2004 年版。

③ 刘明军：《禁忌与放纵——明清艳情小说文化研究》，齐鲁书社 2005 年版。

④ 华典艺术编辑室：《世界情色电影》，九州出版社 2003 年版。

⑤ 蓝春雨、王佳泉：《世界情色电影精品鉴赏（Ⅰ、Ⅱ、Ⅲ）》，南方出版社 2003 年版。

⑥ 王书奴：《中国娼妓史》，上海三联书店 1988 年版。

⑦ ［美］伦那德、D. 塞威特兹等：《性犯罪研究》，陈泽广译，武汉出版社 1988 年版。

⑧ ［英］伯特兰·罗素：《性爱与文化》，文良文化译，中央编译出版社 2009 年版。

⑨ 陈顾远：《中国婚姻史》，商务印书馆 1937 年版，上海文艺出版社影印本 1987 年版。

有《家庭、私有制和国家的起源》。

历史上曾出现过许多种婚姻形式，主要有：①掠夺婚。男子以武力夺女为妻。原始社会的一种婚姻习俗。产生于母权制的夫从妻居向父权制的妻从夫居的过渡时期。古代希伯来人、阿拉伯人、希腊人、条顿人；中国云南省、贵州省的德宏傣族、阿昌族和荔波水族等曾行此婚俗。②买卖婚。南方以金钱、财帛买女为妻，萌芽于父权制氏族出现之时，随着私有制的出现，普遍流行于阶级社会。③服役婚。男方上女方家为其服务（役）一段时间，而后与女子结为夫妇。是原始社会母系氏族向父系氏族转变时期的一种婚俗。古代的希伯来人、印度人、条顿人以及欧洲南部地区一些居民，曾盛行服役婚。直到近现代，亚洲、美洲、非洲许多地区还有此婚俗。中国云南拉祜族、傣族，台湾高山族，海南岛的黎族，新疆的塔吉克族等，历史上也存在过服役婚。④交换婚姻。两家父母各以其女交换为子妇，或男子各以其姊妹交换为妻。起源于原始社会母系氏族的外婚制。这种婚俗流行于澳大利亚的卡列拉人中，印度阿萨姆邦的普龙人与缅甸的克钦人之中。中华人民共和国建立前，凉山彝族奴隶社会也实行交换婚。⑤指腹婚。当儿女还在母亲腹中，双方父母就相约，如生下的婴儿分别为男女，就确定为未来的夫妇。这种婚俗在中国古代南北朝时颇为盛行。⑥童养媳。中国封建社会婚姻制度的产物。女儿尚未成年就送到男方家抚养，待男女双方成年择日完婚。⑦同意婚。有的由当事人所属的群体同意才能结婚；有的是当事人同意即可。后者又称"自由婚"，它是随着近代资本主义制度的确立而普遍实行的。有些国外学者认为，婚姻是反映人类自然法则所要求的契约，夫妻的占有是相互的，必须以双方的合意为条件，所以自由婚也叫"共诺婚"和"契约婚"。现代社会主张婚姻自主，以当事人的共同意愿为条件并在政府管理部门办法律手续的自由婚是现代婚姻的主要形式。

就婚姻的配偶人数来说，历史上曾出现过“多夫多妻制”，以及“一妻多夫”“一夫多妻”“一夫一妻”。“多夫多妻”也称团体婚。它包括若干男女之间的相互婚媾，在团体之中，每一个男子都是每一个女子的丈夫；反之亦然。在西伯利亚和巴西土人的刚昂部落中都有过这种婚姻。“一妻多夫制”，有两种不同的形式，一种为同胞共妻，若干兄弟共有一妻，长兄娶妻，弟享夫权，生子皆属于兄；兄死，其财产、地位、妻子皆传于次弟。中国西藏的一些地区曾存在过这种制度。另一种是非同胞共妻制，为夫者之间不是兄弟，而是朋友或邻里，其妻轮流与他们同宿，若有子，则按某种仪式来确定其父。印度南部的内耶实行这种制度。“一夫多妻制”在世界各国一些民族中曾较为普遍，中国封建社会的妻妾制度，现在某些阿拉伯伊斯兰民族的一夫四妻等，都是“一夫多妻制”的典型。“一夫多妻制”是现代世界流行很广的婚姻制度。许多国家认为这种制度是人类最适合的婚姻制度。基于社会需求和个人生理需求，一些国家或地域、民族形成过一系列禁止结婚条件和结婚必要条件。

从通婚的范围划分，有“内婚制”和“外婚制”。“内婚制”是在一定血缘或等级范围内选择配偶的一种婚姻制度。原始社会有些部落实行“族内婚”，就是以血缘划分婚姻范围的。进入阶级社会后，婚姻范围划分的形式愈来愈多，有的以宗教来划分，如在某些伊斯兰教、犹太教和印度教的区域只能在本宗教教徒之间通婚；有的以阶级来划分，如古罗马禁止贵族与平民通婚，古代日本法律明文规定实行阶级内通婚。“外婚制”是禁止一定范围内血缘亲属成员之间通婚的一种婚姻制度。通常是指氏族的外婚制，亦称族外婚。中国自周朝以来，便实行外婚制。外婚制的出现是人类婚姻史当时的进步。[①]

婚姻有其成立就有其解除。婚姻解除的方式有自然解除和离婚。因配偶一方死亡或法律认定的出走等原因的婚姻解除为自然解除。在配偶生存期间，通过法律手段解除的婚姻关系是离婚。婚姻关系解除后又结婚者为再婚。在实行一夫一妻制的社会，婚姻关系未解除又结成新的婚姻者为重婚。重婚为法律所禁止。建立起以男女平等、互敬互爱、尊老爱幼、民主和睦为基础的婚姻家庭制度，这改变了社会成员在婚姻习俗方面的旧的思想观念和社会道德风气。

3. 关于家庭。

家庭是由婚姻、血缘或收养关系所组成的社会生活的基本单位。《说文解字》释"家"："尻也，从宀。"清段玉裁注："本义乃豕之尻也，引申叚借以为人之尻。"家庭一词是后起的，基本含义是指一家之内。南朝宋《后汉书·郑钧传》中有："常称家庭，不应州郡辟召。"在罗马，Famulus（家庭）的原意是指一个家庭的奴隶，而 Familia 则是指属于一个人的全体奴隶。罗马人用 Familia 一词表示父权支配着妻子、子女和一定数量奴隶的社会机体。对家庭含义的真正社会学认识是从近代才开始的。马克思、恩格斯指出："每日都在重新生产自己生命的人们开始生产另外一些人，即增殖。这就是夫妻之间的关系。父母和子女之间的关系，也就是家庭。"[②] 奥地利心理学家 S. 弗洛伊德认为，家庭是"肉体生活同社会机体生活之间的联系环节"。美国社会学家 E. W. 吉伯斯和 H. J. 洛克在《家庭》(1953) 一

① 参见《中国大百科全书》（社会学卷），中国大百科全书出版社 1991 年版，第 95～96 页。

② 马克思、恩格斯：《德意志意识形态》，《马克思恩格斯文集》（第 1 卷），人民出版社 2009 年版，第 532 页。

书中提出："家庭是被婚姻、血缘或收养的纽带联合起来的人和群体，各人以其作为父母、夫妻或兄弟姐妹的社会身份相互作用和交往，创造一个共同的文化。"中国社会学家孙本文认为家庭是夫妇子女等亲属所结合的团体。中国社会学家费孝通认为家庭是父母子女形成的团体。家庭有广义狭义之分，狭义的指一夫一妻制的个体家庭；广义的则泛指人类进化的不同阶段上的各种家庭形式。

关于家庭的性质、关系、功能及其中的权力、权利和义务的一套规范体系被称为家庭制度（family institution），这是整个社会制度体系的重要组成部分。家庭制度是人类历史长期发展的产物，也是一种原始的本源制度，其他许多制度都是建立在家庭之上或包含在其中并逐步发展和分化出来的。早在野蛮时代，人们就对性关系加以限制，提出了种种禁忌，出现了家庭制度的萌芽。中国在西周和春秋时期就有了较系统的家庭制度，以冠、婚、丧、祭等礼仪来巩固家庭的宗法秩序；以孝悌等礼俗为中心，确立以父子关系为主体的家庭制度；通过"合二姓之好"的婚礼，实现祭祀祖先、延续后代的目的。早期奴隶制国家古巴比伦通过的《汉穆拉比法典》，有许多条款规定了婚姻家庭的内容。它明文肯定了买卖婚姻的合法性，并极力维护男子的特权；在亲子关系方面给家长很大的权力，子女必须绝对服从。犹太的摩西法典、伊斯兰的古兰经、印度的摩奴法典以及古罗马的十二铜表法等均有早期婚姻家庭制度的记载，并带有奴隶制的烙印。封建社会使家庭制度的经济功能日益显著，家庭成为生产单位，择偶以财产和门第为标准，不考虑男女双方的情感，把结婚当作扩大家族势力的途径。工业社会的到来，给家庭制度带来了新的转机。在一些高度工业化的资本主义国家里，社会化大生产代替个体小生产，家庭逐步丧失物质生产的功能，但仍然是人口生产和经济消费的单位。家庭成员之间的关系相对淡化，离婚与分居者急剧增加，出生率下降；非婚子女、单亲家庭大幅度增长；"独身主义""同性恋"等现象的出现，对现存的家庭制度提出挑战。

每个时期的社会生活都有与之相应的家庭制度。现代社会的家庭制度一般由民法明文规定，同时，社会民间的文化传统、道德、舆论等等的作用辅以补充。

家庭制度包括与之相适应的习俗礼仪、生育制度、亲子制度、父母与子女的权利和义务、家庭财产继承制度等。其中既有法律的明文规定，又有不成文的习惯法、约定俗成和各种传统礼仪。婚姻制度规定着婚姻的性质，当事人的自由程度、择偶范围、夫妻匹配数额以及婚姻的过程与合法手续等。生育制度包括鼓励生育或控制人口的政策，妇幼的福利待遇，对溺婴弃婴者的惩治等。亲子制度规定着长子与次子等地为的区别、确认父子之间的血缘继承关系等。父母与子女的权利和义务，规定抚养子女的法定年龄、成年子女选择离婚后父母的权利、子女对父母赡养的义务等。家庭财产继承制度，规定配偶与子女继承遗产的方法与份额等。

家庭制度发挥着这样的功能：①满足家庭成员各种需求。家庭作为一个社会中的细胞单位，既要满足家庭本身和其成员的需求，又要满足社会的各种需求。家庭通过制度合理疏导人的性冲动，为社会进行生命再生产，培养人才，以满足社会生存与发展的需要。家庭制度保障家庭存在的物质条件，并全面管理家庭群体。家庭通过制度满足成员的物质和精神需求，交流感情，培养交往能力。②家庭制度按照社会的要求，确立亲子制度，调节利益关系，使整个家庭和睦相处，使社会得以协调、有序地运行与发展。家庭制度的功能虽然会随着时代的发展而变化，但其基本方面具有一定的稳定性。③总之，家庭对整个人类生存和社会发展都发挥着重要功能。一是经济功能。

包括与家庭相关的生产、分配、交换、消费。这是家庭功能其他方面的物质基础。二是生育功能。从人类进入非群婚婚制以来，家庭成为一个生育单位，是种族延续的保障。三是性生活功能。性生活是家庭中婚姻关系的生物学基础。性生活和生育等行为密切相关，社会通过一定的法律与道德使之规范化，使家庭成为满足两性生活需求的基本单位。四是文化传承及教育功能。家庭在文化传承中有重要作用，父母教育子女在家庭功能中占有重要的地位。五是抚养与赡养功能。这特别表现为家庭代际关系中双向义务与责任。抚养是上一代对下一代的抚育培养；赡养是下一代对上一代的供养帮助，这种功能是实现社会继替必不可少的保障。六是感情交流功能。它是家庭精神生活的组成部分，是家庭生活幸福的基础。感情交流的密切程度是家庭生活幸福与否的标志。七是休息与娱乐功能。休息与娱乐是家庭闲暇时间的表现，随着人们生活条件的改善，人们的休息和娱乐逐渐从单一型向多向型发展。

家庭功能不是固定不变的。家庭本身功能的变化与社会变化密切相关。对于家庭功能变迁的研究，是家庭社会学的重要内容。①

由历史可见，尽管在人们的日常生活中常常将婚姻、家庭并提，但是有了婚姻，不一定有家庭。在社会学中，婚姻被定义为社会认可的配偶规定，在一夫一妻制的条件下，指的就是一男一女之间的性行为和经济合作。也就是说，婚姻一定包括了两性关系或者是模拟两性关系。异性之间的结合是两性关系，同性之间的结合尽管是同性，但仍然在模拟两性关系。

家庭作为一种社会组织单元，单元中的成员主要来自血亲

① 参见《中国大百科全书》（社会学卷），中国大百科全书出版社1991年版，第102～103、111页。

关系或由婚姻构成的非血亲关系或模拟血亲关系。传统的家庭通常包括夫妇、父母（或其他长辈）、已婚子女及其后代、未婚子女、已婚或者未婚的兄弟姊妹。现在家庭成员，既包括有血亲关系的，也有没血亲关系的。譬如一对同性恋人领养一个孩子，在美国，这已经不是个别案例了。不过，在中国，直到今天为止，对这种情况尚没有在法律上正式认可、肯定。但是，我们却看到了另外的案例，那就是，在云南的摩梭人中，有一种走婚习俗。在此种走婚习俗中，家庭主要的成员之间只具有血亲关系，但没有婚姻，根据通常的称谓习惯，从年幼者的立场出发，家庭的主要成员包括外婆、舅舅、姨妈、母亲、年幼者自己及兄弟姊妹。

家庭演化在其自然形态发展中，通常认为经历了血缘家庭、普那路亚家庭、对偶家庭、一夫一制家庭这样几种形态。

血缘家庭是人类历史上第一种家庭形式。在原始社会的旧石器时代，人类经过长期经验的积累，在内部逐渐地选择了按辈分划分的婚姻。这时，姐妹是兄弟的共同妻子；兄弟是姐妹的共同丈夫，夫妻都有共同的血缘。血缘家庭既是一个独立的生活单位，又是一个独立的生产单位。

普那路亚家庭是人类家庭的第二种形式。由美国人学家 L. H. 摩尔根命名，并把此作为群婚家庭的典型。普那路亚（punalua）是夏威夷语，意为"亲密的伙伴"。这个名称是从最早发现实行这种家庭形式的夏威夷群岛的土著人那里来的，由共妻的一群丈夫互称"普那路亚"；共夫的一群妻子也互称"普那路亚"。这种家庭制度是群婚发展的最典型的阶段。原始社会发展到旧石器时代的中、晚期，由于人工火的发明，人类制作石器和狩猎活动，以及原始农业的进一步发展，促使了生产力水平的提高，人类居住地相对地稳定下来；又由于人口的繁衍，一个血缘家族不得不分裂成几个族团。为了扩大物质资料的生产，满足日益增长的人口的生活需要，族团之间要保持一定的经济合作和社会联系，于是便产生了各族团之间的通婚。同时，在人类本身的生产方面，经过长期生活经验的积累和自然选择规律的作用，人们逐渐认识到族外通婚对后代体质发育有益，并形成了同母所生子女不应发生性交关系的观念，于是在家庭内部开始排除兄弟姐妹间的婚姻关系，实行两个集团之间的群婚，这就是普那路亚家庭形式。

对偶家庭是原始社会母系氏族公社时期的一种家庭形式。由普那路亚家庭发展而来。这种家庭由一对配偶在对配偶的形式下结合而成，所生子女属于母亲所有。早期对偶婚是夫对妻暮合晨离。晚期对偶婚发展为夫居妻家，但不是长久的。这种对偶家庭不是氏族公社的独立的经济单位，社会的基本组织仍是母系氏族。家庭内男女平等，共同照料子女。对偶婚已从群婚时代单纯的性关系辐射于社会联系。男子和女子一起劳动、消费，世袭仍按母系计算。对偶婚实行的结果是给家庭增加了一个新的因素，除了生身的母亲之外，又明确了生身的父亲。

一夫一妻制家庭是指一男一女结为夫妻的婚姻和家庭形式。在原始社会晚期，由对偶家庭发展而来。一夫一妻制家庭是人类有史以来最后一种婚姻家庭形式，它的确立是文明时代开始的标志之一，并适应于整个文明时代。它诞生的动力是财富的增加和想把财富转交给子女，即合法的继承人是由对偶所生的真正的后裔。自然选择的作用历史地由生产资料的私有制取代了。当时的一夫一妻制家庭同人类社会早期的对偶家庭相比，具有以下两个特点：①男子的统治。由于丈夫在家中掌握了经济大权，从而形成了对妻子的愈来愈大的统治权。②婚姻的不可离异。一夫一妻制家庭较之对偶家庭要牢固、持久得多，双方已不能任意解除婚姻关系，通例只有丈夫可以离异妻子，破坏夫妻忠诚是丈夫的权利，而妻子却必须严守贞操。一夫一妻制家庭在后来的历史上，在奴隶社会、封建社会、资本主义社会和社会主义社会等不同的社会形态下有着不同的表现形式。

对于家庭史，最初只是一些资料性描述。这是从19世纪60年代以后开始的，恩格斯充分肯定了1861年瑞士人类学家J. J. 巴霍芬发表《母权论》的历史意义。巴霍芬在这部著作中，提出了四点：①他从历史的和宗教的传说中寻找丰富的材料，陈述了人类最初存在着毫无限制的性交关系，即他所称的"杂婚"；②第一个论证了母权制先于父权制，阐述了母权制向父权制的过渡；③发现原始共产制社会中妇女在经济上的领导地位，是原始时代"女性统治"的真实基础；④发现了从群婚制向个体婚姻制过渡的形态。

巴霍芬论家庭史的直接后继人，是英国法学家J. F. 麦克伦南。他的主要功绩有：①总结了所谓的外婚制到处流行有重大意义；②同意巴霍芬的观点，认定母权制的世袭制度是最初的家庭制度。

继巴霍芬以后，在家庭史总结中取得重大进展的是美国人类学家摩尔根。摩尔根长期居住在印第安人的易洛魁人中，考察和研究他们的社会制度和生活习俗。著有《古代社会》（1877）一书。在这部著作中，摩尔根运用依据亲属制度追踪家庭形式的科学方法，找到了人类家庭发展的基本线索，揭开了古代家庭之谜，实现了家庭历史研究上的重大变革。此书的意义是：①第一次揭示了氏族不是多种社会组织中的一种，而是原始社会基本的、原始的基层组织；明确地把氏族与家庭加以区别，从而推翻了过去一向认为家庭是人类社会原初单位的结论。②发现了母系氏族和父系氏族存在与发展的规律，确定了母系氏族是一切文明民族的父权制氏族前的阶段。这一发现导致整个家庭史的研究开始围绕着母权制氏族这一轴心展开。③第一次揭示了亲属制度与婚姻家庭制度的关系，并创立了用现存亲属制度推断家庭制度的方法，从而使人们可以透过现存的一些纷繁的亲属称谓和制度，发现当时存在的婚姻家庭制度。④第一次大略描绘了家庭的历史，在当时已知的资料所容许的限度内，至少把家庭的典型发展阶段大体上初步确定下来。

马克思、恩格斯在《神圣家族》（1845）、《德意志意识形态》（1845—1846）、《共产党宣言》（1848）、《反杜林论》（1878）等著作中，对古代家庭婚姻发展都作过一些简要的阐述，从经济基础决定上层建筑的关系上来总结婚姻家庭的发展。摩尔根的《古代社会》出版后，引起了马克思、恩格斯的极大兴趣。马克思为此书写下了20余万字的摘要。1883年，马克思逝世后，恩格斯整理出版了马克思对《古代社会》一书所作的摘要，并在1848年写成《家庭、私有制和国家的起源》一书。

《古代社会》《家庭、私有制和国家的起源》两部著作问世后，有许多不同观点的争论，主要围绕以下几个方面展开：①家庭是不是一个历史范畴。1884年勒士尔出版了《婚姻和家庭的演化》。1891年，芬兰人类学家E. A. 韦斯特马克出版了《人类婚姻史》。这两部书都认为人类一开始就是一夫一妻制的家庭，否认原始杂交和群婚的存在。②在父权家庭之前是否有母权家庭存在。英国学者H. J. S. 梅恩著有《古代法律》（1861）一书，认为人类家庭从来是父权的，所谓父权之前还有母权是人们的主观臆测。③什么推动了家庭演化。德国社会民主党和第二国际的领袖、理论家K. 考茨基认为，推动家庭发展的是“社会欲”，不承认人类祖先通行无区别性交。美国哥伦比亚大学历史学派的R. H. 洛维认为，决定家庭发展的是“礼教”，他在《初民社会》（1920）中说：“兄妹或姐弟配偶，间或见之于记载，那也不是因为野蛮未开化，都是过分讲究礼教的结果。”④美国历史学派认为《古代社会》已经过时，洛维在《初民社会》的《序言》中说《古代社会》“成为无可挽回的古董"。又说："今日之下还要向那里面（指《古代社会》）求教关于初民社会的知识，这简直等于向达尔文以前的生物学者那里学生物学。"①

现在，有学者将人类传统的家庭模式分为三类：①由夫妻及其未成年子女组成的"核心家庭"；②由夫妻、夫妻的父母或者直系长辈以及未成年子女组成的"主干家庭"；③由核心家庭或者主干家庭加上其他旁系亲属组成的"联合家庭"。也有人主张将后两者合并，简称为"联合家庭"。

另外，还有学者列出了另一些非传统意义上的家庭模式。一是所谓的"单身家庭"。单身家庭的一个来源就是，人们对婚姻的漠视或恐惧，不愿意结婚或者再婚；另一个重要来源就是丧偶。在老龄人口中，包括了相当一部分的丧偶人口，如果他们不和子女生活，就变成了单身家庭。二是所谓重组家庭，即夫妻一方再婚或者双方再婚组成的家庭，当然也包括此次婚姻前一天或双方的子女。离婚率的居高和再婚率的不断攀升，使得重组家庭在西方国家的家庭类型中已经占据了重要位置。三是所谓丁克家庭。"丁克"是英文缩写"DINK"译音，意为双倍收入、有生育能力但不要孩子，浪漫自由、享受人生。作为对传统家庭意义的反叛，"丁克家庭"于20世纪的60～70年代开始在发达工业化国家流行，追求这种时尚的主要是年轻夫妻。

在社会研究中有许多学者，特别是功能主义学者，特别对家庭在社会中的作用或贡献作出概括。在许多部落社会中，家庭是基本的自给自足单位，所有家庭成员共同参加生产劳动，狩猎、采集和修造住所，为所有家庭成员提供必需的生存物质，如食物、衣服、住处等；不仅如此，家庭中的长辈不但要生养

① 参见《中国大百科全书》（社会学卷），中国大百科全书出版社1991年版，第108～109页。

子女，还要为子女的成长提供环境，教给他们生存的技能，培养他们基本的价值观念，因此，家庭基本上是一个全能的社会单元。人类经济生活方式的改变，也改变了人类的家庭生活。不仅家庭结构从传统的核心家庭、主干家庭甚至扩大家庭，向越来越小型化、简单化、多样化的家庭模式发展，与之相伴随的还有家庭意义的改变。在现代社会，家庭的首要社会意义是生养。尽管有许多家庭形态与生养无关，甚至有的与生养对立（如丁克家庭），但那些形态并不是主流的家庭模式，主流的家庭模式仍然是一夫一妻加子女的核心家庭；即使是非主流形态的家庭（如同性恋家庭），也有不少人愿意用收养的方式养育后代。因此，直到今天，人们仍然在遵循社会繁衍的基本法则：通过生养的方式保证家族的繁衍，进而保持社会的延续。

人能真正走向社会，始于家庭。在家里，人们学会了吃饭、穿衣、行走坐卧，学会了对冷暖的理解等基本的生存技能，同时也学会了对自我的认知，对社会的基本了解，对人对事的态度。社会学和心理学的研究都表明，人类的情感是社会的产物，是在与社会的互动中发展出来的。情感的摇篮则正是一个人最初所处的社会团体。对于绝大多数人而言，这个初级社会团体就是家庭。人类曾经作过很多尝试，试图替代家庭在人早期融入社会中的作用。举例来说，在以色列的集体农庄，人们将年龄相仿的孩子分成小组，与接收过专门训练的成年人生活在一起；苏联也曾经把婴幼儿集中起来进行养育；中国在计划经济时期，曾经向苏联学习，在各种工作单位设立托儿所。但几乎所有的尝试都是失败的，集体机构无法完全取代家庭，无法真正成为人在早期接受抚养和教育的场所。

家庭的重要意义还在于对性的管理。尽管约束性行为的观念和规则在不同的社会和不同的历史时期有很大的不同，但是，人类社会对性行为总是有所约束。以性开放最突出的丹麦为例

（北欧国家基本类似），尽管人们赞成年轻人的性行为，但是并没有允许任意的性行为。而对人类性行为进行约束的重要方式就是家庭，通过相对稳定的性伴侣约束，来约束滥交。之所以约束任意的性行为，社会学的基本解释是，性行为有可能导致新生命的产生。产生一个新生命容易，养育一个新生命却要耗费大量的社会资源。如果不约束性行为，谁来承担养育的责任？此外，性滥交的另一个危险就是直接威胁社会秩序。在社会中，每个个体都有自己的位置，位置之间有着有规则的排序，这就是社会秩序。社会通过双亲的社会位置进而确定新生命出世时的初始社会位置，由此才使得社会的基本秩序得以维持。而任意的性行为就可能使得社会无法确认新生命初始的社会位置，进而导致社会秩序的瓦解。

上面是从两性和谐关系出发对家庭主要社会意义的探讨，如果从两性对抗的视角出发，就会看到家庭的另一些社会意义。女性主义者强调，两性之间并不存在和谐的关系，始终存在的是两性冲突，男性和女性的彼此竞争。在这场竞争中，女性是失败者，进而也变成了被统治者。在人类社会的早期，两性的分工是男性狩猎、女性采集和养育。根据坎贝尔的观点，那个时候是女性而不是男性是家庭经济的主事；但随着战争和农业的发展，男性的生理优势逐步得到凸显，并成为家庭经济的主宰。不过，也有人对此持不同的观点，譬如哈里斯认为性别不平等的基础早在狩猎和采集时代就已经建立。不管家庭的不平等基础来源于哪里，在女性主义者看来，今天的家庭事实上是男性统治女性的工具，并为社会上男性对女性的统治奠定了基础。现在在社会中的主要情况是：许多人把男性看成是这个社会的主宰，这是因为，在家庭中女性天经地义地表现为从属角色，受男性的支配。社会中男性对女性的支配只不过是家庭模式的翻版而已。

一些学者指出，过去几十年的变化表明，不仅选择婚姻的人减少，而且选择生育的人越来越少，多数工业化国家的生育率已经出现了负增长。作为一个生育单元，家庭对于社会最重要的意义在消失。再就是，社会本身的变化使得家庭作为社会化主要场所的重要性也在下降，因为今天的社会已经提供了多元化的社会化场所，家庭只是其中之一而已。有人甚至认为大众传媒和学校对孩子的影响要大于家庭。另外，人类对性的宽容、离婚率的急剧上升、同居群体的发展也已经昭示着家庭对性行为约束的失败。这样，有学者提出一个重要的问题，那就是“家庭会消失吗”？另外，也有严肃的学者强调，家庭并没有走向消失。第一，传统家庭功能的削弱并不意味着家庭已经失去了意义。家庭仍然是人类本身再生产的基本主流的形式，而且人类不可能像生产香蕉那样对人类自身进行工业化生产，生育将始终是人类自己的事情。第二，尽管人在成长中进入社会的途径日益多样化，但是，已有的社会实验证明，家庭一定要融入社会，这是必定的。第三，人类对多样化性行为的宽容性的确在增加，但这绝不意味着家庭作为对任意性行为的约束在消失，而只能说明人类的性行为约束本身在变得多样化。离婚虽然会带来伤害，但并不总是坏事，至少可以让在婚姻中感受无奈的人开始新的生活。因为不少离婚的人们仍然选择了结婚，选择了家庭。第四，家庭的经济合作体意义的确在消失，这是不争的事实；但同时人们也看到，作为情感的归属，家庭的重要性在不断上升，随着家庭规模的小型化和社会的异质化，现代家庭关心的更多是个人情感。而闲暇的增多也使家庭成员拥有了更多的时间和精力来关注情感，家庭正好成为人们的情感归属地。[1]

古代文献中有不少关于婚姻家庭的论述。罗马历史学家塔西特斯在其著作中谈论过野蛮人的家庭。雅典人的演说和荷马的史诗也对家庭作过描述。中国先秦时期的《诗经》中有不少关于家庭的描述。但是，把家庭作为一门学科来研究是在 19 世纪以后。19 世纪初，随着工业化、都市化的加速，家庭的功能、结构和观念发生了变化，引起了所谓"家庭危机"，导致人们进一步探讨家庭消费、家庭管理，创建家政学。19 世纪 40 年代有关家政学的著作开始在美国问世，阐述了有关家庭预算、子女教育方面的知识。随后，美国在学校中开设家政学课程，成立家政学会。19 世纪中叶，社会学学科形成，促进了对家庭研究的学科化。家庭社会学很快就成为社会学的一个分支。一般认为，法国早期社会学家 F. 勒普累和德国社会学家 W. H. 里尔是家庭社会学的奠基人。勒普累在 A. 孔德的影响下，对欧洲矿工及其他工人的家庭进行实地调查，发表了《欧洲工人》(1855) 和《家庭组织》(1875) 两部著作。他对家庭的经济生活作了剖析，所采用的访问法、问卷法，以及家庭经济分析技术等，至今仍应用于家庭研究和整个社会学研究之中。里尔于 1855 年出版《家庭》一书。他通过观察和询问，指出家庭出现了危机，主张改革家庭，重建家庭。

关于人口、婚姻、家庭的认识，由社会学这门大的理论学科来讲，其在尚未被社会学理论体系规定的意义上讲，是表象级的材料。马克思在论述他的政治经济学方法时，曾经讲到，如果没有经过理论体系的切近规定，"从人口着手，那么这就是一个混沌的关于整体的表象"。对于社会学而言，同样如此，它

---

① 参见杨宏峰编著：《何谓社会学》，中国编译出版社 2010 年版，第 112、114、116～120 页。

只是尚未被社会学理论体系规定的感性材料。而就理论形态的范畴规定来讲，其必有个从完整的表象蒸发为抽象的规定又由抽象规定上升到具体，而形成自身学科体系的理论状态。从根本上说，凡是认识、陈述、记录就一定带上理性，脱不开理论规定的方式。关于人口、婚姻、家庭的认识和陈述也是如此。例如，对于家庭，当对其进行理论研究，就形成了一门重要学科，即家庭社会学（siciology of family）。这是运用社会学的理论和方法，借鉴文化人类学、社会心理学等多种学科的研究成果，研究婚姻家庭变化规律的一门学科。

家庭社会学的发展大体经历了三个阶段：①19世纪中期至20世纪初期，偏重于关注家庭演化的材料。1858年达尔文的《物种起源》一书问世，启发学者们探讨家庭的起源和演化。1861年，瑞士法理学家和人类学家J. J. 巴霍芬出版了《母权论》；1865年，英国律师和人种学家J. F. 麦克伦南发表了《原始婚姻》；1870年美国人类学家L. H. 摩尔根出版了《古代社会》。这些著作论述了母系社会与父系社会的存在与发展、婚姻与家庭形态的历史演变，指出家庭作为一个能动的因素，经历了由群婚、对偶婚、专偶婚到一夫一妻制等几个阶段。K. 马克思在1880—1881年间对《古代社会》一书作了详细摘要，并写了批语。1884年F. 恩格斯根据摩尔根《古代社会》这部书中的某些结论和实际材料，以及马克思的批语，写成了《家庭、私有制和国家的起源》。恩格斯把家庭制度与社会制度统一起来考虑，阐明了不同社会经济形态中家庭关系发展的特点，并对家庭的未来作了预测。此外，对家庭问题还有一些学者提出过许多不同看法：有人认为一夫一妻制就是人类最古老的家庭形式，无所谓群婚存在；有人认为在父权之前有个母权是不真实的，父权才是最初的。②20世纪初至50年代，从注重家庭历史的研究转向对家庭现状的研究。20世纪初，随着社会生产力的发展，社会流动加速，人际交往频繁，妇女就业率上升，离婚率增高，出生率下降，于是社会学界着重探讨家庭结构、家庭规模、家庭危机等问题。这一阶段的代表人物有西方现代家庭社会学的开创者E. W. 伯吉斯、T. 帕森斯、G. P. 默多克等人。1926年伯吉斯首先提出："家庭是相互作用的人格统一体。"帕森斯认为，家庭的结构和功能对社会结构有重要影响，并指出工业化对家庭结构所产生的影响。默多克通过对家庭的抽样调查，首次提出了核心家庭的概念。从研究方法看，这一阶段家庭社会学的特点，一是注重微观的经验研究，二是引进了心理学的研究方法。③20世纪50年代以后，家庭社会学的研究从微观转向宏观。第二次世界大战以后，世界各国的社会结构都发生了变化。反映在家庭问题上是家庭结构趋于多样化，家庭功能有的在强化、有的在淡化。这些变化不仅引起社会学，也引起哲学、史学、经济学等各界学者的注意，推动家庭社会学向应用科学的方向发展。美国第39届总统J. 卡特为解决家庭中出现的诸如虐待、自杀、非婚生子等问题，曾组织力量进行讨论。苏联在恢复社会学研究以后，家庭社会学也日趋活跃，各界学者就离婚问题、家庭解体问题、闲暇时间问题、犯罪问题分别发表了许多见解。研究方法上的多学科、多层次，研究内容上的面向未来，是这一时期家庭社会学研究的显著特点。

关于家庭社会学研究的内容，有的学者认为家庭社会学研究家庭的各个方面；有的学者认为研究有关家庭的所有侧面是家庭学的任务，家庭社会学应侧重于家庭的社会方面；还有不少学者把家庭社会学视作社会学关于小群体研究的一个基本组成部分。对于其中的基本内容大体可以概括为以下几点：一是家庭制度。家庭是社会的细胞，家庭制度也是一种社会制度。家庭制度既是人类文化的积淀，又能传递人类文化。通过对家庭制度的研究，为人们提供家庭行为模式和社会行为模式，从而促进社会控制的实现。二是家庭结构。构成家庭的要素很多，不同要素的不同组合，形成家庭的不同结构和不同类型。家庭社会学研究各种家庭类型的产生、变化和特点，从而促使人们自觉地把握各种家庭类型的优劣和兴衰。三是家庭功能。家庭的功能是多方面的，并且是不断变化的。家庭功能决定家庭结构，家庭结构影响着家庭功能。家庭社会学研究家庭各种功能的消长及其原因，推动家庭的健康发展。四是家庭关系。家庭是最富有感情色彩的社会初级群体，是人与社会关系的桥梁。家庭成员间的交往构成家庭关系。家庭社会学注重研究面对面沟通、交往的家庭关系，研究制约家庭关系的各种因素，寻找协调家庭关系的最佳模式。五是家庭角色。主要是指家庭成员在承担家庭义务和享有家中权利方面所表现出的一定行为模式。家庭社会学研究家庭角色的变化以及影响这种变化的环境因素和心理因素。六是家庭管理。家庭的建设涉及衣、食、住、行，包含家务劳动、娱乐休息、安全等各方面，是一个复杂的工程。作为家庭社会学前身的家政学曾专门研究这个问题，现代的家庭社会学包容了这一内容，为人们提供管理家庭的技巧和艺术。七是家庭观念。家庭的存在产生家庭观念，家庭观念是家庭变化的先导。家庭观念包括婚姻观、道德观以及法律观念。20 世纪中叶以后，各种观念的变化加快，东西文化冲突，对家庭观念的探讨愈来愈成为家庭社会学的重要方面。八是家庭的演化。家庭是历史的产物。在家庭社会学研究的第一阶段侧重于研究家庭的起源和演化。当代家庭社会学注重于对家庭未来的研究，着力探索未来家庭的模式。

在家庭社会学有关研究中存在不同的观点，大多是因为研究的角度不同造成的。有从社会整体角度研究家庭的，有从系统综合性的角度研究家庭的，还有从社会关系的角度研究家庭的，等等。有文献强调，这些从不同角度的研究，并未在体系上形成有重大分歧的学说或学派。家庭社会学的不同学说，较多的情况是触及它的理论研究，在家庭理论上出现分歧。一是制度论。主要是从控制个人行为的社会规范来研究家庭，分宏观研究和微观研究两种。宏观研究是探讨家庭制度在不同社会中的特征及其变化趋势，微观研究是剖析家庭成员间行为规范的劳动。二是结构功能主义。家庭社会学中影响较大的流派。它从家庭和社会的相互影响中研究家庭。认为家庭是具有稳定性的社会组织，个人服从家庭是社会稳定的前提。三是冲突论。注重从冲突角度研究家庭。认为在婚姻和家庭关系中冲突是自然的，与其强调婚姻家庭关系中的秩序、平衡、一致或功能主义系统的存在和平衡，不如把注意力集中在冲突的规律和调解上。四是符号互动论。一种受社会心理学影响较深的微观分析理论。认为家庭与社会、家庭中的人与人之间的相互作用，是通过象征性的行为来沟通的；强调个人对家庭的顺应，强调家庭内部的协调；认为夫妻之间的行为决定整个家庭的命运。五是社会交换论。认为家庭关系或家庭行为是一种彼此交换的关系。当一方表现出一种行为时，另一方则以相应行为作为互换。掌握这种互换的度是协调家庭关系的关键。六是发展论。认为家庭有其自身的产生、发展和自然结束的运动过程，这就是家庭生命周期。家庭在不同的生命周期阶段上有不同的内容和任务。①

与家庭问题相关，我国长期宗法氏族社会中一直很有影响的家谱文化、家乘文化、家牒文化、谱牒文化、宗谱文化、姓氏文化，其面对的领域是扩展了的家庭文化，这成为一系列关

① 参见《中国大百科全书》（社会学卷），中国大百科全书出版社1991年版，第106～107页。

于社会生活群体研究的民俗基础。

（二）作为社会生活群体的部落、族群、民族。

形成社会学理论体系时，关于部落、族群、民族的材料，在其未经过社会学理论由最抽象范畴上升到具体而被理论体系所规定，其属混沌的表象。这成为蒸发为抽象规定的感性具体。

1. 社会学面对着与人口群体相关的情况。由“群体”(group)，向前延伸，可说到笼统讲的动物“群落”或称“群集”。“群落”（community)，这原本主要是涉及生物学领域的概念，有所谓生物群落（biological community)，这指生物种群通过相互作用而结合起来的集合体。这种“群落”是多种生物种群的有规律的结合，具有复杂的种间关系。当把在一定生活环境中的所有生物种群的总和叫作群落，其中的各种生物种群不是任意拼凑在一起，而是有规律地组合在一起形成一个稳定的共同体。居住在这一共同体中的种群及其成员，彼此通过各种途径发生相互作用产生相互影响。对于每个群落来说，总有其特定的生态条件；而且在不同的结构层次上有不同的生态条件。群落中的每个种群都选择生活于其中的具有适宜生态条件的结构层次，这就构成了群落的空间结构。群落的结构有水平结构和垂直结构。群落的结构越复杂，群落内部的生态条件就越多，对生态系统中的资源的利用就越充分。在这种情况下，群落内部的竞争就相对不那么激烈，群落的结构也就相对稳定一些。种类成分是形成群落结构的基础，各种生存条件的不同和变化，会导致种类数目发生改变。这直接指向社会学的生物学前提。

群体（group)，重在意指二人及二人以上具有直接或间接接触的人的结合。他们具有心理交互影响的确定模式和特殊类型的集体行为，通常被认为是一个结合紧密并具有一定组织形式的整体。社会学者有关“群体”的研究已有一段历史。群体研究是西方社会学研究的重要领域之一。欧洲早期的社会学家，如德国的滕尼斯、西美尔，法国涂尔干等，以及美国的萨姆纳、库利、托马斯，英国的麦基佛等，在这方面做了大量工作。我国的孙本文、柯向峰等，对此也曾有过专门的深入研究。

学者们将两个以上有直接或间接接触的个人所构成的单位称作群体单位（group unit）。美国的埃尔伍德、罗斯、鲍加杜斯、尤班克等指出，人类社会是由许多群体集合而成：有的是直接或初级群体，如家庭、邻里、工作小组；有的是间接或次级群体，如政党、国家。群体是社会生活的中心，个人总是在群体中生存。个人的社会行为都在群体生活中表现出来，因此，要研究社会行为必须研究群体生活。这种前提的生活单位称群体单位。美国的尤班克在《社会学概念》一书中列举群体的分类近 40 种之多。

对于专门从事群体研究的学科，叫群体社会学（sociology of group）。这门学科不仅考察社会个人和社会行为，还考察群体的社会结构。这种研究大致可分为下列七个方面：①群体基础论的一般特征；②群体的类型；③群体的内部结构及其与成员的关系；④群体的形成、发展、变动等活动的历史过程；⑤群体间的相互关系及其与社会的关系；⑥不同社会群体之间的比较；⑦群体的现代化。具体研究方式有下列两个方面：①微观方面，包括社会调查法、群体力学等小群理论，标准社群理论，非正式组织论、概率论等。其研究对象为家族、近邻群体、知己群体、单位群体、村落等。②宏观方面，包括社会发展论、分工论、社会结构或组织论、社会制度论。其研究对象为社会形态、国家、企业、学校、自发结社等各种群体，一直到城市、区域社会、民族、公众、群众等方面。

社会学者对于群体的分类观点各不相同。如萨姆纳在《民俗论》中，把群体分为"我群"和"他群"。库利在《社会组织》中，就群体中接触的类型，首先重视的是"初级群体"或称“首属群体”“直接群体”“基本群体”，在此基础上才进而分析“其他群体”，后来有人称之为“次级群体”“后起群体”或“间接群体”。

C. H. 库利解释道：初级群体是指具有亲密的、面对面交往与合作特征的群体。具体说，初级群体指的是人际关系处于最初、最基本状态下的社会群体。之所以说这些群体是初级的，是因为其在形成个体的社会性和思想观念等方面起着初始作用。从人类历史发展的过程来看，初级群体是最早出现的一种群体类型，如远古时期的原始人群、氏族公社时期的氏族家庭、部落等。就一个人的发育成长来讲，家庭、邻里、儿童游戏群伙，均为幼儿最早加入并在其中活动最多的群体形式，故称为首属群体或直接群体。库利强调这些群体在人的早期社会化过程中发挥着重要作用，将此看作是“人性的养育所”。后来的社会学家把这一概念扩大到人际关系亲密的一切基本群体。

关于小群体的概念和理念，早在 19 世纪末 20 世纪初就有人提出，但对小群体的大量研究还是在第二次世界大战前后。随着以“小群体”命名的专著和研究报告的发表，关于小群体的概念和理论开始在社会学中广泛流传开来。在西方社会学文献中，特别是在美国社会学著作中，关于小群体概念的理解很不一致。对此，大体上有以下三种不同的定义情况：一是在社会地位和角色关系上或多或少相互依赖的一组人，他们具有共同的价值规范及彼此协调一致的社会行为。二是参加过一次或多次面对面集会、彼此留下深刻印象的一伙人。这些人在事后提到其中某人的名字时，其形象立刻浮现在眼前。三是若干人在一起的聚合体，并不强调上述的各种关系。三种不同的定义反映了对于小群体研究的不同立场和研究方向。社会学对于小群体的研究，常常把小群体与初级群体的概念在同一意义上使用，即把小群体看作是初级群体。而实际上二者并不能等同。

关于初级群体与小群体的区别，从群体的规模上看，初级群体一般也是一种小群体。但是，之所以称为初级群体，并不完全是因为它的规模，主要是群体成员间具有亲密的初级的人际关系。对于小群体而言，当群体内存在着初级的人际关系时，它是初级群体；但当它缺少或没有这种关系时，则它是次级群体。在一定条件下，小群体会向初级群体转化。这是因为小群体人员少，彼此面对面交往和联系的机会多，随着时间的推移，相互间友谊的加深，小群体则可能逐步变成初级群体。小群体的人数直接关系到群体的凝聚力和小群体的特性等一系列问题。研究表明，规模小的群体比规模大的群体有更大的凝聚力，表现出较强的稳定性。因为随着群体规模的增大，群体成员间的交往和沟通逐渐减少。社会学家们对小群体的人数提出了种种不同的看法。有的认为，小群体的人数以三五人或十余人为限；有的认为，可以多至二三十人；有的甚至认为还可增至四五十人，即中、小学班级的人数。社会学家、社会心理学家都十分重视关于小群体的研究。社会学家对于小群体的研究侧重于小群体与社会的关系、小群体对于人的社会化的意义，以及小群体特别是工作类型的小群体即工作小组的社会效益等方面。中国是一个小群体关系大量存在的社会，揭示小群体内的各种人际关系以及对社会生活各个方面的影响，是社会学研究的一个重要课题。[①]

关于初级群体的特征，主要是：①面对面的互动。这是初级群体产生、形成和发展的重要条件。如果离开直接的交往与合作，就不可能形成个人之间的亲密关系，也就无初级群体可言。②有限定的群体规模。初级群体通常是小型群体。人员相

① 参见《中国大百科全书》（社会学卷），中国大百科全书出版社 1991 年版，第 440～441 页。

对少是彼此能够有机会接触和交往的重要保证。③不能完全替代的人与人之间的特殊关系。这是初级群体与次级群体即社会组织的明显区别之一。个人在初级群体里扮演多种角色，参加各种活动，表现其全部个性。这样人与人之间便形成一种不可替代的特殊关系，如有意外的缺员或置换便会引起群体的震荡和不安。④靠习俗伦理维持群体控制。初级群体不存在正式的社会控制手段，而依赖于风俗、习惯、伦理、道德等非强制性的因素。初级群体如果企图诉诸法律的强制手段，便标志该初级群体的衰落或发生由初级关系向次级关系的转变。

关于初级群体的类型，一些学者按照群体成员联系的纽带，把初级群体划分为血缘型、地缘型、友谊型和业缘型等：①血缘型初级群体是指建立在婚姻、亲子关系基础上的群体，如家庭。②地缘型初级群体是指建立在紧密相连的地域空间基础上的群体，如邻里。③友谊型初级群体是指建立在友好、信任基础上的群体，如儿童的游戏群伙、成人的朋友群体。④业缘型的初级群体是指建立在工作联系基础上的志同道合者，如工作小组。

关于初级群体的社会功能，应当承认，不同类型的初级群体发挥着不同的社会功能，归结起来有：①物质生产和人口生产的功能。家庭的特殊社会功能之一是担负人口的生产。此外，在很长的历史时期里，家庭一直是生产单位。一部分业缘型的群体如工作小组如班组车间也担负着物质生产的作用。历史发展过程中的农村邻里也发挥过生产职能。②社会化的功能。所有类型的初级群体对于人的社会化都有程度不同的影响。如家庭、邻里、儿童游戏群伙对于幼儿的早期社会化具有特别重要的意义。朋友群体和工作小组对于成人的继续社会化有着不可忽视的作用。③提供个人生活和闲暇活动的场所。普通的成年人除了在相应的组织或生产单位工作之外，其余的时间大多是在家庭、亲朋等初级群体里度过的，社会性的文化娱乐设施愈是不发达，个人在上述初级群体里活动的时间也就愈多。④社会稳定和社会整合的作用。不同类型的初级群体具有满足个人和社会不同需要的各种功能。就个人来说，他的某些需要是社会组织所无法提供的，如个人之间的思想情感的交流，心理方面的沟通，生活上的特殊照顾和帮助等。[①]

对于社会群体，索罗金还曾按群体成员关系分为横的群体和纵的群体；美国的埃尔伍德则从群体性质出发把它分为志愿的群体和非志愿的、正式的和非正式的、临时的和永久的群体；帕克与伯吉斯又根据群体的地域性将其区分为地域的群体和非地域的群体。此外，还有从群体组成分子的差异，如人数、性格、年龄、种族等方面加以区分的。

2. 在人类本然的生活世界中，由处于群居状态的群体形成部落（tribe）。通常讲，部落往往是由两个或两个以上血缘相近的胞族组成的，也就是说，由同血缘或血缘相近的胞族形成的氏族结合而成。有些部落是由几个氏族组成，中间还有胞族这一环节。这是在自然塑造人与人塑造自然中所形成的人类社会初期组织。人类原始社会往往经历着这样的过程：由于氏族的自然发展，在人口繁殖中，人口不断增加，一部分人向外开拓新的领域，于是从一个老的氏族分化出新的氏族，几个新老氏族结合在一起，就形成一个部落。有的部落则有若干具有通婚关系的临近氏族结合而成。因此，部落已不像氏族那样是严格意义的亲属群体，在血缘亲属关系上已比氏族有所扩大。对部落的形成研究者有不同看法；一种意见认为，部落与氏族几乎是同时形成的；另一种意见则认为，氏族形成先于部落。

① 参见《中国大百科全书》（社会学卷），中国大百科全书出版社 1991 年版，第 20～21 页。

部落都有自己的名称，有自身一片相连接的地域，有共同的经济（如集体狩猎、生产协作等），有共同的生活方式，有共同的语言或方言，有共同的宗教观念及祭祀仪式。由母系氏族组成的部落为母系部落，而由父系氏族组成的部落则成为父系部落。婚姻实行部落内不同氏族间的通婚。部落有宣布氏族所选出的酋长和军事首领正式就职的权利，也有撤换他们的权利，公共事务由各氏族首领组成的部落议事会讨论决定。部落内部往往有一个最高首领，如酋长，这由部落中各氏族推举产生。部落议事会及首领在组织部落生产以及处理与其他部落关系上起主要作用。有些地区的部落也有一些特殊情况，如北美印第安祖尼部落仅有一个公社组成；肯尼亚的多罗博部落则分散生活在南迪和马赛部落中间而缺乏相连接的领域；东非乌干达的阿姆巴部落由说两种不同语言的人组成。许多人类学家和民族学家通常根据共同的文化和方言来划分部落。因为部落的分割都与方言的变化相关，不同的方言往往形成不同的部落。

关于由若干血缘相近的氏族组成的群体部落，在我国古籍中有过多种描述，《汉书·鲍宣传》上有："凡民有七亡……部落鼓鸣，男女遮列，六亡也。"《新唐书·李勣传》上讲："酋长率部落五万降于勣。"明代何景明《花当》诗中有诗句："闻道花当中，缘边部落遥。"

美国民族学家 L. H. 摩尔根对易洛魁人部落作过描述，认为一个印第安部落是由两个或两个以上的氏族发展而成。由于氏族的自然发展，如人口增加，一部分人向外开拓新的领域，如此久而久之，相距较远的人们之间产生了方言的差异，后来新的部落形成。这从一个侧面显示了语言及符号化过程在部落形成机制中的作用。摩尔根在《古代社会》中对处于母系制阶段的印第安人部落形态也作过类似的记述。古希腊荷马时代，部落已建立在父系制制度基础之上，有作为常设权力机关的议事会和掌握军事指挥、祭祀、审判等权的军事首长（巴塞勒斯）。古罗马王政时代，每一部落须由十个库里亚（胞族）构成，并设元老院、人民大会和勒克斯（王）。在历史上，当进入一定时期，因各种战争的日益频繁，最终导致血缘联系逐渐被地域联系所取代，出现了由若干部落的解体并结合而成的部落联盟，这成为原始公社瓦解的开始和新的民族共同体部族或民族出现的前提。后来形成由若干较小的地区村社（开始往往因崇拜信仰不同的教团而异，由原始的村落或邻里形成，等等）组成并且可以聚集而成的更高级群集或族群，以至成为民族。这样，部落被视为民族共同体发展中的一种重要的历史类型。

在原始社会中，部落与部落之间常常以彼此间交换和互相聘问来表示友好。特别是从母部落中分裂出来的新部落，与母部落之间关系更为密切。但是部落的疆域不可侵犯，越界则要引起战斗，保卫部落边界是神圣的义务。部落从血缘部落向地域部落发展，由低级阶段向高级阶段发展。正如现代人了解到的，澳大利亚人的部落可能是部落发展中的最低阶段；而印第安易洛魁人的部落则正处在母系制兴盛时期；古希腊荷马时代的各部落已进入父系制阶段，并且部落内各氏族和胞族成员已经互相杂居，形成了地缘部落。原始社会后期，由于私有制的发展，出现了贫富分化，产生了部落显贵。显贵们为了掠夺别的部落的财富和扩张领土，部落间频繁爆发掠夺性战争，通常称这个时期为军事民主制时期。战争使邻近部落间的矛盾尖锐起来。为了对付强大的敌对部落，若干近亲部落或利益相同的部落结成联盟，这种部落联盟在国家形成之前起过重要的作用。原始社会后期形成的部落联合组织，即部落联盟，这多是由有血缘关系的或相毗邻的、利害一致的部落组合而成。起源于同一祖先的若干氏族，从同一氏族中分离出来散布在不同的部落中，这些部落便自然成为组成部落联盟的基础。另外，使用彼此尚能相互了解的语言或方言以及领域的接壤，也是组成部落联盟的重要条件。部落联盟的主要职能是共同从事军事行动，如袭击敌对部落或对付外来侵略者时采取的一致行动。美洲印第安人易洛魁部落联盟就是由具有相互接壤的领土、相近的方言以及分散在各部落中的血缘相近的氏族等条件的5个独立部落组成的。易洛魁部落联盟内各部落间的关系是平等的，各部落内部的一切事务由部落独立处理。联盟内设有由50名左右世袭酋长组成的联盟议事会。世袭酋长限定在5个部落中的某些氏族中选出，其地位和权限完全平等，对联盟内诸事项有最高决定权。联盟中的世袭酋长同时又是自己所在部落的世袭酋长，享有参加部落议事会和表决的权利。当出现缺位时，有关氏族便重新选举；同时，有关氏族也可以随时撤换他们，委任权则属于联盟议事会。一切公共法令或决议，须在联盟议事会中一致通过，方能有效。世袭酋长在议事会中以部落为单位进行投票。各部落会议有召集联盟议事会之权，联盟议事会无自行召集之权。联盟议事会允许各个人自由发言，但决议权限于联盟议事会。联盟通常设立两名主要军事酋长，其权限相等，无最高行政官。据记载，“英雄时代”的希腊社会就保留着氏族、胞族和部落的组织，而血缘和继承制则按父系计算和承袭。氏族以一个想象的神作为氏族的祖先。胞族是军事组织的单位，每个胞族有30个氏族。一般由3个胞族组成一个部落，几个部落长期联合，形成巩固的联盟。古罗马王政时代也有类似的部落联盟组织。恩格斯认为：“氏族作为社会单位出现以后，氏族、胞族和部落这整个社会组织就怎样以几乎不可抗拒的必然性（因为是天然的）从这种单位中发展出来。这三种集团代表着不同层次的血缘亲属关系。"[①] 联盟制度又是"氏族—部落"制的扩大，而以氏族制为基础。联盟制密切了各部落间经济和文化的联系，并为国家和部族或民族的形成准备了条件。

部落及其联盟组织随着原始社会的解体而解体。当时在阶级形成的历史过程中由于阶级冲突日益加剧，私有制逐渐巩固和扩大，部落显贵们越来越重视夺取政治上的统治地位，于是，部落议事会变成了贵族议事会，民主选举首领变成了首领世袭制，产生了最初向奴隶主，从而使部落及其联盟组织逐渐被国家所代替。

3. 学术界有意见认为，历史上在部落之后、民族形成之前，有一种处于不甚稳定的共同地域、语言、文化和经济等特征的族体。说到这种"族体"，首先要讲到部族。部族一词，在汉语中由来已久。最初，是指一个族体而言，史籍上曾用来指契丹、羌等族，也用来指一个族体内部的各个部分，如契丹内部的各部落及其支系，到近代也用来指称结合成为民族的各个族体，它们是在民族形成之前早已存在的。一种意见认为，作为族体的类型之一，部族的形成开始于原始公社制向奴隶制或封建制过渡的时代。最初形成的是奴隶制时代的部族。有些部族则是在封建制及其以后的时代形成的。在部族形成过程中，人们的血缘联系逐渐为地域联系所取代。自然经济是这种地域联系的物质基础。人数较多或比较发达的部落的语言成为部族的共同语言，但方言差别较大。一些部落的名称变成了部族的自称。在共同地域、独特语言和特定经济影响下，形成了特殊的文化结构，产生了自己属于某一部族的共同意识。

这样，起源相同、语言相近的各部落，或者由征服而结合

① 恩格斯：《家庭、私有制和国家的起源》，《马克思恩格斯文集》（第4卷），人民出版社2009年版，第110页。

的起源各异、语言不一的各部落，随着联系的不断加强而逐渐融合，就形成部族。国家的形成促进了部族的巩固。在近现代，部族往往直接发展成为民族。

我国学术界认为，现代所用的“部族”一词，是在马克思列宁主义经典著述翻译过程中逐步明确的。在欧美学术界及20世纪二三十年代的原苏联理论界，一般认为部落（tribe、племя）和民族（nation、нация）分别是族体的两个基本类型。中国有些翻译工作者根据具体情况常常将处于原始社会形态之后，社会主义形态之前各发展阶段的（tribe）及与之相应的外文词译作部族。1948年莫斯科外国文书籍出版社的斯大林《马克思主义和民族问题》中译本（唯真译）中首先将这里的俄文词 народность 译为“部族”。20世纪40年代初，苏联一些学者开始研究各种族体类型的历史关系，探索族体类型与社会经济形态的联系。到40年代末、50年代初，依据社会经济形态划分族体类型的理论和实践已经形成。他们认为，氏族（род）、部落（племя）、部族（народность）、民族（нация）是族体的基本类型。部族主要是奴隶制和封建制阶段基于地域联系的人们共同体。后来，作为某种分支类型，部族又分为奴隶制部族、封建制部族、资本主义部族和社会主义部族。1950年，斯大林在肯定这种族体类型划分的同时，强调了部族和民族的区别，并且指出：“往后，随着资本主义的出现、封建割据的消灭和民族市场的形成，部族（народность）就发展成为民族（нация），而部族（народность）的语言也就发展成为民族（нация）的语言。”① 1950年，李立三翻译这本著作时，为了与民族一词相区别，将 народность 一词译为部族。由于这个词在俄文著作中第

① 参见斯大林：《马克思主义和语言学问题》，《斯大林选集》（下卷），人民出版社1979年版，第506页。（译文略有改动——引者注）

一次具有了确定的含义，因而，汉语"部族"一词也随之具有后来所使用的特定含义。1979 年，中共中央马克思恩格斯列宁斯大林著作编译局又将斯大林这一著作中的 народность 和 нация 一般都译为民族，注明该文把 народность 一词用来专指产生于部落之后的、奴隶社会和封建社会的人们共同体，把 нация 一词用来专指资本主义上升时期及在此以后的人们共同体。[①] 中国学术界对这种译法有不同意见。在中国，对部族一词的另一种看法是：世界上只有氏族、部落和民族三种族体类型。民族是由部落发展而成的，所以不存在部族这个类型，所谓"部族"就是民族或古代民族。这些译者认为斯大林在上述著作中所讲的 нация，是指资本主义时期的民族，而 народность 是指资本主义以前的民族。将 народность 一词译为部族，是违背斯大林原意的。因此主张将 нация 和 народность 两个词一般均译为民族，而在斯大林的上述著作中，则分别译为"（资本主义时期的）民族"和"（资本主义以前的）民族"。[②]

这样，从"氏族""群体"到"群落"，才演化出"部落"，由"部落"经"部族"或"族群"才谈得上完整意义上的"民族"。这在社会学中，在文化人类学中都成为特定的社会组织类型。

4. 马克思、恩格斯在其著作《德意志意识形态》中用了"stamm"这个术语。中文《马克思恩格斯选集》将这个词译为"部落"，并对之这样注释："这个术语在 19 世纪 40 年代的历史科学中的含义比今天还要广。它是指具有共同祖先的人们的集

---

① 参见斯大林：《马克思主义和语言学问题》，《斯大林选集》（下卷），人民出版社 1979 年版，第 506 页注。

② 参见《中国大百科全书》（民族卷），中国大百科全书出版社 1986 年版，第 62～64 页。

合体，包括近代所谓的‘氏族’（Gens）和‘部落’（Stamm）的概念。在路·亨·摩尔根的《古代社会》（1877 年）这部著作中，第一次给这些概念下了准确的定义，并作了区别。在这位美国著名的民族志学家和原始社会史学家的这部著作中，第一次说明了他认为氏族就是原始公社制度的主要细胞。从而原始社会的全部历史奠定了科学的基础。恩格斯总结了摩尔根的研究成果，在《家庭、私有制和国家的起源》这部著作中，全面地解释了‘氏族’和‘部落’这两个概念的内容。”

stamm 在文化人类学中被作为社会组织类型来看待。关于这种社会组织类型的理论认为，stamm 的统一并不表现为领土完整而是基于扩大的亲族关系。文化进化论者把 stamm 看成是已发展到有等级的社会阶段，最终成为原始国家（primitive state）。现代许多人类学者又往往用“种族集团”这个术语代替“stamm”。这“种族集团”成为指谓“有共同的祖先、语言、文化和历史传统以及居住在同一个区域内的居民集团”的重要概念。

马克思、恩格斯论述到，历史地讲，stamm 是与生产的不发达的阶段相适应的，是以有大量未开垦的土地为前提的。在这种情况下，分工还不发达，仅限于家庭中现有的自然产生的分工的进一步扩大。而后来，几个部落通过契约或征服联合为一个城市。此时，分工已经比较发达，再后来，城乡之间的对立明显起来，国家之间的对立也相继出现。这些国家当中有一些代表城市利益，另一些则代表乡村利益。在城市内部存在着工业和海外贸易之间的对立。这里，古老文明往往被蛮族破坏，接着就重新形成另一种社会结构。对野蛮的征服者民族说，战争本身还是一种经常的交往形式；在传统的、对该民族来说唯一可能的原始生产方式下，人口的增长需要有愈来愈多的生产资料，因而这种形式也就被愈来愈广泛地利用着。另外就是地产日益集中，这不仅是由买卖和负债引起，还由继承所引起，因为当时生活放荡和不结婚现象非常流行，于是一些古老的氏族逐渐灭亡，他们的财产转入了少数人手里。这也是以某种共同体为基础的，随着发展，产生了与城市并存的现象。土地占有的等级结构以及与之有关的武装制度形成一定的结构。这种结构是一种联合。在城市中和这种结构相适应，形成行会。这里的财产主要是各个人的劳动。由此产生的行会使得帮工和学徒制度发展起来，与此伴随，这种制度在城市里产生了一种等级制，并加深了城乡对立。这时，每一个国家都存在着城乡之间的对立。在生长着的城市中工业和商业逐步分工，而在比较新的城市中当城市彼此发生了关系的时候，这样的分工日益显著。可见，作为一种自然历史过程，城市的出现，是古希腊、罗马从野蛮民族走向文明，从 stamm 走向国家的标志，这也就成为它们区别于野蛮民族的重要标志。

在我国有关社会学以及民族学、人类学的专著中，经常使用"族群"这个术语，用以指谓那些尚未发展为民族的人们共同体。中文里的"族群"这个词与"民族"这个词，往往都作为英文中"ethnic group"的译名。现在通行的马克思主义民族理论中对"人们共同体"的演进，基本是这样概括："氏族—部落—部落联盟—民族。"这样，"民族"（向前延伸的"部落联盟—部落—氏族"）成为我国人类学家关注的重要研究对象。而我国有学者曾专门强调，"ethical group"不宜译为"族群"，只能译为"民族"。[①] 另外，以往有人在中文与俄文对译时，往往把"族群"与 народность 对译，往往使"族群"相当于"部族"。当人类学家关注到各种情况的居民集团，关注同一个民族的居

① 阮西湖：《关于术语"族群"》，《世界民族》1998 年第 2 期。

民分布在不同地域并且产生文化差异的群体时；尽管可以将其表述为“不同的文化群体”“亚文化集团”“地域文化集团”，以及按方言差异表述为“某方言集团”“某方言区居民”等等；由于特定的情况，作为部族的“族群”这一概念总是带有对于“部落”到“民族”之间以上表述所达不到的特定情况概括的作用。

（三）民俗与自然生长的社会规制。

1. 民俗（风俗、流俗、世俗）。

“民俗”这个词，在我国的历史文献中出现很早。这个词最早见于《尚书大传》：“见诸侯，问百年，太师陈诗，以观民俗。”① 再如，在《礼记·缁衣》中有云：“故君民者，章好以示民俗，慎恶以御民之淫，则民不惑矣。”与此类似，有的文献还将“民俗”表述为“民风”。如《礼记·王制》写道：“觐诸侯，问百年者就见之，命太师陈诗，以观民风。”由此可认为“民俗”成于“民风”。《韩非子·解老》曰：“府仓虚则国贫，国贫而民俗淫多。”《史记·孙叔敖传》云：“楚民俗，好痹车。”《汉书·董仲舒传》提到，“变民风，化民俗”。《管子·正世》曰：“料事务，察民俗。”从我国历史文献记载来看，“民俗”一词大致经历了由“风”而“俗”、由“风俗”而“民俗”的演变过程。在这个过程中，“民俗”与“风俗”的含义十分贴近，但“风俗”的使用频率远高于“民俗”。《诗经·周南·关雎序》有“美教化，移风俗”的说法。《毛诗序》还将《诗经》中的“风”视为特殊的文化手段，“上以风化下，下以风刺上，主文而谲谏，言之者无罪，闻之者以戒”。以“风”为纲常伦理匡正社会之风气：“风，风也，教也；风以动之，教以化之”；“故正得

① 转引自王丹：《解释民俗学》，华中师范大学出版社 2006 年版，第 14 页。

失，厚人伦，美教化，移风俗"。到汉代，"风俗"一词已通用，诸如"百里不同风，千里不同俗"的话成为流行性语言而流传民间。此意义上，强调了民俗的流行意义，有所谓"流俗"。对"风俗"作出较为完整阐释的人是汉代的班固。《汉书·地理志》里记载："凡民函五常之性，而其刚柔缓急，音声不同，系水土之风气，故谓之风；好恶取舍，动静亡常，随君上之情欲，故谓之俗。"在这里，班固从自然因素、地理环境和社会氛围等方面考察了"风俗"的形成，并在此基础上进一步解释了"风""俗"的文化内涵。

在西方，1846 年英国民俗学会的创始人之一、考古学家汤姆斯，在《文学俱乐部》上发表短文，提议以撒克逊语的 folk（民众、民间）与 lore（知识、学问）合成新词 folklore，意为"民众的知识（the learning of the people ）"，以 folklore 一词替代"大众古俗"；由此该词被汉译为"民俗"，被人们沿用至今。"民俗"，作为"folk"与"lore"的合成；"folkloiore"作为汤姆斯于 19 世纪中叶创立的新的学术术语，既指民间风俗现象，又指研究这种现象的学问。在国外，"民俗（folkloiore)"包含民间文学，而在中国"民俗学"与"民间文学"成为既有联系又有区别的两个文化领域。这里，一是研究民众生活文化的民俗学，再是专门研究民众口头创作的民间文学。这特别体现"民"和"俗"的结合。

关于民俗的分类，1890 年英国民俗学会出版了由高莫主编的《民俗学概论》，该书将民俗学分为这样几类：①观念和信仰民俗，包括迷信的信念和举动、自然物的迷信、树木百草的迷信、动物迷信、精怪、禁厌术、土医术、法术和占卜、冥界生活的信条和一般迷信等 10 个小类；②旧传的风俗，包括节俗、礼俗、嬉戏和地方风俗 4 个小类；③旧传的叙事谭，包括童话、英雄故事、趣谈、寓言、神话、叙事曲、民歌、地方传说和旧传等若干小类；④民间成语，包括韵言、母歌、谜语、谚语、诨名和方言等小类。[①] 按这种分类法，民俗事象主要反映在精神、行为和口头上。

英国民俗学家伯尔尼1914年在《民俗学手册》中把民俗事象分为三大类：①信仰及行为，包括大地与天空、植物界、动物界、人类、人工物、灵魂与他生（指人世之外的生活）、超人的存在、预兆和占卜、巫术、疾病与民间医方等；②风习，包括原始性的那些制度、个人生活和各种仪式、从业和工艺、历法与祭礼、斋戒和节庆、游艺、体育和娱乐；③故事、歌谣、俗语，还包括民间叙事歌、谚语和谜语、谚语的韵语和地方的俗语以及故事、歌谣。

法国民俗学者山狄夫把民俗事象分为三大类：①物质生活，包括经济的物质（土地或城市、事物、居住等）、生活的方法（劳动）、盈利与财富等；②精神生活，包括语言、民间知识及其应用、民间智慧、审美活动、神秘观念及活动等；③社会生活，包括血缘关系、地缘共同体、特殊联盟（经济的、政治的、竞技的等）。由此可知，山狄夫所列的民俗范围比英国学者所列的范围广泛得多，这跟他注重将“民间文化”纳入“现在的”研究有密切关系。

在中国的五四新文化运动时期，西方的民俗调查、采风的材料同其他许多领域的材料一样，开始进入中国学界的视野。中华人民共和国成立以后，政府组织大批工作者或学者在中国各民族群众中进行“大采风”，搜集了不少的各民族的民俗资料。“文革”十年结束后，进入改革开放新时期，民俗学研究得到新的重视。乌丙安先生在自己的研究成果中，对民俗的分类

---

① 参见陶立璠：《民俗学》，学苑出版社2006年版，第52页。

进行了独到的研究。

作为教材使用的石应平先生编著的《中外民俗概论》一书，对民俗这样分类：①物质民俗，指民间在创造和消费物质财富过程中所不断重复的活动，以及由这些活动所产生的带有类型性的产品形式。主要包括生产民俗、商贸民俗、饮食民俗、服饰民俗、居住民俗、交通民俗、医药民俗，等等。②社会民俗，也称为社会组织及制度民俗，指人们在特定条件下所结成的社会关系的惯制，涉及从个人到家庭、家族、乡里、民族、国家乃至国际社会在结合、交往过程中使用并传承的集体行为方式。主要包括社会组织民俗（如血缘组织、地缘组织、业缘组织等），社会制度民俗（如习惯法、人生礼仪等），岁时节日民俗以及民间娱乐习俗，等等。③精神民俗，指在物质文化与精神文化基础上形成的文化意识方面的民俗，主要包括民间信仰、民间巫术、民间伦理观念以及民间艺术，等等。这是人类在认识和改造自然与社会过程中形成的心理经验，这种经验一旦成为集体的心理习惯并表现为特定的行为方式且世代传承，就成为精神民俗。④语言民俗，指通过口语约定俗成、集体传承的信息交流系统，包括民俗语言与民间文学两个层次。民俗语言中的民族语言和方言，可称为广义的民俗语言；一个民族或地区中流行的那些具有特定含义并反复出现的套语，是狭义的民俗语言，如民间俗语、谚语等，甚至还包括中国源远流长而丰富多彩的酒文化中的酒令等等。语言民俗中的第二个层次是民间文学。民间文学是民间群众口头创作和流传的口头文学，包括神话、传说、民间故事、民间歌谣、民间说唱等形式。[①]

作为民俗的自然生长，从大的方面说有以下因素。

① 参见石应平编著：《中外民俗概论》第一章，四川大学出版社 2002 年版。

（1）地缘的因素。有所谓“百里不同风，千里不同俗”。人类和自然的关系十分密切，人类不仅从自然界获取赖以生存的生活资料，而且与地域之间有精神上的联系。有什么样的自然环境，就会形成什么样的民俗。居住地域、生活方式和生产方式的不同，往往形成地区之间人们所传承的民俗也有差异。

（2）语言的因素。语言本身就是独特的民俗现象之一。从语言产生和演变的历史看，不同语言，无论是从语言系统还是表达思想感情的独特方式来看，都是社会历史的结果。这里与地域以至地域间生活人口的交通、交往、沟通方式相关。就此可举出这样的例子：中国南北大运河已有相当长的历史，而东西胶济铁路则是近代19—20世纪之交建成使用的。当人们身临其境，会发现，沿南北大运河从河北进入山东以及河南到安徽、江苏等，人们讲话的语调基本是一样的，起码是相似的；而沿胶济铁路往东，走几十里语调就有变化，从济南到章丘、淄博、潍坊、昌乐直到胶州青岛，一路语调、方言变化十分明显。独特的表达方式，表现着民俗，形成具有各自特点的民俗，尤其是语言民俗。不同方言、土语，本身就是具有浓郁地方特色的民俗现象。这种语言现象，反映在文学、特别是民间文学上，表现得特别明显，且表现出特别的审美情趣。宗教信仰在民俗生活的领域里，有特别的意义。例如宗教活动中的禁忌及咒语。在生活中的带有禁忌性的语言、敬语和委婉语言，是一种特殊的民俗事象。

（3）宗教的因素。许多民俗的传承，与宗教信仰有关。有些民俗活动，甚至是由原来的宗教仪式演变而来。例如现在很多人去烧香礼佛，并不是信仰宗教，并不是因为他是一个佛教徒，他们烧香礼佛的目的只是一种求吉祥愿望的表达和寄托。宗教对民俗产生深远的影响。如佛教、道教、基督教、伊斯兰教等所包含的种种宗教范畴，深深浸入民俗，影响很大。而民俗中带有宗教性质的信仰不一定等于真正宗教意义上的信仰。所以民俗学界中有人提出使用"民俗宗教"一词。民俗宗教在其产生和发展过程中，有自然崇拜、图腾崇拜、祖先崇拜等。这个过程中所遗留下来的某些仪式，还在民俗的传承中起着作用。比如四川的羌族，是中国古老的民族之一，在民间有崇拜白石头的风俗。在羌族史诗《羌戈大战》中，传说羌人战胜戈基人，是依赖了白石神的帮助。这里由白石神所形成的白石崇拜，所反映的是一种自然崇拜。彝族的火把节，也反映了彝族的民间信仰，可视为是彝族民俗宗教的一种表现。这其中，既有自然崇拜的色彩，也有图腾崇拜和祖先崇拜的色彩。图腾，往往成为某民族的标志，也是神化了的祖先。它和自然崇拜不同。图腾崇拜物（动、植物）都被崇拜者认为与自己的氏族或部落血有缘关系，氏族或部落的成员得到它的庇护，同时也形成着一些规矩。中国许多民族中所保存的图腾崇拜习俗以及相关的神话传说，都传播着这样的图腾信仰。例如彝族民间流传的神话史诗《勒俄特衣》中所说的"雪子十二支"以及《之格阿龙》所记述的之格阿龙的出生等，都反映了彝族历史上的图腾崇拜。在中国古代，如在汉代，民间纬学往往作用于经学。纬学中的谶，"图谶""符谶""符箓""谶记"等等，内容充满神学迷信，而其中讲的"天人感应"又为当时的哲学神化提供着材料，形成"谶纬之滥觞"。在历史上，民间的巫文化，渗透于占卜，还往往与医相结合，与养生强体的气功，相随生长。[①] 在长期的历史过程中，许多宗教礼仪及戒律，推广演化为诸多在民间存在的、而成为民俗中的人文习惯。这对民俗产生着多方面的影响，从服饰到饮食，从规矩到平时的行为习惯都打上

① 参见漆浩：《医、巫与气功——神秘的中国养生治病术》，人民体育出版社1990年版。

了此种烙印。例如，伊斯兰教禁食猪肉，许多民族也形成对猪肉的禁食习俗。佛教不仅影响佛教徒的生活，而且对中国许多民族的民俗生活产生影响。藏族的生活习俗的形成，受大乘佛教的影响；西双版纳的傣族生活习俗的形成受小乘佛教的影响，如此等等，都是人们所熟知的事实。从西方社会学理论的发展历程来看，许多社会学家的研究都不约而同地关注到了宗教领域。如涂尔干对宗教起源的追寻，韦伯对各国宗教的比较及宗教对资本主义的推动性作用研究，齐美尔对重建现代理性宗教的乐观态度等；这些都给现代宗教研究以诸多启示[①]，以至形成了专门的宗教社会学。

（4）另外，还有经济的、政治的因素。民俗作为一种社会现象，其产生和形成、发展一定会同与之相适应的经济基础密切相关。不同社会经济基础上会形成不同的民俗，这就使各民俗表现出明显的差异性。以口头传承的古老神话传说而言，其产生是由于当时社会生产力的低下，人们对自然界和社会生活中的种种现象（如生育、疾病、死亡）没有科学的认识，更不能有效地预防或应对之，只能凭想象和精神胜利法加以解释和认识。在当时一些人思维里，认为自然界存在着一种不可捉摸的巫术力量，以为万物都是有灵性甚至神力的。原始人为了求得生存，一是靠经验去战胜自然，一是相信“万物有灵”。他们借助于巫术信仰和想象，把自然力形象化，以此征服自然和支配自然，这就是神话产生的客观条件，也成为一定民俗产生的经济基础。再就是政治的因素。当人类社会进入阶级社会之后，民俗不可避免地要受到阶级的政治影响。统治阶级提倡什么，反对什么，往往左右着民间的民俗活动。

---

① 参见陈巧云：《古典社会学家的宗教问题研究与启示》，《郑州大学学报》2009 年第 9 期。

民俗主要有以下特征：

一是民俗的传承性。民俗的产生与发展，与人的群体活动密切相关，这表现出集体性。这种集体性随着人们社会生活的发展而发展着，在不同的社会历史条件下有着时代性的特点。个人行为构不成民俗，民俗的形成、发展必是集体参与的结果，必得到集体的响应和认同，否则就不能成为一种实现于民间群体的行为，表现集体的心态、语言和行为模式。民俗是一种群体的智慧、集体行为的结果，体现了群体意识。这样，民俗表现出很强的传承性，这形成民俗在时间上传衍的连续性。民俗是世代相传的一种文化现象，经过世代民众的选择，习俗以其合理性赢得广泛的承认，世代相传，才不断地继承下来。例如在我国，农历正月十五的元宵灯会和吃元宵；三月清明节的祭祖扫墓与踏青郊游；五月初五端阳节挂菖蒲艾叶、赛龙舟及吃粽子、饮雄黄酒；八月十五中秋节赏月和吃月饼；除夕辞岁的年祭和吃团圆饭，都是传袭了千年以上的岁时节日习俗。不论各代各地有多少差异，但这些节日的主要内容和形式始终被承袭下来。

二是民俗的模式性。民俗一旦产生，就会伴随着人们的生产及生活方式长期相对的固定下来，成为日常生活的一种模式。民俗的模式具有相对稳定的机构、形式和内容，为人们在生活中反复地呈现和实行。这在节日习俗和婚姻习俗上表现得很明显。

三是民俗的变异性。民俗的稳定性总是相对的，稳定中随时包含着可变因素。民俗在流传过程中，由于受社会的、政治的、生活的种种因素的影响，总是产生内容和形式上的变化。正是这种变异性使民俗随着社会的发展而不断发展着。这种变异不是个别的，而是大量的；不是偶然的，而是必然的。这种变异性，成了民俗变革的驱动力，并由此促成了各民族丰富多彩的民俗文化创造。变异、再创造，是民俗形成和发展中最为活跃的因素。民俗的变异受地域环境的影响。民俗的变异受生产和生活方式的影响。民俗的变异受社会发展和时代变革的影响。民俗的变异受文化交流的影响。总之，民俗总是受到不同民族的经济生活、社会结构、民族心理、信仰、艺术、语言等文化传统的多方面制约，形成自己的民族特点。一个民族的民俗，就是一种区别的符号，通过这种符号，能够区别出不同的民族及其文化来。不同民族生活中有不同的民俗事象在世代传承；同一类民俗事象在不同的民族中总会有不同的特点、不同的表现形式；民俗在各个民族物质文化生活与精神文化生活的发展中自然形成，是在特定的民族中产生、发展，并以一定的民族文化形式表现出来的。[①]

2. 自然生长的规制。

这是指在本然生活世界中自然发生的，并且是作为未被社会学理论体系规定的那些自然发生的规制。

人类社会在发展中，总是形成着“规制”，其在英文中常写作 regulation。这个词最早起源于法文的 regulation，在英文中还常常与 regulatory constraint 相对应。以往或者说在较早时期，中文对这个词更多的译法是“管制”，此外还常被译成调节、调控、管理、监管等。1992 年，我国学者朱绍文在翻译日本学者植草益的著作时，在译后记中对此作过解释。他认为，对于 regulation 或 regulatory constraint，如果将其翻译成管制、管理、规定、调控等都不符合原意，所以他译为“规制”。[②] 现

① 参见罗曲主编：《民俗学概论》，中国社会科学出版社 2010 年版，第一章第一、二节。

② 详见［日］植草益：《微观规制经济学》，朱绍文、胡欣欣等译校，中国发展出版社 1992 年版，第 30 页。

在，相对于其他译法，"规制"成为国内学者越来越多的译名和使用十分频繁的语词。

塑造论哲学在关于社会学的论证中，也十分重视这个概念。但在论证体系中，将其区分为两个层面：一是作为未被社会学严格理论规定而属于表象中本然生活世界的"规制"；二是经过社会学由抽象范畴加以理论规定，而成为思维再现社会具体的"规制"。

这样，关于"规制"，在没经过切近的范畴规定之前，只能是处于一种面对自然生成而呈现于我们面前的混沌表象之中。在此情况下，这种"自然的规制"只是体现在本然的行为之中；而它是由关于人在行为中的自然规范演化而来的。

在人类社会生活中，一定的社会组织总是自然形成其成员须共同遵守的行为要求，这是自然发生的。这成为社会，广义地说包括人类生活活动的各种群体，调节人员行为所不可缺少的。这在自然形成的风俗习惯、时尚风气等等之中，综合地起着最初意义上的自然规制的作用。而且它有其自然发生的过程。

首先，这是在一定情境下发生的。因为行为的生物学机能主要在于主体对情境的适应。没有情境的作用不可能产生主体对情境的适应行为。行为规制的发生离不开一定情境的影响。行为规制作为个人的社会行为（特别是对他人有影响的个人行为），其产生于人际交往（直接与间接地的）情境。行为规制本身不论就其生物学意义上来说还是就其社会学意义来讲，必定是对这种交往情境的适应。可见，没有人际交往情境的存在，不可能产生行为规制。

其次，必须看到，在此种作为主体对直接或间接的人际交往情境所产生的社会行为中，起决定性的是主体对社会情境作用所发生的社会性适应。这在社会情境中，必经过主体对行为的价值取向的选择。人们总是选择实现自认为最值得的、正当的、应该的行为，抛弃那些自认为毫不值得的或不正当、不应该的行为。事实表明，人们在某种社会情境中，行为取向的选择是必定有的，这是人的行为发生的一个重要原因。这种选择内因的存在使人区别于动物。同时，使人的行为具有社会性特征。

另外，这种行为的取向选择恰恰是在社会心理中，是心理结构的机能。当人的行为在主客体相互作用的基础上发生，这里的客体作用即人所面临的社会情境；主体作用即主体的认知、操作、审美、品德对情境影响所做的处理，这形成对行为的价值取向作出选择，从而导致行为规范的产生。这里所说的社会情境中的自然规制，虽然尚未被自觉的理性所规定，是浮现在表象面前的，就其是处在表象中而言，它只能是在人的行为中起着最初的自发的、自然的、本然的作用。

3. 马克思曾特别强调，在没有达到成体系的理论规定之前，人们面对的，只能是一种关于整体的混沌表象。这是理性的感性基础，而不是作为有规定性的理论逻辑起点。马克思在阐述政治经济学的方法时特别指出："当我们从政治经济学的角度考察某一国家的时候，我们从该国的人口，人口的阶级划分，人口在城乡、海洋、在不同生产部门的分布，输出和输入，全年的生产和消费，商品价格等等开始。"① "从实在和具体开始，从现实的前提开始，因而，例如在经济学上从作为全部社会生产行为的基础和主体的人口开始，似乎是正确的。但是，更仔细地考察起来，这是错误的。"因为这只是处于尚无内在统一性根据的陈列之中。这样，"如果我，例如，抛开构成人口的阶级，人口就是一个抽象。如果我不知道这些阶级所依据的因素，

① 马克思：《〈政治经济学批判〉（1857—1858经济学手稿）摘选》，《马克思恩格斯文集》（第8卷），人民出版社2009年版，第24页。

如雇佣劳动、资本等等，阶级又是一句空话。而这些因素是以交换、分工、价格等等为前提的。比如资本，如果没有雇佣劳动、价值、货币、价格等等，它就什么也不是。因此，如果我从人口着手，那么这就是关于整体的一个混沌的表象，并且通过更切近的规定之后，我就会在分析中达到越来越简单的概念；从表象中的具体达到越来越稀薄的抽象，直到我达到一些最简单的规定。于是行程又得从那里回过头来，直到我最后又回到人口，但是这回人口已不是关于整体的一个混沌的表象，而是一个具有许多规定和关系的丰富的总体了。""第一条道路是经济学在它产生时期在历史上走过的道路。例如，17 世纪的经济学家总是从生动的整体，从人口、民族、国家、若干国家等等开始；但是他们最后总是从分析中找出一些有决定意义的抽象的一般的关系，如分工、货币、价值等等。这些个别要素一旦多少确定下来和抽象出来，从劳动、分工、需要、交换价值等等这些简单的东西上升到国家、国际交换和世界市场的各种经济学体系就开始出现了。""后一种显然是科学上正确的方法。具体之所以具体，因为它是许多规定的综合，因而是多样性的统一。因此，它在思维中表现为综合的过程，表现为结果，而不是表现为起点，虽然它是现实中的起点，因而也是直观和表象的起点。在第一条道路上，完整的表象蒸发为抽象的规定；在第二条道路上，抽象的规定在思维行程中导致具体的再现。""因此黑格尔陷入幻觉，把实在理解为自我综合、自我深化和自我运动的思维的结果，其实，从抽象上升到具体的方法，只是思维用来掌握具体、把它当作一个精神上的具体再现出来的方式。但绝不是具体本身的产生过程。举例来说，最简单的经济范畴，如交换价值，是以人口即在以在一定关系中进行生产的人口为前提的；也是以……某种家庭、公社或国家等为前提的。交换价值只能作为一个具体的、生动的既定整体的抽象的单方面的关系而存在。相反，作为范畴，交换价值却有一种洪水期前的存在，因此，在意识看来（而哲学意识就是被这样规定的：在它看来，正在理解着的思维是现实的人，而被理解了的世界本身才是现实的世界），范畴的运动表现为现实的生产行为（只可惜它从外界取得一种推动），而世界是这种生产行为的结果；这——不过又是一个同义——只有在下面这个限度内才是正确的：具体总体作为思想总体、作为思想具体，事实上是思维的、理解的产物；但是，决不是处于直观和表象之外或驾于其上而思维着的、自我产生着的概念的产物，而是把直观和表象加工成概念这一过程的产物。整体，当它在头脑中作为思想整体而出现时，是思维着的头脑的产物，这个头脑用它所专有的方式掌握世界，而这种方式是不同于对世界的艺术精神的，宗教精神的，实践精神的掌握的。实在主体仍然是在头脑之外保持着它的独立性；只要这个头脑还仅仅是思辨地，理论地活动着。因此，就是在理论方法上，主体，即社会，也必须始终作为前提浮现在表象面前。”①

可见，要把握关于社会的理论规定，必须由对象抽象出基本的范畴，特别是关于最抽象范畴的规定。重要的在于，在我们塑造论哲学的社会学论证中，这里面作为社会学理论规定的最抽象范畴，被确定认为是“习性”，即“习性的规定”。

二、形成习性的规定

（一）西方学者关于“习性”的种种论述。

讲到西方学者文献中说的“习性”，往往涉及若干个词。这里最基本的是“habitus”，中文有时对之也译为“惯习”“习

① 马克思：《〈政治经济学批判〉（1857—1858 经济学手稿）摘选》，《马克思恩格斯文集》（第 8 卷），人民出版社 2009 年版，第 24～26 页。

惯"。另外，还有 disposition、habit、custom，等等，这些词，从拉丁语到法语、到英语等，以及到汉语的转译中，相互之间既有着区别，又相互包含、互相指涉，其中有着复杂关系。

对"习性"（habitus）这一概念加以了解，可溯源于亚里士多德文献中的希腊语概念"hexis"，原意指习惯、素养、经验等。托马斯·阿奎那（Thomas von Aquin）从亚里士多德那里借用了这一概念，由拉丁语形式的"Habitus"表示，用以指谓"存在于纯粹可能性和纯粹行动之间的一个转换单位"。① 这里很重要的是，亚里士多德已指出"习性"与人的行为直接相关。

康德（1724—1804）在论及动物与人的联系时，讲到过习性与文化的关系。他在《判断力批判》里曾就自我范式构建这个命题强调，习性和文化对于"他所心仪的""自我特殊层叠"来说是非常重要的。② 后来，康德在《实用人类学》中指出："习性是一种身体内部的被迫性，使人以同一方式进行（迄今为止人们一直以这种方式进行）。它甚至剥夺了人们的可贵道德的良好行动，因此它削弱了心灵的自由，而且导致了不假思索的完全相同行为（单调）的重复；因此显得荒唐可笑……为什么在我们身上有另类习性激起丑恶欲望，那是因为，人的动物性跳出来太多了，其行为是由习性规则导致的本能行为，它像另一种自然（非人）一样，因此就会完全堕入兽类之虞。"③ 研究者就此评述道：这样，习性在这里被安置于自然与文化之间的敏感区运转，被置于"自然/动物"与"文化/人"之间对立的

① Beat Krais and Cunter Cebauer Habitus Bielefeld transcript Verlag 2002. p. 26.

② Immanuel Kant，Critique of Judgement [M]. trans. W. S. pluhar，Indianapolis/Cambridge：Hackett Publishing Company，1987（1970），P. 389.

③ Immanuel Kant. Antnthropology from a Pragmatic Point of View [M]. trans. Robert L. London，CUP，2006（1978）. P. 40.

交接点之处。这里很重要的在于习性处于“自然/动物”与“文化/人”之间的关系之中。

赫胥黎（1825—1895）在《进化与道德》中，就康德所提出的文化与习性之间的关系论证到：一方面，习性指向本能，这种回归“深深打上进化论思想关于塑形的进化人格的新历史深度烙印”：另一方面，当习性“与其立场的后果相对时”，人又会“回避接受”，例如“出生在文明化国度的孩子与出生在野蛮或未开化国度的孩子之间的唯一不同”在于“储存在社会环境之间的精神氛围，而不是某种遗传的自然习性”。显然，赫胥黎这里涉及的与其说是“习性/本能”的关系，不如说是“已经储存在社会环境中”的“文化”与“习性”的联系。这依赖于对习性如何由习俗或本能来定位，依赖于如何把习性看成本能依据文化来定位。

在穆勒（1806—1873）那里，习性常常等同于那些与习俗观念相联系的重复形式。而在生命科学的后达尔文主义发展那里所创立的“自然/文化”关系的新概念之中，更多地成为要依据本能来考虑的，成了一种连接进神经系统之中的重要形式。到19世纪晚期，习性以新方式被观念化了，正如性格逐渐被观念化为心理学或社会学的术语，而不是道德术语。例如，威廉斯·詹姆斯（Williams James 1842—1910）曾谈到，在1890年前后，习性已经被看成为一种“物质性法则”，刻记在大脑生理机能的运行之中。爱弥儿·涂尔干（Emile Durkheim，1858—1917）在处理习性问题时，把习性看作需要改变的障碍。涂尔干把社会行为划分成两极对立——一种是在习性影响下的重复行为形式，一种是自觉反思控制下的行为。对于他来说，重大挑战是当社会行为进入自觉意识的控制之下，要面对习性的力量。他把习性看作强大的自然力量，要通过社会学意义上的道德文明教育来使之产生影响。社会学实践的作用能使习性屈服于意志力与意识力量的调节作用。帕森斯（Parsons，1859—1941）对习性的论述，在美国社会学中有特别重要的作用，尽管他在欧洲社会学中的影响并非那么重要。

劳埃德·摩根（Lioyd Morgan，1852—1936）在《习性与本能》著作中，依据达尔文把本能和习性解释为既是人又是动物的行为要素，沿着赫胥黎（Huxley）等人的传统，把本能界定为"人的并非有意识推理过程形成的性格和行为的组成部分"，把习性界定为"多多少少是既定的程序或行为模式，它通过重复由个体获得，可以说已经成为惯例"。他所提出的关键问题是，"习性的第二次自动作用是否由遗传传递，以至于导致了本能的最初自动作用"[①]。摩根指出，"种族进步"之所以可能，是因为进化已经从机体转移到环境。作为进化的必要条件的增长物，通过在社会环境之中的储存而出现，每个新一代都是以跨代增长的形式调整着自身。

在韦伯（1864—1920）的著述中，认为习性（habitus）力量在于社会组织化的资源。他揭示了习性"由传统形成"与其某种"动态形式"之间的关系，指出习性的动态是在日常生活的静态习性中形成的，从而使习性步入某种动态过程，强调这是"历史必需的你（在 Kosselek 的意义上）"。而且，韦伯的理论也显示出类似于涂尔干所关切的，强调了其在构成有意义行为场域时的作用，将其作为社会学的真正问题，这样就把习性引入心理学之中。"习性"在日常生活社会学的文献中占有重要地位。

从乔治·卢卡奇（1885—1971）到亨利·列斐伏尔，习性被看作对立形式之中的因素：一方面是社会行为完全规则化的

① Lioyd Morgan. Habit And Instinct [M]. London : Edward rnold, 1896. p. 2, p. 1, p. 325.

重复形式，另一方面是由日常生活的物化表面而获得的非凡能力。与此平行发展的是，一些文献将感知和注意的自动形式“新生化”，这被认为是去习性化的。这与现代主义美学对习性的否定有着重要联系。俄国形式主义则对感知的习性模式“新生化”或“去习性化”在革新文学系统之中的作用进行了论述。这也同样适用于现代主义的先锋派关于新生化或去习性化作用的构想，他们的第一代在19世纪晚期的法国就特别讲到所谓的“自动化的文学艺术场”，运用了一系列“新生化”手段，打破了早期惯例化的文学形式。

莫斯（Mauss）在韦伯著述的轨道上进一步将“习俗机制”与“习性机制”区分开来。埃尔·布迪厄关于习性的论述吸取了梅洛·庞蒂所倡导的尽管是现象学传统但也可以说是哲学社会学的表述。布迪厄在回溯性的表述中，认为“在古代社会和现代社会，社会代理人并非像时钟一样遵循它们并不理解的规则而被自动地调节，强调这是将习性融入通过经验获得并重塑的倾向性能力”。他在其最有影响的论述习性的著作《区分》中强调，习性的这种特点并不平均分布，习性具有根植于对习性特点的选择。[①]

值得十分关注的是，胡塞尔（1859—1938）特别把“习性”作为哲学范畴引入其哲学体系。我们知道，在胡塞尔现象学中，关于“自我”的问题，同其“自我反思”相伴。胡塞尔正是由此涉及了从“纯粹性”到“习性”的发展过程。因为胡塞尔在其著述的思路历程中越来越意识到，只是诉诸对“纯粹自我”的反思会陷入现象学的理论困境；后来，在其《观念Ⅰ》中，“纯粹自我”的演进，凸显出“习性自我”的必然性问题。研究

① See Bennett (2007) for a discussion of some of the difficulties this occasions.

者们通常认为，这种"习性自我"的开显，构成了胡塞尔从前期"静态现象学"向后期"发生现象学"转变的动机。

人们认为，胡塞尔的先验现象学大致以 1917—1921 年为界，前期主要是"静态现象学"（statische phanomenologie），而后期则突出关注了"发生现象学"（genetische phanowenologie）。因此，如何理解"静态现象学"与"发生现象学"的关系问题，成为把握胡塞尔先验现象学之运思轨迹的关节点。这里，有关"习性"（habitualitat）概念与发生问题的内在关联，成为了解胡塞尔从"静态现象学"向"发生现象学"推进的逻辑关键。

胡塞尔在其早期著作《逻辑研究》（1900—1911）中，似乎只是强调"先验自我"。此时，胡塞尔由现象学立场认为，如果说存在一个自我的话，那么它只能是现象学上可以把握到的意向体验的关联体（Zusammenhange）。可是，这里难以确立独立的自我本体。胡塞尔表示出对其中问题的费解，他这样写道："在现象学上还原了的自我不是一种在杂多体验的上空漂浮着的怪物，相反，很简单，它与这些体验自我的联结统一是一致的。在这些内容的本性中以及制约着这些内容的规律中包含着某些联结方式。这些形式以各种各样的方式……在现象学上还原了的自我本身。……除此之外不再需要一个特有的、负载着所有内容并将这些内容再次加以统一的自我原则。在这里和在其他地方一样，这样一种原则的功能是令人费解的。"①

因此，到写作《观念Ⅰ》时，胡塞尔有了对"纯粹自我"的新认识。按胡塞尔在《观念Ⅰ》中的考察，"纯粹自我"大致具有四重规定：第一，我的意识存在于一种统一性，但这一洞

① ［德］胡塞尔：《逻辑研究》（第 2 卷第 1 部分），倪康梁译，上海译文出版社 1998 年版，第 388 页。

见不应归于作为意向行为之本质结构的纯粹自我。第二，纯粹自我“在任何意义上都不可能被看作是体验本身的真实部分或因素”[①]，它有一种“独特的”“一种内在之中的超越”。[②] 第三，纯粹自我是“体验统一体的关系中心”或“意向行为的自我极（Ichpol)”，是意向行为的一种结构性的先天因素。因此，非常重要的是，第四，纯粹自我就其自身而言是空无内容的，因而不能与每一个意识体验相分离，“除了其‘关系方式’或‘行为方式’以外，自我完全不具有本质成分，不具有可说明的内容，不可能从自在和自为方面加以描述”[③]。这成为胡塞尔关于“纯粹自我”的困境。

对此，由塑造论哲学来说这恰恰是不区分潜意识形式与显意识内容而造成的困境，这只能形成一个空泛的“自我极”。

这主要在于：由胡塞尔的理论来讲，固然可以通过对先验还原方法的阐明，来努力实现现象学的“先验转向”，而确立纯粹自我，开辟先验自我的研究道路，须借助先验还原开启先验的主体性领域，并通过对意向活动——意向相关项的结构类型分析，揭示纯粹意识的普遍结构；然而，胡塞尔在此显然是有局限的，诚如芬克所言，《观念Ⅰ》“对于还原之起始阶段的规定最初所必然具有的临时性和‘虚假性’特征”[④]，形成一种“先验还原的临时性”。

---

① ［德］胡塞尔：《纯粹现象学通论》，李幼蒸译，商务印书馆1996年版，第151页。

② ［德］胡塞尔：《纯粹现象学通论》，李幼蒸译，商务印书馆1996年版，第152页。

③ ［德］胡塞尔：《纯粹现象学通论》，李幼蒸译，商务印书馆1996年版，第202页。

④ Eugen Fink：Studien our phanomenologie. 1930—1939，Den haag：Martinua Nijhoff，1966，p. 111.

因为按照"形式—材料"的静态构图模式，胡塞尔对先验意识生活所作出的静态理解，先验意识被绝对化，整个先验意识生活无法形成真正的统一性观念。这样"在其自我学说的这个发展层次上，胡塞尔还没有认识到对象统一性或认识统一性与统一的世界——受先天的（存在论的）规制支配的世界的构造——之间的必然关联：自我被他规定成这种可在其我思中被把握到的、作为同一极的自我，而不考虑是否有一个统一的……世界（一个宇宙）在这些'我思'中构造自身"[①]。因而，纯粹自我的存在，只是就它在每一我思中所发挥的构造功能而言，它是构造性的，而本身不是被构造的。这与胡塞尔的整个构造现象学的基本立场是不相合的。这成为现象学上的不可理解之处。利科就此在《观念Ⅰ》法文译本导言中指出："在《观念Ⅰ》中胡塞尔又重新回到了这样一个判定：存在有一个未被还原的纯我。但这个纯我是不是最根本的先验主体呢？胡塞尔对此没有任何说明。"[②] 这表明，《观念Ⅰ》的纯粹自我概念尚未获得最终规定，而只能被看作是胡塞尔先验自我学说发展的一个阶段。利科认为，原因在于，《观念Ⅰ》中的"有限的还原只能达到一个'封闭'的（应译为"构成"——本书引者注）的问题域"。[③] 因此，纯粹自我只能是一个空泛的自我极，不仅不是一种自为的存在，而且具有任何可说明的内容。这显然与胡塞尔的"普遍的构造的先天（konstitutiven Apriori）"的思想相悖。后来，胡塞尔看到："每一'真正存在的'对象都必然（以

① Iso Kern，Hussel and Kant . eine Untersuchung uber Husserls Verhaltnis zu Kant und zum Neukantianisum，Den Haag：Martinus Nijhoff，1964，p. 287.

② 见［德］胡塞尔：《纯粹现象学通论》，李幼蒸译，商务印书馆 1996 年版，第 478 页。

③ ［德］胡塞尔：《纯粹现象学通论》李幼蒸译，商务印书馆 1996 年版，第 535 页。译文依据英译本略作改动。

无条件的本质普遍性的先天方式）对应着一种可能意识观念，在其中对象本身是可以原初地，因此是以完全充分的方式被把握的。”① 这就使在纯粹自我之空泛同一极的规定与“普遍的构造的先天”之间形成冲突。既然，这种空泛的纯粹自我无以确立“普遍的构造的先天”的地位；那么，就无法由此揭示世界与其主观的给予与被给予方式之间“先天相关性”（Korrelationsapriori）的具体内涵。对此，胡塞尔本人在其后来的反思中有了愈益明确的认识：“在我的《纯粹现象学和现象学哲学的观念》一书中，我描述的通向先验的悬搁的简短得多的道路——我称之为‘笛卡尔似的道路’——有很大的缺点，即那条道路虽然通过一种跳跃就已经达到了先验的自我，但是因为毕竟缺少任何先行的说明，这种先验的自我看上去就完全是空无内容的；因此，人们在最初就不知道，借助这种悬搁会得到什么。”② 在《观念Ⅰ》§82结尾处我们还可以读到：“一个纯粹自我——一个在所有三个维度上被充实的、在这种充实中本质上相互联结的、在其内容的连续性中进展的体验流：是必然的相关项。”③

由此，有学者指出，可以看出，在胡塞尔那里，从这种关于体验与纯粹自我的相互作用以及所有体验对于纯粹自我的所属性的观点出发，此时本该引出更为积极的“纯粹自我”概念，但《观念Ⅰ》在对于它们之间关系进行论述时，却驻足不前了。由于受相即的明见性原则的限制和静态构造观念的支配，胡塞尔还无法就此作更具体的考察。在胡塞尔后来的《笛卡尔式的

---

① ［德］胡塞尔：《纯粹现象学通论》，李幼蒸译，商务印书馆1996年版，第342～343页。

② ［德］胡塞尔：《欧洲科学的危机与超越论的现象学》，王炳文译，商务印书馆2001年版，第187～188页（译文有改动）。

③ ［德］胡塞尔：《纯粹现象学通论》，李幼蒸译，商务印书馆1996年版，第207页。

沉思》中他明确将整个体验流的具体的统一性归因于自我，而这个自我已不仅仅是《观念Ⅰ》规定意义上的纯粹自我了。在那里，他放弃了相即的明见性原则，而代之以"绝然的明见性(apodiktisch evidenz)"，以便与背景体验相协调，并借此超出了点状的"我在"的纯粹自我观念，并且将"普遍的构造的先天"归因于自我的先验权能（vermagen）和习性。

有研究者讲，由此可见，胡塞尔实现从《观念Ⅰ》到《沉思》的转变，重要的在于他看到了"习性"的发生之维。关于纯粹自我的讨论，由纯粹自我观念的疑难，由源于胡塞尔在《观念Ⅰ》中所恪守的相即的明见性原则和形式——材料的静态构造图式，凸显出先验意识与生活的统一性的缺少。也就是说，这种作为空乏同一极的纯粹自我无法与其"普遍的构造的先天相协调，无法与胡塞尔愈益重视的生活世界"相协调。

这样，胡塞尔基于"自我的同一性问题""先验意识生活的统一性问题""自我与世界的相关性问题"，形成了他关于"习性"的现象学的认识。当胡塞尔把纯粹自我看作在我思多样性中反复出现的点状的"我在"，作为每一个我思的发射中心(ausstrahlungszentrum)，纯粹自我在体验流中保持为同一物，而与我思多样性相对。可在那里，尚未出现射入中心（einstrhlungszentrum）和出现触发（affektion），当考察到纯粹自我与世界之间的相关性问题，射入中心和触发观念才在《观念ⅠI》中引入。[①] 这里，胡塞尔已试图阐明行为与触发之间的相互作用。这种相互作用的阐明不仅具体地论证了纯粹自我的同一性，而且也澄清了自我习性结构的起源。在胡塞尔看来，自我的习性结构与自我同一性是同一个问题的两个方面。他明确说

① ［德］胡塞尔：《观念Ⅰ》（即《纯粹现象学与现象学哲学的观念·第1卷》）§25. Husserlina IV，Den Haag：Matinus Nijhoff，1952，p. 105

道：作为“纯粹自我”，“只要我在我的执态中必然持续地实行某种确定的意义，我就存在于其中并且先天地是同一个自我；每一个‘新的’执态都建立起一个永久的‘意指’（meinung）或课题（Thema）”[①] 作为射入中心，纯粹自我的同一性通过“永久的意指或课题”的积淀而得以保持；它能够通过对自我的出发而使其保持某种稳定的“执态”，出现“纯粹自我的获得物”，最终，胡塞尔将这种获得物称为“习性”。对习性的构造分析，与《观念Ⅰ》中关于纯粹自我的非构造性理解形成了鲜明的对照。

而这其中，胡塞尔关于自我的同一性与世界的同一性之间相关性问题的思考，构成了习性观念形成的决定性步骤。对此，胡塞尔在 1915 年的一份手稿中写道：“作为自我，我必然是进行思想的自我，作为进行思想的自我，我必然思想客体，我在思想时必然与存在着的客观世界相关。”[②]

在胡塞尔看来，“自我是在与其所意识到的周围世界的关联中被动引发变化而决定的”[③]。对此，胡塞尔明确说道：“当我整个意向地关涉到‘世界’的生活而且首先是经验生活……我在经验的世界的标题下指向一个观念的信念统一体……我才能使探求着的和保持着的自我，成为统一的自我而不是杂多的自我。”[④] 这就是说，自我的统一性与世界的统一性之间的相关性表明，本质上会指向普遍的经验生活的规则结构，亦即“普遍

① Husserlina IV, Den Haag: Matinus Nijhoff, 1952pp. 111～112.

② ［德］胡塞尔：《第一哲学》（上），王炳文译，商务印书馆 2006 年版，第 525～526 页。

③ Husserls LX, Den Haag: Martinus Nijhoff, 1968, pp, 214～215.

④ 转引自 Iso Kern, Hussel and Kant, eine Untersuchung uber Husserls Verhaltnis zu Kant und zum Neukantianisum, Den Haag : Martinus Nijhoff, 1964, p290.

的构造的先天"。"这种规则结构"就是自我之"权能性"（vermglichkeit)、"执态"（stellungnahme）和信念（berzeugung）的相关项，而"权能性""执态"和"信念"（berzeugung）的相关项，则构成自我的"习性"。正如阿尔麦达所言："习性的发现源于一个确定的问题域，这个问题域的中心问题可以表达为：为何在我们面前持续存在一个由预先被给予的对象构成的世界，为何一个世界业已预先存在在那儿，尽管对象每次只能主动地被构造出来?"① 可见，在《观念Ⅰ》出版的随后几年中，胡塞尔对纯粹自我同一性观点的修正，对先验意识生活之统一性问题的思考以及对自我的统一性与世界的统一性之间的相关性问题的思考，三方面共同引发了习性观念的形成。

有学者在作了以上评述后指出，习性的观念及其发生，按照胡塞尔对其先验现象学之完整形态的规定，发生现象学与构造现象学相对。如果说构造现象学旨在对构造对象统一性的规则性的构造系统（"现成的体验类型或统觉系统"）进行本质的分析，而不探讨这种规则性的构造系统的生成或起源，那么发生现象学则要揭示这种规则性的构造系统在先验意识生活的时间性结构中的生成或起源。从内在的系统关联来看，"静态—描述"的现象学构成"发生—说明"现象学的引导线索，因为"发生恰恰是构造的发生"，② 亦即"现成的规则性的构造系统"的生成。"规则性的构造系统"或"现成的体验类型或统觉系统"本质上指明着自我的习性。因此，正如作为"权能视域"的世界之预先被给予性问题触发了习性观念的形成；正是"习

① Haag：Martinus Nijhoff，1964，P. 10.

② Iso Kern，Hussel and Kant . eine Untersuchung uber Husserls Verhaltnis zu kant und zum Neukantianisum，Den Husserliiana XIV，Den Haag：Martinus Nijhoff，1973，p. 41.

性”观念引导着胡塞尔对发生的问题性的思考。[①] 胡塞尔强调，“习性有一个发生的起源和一个历史，这种历史既是‘我’的历史又是其对象的历史”。[②]

由我们的塑造论哲学体系关于社会学的哲学论证来讲，要强调指出的是，胡塞尔由其现象学立场，也察觉到了在其体系中不讲“习性”，只能处于“一个空乏的自我极”的窘境。这显示了讲“自我”不讲“习性”是难以自圆其说的。而胡塞尔后期的补充仍显得捉襟见肘。这却从另一个侧面，显示出讨论“自我”，“习性”是回避不了的。在我们的塑造论体系中关于社会学体系的论证强调，当“习性”由人的社会潜意识成为人的社会显意识，要由此上升到具体的范畴。

（二）中国思想史上有关“习性”的种种解释。

塑造论哲学由其汉语文本而从中文语境来解析“习性”这个概念，使“习性”概念有了在塑造论哲学社会学哲学论证中的特质。汉语中“习性”这个词的发生、演变及其特有的中文含义，恰与塑造论哲学把此作为论证社会学体系时使用的范畴十分贴切；这对于社会学来讲，是既有概括力又含义十分丰富的，是很有统摄力的概念。

关于“习性”中的“习（習）”，在象形文字中是从鸟飞的象形中演变出来的。在殷墟文字中，这个字就是鸟身上羽毛的象形。《说文》对“习”（習）的解意是：“数飞也、鸟肄飞也”，意指鸟反复的行为、行貌。这来自《礼记·月令》关于鸟肄飞之说，有所谓“鹰乃学习”。鸟，“飞数则气，急见于口鼻，故

① 以上参见李云飞：《从纯粹自我到习性自我——胡塞尔现象学的引导动机》，《安徽大学学报》2010年第5期。

② Husserliana XIV，Den Haag：Martinus Nijhoff，1973，p. 200.

从白。"[①] 这使"习"带上行为的含义，这才有孔子《论语·学而》中"学而时习之，不亦乐乎"之说。从"习"字产生的原初之意，经过"习，学也"[②]；"习，晓也"[③]；"习，染也"，有"人情易习"[④]；习，训练也，"有训习田马"[⑤]；"习，积也"[⑥]，还有"习，坎入于坎"[⑦]；习，修营也，有所谓"不假修营，而功自然成"即"不习无不利"[⑧]；习，调节也，有所谓"既知其以生有习"[⑨]；习，重也，"与叠通"，习假借为叠[⑩]。有所谓"凡为习惯所使然而不易改变者亦曰习"；因而"习"字联上了"习惯"，"习"字联上了"性"：《尚书·太甲上》中有"习与性成"，《论语·阳货》中有"性相近也习相远"之用；《宣和书画谱》中还有"狃于世习"。

关于"习性"中的"性"，在中国古典文献中强调其是"人之天赋"。《说文解字》以"人之易气"来表述。《礼记》讲，"天命之谓性"。《荀子》则讲，不可学不可事而在人者谓之性"。于此有人之初的"性善""性恶"之辩，此所谓"性说"，形成"性善说""性恶说"，以及"性无善恶说""性有善恶说"的理论分野。《论衡·初禀》又讲："性，生而然者也。"围绕于此，性："生也""命也"，有所谓"性命"，此是指生命体未息的活力。于此，男女之别为性，如"男性""女性"。与此相关，"性

① 《徐颖注笺》。
② 《吕氏春秋·审己》。
③ 《战国策·齐策》。
④ 《五代史·刘词传》。
⑤ 《诗·秦风》。
⑥ 《虞注》。
⑦ 《易·坎》。
⑧ 《易·坤》。
⑨ 《大戴礼·子张问入宫》。
⑩ 《说文·通训定声》。

欲”“性爱”“性行为”成为题中之意。相关的还有“性情”。中国古典释义：质朴为性，人欲之谓情。《易乾》讲，“利贞者性情也”。《礼记·乐记》中有言：“人生而静，天之性也，感于物而动，性之欲也。”《孙希旦集解》中讲：“朱子云，此言性情之秒，人之所生而有者也，性之欲，即所谓情也。”《四书逸笺》中有言：“孔疏引贺扬云：性之于情，犹波之与水，静时则水动则是波，静时是性动则是情。”《庄子·缮性》中有“无以及其性情而复其初”的说法。《朱子全书·性情》讲：“四端情也，性则理也；法者情也，其本则在性也。如见影知形之意。”《韩愈·原性》则有言：“性也者，与生俱生也；性也者，接于物而生也。性之品有上中下三，而其所以为性者五（仁、义、礼、智信）；情之品有上中下三，其所以为情者七（喜、怒、哀、惧、爱、恶、欲）。”“性”还延伸于“体也”[①]“姿也”[②]，等等。到近现代心理学及文化人类学，还形成了“性格”及“性灵”之说，如此等等。佛学中也涉及到“性”。佛家以万有之因为性。《大乘义章》讲，性释有四义：一是种子因本之一；二是体义名性；三是不改名性；四是性别之性。与此相关，有“性相”之说。佛家也讲到“性欲”认为“性谓习性”“欲谓乐欲”。《无量义经》中有“知诸众生性欲不同”这种说法；《大日经疏》则说：“性欲者，欲名信、喜好乐，如孙陀罗难陀好五欲、提婆达多好名闻，乃至诸得到人亦有各有所好，性名积习，习欲为性。”

（三）塑造论哲学论“习性”的规定。

以上我们列举了中外历史上关于“习性”的种种见解。当然，诸哲学家都是由其哲学体系所体现的哲学观来对习性作出

① 《吕氏春秋》。

② 《淮南子》。

解释。尽管这些解释与我们塑造论哲学的解释不同，而其对"习性"概念的说明，对我们是有重要启发意义的。

这里要特别指出的是，关于习性中的"性"，在西文中"性质"的性与"性别"的性是两个词，而在中文中对以上两义一"性"字蔽之。在塑造论哲学论证社会学命题时，重要的在于，当就社会潜意识与社会显意识的联系而言，内在着"性（人性、社会性)"，形成"习性"中内在矛盾的反思性。这带反思性的内在矛盾在于：在人的动物性与人的社会性的双重作用前提下，进而形成个性与社会性的矛盾，表现为社会的"我""汝""他"中的"自我"与"他我"的矛盾关系；这体现于"公"与"私"矛盾的"个体"与"个体"、"个体"与"集体"、"个人"与"社会"的矛盾；综合起来成为作为"社会关系总和"的人与人的"个性自由而全面发展"的矛盾。当然，应当讲，论及个人的社会化，还应讲到社会的社会化问题，人和社会都在真正意义上实现社会化，真正人的社会才算开始了。

人出生伊始，首先是个生物的个体人，从"生物有机体"的生命意义上讲，跟其他的动物没有多少区别。但是作为真正意义上的"人"，不只是"生物人"，更是"社会人"，是一个有个性的社会人。由生物人或作为生物的个体人真正成为社会人，有个"社会化"过程。社会化指谓从生物人到社会人的转化过程。人要形成社会属性，就要通过社会化来取得社会成员的资格，就要有一个获得社会角色的过程。

19 世纪 90 年代欧美社会学著作中已有社会化的提法，后来引起人类学与心理学界的关注。德国社会学家 G. 齐美尔用社会化概念形容群体的形成过程。美国社会学家 T. 帕森斯在《关于一般行为理论》(1951) 与《社会系统》(1951) 等书中指出，人性是经验的结果。他认为，没有必要把人性陶冶得完全符合社会的要求，只需使他们知道社会对特殊的角色有哪些特殊的要求就行了，使他们成为在社会体系中发挥作用的成员，这种角色学习的过程就是社会化的过程。人类学家从文化角度研究社会化，把社会化看成是文化延续与传递的过程，认为社会化的实质是社会文化的内化。心理学家提出了划分人的发展阶段的理论，主要是从个性发展的角度研究社会化，认为社会化是个人的个性形成和发展的过程，社会人就是通过社会化过程形成有个性的人。人的社会化对于传递人类文化，提高人的素质，促进社会发展具有重要作用。马克思强调，人是社会关系的总和。

由此我们应该认为，个性化与社会化是习性内在的根本矛盾。习性体现着个性化，而个性化的习性又实现着社会化。涂尔干曾说，社会“在我们自身中”，这使我们形成个性。人如何行动、思考和感觉都来自于滋养他的社会。社会还以另一种方式塑造人——通过控制其欲望。涂尔干相信，动物想要的东西会越来越多，而人类需要社会的限制。

在塑造论哲学看来，人的习性形成过程正是其个体性社会化的过程。也就是说，人的习性正是在其个体性的社会化过程中形成的。这里面很显然涉及个人习性与社会习性的关系。

习性在自身确立及社会确立中，即在个性化社会化中，形成着“社会习性场”。“场”这本是近现代自然科学概念。布迪厄使用过“习性场域”这个概念，我们这里将“习性场域”扩展表述为关于整个社会的“社会习性场”。从塑造论哲学关于塑造单子及关于社会学解析的基本图示说起，交往沟通就处在“社会习性场”中，“交往沟通”上升到社会必内在着社会习性场。人的习性，作为个体的，体现着社会。社会由各个人之习性整合起来构成，“社会习性场”本身有着一种序参量。习性上升为规制体现着由“社会习性场”的序参量来左右整个社会的变化。这样“社会习性场”形成一种超越个体的整体力量。个体习性与社会习性相辅相成。个体与个体、个体与集体、个体与社会共同形成着"社会习性场"。而且，用马克思主义的概念来讲，生产力生产关系、经济基础上层建筑、社会存在社会意识，其总体体现着"社会习性场"。社会变迁，重要在于"社会习性场"中的个体与个体、个体与集体、个体与社会，所受到的"社会习性场"统摄发生改变。社会改革体现着"社会习性场"的调适。社会革命体现着"社会习性场"的根本转换。

在社会化中，习性成为习俗，习俗成为风俗，风俗成为民俗。习性一定要统摄习俗，习俗却不一定能充分体现习性。习性成为风俗才谈得上民俗或世俗。习俗（习惯、惯习）、风俗（包括礼俗、时尚）、民俗（世俗）的总和，要体现习性，在习性统摄之下；习性改变着规制，习俗变、风俗变，民俗作为世俗就要发生变化，以至习性社会场发生更替，社会范式改变。

三、习性规定的统摄地位

按塑造论哲学的具体解释，"习性"是在社会潜意识与社会显意识联系情况下形成的。此中，内在着"性（人性、社会性）"的直接性便出现"习性"中内在矛盾的反思性。也就是，如果说"性（人性、社会性）"体现着本然规制的直接性，那么"习性"则是一个反思的规定。这习性的规定，统摄着具体的社会规制。

这里，如前所说，"习性"的内在矛盾，基于人的动物性与人的社会性的生长前提，形成"自我""他我"矛盾关系；这表现出由"私"与"公"展开着的个体与个体、个体与集体、个体与社会的矛盾；综合起来成为作为"社会关系总和"的人与人的"自由而全面发展"的矛盾。在运动中，"习性"内在矛盾在统摄具体社会规制中展开。

关于"习性"的统摄作用和展开，从本书的角度看，布迪厄给出了很多很有参考意义的论述。布迪厄讲道："习性是一种社会化了的主体性，其产生铭写在人的躯体……中的社会制度。"① 这里，大体以布迪厄的用语，参照一些学者的研究论文，纳入塑造论的体系来论述，值得注意的有以下方面：

（一）习性规定贯穿着"通用的"和"统一的""实践生成原则"。

布迪厄讲道："习性"在生成实践中被施于各种不同的社会领域和情境，形成性情倾向系统：无论是在日常生活中还是在职业生活中，也不管所涉及的是衣着服饰、饮食家居还是艺术偏好、言谈举止。正因为如此，社会行为者的各种行为，在实践上表现出"风格上的类似性"（stilistisch affiniät)。对此，布迪厄经常用"笔迹"作为一种形象性说明。他把社会行为者的习性比作一个人书写文章的特定方式和风格。不管他在什么情况下书写，不管他用什么笔写，也不管他所写字体的大小和颜色以及所用纸张材质，人们总是能从他的各类笔迹中看出其"家族类似性"。这也像是一个画家或作家的所有作品一样，人们总是可以从中看出这些不同作品之间的类似性，因为它们出自同一个的手笔，或者说，是同一习性适用于不同领域和情境的结果。② 用布迪厄的表述说，正如个体习性使行为者所有的行为或实践具有风格上的类似性一样，阶级或群体习性则在一个集体的层面上使属于同一阶级或群体的社会成员的行为和实践具有类似性，并使他们区别于其他阶级或群体的社会成员。

布迪厄强调，习性并不是与生俱有的，而是社会行为者在

---

① ［法］皮埃尔·布迪厄：《文化资本与社会炼金术：布迪厄访谈录》，包亚明译，上海人民出版社 1997 年版，第 173 页。

② Pierre Bourdieu Die feinen Unter schiede Kritik der gesell schaftlichen Urteil-skraft Frank furt am Main Suhrkamp 1981，p. 282.

社会化过程中通过外在社会结构的内化（身体化）而得到的；当习性成为社会行为者行为的统摄者或统调者时，这时便形成对过去所有经验的整合和再现，并以此为基础不断建构着新的实践经验。而且其作为社会历史的产物，是"处于不断的变动之中"。

于此，再以布迪厄的用语讲，这是在"外在的内化"（intriorisierung der exterioriät）基础上由"内在的外化"（exteriorisierung der interioriät）而实现的。这其中，结构塑造着习性，习性生成着实践，实践再制着结构。① 布迪厄曾对此以乔姆斯基（N·Chomsky）所说的"生成语法"（generative Grammatik）作为比喻：② 人们可以在符合语法规则的情况下，组成各种各样完全不同的新的、之前没有见过的句子，形成自己的语言风格；同样地，习性让人在特定的界限之内生成各种事先未曾见过和做过的行为和实践。这被视为像一种"被规导过的即兴表演"③。

对于这种社会与个体之间以及社会客观结构与主体结构之间的关系，布迪厄的见解是：一方面，就习性形成来说，特定类型的社会客观结构，特定的阶级或群体所拥有的物质及文化生活条件，经由社会行为者的内化（身体化）而生成特定类型的习性；另一方面，习性在这里作为一种"稳定的性情倾向系统"，一种"被结构化的结构"（strukturierte strukturen），在之后的社会实践中，又作为"结构性结构"（strukturierende strukturen）起作用，引领社会行为者自动做出"合适"而"有

① Pierre Bourdieu Enturf einer Theorie der Praxis auf der ethnologischen Grundlage der kaby lischen Gesellschaft Frankfurt am Main Suhrkamp，1979，p. 164.

② Pierre Bbourdieu Satz und Gegensatz birdie Verantvortung des Intellektuellen Frankfurt an Main Fischer，1993，p. 33.

③ Pierre Bourdieu Enturf einer Theorie der Praxis auf der ethnologischen Grundlage der kaby lischen Gesellschaft Frankfurt am Main Suhrkamp，1979，p. 179.

意义”的社会实践，进而再制或变迁社会结构。①

（二）习性在发挥其统摄作用时，成为“身体化的社会结构”。

布迪厄在分析中，将习性表述为“身体化的社会结构”②以及“身体反应的社会必然性”。③布迪厄这样论述：习性作为“身体的习惯”以一种稳定而直接的方式影响人的“言谈举止以及与此相应的感知和思维”。④身体在此并不仅仅是作为习性的一种载体，而其本身就是习性的一个组成部分，它是社会结构直接的产物和生产者，是实践及表象的直接的生成及结构化。换句话说，习性指的并非只是社会行为者的心智结构，而同时也是身体化的结构。德国学者利保就此指出，在布迪厄的理论框架中，身体本身结构的社会性，是被社会化了的。⑤在社会化的过程中，“原始野性”的身体被变成了“习性化了的”身体。⑥正如布迪厄所讲：“习性是社会化了的主体性”⑦，这才成为“身体他的社会结构”。

---

① Pierre Bourdieu Enturf einer Theorie der Praxis auf der ethnologischen Grundlage der kaby lischen Gesellschaft Frankfurt am Main Suhrkamp，1979，p. 179.

② Pierre Bourdieu Die feinen Unter schiede Kritik der gesell schaftlichen Urte ilskraft Frank furt am Main Suhrkamp1981，p730.

③ Pierre Bourdieu Sozialer Sinn Kritik der theoretischen Vernun ft Frank furt am Main Suhrkamp 1987，p. 127.

④ Pierre Bourdieu Sozialer Sinn Kritik der theoreischen Vernun ft Frank furt am Main Suhrkamp 1987，p，127.

⑤ Eckart Liebau Gesellschaftliches Subjekt und Erizie hung Zurp dagogischen Bedeutung der Sozialisations theorien von Pierre Bourdieu und U lrich O evennann Weinheint Jur venta，1987，p. 63.

⑥ Pierre Bourdieu Entwurf einer Theorie der Praxis auf der ethnologischen Grundlage der kaby lischen Gesellschaft Frankfurt am Main Suhrkamp，1979，p. 199.

⑦ ［法］皮埃尔·布迪厄：《文化资本与社会炼金术：布迪厄访谈录》，包亚明中文译本，上海人民出版社 1997 年版，第 173 页。

布迪厄进而指出，对于习性是"主体性"（subjektive）的，并不能因此认为这只是个体性（individuell）的内化结构系统，他认为习性总是为同一阶级或群体的所有成员所共有，个体习性可以被视为是阶级习性或群体习性在结构上的一种变化形式。① 固然，因为习性的生成来自于社会行为者对外部的物质及文化生活条件的内化。这其中，因为同一群体或阶级的所有成员所面对的社会物质文化生活条件类似，所以他们通过对其内化而生成的习性也相应地表现出类似性。而当其外化形成"身体化的社会结构"表现出来个体性时，同一阶级或群体的社会成员因其在阶级或群体内部所处的位置不尽相同，在他们的个体习性之间同时也就有着不可否认的差异。用布迪厄的论证说，他们所持有的各类资本（如经济资本、文化资本、社会资本）的总量和结构不尽相同，他们每个人的社会生涯也不同。对于这种个体习性与群体习性之间的类似与差异并存的关系，布迪厄认为其中有着"多样性中的均一性"（vielfalt in Hanogenität）②。也就是说，在作为同一个阶级或群体的成员的习性形式表现出类似性和同质性的同时，行为者的个体习性却变化多样。当其将内化的社会结构外化出来成为个体性，既有行为者与他人所共有的群体习性，即习性的社会性。如布迪厄所说："社会学将所有的生物性个体看成是相同的，他们是同样的客观条件的产物，具有同类的习性形式。"③ 这又形成一个个有个性的个体习性，这是由社会习性统摄着的个体习性，是作为阶级习性或群体习性在

① Pierre Bourdieu Sozialer Sinn Kritik der theoretischen Vernun ft Frank furt am Main Suhrkamp 1987，p. 113.

② Pierre Bourdieu Sozialer Sinn Kritik der theoretischen Vernun ft Frank furt am Main Suhrkamp 1987，p. 113.

③ Pierre Bourdieu Sozialer Sinn Kritik der theoretischen Vernun ft Frank furt am Main Suhrkamp 1987，p. 111.

结构上的一种变化形式才被纳入社会学的。

（三）习性形成着场域。

布迪厄将习性和场域[①]称为社会现实的两种存在方式："社会现实是双重存在的，一次存在于事物中，一次存在于头脑里；一次存在于场域中，一次存在于习性里；一次存在于行动者之内，一次存在于行动者之外。"[②] 布迪厄在其他的分析情境中也将习性和场域称为"变为身体和变为事物的历史"。[③] 从这些表述中不难看出，在习性和场域之间，一方面习性形成于特定场域之中，场域塑造着习性。另一方面，习性把场域建构成一个充满意义的世界，一个被赋予了价值、值得行为者去投入的世界。换句话说，如果没有与该场域相适应的习性让行为者对该场域之"游戏"深信不疑和给出"投注"，场域就不会持续存在。布迪厄将习性和场域之间的这种关系称为"本体论的对应关系"。[④]

通过分析习性和场域之间的关系，人们能够解释一系列社会实践中的问题，比如行为的自动性或反思性的问题。一方面，当习性和场域之间存在一种契合关系时，行为者在行动时往往无须思考："在现实生活中，每当习性遭遇的客观条件就是产生他的那些客观条件或者类似于那些客观条件时，习性总能很好

① Pierre Bourdieu Loc W acquaint Reflexive Anthiopologie Frank furt am Main Suhrkamp，1996，P. 161.

② Pierre Bourdieu Sozialer Raum und K lassen Frank furt am Main Suhrkamp，1985，p. 69.

③ ［法］布迪厄、［美］华康德：《实践与理性》，李猛、李康译，中央编译出版社 1998 年版，第 171～172 页。

④ ［法］布迪厄、［美］华康德：《实践与理性》，李猛、李康译，中央编译出版社 1998 年版，第 174 页。

地'适应'那个场域而无需什么自觉地追求目的明确的调试。"①另一方面，当习性和场域的关系不契合时，或者说，当习性遭遇到迥异于其生成场域的场域时，习性作为实践及表象的生成原则和结构化原则便会受到挑战，甚至完全失效。在这种情况下，行为者可能会开始自动地行为。也就是说，当习性和场域关系契合时，习性倾向于再生产生成它的社会结构。当习性和场域的关系不契合时，习性亦有可能会导致社会结构的变革。②

第二节　习性→（社会规定了的）规制

在塑造论哲学中，如以上所说，习性规定在社会运行中展开为具体规制，这是既使潜意识与显意识充分联系，又表现为显意识成就潜意识而相互作用的过程。

首先，以习性的基本规定为起点。提升出的社会规律通则是一个习性规定。这里提出的习性规定应实现于社会变迁和变革。达到规制地把握民俗社情，不是只停留于习性规定，要在此基础上使之生成于民俗社情的整个具体规制。这是一个规制化过程。

这个任务只有实现由习性上升为规制才能完成。在这个过程中往往是以习性化的基本规定为统摄，向规制展开。关于习性化的基本规定之特点，总起来说：一是超然于种种偶然因素；

① ［法］布迪厄、［美］华康德：《实践与理性》，李猛、李康译，中央编译出版社1998年版，第174～175页。

② 以上参见孙进：《布迪厄习性理论的五个核心性结构特征：德国的五个分析视角》，《哲学研究》2007年第6期。

二是规范着民俗社情的范围；三是集中着某范围民俗社情一切因素的萌芽。

其次，通过中间环节上升到具体规制。如果说在规制到习性的过程中，就凸现习性规定来说，暂时忽略了种种偶然的民俗因素，而当由它展开整个发展了的规制时，则又一层层地把这些复杂的民俗因素作为不同层次的规定性整合了进去。这样，在注视或提取习性规定时忽略了的种种因素，在这时又成了向具体规制系统上升的一阶阶的中间环节。正是通过把一系列复杂民俗作为向不同阶次法则上升的中间环节，实现着习性规定向具体规制的发展，才构成了由社会规律规定了的种种民俗在不同范围上的联系和发展，在这种习性向规制的一层层发展中，于是形成了有社会翕合纾解机制的从习性导致为规制的具体社会体系。

这一过程，在规制化中处理习性规定和社会规定了的具体规制的矛盾。这里习性规定是起点，规定了的规制是终点，它们成为这一过程的两极，处在对立统一之中。经过这一过程，由社会规律规定了民俗，民俗成了社会规律规定下的民俗。这就达到了对于民俗的规制性的建设，在建设中形成了一个关于社会的“程序伦理”“伦理程序”的“性（人性、社会性）”携带着世事民俗社情而指向私与公统一的社会体系。对此，详细展开是这样的：

一、以习性化的基本规定为起点

（一）这里要实现的是，显意识地呈现社会关系。这表现于现实建构与逻辑建构相一致的生长、展开、丰富。实现这种一致才能理论地复制具体对象的必然性结构和过程。

马克思在论述他的政治经济学方法时，曾经强调，如果没经过理论体系的切近规定，“从人口着手，那么这就是关于整体的一个混沌的表象，并且通过更切近的规定之我就会在分析中达到越来越简单的概念；从表象中的具体达到越来越稀薄的抽象，直到我达到一些最简单的规定。于是行程又得从那里回过头来，直到我最后又回到人口，但是这回人口已不是关于整体的一个混沌的表象，而是一个具有许多规定和关系的丰富的总体了"。① 当然，马克思这是在建构政治经济学理论体系的意义上讲的，他的《资本论》逻辑体系，从商品开始；我们在这里由社会学意义讲，当说到面对"关于整体的表象"，是"基于人口及婚姻、家庭"始就社会学讲，（相对于整个的严格社会学理论体系而言，这是表象级的）；而就社会学理论体系而言，逻辑起点是"习性"，这是社会学理论体系的起点。

1. 马克思在论述政治经济学方法时讲到，经济学理论体系形成的第二条道路是："抽象的规定在思维行程中导致具体的再现。"

这是对黑格尔逻辑进行改造而形成的方法。黑格尔的《逻辑学》总体上是将存在和思维由潜在到展开的自我发展的过程。在"存在论"和"概念论"之间的"本质论"中特别论述了由存在直接性到本质反思性，之后才向着由本质反思性向概念同一性发展。

黑格尔逻辑学第一部分讲的"存在"（Das Sein）带有直接性。这一部分的各个规定（范畴）间的推移转化，乃是从一个直接性的东西"过渡到"或者说"流转到"另一个直接性的东西。在存在与思维由潜在到展开的过程中的"存在"阶段，具体概念还处于"自在的"即"潜在的"阶段。

第二部分讲到"本质"（Wesen）带有反思性。这一部分所

① 马克思：《〈政治经济学批判〉（1857—1858 经济学手稿）摘选》，《马克思恩格斯文集》（第 8 卷），人民出版社 2009 年版，第 24 页。

讲的各个规定（范畴），是处于“表层”与“底层”相互映射而双方成对出现的。这里，两个各自具有一定独立性的东西相互关联，构成互为反思（反射、反映）关系。所以“本质”论中的规定是“反思的规定”。这样，“本质”论成为关于具体概念中各个环节（各个规定、范畴）展开的学说。所谓“概念之自为存在和映现”（Fursichsein und Schein des Begriffes），就是指概念的各个环节展开、映现之意。

第三部分讲“概念”（Begriff）达到统一性。于此，反思性中的对立双方消融为一个单一的概念，成为同一个概念的构成环节，每一方同时就是对方，双方的关系不再是彼此互相限制的关系，而是有机地统一在一起的关系。所谓“自在自为的概念”也就是“存在”与“本质”、直接与间接、潜在与展开的具体统一，这是包含间接性在内的直接性，是“真正的直接性”。实现这种“真正的直接性”的统一，才成为真理的根据之所在。

对马克思所讲的“抽象的规定在思维行程中导致具体的再现”，通常的简单表述，就是“抽象上升到具体”。这里的“抽象”，即关于对象的最抽象范畴；这里的具体，即关于客观对象的全部因素都具备一个整体之中。“抽象的规定”在一定意义上就相当于黑格尔逻辑学中的“反思的规定”。这种“抽象”所带有的抽象性不是空洞的抽象性，而是“具体的抽象性”。

从形成科学理论的思维逻辑上讲，所谓“抽象的规定在思维的行程中导致具体的再现”，也就是“抽象的规定在思维行程中把具体复制出来”。这无非是指在思维行程中把关于对象种种因素的范畴按照对象本身固有的规律性联系起来，达到在思维中把具体复制出来，即思维把握具体。在现实建构中这与历史建构在逻辑上是一致的。

重要的是，“抽象上升到具体”中的“抽象”，作为对象范围的最抽象范畴，就其自身讲，是对象中诸因素的“本质一般"。同时，对象中的其他因素也都可以经过不同范围的抽象，在思维中形成一个个的抽象规定。按照列宁的理解，"在人面前是自然现象之网。……范畴是区分过程中的阶梯，即认识世界的过程中的阶梯，是帮助我们认识和掌握自然现象之网的网上纽结"。[①] 可见，对象的一个个抽象规定就正是这种在把握对象时区分的一些关于"小阶段"的范畴。当我们在意识中以理论形态显意识地实现"抽象的规定在思维行程中把具体复制出来"，某种意义上说就是构成一系列范畴联系，即：组成一系列复杂的抽象规定的联接、演进、总结，组成由一系列抽象规定构成的复杂而条理的统一体系，这是一个由理性思维把握了的具体的体系。而构成范畴间的联系，绝不是随随便便地排列，而是与历史建构的逻辑在总体上一致的、根据对象诸要素的内在规律性展开。在逻辑上的排列次序则是由抽象上升到具体的而展开的。

从马克思的方法出发，要坚持的是，研究过程必须基于客观对象。正因为这样，马克思强调，在进行理论思维时，第一条道路是从获得关于客观事物的完整表象开始；而在思维中复制客观对象就不能从表象开始了，在马克思看来，必须从关于对象的本质规定开始。所以理论思维的第二条道路，必须以关于对象本质一般的最抽象范畴为起点。关于为什么必须以最抽象的范畴作为逻辑起点，可以作出以下总结：①对象整体中最抽象的范畴，反映着这个对象的最本质。如前所说，抽象出来的概念或范畴是撇开客观事物种种复杂的现象，抽出客观事物的本质属性形成的。概念的抽象程度不同，其反映对象不同范围本质的深入程度也不同。就某个对象范围来说，在大量抽象

① 列宁：《黑格尔〈逻辑学〉一书摘要》，《列宁全集》（第55卷），人民出版社1990年版，第78页。

出来的范畴中，最抽象的范畴和其他范畴相比，最大限度地超越了各种个别的、偶然的、现象的因素，达到了最本质的一般。所以在理论上把握了最抽象范畴作为起点也就抓住了最本质，从而能对大量较之具体的范畴，从本质出发构成与其客观历史相一致的内在联系，能从客观事物的本质上解释种种现象。②对象整体中最抽象的范畴，集中着被研究对象所包含的一切矛盾的胚芽。由于最抽象的范畴是这类对象范畴整体中的最本质，所以这个最本质的矛盾，就成为这类对象性质的最基本的形态。这个最基本的形态，是整个被研究对象之机体的矛盾胚芽。可以说，整个对象复杂的机体是由它发展起来的。所以，这个最抽象范畴一旦确立，它的一系列发展形态就潜在着了。马克思在说到这一点时，曾比喻说，此最抽象范畴，是“一种洪水期前的存在”。[①] 因此，只有抓住了最抽象的范畴，才能把整个机体如何从最简单最基本的矛盾胚芽生长出来的全部过程描绘清楚。③对象整体中最抽象的范畴，不必以这个对象范围中的其他任何概念为前提，就能把它提出来。从逻辑上讲，对概念加以规定，一是以“种加属概念”的方式进行定义，二是划分“Σ种概念”。一般性越大的概念即越抽象的概念，它内涵越简单，外延越宽泛。当在某体系范围内达到最抽象概念时，在此体系中就没有比它更一般的概念了，只是为规定这个最一般的范畴，而引入在此体系之外的范畴加规定。[②]

关于从最抽象范畴开始，达到对客观对象丰富具体的再现，马克思的巨著《资本论》是最光辉的范例。

① 马克思：《1857—1858 年经济学手稿摘选》，《马克思恩格斯文集》（第 8 卷），人民出版社 2009 年版，第 25 页。

② 参见张全新：《澄清一个不正确的提法——兼谈什么是抽象上升到具体的最抽象范畴》，《天津师大学报》1983 年第 1 期。

马克思讲，《资本论》研究的对象是"资本主义生产方式以及和它相适应的生产关系和交换关系"。从严格意义上讲，作为这个对象的最本质的一般是资本，所以关于这对象范围的理论，最抽象范畴应当是资本。所有的资本主义经济范畴，都是资本这个范畴的展开和发展。然而马克思把资本主义经济是当作丰富发展了的商品社会来看待的。就商品社会这个范围来说，商品是最抽象范畴，所以马克思在《资本论》中首先分析的是简单商品经济，而且是作为产品经济转化而来的商品经济来看待的。作为对商品经济的分析，马克思把商品当作了他整个体系的最抽象范畴，把它当作整个体系的逻辑起点。马克思是从整个商品社会着眼，从作为商品社会的最抽象范畴的"商品"开始，然后对资本主义经济关系作为主体的"资本"加以规定，由它向具体发展，一层层地揭示资本运动的规律。

讲商品是关于整个商品社会的最抽象范畴，是由于它符合前面所说的作为最抽象范畴的三个特征。①商品的性质内含着商品经济的根本性质，它是决定着商品经济的种种属性并贯穿于一系列发展阶段的范畴。②因为商品关系是商品经济的本质关系，所以在商品关系中包含着商品经济一系列矛盾和关系的胚芽，在它展开过程中，就包含着由于生产资料私人占有和生产社会性所造成的种种历史可能性。资本主义商品经济的矛盾正是商品最基本矛盾发展了的表现。这正如列宁所说："这一个商品和另一个商品交换的个别行为，作为一种简单的价值形式来说，其中已经以尚未展开的形式包含着资本主义的一切主要矛盾。"[①]在商品中也包含着走向社会主义商品经济的胚芽。因为在商品经济的规律——价值规律中，就包含着对计划规律的要

① 列宁：《黑格尔〈逻辑学〉一书摘要》，《列宁全集》（第55卷），人民出版社1990年版，第149页。

求。通常讲，这包含在人们常说到的价值规律的第二含义里面。这要求着社会经济的计划比例。马克思主义理论强调：商品自身的矛盾运动在资本主义社会往往要通过危机来解决，随着价值规律第二含义所造成的要求逐步发展，当基于资本主义经济关系的社会制度无法容纳的时候，资本主义制度便要崩溃了，社会主义经济取而代之。这时价值规律便出现了向更加要求计划规律发生作用的形态过渡。这时的商品经济便由资本主义商品经济过渡到社会主义商品经济，成了有计划的商品经济，出现了社会主义商品经济的种种运动情况，一直到商品经济消亡。③商品关系是商品社会的最基本关系，是最简单的关系。它的简单性就在于，提出它，不必用商品经济中的其他范畴为前提，因为其他任何范畴与之相比都更为具体。也就是说，因为商品经济的其他任何范畴都比商品具体，所以对商品定义不必依赖于它们。马克思在定义商品时是这样说的："能同别的产品交换的产品就是商品。"[①] 这里的上属概念是产品。产品不是商品经济中的特有范畴，而是更大范围中的即作为历史前提的更一般的范畴。提出商品，不必涉及商品经济中的更具体的诸范畴。相反，规定商品经济中的任何一个具体的经济范畴，都必须以先提出商品为前提，否则就无法对这个范畴加以定义。如货币、资本以及利润、利息、地租等等，都是如此。

正因为如此，马克思由首先分析"商品"，然后借此对资本主义经济关系的主体——"资本"作出规定，又由此展开了一系列更具体的分析，上升到资本主义商品经济的一系列更具体的范畴。甚至可延伸于关于社会主义商品经济的范畴。这是符合于并体现着抽象上升到具体的逻辑行程的。这逻辑行程也是

① 马克思：《雇佣劳动与资本》，《马克思恩格斯文集》（第1卷），人民出版社2009年版，第725页。

与历史过程相一致的。

（二）根据马克思对黑格尔逻辑加以改造吸收而形成的方法，塑造论哲学形成了展开自身体系的论证方式。塑造论哲学关于社会学的论证，在讲完潜意识的"原初状态"形式结构及作为"潜意识"与"显意识"中介的"图式"之后，便进入了"社会潜意识"与"社会显意识"的关系，这是表层与底层互为反思的关系。在展开时，"两条道路"是互为反思的。分别说，"感性的具体"与"抽象"、"抽象"与"思维的具体"，均表现出互为反思。

塑造论哲学对于意识如何把握感性对象的分析，就第一条道路说，具体到抽象，浮现于表象所面对的是"感性的具体"，这是"感性存在"；对于社会学来讲，这是作为"自然的民俗社情"的本然规制，带有直接性，这种直接性，是在"混沌表象"中的直接性。就"第二条道路"说，抽象到具体，作为抽象规定的"本质一般"，是关于对象基本矛盾的抽象；对于社会学来讲，即"习性的规定"，其内在着关于社会的一系列矛盾的胚芽，体系中的一系列范畴都内在着习性展开的一系列矛盾，这是从习性的抽象规定向规制了的具体民俗展开。这其中一系列范畴都内在着"表层"与"底层"的反思性关系。在"潜意识"上升于"显意识"，经过其中所具有的"反思性"，实现"潜意识""显意识"的统一，在这种统一中才能达到"超意识"的更高程度"直接性"，即"真正的直接性"。

这里面，进入到社会潜意识显意识的反思性，就社会学来讲，当切入"（人口繁衍）生存（活动行为）—交往沟通—（工具符号）建设（进步发展）"的图式，这里的"交往沟通"，体现着作为中介的"主体间性"。于是便有了"习性"中自身内在因素的反思规定。联系我们在前几卷中讲到的关于经济的图式、关于政治的图式，现讲到关于社会的图式，情况是这样的：

在关于经济的图式即“（财富）生产—交换流通—消费（生活）”之中，两级归摄于其中的“交换流通”。这对于“效率公平”来讲，是带有直接性的。就潜意识与显意识发生关系而言，进入“效率”与“公平”，此时，内在着的“值（值得、值当）”形成关于“价值”中内在矛盾的反思性，因而面对一系列悖论。经过一系列带反思性范畴的发展，走向超越，这才能形成关于义利（利益、义善）的超越。这是直接性经反思性到达统一性的超越。这是达到“真正直接性”的超越。①

在关于政治的图式即“占有—统治治理—管理”之中，两极归摄于其中的“统治治理”。这对于“自由平等”来讲是带有直接性的。就潜意识与显意识发生关系而言，进入到“自由”与“平等”，此时，其中内在着的“法（法则、法规）”形成关于“法理”中内在矛盾的反思性，因而面对一系列悖论。经过一系列带反思性范畴的发展，走向超越，这才能形成关于正义（正当、道义）的超越。这是直接性经反思性到达统一性的超越。这是达到“真正直接性”的超越。②

而在关于社会的图式即“（人口繁衍）生存（活动行为）—交往沟通—（工具符号）建设（进步发展）”之中，两极归摄于其内的“交往沟通”，对于“公私”来讲是带直接性的。就潜意识与显意识发生关系而言，进入到“公”与“私”的反思性或叫反思规定性，其中，内在着的“性（人性、社会性）”形成关于“习性”中内在矛盾的反思性，因而面对一系列悖论。经过一系列带反思性范畴的发展，走向超越，这才能形成关于义成

① 参见张全新：《塑造论哲学之经济学论证》（下），齐鲁书社 2006 年版，第 1582 页。

② 参见张全新：《塑造论哲学之政治学论证》，山东人民出版社 2005 年版，第 945～946 页。

（诚信、适宜）的超越。这是直接性经反思性达到统一性的超越。这是达到"真正直接性"的超越。

整体讲，塑造论哲学关于社会学的哲学论证，首先由作为前阶的无意识前提追溯而开始。就此而言，人类与广泛物种，与整个自然界相联系，基于"对与不对"的对应性机制，"适与不适"的取悦性机制，有积淀下来的"行与不行"的权变性机制和"该与不该"的共生性机制。其次由作为枢纽的潜意识显意识机制而展开。先对社会潜意识中带直接性的初始形式进行揭示；再进入社会潜意识显意识，对于带反思性的社会范畴进行论述；这其中又特别对上升到关于社会显意识的一系列情况加以说明。这里特别关键的是对于社会潜意识显意识所进行的反思性的阐明。关于这种反思性，如果说在经济领域主要体现于"效率"与"公平"的反思性，其中内在着"值（值得、值当）"，此时凸现出"价值"的内在矛盾；如果说在政治领域主要体现于"自由"与"平等"的反思性，其中内在着的"法（法则、法规）"，此时凸现出"法理"的内在矛盾；那么，在整个的社会领域则主要体现于"公"与"私"的反思性，其中内在的"性（人性、社会性）"，此时凸现出"习性"的内在矛盾。

可见，"习性"的内在矛盾，有其在无意识前提中到在潜意识显意识枢纽中再到在超意识状态中的自身产生、生长、升华的过程。关于"前提"中的情况，习性有其由动物性产生出来的"维护性与攻击性的权变性机制""自主性与依他性的共生性机制"；关于"枢纽"中的情况，习性有其由性（人性、社会性）生长出来的"公"与"私"的反思性，因而面对着作为"社会关系总和"的人与"人的自由而全面发展"等一系列悖论。这表现于个体与个体、个体与集体、个人与社会等矛盾的展开。当其在对立统一中实现矛盾解决，便达到作为"社会关系总和的人"与"人的自由而全面发展"之悖论的消除。形成

“成己成人”境界。这才形成关于“义成”（诚信、适宜）的超越。这是直接性经反思性达到统一性的超越。这是达到“真正直接性”的超越。

关于“超越”中的情况，即真正实现习性随作为“社会关系总和”的人与人的“自由而全面发展”悖论消除而归于“义成”的情况，依马克思的表述讲：这才能实现“向自己的人的即社会的存在的复归”，这是“人的自我异化的积极的扬弃，因而是通过人并且为了人而对人的本质的真正占有；因此，它是人向自身、也就是向社会的即合乎人性的人的复归，这种复归是完全的复归是自觉实现并在以往发展的全部财富的范围内实现的复归”，“作为完成了的自然主义，等于人道主义”。“而作为完成了的人道主义，等于自然主义，它是人和自然之间、人和人之间的矛盾的真正解决，是存在和本质、对象化和自我确证、自由和必然、个体和类之间的斗争的真正解决”。①

塑造论哲学强调，“习性”在社会潜意识与社会显意识相互联系情况下形成。此中，内在着的“性（人性、社会性）”的直接性便出现“习性”中内在矛盾的反思性。也就是，如果说“性（人性、社会性）”体现着本然的直接性，那么“习性”则是一个反思的规定。这习性的规定，统摄着具体的社会规制。

这里，如前所说，“习性”的内在矛盾，基于人的动物性与人的社会性的生长前提，形成“自我”“他我”矛盾关系，表现出由“私”与“公”展开着的个体与个体、个体与集体、个人与社会的矛盾，综合起来成为作为“社会关系总和”的人与人的“自由而全面发展”的矛盾。这里，成为理论主要骨架的是，

---

① 马克思：《1844 年经济学哲学手稿》，《马克思恩格斯文集》（第 1 卷），人民出版社 2009 年版，第 185 页。

论述"习性"内在矛盾如何统摄具体社会规制，所以社会学理论体系的展开，应以习性化的基本规定为起点。

二、通过中介环节上升到具体规制

（一）中介环节与上升过程。

前面讲"枢纽"中的情况时已论及"习性"有其自身内在矛盾的反思性；"习性"上升到具体规制，形成了其内在矛盾的展开。这种展开体现着马克思所讲的"抽象上升到具体"的逻辑。

抽象上升到具体是从最抽象范畴向具体范畴发展的过程，这个过程要一层一层地展开。这样，在每一层的抽象和具体之间有严密的中间环节，即中介。之所以这样，是因为，客观世界是一个整体，其中每一事物都是通过中介和另一事物相联系的。正是由于有这种互为中介的联系才形成了客观事物连续的联系和运动。所以，复制客观事物的联系和运动，不正确地把握中介是不行的。例如：不通过中介，企图从物质的抽象直接上升到像生命这样复杂而具体的形态是不恰当的。生命，毫无疑问是一种物质形态。可是要揭示从"物质"的一般概念转化到作为物质发展高级阶段的"生命"这个概念，必须分析物质从低级形态到高级形态发展的整个过程。在从物质到产生出生命的过程中的一系列中间环节，造成了从物质这个概念到生命这个概念发展的中介。

马克思的《资本论》，在由抽象上升到具体的过程中对中间环节的把握和分析可称为典范。总起来说，《资本论》是从商品开始，说到货币，上升到资本，再上升到利润、利息、地租等等，直到资本主义运动的总过程。在这些范畴的上升过程中，每一个范畴都是上一个范畴过渡到下一个范畴的中介。

抽象上升到具体一定要通过中介，这是无疑的。而怎样才能得到上升的中介呢？在这里，有必要强调一下的是，把握每一个作为中间环节的范畴或叫中介范畴，都得有一个完整的抽象过程。这是因为，客观世界是广泛联系和连续运动的，在思维中构成理论，无非是正确地反映这个联系或运动。构成事物之间联系的中介环节，它只要一进入概念体系，就成了一个被思维规定了的范畴，这个范畴尽管它可能是很小的局部范围的客观实际情况的反映，然而它同样是一个完整的概念范畴。

正因为这样，不恰当地研究客观实际，经过一个完整的抽象过程，要想得到中介，是不可能的。例如，货币到资本转化的问题，马克思曾深刻指出：如果没有科学的抽象，其转化的中介是极不容易被人发现的。之所以这样，是因为资本家在购买工人的劳动时，毕竟是当作商品购买的，它并不违背价值规律。从结果看，它们的中介运动似乎是看不见的。

亚当·斯密是一个卓越的政治经济学家，然而他在研究方法上由于满足于只把那些生活过程中表露出来的事情，照它们外表上显出来的样子，记述下来、列举出来，放在概念系统之中，所以在构成理论体系时，感到了矛盾，而不能对其加以说明，因而被弄糊涂了。马克思运用他所坚持的“科学抽象”方法揭露剩余价值的秘密，使问题从实质上得到说明。

由于每个作为中介的范畴，其得到也得要有一个完整的抽象化过程，这就要求必须认真地对待这个过程，而决不能采取简单化的办法，让两个抽象层次不同的概念硬硬地并列在一起。这样做是会造成理论上不协调的。例如，在剩余价值和它的特殊形态如利润、利息、地租之间，中介环节往往是很难发现的。按照马克思的论述，剩余价值和利润以及利息、地租等，虽都是资本家从工人身上获取的余额，然而它们之间却有着区别。“它们的运动取决于完全不同的规律……决不能不通过任何中介环节，而把一般的抽象形式同它的任何一个特殊形式混淆起来"。[①] 因此马克思在分析剩余价值向利润以及利息、地租转化的过程中，对关于客观实际的经验材料加以抽象，形成了大量作为中介环节的概念范畴。英国古典经济学家并没有做到这一点，致使他们虽然在一定程度上看到了剩余价值，并对剩余价值的表现形态——利润、利息、地租作了种种考察，却不能正确地说明这些范畴之间的关系，只利用一些关于利润的经验材料，企图不通过任何中介环节就直接用剩余价值的一般规律来说明它，因而把剩余价值和它的转化形态——利润以至利息、地租完全混淆起来，从而掩盖了剩余价值的实质。对此马克思非常深刻地批评道："在这里，一般规律同进一步发展了的具体关系之间的矛盾，不是想用寻找中介环节的办法来解决，而是想用把具体的东西直接列入抽象的东西，使具体的东西直接适应抽象的东西的办法来解决。"[②] "它绞尽脑汁，想用简单的形式抽象，直接从一般规律中得出不可否认的经验现象，或者巧妙地使经验现象去迁就一般规律"。这样，"粗俗的经验主义……变成了烦琐哲学"。[③]

既然在抽象上升到具体过程中得到每一个作为中介的中间环节都是一个完整的抽象过程，那么在抽象上升到具体的过程中同样时时贯穿着比较、区别和舍弃、收括。

在抽象上升到具体过程中同样要不断地经过比较和区分。必须能够把对象不同层次的个别因素和一般因素、偶然因素和

---

① 马克思：《剩余价值理论》（第 1 册），《马克思恩格斯全集》（第 26 卷Ⅰ），人民出版社 1975 年版，第 72 页。

② 马克思：《剩余价值理论》（第 3 册），《马克思恩格斯全集》（第 26 卷Ⅲ），人民出版社 1974 年版，第 91 页。

③ 马克思：《剩余价值理论》（第 1 册），《马克思恩格斯全集》（第 26 卷Ⅰ），人民出版社 1975 年版，第 69 页。

必然因素、现象因素和本质因素分别开来。抽象上升到具体是舍弃和收括的结合。这就要求不能只讲收括不讲舍弃，也不能只讲舍弃不讲收括。在这一点上是与表象蒸发为抽象规定的过程有共同性的。然而也有差异的地方。就全部过程而言，如果讲表象蒸发为抽象规定的过程侧重于舍弃，那么抽象上升到具体的过程则侧重于收括。也就是说，当我们从完整的表象抽取抽象规定时，重要的是要时时注意舍弃种种复杂的因素；然而在从抽象的规定向具体上升时，则必须特别注意逐步把种种复杂因素考虑进去，把它们一层层地收括进去，逐步地把它们作为一个个小范围的对象，从中抽象出抽象的规定，形成概念范畴，作为思维中向具体上升的中介或中间环节，一直到把对象的全部因素在理论体系的概括性中形成反映客观对象的完整的思维具体。例如，马克思在考察价值时，把种种复杂的、影响纯粹等量劳动与等量劳动相交换的现象撇开了。而马克思在说明价值和剩余价值这两个范畴的联系时，即在说明价值向剩余价值的转化时，又把劳动者如何成为自由劳动者的现象、劳动力如何转化为商品的现象，都收括了进去，在思维中作出概念规定，作为转化的中介，使问题得到说明。再例如，马克思在说明剩余价值时，撇开了在生产竞争中表现出来的种种复杂形态，而在说明剩余价值如何转化为利润、利息、地租时，则又把这些因素考虑进去，在思维中形成概念规定，构成了中介环节，使问题得到解决。马克思正是这样，在逻辑行程的每一步中都处理好收括和舍弃的关系，构成了诸范畴互为中介的理论联系，从而在理论思维中把客观对象的整体复制出来。①

塑造论哲学在论证社会学时，对于社会学理论体系的展开，

① 以上见张全新：《形成科学理论的思维方法》，山东人民出版社 1981 年版，第 45～70 页。

沿着马克思《资本论》体系的逻辑，先由内在着人的动物性与人的社会性矛盾的"习性"中，由其中带反思性的内在矛盾的规定性，展开论证。这相当于《资本论》第1卷中由产品的直接性形成内在着价值与使用价值矛盾二因素的商品，进而揭示社会在"自我"与"他我"、"个体"与"集体"、"个人"与"社会"的矛盾中构成和运行。这相当于《资本论》第2卷中基于商品转化为资本，对资本的内在矛盾及其展开进行论证，形成关于资本流通过程的展开。最后，展现于作为"社会关系总和的人"与"人的自由而全面发展"的矛盾对立统一到同一。这里上升到社会的具体规制，涉及整体内在因素的多样性，由矛盾到纾解、从中心一直上升到边缘。这相当于《资本论》第3卷中上升到资本运动的总过程。从而由理论形态把具体的资本主义经济制度复制出来。①

（二）塑造论哲学在进行经济学、政治学、社会学的论证时，对经济、政治、社会各自领域的构成图式进行概括：

经济：在"值"的统摄下，以及在相当长的特定历史时期中，在"价值"统摄下，经济体制在机制和模式中形成制度的展开。关于经济学中"值"及"价值"，是这样体现于体制到制度的构成之中的：

关于此图式中由"生产—交换—流通—消费"或"生产—分配—消费"生长而成的"经济体制"，也就是对于价值规定展开的关于经济体制的"机制""模式"及"制度"。这指向"义利"。经济学围绕"义利"，由研究"值（价值）＋世事民生"的义利何以可能，来回答"经世济民"的问题。

政治：在"法"的统摄下，以及在相当长的特定历史时期

① 参见张全新：《塑造论哲学导引》，人民出版社1990年版，第203页。

中，在“法律”的统摄下，政治制度在模式和机制中形成体制的展开。关于政治学中“法”及“法律”是这样体现于制度及体制的构成之中：

关于此图式中由“统治—治理”生长而成的“政治制度”，也就是对于法律规范展开的关于政治制度的“模式”“机制”及“体制”。这指向“正义”。政治学围绕“正义”，由研究“法（法律）+世情民事”的正义何以可能，来解决“布政治世”的问题。

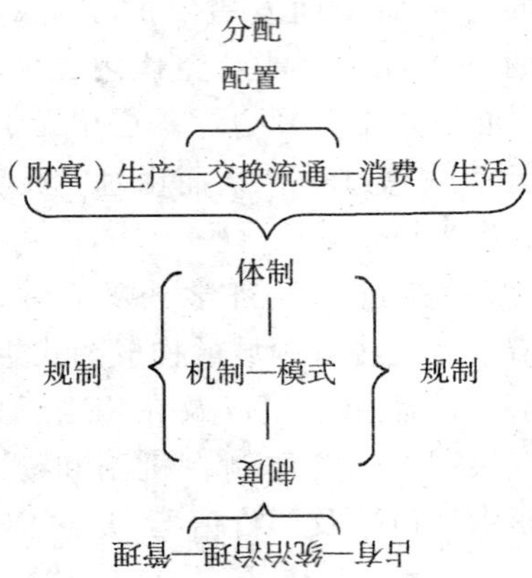

社会：在“人性”的统摄下，以及在相当长的特定历史时期中，在很大程度上，在“习性”的统摄下社会规制在经济体制、政治体制中展开。关于社会学中的“人性”及“习性”是这样体现于社会规制之中：

关于此图式中由“生存”“建设”生长而成的“社会规制”，也就是对于“习性”“规制”展开的关于社会规制的体制、机制。这指向和谐。社会学围绕社会和谐，由研究“人性（习性）+世事民俗”的和谐何以可能，来解决社缘会通的问题。

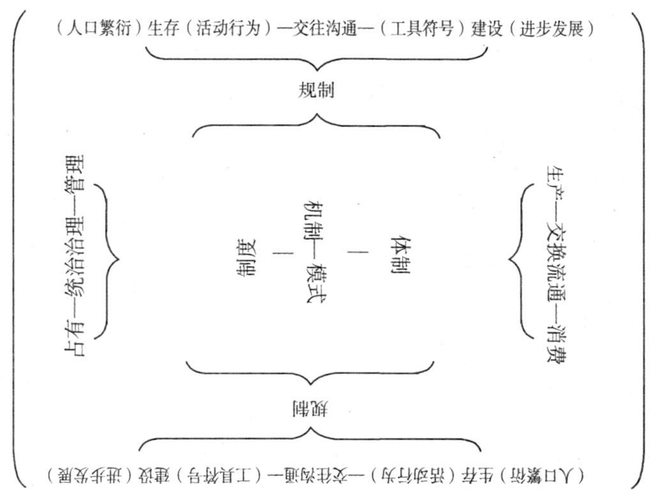

（三）上升到具体规制。

在人类社会发展中，总是形成着社会规制。关于"规制"这个词，在英文中常写作 regulation。这个词最早起源于法文的 régulation，在英文中还常常与 regulatory constraint 相对应。在中文里，以往或者说在较早时期，对这个词更多的译法是"管制"，此外还曾被译成调节、调控、管理、监管等等。1992 年我国学者朱绍文翻译日本学者植草益的著作时，在译后记中对此作过解释。他提出，对于 regulation 或 regulatory constraint，如果将其翻译成管制、管理、规定、调控等都不符合原意，所以他译为"规制"。[①] 现在，相对于其他译法，"规制"成为国内学者越来越多的译名和使用十分频繁的语词。

塑造论哲学在关于社会学的论证中，作为一个重要范畴，

① 详见［日］植草益：《微观规制经济学》，朱绍文、胡欣欣等译，中国发展出版社 1992 年版，第 304 页。

重视了这个概念；而在论证时，对其区分出两个层面：一是作为未被社会学严格理论规定而属于表象中本然生活世界的“规制”；二是经过社会学由抽象范畴加以理论规定，而成为思维再现社会具体的“规制”。

这样，关于“规制”，在没经过切近的理论体系范畴规定之前，只能是一种面对自然生成而呈现于我们面前的混沌表象。这种“自然的规制”只是一种关于习性的本然行为要求。社会的“自然规制”，是由关于人在行为中的自然要求演化而来的，它有其自然发生的过程。在人类社会生活中，一定的社会组织总是由其自然形成而产生其成员须共同遵守的行为要求，这成为自然的行为规制。这是社会组织或广义地说包括人类生活活动的各种群体，调节人们行为所不可缺少的。这体现于自然形成的社会风俗习惯、时尚风气等等之中，它们综合地起着最初意义上的行为规范的作用，所以叫自然的规制。

而当规制由习性加以规定，规制成为本质规定下的具体。具体之所以具体在于它已是许多规定的综合。这便形成了可称得上是“社会规定了的”“规制”。

习性规定着规制，主要在于规制从原初的本然状态成为已被习性规定所统摄的。习性内在着的矛盾因素，在规制中成为一级级更为具体的矛盾，而被一层层展开。而且在不同领域有其特有的形态。当形成理论，便形成关于该形态的概念体系。

规制的这种展开，在经济学中，体现于经济的值（值得、值当）所形成的“价值”。这体现于以关于价值化的基本规定为起点，通过市场诸环节上升到具体的体制；体现于经济体系中的投入与产出、供给与需求、分配与所有之中；体现于经济交换流通的运行之中；以及经济学体系完备与转换的方方面面。

规制的这种展开，在政治学中，体现于政治的法（法则、法规）所形成的"法律"。这体现于以关于法律化的最高法理为统摄，通过组织诸环节上升为具体的制度；体现于政治体系中的权力与义务、权威与权力、集中与民主之中；体现于政治统治治理的运行之中；以及政治学体系完备与转换的方方面面。

综合以上情况可见，体制、制度都可认为是在规制一般规定之下的更具体的特殊规制。而就社会学来说，这里讲的规制又不仅仅涵盖体制、制度，而且有更广泛的意义。

因为，规制是指结构、规则，或说制度、体制或模式、机制的总和，不仅涉及经济和政治等多方面的人的行为；而且涵盖整个社会生活中的人类行为。这些规制对人类行为具有制约的作用。有社会学家指出：规制由三要素组成，即规制本身、规制的实施机制和惩罚机制；规制创新是指人在行为协调上创造出新的体系和规范；规制在社会共同体中是不可缺少的。

规制的接受对于社会个体来说十分重要。规制的接受直接制约个体的社会行为倾向性。这是人类个体从生物实体改变成为社会实体即社会成员的过程。这成为对个体进行社会造就而使之能成己成人必不可少的。所以人们常把这种接受说成是"学习做人"的过程，以区别于"学习做事"的知识、技能及学习能力形成、发展的过程。

三、"习性"中内在矛盾因素的展开，社会体系中的"自我与他我""个体与集体""个人与社会"

（一）关于"自我"与"他我"。

在人与人之间的社会关系中，最基本的是首先涉及"我"与"他"的关系。这个"他"对于"我"来说，或者是"你"（汝）或者是"他"（包括"她"）。而重要的是，每个人都是个"自我"，"自我"与"他人"打交道，对方也是个"自我"。所以，许多社会学者往往用"自我"与"他人自我"即"他我"

来概括这一关系。“习性”内在着“自我”与“他我”的矛盾关系。

作为人类社会中的一分子，当这个人出生在这个社会世界之中，在其中度过日常生活，都有围绕着“自我”与“他人自我”在所处社会中的位置而建立起来的情况；对此，总是当作对“我”的行动及从自身生平角度决定的情境来经验。人的习性是由此产生的。

作为个体人来讲，有“自我”就有所谓“自我意识”。自我意识（self-consciousness），是个体对自己存在状态的知觉和认知。

19世纪末，美国心理学家、哲学家W. 詹姆斯在其所著《心理学原理》（1980）一书中，专章论述了自我。当时的学者C. H. 库利、J. 杜威、G. H. 米德等人亦著文强调自我的重要性。米德把自我分为主我（I）与客我（me），前者作为自我的审视者、观察者，后者作为自我的被审查者与被观察者。

自我意识的发生与发展过程，是个体社会化的过程。一个人在社会环境里发育成长的过程中，逐渐产生了对周围环境的认识，也产生了对自己的认识。自我意识是个体在周围人们的期待与评价自己的过程中由主观体验发展起来的。个体觉察到他人的态度与言语中所包含的内容，使个体的自我意识内容更加丰富并发生分化，个体从他人对自己的情感与评价的意识发展为自我态度，随着个体年龄的增长，与大量的周围人们的广泛交往，逐渐把他人的判断内化为自己的判断，并且成为自律的东西，从而发挥出主动性和独立性。个人的自我意识又是客观的。这是个体对自己的形象和感情的体会依存于和他人的接触，并想象他人对自己的判断和评价而形成的。G. W. 奥尔波特指出，自我意识的形成大致分为3个阶段，即从生理的自我到社会的自我，再发展到心理的自我，3个阶段的表现是：①生理的自我，这是自我意识的最初的形态，主要是个人对自己身躯的认识，包括占有感、支配感和爱护感，使个人体会到自己的存在。这一阶段从婴儿出生以后第8个月开始，到3岁左右基本成熟。②社会的自我，这是个体对自己被他人或群体所关注的反映，是个体自我的中心部分。这一阶段从3岁到青春期以前的13～14岁，是受社会文化影响最深的时期。③心理的自我，这是个体对心理活动的觉知，即个体能够觉知与调节自己的心理活动的过程、状态和特征，从而根据主客观的需要，调节、控制自己的心理与行为，修正自己的观念和经验。这一阶段从青春期到成年，大约10年左右的时间。由于自我意识的发展，个体逐渐脱离了对承认的依赖、保护和约束，表现出主动性与独立性，强调自我的价值观与自我理想，特别是自我意识中的两个主要成分——自尊心和自信心，对个人行为产生重要影响。

米德（George Herbert Mead，1863—1931）在提出关于社会的行为主义理论以解释社会时，提出了一种关于社会自我的理论。米德理论围绕关键概念"自我"，重视分析个体人格中由自我意识和自我形象所组成的部分。米德指出，自我乃是社会经历的产物。

首先，米德指出自我紧随社会经历发展。自我不是身体的一部分，并非生来就有。米德不同意人格来自生物性驱动（如弗洛伊德所述）或生物成熟（如皮亚杰所述）的论断。对米德而言，只有当个体与他人进行互动时，自我才会产生。如果没有互动，就像在被隔离儿童的例子中看到的那样，身体成长，但自我并没有出现。

其次，米德指出社会经历就是对于符号的交换。只有人类能通过运用词汇、挥手或是一个微笑来创造意义。人们可以通过奖赏或惩罚训练狗，但狗本身并不会把行动与意义联系起来。

相反，人类则通过想象对方的潜在意图为行动赋予意义。简言之，一条狗仅对你做什么动作做出反应，一个人则对你为什么这么做的想法做出反应。你可以训练一条狗到门厅把雨伞拿回来。但是由于狗并不了解你的意图，如果它找不到雨伞，那么它就无法做出同样情况下人类的反应：找件雨衣做替代。

最后，米德指出对意图的了解是基于从对方的角度想象情况。通过运用符号，人们可以设身处地地来想象他人的情况。这样就可以在未行动前预测他人对我们的反应。一个简单的投球动作要求我们换位来思考对方如何接球。所有的社会互动都包括以他人看待我们的方式来看待自己——米德称这一过程为扮演他人角色。

米德强调，对于“我”来说，他人就如同一面镜子（通常称作“looking glass”），我们从中可以看到自己。我们如何看待自己，则依赖于我们认为他人会如何看待我们。例如，如果我们认为别人觉得我们聪明，我们就会这样来认识自己。但如果我们感觉别人认为我们笨拙，那么我们也会这样认识自己。库利（Charles Horton Cooley，1864—1929）用镜中我（looking-glass self）来指代基于我们对他人如何看待自己而产生的自我形象（1902）。

通常讲，当个体以自己为对象，对自己所有特点的了解和认识便形成自我映象（self-image）。C. H. 库利之所以称之为“镜中我”，就是因为这就像自己站在镜前看到自己一样。这面镜子是社会上其他人对个体自我的认识和评价。个体的自我映像是一个间接性的产物，综合了个体已有的认识、经验，具有概括性的特点。例如，个体把自己的容貌、姿态、服装等作为自己所拥有的东西，在“镜”前仔细观察，并总是以一定的社会标准来衡量美与丑，如果认为符合社会标准，自己就会感到欣慰，否则就会表现出沮丧。同样，个体在想象他人心目中关于自己的姿态、行为方式、性格特征时，也会表现出高兴或悲伤的心理活动和情绪体验。

可见，自我映象包括三个因素：①关于被他人看到的自己姿态的自我觉察；②关于他人对自己所作评价与判断的自我想象；③关于对自己怀有的某种感情——自尊感或自卑感。其中，第二个因素在实际的心理活动中具有重要的意义，第三个因素是由第二个因素决定的，由于想象到他人对于自己是夸奖的或是贬低的，就发生了自尊或自卑的心理活动。自我映象是由自我认识过渡到自我观念、自我评价的自我态度的重要环节。它是在个体自我认识的基础上形成的关于自身的概括的形象。个体觉察到他人的态度与言语交流中所包含的意义，就会丰富自我意识的内容并发生分化，从人们对自己情感与评价的概括化，就产生式自我观念和自我评价，并伴随着对于自身的情感体验，如自尊、自卑和自爱等，表现出对待自身的行为倾向以及对待自身的态度体验，即自我态度，也表现出对个体发生关系的他人或群体的态度。

自我评价（self-evaluation），这是与社会评价相对立的概念。指个人对自己生理、心理特征及其与周围环境的关系持肯定或否定的判断。它是个体经过自我认知所形成的关于自己的概括现象（自我意象）之后产生的一种对自己的态度，是自我意识的重要组成部分。正确的自我评价，对个人的心理活动和行为表现有着密切关系，也是协调社会生活中人际关系的一个不可缺少的主观因素。自我评价的意识是在社会生活中逐渐形成的。

自我评价大体有以下方式：①以社会上其他人对自己的态度为评价参照点。一个人处在一定的社会关系中，通过与他人相处，从他人对自己的评价中看到了自己的形象，为自我评价提供基础。②个人以周围其他人作为标准的自我评价，如自卑感、自我优越感。③个人以自我评价为基础的情绪方面的表现，如自信心、自我胆怯等等。自我评价是个人的主观的自我判断，有时并不一定符合自身的实际情况，只反映了大致的倾向性。

由此，米德提出了“主我与客我”这一对概念。米德指出，自我通过采用他人角色形成自我意识。换言之，自我由两部分组成。一部分以主观的方式运作，表现的主动和自发。米德把这部分主动的自我称为“主我”（人称代词的主格形式）。自我的另一部分则以客观的方式运作，即以我们想象的他人对自己的看法的形式来运作。米德把自我的这部分称为“客我”（人称代词的宾格形式）。所有的社会经历都有这两部分组成：我们开始行动（自我的主格形式，或主观的面向），然后我们基于他人如何回复我们（自我的宾格形式，或客观的面向）来继续行动。关于“自我的发展”，在米德看来，学习扮演他人角色是自我发展的关键。

米德将自我的发展看作是社会经历的习得过程。即自我随着我们扮演他人角色能力的扩展而得到发展。这被认为是，从模仿到玩耍再到游戏的过程，一直到自我在某一情况下扮演特定他人角色的游戏。

岁月流逝，自我也随着社会经历的变化而变化。但无论社会对人们如何型塑，人们一直都是富有创造性的个体，能够对世界做出反应。因此，米德总结到，于此，自己的社会化过程起着关键性的作用。日常生活要求我们以社会中某人和符合文化规范的方式来看待我们自己。米德用概化他人（generalized other）指代用以评价我们自己的广泛的文化规范和价值标准。米德的研究扩展了社会经历本身。米德相信自己在人类的符号性互动中，发现了自我与社会的共同根基。

米德的观点强调了社会性，没有生物性的因素。对于支持弗洛伊德（认为人类的一般驱动根源于身体）和皮亚杰（其发展阶段与生物性成熟相连）的批判者来说这就成为一个问题。所以一些论者强调，注意不要将米德的主我与客我和弗洛伊德的本我和超我相混淆。首先，对弗洛伊德来说，本我来自生物学，但米德的自我概念拒绝任何生物学的因素（虽然他从来没有指明主我的根源）。其次，本我和超我被困在持续的对抗中，但主我和客我却以合作的方式运作。

前已提到，联系"自我"来确立"他我"即"他人自我"，成为舒茨社会学的一个重要理论焦点。舒茨强调，"这里需要提出的第一个问题是，从根本上说，有关他人自我（alter ego）的知识如何才是可能的"。对于 alter ego 这个词，海内外有人把它汉译为"他我"，这实际上是"他人自我"的缩写。在舒茨的理论脉络中，它是个体通过其与他人的意识活动同时进行的意识活动所把握的、存在于个体自我之中又不同于个体自我的他人的意识流（other's stream of consciousness）。

在舒茨的社会学理论中，当"自我"与"他人"发生联系，便出现了一对概念：一是"自我"，即作为某个体并且也包括观察者研究者自己的自我；二是"他人自我"（即"变型自我"），这是作为与某个自我相对应的作为他人的自我。就"自我"与"他人自我"而言，二者是互为"同伴"的。

舒茨讲，"在我经验的外部世界的各种成份之中，不仅有各种物理客体，而且有同伴，还有变型自我（the alter ego）"。对此结合习性来讲，也就是说，人的"习性"是基于"心理—生理"统一体。"这意味着人们在认识这个身体的同时，还意识到并且鉴别它所拥有的身体之外的自我"，一般说来这是一个"与我那由认知意识和意动意识构成的世界相同的世界"。这种自我的确定就"是一个变形自我，是一种对于它来说存在着一个世界的存在。虽然我对我自己的了解无限多于我对他人的了解，但是，这里也存在着一个极其重要的方面——通过这个方面，我所具有的关于他人的知识就超越了我的自我认识”。这里有一种“反思过程”。舒茨分析道：“在反思过程中，我只能根据我过去的活动领会我自己。只有当反思的客体是过去——即使是最近现在的过去——的一部分时，反思这个事实才可能存在。”正像舒茨又进而指出的，我们通过他人思想的生动的在场（vivid present），即“我们在他人思想的生动的现在之中，而不是在‘最接近现在的过去’（modo preterito）之中捕捉他人的思想”；“他人的言语和我们的倾听是作为一种生动的同时发生（vivid simultaneity）而被人们经验的”。“这种同时发生是主体间性的本质，因为它意味着，我对变型自我的主体性的领会，与我生存在我自己的意识流之中是同时的。通过这些关系，我们就可以把变形自我界定成为‘可以通过其生动的现在而被人们经验的主观思想流’”。舒茨把这种通过生动的同时性体验他人的意识流现象称为“关于变形自我实存的一般论题”，认为这意味着他人自我的思想流与作为自我个体的思想流的基本结构相同，他也能够像这个个体这样活动和思考。舒茨讲，“这种通过同时发生对他人的领会和他对我的相应领会一起，使我们在这个世界上的共同存在成为可能”①。由此为“主体间性本质”的“生动的同时性”，诸个体通过自我理解和理解他人的同时进行，就可以使他们在生活世界中的共同存在成为可理解的。那么，就前面讲述的个体在生活世界中的时空关系而言，个体与其同伴的共同存在是如何表现出来的呢？舒茨指出，“‘同伴’这个名称确实包括了广阔的变型自我领域”。② 也就是说，变形自我的

① ［德］阿尔弗雷德·舒茨：《社会实在问题》，霍桂桓、索昕译，华夏出版社2001年版，第9～10页。

② ［德］阿尔弗雷德·舒茨：《社会实在问题》，霍桂桓、索昕译，华夏出版社2001年版，第10页。

领域是广阔的、多层次的。从时间维度上看，舒茨涉及了三类人：

第一，"我的同伴可以是一位前辈（predecessors），他生活在我出生之前，我只是通过其他人的讲述才知道他"。"我所具有的有关我的前辈的知识总是以过去的方式存在，他们的生活和观念可能会影响我的活动，但是，他们却处于我的影响范围之外。他们可以产生影响，但是却不可能接受影响。当然，也许我并不了解他们，只是在不断变化的清晰程度和详细程度上听说过他们。虽然我可以调节我的行动向着他们的方向发展，但是从理论上说，他们仍然是我所无法了解的。后来人所处的视角则具有更大的朦胧性。"①

第二，也"可以是一位同时代人（contemporares），他现在还活着，我和他在时间上共享一种实在（我们都生活在同一个时代）；也可以是一位合作者，他不仅是我的同时代人，而且他还与我共享一种面对面关系（我们生活在这个世界的同一个空间部分之中）"。"我的绝大部分社会交往只能发生在我和我的同时代人以及合作者之间。同样，我在这里也是通过常识世界的各种类型化了解他们的。对于其他所有各种社会关系来说，'面对面'关系是基本的社会关系。在我与合作者面对面地相遇过程中，我不仅在我们力所能及的范围——我在这个范围内解释他人的各种活动——内共享了一种时间共同体，而且也共享了一种空间共同体。合作者被卷入到一种不断发展的时间流之中，并且被共同的空间界限束缚在一起。"因此，舒茨写道："每一个参与他人不断发展的生活的伙伴，都可以通过一种生动的现在，在他人的各种思想被一步一步建立起来的过程中领会这些

① ［德］阿尔弗雷德·舒茨：《社会实在问题》，霍桂桓、索昕译，华夏出版社2001年版，第10～11页。

思想。他们可以……互相分享他们对未来的各种期望，诸如各种计划、希望或者焦虑。简而言之，合作者是一起变老练的。正像我们可以称呼的那样，他们生活在一种纯粹的‘我们关系’（we-relationship）之中。”只有在合作者的生活之中，人们才能领会个体的同一性，才能领会人的独特性。不过，即使在这里，它也只是一个适用于理解他人的个体性的方面。[①]

第三，还“可以是一个后来人（successors），他在我去世以后生活，而且在我的有生之年不可避免地处于鲜为人知的状态。与所有这些同伴类型相关联的社会结构有着根本的不同”。[②]这样从空间维度上看，“前辈”和“后来人”都处在该个体目前所处的空间共同体之外，只有“同时代人”与该个体处于同一个时间共同体之中；而且与该个体共处于一个具体时空环境之中的“同时代人”是最直接与该个体发生各种关系并且相互影响的，于是这才是真正意义上的“伙伴”（consociates）。

上述三种情况中的人，他们共同构成了具有过去、现在以及未来的生活世界。[③] 而所谓主体间性问题也就存在于个体自我与这几种人的自我之间。显然，无论是对生活世界的描述还是对主体间性问题的研究，舒茨都是以由“同时代人”构成的当前的生活世界为中心的。舒茨明确指出，正像所有各种社会关系那样，前辈，同时代人或合作者以及后来人，都是通过常识生活的类型化，以各种各样的方式得到确定和解释的。“社会世界并不单纯是一个对象，而首先是我通过一种生动的现在所经

① ［德］阿尔弗雷德·舒茨：《社会实在问题》，霍桂桓、索昕译，华夏出版社2001年版，第10、11页。

② 参［德］阿尔弗雷德·舒茨：《社会实在问题》，霍桂桓、索昕译，华夏出版社2001年版，第10页。

③ 参见［德］舒茨：《社会世界的现象学》（A. Schutz, *The Phenomenology of the Social World*, London, 1980.）第139～214页。

历的我的情境，全部历史的过去借助于这种情境也变成了我可以接近的东西"。

在舒茨的工作中，很重要的是，通过对"常识"的"生活世界"加以分析，努力考虑"常识构想的社会世界结构""类型化"。他写道："作为人类，我出生在这个社会世界之中，在其中度过我的日常生活，把它当作围绕着我在其中的位置建立的东西来经验，当作对我的解释和行动开放、却又总是指涉我那实际被从生平角度决定的情境的东西来经验。只有当涉及我的时候，我与他人形成的某种关系才能获得特殊的意义，我用'我们'这个词来称呼这种特殊意义；只有当涉及'我们'——我是'我们'的中心——的时候，其他人才会作为'你们'表现出来；只有当涉及'你们'——'你们'又反过来指涉我——的时候，第三组人才会作为'他们'表现出来。根据时间维度，在我的实际生平时刻存在着与我有关的'同时代人'，我可以和这些人形成一种由行动和反行动构成的相互作用（mutual interplay）；也存在着'前辈'，我无法影响这些前辈，但是他们过去的行动及其后果却对我的解释开放，可以影响我自己的各种行动；还存在着'后来人'，我不可能对他们进行体验，但是，我却可以通过一种多少有些徒劳的期望，针对他们调整我的各种行动。"[①] 而且，"我们生活在其中的这个世界，是一个由多少受到限定的、多少具有一些确定属性的客体构成的世界，我们在这些客体之间运动，它们阻挡我们，我们也影响他们"。

这就形成了主体间性的"此在""彼在"的关系。舒茨曾就此讲道："如果把我的身体作为标绘我的世界的坐标原点，那么我就可以说，我的身体的位置在与一个作为'彼在'的同伴身

① ［德］阿尔弗雷德·舒茨：《社会实在问题》，霍桂桓、索昕译，华夏出版社2001年版，第42页。

体的关系中构成了我的‘此在’。我发现，改变我的位置，并且由‘此在’移动到‘彼在’是可能的。经过移动，‘彼在’就会变成‘此在’。但是，由于我的同伴的身体对于他来说仍然是‘此在’，所以，它对于我来说仍然是‘彼在’。虽然我实际上无法直接处于他人‘此在’的视角之中，但是，我却可以假设把视角的相互关系归因于他。这样，由于我从‘彼在’出发可以察觉我从‘此在’出发所察觉的同样的事物。所以，尽管视角发生了变化，但是，这个世界的各种客体和实践对于我们两个人来说仍是共同的。”“存在于自我之间的‘此在’与‘彼在’的可互相转变性，是得到共享的实在存在的必要条件。但是问题还不止于此，因为除了空间坐标之外，还存在着在我的‘现在’零点之上建立的各种时间关系。各种时间视角的相互关系构成了‘此在’与‘彼在’关系的相似物”①。“说‘这个’世界在常识经验中被转化成‘我的’世界，在这里意味着，自然科学那标准化了的时间和空间，并不是人们在日常生活中所利用的时空位置的各种类型化的基础”②。这样，在舒茨看来，个体就被认为是相互转换的，行动过程类型指涉“任何一个”以被这种构想界定为类型的方式活动的人的行为；遵循着同伴所具有的、得到社会承认的行为模式；这能使自己的习性，使自己变得可以理解，根据这种行为模式调整自己的行为。

舒茨曾这样强调，当一个人把他人当作一种部分自我、当作各种类型角色的扮演者或者类型功能的进行者来构想，加入到与他互动的过程中去，这种自我类型化过程就必然出现，这

① ［德］阿尔弗雷德·舒茨：《社会实在问题》，霍桂桓、索昕译，华夏出版社2001年版，第8～9页。

② ［德］阿尔弗雷德·舒茨：《社会实在问题》，霍桂桓、索昕译，华夏出版社2001年版，第8、9页。

是在自我类型化过程中出现的一个必然结果（corollary）；当把自己的整体人格加入到这样一种关系之中，便使自己的人格的某些层次加入了这种关系。可见，在界定他人角色的过程中，自己同时承担了自己的角色；在使他人的行为成为类型的过程中，也使自己的与他人的行为联系在一起的行为成为类型。这种自我类型化正是区别与社会自我有关的"主我"和"客我"的原因。[①] 舒茨还进一步写道：在这样一种关系之中，我们就可以把他人当作存在于其独特生平情境（虽然这种生平情境只是被片段地揭示出来了）之中的一种独特个体性（尽管这种个体性只不过是他的人格明显表现出来的一个方面）来领会。在其他所有各种社会关系形式之中（就他人自我的那些尚未被揭示出来的方面而言，我们甚至还可以说在合作者之间的关系之中），我们只有通过"对想象假设的意义呈现的贡献"。这里指的是通过构造一种有关行为的类型方式的构想，构造一种有关各种潜在动机的类型模式，从而构造一种有关的人格类型。此间，"在想起我的不在场的朋友 A 的过程中，我在我过去把 A 作为我的合作者来经验的基础上构造有关他的人格和行为的理想类型"[②]。在这样的情况下，舒茨对"行动过程类型和人格类型"等方面展开了详细解析。他说："我，参与这种生活：根据这种生活，我的同伴对于我来说总是另一个主我，总是一个变形自我。"[③]

于是舒茨又这样论述："只要这种关系在我的同时代人中持

① ［德］阿尔弗雷德·舒茨：《社会实在问题》，霍桂桓、索昕译，华夏出版社 2001 年版，第 46 页。

② ［德］阿尔弗雷德·舒茨：《社会实在问题》，霍桂桓、索昕译，华夏出版社 2001 年版，第 44 页。

③ ［德］阿尔弗雷德·舒茨：《社会实在问题》，霍桂桓、索昕译，华夏出版社 2001 年版，第 202 页。

续存在下去，那么，在这些同时代人中，就会有这样一些人——他们不仅和我共享时间共同体，而且也和我共享空间共同体。”对这种作为同时代人的“伙伴”（consociates），我们把“存在于他们之间的关系称为‘面对面’关系（face-to-face relationship）”。共享一种空间共同体意味着，外部世界的某一部分同样处在每一个伙伴力所能及的范围之内，并且包含着与他们有关、他们共同感兴趣的客体。对于每一个伙伴来说，其他人的身体，他的姿态，他的步态以及他的面部表情，都是可以直接观察的。他不仅可以把它们当作事物或者外部世界的事件来观察，而且可以通过它们的外貌意义来观察——也就是说，把它们当作其他人思维的征兆来观察。共享时间共同体——这不仅意味着共享外在（编年的）时间共同体，而且意味着共享内在时间的共同体——意味着每一个伙伴都参与其他人那不断发展的生活，都可以通过一种生动的现在，在其他人的思想被一步一步确立起来的过程中领会这些思想。也许这样，他们就可以共享对方当作计划、希望或者焦虑的对未来的预期。简而言之，这些伙伴互相包含在对方的生平之中；他们是一起变老练的；正像我们可以称呼的那样，他们生活在一种纯粹的“我们关系（We-relationship）之中”。①

这样，“我们生活于其中的这个共同世界既不是我的世界也不是他的世界。这个客观世界——有人称之为人化的世界（the humanized world）——就是我们在其中出生的这个社会的相关物。在这个世界中，他人首先是一个抽象的‘他’，这样，他才可能被个体化，并且变成一个‘你’。然而，‘主我’通过其具体性最后才显现出来。正是他人使我发现了我的边界，把我和

① ［德］阿尔弗雷德·舒茨：《社会实在问题》，霍桂桓、索昕译，华夏出版社2001年版，第43～44页。

他分开，也把我的世界与他的世界分开。这样浮现出来的我的具体的'我'，是被我当作一个他人、特别是当作一个'你'、当作一个'变形的你'（alter du）来经验的。社会和共同体，国家和集体，都是被我通过'某人'、通过'人民'、通过做'刚才已经做过的'事情所具有的匿名来经验的。我变成了一种社会性自动机械（automation），进入了一个非确定性（inauthe-ticity）的国度，不断简单地重复我'所想的东西，所说的东西，或者所做的东西'。简而言之，我被社会化了，我要不断顺从那对我发挥约束作用的社会化的惯用法（usage）的力量"。[①]

正因为如此，主体间的事本身就是社会化的事。舒茨强调说，我们的"这个世界从一开始就是一个主体间际的文化世界。它之所以是主体间际的，是因为我们作为其他人之中的一群人生活在其中，通过共同影响和工作与他们联接在一起，理解他们并且被他们所理解"。在对世界类型化及其中主体间性进行现象学分析过程中，凸显了一个重要概念，即由作为"此在""自我"及"他人自我"而提出的"行动者"。这样，在舒茨论证体系中，对"行动者"加以论证就成为再一步进行现象学分析的关键。正是由于"行动者"的提升，它参与其中的"生活世界"，才成为"工作世界"，这种"世界"便具有了"最高实在"的地位。

（二）关于个体与集体。

习性存在于个体。个体在被塑造和作用于社会的过程中，受到内外很多因素共同作用。有个体本身的作用，也有其他个体的作用；有系统内在的作用，也有系统外界的作用。

集体是由个体组成的。个体依赖于集体。个体只有依靠集

---

① ［德］阿尔弗雷德・舒茨：《社会实在问题》，霍桂桓、索昕译，华夏出版社2001年版，第203页。

体才能生存发展，集体汇合个体的力量并使之得以释放、加强和放大。集体依赖于个体。集体由个体组成，没有个体就没有集体。集体受个体的影响和作用，集体中个人力量、作用的发挥程度，决定着整个集体的力量和作用发挥的程度。集体中每一个性都是独一无二、不可重复的，都是一个独特的世界，所以集中独特的个性越多，集体就越丰富，也越富有生机。

集体是由个体形成的组织。个体在组织中会组成不同的群体，群体的特性及其对组织塑造的影响因素在很大程度上有赖于个体的特性及其对组织塑造的影响因素。同样的，组织内的个体由于年龄、受教育程度、工作岗位和职位等等的不同，在组织中处于不同的层次，不同层次的类型会对组织有不同方面和程度的塑造，所以可用个体的层次来界定群体组织中个体所属的群体。

关于集体中个体素质所受影响的因素，王新华、尹瑞强、王爱华、赵琰在其研究课题《组织塑造与管理学中目标协同性研究》中，赵琰在其学位论文《组织与个体互为塑造关系研究》中，作出以下解析：①性格因素。个人性格是个体自身的内生要素，具有稳定性而不易改变。个体性格的形成除了受遗传基因的影响之外，在很大程度上受传承家庭因素的影响。个体性格会直接影响到个体的行为方式和处事方法，影响个体具体操作层面的偏好习惯。②学习因素。学习因素主要指个体在生活中受影响的学习，学校中有学历的学习。学习因素不同，导致个体素质会产生差异。学习因素对个体的知识水平有着非常重要的作用，对个体的塑造有着非常重要的作用。③家庭因素。家庭因素早期是指来自个体出生、成长的传统家庭，其主要家庭成员包括个体、个体的父母、个体的兄弟姐妹等等。这成为个体成长的环境和背景，父母是个体人生中的第一任老师。个体在家庭中出生和成长，此阶段的个体比较年幼、社会经验较少，往往以模仿和复制的方式学习。家庭对个体有着至关重要的影响和不可替代的作用，是个体素质塑造的重要影响因素。另外还有后期的家庭因素。当个体长大后，又由个体和配偶及子女等，组建成新的家庭。这时，个体素质的塑造很大程度上会受到配偶的影响。也就是说，配偶的价值观和行为规范会影响到个体的价值判断标准和行为方式。同时，这时期家庭成员的需求也会引起个体行为规范的变化。④社会因素。总起来说，以上说到的诸因素，都是社会因素的部分或延伸。这里特别单独地再说到社会因素，是为了强调其综合性质。单独提出重视社会因素，重在于重视整个社会对个体素质塑造产生的影响。个体生活在社会中，社会是个体生存和发展的大环境，它影响着个体的思想和行为。

根据个体素质形成和改变的时期不同，有研究者将以上 4 个因素分为前期因素、中期因素和后期因素。①前期因素，包括传承家庭和个体生长两个因素。传承家庭是个体无法选择的，父母和兄弟姐妹也是个体无法选择的。传承家庭因素在前期个体素质塑造因素中少有可控性和可变性，对个体来说不得不接受这个因素。因此，传承家庭因素在个体性格塑造中，处于最重要的地位。就"前期"讲，个体生长因素虽然不如传承家庭因素重要，但不可否认的是，个体生长具有内生性，同样也具有不易改变性和稳定性，所以个体生长因素会影响到个体素质的各个方面。②中期因素，在个体素质塑造中处于过渡阶段。这里重要的在于中期教育对个体素质塑造起着不可替代的重要作用，而它具有一定的可控性。应特别注意到的是，虽然早期教育经历是由父母，也就是传承家庭的各个方面（地理位置、经济状况、教育重视程度）决定的，不能够由个体完全控制，但是当个体长到中期以后，可以选择继续深造、学习环境、学习内容等方面的事宜，这对个体而言可控程度大大提高。中期因素，既受到传承家庭因素的影响，同时又对后期个体素质塑造因素产生影响，所以其重要性在个体素质塑造影响因素中处于关键位置。③后期因素，比前期因素和中期因素具有更大的选择性和易改变性，而且受到前两方面因素的影响。后期因素包括后期家庭因素和社会因素。后期家庭因素是个体每天接触和亲身经历的；而社会因素是一个比较宏观的范畴，但也是生活在共同社会环境下的每个个体均会感受和体会到的因素。同时由于个体进入社会时，个体已基本是一个成年的人，所以社会因素对个体素质塑造的影响程度会高于后期家庭因素的影响程度。但是后期家庭因素对个体而言具有一定的选择性，一旦形成，就会时刻地影响到个体成长后期的人生观、价值观和行为方式，而且在此时，个体大都处于工作时期，这往往会影响到个体选择所交往的社会其他个体的选择和接受等等社会因素。个体由于年龄、受教育程度、工作岗位和职位的不同，而且处于组织中不同的层次，不同层次的个体之间具有互相塑造作用，同层次的个体之间也具有塑造作用。

关于个体与个体之间的塑造因素分析：

①交往群体。交往群体指个体在组织内经常交往和接触的群体。个体往往会自觉不自觉地成为所交往群体中的一员。交往群体对个体的思想观念、思维方式和行为规范有着很强的塑造作用。个体的处事方式和思维方式在群体中会被同化。交往群体中领袖人物的言行举止也往往会被个体所模仿，群体中推崇的价值观念和行为方式会被个体所采纳，个体的各个方面都会受到交往群体的影响和塑造。

②同层次个体往来密切度和认可度。同层次个体往来密切度是指组织中处于相同层次的个体与个体之间在生活和劳作等方面来往的密切程度。同层次个体之间的往来会促进个体之间的交流和分享，为个体在组织中提供心理资源和组织依赖感。

同层次个体往来的密切度高低取决于同层次个体之间能否通过组织的平级沟通体系参与沟通、进行交流，个体之间能否互相关注工作进展和生活状况，个体之间的沟通是否能够满足工作的需要和任务进度的衔接，个体之间的沟通内容是否十分有益于个体工作的高效完成和感情的沟通。这样，就有个同层次个体认可度的问题。这主要是指同层次个体对个体的成绩及向团队作出贡献的认可程度，同时还包括对个体所获得奖励的认可与支持。同层次个体认可度直接影响组织内部的团结和稳定，并且影响到组织个体对同层次个体的信任与支持。如果同层次个体认可度比较高，成员就能得到较高的工作满足感和支持感，同时会反过来支持同层次个体，使得双方或者多方个体的工作效率提高，组织归属感提高，心情会更加愉悦，同层次个体间相处会更加融洽。

③跨层次个体往来密切度和认可度。跨层次个体往来密切度主要是指组织中处于不同层次的个体与个体之间生活和劳作等方面交往的密切程度。跨层次个体往来既包括个体与比其层次高的个体来往，又包括和比其层次低的个体进行往来。这样，跨层次个体认可度既包括高层次个体对低层次个体的肯定与否，又包括低层次个体对高层次个体的认可程度。个体在组织中跨层次的沟通往来，涉及于个体对低层次个体的个人素质、工作情况和生活需求等方面的关心程度。跨层次个体对员工工作的肯定程度越高，越能够促进员工的工作积极性，反之则相反。跨层次个体认可度的高低，具体表现为高层次个体是否能够毫不吝啬地直接肯定下属个体，并给予表扬；低层次个体能否对上级的处事方法和工作成绩给予肯定和支持。

王新华在其课题报告《组织塑造与管理学中目标协同性研究》中写道：作者根据"塑造论哲学"的理论体系，从组织与员工互为塑造的视角出发，探讨了集体组织与员工之间互为塑造的关系，分析了组织内员工对员工的塑造、员工对集体组织的塑造以及组织对员工的塑造过程，研究了影响塑造过程的相关因素。这种分析反映了集体组织与员工既相互联系，又相对独立；既相互依存，又相互排斥；既相互统一，又相互对立的复杂关联关系。在此基础上，作者建立了“塑造场”的概念，并对塑造因素的意识类型进行划分，确定了两种塑造关系（组织对个体的塑造和个体对组织的塑造）中的潜意识和显意识及序参量；然后利用场强和电势等类似于物理函数及其相关方程的数学刻画，建立了影响因素重要性度量函数；并借用电势差函数、电场力做功的含义和计算公式建立“塑造度”测度函数；最后利用所建立的“塑造度”测度函数，分别对组织对个体的塑造和个体对组织的塑造进行了塑造度测度方法的研究。这为有关学者从事该领域研究提供了重要参考。[①]

（三）关于个人与社会。

习性的内在矛盾因素，贯穿于自我与他我、个体与集体中，重要的在于，这体现了个人与社会的关系。

作为个体的个人，与社会处于具体的历史的统一之中。这表现在：作为带有自然属性的人，为满足生存需要，要进行生产劳动，并且结成与他人的关系，结成一定的群体，进入社会。所以，人必定是社会关系的总和。社会关系是人的存在方式，马克思曾讲：“正像社会本身生产作为人的人一样，社会也是由人生产的。”[②] 所以，“‘社会’和‘个人’并不代表两个事物，

① 参见王新华：《组织塑造与管理学中目标协同性研究》，国家教育部研究课题。

② 马克思：《1844 年经济学哲学手稿》，《马克思恩格斯文集》（第 1 卷），人民出版社 2002 年版，第 187 页。

而只表示同一事物的个体方面与集体方面"[①]。总之，人是社会的人，社会是人的社会，个人组成社会，社会造就人。

社会是由人群构成的最大群体，个人则是社会或群体的最小单位，社会与个人分别代表人类的大小两极。理解社会中的个人主要涉及两方面的问题：①个人是如何构成社会的或个人怎样转变为社会人；②个人在社会中居于何种地位或曰个人与社会的关系如何。

聚焦于"社会中的个人"（individual in the society），这是社会学研究的基本问题之一。对于第一方面的问题，社会学认为人的本质在于人具有社会性，个人不能离群索居，孤立存在。众多个人之间通过长期频繁的交往并结成特定的关系形成社会。正是这种特定的关系使众多的个人能够进行群体活动，使他们的生活呈现出社会状态。形成此种特定关系，社会便具有超于个人之上的属性，它不等于单个个人的简单相加，其功能、特性大于各个人机械相加起来的总和。对于第二方面的问题，则存在不同看法。历史上的众多学者、现代社会学者和马克思主义思想家们对此作过许多论述。

近现代社会发展，不断地将个体从各种社会关系的依附中分离出来，同时又不断地将个体带入到新的社会关系之中。[②] 齐格蒙特·鲍曼说："把社会中的成员转变为个体是现代社会的特征"，并且，"这一转变并不像上帝的创造那样是一种一劳永逸的行为，而是周而复始的重复活动。现代社会的存在无时不在进行着分化活动，个体的活动也日复一日地重新塑造。任何一

① ［美］霍顿·库利：《人类本性与社会秩序》，包凡一、王源译，华夏出版社1999年版，第27页。

② 张治库：《现代关系视域下人的发展研究》，光明日报出版社2010年版，第138页。

方都不可能长期地固定不变，因而分化的意义持续改变，不断呈现出崭新的形态”[①]。

1. 古代中国的春秋战国时期，诸子百家已开始探讨个人与社会的关系问题。孔子提出：“夫仁者，己欲立而立人，己欲达而达人”，“不知礼，无以立”。他认为，仁的核心是立己而立人，“立己、立人”必须遵循礼，必须按照礼的规范约束自己，即个人要服从社会。孔子也认为不能因礼而扼杀人的本性，重视个人性情的自由。墨子认为国家是绝对的，人民应当服从君主，君主也要“爱民”“利民”。他主张“尚同”，认为“上之所是，必皆是之；所非，必皆非之”[②]。孟子讲仁政，提出“民为贵，社稷次之，君为轻”[③]；他认为王者应尊重人民的个人利益，这样民皆乐而从之。荀子则不注重个人自由，他主张性恶论，认为人先天只有动物式的欲望而无社会道德，人的道德属性是社会环境教育的结果，因而应注重后天教育，使人遵守社会礼法，对于违反礼法者可施强力使其就范。此后历代学者的论证都是沿着或强调社会、或强调个人、或强调二者统一的思想发展的。

2. 在西方，早在古希腊罗马时期，学者们就开始研究个人与社会的关系问题。普罗泰戈拉提出“人是万物的尺度”，将人置于至尊的地位。他还认为国家是个人意志的直接结果，是人为的设施，其任务是保障公共安全及满足公民的个人利益与个人权利。苏格拉底则强调个人应当服从国家，公民生活于国家之中就等于订立了契约，不论其法律好与坏，均应服从。柏拉

---

① ［英］齐格蒙特·鲍曼：《个体化社会》，范祥涛译，上海三联书店 2002 年版，第 44 页。

② 《尚同》上。

③ 《尽心》下。

图认为国家与社会高于个人。在他的"理想国"中，个人不得有多余的私有财产，法律对个人生活有严格规定，国家管理可置个人利益于不顾。欧洲中世纪关于人与神关系的观点，涉及个人与社会的关系问题。以 A. 奥古斯丁为代表的神学家们鼓吹神权政治论，强调神的权威高于个人，认为包括君主在内的一切个人均要服从上帝意志，同万能的上帝相比，个人是渺小的。按照基督教的信条，个人要牺牲现世的幸福、忍受世上的一切苦难。这反映了封建社会压抑个人的基本倾向。

3. 近代西方的观点，从 14 世纪开始的欧洲文艺复兴运动要求摆脱神权，主张以人为本，张扬个性解放，讴歌世俗生活，开始强调个人需要和幸福，肯定个人的尊严，认为个人自由不可侵犯。16 世纪，欧洲出现了德国神学家马丁·路德领导的宗教改革运动。改革的主题是否定教会权威，反对忽视个人的宗教等级制度，强调个人信仰决定一切，要求恢复个人在上帝面前的价值与地位。马丁·路德认为，任何个人都是上帝的子民，每一个人都可以直接与上帝接近。在文艺复兴运动和宗教改革运动的推动下，一种强调以个人为中心的思想开始在欧洲和其他地方传播开来。17 世纪荷兰哲学家 B. 斯宾诺莎提出，个人追求自身利益是自然的最高法则，是天赋人权。英国哲学家 H. J. 洛克提出，要重视个人的生命、自由、财产权利，并提倡自由主义。也有的学者特别强调国家与社会具有至高地位，如英国哲学家 T. 霍布斯认为，为避免出现"一切人反对一切人的战争"，个人应当放弃自己的全部自然权利，将这些权利转让给国家，臣民对国家不得有任何权利。到 18 世纪法国大革命后，"个人主义"的概念终于正式在欧洲出现。个人主义主张，个人具有至高无上的价值，社会不过是为满足个人需要的手段或工具。

4. 西方近代社会学者对于个人在社会中的地位或个人与社

会的关系有多种解释。在学界许多人那里，常将近代社会学说大致分为社会唯名论和社会唯实论两大派别。社会唯名论认为，社会是名称，而非实体，真实存在的是个人。主要代表人物为美国社会学家F. H. 吉丁斯。他认为，个人是实在的，而社会则只是由“同类意识”结合起来的一群个人；社会不过是一种感觉或同情心，它只存在于个人的心中；个人的同类意识强则社会团结的程度高，个人的同类意识弱则社会趋于松散以至解体。另一位代表人物法国社会学家G. 塔尔德认为，社会是单个个人的聚合，个人相互模仿便产生了社会。社会唯实论认为，社会是实体、是客观存在，它并不存在于个人之中。它是一种不同于个人生理、心理的社会现象。德国社会学家G. 齐美尔认为，社会绝非只是那些组成此社会的个人，个人的集合不等于社会。社会表现在个人的相互关系中。法国社会学家E. 涂尔干认为，社会是一种存在于个人身体和个人意识之外并对个人发生强制作用的集合意识。他主张社会学应研究社会事实，认为社会事实先于个人而存在，并比个人存在得更持久。社会事实上仅存在于群体的集合意识和集合行动之中。对社会的认识不能从个人或个体心理出发，而必须从集合意识和社会事实出发。社会唯实论肯定社会的客观实在性，但只强调社会的独立性，忽视了社会同个人的联系、社会对个人的依赖以及个人在社会中的主体性作用。

5. 马克思主义历来重视个人在社会中的地位和作用，重视个人利益特别是广大劳动群众的个人利益，强调个人的独立性。马克思和恩格斯认为，在未来的共产主义社会中，个人将获得充分的独立性和极大的自由，“在那里，每一个人的自由发展是一切人的自由发展的条件"①。马克思主义在论证个人与社会的关系时认为，个人与社会是相互影响、相互作用的。一方面，人是社会的创造者。社会是由个人组成的，个人之间相互影响、相互作用才有社会可言。个人也是社会中最活跃、最能动的因素，它可以改造社会。社会的发展进步有赖于个人主观能动性的发挥。另一方面，个人是社会的产物。个人不能脱离社会而独立存在，没有社会便没有个人。人之所以为人就在于他具有社会性。"人的本质不是单个人所固有的抽象物。在其现实性上，它是一切社会关系的总和"②。个人总要处在特定的历史条件与社会关系中，对此他不能任意自由选择。个人在其生活的各个方面无不打上特定时代与社会关系的烙印。个人应为社会发展作出贡献，社会为个人发展创造条件。

6. 在社会学的发展史中，解释社会现象是从社会个体出发还是从社会整体出发，一直是方法论中争论的焦点，形成了个体主义与整体主义，这是同唯名论与唯实论，密切联系而形成的不同的社会学传统和解释框架。以孔德、涂尔干为代表的整体主义认为，社会中的个体是由社会整体结构所规定的，整体决定要素，对社会现象的解释必须从整体出发。以波普尔、韦伯为代表的个体主义认为，个体及其行为是社会运动和社会结构的基础，对社会现象的说明和解释只能立足于个体。这两种倾向都陷入对人和社会关系的片面理解，陷入自身理论的"两难困境"。对此，西方社会学家亚历山大（Jeffery C. Alexander）指出："我们要做的不是去把这种两难困境分开并选择其中

① 马克思、恩格斯：《共产党宣言》，《马克思恩格斯文集》（第2卷），人民出版社2009年版，第53页。

② 马克思：《关于费尔巴哈的提纲》，《马克思恩格斯文集》（第1卷），人民出版社2009年版，第505页。

一种途径，而是要超越这种两难困境本身”，只有这样“才能使我们获得一种多位方式的社会理论”。霍布斯曾认为，在社会学理论发展中，亚历山大通过对社会学理论的回顾与总结，认为“关于社会的研究总是围绕着自由和秩序问题展开。每一种理论都介乎于两极之间”。按照霍布斯（Thomas Hobbes）的构想，由于人类欲望的无限制性，个人间不可避免地会发生利益冲突，使整个社会陷入战争，因而战争（而非秩序）源于人类的固有本性；自然状态下的人类不存在任何秩序，是“每一个人针对每一个人的战争状态”。这被后人称作“霍布斯式的问题”。霍布斯问题表明了，人若无自我利益，则无须交往，秩序就会失去了必要性，自由也就不具有价值，如此一来也就没有社会学。这被认为，触及了后来社会学研究中隐喻的实质性问题——权益与规范，这正是自由与秩序的两大主题——个人与社会——关系问题的实质与焦点。

霍布斯问题后来一直回旋在社会学理论研究中。被学界称为古典时代的社会学家深受法国大革命和社会失范的震撼。孔德、涂尔干站在维护社会秩序的立场上，批判个人主义和功利主义，主张个人既要自由又要服从社会，以服从社会来获得个人自由，表达了建立社会一致性原则的学术理想。马克思则考查了劳动创造的个人与资本化的现代社会之间的紧张冲突及其解决方案，构想了人类解放的理想社会模型。乔纳森·特纳（Jonathan H. Torner）的评论被学界认为是带总结性的：“19世纪法国的社会思想家们十分关注社会秩序的维持问题。尽管每一位思想家提问题的方式有所不同，但我想他们都问及了类似的一些问题：社会为什么和怎样成为可能？什么使社会联结在一起？什么导致社会变革?"[①] 事实上，从斯宾塞、齐美尔、韦伯等人的思想可以看出，关注个人自由与社会秩序是整个古典时期社会学家的一个共同点。[②]

英国的伯纳德·鲍桑葵（Bernard Bosanquet）强调："个人与社会的关系是一切社会问题的根源。"[③] 那么，社会学如何展开对现代个人和社会关系问题的讨论呢？中外社会学史表明，社会学家们在理论旨趣、观察角度、知识范域和想象力限度等方面各具特点，所面对的社会经验现实素材也各有其具体的时间性和空间性，他们的设问亦有不同的侧重点和表达方式。在社会学中，自由与秩序、交往与规则、权益与权力、自主与规范、意义与支配[④]、惯习与场域[⑤]、意志与制度安排、行为与结构等等，成为反复讨论的命题。亚历山大（Jeffery C. Alexander）通过对社会学理论的回顾与总结，认为："关于社会的研究总是围绕着自由和秩序问题展开。每一种理论都介乎于两极之间。"这是"奇怪的西方世界的困境"，也是"独特的现代的困境"。"正是自由和秩序之间的这种紧张关系为社会学提供了知识的和道德的理论基础。在一定程度上说，社会学要探索的也

---

① ［美］乔纳森·特纳：《社会理论的结构》，吴曲辉等译，浙江人民出版社1987年版，第42页。

② 郑杭生、杨敏：《社会学理论体系的构建与拓展——简析个人与社会的关系问题在社会学理论研究中的意义》，《社会学研究》2004年第2期。

③ 参见［英］伯纳德·鲍桑葵：《关于国家的哲学理论》，汪淑钧译，商务印书馆1995年版，第78页。

④ 参见［英］安东尼·吉登斯：《民族、国家与暴力》，胡宗泽、赵力涛译，生活·读书·新知三联书店1998年版。

⑤ 参见［美］布迪诺·华康德：《实践与反思——反思社会学引导》，李猛、李康译，中央编译出版社1998年版。

正是社会秩序的本质，因为它关系到个人自由的内涵”[①]。

按亚历山大的见解，自由与秩序（freedom and order）的设问是个人与社会关系问题的经典形式。进一步说，这一设问实质上也就是帕森斯所说的“霍布斯式的问题”，即由本性自利、贪欲无度、分散的原子式个人（individual），何以能够产生社会秩序（social order）这样一个问题，简单地说，就是“社会是如何可能的”。[②]

帕森斯毕其一生所致力思考和回答的，正是霍布斯问题留下的疑团：在没有任何外力介入的情况下，社会系统的制度化互动模式何以能够维持？社会为什么没有陷入“每一个人针对每一个人的战争状态”？帕森斯引入了“系统命令”（system imperatives）这一概念给予解释，认为社会系统本身具有均衡倾向。此外，社会化机制使人格系统与社会系统的结构相一致，从而使个人行为整合于制度化互动模式。文化模式促进了个人行动的立场、情景定义的共同性，使社会系统的秩序和均衡得以维系。帕森斯之后，社会学理论进入了多元分化的发展时期，不同理论流派纷纷崛起。尽管它们在理论假设、视角、核心概念或范式等方面各抒己见，但都未脱离自由与秩序这个共同主题。如冲突理论试图从与帕森斯对立的理论立场回答社会秩序；交换理论、符号互动理论、常人社会学更为重视个人行动对建立社会制度及维系社会秩序的基础性意义。所以哈贝马斯认为：“从霍布斯以来，人们就一直在尝试根据偶然相遇的目的行为者的理解结构和个人利益的计算，来解释具有超越主体的规范有

---

① ［美］杰弗里·亚历山大：《社会学二十讲：二战以来的理论发展》，贾春增译，华夏出版社2000年版，第9～10页。

② 吉登斯，1997，Four Myths in the History of Social Thousht. 参见杨善华：《当代西方社会学理论》，北京大学出版社1999年版，第219页。

效性要求的规范是如何形成的。"并称这个问题"今天并没有得到比霍布斯时代让人觉得更为可信的解答"[①]。吉登斯认为，社会学以霍布斯式的秩序问题作为研究的核心问题，是"社会思想史上的四大虚设"之一，并立志要破除之。但是，至少在他做到这一点之前，秩序问题（及其所表达的个人与社会的关系）对于社会学理论的意义还是不容置疑的。

7. 在当代，个人与社会的关系问题仍然是社会学理论研究产生分歧而产生争论的重要焦点内容。有些现代社会理论家赞成并秉承了涂尔干、马克思的观点，认为社会作为人类生活的共同体，是一种整体性的存在，具有秩序性和连续性，以自身特定的方式整合为一体。这些学者对历史和社会采取了过程性和综合性的研究视角，着力理解现代社会发生的"气势恢宏的"变迁[②]，并对社会关系主体在这一过程中的行为和实践，及其对社会的建构意义进行解释。许多现代社会理论家主张对社会结构、社会组织和社会关系进行研究和分析，从结构化和模式化的相互联系角度阐释社会世界，努力获得具有普遍性意义的社会知识。这是从哈贝马斯、吉登斯、埃利亚斯、曼·安德森等现代社会学说理论家的研究中可以看到的共同倾向。后现代主义者如利奥塔（Lyotard）则认为，社会是异质的、不可整体化的，当代社会已经解体和碎化为一种分裂的现实，成为原子式的分散的个人各自进行的实践活动，不存在中心、秩序和目的的统一基础。这种分裂的社会观导致了分裂的知识观，"并不存

① ［德］于尔根·哈贝马斯：《后形而上学思想》，曹卫东、傅根德译，译林出版社2001年版，第70页。

② ［英］安东尼·吉登斯：《社会的构成——结构化理论大纲》，李康、李猛译，生活·读书·新知三联书店1998年版。

在一个社会整体，更不可能有一个整体性的社会理论”。[①] 因而后现代主义者在知识领域摒弃了确定性、一元化原则、绝对标准、普遍范畴，拒绝对社会结构和社会组织进行推论和分析，即拒绝普遍主义的知识形态，将巨型社会理论视为“宏阔之论”“神眼观点”（God's eye point of view）。他们主张进行局部类型的、具体情境的社会调查，侧重于个人、阶层、种族、性别等有限题材的研究。这就使社会学变成了一种“述说”，即述说那些来自多元分散的个人的话语和实践的具体经验形态。[②]

8. 郑杭生先生提出了一个社会互构论的理论系统，而且他把自己的理论称作“社会运行学派”。他是这样来概括他创立的这一社会学理论的：“简单地说，社会互构论是关于个人和社会这两大社会行动主体间的互构共变关系的社会学基本理论，它从社会学基本理论和方法上对两大社会行为主体的关系进行分析和阐释，并着重对当代中国社会转型期的个人与社会的关系的现实经验事实进行研究和刻画。”[③]

他认为，个人与社会的关系问题是社会学的基本问题，对这一问题的不同回答，成为区分社会学不同学（流）派及其理论、学说的重要标志。郑杭生在社会学历史上被认为首次对个人与社会的关系问题作为社会学基本问题的含义作了详细阐述：“个人与社会的关系问题是社会学的基本问题。在理论上说，这个问题贯穿于社会学的各个层次，各个方面，是每个社会学家都在自觉不自觉解决的问题。”“第一，定义社会的对象或侧重

① ［美］史蒂芬·赛德曼：《后现代转向：社会理论的新视角》，吴世雄、陈维振等译，辽宁教育出版社 2001 年版，第 7～8、334～335 页。

② 郑杭生、杨敏：《社会学理论体系的构建与拓展——简析个人与社会关系的问题在社会学理论研究中的意义》，《社会学研究》2004 年第 2 期。

③ 郑杭生：《中国特色社会学理论的探索》，中国人民大学出版社 2005 年版，第 751 页。

社会，或侧重个人，都离不开两者的关系问题；第二，区别社会学的学派，如唯名论和唯实论、实证论和反实证论、整体论和个体论等，都是根据这个问题来划分的；第三，确定社会学的属性，如宏观社会学和微观社会学，也是以这个问题为准绳的；第四，社会学的主要内容，不论是社会化、社会互动、社会角色、社会群体，不论是社会组织、社会分层、社会设置、社区，也不论是社会问题、社会控制、社会工作以及社会变迁，无一不是直接、间接地包含着或体现着社会与个人的关系问题。个人与社会的关系问题是社会学发展的根本线索。"[①] 因此，郑杭生在其著作中强调，"个人与社会的关系"是"社会元问题和基本问题"。[②] 在郑杭生看来，对个人与社会关系的探讨属于社会学研究的核心或前沿问题。

郑杭生的社会互构论指出：个人和社会分别表现了人类生活共同体相互关联的二重含义：个人是社会的终极单元，社会是个人的存在方式；从共同体的构成而言，它是众多的个人；从众多个人之间的关系上看，它就是社会。既然个人和社会同为人类生活共同体的两重属性和表征，它们的基本关系是，两者既是相互区别的，也是在区别基础上相互联系的；这种相互联系既是差异的、对立的和冲突的，也是适应的、协调的和整合的；这两个方面互为前提、又互为条件、不可分割，既是对立的统一，也是统一的对立。人类生活共同体的发展就是个人

① 郑杭生：《社会学概论新修》（第 3 版），中国人民大学出版社 2003 年版，第 12～15 页。

② 郑杭生、杨敏：《社会互构论：世界眼光下的中国特色社会学的新探索——当代中国"个人与社会关系研究"》，中国人民大学出版社 2010 年版，第 97 页。

与社会的互构关系的演变过程。[①]

第三节　习性化和规制化：社会体系的发育与转换

上述“由本然的民俗规制形成习性规定”即“（自然的）规制→习性”和“习性规定在社会运行中展现于规制”即“习性→（社会规定了的）规制”，两列过程连接起来，便是“规制—习性—规制”。作为一个动态过程，这里不可能截断分别进行，而是相互渗透地往复进行。社会体系是在“规制—习性”“习性—规制”的往复循环中日益成熟并发展的。

这里就当下历史的社会范围讲，作为生长细胞的是体现于人格演化的个性中的作为习性规定或习性法则的机制。

这可认为是凝结社会学所关注的社会体系诸因素的基本单位。它是在“习性化”和“规制化”道路上经过变革和建设所形成的社会体系的凝结。这里既带个别性又带普遍性。说它带个别性是指它具体为人们面对的是体现习性的作为人格的个性，说它带有普遍性是指它体现着内在习性规定或法则的社会规律通则。所以它是习性和规制的统一。社会模式既是习性化的结果又成为规制化的，是体现体制和制度的。这里以社会规律的通则规范着民情的总和，从而实现着社会民俗和谐的社会和谐性。

这样，社会规制体现于人自身内在矛盾的两个方面，即自

① 郑杭生：《中国特色社会学理论的探索》，中国人民大学出版社 2005 年版，第 765 页。以上见李迎生：《当代中国特色社会主义社会学理论的开拓者——郑杭生社会学探索历程》，《社会科学战线》2007 年第 1 期。

我和他我。自我集中着社会规律的通则，涉及着民俗的总和；体现社会规律的通则规定着体现于民俗的社会关系的总和，在社会机制中则是自我规定着整个他我，而且自我他我相互规定。社会机制在自我和他我的相辅相成中导致为展开了的社会模式。社会模式对于规定社会机制来说极化为两种形式，即个人和集体。同时社会模式又展开为关于社群和社会的制度体系，导致为社会体制。在此意义上讲，社会体系也就是自我和他我的机制系统、个人与集体的模式系统、社群和社会的制度系统。它展开着由社会的"程序伦理""值（值得·价值）""伦理程序""法（法则·法律）"等等携带着种种"社情民俗"的系统。其中体现经济义利和政治正义并使之成为可能。并且，在习性化和规制化的矛盾运动中形成着社会体系的发展转换。

在社会关于社情民俗的变革和建设中，规制化和习性化的矛盾不断出现并不断得到解决，这既是权变性共生性机制作用的结果，又是权变性共生性机制的进一步调动，同时不断解决着变革和建设的矛盾。随着在权变共生中不断地通过一定的变革达到一定的建设，社会主体变革和建设的社会构建也随之扩大。

而随着自然、社会塑造社会人和社会人塑造社会、自然的发展，会不断有新的社情民俗进入社会世界。这便向社会主体的社会构建提出新的挑战，同时又带来规制化习性化矛盾的进一步发展。

面对新的社情民俗，当社会法则的规定性规定不了新的社情民俗，这便会引起规定性的转换。社会体系在这种转换中向前发展着。

一、社会体系的建设与变迁

（一）在建设中，每一个协调的可称得上完备的社会体系都应当是自身成熟的，这是习性化和规制化矛盾的统一。然而，这种成熟总是就特定范围而言的。这种成熟离开特定范围就会表现出不成立，便会出现变革。当发生了这样的情况，社会的“（人口繁衍）生存（活动行为）—交往沟通—（工具符号）建设（进步发展）”，在习性化规制化矛盾运动中，便要面对新的社情民俗、新的社会现象进行新的层次上的习性化和规制化矛盾运动。在习性化中形成新的社会规范，充分规制化建设构成新的社会体系的成熟发育的完备；成熟的社会体系又在习性化规制化遇到的新矛盾中，形成建设中社会规范的变革；如此等等，这就形成了社会体系的转换。这样的情况在社会发展史上是明显可见的。

社会建设的发展历史表明，随着社会在习性化和规制化的矛盾运动中运动，社会发展总经历着从发育不成熟到发育成熟的过程，而一旦达到成熟就会又在新的社会现象面前展开新的层次上的习性化和规制化矛盾运动，这种社会转换的情况，显示着习性化和规制化矛盾运动的阶段性。在这样的社会体系转换中，社会的“（人口繁衍）生存（活动行为）—交往沟通—（工具符号）建设（进步发展）”，便形成着一种“……协调—不协调—协调……”，“……连续—不连续—连续……”，“……相对稳定—急剧变革—相对稳定……”的发展系列。

1.“……协调—不协调—协调……”。

如前所说，一个社会体系的成熟主要表现为能在“规制化—习性化”的道路上形成习性规定，并在“习性化—规制化”的道路上由习性规定来规定一系列作为社会现象的民生世事。这实现着由自然生长的民俗形成习性规定，习性规定在社会运行中展现于规制。

一个社会体系在它成熟以后，规制展现是自身同一的。这表现为通常所说的无激烈的社会动荡。这里所说的无激烈社会动荡就是说能在社会中达到协调。也就是所谓，社会体系首尾一贯。"首"指的就是作为起点的习性规定，"尾"指的就是由习性规定贯彻到规制展现。

但是随着社会的发展，总会遇到在自身范围内无论如何也达不到协调的情况。正是由于以上不协调的出现，预示着某社会体系在自己成熟发育之后，遇到了离开初始规定性所能规定的范围的情况，即处于界限之外的情况。于是就出现新的习性规定，发展到一个新的层次。这样又形成了新的社会体系自身的协调发展。

由此可见，解决社会体系中的矛盾，总体上说是解决社会体系中的习性化和规制化的矛盾。这里有两种情况：第一，在一个社会体系没有成熟时，遇到不协调的矛盾，往往是由于该体系中的习性规定不贴切而产生的，在此要形成正确的贴切规定，才能解决。第二，当一个社会体系发展成熟后，它自身的展开是协调的，但当这一社会体系向另一社会体系发展过渡时，必定会遇到难以处在习性法规规定下的社情民俗，于是出现矛盾。这种使社会体系不协调的矛盾，是新的社情离开原有体制中社会规律规定的范围所致。正是这种不协调，预示社会规制要面对新的社情民俗，把握新层次上的习性规定性。当有了新层次上的习性规定以后，原有的许多体制以及机制模式就成了这个习性规定性下的规制，这就出现了"……一贯—不一贯—一贯……"的发展系列，也就是"……协调—不协调—协调……"的发展系列。

这样，社会体系不协调的出现，可以使人们由此而注视社会体系的弱点，在消除其中的矛盾中，也就建立起更确切更完整地统摄社会的协调的社会规制运行体系。正是在发现和日后消除这些矛盾中，使社会体系总是呈现出一种协调不协调协调的发展系列，社会经历着这种系列，便在达到社会文明方面一步步向前推进。

2. “……连续—不连续—连续……”。

在协调不协调的系列中，社会体制发展处在一种既连续又不连续的过程中。

在习性化和规制化矛盾运动中，社会体制在形成期间即在发育过程中，呈现出一种运动的连续性；当出现转换时，便出现一种渐进过程的中断；而当在新的范围内出现新的层次习性规定并展开为体制运行时，原有体制的许多机制模式制度就又成为新的社会前提规定之下的一个具体体制，这又保持了连续性。

当一个社会体系在趋于成熟过程中，在确定的社会范围内，习性化拓展为规制化呈现发展连续性。而当体制出现转换时，这就要整个改变原有体制中习性规定性，产生连续发展的中断。当由新的习性规定展开为体制的机制模式制度时，又会把以前的适合于新体制的机制模式制度作为新体制的机制模式制度归并进去，产生新层次上的连续性。

社会发展的事实充分表明，社会发展连续不连续的系列成为社会进步表现出来的情况，是社会运行中社会体系习性化和规制化矛盾运动一定要表现出来的形态。

3. “……相对稳定—急剧变革—相对稳定……”。

社会中关于“（人口繁衍）生存（活动行为）—交往—沟通—（工具符号）建设（进步发展）”通过习性化和规制化的矛盾运动，解决着种种矛盾，便呈现出两种很不相同的形态，即相对稳定的形态和急剧变革的形态。

在相对稳定形态中，社会中关于“（人口繁衍）生存（活动行为）—交往沟通—（工具符号）建设（进步发展）”就某一对象范围来讲，经过习性化和规制化的矛盾运动，促使社会体系从不成熟到成熟。这时的社会体系，总是从关于社情民俗的社会规定性，上升到社会制度体制的具体规制，这种过程可以持续上升，越来越接近社会表层的种种复杂的社情民俗，越来越带有极充分的切实性。在上升过程中作为起点的基本规定性自身可能会出现某些调整，但并不发生大的改变。这时社会发展呈现出一种相对稳定的结构。

"社会稳定"在通常的社会学中往往是指一定社会的社会系统保持动态的有序性和连续性。具体说来，这往往表现出没有全局性的社会无序和社会动荡，即不会发生导致整个社会崩溃这样的根本性危机。简言之，社会稳定是把社会无序及动荡控制在一定范围的秩序之内。

一些文献这样概括：关于影响社会稳定的因素，取决于对社会需要的满足程度，社会稳定取决于社会体制与社会发展之间的相互关系。实际上，社会能否保持较长期稳定，不是单个因素发生作用的结果，而是多重因素交织在一起发生作用的结果。

一般说来，不稳定是社会体系在"（人口繁衍）生存（活动行为）一交往沟通一（工具符号）建设（进步发展）"链条中习性化和规制化矛盾不协调的结果。解决这个问题，社会要通过协同发展，兼顾效率公平，发扬自由平等，为社会稳定发展提供良好的条件。

而随着作为新的社情民俗或新的社会现象的闯入，遇到已有习性规定不能统摄新的社情民俗、不能统摄新的社会现象时，就要改变原有的体制、制度体系，展开新的社会规制体系。这时社会发展呈现出一种急剧变革的状态。社会的发展是在稳定建设和急剧变革交错中进行的。

（二）人类社会，可以说从人类在动物进化中生长一直到真正意义的社会产生，其进步发展始终处于建设之中。建设，谓之设置、设立，谓之建构、建造。没有建设就没有人类社会，就没有人类社会的进步发展。

人类社会的建设是在习性化与规制化中发生而成立的。前已提及，习性的规定贯穿着“实践生成原则”，习性规定在实践生成中形成着社会规制并进一步规定着社会规制。其展开，便成为社会建设的过程。社会变迁主要在于在习性或说在习性的规定的变迁中体现于社会规制的变迁。

正是在社会建设中，出现社会变迁。人类社会总处在不断的运动变化过程中，习性化与规制化的矛盾运动引起一系列社会变迁。社会建设处于在习性化规制化中实现的社会建设的长河中，在人类长期的社会建设中实现着社会变迁。

“社会变迁”（social change），通常认为这是在 20 世纪 20 年代后社会学确立的术语，而从 19 世纪开始，社会学家就已经提出了类似于社会变迁的词语。孔德在创立社会学学科时曾经使用过社会动力学、社会进步、社会发展等说法。英国社会学家斯宾塞使用的是社会成长、结构分化、社会进化等词语。后来德国、法国先后出版的齐美尔的《社会分化论》、涂尔干的《社会分工论》等著作中都对社会变迁问题给予了特别的关注和论述。社会学家对于社会变迁概念的理解有争论。

有的学者明确提出，社会变迁是社会发展、进步、停滞、倒退等现象和过程的总称。这被学界看作是广义的社会变迁。另外一种观点认为，把社会变迁等同于社会的变化，过于宽泛、过于含糊，人们的社会生活从来就是处于变化之中的，变化的内容无穷多。为此，一些学者主张社会变迁指社会结构的变化。日本社会学家富永健一指出：“所谓社会变迁就是，从字面上看，显然就是社会在变迁。但仅仅这样说，还过于含糊，不成其为对这个词的定义……因此，我要选择的社会变迁定义，就是社会结构的变迁。这样说的理由在于，要回答什么在变迁的问题，只需反过来看看，在没有发生变迁时，是什么东西未变，而这种相对稳定的东西，即是我们所说的社会结构；换言之，社会变迁这个概念，指的是较长期地看，短期内较稳定的东西发生变化的过程……所谓社会变迁，就是通常难变的东西发生变化。"[①] 这种观点可以说是主张从社会结构的角度狭义地对社会变迁加以界定。也有一些学者指出，由总的社会结构范围来界定社会变迁，并不排除分别从人口、环境以及经济的、政治的、文化的方面，从其更具体领域来研究社会变迁。

《中国大百科全书》社会学卷，这样定义道：社会变迁（social change）指一切社会现象发生变化的动态过程及其结果。在社会学中，社会变迁这一概念包括社会中一切方面和各种意义上的变化。社会学在研究整个人类社会变迁的同时，着重于某一特定的社会整体结构的变化、特定社会结构要素或社会局部变化的研究。

关于社会变迁的内容，此书指出，社会学着重说明下列社会现象的变迁：①自然环境引起的社会变迁。社会变迁的过程总是在一定的自然环境中进行，自然环境为社会的生存和发展提供自然资源和物质条件。自然环境依其自身规律演变，影响社会变迁，人类作用于自然环境引起自然环境的变化，也会影响社会的变迁。②人口的变迁。人口变迁主要指人口数量、质量、构成及人口流动和分布的变化。一定的人口是社会存在和发展的基本前提，人是社会生活和社会活动的主体。人口的变化给整个社会的变化以极大的影响。③经济变迁。这包括生产力的变化、生产量的增长和生产质的提高、生产关系的演变。社会经济的变化与发展是社会变迁的主要内容之一，这给整个社会变迁以决定性的影响。④社会结构的变迁。主要体现在两

① ［日］富永健一：《社会结构与社会变迁——现代化理论》，董兴华译，云南人民出版社 1986 年版，第 87 页。

个方面：一是社会功能性结构的变化，表现为人们在满足生存和发展需要的过程中，各种经济、政治、组织、制度等结构要素的分化和组合；二是社会成员地位结构的变化，表现为社会成员由于其经济地位、职业、教育水平、权力、社会声望等的不同和变化，所造成的社会阶级和阶层关系的变化。⑤社会价值观念和生活方式的变迁。社会价值观念的变迁主要是通过人们的行为规范和思维体系表现出来。人们的社会活动在价值观念引导下发生，社会价值观念的变化往往成为整个社会变迁的先声。⑥科学技术的变迁。科学技术作为社会结构体系中独立存在的知识体系，对于现代社会的变迁有着越来越大的影响。科学技术发明创造的变化和研究规模、组织形式的变化，一方面直接影响到社会经济、政治、观念和生活方式的变化，另一方面促使现代社会变迁日益加速。⑦文化的变迁。这是分析社会变迁内容的一种综合角度，主要是指文化内容或结构的变化，包括因文化的积累、传递、传播、融合与冲突而引起的新文化的增长和旧文化的改变。

关于社会变迁的类型，学界概括，主要有以下几种：

1. 按社会变迁的方向，可划分为进步的社会变迁和倒退的社会变迁。进步的社会变迁是指符合社会发展的客观规律，带来社会物质生产和社会生活水平的提高，有利于每一个社会成员发展的社会变迁。反之，则是倒退的社会变迁。倒退的社会变迁往往表现为社会发展不利于社会物质财富与精神财富的增长，破坏社会机体的良性运行和协调发展，甚至造成社会发展进程的中断，同时也给社会成员自身的发展带来障碍，抑制甚至扼杀其创造激情和才能。诸学者指出，社会作为一个处于不断发展变化之中的复杂系统，并非按直线演进。在现实社会，进步和倒退两个方向上的社会变迁往往交错着。而总体上看，社会的倒退只是暂时的、阶段性的，社会进步是谁也无法阻止的总趋势。

2. 按社会变迁的规模，人们往往把社会变迁分为整体变迁和局部变迁。整体的社会变迁是整个社会体系的变化，是各个社会要素变化合力的结果。局部变迁是社会体系中各个要素自身及它们之间部分关系的变化，不一定与社会整体变迁的方向和速度一致。整体社会变迁如社会形态的更替，局部社会变迁如文化变迁、家庭的变迁、人口变迁、技术进步以及社会成员地位变动和生活方式的改变等。整体社会变迁和局部社会变迁是密切相连、相辅相成的。任何社会变迁都是从社会生活中的某一局部开始，经过累积而发生质变，达成社会的整体变迁。在此意义上，社会局部变迁是社会整体变迁的基础，而整体变迁的结果同样也作用于局部变迁。例如，英国工业革命作为一场具有深刻历史意义的整体性社会变迁，正是以一系列局部的社会变迁为基础的：新的棉纺技术的出现促进了动力革新，蒸汽时代的到来直接引发了新的生产方式的产生，这导致社会整体面貌发生了巨大的变化。反过来，这场整体性的社会变迁也作用于人们意识的变迁，导致了新的组织方式和规范的产生以及人们观念的巨大转变，并以不同的方式使以前尚未触及的局部领域发生了前所未有的变迁。有这样的情况，局部的社会变迁不一定与社会整体变迁的方向、速度一致，成为社会整体变迁的障碍或先导；有时超前于社会整体的变迁因而成为先导，有时落后于社会整体的变迁而成为障碍。

对于整体社会变迁与局部社会变迁，既不能简单地认为整体社会变迁等于局部社会变迁之和，也不能简单地把局部社会变迁看作整体社会变迁的外延。有一些学者论证说，社会变迁从根本上说是社会结构的变迁，社会结构体现人们在社会生活和社会生产中发展的社会关系，社会结构变迁主要是指社会关系基本形态的变化。整体社会变迁是从社会结构体系各个构成要素相互联系的有机变迁的合力中演化出来的。局部变迁的方向、速度同整体变迁的方向、速度不一定是一致的。有些局部变迁可能会有力地促进整体社会变迁，甚至超前于整体变迁，有些局部变迁也可能成为整体变迁的障碍。美国社会学家威廉·奥格本（William F. Ogburn）曾经阐述过“文化滞后”理论，认为非物质文化的变化总是落后于物质文化的变化。因此，在研究社会整体变迁时，分析其各个局部的变迁与分析各个局部之间的相互影响、相互制约的关系十分重要。

与社会变迁的整体变迁和局部变迁相关，也有社会学家认为，对社会变迁，可以从宏观、中观、微观三个角度分类。宏观变迁如人类社会形态的变化、国家的治乱兴衰；中观变迁如社会结构的重大调整、社会制度的变化；微观变迁如人们的行为方式和行为规范的变化等。[①] 这三个层次上的变化都是研究社会变迁的重要内容，而不同时期社会学家的关注点有所不同。如在早期的社会学家那里，宏观社会变迁的研究更占主要地位。随着社会学实证方法的确立与普遍使用，人们更关注中观层次与微观层次上的社会变迁。

诸多专家强调，应从宏观与微观的结合上研究社会变迁，强调社会变迁是指由社会结构与功能上的演变而引发的社会现象的变化。其中社会结构的变迁是社会变迁的核心和实质。社会学家们相信，一个社会具有相对稳定性的社会结构形式，才可保证自身生存与延续所必需的秩序；同时，社会有变迁，才能适应新的环境和新的需求。一旦作为实质内容的社会结构发生了变化，就会在社会各个层面以各种不同的形式反映出来，引发整个社会的变迁。社会功能的变化是社会变迁的重要内容。

---

① 参见王思斌主编：《社会学教程》，北京大学出版社2003年版，第252页。

社会结构的变迁是整体中局部渐进的累积过程，在社会结构未发生重大变化的情况下，社会系统的功能才会发生很大的变化，这以社会分化和社会整合的形式表现出来，从而带动现象层面及社会整体的变化。

3. 按社会变迁的性质，学者们常将社会变迁划分为进化的社会变迁和革命的社会变迁。进化的社会变迁主要表现在量的方面。这是一种渐进的或部分质变的社会变化过程，是社会有秩序的、缓慢的和持续的变迁。革命的社会变迁，是社会变迁过程渐进过程的中断或说质的飞越，即社会革命。在社会革命时期，全部社会系统和社会结构被急剧改造和重组，旧社会系统的社会结构解体。社会由一种形态迅速转变到另一种形态。

4. 按人们对社会变迁参与和控制的程度，人们又往往将社会变迁划分为自发的社会变迁和有计划的社会变迁。自发的社会变迁指人类在很多方面对于社会变化的方向、目标和后果没有理性的认识，只是盲目地参与和顺从。有计划的社会变迁指人们对社会变迁的过程、方向、速度、目标和后果实行有计划的指导和管理。在现代社会中，绝大多数社会变迁是有计划的社会变迁。

以上这些说法未必合适，但有其值得重视的方面。

社会体系一经确立，就会形成比较稳定的结构关系。社会体系是一个开放的自组织系统，它的存在和发展有赖于和外界进行不断的物质、能量和信息的交换，需要不断吸收新的因素。社会体系是一个复杂的系统，各个组成部分具有在系统的自组织中不断完善的特性，同时有可能出现各要素发展的不平衡。社会体系为了适应新的需要和不平衡的出现，就要不断调整原有的结构关系。这种适应和调整先是局部的、缓慢的，积累到一定程度就有可能导致原有体系结构的整体改组，直至采取社会革命的方式。在影响社会变迁的诸原因中，社会的物质需要和经济的发展变化是最根本的原因。社会的物质生产力是生产方式中最活跃、最革命的因素。物质生产力的变化造成生产方式的不断更新，社会生活、政治生活和精神生活也随之发生变化，从而整个社会结构体系也发生变化。社会变迁除了最终取决于社会生产力的发展之外，还取决于自然环境、人口、社会制度、观念、社会心理、文化传播等多方面因素的影响，它是多种因素相互作用的结果。①

有关研究者进而指出，历史上的社会变迁大多数是自发的即自然发生的，是无所谓预先计划的。论者认为，这种无计划的社会变迁很大程度上是在人类社会早期人类认识能力较低，对社会发展规律缺少应有认识，在很多方面只能以盲目方式参与社会变化而出现。在这种情况下，社会变迁对于人类是异己的过程，是人类无意识参与的自发过程，人在社会变迁过程中比较被动，社会变迁的过程与结果难以预期。无计划的社会变迁又分为两类，即自然条件的改变导致的完全自发的社会变迁和个体有目的有预期而社会整体无计划的半自发的社会变迁。而有计划的社会变迁是人们根据自己的意愿，基于对社会运行的某些规律的认识而设计并推动的社会变迁；人们对社会变迁的过程、方向、速度、目标和后果实行有计划的指导和管理，使变迁带有明显的人为色彩。有计划的社会变迁与社会变迁的客观性、多向性并不矛盾。作为单个人或一部分人，不能否定社会变迁的客观性而完全以自己的主观意志去左右社会变迁，但代表人类及社会整体的、作为社会变迁的主体，可以在征服自然、创造历史的过程中认识和把握社会变迁的规律，通过自身的参与，设计一定的规划，建构相应的秩序和目标体系，来

① 《中国大百科全书》（社会学卷），中国大百科全书出版社 1991 年版，第 277～278 页。

达到对社会变迁的有效控制，使社会变迁朝着更加符合人类社会进步的愿望和要求的方向进行。恩格斯指出："人离开动物越远，他们对自然界的影响就越带有经过事先思考的、有计划的、以事先知道的一定目标为取向的行为的特征。"①

可见，有计划的社会变迁总是要基于人们自身的实践经验，这是人的自觉的主观能动性的体现，这使人们在社会实践过程中一步步地减少盲目性、增强自觉性。随着人类认识能力的不断提高，对社会变迁规律的认识和把握程度日益增强，人类对社会变迁的参与和控制能力逐渐提高，这使得社会变迁的目的性也更趋明显，有计划的社会变迁越来越多地替代自发的无计划的社会变迁，并成为现代社会变迁的主要形式。当今世界，制定社会发展计划已成为有计划的社会变迁的主要内容，各国纷纷制定社会发展规划，争取最大限度地减少社会变迁的盲目性，促进本国社会进步。中国自 1953 年起按照苏联模式制定和实施了国民经济建设的五年计划，而从 1982 年起改为"国民经济和社会发展计划"，在注重经济建设的基础上，将国民素质的提高、生态平衡与环境保护、自然科学与社会科学研究规划等内容都提上了重要议事日程。这种对社会变迁的参与和控制，大大提高了社会运作的效率与水平。实践表明，人类对社会变迁的控制能力越强，社会变迁的目标越明确，越切实可行，社会变迁的代价就越低。尽管将社会变迁的代价彻底消除是不可能的，但人类可以依靠自身对社会发展规律的认识与掌握，最大限度地避免无计划的社会变迁所造成的社会失范、社会冲突

① 恩格斯：《自然辩证法》，《马克思恩格斯文集》（第 9 卷），人民出版社 2009 年版，第 558 页。

和社会解体等问题，促进社会健康、协调地发展。[①]

（三）社会学界对社会的变迁开展了大量研究，寻求导致社会变迁的原因，并且从不同角度和不同层面建构了内容丰富的关于社会变迁过程的理论。了解社会学家有关社会变迁的种种理论观点有助于比较以往社会学家在社会变迁问题上的分歧，进一步理解社会变迁的实质。这里主要介绍四种有影响的社会变迁理论模式。

1. 社会进化论。

社会进化论是社会学学科研究中较早出现的社会变迁理论。这种理论把关于自然界物种进化的观点运用于社会学研究，认为，社会是渐进发展的，经过的是由简单到复杂、由低级到高级的进程；进化导致社会的分化、复杂化和进步。社会进化论可区分为早期的社会进化理论和现代的社会进化理论。

早期社会进化理论的思想来源主要是达尔文“物竞天择，适者生存”的生物进化学说，其代表人物是孔德和斯宾塞等。孔德认为人类社会是呈单线向前发展的，变迁是积极有益的，意味着社会发展向着更美好的方向前进。孔德把社会看成一个有机体，认为历史是朝着某个终极目标进行的直线运动。他认为，社会是遵循固定路线、沿一定历史演进方式而发展的，与理性发展的神学阶段、形而上学阶段和实证科学阶段相应。这种关于社会变迁的见解是根据知识类型划分的。而另外，依据社会组织的类型区分，这里又分为军事组织、法律组织和工业组织；依据政体类型可以分为神权政体、主权政体和共和政体。人类社会的发展经历了这些阶段，这与理性发展三个阶段相适应。而且，每一阶段又可以划分为一些更小的阶段，后一阶段

① 参见李芹：《社会学概论》，山东大学出版社 2009 年版，第 307、301、305 页。

以前一阶段为基础。

斯宾塞用生物进化的观点解释人类社会的变化。在他看来，人类社会是一个有机体，社会发展同有机体的进化相似。其由承担不同职能的部分所组成，像生物有机体一样，人类社会具有结构性、功能性和相互依赖性，其发展是进化的，是由简单到复杂的过程。这是一个内部"细胞"不断分化和结构复杂化的自我发展过程。斯宾塞认为，人类社会起初是一种简单的结构，如在原始社会，社会结构简单而单一，社会的同质性和综合性较高，一个人或一部分人可以承担多种职能。随着社会规模的扩大，社会结构开始发生分化并且日益复杂化，社会由单一结构变为多元结构、由同质性结构变为异质性结构。随着社会结构的分化，社会各部分的功能也出现分化，即分化出功能互不相同的部分。尽管各部门的功能不同，但它们之间的功能联系和相互依赖大大增强，于是社会形成一个更加复杂的、整体性的有机体。

此外，一些社会学家如涂尔干、滕尼斯等，在对社会变迁的进化理论作出探讨时，提出一系列见解。例如，认为社会进化是从简单的结构形式成长为比较复杂的结构形式的多样化过程，是从无凝聚力的同质社会变为异质社会的过程，以及在社会进化过程中量变必然伴随质变等等。

早期社会学家关于社会变迁的进化模式，明显地有缺陷：一是没有认识到社会矛盾和社会变革的真实意义；二是把社会变迁视为朝着单一方向直线进化的连续过程；三是往往简单地用传统社会向现代社会的过渡来概括社会变迁的过程，缺少细致的中介环节。[①] 单线进化的变迁理论之所以发展起来并为人们

① 参见陆学艺主编：《社会学》，知识出版社 1991 年版，第 341 页。

所接受，与当时为殖民者政治和经济利益的合法化提供一种理论支持有直接关系。早期的社会进化思想设想，所有的社会变迁模式都是沿单一的途径发展。这一设想使它的支持者们得以论证西方文明是变迁过程的最高点，而非西方的社会也将最终效仿这种发展模式。他们甚至得出结论，美同和西欧国家天生就比任何其他国家更先进。这样一来，早期的进化论思想就变成了一种意识形态，为西方殖民者对世界上尚没发展起来的落后民族实行经济和政治上的殖民统治提供合法性论证和理论支持，为殖民统治作辩护。20 世纪 60 年代以来，社会变迁的单线进化论逐渐丧失了市场，为多线进化的变迁理论所取代。

在现代进化论中，较有影响的理论是德国社会学家尼克拉斯·鲁曼（Niklas Luhmann，1927—1998）的社会分化论。鲁曼认为社会进化过程中始终包含着社会分化，这种社会分化有系统分割、社会分层和功能分化三种形式，社会进化的基本机制是变异机制、选择机制和稳定机制。现代进化论者已抛开了进化论的单线观，不再牵强地将社会与生命有机体进行类比。他们认为，社会变迁是多向性的。首先，社会进步是必然的，也有可能出现倒退；其次，进化是沿着许多方向发散进行的，没有固定的阶段、路线和方式；再次，进化的模式是多样的，不同水平、不同形态的社会，具有不同的进化或发展方式。现代进化论还认为进化的最终结果将是社会和文化各部分差异的缩小，社会越来越趋向一体化。

2. 历史循环论。

与主张社会变迁朝着一个特定方向前进的进化论者不同，历史循环理论认为，社会历史是周期性地重复变化的，社会和文化都在经历着一个无方向的、连续的成长和衰落、挑战和反应的循环变化模式。

早在工业革命之前，意大利唯心主义哲学家维科（Giovanni

Battista Vico，1668—1744）就提出了社会变迁的循环思想。他认为，世界各民族的发展都要经历三个阶段：神灵时代（神的统治）、英雄时代（贵族统治）和凡人时代（人民统治，即资本主义时代）。当一个社会发展到凡人时代便已经达到了历史发展的顶峰，此后又回到起点，开始新的循环。

1918 年，德国历史学家斯本格勒（Oswald Spengler，1880—1936）发表了《西方的没落》一书，在世界上产生了广泛影响。他认为，社会是有生命的有机组织，每个社会都有其诞生或开始，都有其产生、成长和衰老、死亡的过程，要经历儿童期、成熟期、衰退期直至灭亡。社会的变化类似于人的生命循环，在经历一个周期后，社会历史将返回到最初的起点。大多数文明都经历了这样的生命周期，历史的发展就是各自独立的文化形态循环相继的反映。他宣称，文明的灭亡是一种"定数"，每种文化都像一个生物有机体，有着相似的生命周期；出生、成熟、衰老、死亡。凡是创造活动都发生在这一周期的早期阶段，随着文明成熟，它就失去了振奋人心之处，变得更加实利主义并日趋没落。所以，循环的结果就是文化在文明的顶峰时期衰落。他经过研究之后认定一个循环周期大约为 1000 年，所以他的理论又被称为"长期循环论"。

英国历史学家汤恩比（Arnold J. Toynbee，1889—1975）在其著作《历史研究》中提出了一种分析各种文明发展和衰落的循环变迁理论。汤恩比在对世界几大文明的兴衰史进行长期分析研究后指出，由于社会和自然环境的压力，历史就是人类不断接受挑战和做出反应的过程，而挑战和反应的多次循环就构成了历史变迁或社会变迁。他认为，任何社会都面临着来自内部和外部的挑战，社会对挑战作出的反应的性质决定着自身的命运。如果它能对重大挑战做出成功的反应，该社会就能生存下来并继续面对下一个挑战，如果反应不成功，社会将会崩溃。这种挑战与反应的多次重复构成了社会变迁的过程。但是在这个起伏兴衰的过程中，一种文明可以从其他文明中有所借鉴，所以人们在各个新周期中都有可能取得更高的成就。汤恩比把这种挑战和反应的循环看作是通向更好文明的进步，因此人们认为他的理论是乐观的。不过他的论证存在很多问题，他坚持认为现代西方社会，特别是英国，社会的文明程度已经达到了其所能及的最高水平，因而成为其他社会效仿的榜样。所以有些评论指责汤恩比的理论带有浓重的欧洲中心主义色彩。

意大利社会学家帕累托（Vilfredo Pareto，1848—1923）提出精英循环论。帕累托认为，社会并非有机体而只是一个系统，其特点由精英的特点所决定。但是统治精英集团里的人不可能持久协调地保持自己的地位，总是处于不断的更替之中，历史就是统治精英不断形成、掌权、衰落、被取代的过程，整个社会也是处于这种动态循环之中。因此，他反对社会永恒直线演进的观点，认为社会变迁实际上是社会系统内部精英短周期循环的过程，所以帕累托的社会变迁理论被称为“短期循环论”。

俄裔美国社会学家索罗金认为，社会变迁是遵循一种“历史循环模式”进行的。索罗金通过对文明的比较研究，提出了一种“文化类型”论。索罗金用“文化类型”的循环变动来解释西方世界的发展史。认为社会历史就是不同文化类型的更替或循环。索罗金提出了三种基本文化类型或社会价值取向：一是感觉文化。其特征是强调经验，崇尚自然科学，在社会中弥漫着强烈的科学精神。二是理念文化。其特征是崇尚神秘的东西，崇尚信仰，认为一切真正的事实或价值都是基于超感觉的或超理性的终极现实。三是理想型文化或混合文化。这是介于前二者之间的一种文化类型，也称“整合文化”。这种文化取向认为真理既是现实的又是超验的，真正的实体价值是多样性的综合表现。索罗金坚持历史发展的周期性特点，认为社会发展过程存在内在必然性，任何一种基本文化类型都会通过耗尽自身的能量发生优势转移，使社会历史变迁呈现从理念文化到感觉文化到理念文化，再到理念文化的循环过程。比如希腊时代的文化崇尚科学的思辨属于理念文化；罗马时代是征服的时代，权力成为至上的东西，属于感觉文化；中世纪是神学的时代，它把宗教提到至高无上的地位，压制科学精神属于理念文化；而西方的20世纪崇尚物质利益属于感觉文化。索罗金认为，这两种极端的文化都是有缺陷的，理想的文化类型应该是二者的结合，即处于它们之间的混合文化。他举例说，介于希腊时代与罗马时代的黄金时代，处于中世纪与20世纪之间的文艺复兴时代的文化是理想文化。索罗金强调，文化类型三个阶段循环出现，社会学不可能再提出任何其他的社会发展规律。

3. 社会均衡论。

社会均衡论源自结构功能主义的理论，它由社会均衡模型和有机体模型演化发展而成，是战后美国经济相对繁荣的产物，强调社会均衡一致和稳定的属性。社会均衡论的理论假设认为社会是一个具有自我调节功能的系统，系统的各部门存在着相互依存的功能联系，因而社会系统中某一部分的变迁必然会带来其他部分的相应变迁，其最终结果是整个社会趋于平衡和和谐。在这样一种系统中，变迁是缓慢而有序的，始终朝着均衡与和谐的状态运行。

美国社会学家帕森斯是社会均衡论的代表人物。他认为，社会系统最一般的和最基本的属性，是组成系统的各个要素之间相互依赖的关系。任何社会都是一个功能系统，它是由发挥不同功能的各部分（子系统）结合而成的，这些子系统由适应子系统（A）、目标达到子系统（G）、整合子系统（I）和维持子系统（L）四部分组成。各个子系统之间既互相分工，又互相依存，共同实现着社会系统的目标。这样，社会系统是协调的、稳定的和平衡的。这种相互依赖的关系由社会一般的规范和价值维持和调整，表现了社会系统各个组成部分的一致性、不矛盾性和稳定性。社会的相互作用体系一旦建立起来，本身就具有一种使原有状态保持不变的倾向。

在帕森斯看来，对这种平衡的社会系统的挑战来自外部。当外部环境发生变化时就要求社会系统进行适应性调整。当某一部分因内部或外部力量造成整个社会失调时，社会系统的其他部分就会采取矫正措施，使社会恢复到均衡状态。社会要保持均衡的进化，最终取决于社会能否发展出一套新的、普遍化的价值体系，容纳与整合新的结构要素。帕森斯认为，社会系统适应环境压力的方式是子系统的分化，即适应子系统首先分化出来与变化了的外部环境相适应的部分。这种分化会使原来的各子系统之间的协调和整合产生挑战，不过社会系统本身有自我调节的机制，其他各子系统发生相应分化，这样可以使社会系统在新的基础上实现协调和平衡。所以在帕森斯那里，社会系统总是处于内部协调和平衡状态。帕森斯的这一理论被称为“AGIL 模式”。

20 世纪 60 年代以来，帕森斯将进化论与均衡论结合起来，形成进化的结构功能主义。他承认，社会历史是一个进化的过程，表现为社会适应力的增强，即社会系统从环境中获取资源并在系统内部分配这些资源的能力增强。他认为社会进化呈现出四个阶段性特点：1）分化。即社会中原有的一个单元和子系统分离成在结构和功能上都彼此不同的多个单元或系统。2）适应能力提高或增强。这是指分化的结果，即如果经过分化的系统比原先的系统适应能力增强，那么分化的结果就是一个更进化的社会系统。3）容纳。这是指兼容各种分化结果以稳定新社会系统的过程。帕森斯认为分化与适应能力增强的过程会在社会系统中产生整合的问题，而一个社会如果能容纳新的单位与结构，则其基础就会更稳定，其效率也会得以提高。4）价值普遍化。这是说，社会对新分化出来的单位的合法性予以确认，也即社会发展出一套新的更具概括性和普遍性的抽象价值体系，以承认和容纳所有新的单位。另外帕森斯强调，文化是社会的模式维持系统，如果社会结构变迁与文化相互冲突，则其变迁的速度将会非常缓慢。帕森斯的上述社会变迁理论可以简练地表述为：由结构分化而使适应能力得以增强，社会系统容纳新的结构单位并使价值体系在一个新的基础上得以普遍化，从而使社会重新得以稳定。

帕森斯的社会均衡论将社会看成一个各个部分相互依赖的功能性系统，它依靠自身功能的调节朝着和谐的状态缓慢有序地变迁，这无疑开辟了研究社会变迁的新视角。而该理论在社会学界往往受批评的地方在于只注意社会系统中和谐融洽的一面，而较少触及社会结构的解体与重构，忽略了矛盾与冲突在社会变迁中的重要作用。

4. 社会冲突论。

社会均衡论对于社会变迁的看法忽略了社会冲突推动社会变迁的作用，无法解释 20 世纪 60 年代美国社会明显加剧的社会危机，遭到学术界猛烈的批判。社会冲突论有关社会变迁的模式就是在此背景下产生的一种替代理论。冲突论的主要代表人物，主要是德国社会学家 R. 达伦多夫和美国社会学家 L. A. 科瑟等人。他们认为，应该将社会体系看作是一个各个部分被矛盾地联结在一起的整体。最主要的社会过程不是均衡状态，而是各个社会集团为争夺权力和优越地位进行斗争造成的冲突：社会权力资源是有限的，没有获得权力的人为了自身利益要求获得权力，已经掌握权力的人要防止别人夺走他们的权力并想获得更多的权力；社会成员为权力的分配与再分配进行斗争，复杂的社会组织建立在权力分配的基础之上；人们对于权力再分配的欲望是无止境的，围绕权力所进行的斗争是持续不断的，由此造成社会冲突是社会内固有的现象。这种利益不可调和的冲突是社会生活的基础。社会变迁是必然的、急剧的，后果是破坏性的，任何宏观的社会变迁理论只有涉及与权力相联系的冲突时，才是有价值的。

在分析社会变迁时，分别以达伦多夫、科瑟为代表，形成了社会冲突理论观点的两大类：一是以达伦多夫为代表所谓的“辩证冲突论”，认为社会冲突既是旧的社会结构的破坏力，又是新的结构的创造力，这是变迁的直接原因；二是以科瑟为代表所谓的“功能冲突论”，主张社会冲突既可造成社会分化，又能促进社会的群际整合，而后者是社会冲突的主要功能。

达伦多夫作为德国社会学家，被认为曾受马克思有关冲突理论的重要影响。马克思认为生产资料占有的不平等是社会冲突的根源，生产资料占有不平等和剥削形成阶级对立，使得阶级斗争不可避免。阶级斗争表现在经济、政治和思想等各个方面，阶级斗争在社会变迁中发挥着巨大作用。达伦多夫抨击帕森斯的功能理论，更加强调权力占有方面导致的冲突以及其巨大的作用。他把“权力”“权威”看作冲突的最基础要素或主要根源，认为在现代社会围绕着权力和权威形成两个阶级，即占有很多权力和权威的统治阶级和占有很少权力与权威的被统治阶级，认为这两个阶级存在于社会的组织之中。在这种社会中，压迫和强制是普遍现象，被统治阶级总是要改变自己的地位，于是造成的冲突是必然的，也是普遍存在的。冲突的结果引发社会结构的变迁，特别是权威结构的变迁，所以冲突既是破坏力，又是生产力。关于阶级，同样是达伦多夫探讨社会结构变迁的重要概念，不过他的阶级概念不同于马克思的阶级概念，而是指冲突的群体。他说，阶级形式的群体冲突引起社会结构的变迁，这种变迁既包括“结构内变迁”，也包括“结构的变迁"。社会变迁至少有三种方式：一是革命式变迁，包括对某一团体所有处于统治地位的人作出人事更换；二是改革变迁，即占统治地位的人事的部分变更；三是最底层次的变迁，即由对立团体中选取部分代表参与统治决策，并不引起任何权威地位的人事更替，这种方式多见于现代民主国家。导致结构变迁的冲突可能来自外部，也可能来自其内部，变迁的激烈程度随着阶级冲突的紧张程度而变化，阶级变迁的突发性随阶级冲突暴力的程度而变化。无论对冲突有无调节，群体冲突都会导致社会结构的变迁，不过有效的冲突调节更能降低社会变迁的突发性、破坏性，保证社会变迁的顺利进行。

美国社会学家科瑟作为功能冲突论的主要代表，更强调冲突的社会功能，认为一定程度的冲突是群体形成和群体生活持续的基本要素，一个保持适度冲突的社会才能更顺利地进行变迁。他划分了两种冲突类型，即现实性冲突和非现实性冲突。现实性冲突是指那些由于在关系中的某种要求得不到满足以及由于对其他参与者所得所作的估价而发生的冲突。非现实性冲突虽然也涉及两人或更多人的互动，但它不是由于对立双方竞争性的目标引起的，而是起因于至少其中一方释放紧张状态的需要，前者是由目标的获取而形成冲突，带有理性成分，后者则以冲突本身为目的，对象是可以替代的。科瑟认为，现实性的冲突可以防止社会结构的蜕变和僵化，维持和激发社会系统自身的活力，增强社会关系或群体的适应和调适能力，是推动社会变迁的主要因素。就冲突对社会系统的功能来讲，冲突是维护社会结构所必需的。社会系统可以提供一套"安全阀制度"，通过提供替代目标或发泄手段，保证社会系统的抗冲性。冲突还有助于消除社会结构的分裂因素而重新统一，所以它也是使社会关系稳定的重要因素。此外，社会冲突是一种调整规范适应新环境的机制，一个有弹性的社会可以从冲突中受益，通过创新和改进规范保证它在新条件下继续生存，并且冲突也刺激了联合和联盟。科瑟说，冲突导致的分裂的强度和对社会系统的公认的基础的破坏程度，与这个社会结构的僵化程度有关，威胁社会结构内部平衡的不是冲突，而是僵化本身。僵化使社会结构内的敌意逐渐积累，一旦爆发，便可能导致结构分裂。由此可见，科瑟认为冲突对社会变迁是必要条件，它会有助于维持社会系统的活力，防止社会蜕化为对社会成员的个人需求麻木不仁的僵化系统。

“辩证冲突论”与“功能冲突论”存在一些观点差异，但基本方面是一致的，如承认社会冲突的普遍性，主张社会冲突是社会变迁的重要原因，变迁过程存在于社会的每个方面等。冲突型社会变迁理论为人们提供了一种研究社会变迁的新的方法和角度。诸多学者指出其存在的缺陷是，它并没有说明所有的社会变迁形式，缺乏综合性；也没有指明今后社会变迁的方向问题。有学者批评它过于强调社会中的紧张与冲突，而忽视了社会系统持久稳定的一面。①

二、社会改革与社会革命

由马克思主义的历史唯物论来讲，社会是在生产力和生产关系的矛盾运动中发展的。这种发展处在社会基本矛盾运动中。应当认为，当基本矛盾能够统一，即矛盾方面相适应时，展现为规制的正常运行。如果出现不相适应，可以在展现为规制的运行过程中作出某些调整来加以解决；而随着社会生产力与生产关系矛盾运动的发展，当社会容纳不了这种矛盾运动，那么就带来了社会体系的变革。这种变革通常有两种情况：一是社

① 参见李芹：《社会学概论》，山东大学出版社 2009 年版，第 308～309 页、第315～321 页。

会改革；二是社会革命。

（一）关于社会改革。

在一定的社会体系中，当不涉及一定要从根本上进行革命，往往是通过社会改革对社会体系加以调整。社会改革往往与社会改良成为同一系列概念。通常讲，所谓社会改革就是指社会关系的调整和完善，换言之，也就是根据社会状况，改进社会体系、调节社会关系以巩固和完善现有社会体系。

社会改革（social reform），是依一定目标对社会体系进行变革的社会运动。社会改革的途径可能是自上而下、也可能是自下而上地进行。社会改革的内容往往涉及政治、经济、思想文化和社会生活的各个方面。例如，中国历史上的商鞅变法、欧洲历史上的宗教改革。社会改革一般发生在原有社会体系矛盾尖锐、各要素之间的不适应和不协调已严重影响社会正常运行的时候。它将全面改变或局部改变原有社会体系的相互关系，必然会触及社会阶级、阶层、群体和个人的地位或利益，涉及社会生活的各个方面和各个层次。社会改革通常是曲折而艰难的，有时候甚至会使改革者付出巨大的代价。

社会改革的出现要有一定条件。首先要有一个为多数社会成员所认同的改革目标。这是社会改革的性质、方向、程度的主要标志。其次，要将目前的利益与长远的利益，改革的必要性与可行性结合起来，提出切实可行的改革规划与方案。无论是整体的还是局部的改革，都需要对社会状况、改革条件等进行多角度、多方位的综合思考。再次，要从社会整体出发，既考虑到政治、经济、文化等因素，又考虑到社会成员的态度和社会心理，使社会改革和社会发展相适应。

社会改革是发展的一种方式、途径和表现形态。从人类历史发展的一定方面看，社会发展中有一个社会体系的管理能力和管理水平从低级到高级的发展过程。这个发展过程既表现了发展的连续性，又呈现发展的阶段性。在每一个历史阶段，社会发展又体现于一定形态的社会体系产生、发展和消失。人们通常认为，如果说社会革命是实现社会体系新旧转换从而实现社会发展的阶段性变化和飞跃的手段，那么社会改革则是使某一种形态的社会体系得到充分发展从而使社会发展在某一历史阶段得到充分展现的途径。

社会改良（social improvement）是与社会改革相近的概念。在社会改革中形成着一系列改良。这里强调在维持现存的社会结构基本的或说本质的联系的前提下，对社会结构关系作渐进的、局部的变革。社会改良旨在完善和调整现存的社会结构，通常在社会体系中是由上而下地实现的。

西方社会学家曾对社会改良进行大量研究。A. 孔德认为，资本主义社会的问题，可以通过“以爱为原则、以秩序为基础、以进步为目的”加以协调。E. 涂尔干认为，消除社会矛盾的根本办法是维持这一社会道德体系的统一。T. 帕森斯则特别注重社会发展中的平衡机制，着眼于社会有机体的整合。他认为，社会系统要顺利地存在下去，就需要从环境中不断地获取新的资源，并在系统内分配这些资源，有能力动员这些资源达到系统优选的目的，在这个过程中协调或调整系统内部的关系，最终在系统内形成具有约束力的、适应新情况的价值规律体系。

社会改良也是体现社会变迁的基本类型之一。当现存的社会结构体系还能够容纳新的因素、协调体系内部出现的矛盾和不平衡时，社会的变革往往是改良性的。此时，社会改良往往成为特定社会体系自我完善和自我发展的主要手段。

在社会变迁的过程中，社会改革及社会改良与社会革命紧密联系，相辅相成。当社会改良及改革无法进行下去的时候，社会革命便会发生。在社会革命阶段结束之后，社会改革及改良将在新的结构体系内继续进行，以完善和发展新的结构体系。

只有社会革命而无社会改良，就无法形成相对稳定的结构体系，人们无法进行正常的社会活动，社会形态就可能成为不可捉摸的东西。当社会改革及改良不能适应社会由一种形态过渡到另一种新形态的要求；这就要通过社会革命，使社会结构及整个社会关系得到彻底全面的改造；这样，社会发展才有可能进入新的阶段。

（二）关于社会革命。

社会革命（social revolution）是社会结构体系急剧的、根本性的变迁。狭义的社会革命特指政治革命，基本问题是政治制度和政权问题，表现为政治制度的根本变革和政权从一个阶级手里转到另一个阶级手里，这种转变通常采取暴力的形式。广义的社会革命包括社会经济、政治、社会关系和思想观念的全面变革，表现为一种社会形态向另一种社会形态的过渡，革命性地改造全部社会生活领域，通常是一个急剧变化的历史时期。人类历史上所发生的几种社会形态的更迭，在广义上都属社会革命。

社会革命的原因在于社会体系内部矛盾的尖锐化，其中生产力和生产关系、经济基础和上层建筑之间不可调和的矛盾是最基本的原因。特定社会形态的存在和发展，有赖于体系内部各要素之间的协调和平衡。但是，人类不断发展的社会需要，特别是物质生产和物质生活的需要，必然引起社会物质生产力同生产关系及其他社会关系的矛盾，导致社会经济系统的不断变革。当现存的社会关系无法同社会物质生产力之间的矛盾相协调时，就需要变革现存的社会关系，首先是生产关系。这时社会革命开始来临。社会革命一般以思想革命为其先声，而后是政治制度的变革。政治制度是旧的社会关系的集中代表和旧的社会秩序的管理中枢。在此基础上，逐步变革其他的社会关系、社会生活的各个领域与价值观念体系，最终形成与原有社会体系本质不同的新的社会体系。社会革命是对原有社会体系矛盾的根本解决，是建立新的平衡和协调关系的手段。

社会革命发生的根本条件，是原有社会体系矛盾的不可调和性和广泛性。当矛盾还可调和时，就有可能在维护原有体系的基础上进行调整，这时出现的变革是社会的改革或改良。当矛盾还不十分广泛、还没有涉及社会生活的各个领域时，变革就只是局部的。只有当矛盾不可调和、并且以社会危机的形式集中表现出来、社会成员充分认识到根本变革的必要性时，社会革命才会发生。社会革命依社会矛盾的基本性质往往被区分为四种类型：奴隶占有制革命、封建制革命、资本主义革命和社会主义革命。特定社会体系原有结构关系各具特点，同一类型的社会革命也可表现出不同形式，如资本主义和社会主义的革命，在历史上就具有多种形式。

社会革命是社会体系解决自身矛盾的不可缺少的手段，也是社会发展的必然形式之一。社会革命的重要性和必要性，不仅在于它是社会发展的变革机制，而且在于它是社会发展新因素的成长机制。[①] 革命是历史前进的火车头。

由社会变迁来综合上述内容，可以见得，社会变迁无非有两种基本形式：渐变式和突变式。

渐变式变迁是个逐渐、缓慢演变的过程。社会进化、社会改良或说社会改革是渐变式社会变迁的表现。这是社会系统在自身结构的内部关系及与外界环境的关系相协调、功能相对稳定的情况下发生的有序、缓慢而持续的发展和变化。这种社会变迁主要表现为局部变迁的积累，表现为缓和的量变积累过程和部分质变。通过这一过程，社会逐步实现由简单到复杂、由

① 参见《中国大百科全书》（社会学卷），中国百科全书出版社 1991 年版，第 289～291 页。

低级到高级、由一种模式转变到另一种模式。例如，家庭结构的变化、人们生活方式的变迁、价值观念的转变以及城市结构的改变等都属于渐进的社会变迁。渐进的社会变迁具有长期性、缓慢性、渐进性与局部性等特征，变迁的形式多种多样，既有直线变迁，也有多线变迁，还有曲线的螺旋式变迁。

突发的社会变迁是急剧发生的带有质变性质的社会变迁，是社会变迁渐进过程的中断。如果说，社会渐变主要是在一定相对稳定的秩序下进行的量变的积累；那么，社会突变则是彻底的、根本的变化，往往伴随着矛盾冲突和急剧的社会动荡。如果说，社会渐变是一个持续的过程，要在一个较长的时期内完成，它是社会发展中占多数的变迁形式；那么社会突变则是社会历史发展某个点上的变迁特征。突发的社会变迁具有短期性、急剧性、整体性。社会革命是突发性社会变迁的主要形式。一旦社会系统本身的均衡遭到严重破坏，社会物质生产方式中原有的生产力和生产关系的协调关系丧失，社会结构则面临解体的危险，离社会革命的爆发就不远了。关于"社会革命"，人们有不同的理解。一种观点认为，社会革命是以改变社会形态为目的的暴力革命，是指阶级社会，先进阶级推翻反动阶级的统治，以先进的生产方式和社会制度代替落后的生产方式和社会制度，并在新的历史条件下进行社会的根本改造。另一种观点认为，不管是暴力的还是非暴力的，只要是社会基本结构的根本改变，都可称为社会革命。还有一种观点，把涉及社会生活各个领域发生的根本变化如工业革命、技术革命、思想革命、知识革命、教育革命等等，都可称为社会革命。这些"革命"对社会变迁会产生十分重要的影响，但它们与作为突变式的社会革命的含义是不同的。上述观点虽有较大差异，而共同点在于都强调社会革命作为社会整体或某一领域变革带有根本性和彻底性，对社会机体有巨大冲击力。

需要注意的是，社会革命并非完全等同于突发的社会变迁，因为突发的社会变迁是对社会变迁特定形式的客观描述。作为社会变迁的突变所涵盖的内容在范围上要大大超过社会革命，例如，霍乱、瘟疫、地震等灾害的突发使人口急剧减少，长期泡沫经济造成金融市场突然崩溃，苏联一夜之间解体等都属于社会突变，但不能用社会革命来概括。[①]

社会渐变与社会革命这两种形式既根本不同，又密切联系。一种社会形态向另一种社会形态的转变，是通过社会革命完成的。没有革命也就没有旧制度的灭亡和新制度的诞生。正是在这个意义上，马克思强调了社会革命的作用。但是，任何社会革命的发生，都要有社会的渐变过程为其作准备，没有社会的渐变，也就不会有社会革命。所以，社会渐变与社会革命是相辅相成、互为条件的。同时，这两者之间又是可以相互转化的，社会渐变过程中量的积累到一定的度，就会转化为社会革命，社会革命成功以后又必然转化为新的社会渐变过程。

人们在日常使用“革命”这个概念很多。比如技术革命、产业革命、农业革命、文化革命、思想革命、政治革命，等等。严格意义上讲，实际上这并不是严格意义上的革命。

关于“革命”这个词，有的书籍讲到，在中国古代典籍中曾有“革者，改变之名者”，“汤武革命，顺乎天而庆乎人”[②] 等说法。这里的革即变革，命即天命，二字联用即实施社会变革以应天命的意思，这是从神权政治观念出发对革命作出的解释。

在西方，对“革命（revolution）”这一概念，有源于星相学家预言命运之突然转折之说。15 世纪末意大利人把这个词用来描述政治现象，意指用暴力突然推翻统治者。在英国革命过程

① 参见李芹：《社会学概论》，山东大学出版社 2009 年版，第 304～305 页。
② 《周易》。

中，1662 年克拉伦登伯爵爱德华·海德用"革命"这个词来形容国王的复位与退位，赋予"革命"这个词以获取理想政治秩序途径的含义。作为政治学概念，诸多西方社会政治思想家对社会意义上的"革命"作出了种种定义，其中有代表性的有：

古希腊的史学家波利比乌斯认为，"革命"就是恢复正义的和有正当秩序的社会。西方学家李维在《罗马史》中把罗马共和国的建立看作一种道德过程，认为是有道德的罗马人战胜了塔奎尼乌斯王的僭主统治。因而在这种意义上来理解"革命"。近代英国保守主义思想家伯克就用道德标准来反对法国大革命。现代西方政治思想家查默斯·约翰逊进一步认为"革命"就是意识形态和价值体系的竞争。

美国政治学家杰克·A. 戈德斯通认为，"不同的集团，其中包括前政府，都力争使自己成为中央权力。这种权力斗争可能以各种形式出现，如大规模的内战，迅速的政变，或者是漫长的游击战争"，他把这种活动理解成"革命"。有政治学者指出，这种理解没把革命与同样围绕着政治权力而展开的政治斗争及政治冲突等政治行为区别开来。

当代社会学家杜克海姆对革命则从个人心理与社会现状之间的冲突来解释，认为，由于现代社会变得日趋复杂，个人越来越孤独，逐渐丧失了心理平衡，从而产生革命和暴力行为。另一位社会学家勒邦也认为，革命是由于大众迷失方向和心理上失去理性而引起的社会行为。持此类观点的还有社会学家戴维斯等人。这种观点涉及了革命的社会心理层面，但并没有科学地指明革命的社会心理是如何产生的，同时又往往把革命归结为非理性行为。

以美国当代社会学家斯考克波尔为代表的一些学者认为，革命表现着社会结构缺陷和国家应付压力的能力缺陷。斯考克波尔认为，发生革命的社会必定有社会结构某一方面或是落后或是不完善的地方，因此，当它面临经济发达国家的经济和军事压力，内部权力结构失衡或群众起义时，往往无力应付，从而产生革命。当代美国政治学家亨廷顿等人在一定意义上讲也持此种观点。

一系列马克思主义经典理论家注重从革命发生的社会根源和社会形态的根本变革的意义来说明革命的含义。关于社会革命，马克思指出："社会的物质生产力发展到一定阶段，便同它们一直在其中活动的现存生产关系或财产关系（这只是生产关系的法律用语）发生矛盾。于是这些关系便由生产力的发展形式变成生产力的桎梏。那时社会革命的时代就到来了。"[①] 这里显然明确使用了社会革命这个概念。在此意义上讲，社会变革不仅有改革的情况，也有革命的问题。马克思和恩格斯还写道："进行革命的阶级，仅就它对抗另一个阶级而言，从一开始就不是作为一个阶级，而是作为全社会的代表出现的；它以社会全体群众的姿态反对唯一的统治阶级。它之所以能这样做，是因为它的利益在开始时的确同其余一切非统治阶级的共同利益还有更多的联系，在当时存在的那些关系的压力下还来不及发展为特殊阶级的特殊利益。因此，这一阶级的胜利对于其他未能争得统治地位的阶级中的许多个人来说也是有利的。"[②] 革命的斗争锋芒"都是针对在此以前实行统治的阶级的"[③]。其目的和作用在于打破旧的政治关系，这里也指向打破旧的经济关系，推翻旧制度，代之以新制度，从而推动整个社会的发展与进步。

---

① 马克思：《〈政治经济学批判〉序言》，《马克思恩格斯文集》（第 2 卷），人民出版社 2009 年版，第 597 页。

② 马克思、恩格斯：《德意志意识形态》，《马克思恩格斯文集》（第 1 卷），人民出版社 2009 年版，第 552 页。

③ 马克思、恩格斯：《德意志意识形态》，《马克思恩格斯文集》（第 1 卷），人民出版社 2009 年版，第 542 页。

马克思强调，革命是历史前进的火车头。列宁指出，"从马克思主义观点来看，革命究竟是什么意思呢？这就是用暴力打碎陈旧的政治上层建筑，即打碎那种由于同新的生产关系发生矛盾而到一定的时候就要瓦解的上层建筑"。[①] 毛泽东讲道："在人类历史中，存在着阶级的对抗，这是矛盾斗争的一种特殊的表现。剥削阶级和被剥削阶级之间的矛盾，无论在奴隶社会也好，封建社会也好，资本主义社会也好，互相矛盾着的两阶级，长期地并存于一个社会中，它们互相斗争着，但要待两阶级的矛盾发展到了一定的阶段的时候，双方才取外部对抗的形式，发展为革命。阶级社会中，由和平向战争的转化，也是如此。"[②]

总之，根据马克思主义一些经典理论家对革命含义的阐述可见，马克思主义认为：①社会发展是一个由量变到质变的过程，革命就是在生产力发生革命性进展的基础上，新社会的因素在旧社会的胎胞中孕育成长直至成熟时所发生的质变。其实质就是先进阶级用革命手段推翻反动阶级的统治，用先进的社会制度代替腐朽的社会制度，从而把人类社会推向更高阶段。革命，是革命阶级推翻反动阶级的统治，建立新的社会制度以解放和发展生产力，所造成的社会形态的质的飞跃。②革命是反抗旧统治阶级政治统治的激烈斗争，是社会政治经济体系发生质变。③无产阶级革命与资产阶级革命及以往任何社会形态革命的不同在于，无产阶级革命是要消灭私有制、消灭一切剥削制度、消灭阶级，而之前的革命都是达到新的剥削阶级统治，以一种新的私有制代替另一种私有制。这里面显然包含着关于经济上的革命。

① 列宁：《社会民主党在民主革命中的两种策略》，《列宁选集》（第 1 卷），人民出版社 2012 年版，第 631 页。

② 《毛泽东选集》（第 1 卷），人民出版社 1991 年版，第 334 页。

马克思主义认为，当旧的生产关系严重地阻碍生产力的发展，旧的上层建筑特别是国家政权竭力维护旧的经济基础，阻挠社会前进时，必引起各种利益矛盾和阶级斗争的尖锐化。代表生产力发展要求的革命阶级，或迟或早地要组织起来用革命的手段夺取政权，摧毁旧的生产关系和上层建筑，建立和发展新的生产关系和政治体系，解放生产力，推动整个社争的发展。所以，当一种生产关系对生产力的发展还起积极的促进作用时，任何人想要人为地“制造”革命，是决然不会成功的。同样，当一种政治上层建筑已经不能适应经济基础的发展而引起代表社会前进的力量提出自己的革命要求时，社会革命成为必然。对于这种社会革命，任何力量想阻止和取消，都是不可能的。

三、社会变革中的社会体系发展

（一）按照马克思主义的观点，生产关系一定要适合生产力的状况。当生产力和生产关系的矛盾发展到一定程度时，生产关系就会成为阻碍和束缚生产力继续发展的桎梏。这时，代表先进生产力的新兴阶级就会通过推翻腐朽阶级统治的社会革命来改变生产关系和上层建筑，建立新的生产关系和上层建筑，使被束缚的生产力得到解放。所以马克思主义强调，革命是解放生产力。封建社会代替奴隶社会的革命和资本主义社会代替封建社会的革命，等等，都起到解放生产力的巨大作用，推动了人类社会的发展。

社会主义革命与前几次社会革命不同，它不是以某种较先进的剥削制度代替旧的剥削制度，而是要消灭一切剥削阶级和剥削制度，在实现被剥削阶级的解放中指向人类的真正解放。因此，社会主义制度的建立，不仅使生产力获得解放，而且为生产力的发展开辟更加广阔的道路。社会主义是一种崭新的制度，这种制度应该采取什么样的体制才能更有利于促进生产力的发展，成为人们长期探索的问题。多年前，苏联采取的高度集中的计划经济体制，一直被作为社会主义的样板和经典模式，各社会主义国家一般都教条化地加以照搬和仿效。实际情况表明，这种以单一公有制为基础的行政指令性计划体制，在特定历史条件下能够起到积极作用。随着社会的不断发展、历史条件的变化，这种体制的弊端就暴露得越来越突出。它使国民经济失去活力，严重束缚着生产力的进一步发展。在社会主义条件下仍然面临着进一步解放生产力的历史任务。完成这一历史任务的途径，就是要变革那些阻碍和影响生产力发展的体制，建立起适合生产力发展的新体制。社会主义中国的改革是在社会主义制度基础上的革命，是对原有体制进行彻底的根本性的变革，而不是只进行某种局部的调整，不是对其细枝末节进行修修补补。所以，邓小平同志在 1992 年初视察南方时发表的重要谈话明确指出："革命是解放生产力，改革也是解放生产力。推翻帝国主义、封建主义、官僚资本主义的反动统治，使中国人民的生产力获得解放，这是革命，所以革命是解放生产力。社会主义基本制度确立以后，还要从根本上改变束缚生产力发展的经济体制，建立起充满生机和活力的社会主义经济体制，促进生产力的发展，这是改革，所以改革也是解放生产力。过去，只讲在社会主义条件下发展生产力，没有讲还要通过改革解放生产力，不完全。应该把解放生产力和发展生产力两个讲全了。"①

正是在改革和革命这样的变革之中才推动着社会的发展。改革和革命共同实现着社会变革和发展。如果说政治发展要有关于上层建筑的政治革命为历史前进的火车头，那么经济发展

① 《邓小平文选》（第 3 卷），人民出版社 1993 年版，第 370 页。

则要有关于经济基础的革命作为历史前进的推动力。社会历史前进离不开革命性的社会变革。

这里，首先作为基础的是“生产力的革命”，这里包含着作为第一生产力发生变革的“科技革命”。经济要发展就要在作为“生产力革命”的基础之上，对经济体制进行变革。而且在改革是为了实现“生产力革命”的意义上讲，改革也是一场革命。因为对于生产力来讲，革命是解放生产力，改革也是解放生产力。马克思主义认为，这是由人类社会基本矛盾的运动所决定的。马克思主义明确指出，生产力和生产关系、经济基础和上层建筑之间的矛盾，是人类社会的基本矛盾。在这一基本矛盾中，生产力是最活跃、最革命的因素，而生产关系、上层建筑则是相对稳定的。生产力的不断发展，对生产关系、上层建筑提出新的要求，到一定程度，矛盾就会凸显，旧有的生产关系、上层建筑阻碍生产力的发展。这时，只有调整和改变生产关系和上层建筑，生产力才能得到解放，才能进一步发展。在阶级社会，这一矛盾的对抗性往往必须通过革命的方式加以解决；在社会主义社会，由于基本矛盾的性质发生了根本的变化，可主要通过改革的方式加以解决。总之，改革涉及社会生活的一系列深刻变革。这种变革对于社会主义社会生产力起着巨大解放作用。正是在此意义上，邓小平讲，改革也是一场革命。

邓小平同志在 1978 年明确提出，“这场革命既要大幅度地改变目前落后的生产力，就必然要多方面地改变生产关系，改变上层建筑”[①]。党的十一届三中全会又指出：“实现四个现代化，要求大幅度地提高生产力，也就必然要求多方面地改变同生产力发展不适应的生产关系和上层建筑，改变一切不适应的

① 《邓小平文选》（第 2 卷），人民出版社 1994 年版，第 135 页。

管理方式、活动方式和思想方式，因而是一场广泛、深刻的革命。"邓小平同志还多次强调，"我们把改革当作一种革命"[①]，改革"在某种意义上是一种革命"[②]，"改革是一场革命性变革"[③]，"改革实质是一场革命"[④]，"改革是中国的第二次革命"[⑤]。就此党的十三大报告明确指出："社会主义体制改革就其引起社会变革的广度和深度来说是又一次革命。"江泽民同志在党的十四大报告中又进一步强调，"改革也是一场革命，也是解放生产力，是中国现代化的必由之路"。

可见，改革作为一场革命，是在首先肯定和重视"生产力革命"的意义上，就经济体制改革所引起的经济政治文化变革的广度和深度来说的，而不是通常意义上专指的政治革命和社会革命。经济革命并不等同于政治革命。因为所谓政治革命，特别强调是指一个阶级推翻另一个阶级的政治统治的革命。政治革命的根本任务是打碎旧的国家机器，夺取国家政权。社会革命是指用一种社会制度代替另一种社会制度的革命，是社会制度的根本变革，甚至其结果是社会形态的更替。正是就生产力的革命带来根本性的经济变革来讲，中国强调的经济体制改革，是为了解放和发展生产力或者说为适应或实现生产力的革命。而在社会主义制度下进行的一场革命，它不是要改变现行的社会制度，而是要改变束缚生产力发展的经济体制以至政治体制，使社会主义制度进一步完善和发展，以达到解放和发展生产力、进而推动社会全面进步的目的。这样才讲到，对于经

① 《邓小平文选》（第3卷），人民出版社1993年版，第82页。

② 见1985年10月15日新华社电讯。

③ 见1985年10月15日新华社电讯。

④ 见1984年10月11日《人民日报》。

⑤ 见1984年10月11日《人民日报》。

济体制来讲，改革也是一场革命。准确说，改革是一场解放生产力的革命。

中国共产党强调：中国共产党领导中国人民夺取政权建立起社会主义制度，这是一次根本性的变革，是第一次革命。而中国共产党领导中国人民基于生产力的革命而进行的经济体制乃至关涉于政治、文化的改革，是第二次革命。改革作为中国的第二次革命，与第一次革命相比较，既有解放生产力这一共同的特点，又有其不同的特点。第一，它不是对社会主义基本制度的革命，而是关于经济、政治、文化体制的“革命”，它并不否定社会主义的基本制度，而是社会主义制度的自我完善。第二，它不采取疾风暴雨式的、大规模的“群众运动”的方式，而是在共产党的领导下，通过解放和发展生产力，采取渐进的方式，自上而下有秩序有步骤地依次展开。第三，它是一项艰巨复杂的系统工程。要进行改革的总体设计，并采取分步走战略。正是由这样一种实现社会变革的革命，才能解放和发展生产力，适应生产力的革命，实现经济发展，实现经济体系联同政治、文化乃至整个社会体系的发展，实现社会进步。

（二）在社会学及相关学科中，总要呈现出这样的概念群：社会变迁、社会进化、社会进步、社会发展，等等。这是要作出区别的。

1. 关于社会变迁与社会进化。

塑造论哲学在其阐述其原理时，就热力学定律和进化论原理特别注意区分使用这样一些概念：自然熵增、自然熵减，人为熵增、人为熵减。

作为自然熵增，体现热力学第二定律，指向无序；作为自然熵减，体现进化论原理，指向有序。作为人为熵增，同样体现热力学第二定律，指向无序；作为人为熵减，体现进化论原理，指向有序。这里，由社会学视角关心指向有序的自然熵减、人为熵减，前者强调着自然性、后者强调着人为性，准确说是强调了人为性的必然性。

显然，讲社会变迁，这里面既有走向进步的变迁也有走向倒退的变迁；讲社会进化便一定讲到走向进步的进化（否则便不是进化）。而讲进化只是强调了其自然性意义，讲进步则强调着人为性的意义；这里有关于人在社会进化中是只等着进化还是主动推进进化的问题，这里还有关于是否只对改良认可或对社会革命是否认可的问题。

这里必须承认，如前所说，社会变迁有两种基本形式，即渐变式和突变式。渐变式变迁是指事物逐渐地、缓慢地演变的过程。社会进化往往是就此种情况而言。突变式变迁，这主要表现为社会革命。其基本特征是，呈现一种显著的突变状态。这不同于通常讲的社会进化。

就社会进化而言，历史上曾出现过一种"社会进化论"（social evolutionism）。这是用由简单到复杂、由低级到高级发展的进化论来解释社会变迁的一种社会学理论。这种理论将变异、自然选择和遗传等生物学概念用于社会学研究，认为人类社会和生物有机体是相似的，人类社会是自然界的延续，进化是自然界中人类社会历史变迁的自然规律。

19世纪下半叶，英国自然科学家C. R. 达尔文的《物种起源》（1859）问世后，以自然选择为中心的生物进化观念在欧洲产生了广泛的影响。一些思想家进一步把生物进化理论引入社会历史和文化研究领域，导致了社会进化论的产生。社会进化论的早期代表人物主要有：A. 孔德、H. 斯宾塞、L. H. 摩尔根、E. B. 泰勒和L. T. 霍布豪斯等。早期社会进化论者认为，社会的进化和生物进化一样，是一个缓慢的、渐进的过程，是从低级到高级，由简单到复杂的直线式的发展。在阐明社会历史发展的动因时，他们往往诉诸自然界的规律，其理论大多具有决定论的色彩。如前所说，早期社会进化论可分为生物进化论和自然主义进化论两种。生物进化论认为，同生物有机体一样，社会制度的发展也存在着某种有机规律，它决定着这些制度变化的渐进性和持续性。如孔德提出社会的发展经历了原始阶段（或神学阶段）、过渡阶段（或形而上学阶段）和实证阶段（或科学阶段）的观点。自然主义进化论从自然哲学那里继承了关于“第一推动力”的思想，认为社会是自然界的一部分，也受普遍规律的支配。有机体论强调社会整体的结构具有决定作用；人类学认为人的本性、人种特征和遗传因素对社会生活具有决定性影响；社会达尔文主义认为社会发展的决定因素是生存竞争和自然淘汰，等等。

由于早期社会进化论在理论上的粗浅，甚至在有的人那里走向庸俗，一些人对社会发展只作渐进的、直线型的理解，遭到各方面的批判。19世纪末到20世纪初，随着反实证主义思潮在社会理论中影响增大，传统的进化观念受到怀疑，社会进化论在社会学中的影响逐渐减弱。20世纪60～70年代，发展中国家的经济和社会发展问题受到社会学界普遍关注，引发许多社会学家重新看待传统进化论，并完善某些概念，出现了新进化论或称现代社会进化论。

与早期社会进化论不同，现代社会进化论不注重对社会发展阶段进行猜测，而把重点放在研究不同社会发展的变化模式上；认为社会的发展不是直线式的、渐进的过程，它可借助文化传播以跨越某个或某些发展阶段；从发生学上看，人类作为一个整体必须经过一系列的进化阶段，但每一个社会不一定必须经过所有的进化阶段，工业化导致了相同的制度和社会模式在全球范围的发展。现代社会进化论提出了五种社会变迁类型：①非必然的进化。认为社会发展到某一阶段，可能会导致进一步进化，但也可能不会发生这种进化。②非直线发展的进化。

认为不存在一个所有社会都必然经过的单一发展阶梯顺序，社会通过相互传播文化，可以跨越某些发展阶段。③非社会达尔文主义的进化理论。认为协作化竞争更能带来进步。④不含最终目标的进化。认为不存在进化的目标。⑤非同步的进化。认为经济的增长、科学技术的发展，不是必然地伴随着文化同步发展。

社会进化论的产生给神创世界论及物种不变论以沉重打击，对探索社会发展的自然规律性和对社会发展进行科学研究起了积极的作用。但它把社会发展仅仅理解为渐变、改良，不承认质变、飞跃。马克思对此进行批评，并阐明人类社会的发展是一个自然历史过程，社会的发展总趋势是由低级向高级发展，进化是迂回的、曲折的、永无止境的过程；社会进化与社会革命相辅相成，促进、推动社会的进步发展。[①]

2. 关于社会进化与社会进步。

把握社会变迁概念一定要充分比较社会变迁与社会进步这两个范畴。应当说，社会变迁与社会进步，都是反映社会变化的范畴，在日产生活中人们经常交替使用它们，在很多情况下，社会变迁就是社会进步，然而它们仍有明显的区别。其一，两者的方向有别。社会作为一个有机体，无时无刻不在发生变化，但变迁的方向是有差异的，社会变迁具有多向性特点，既包括社会的发展、进步，也包括社会的停滞和倒退，而社会进步则是正向的、一维的。其二，两者的性质不同。一般来说，社会变迁不带有价值判断的成分，只是一种事实陈述，是对复杂多样、性质各异的社会变动的客观描述，无所谓善恶、对错。只有当人们认识和掌握了社会变迁的规律，并以某种特定的方式

① 《中国大百科全书》（社会学卷），中国百科全书出版社 1991 年版，第 310 页。

去影响社会变迁的方向和进程时，社会变迁才可能以社会发展或社会变革等形式出现。所以，社会变迁并不直接意味着社会进步。而社会进步则包含一定价值判断的成分，是一个带有主观性的评估概念，它以普遍的价值体系确立其基准。所以说，社会变迁是一个中性概念，而社会进步则是带有明显倾向性的概念。①

“社会进步”是19世纪的思想家和社会学家所热衷研究的传统课题。当时研究的中心是工业革命带来的社会进步。法国哲学家孔多塞提出，民众教育是一切社会进步的基础，他认为历史学的目的在于发现和应用社会进步的规律。法国思想家圣西门认为，社会进步取决于发展科学、保护产业阶级和工业组织。法国社会学家A. 孔德认为，与人类精神发展三阶段即神学阶段、形而上学阶段和实证阶段相适应，人类社会组织的进步也经历了军事的或武力的社会组织、以法律为基础的社会组织和工业的社会组织三个阶段。社会进步包括了物质进步、身体进步、道德进步和智力进步，根本特征是日益加强的功能专门化和社会机构适应性的日益完善。K. 马克思则在生产力和生产关系的矛盾运动中，发现了人类社会发展的基本规律，认为社会进步的实质就是新的社会形态取代旧的社会形态，是从旧社会中诞生新社会的过程，从而为社会进步学说提供了科学的理论框架。

20世纪以来，社会进步的概念在社会学中引起了许多争论，受到许多西方社会学家的责难。较为突出的是社会循环论的观点。其认为社会历史过程是按圆周运动而重复的。19世纪末20世纪初主要资本主义国家内部社会分化扩大，社会冲突加剧，

---

① 参见李芹：《社会学概论》，山东大学出版社2009年版，第301～302页。

经济、社会、文化发展不平衡，很多人开始怀疑是否存在真正的社会进步，疑问社会进步到底意味着什么。法国社会学家E.迪尔凯姆认为，物质世界不一定会带来人们境况的改善、带来福利和幸福。德国社会学家M. 韦伯认为，使用"进步"这一术语是极不适宜的。后来，美国社会学家P. A. 素罗金、德国历史学家O. 斯本格勒等人又进一步主张历史循环论，甚至把社会的倒退和衰落看作是历史的终极。在现代哲学中，否定社会进步的观点主要变现为主张社会变化非定向性，认为社会中主要是偶然性因素的作用，而偶然性是不确定的，所以社会活动无所谓朝着某一方向进展。从历史到现代，一直有人提出社会倒退运动的思想，认为社会活动不是表现为进步而是表现为退步。不少社会学家认为，社会进步是一个不可捉摸的概念，只有把它从进化或发展中区分开来，才能确定它的含义。学术界占主导地位的看法是，在社会中唯一存在的进步是道德的进步，社会进步是人类确定普遍伦理之后设想出来的，是某种价值或道德判断的产物。中国社会学家孙本文曾提出，应以身体、能力、经济、社会和道德5个方面16项指标作为社会进步的标准。在当代，人们建立了各种各样的社会指标体系作为衡量社会进步的标准，并成为确定社会进步的标志体系。有研究者指出，找出社会进步的标准体系，既要以社会主体结构为基本依据，又要兼顾社会多层面结构。基于这样的考虑，有人把社会进步的标准体系设计为经济的进步、社会管理的进步和人的进步这三个层次，每一个层次又可分出分标志或分指标。至于分指标下面的更为细微的指标分目，则超出了社会历史哲学的考察范围，而应由更为具体的学科去研究和确定。又有学者认为，理论对于复杂的社会进步，只归结某一标准，难于反映社会进步的丰富内容。据此，他们认为，研究社会进步，固然要概括出社会进步的标准体系。作为标准，要有一定的计量性和可检验性，但由其对象所决定，这种计量性又难以达到严格的科学要求。所以，这样的标准体系，只能叫作社会进步的标志体系。

当然，也有学者这样论述：一个社会要得以进步，避免倒退与停滞，从人为角度讲，必须做到：①人们要建立一定的稳定机制，这是指社会在保障系统内部的活力和创造力的前提下，不断地进行自身的调节，是自身处于一种相对有序的状态，既能避免各种破坏性因素的影响，又能提高对外部环境和各种条件的适应能力，在稳定中求发展。②人们要建立灵活的协调机制。使社会发展的速度、力量、途径等不断得以调整和控制；这一机制发挥作用，才能处理好发展过程中各个方面与整体发展的相随关系，形成良性的前后相随秩序以及整体配套秩序。③人们要建立切实的更新机制，以保证社会结构的优化、体制的改革和观念的更新。缺乏这一机制，社会就会陷入停滞乃至瘫痪状态，无从谈及社会进步。

3. 关于社会进步与社会发展。

要历史地看待社会变迁，社会进步应被视为一个客观的、必然的趋势。在前面的论述中，已强调了社会变迁并非全都表现为进步，社会进步也不一定在社会体系中全面发生。进步、停滞和倒退在一定时期内有可能会同时出现。

社会进步是难于用某一社会要素为标准来说明的，衡量社会进步只能建立一个综合的标准，即由经济的进步、社会管理的进步及人的文明进步等等构成的标志体系。这个体系中的每一个方面，又可以分出更为具体的标志。建立这样的综合标志，对评价社会的进步和历史的发展来说是有意义的。社会进步应以综合的标志来衡量，而不应将标准归结为某一个社会要素。然而，综合标志尽管包括一个一个方面，却也有其综合的表现。马克思主义认为社会进步的综合表现就是社会形态从低级到高级的发展。马克思、恩格斯指出，这一综合表现的最高目标是共产主义社会。共产主义是人类目前争取社会进步的最高目标。在社会进步的标志系统中，最高层次的标志是人的自由而全面发展，这是社会发展的目标。人类奋力争取的社会发展正是朝着这个目标前进。当高一级的社会形态取代低一级的社会形态时，经济、社会管理和人的文明一般地说都是大大提高的。而未来的共产主义社会，这几个方面达到最高的水平和最完善的协调发展。当然，共产主义社会的建立还需要全人类的长期努力，共产主义社会的建立也不是社会进步的终结。人类社会的发展有其内在的源泉和动力，社会进步是一个永无止境的历史过程。社会的进步总是以社会文明表现出来。文明的进步才能创造出符合社会进步要求的人，文明进步是人与社会发展的最高表现。

社会进步作为表述社会变迁的概念，适用于历史的全过程。在历史过程中，社会进步通过多种形式实现。推进社会进步的基本形式是社会变革。与社会进步既相联系又有所区别的社会进化，是相对于社会变革而言的。就是说，在未发生社会变革的时期，社会也是进化的。这种社会进化，同样可以用社会进步的综合标志来衡量。在人类社会历史发展的时间长河中，社会变革所经历的时间相对地说是短暂时，因而社会进步在更多的时期内是通过社会进化而实现的。然而，对社会进步有巨大推动的又在于社会变革。社会进化为社会变革准备条件，社会变革又将社会进化推进到一个新的阶段，从而形成继续展开的社会进步。

社会发展寓于社会变迁之中，社会变迁的总趋势是社会发展。两者密切联系在一起，但"进步""发展"和"变迁"这些个概念又不等同。社会发展指的是社会的进步，而社会变迁既包括社会的进步又包括社会的退步。例如，非洲尼罗河流域的逐渐沙漠化，人类文明的逐渐被淹没，可以说是一种社会变迁，如果说这是一种社会发展就不合适了。

社会发展是一种促进整个社会良性运行和协调发展的社会变迁。反之，则是倒退的社会变迁。进步的社会变迁也不是直线型的，而更多地表现为曲线型的进步。进步的社会变迁和倒退的社会变迁，其间有着矛盾冲突。在现实社会变迁过程中，进步和倒退两个方向上的社会变迁往往是同时存在、同时进行的。

当说到社会变迁指向社会发展，这是指社会系统、社会结构的内部关系以及与外部环境的关系相对均衡，在这种状况下社会发生有秩序的、缓慢而持续的变化和发展，由低级到高级、从简单到复杂、由一种模式到另一种模式。这时的社会变迁是局部变迁的积累，整个变迁过程表现为渐进的量的变化或部分质变的过程。革命的社会变迁即社会革命，是社会系统、社会结构的相对均衡遭到彻底破坏，特别是社会物质生方式统一体中生产力和生产关系的相对均衡遭到彻底破坏。这是社会系统和社会结构需要重组时所发生的改造社会的重大社会变迁。在社会革命时期，社会的经济、政治、意识形态以及社会生活的各个方面都会发生根本的变化。这是社会变迁渐进过程的中断，是社会的质变。社会进化和社会革命发生的条件不同，作用也不同。当一种社会形态需要向另一种社会形态转变时，必须借助于社会革命。当一种社会形态基本确立，社会系统和社会结构相对均衡时，社会变迁的主要方式是社会进化。社会主义时期社会变迁的主要方式是通过社会主义制度自身的调整和改革，来保证和推动社会主义社会良性运行和协调发展。

第三章　社会显意识：显现出来的社会体系（社会"在成""诚是"的"实在""成就"何以可能）

第一节　社会规制的显现

一、社会规制显现于不同的社区类型

社会规制内含着社会的构成，社会规制涉及社会的体制、社会的制度；从表现形式来说，可以有血缘规制、资本规制、网络规制等，此外还可以考虑更多的社会因素加以分类，例如村社、乡镇、街道、城市等的社区规制。这都是社会规制于不同类型的显现。

关于社会规制显现的研究，无论是对于一个社区或对于整个社会来说，都有重要的意义。整个社会是由一个个或大或小的社区所组成的。各社区是一个规模不等的具体的小社会，是整个社会的不同程度的缩影。从一定意义上说，社区研究，重要的是社区规制的研究。同整个大社会相比，一般地说，整个社会普遍存在的一些现象必会在各个社区里有所表现。作为地

方社会，社区不可避免地有着这样或那样的社会问题，例如住房问题、贫困户问题、教育资源问题、犯罪问题、交通问题，以及老年人问题等等。社区研究要揭示这些问题与该社区其他方面生活的相互联系，并提出解决的建议，帮助社区依靠自身的力量尽可能有效地解决问题。一个社区所面临的许多问题，往往不是某一社区单独存在的，而是更大社会范围内的问题的具体表现。因而社区问题的研究，有助于发现和解决更为广泛的社会问题。总之，对社区规制的显现加强研究是社会研究的具体化。对社区规制的显现进行研究，有利于把握社会发展的普遍规律及同类社区的共同特点。通过对社区规制显现加以研究，可以了解某一社区的地方特点，因地制宜地进行改革和建设。

（一）关于社区。

社区（community）这个词，通常主要指以一定地理区域为基础的社会群体。在塑造论哲学的社会学论证中，这里强调，是社会群体展开社会行为的舞台。它至少包括以下特征：有一定的地理区域，有一定数量的人口，居民之间有共同的意识和利益，并有着较密切的社会交往。社区就是地方社会或地域群体。村庄、小城镇、街道邻里、城市的市区或郊区、大都市等等，都是规模不等的地方社区。社区与一般的社会群体不同，一般的社会群体通常不是以一定的地域为特征，而社区往往带有很鲜明的地域性。

近现代社会学家常讲的“社区”一词，来自于德文的gemeinaschaft。德国社会学家F. 滕尼斯1887年出版《社区和社会》（又曾译《礼俗社会与法理社会》）一书。滕尼斯认为，社区是基于亲族血缘关系而结成的社会联合。在这种社会联合中，情感的、自然的意志占优势，个体的或个人的意志被感情的、共同的意志所抑制。与此相应，他将由人们的契约关系和由

"理性的"意志所形成的联合称为"社会"。而英文 community 一词含有公社、团体、社会、公众，以及共同体、共同性等多方面含义。因此有的社会学者有时又在团体或非地域共同体意义上使用 community 一词。而中文"社区"一词是中国社会学者在 20 世纪 30 年代自英文意译而来，因与区域相联系，所以社区有了地域的含义，意在强调这种社会群体生活是建立在一定地理区域之内的。这一术语一直沿用至今。

由于社会学者研究角度的差异，社会学界对于社区这个概念尚无统一的定义。但许多学者认为，社区概念是以一定的地理区域为前提的。1955 年，美国学者 G. A. 希莱里对已有的 94 个关于社区定义的表述作了比较研究。他发现，其中 69 个有关定义的表述都包括地域、共同的纽带以及社会交往三方面的含义，并认为这三者是构成社区必不可少的共同要素。因此，人们至少可以从地理要素（区域）、经济要素（经济生活）、政治要素（政治管理）、社会要素（社会交往）以及社会心理要素（共同纽带中的认同意识和相同价值观念）的结合上来把握社区这一概念，强调把社区视为生活在同一地理区域内、具有共同意识和共同利益的社会群体。

人们通过对社区的历史演变进行考察看到，早在社会学者形成社区这一概念之前，社区这种人类社会生活的重要现象就已存在。人类总是合群而居的。人类社会群体的活动离不开一定的地理区域，具有一定地域的社区就是社会群体聚居、活动的场所。从这个意义上说，社区是农业发展的产物。在远古游牧社会中，居民逐水草而居，并无固定的住地。严格说来，那时的游牧氏族部落只是具有生活共同体性质的一种社会群体，不是今天所说的社区。其后，随着农业的兴起，从事农业生产的人口需要定居于某个地区，于是出现了村庄这样一种社区。随着社会经济、政治、文化的发展，在广大乡村社区之间又出现了城镇社区。

欧洲工业革命以后，一些工业国家为了应付当时工业发展带来的一系列社会问题，在社区内开展了一系列社会工作，对原有的社会福利制度和社会救济制度进行了改革，越来越多地注意调动社区居民的积极性，增进社区居民参与社会福利的主动精神。20世纪初期，在英国、法国和美国等国出现了“睦邻运动”，宗旨是充分利用社区的人力、物力资源，培养社区居民的自治精神和互助精神，动员社区居民参与改造社区生活条件的活动。第一次世界大战期间，美国政府适应战时的需要，在全国普遍开展“社区组织运动”，改进社区工作，开展战时服务。社区工作的迅速发展，引起了社会学家的关注与研究。美国社会学家I. T. 桑德斯和波尔斯在其合著的《农村社区组织》一书中，对社区发展的基本理论和方法作了较为详细的论述。第二次世界大战以后，世界各国，尤其是非洲、亚洲、中南美洲的发展中国家，面临着贫穷、疾病、失业、经济发展缓慢等一系列问题。要解决这些问题，仅仅依赖政府力量是远远不够的。于是，一种运用社区组织方法，合理利用民间资源，发挥社区自助力量的构想应运而生。1951年，联合国经济社会理事会通过了390D号议案，计划建立社区福利中心，推动全球经济、社会的发展。不久又将“社区福利中心计划”改为“社区发展计划”。1954年，联合国改组社区组织与发展小组，建立联合国社会事务局社会发展组，在世界许多国家和地区积极推动社区发展运动，并得到了一些国家和地区政府部门的重视。例如，印度政府较早地接纳了联合国的社区发展计划，在全国数十万个村庄推广社区发展运动。社区发展在许多国家实施，并已由乡村扩展到城市。显然，工业革命以来，人类社区进入了都市化的过程，不但城市社区的数量日益增多，而且城市社区的经济基础与结构功能都不同于以往的社区，其规模日益扩大，出现了许多大城市、大都会社区。

依据地域群体的不同特质划分的社区类型，大体可分为地理区域的社区和区位体系的社区两大类，这便是社区类型(classification of community)。这实质上是由社会行为主体的行为地域和行为方式来加以分类。

地理区域的社区，指有一定地域边界的社区。这里，以是否为自然状态和是否从事农业生产活动来对不同的社区类型加以区分。依据前者可以分为自然社区和法定社区。自然社区以自然居住群体的形成、发展来确定，如村落。法定社区以行政管理的权力范围来确定，如乡、镇、县、市等。依据是否从事农业生产活动可以分为农村社区和都市社区。农村社区是以农业生产活动为基本特征、人口相对分散的社区，都市社区是以从事非农业生产活动为基本特征的人口相对集中的社区。小城镇社区则是发展规模较小、人口集中程度较低的，以从事非农业生产活动为主的社区。在中国，它是联接农村社区和都市社区的中间环节。

区位体系的社区，指按照人类生活必需品的生产与分配的区位过程和规模来划分的社区。美国社会学家R. D. 麦肯齐在《人类社区研究的区位学方法》一文中，由四种情况来讲社区：①指基本服务社区，这既是基本生活资料分配过程中的第一环节，又是其他制成消费品分配过程中的最后一个阶段，诸如农业村镇、捕鱼、采矿、林业等社区。此种社区的规模主要取决于当地消耗自然资源的主产事业的性质和形式，以及它与周邻社区贸易往来的程度。②指在生活资料分配过程中履行次要功能的社区。它是原料和商品的集散中心，通常称为商业社区。其规模取决于行使各地产品分配功能的程度。③指工业城镇，特别是商品制造业的中心，兼备基本服务型社区和商业社区的功能。它的发展规模取决于该地区内工业的发展余地及市场组织的状况。④指那些缺乏自身明确的经济基础的社区。如当代的一些娱乐旅游地点、政治和教育中心。这类社区的发展在经济上依赖其他社区，并在商品的生产以及分配过程中不承担特殊的功能。

另外，社会学界一些学者还特别注意到，在人类生活中还有其他一些情感相同、信仰相同或关注任务相同的共同体，例如某些思想团体、学术团体。有的学者对此译称为精神社区或心理社区，这实为精神上的共同体或心理上的共同体，它没有专门的和一定的地区。这实质上是由社会行为主体在行为中的不同层面来加以分类。

无论何种类型，都有其特定的结构及其要素，有其要素的整体结构。

关于基本的社区要素（community element），综合各家的论述，可以说，都没离开社会行为主体的行为及符号表现。这主要有：①人口。指社区内按一定生产关系或社会关系聚居的人口群体。②地域。指社区的范围、方位、形状、环境、自然资源等。③经济。指社区居民的生产、交换、分配和消费等经济活动。④社区的专业分工和相互依赖关系。分工形成社区的各种团体、组织，导致阶层、阶级的分化，构成单位、团体之间的各种依赖关系，并形成社区的组织结构和功能结构。⑤共同的文化与制度。社区成员的社会化既是接受社区文化的结果，又是形成社区共同文化与制度的前提。社区的共同文化和制度指导并控制着社区的行动，促使社区构成一个整体。⑥居民的凝聚力与归属感。美国社会学家 A. 英克尔斯认为，社区成员的共同结合感及对某些实际生活及精神生活的共同评价等，决定社区的本质。⑦为社区服务的公共设施。如各种商业设施、文化娱乐中心、医疗卫生机构等。

这里有一个社区各部分、各因素之间相互适应与调节而达到一种相互合作与依赖的状态和过程，即社区整合（community integration）。通常认为，社区整合的标准，主要有：①文化的整合，指社区成员在文化认同，或价值观与信仰方面的一致；②规范的整合，指社区人员努力在行为标准上一致；③沟通的整合，指社区人际沟通的畅通与人际关系的融洽；④功能的整合，指社区在功能上的分工合作与相互依赖的协调关系。研究者注意解释道：这四个标准不是绝对的，并非要求社区居民的行为标准、价值观、信仰等方面完全一致，只是基本的一致。社区整合主要表现在社区认同感的增强、社区居民积极性的提高、社区合作的增加和社区参与的增多等等。现代都市社区的整合更大程度上是从功能整合方面来衡量。

社会学研究者很注意研究社区整合的促进因素，这主要涉及：①社区共同利益。发展社区经济，满足社区居民的共同需要，促进社区居民相互间的合作与一致。②社区领导者。具备一定条件的社区领导者（正式领导者或自然领导者）才可促进社区的整合：愿为社区居民服务；能看到社区全面利益；能与社区中各界人士接触；志愿在本社区长久居住；具有社区中重要职业的身份；能使用民主领导方式；不为派系利益左右；能对他人产生影响；等等。③社区互助技术。促进有移民的社区的整合，要运用各种互助"技术"。如发展居民新的共同价值观；扩展各类居民的活动范围；介绍新成员加入社区各群众团体；邀请新成员参加社区工作并予以表彰等等，以加强新老居民间的沟通与了解，促进其相互间的适应与合作。④社区标志与仪式。前者指社区中十分有特色的名胜古迹、自然风景、纪念建筑、独特传统，以及社区中自行组织的球队、乐队、文艺团体等等；后者指社区的节日庆典，也包括诸如新建筑落成典礼、学校开学或毕业典礼等等。当标志与仪式为社区居民所赏识并提高他们对社区的共同情感时，它们就能成为促进社区整合的力量。社区是一个复杂的多元体系，社区整合往往是各种因素、多种力量相互影响和综合作用的结果。其中，社区的社会经济结构对社区整合有着重大的影响。随着社会经济结构的改变，居民的生活方式、社会关系等都会随之发生变化。

有关研究者特别关注到，在整合中，社区内各要素的内部及其相互间相对稳定的关系，形成社区结构（community structure）。社区是一个由各种要素相互作用形成的有机系统。经济要素、政治要素和文化要素是社区的重要组成部分，它们自身具有一定的结构，相互之间也形成一定的结构。例如：社区的经济结构，包括生产力结构和生产关系结构，以及产业结构、企业结构、产品结构、技术机构、职业结构、所有制结构、交换结构、分配结构、消费结构、社区经济的空间分布结构等等。再就是社区的政治结构，这指社区居民在政治活动中形成的关系，其中体现出社区居民的利益和地位的分化。一定的社区政治结构与社区经济结构相适应，主要表现为阶级与阶层的结构，各种政治组织、政党之间的关系，社区权力结构和政治制度结构等。另外，社区的文化结构，此关涉社区内各种伦理道德、价值观、宗教信仰等个体意识和群体意识，还涉及社区内的语言、各种文化载体或设施、机构等。

社区结构中的成分各自承担一定的社区功能，彼此间又相互依存、相互渗透。社区既是这些成分相互作用构成的地域共同体，又是它们与外界更大社会系统保持联系的重要场所。虽然社区结构在一定时期内保持整体的相对稳定，但各成分内部及彼此之间也会出现失调和冲突，直至演变为结构重组。对社区结构的分析是当代社区研究的重要趋势。

经过社区整合，社区结构整体会发生作用，这成为社区功能（community function）。社区的主要功能包括：①经济功能。社区的工厂、商店等为居民提供生产、流通、消费服务。②社会化功能。社区内的家庭、学校和儿童游戏群体对儿童与青少年的社会化起主要作用。社区的文化教育活动对青少年、成年人都产生重大影响。③社会控制功能。社区各类机构与团体在维护社区秩序、保障社区安全等方面发挥重要的作用。社区的风俗习惯和规范约束居民的行为，社区的赞誉与责备等社会舆论促使居民遵从社区的风俗习惯和规范。④社会福利保障功能。表现为社区居民之间的互助与共济。福利部门或慈善团体扶贫助弱，社区医院、诊所为居民提供医疗保健服务等。⑤社会参与功能。社区为居民提供经济、政治、教育、康乐和福利等方面活动的参与机会，使居民对社区有更多的投入和更强的认同感。

社区的功能随着社区的变迁和发展而相互改变。现代社区的发展趋向于专门化。例如，某些社区发展为商业城区、学校城区等。在专门化的社区，原有的一些功能被强化，另外一些功能则被削弱或为大社区所取代。

一个社区的各社会单位和子系统在本社区内彼此之间的结构与功能关系，表现成社会横向格局（the community's horizontal patern）。美国社会学家 R. L. 沃伦在《美国社区》（1963）与《美国社区展望》（1973）等著作中提出并系统地探讨了这一概念。这一概念后来成为社区研究的重要分析工具。社区横向格局的一个重要特点是，社区各社会单位和子系统以地缘关系为纽带，互相联系、互相依存于同一社区之内，在功能上互相影响、互相制约，由此形成一个社区体系。在横向格局中，社区的各社会单位（组织和个体）在一定的共同地理区域内发挥地方性功能。它们彼此之间是互相协作的关系，不是隶属关系，其主要活动发生在本社区范围之内。驻社区的地方行政机关，对该社区内互不隶属的各单位起协调的中介作用。社区内各社会单位互不隶属又互相联系，其形成的横向格局，是一个社区形成和发展的重要条件。

社区横向格局的结构关系主要通过社区内各单位之间的共存关系和协调方法来维持。社区内各地方单位的服务区域与它们的共存区域往往大体吻合。比如一个社区的商店、邮局、银行、医院等机构，其服务的居民对象和范围一般地说是基本相同的，这些机构的服务活动也是相互配合的。横向格局的功能关系主要表现为各社会单位分别从不同方面承担地方性功能。例如，家庭、邻里、学校、医院、自愿联合的团体、各类工商业、基层行政机构等，它们在社区内分别起着社会化、互助、社会参与、生产—分配—消费和社会控制等方面的功能。

在传统的社区，横向格局一般是通过非正式关系（如礼俗、感情、初级社会关系等）使社区内各单位保持联系，维持整合。随着社区的改革开放，社区内的横向联系更为复杂，社区的横向格局逐渐带有法理特征，这是社区内部为适应外界而作出的反应。由横向格局到纵向格局的加强，是现代社区的发展趋势。但是横向成分和纵向成分往往是同时并存于社区内的同一单位。

一个社区的各社会单位和子系统与外部社区的结构和功能关系，又形成社区纵向格局（the community's vertical pattern）。社区纵向格局体现了地方社区与大社会的联系，并受大社会的制约。美国社会学家 R. L. 沃伦着重分析了社会宏观体系对地方社区的影响，并以“社区纵向格局”的概念来分析现代社区。

交通的发达、大众传播媒介的扩展、科层制的发展，促进了现代社区内各社会单位的外向联系的发展，打破了传统社区的封闭性；业缘关系的发达，使各个部门或行业有了更广泛的空间分布，分支机构散布于不同的地方社区。这些分散于不同社区的分支机构的人员安排、所需的多种服务以及重大决策，主要取决于地方社区之外的主管部门，其组织活动与发展的取向也在本社区之外，使这些单位成为社区外系统的组合部分。如大公司的分厂、分店，各部门和上级政府驻地方的办事机构，既与自身隶属系统保持联系，又与所处社区发生种种关系。除这些社区单位之外，有的社区成员的工作单位和居住单位不在同一社区，其交往范围也不限于本社区。

社区纵向格局结构的外部联系是多层次、多元化的，有行政上的联系，也有经济、文化和宗教上的联系等。有的社区单位不仅在社区内有一定的服务区和贸易区，还向社区外单位提供服务，如旅游机构；有的社区单位的对外功能是专一的，有的则是多样的。就隶属关系来说，处于某一社区里的单位与处于另一社区里的本系统的总部具有隶属关系；反之，一社区里的企事业总部通过直接或间接的控制手段，对分布在其他社区的分支机构施加影响，这里存在着领导和隶属关系。纵向格局的功能关系主要表现在地方单位向外界提供人、财、物或信息，并将其纳入社区外大系统；同时这些单位又作为社区外系统的地方场所，接受服务，参与社区外系统的决策过程。有的单位是主管部门，则向社区之外的本系统提供行政指导、规章制度、协作和其他服务。这种外向关系一般带有法理性、计划性和科层化特征。

社区是由横向格局和纵向格局组成的网络。随着社区纵向格局的加强，社区内部分工扩大，社区凝聚力和自主性呈减弱趋势，乡村社区趋于城市化，社区内部的而利益分化加强，社区价值观发生变化，同时出现了科层化的趋势和社会功能的转化。这种状况反映了较小社区与较大社区的依赖关系。

社区在类型和规模上的发展，使社区的结构与功能发生种种变化。以往无论是一个村庄或一个小城镇，还是一个城市，其地域范围都具有比较确定的疆界。例如，一个完整的农村社区的地域范围通常是以其村民的聚居点为中心，并将由这个中心辐射到附近的各种服务功能的射线极限点联接起来，构成这个农村社区的地理区域。而一个完全的城市社区的地域范围，通常则是由其市区和包括若干小城镇及乡村的郊区构成的。而这其中，人们往往突出研究社区的三个层面：农村社区、小城镇社区、都市社区。

（二）具体社区。

1. 先要说到的是最基层的农村社区。这是一种具有广阔地域、居民聚居程度不高、以村或镇为活动中心、以从事农业为主的社会区域共同体。

社会学家对农村社区在规制上的含义有不同的理解。有的强调农村社区有一个共同的中心点；有的强调其居民有较强的认同感；有的强调它是有特点的社会组织和社会制度；有的则强调它有特殊的生活方式等等。概括各家的观点，构成农村社区的基本要素是：①具有广阔的地域，居民主要从事农业；②结成具有一定特征的社会群体、社会组织；③以村或镇为居民活动的中心；④同一农村社区的居民有大体相同的生活方式和行为规范，有一定的认同意识。

根据发展的时间顺序和居民点分布的状况，学者对农村社区往往分为散村、集村、集镇等类型。①散村社区。它是最初形成的或因特殊地理环境而形成的零散的小村落。这类社区的特点是：一般发育程度低，聚居程度还不算高，三五家，七八家在一起，非亲即故。居民大多从事种植、养殖业，经济单一，居民往来频繁，相知甚深，守望相助，关系密切。但这类社区一般与外界较隔绝，信息不灵，交通不便，居民传统观念强，比较保守，社区变迁缓慢，社会流动较少。随着社会经济的发展，散村社区一般逐渐向集村社区过渡。②集村社区。这已成为是人数较多，规模较大，居住较集中的村庄，一般是几十户甚至几百户聚居在一起，多以平原、沿海、交通沿线、三角洲等地为聚居点。集村社区的人际关系不如散村密切，血缘氏族关系开始淡化，常以一个或数个大姓宗族杂以外来的居民公共聚居。社会组织、社会制度则较散村多。集村多有服务中心，有的集村已有"期集"或集市。③集镇社区。由集村发展而成，已成为农村小型政治、经济、文化中心。在现代集镇中，已有加工业、商业、服务业等，这类社区已成为农村小型商品集散地和农村工业基地。集镇社区中，经济结构和居民成分比集村更为复杂，人际关系比集村更为疏远，居民间的血缘关系和地缘关系逐步向业缘关系过渡。随着农村商品化、社会化、现代化的发展，集镇的社会功能日益多样，居民的传统观念也逐步向现代观念转变，社会组织和社会规制更为健全。

除了上述的划分之外，社会学界对社区还往往将农村社区划分为平原村、滨海村、沿海村、山村以及城郊农村等；按所从事的行业划分为农业村、渔村、牧村、矿业村、综合村等。

农村社区与城市社区相比，农村社区有如下特点：①具有较广阔的地域，对自然生态环境的依存性更强。广义农业（以有生命的动植物为劳动对象的种植、林、牧、渔、虫、微生物等业）的主要生产资料是土地及其附属物，在土地上生长的植物和以土地为载体的动物占据着大量的地域空间；国土中不适宜于人口居住的大量山地、水域也主要分布在农村，使农村社区具有较广阔的地域，有较城市更为优越的生态环境。而生态环境对农村的生产与生活有着直接的影响，农业生产对生态环境的依赖性较强。如破坏了植被、森林，会造成水土流失，影响气候，导致自然灾害，造成农作物减产等。②人口密度小、人口素质较低。农村所据地域较广，人口密度相对于城市稀疏得多。在通常发展中国家中，这种社区农村经济结构单一，教育、文化、科技发展水平较低，卫生事业不发达，交通、信息较闭塞，传统文化积淀较深。人口的职业结构比较简单，同质性较强。③社会问题不如城市复杂、集中和突出，犯罪率较低。④居民的血缘、地缘关系较密切。特别是在自然经济长期占统治地位的农村，人际关系受狭小地域的限制，尚未摆脱血缘、地缘关系的束缚。⑤生活方式比较单调，传统色彩较浓，时间观念不强，生活节奏较慢。在文化、教育、体育、娱乐等不够发达的情况下，闲暇生活比较单调。个人消费品结构较单一，消费水平不高。居民政治生活兴趣不浓，参政意识比较单薄。由于长期受自然经济生产方式的影响，地域观念、乡土观念较强，重农轻商，重生产轻经营，传统文化积淀较深。⑥居民所从事的职业以广义农业为主。农村社区是随着原始农业的产生和发展而出现的。在当代农村社区的发展中，产业结构发生着重大变化，非农产业比重将逐渐上升，农业劳动力逐渐向非农产业转移，第二、三次产业有所发展，小城镇相应增多。⑦农村社会组织较城市简单。在通常的传统农村社区中，习俗组织（如宗教、宗族、帮会组织）较多而法定组织较少，分科执掌、分层负责的科层制组织尚不发达。⑧经济、文化、技术相对落后。教育普及程度没有城市高，先进科学技术的普及和应用程度也较城市低。城乡的长期对立和分离，是造成农村经济、文化、技术相对落后的重要原因之一。

农村社区的整体和要素之间、各要素之间，其组合关系被称为农村社区结构（structure of rural community）。这体现于区位、人口、社会群体、经济、文化等，各种要素内部形成一定的组合关系。

农村区位结构。这主要包括：①一定农村社区所处的地理位置。如经纬度，与邻近都市和交通干线的距离及其地势、地貌等。②自然资源的分布与生态环境的构成。③与地理位置和自然资源相联系的一定农村社区的空间布局。

农村人口结构。其中包括人口的性别、年龄、职业、素质等结构。在一个大的农村社区中，人口的性别、年龄结构通常是比较均衡的。而在某些特殊类型的农村社区中，性别、年龄结构往往有趋于同质化的特点。随着农村经济的商品化和社会现代化的发展，农村人口逐步向非农业转移，农村人口结构也随之发生变化。如人口老龄化，从事农业的人口比重下降，较高文化素质的农村居民增多等。

农村社会群体结构。社会学家十分关注农村社区的初级群体，这主要在于家庭、邻里、同龄群体等。随着人口结构的变化和自然经济向商品经济的转化，农村社会的这些初级群体发生重要变化。再就是，农村次级社会群体发展出农村的各种组织，按性质划分有经济组织、政治组织和文化组织等。随着农村社会经济的发展，农村各种组织也有向复杂的科层制转变的趋势。

农村经济结构。主要包括生产力结构、产业结构和行业结构。在生产力各要素之间，有不同的劳动熟练程度和技能的劳动者、不同的劳动资料和劳动对象、不同的科技水平和管理水平，以及不同的劳动工具的组合等形成的一定层次的生产力结构。与生产力结构相联系的有不同的产业结构和行业结构。如因自然资源、社区环境、劳动者素质的不同，形成了农、林、牧、副、渔之间的不同的比例关系与结合状况。

农村文化结构。这主要指各文化要素之间的相互关系与构架方式。农村社区的文化结构的构架方式一方面受不同国家、不同民族的传统文化的影响，另一方面或者说是更主要的方面，受本地居民素质的影响。传统的农村社区，社会流动较少，居民的同质性较强，有着大体相同的语言、风俗习惯、生活信仰、价值观、道德观与生活方式等。在不同的农村社区之间居民的素质构成不同，社区文化的结构也不同，从而表现出明显的文化差异。

关注农村社区结构，在当代有一系列具体问题，需要特别关注。例如，在一定区域范围内国土资源的综合整治；实行计划生育，使人口增长与物质资料生产之间按比例地协调发展，或用移民等方法达到不同地区的人口的相对均衡分布；进行技术、资源的开发和合理地分配利用，使生产力发展水平相对协调平衡等等。

2. 小城镇社区（small town community），这是发展规模较小、集中程度较低的以从事非农业社会经济活动为主的社区。在中国，小城镇社区是连结城市社区和农村社区的中间环节，是现代社区中一种基本的社区类型。

世界各国划分城乡的标准不同，小城镇的范围也各有不同。世界上多数国家或地区以居民点的人口数量作为划分城乡的主要标准。一般来说，人口密度较大的国家或地区，城镇人口标准的起点较高，小城镇人口的下限和上限也较高。反之，人口密度较小的国家或地区，城镇人口标准的起点较低，小城镇人口的下限和上限也较低。中国的小城镇大体上由 3 个部分组成：一是非农业人口 20 万以下的小城市。二是经省级国家机关批准设置的镇，即建制镇。它包括：县级地方国家机关的所在地。总人口在 2 万以下的乡而乡政府驻地非农业人口超过 2000 人的集镇；总人口在 2 万以上的乡而乡政府驻地非农业人口占全乡人口 10%以上的集镇。少数民族地区、人口稀少的边远地区、山区和小型工矿区、小港口、风景旅游区、边境口岸等地，非农业人口虽不足 2000 人，但确有必要设置而又经过批准的小镇。三是农村集镇，即非建制镇。

小城镇社区的历史发展：在奴隶社会和封建社会，城镇的发展极其缓慢，直到 1800 年，世界城镇人口仅占总人口 3%左右，而且绝大多数都是规模不大的城镇。随着资本主义和工业革命的发展，世界城镇化的进程大大加快。19 世纪以来，到 20

世纪末，世界小城镇的发展，据 20 世纪末有关统计资料，大体经历了 3 个阶段。第一阶段是 19 世纪初至 19 世纪中期。这一时期，近代工业首先在纺纱、织布、印染等部门建立起来。与这些轻工业部门的发展相适应，世界人口城镇化的突出特点是小城镇的加速发展。1800 年（这是对世界城镇人口有比较可靠估计数字的最早年代）至 1850 年，世界城镇人口由 2930 万增至 8080 万，增长 1.8 倍。其中 10 万人口以下的小城镇人口从 1370 万增至 5180 万，增长 2.8 倍；小城镇人口在城镇人口中的比重也由 46.8%上升到 64.1%。第二阶段是 19 世纪中叶到 20 世纪 50 年代。这个阶段，煤炭、钢铁、机械、化学、电力等重工业部分得到了迅速发展，与这些工业部门的发展相适应，大城市和特大城市也较快地发展起来。反之，小城镇的发展速度却逐渐减慢，比重也逐步下降。1850～1950 年，世界城镇人口由 8080 万增至 70640 万人，增长 7.7 倍；100 万人口以上的特大城市由 4 个增至 30040 万，仅增长 4.8 倍。它在城镇人口中的比重也由 64.1%下降到 42.5%。第三阶段是 20 世纪 50 年代以后，随着在煤炭、钢铁等传统产业的基础上，电子、宇航等新兴工业迅速发展，许多发达国家的人口城镇化出现了一个新的动向，即大城市和特大城市人口比重或人口数量持续下降，中、小城镇人口比重或人口数量逐步上升。美国 50 万人口以上的大城市人口在总人口中的比重，1950 年是 17.6%，1977 年下降到 13.4%；同期 10 万人口以下的小城镇人口却由 29.7%上升到 37.4%。英国 7 个大城市群的人口，1951 年曾达到 1855 万，1971 年减少到 1775 万，它们在城镇人口中的比重由 46.8%下降到 41.3%。日本 50 万人口以上大城市人口在总人口中的比重，也从 1975 年的 24.8%下降到 1978 年的 23.3%。发达国家人口城镇化的这一新动向表明，小城镇的发展正进入了一个新的阶段。20 世纪 50 年代以后，许多发展中国家的大城市和特大城市仍在盲目地、片面地发展。由于发展中国家人口基数大，人口城镇化的速度几乎比发达国家快 1 倍。从世界范围来看，这一时期，小城镇的发展仍然是缓慢的，其人口在城镇人口中的比重仍在继续下降。1950～1970 年，世界城镇人口由 70640 万人增至 139900 万人，增长 98%；同时期，10 万人口以下小城镇人口由 30040 万增至 53510 万，仅增长 78.1%，它们在城镇人口中的比重已由 42.5%下降到 38.2%。但是，随着科学技术和生产力的发展、人口城镇化经验的逐步积累，发展中国家的小城镇将会进入加速发展的阶段。

中国小城镇在整个国民经济和社会生活中具有特殊的社会功能。主要表现在：①它是周围农村社区的经济、政治、文化等社会活动的中心。小城镇是农村工业和手工业的生产基地，农村商业和服务业最集中的场所，农村交通运输和信息传递的枢纽，农村政治、行政、社会组织活动的中心，农村教育、科学、文化、卫生等事业最发达的地方。加强小城镇建设，有利于支援农业，促进农业的现代化和商品化；有利于调整农村产业结构，促进地方经济的全面发展；有利于发展农村的教育、科学、文化事业，促进农村的精神文明建设；有利于加强对农村的指导和管理，促进农村的民主和法制建设；有利于传播科学文明的生活方式，促进农村的现代化。②它是城市社区和农村社区之间的纽带和桥梁。在商品经济基础上，随着市场经济中社会生产的发展，城乡之间在人员、物资、资金和信息等方面的联系越来越密切，交流越来越频繁，小城镇则是城乡之间进行联系和交流的中间环节。加强小城镇建设，不仅有利于小城镇社区本身的发展，而且对农村社区和城市社区的发展也会产生重大的影响。就小城镇为大中城市服务而言，它可为城市提供原材料、农副产品、初级日用品和各种劳务，为城市的产品、资金、技术、人才等开辟广阔的农村市场，还可容纳农村剩余劳力，从而控制大中城市人口的过分膨胀，接受城市更新换代淘汰下来的设备、产品和企业，以促进大中城市的产业结构向高、大、精、尖、新的现代化方向发展。③它是社会合理布局和协调发展的重要环节。现代社会是一个有机的整体，人口、经济、政治、文化等社会要素在城—镇—乡之间的梯度配置和在空间上的合理布局，是充分发挥社会整体功能、促进社会协调发展的必要条件。加强小城镇建设是打破城乡二元结构，形成城—镇—乡三级梯度结构，促进社会协调发展的重要环节，是逐步缩小城乡差别、工农差别，实现城—镇—乡一体化和整个社会现代化的发展之路。

诸多学者指出，中国小城镇作为介于城市和农村之间的中间性社区，它具有许多亦城亦乡、非城非乡的特点。①人口状况。人口密度大于农村、小于城市。人口素质较高，社会结构比较复杂。居民间的血缘关系较少，业缘关系较多。居民多数来自辐射圈内的农村社区。小城镇是农村人口向城市转移的阶梯，许多小城镇流动人口的比重甚至超过城市。②地理环境。小城镇点多面广，比较接近农村和自然资源，它的形成和发展受农村经济和自然因素的影响较大。小城镇以广大农村为生态屏障，生态环境比较优越。③经济结构。生产力以适用技术为主，呈多层次并存状态。产业结构以非农产业为主，专业分工有一定程度的发展。在所有制上，呈现出多种经济成分并存的局面。在不同的小城镇、不同的经济领域，各种所有制经济所占的比重也不相同。④社会组织。政治组织和管理机构比较健全。教育、文化、科学技术、医疗卫生、生活服务等设施有一定程度的发展。⑤家庭结构。居民的家庭规模较小，核心家庭占绝大多数，家庭的生产职能、教育职能已逐渐削弱。⑥生活方式。人们的生活节奏较快、时间观念较强，活动空间已逐渐从家庭走向社会。人们的行为主要受、法律规范的制约，人际交往的面较广、频率也日益增强。⑦心理特征。业缘观念较强，有一定的社区认同意识，乡土观念、家庭观念逐渐淡化。

20世纪80年代以来，中国学者就小城镇的概念、区位、结构与功能，小城镇在乡村城市化过程中的地位，小城镇和农村剩余劳动力的转移等方面作了深入的探讨和研究。对于小城镇是“城”、还是“乡”的问题，人们的看法很不一致。大致有这样几种观点：①小城镇属于城市社区的范畴；②小城镇是农村社区的组成部分；③小城镇中的一部分（如建制镇、工矿镇等）归“城”，另一部分（如农村集镇）归“乡”；④小城镇介于城乡之间，是城乡的结合部。对于这个“结合部”，实际上有两种不同的理解：一种可称为“城尾乡首论”，即认为小城镇是城市社区之“尾”，农村社区之“首”，是两类社区的重叠部分；另一种可称为“中间社区论”，即认为小城镇是城乡之间的中间环节，它与农村社区和城市社区有密切联系，但它又是不同于这两类社区的一种相对独立的社区。

3. 人们更多关注的是城市社区。城市社区，亦称都市社区(urban community)，这是在一定区域内异质性居民稠密集居的共同体。都市社区的构成要素主要是：①有一定的地理位置和范围；②有着众多异质性居民，他们可能属于不同的民族，有着不同的语言、文化和生活方式；③有一定的经济活动；④集居的居民有着某种共同的利益、兴趣和凝聚力；人们相互交往、从事相互依存的社会活动，共同维持正常的社会秩序。

都市社区与都市可能等同，也可能不完全等同。有的都市社区不一定是一个城市，可能是由一个中心都市和若干个其他城市或卫星城镇有机构成的。在许多情况下，都市社区是指都市的某一小区，如中国都市中的街道、居民点（里弄、胡同）、邻里、卫星城镇、工厂区等。从这个意义上说，都市是由许多个都市社区组成的。

古代都市社区多是封闭式的。德国社会学家M. 韦伯认为"完全的城市社区"应当具有如下条件：①防卫力量；②市场；③自己的法院；④相关的社团；⑤至少享有部分的政治自治权。按他的观点，只有中世纪具有防卫力量并能自治的城市才称得上是"完全的城市社区"，而现代都市社区已经丧失法律和政治方面的自治，不能成为"完全的城市社区"。西方现代一些社会批评家以现代都市社区日益复杂、人际关系疏远为理由，宣称都市社区已经消失。有些社会学家则认为，都市社区已冲破原来单一组成的格局，由一个或一个以上的大都市加上它们的郊区所组成。他们把这种区域称为都市区，实际上也认为原来意义的都市社区已经消失。多数研究者认为，不管都市社区的内涵、外延发生什么样的变化，它依然存在。

都市社区是相对于农村社区来说的，二者有着天然的普遍联系，但又有许多差异。其特点主要是：①人口高度集中，密度大；②生产力水平高，商品经济发达；③经济、政治活动集中，金融、信贷、商业贸易、科学技术、文化、信息、服务等系统综合功能强；④社会结构复杂，社会群体活跃；⑤人际关系由血缘关系和地缘关系转向业缘化，官僚制普遍推行；⑥社会服务机构齐全，家庭的经济、教育等功能明显削弱；⑦社会流动性大，个人地位和角色易变；⑧个人社会化程度提高，个性得到较全面的发展；⑨社会控制主要靠正式机构和法律；⑩生活方式多样，生活节奏快，紧张压迫感强；⑪社会问题呈"急性"状态，彼此因果制约性强。这些特点在不同的国家和地区有程度不同的表现。随着都市化的发展及都市与乡村差别的逐渐缩小，都市社区的特点将逐渐渗透到农村社区。

都市社区的类型，按人口数量划分，有特大城都市、大都市、中等都市、小城市、建制镇等，具体标准各国有所不同；按地理位置划分，有沿海都市、内陆都市、群岛都市、卫星城；

按动能划分，有工业都市、商业都市、港口都市、文化都市、政治都市、宗教都市、防御都市、综合性都市等。

18 世纪中后期始于英国的工业革命，加速了欧洲都市化进程。但伴之而来的贫穷、犯罪等弊病也日益严重，阶级矛盾尖锐。英国一些学者曾开展伦敦贫民等问题的调查。这被认为是都市社区研究的开端。1842～1844 年，恩格斯直接考察了英国伦敦、曼彻斯特等 10 多个城市的工业发展和工人生活状况，写出了《英国工人阶级状况》（1845）一书，为都市社区和都市社会学的研究作出了重要贡献。马克思和恩格斯在各类都市社区研究中，对都市性状态、都市街区、新区形成的异质性居民都有深刻的分析，最早发现了都市结构的同心圈现象。

19 世纪末以后，由于社会调查方法的发展和统计学原理的应用，都市社区研究在欧美国家有了长足的发展。其中，美国芝加哥学派的研究最为突出。他们把芝加哥城作为社会学实验室，对这个城市的各个方面和各个阶层进行了广泛的长期调查，并在搜集大量资料的基础上作出理论概括，为都市社区的研究和都市社会学的研究奠定理论基础。

第二次世界大战以后，各国社会学家重视开展都市社区研究，特别是在应用研究方面有许多突破。都市社区主要研究的领域是：①社会系统、复杂的社会组织、同龄群和其他社会群体；②社会权力结构、参与和权威的履行；③社区文化结构；④人文区位与社区规划；⑤社区福利与社区服务；⑥都市生活方式及各个阶级、阶层的生活模式；⑦都市社会心理及其在各个阶级、阶层的表现等等。

因社会学家研究的重点有所不同，都市社区研究也有着不同的研究途径和方法。概括起来，大体可分为 3 类：①社区结构和社区动态研究。②把社区作为一个变量进行研究。③选择社区生活的某些侧面进行研究。

在不同的国家和地区，都市问题既有共同性又有差异性，有不同的类型。都市不同程度地存在着人口、生态、就业、交通、住房、犯罪、老龄化等问题。①都市人口问题。人口是都市的主体。在特定都市社区范围内，人口总量和人口结构的变化，关涉到社会生活的各个方面，如就业、婚姻、家庭、福利、教育、老龄化、老人赡养、住房、交通、物质供应等。当都市人口发展与都市建设发展失调，人口规模不断膨胀时，各方面的矛盾就会十分突出。②都市生态问题。都市社会和都市生态环境，要求人口与土地空间、都市规模与地区资源、都市排废与环境容量等方面保持恰当平衡。当这些方面的平衡遭到破坏时，便产生都市生态系统失调，影响到都市的全部社会生活。③都市就业问题。在都市中，劳动者高度集中，如果职业岗位不能满足就业需要，就会产生失业或不充分就业现象。当代都市社会的科学技术高度发展，专业需求常发生急剧变化，某些职业甚至被淘汰，这会导致劳动者失业或不充分就业。所谓不充分，有两种情况：一是劳动者个人有技术，但是这种技术不为社会所需要，被迫从事不适合他原有技术专业的工作；二是劳动者个人有能力，但缺乏合适的就业机会，被迫从事不能发挥自身能力或优势的工作。例如，博士开出租汽车。④都市交通问题。这表现为都市运输手段、道路设施往往与都市人口和货物流动需求之间不相适应。交通问题主要表现为交通拥挤和低效率。许多都市交通工具和道路设施所承受的压力已超过所能容纳的最大限度。因而使车速降低，周转缓慢，给社会生活造成重大影响。如人们上下班时间延长，增加了疲劳感，降低了工作效率，生产和流通受阻，造成了各种损失。⑤都市住房问题。都市人口集中，增长速度快，往往造成住房需求和住房供应之间的关系失调。许多城市居民住房短缺，不能满足基本的生活需要，造成城市危机。⑥都市犯罪问题。都市犯罪率通常比农村地区高，并且随着都市规模的扩大而上升。西方都市犯罪绝大部分是侵犯财产罪，暴力犯罪一般集中在城市少数民族地区，吸毒、酗酒则分布范围较广。都市犯罪是严重影响都市社会生活和社会秩序的问题。

美国社会学家 L. 沃思 1938 年在《作为生活方式的都市性状态》一文中提到“都市性状态（urbanism）”这一概念。他从社会性、多样性、流动性及异质性等方面分析了都市居民生活方式的特征和人口模式，并提出了形成都市性状态的 3 个重要变量：①人口规模；②人口密度；③人口异质性；这使社会的传统控制削弱，并滋生出新的社会问题。沃思认为，上述 3 个变量的相互结合形成了都市性状态，产生了都市特有的生活方式和人格模式。由此他对都市生活方式深感不安，认为都市生活吞噬了传统的价值观，毁坏了有意义的风俗和关系。他指出，要在都市控制方面作出重大努力，即进行都市规划，才能创造出真正人道的都市环境。美国社会学家 H. 甘斯认为，沃思的上述理论不能解释实际存在的多种多样的都市生活方式。他指出都市有 4 种生活方式：①世界主义者；②未婚者、无孩夫妇；③种族村民；④被剥夺者和失足者。都市生活的多样性是由都市社会的特点造成的。都市人口由其年龄、性格、收入水平、教育水平、就业水平等特点，塑造了各种不同的生活方式。其他一些社会学家如美国的 D. 路易斯等人对沃思的理论提出批评。他们认为，城市生活方式不一定引出病态后果；都市化不一定导致都市解组，并指出美国大都市中仍保留着首属群体关系与亚文化。

研究都市形成、发展趋势及功能的各种理论流派，主要有都市化学派、亚社会学派、区位综合学派和生存学派等。都市化学派，主要研究由农村社区向都市发展的过程及其结果。美国社会学家 L. 沃思和 R. 雷德菲尔德是 20 世纪上半叶这一学派的代表人物。亚社会学派，着重研究大都市中自然形成的居民点。芝加哥学派创始人R. E. 帕克、E. W. 伯吉斯是美国最早研究城市亚社会的社会学家。区位综合学派，侧重用宏观方法对经济、社会、文化等变量作综合的区位研究。以美国社会学家O. D. 邓肯、B. 邓肯、L. 施诺雷等为代表的这一学派，力求避免帕克和法尔里学说的片面性。生存学派，主要研究社区居民通过组织以谋求生存的途径或方式。代表人物主要是美国社会学家A. 郝雷。除上述4个学派外，美国社会学家G. 舍贝里还归纳出下列5个学派：①经济学派，强调经济发展是形成都市的关键。②技术学派，强调技术在都市发展中的重要性。③准则学派，认为城市的面貌取决于人们的想象力与按照准则形成的意图。④权力学派，认为在城市设计中少数人把准则强加于多数人之上。⑤环境学派，主张建造花园与绿化地带，改善都市环境。以美国社会学家L. 芒福德为代表的环境学派引起了许多社会学家和市政设计人员的重视。芒福德指出，人口增加与技术进步应与自然环境保持和谐与平衡，否则就会产生许多都市问题。

随着现代社会生活的发展，作为地方社会的社区，其地方性的差异逐渐减少。社会大众传播如广播、电视以及加入互联网的普及，国家义务教育的推行，再加上各地居民人口流动的增加，各社区之间在行为模式上的差异程度已显著降低。社区的许多地方性功能已为"大社会"的普遍统一的功能所取代。在同一个大社会里，此处社区居民与他处社区居民之间，其相似之点多于相异之点。随着大城市、大都会的发展，社区地域范围的疆界也不如以往那么分明了。一个大城市往往包含着若干个原先相对独立的社区，但在市政府的机构设置和行政区划上则又可能与原先各社区的地域分界不一致。长期以来，满足成员日常谋生的需要，是社区的基本功能之一，社区居民一般是在本社区内就地劳动谋生。这种情况已经发生了变化，现代社区的许多居民每天都到本社区以外的地方去上班。因此，社区成员之间除了具有当地居民的共同利益，还分别具有各自从社区以外谋取生计的种种不同利益。这种情况就从社会纽带和社会交往上削弱了社区地域疆界的确定性。由于全国性的企事业组织和文化团体的出现，地方社区里的工厂、商店、社会团体等等，有不少就是这些全国性组织系统中的下属单位和分支机构，其决策要听命于本系统的上级组织而不是当地社区。因而，作为地方社区的社区，其自主性也有所削弱。

（三）每个社区都有一定的机构和设施，为整个区域服务，以满足其成员的各种需要。每个社区的社区中心都设有服务性的商店、学校、工厂、政府机关、医疗单位、群众团体等，以整个社区的地域范围为其有效的“服务地区”。社区这种社会统一体正是通过它的各种机构和设施的服务活动来推动各种制度的运行，使社区成员在本社区疆界内得以维持其全部日常生活。同时，社区机构设施的有效“服务地区”又是形成和保持该地区疆界的决定性因素。

在这样的过程中，社会规制起着作用；而作用的落实，要通过社区的社会工作。

社区的社会工作简称为社区工作（community work）。工作过程包括，从横向的社会网络开展社区组织工作，从纵向开展社区发展和社区服务工作。纵横结合，相辅相成，促进社区变迁。社区工作的具体步骤或程序一般是：①研究、了解社区的社会现象和社会问题，寻求解决问题的方法；②有目的地制定行动计划与程序；③协调团体和社会成员的力量，使工作避免不必要的重复与冲突，提高服务质量与效率；④建立组织结构；⑤筹集和管理资金，制定财务计划；⑥实施行政管理和社会成员自治管理，把社会政策转化为社会工作的行动实践；⑦邀请有关专家，集思广益，咨询社区社会问题的解决办法；⑧帮助社区成员了解社区中的社会问题，调动其积极性，促成其应有的行动；⑨社区组织以平等、民主协商办法达成决议；⑩进行档案的积累运用，使社区工作的方针政策和发展过程有合理的连续性；⑪综合社区成员的实际需要、国家方针政策的规定、经济条件、社会支持等方面的情况，运用社区工作支持和维护社区成员的权益，实现社区工作的目标；⑫进行社区工作成效评估，衡量实现预期效果的程度，并提出进一步改进和开展社区工作的建议。

对于西方国家社区工作的发展历史，社会学界往往认为大体可分为4个时期：①慈善组织时期（1870—1917）。以都市的邻里等为对象，协调各慈善团体与救济机构，通过合作方法解决社区问题。②社区基金会、社区委员会和联会时期（1917—1935）。第一次世界大战后，社会福利的基本职责开始由志愿团体转移到政府部门；公共福利大量引用"社区组织过程"的方法。但其基本职责的转移仅属开始，与政府专业工作人员一起工作的志愿团体和个人，仍负主要责任。小城镇中社区组织的整个工作仍由支援人员负责，社区组织的形式和方法还没有统一。③社区组织与社会福利时期（1935—1955）。这一时期的特点是各级政府部门在公共福利方面处于主动、领导地位。社区组织的理论与方法日趋成熟，成为社会工作三大基本方法之一，并逐步发展为社会工作的一门分支学科，内容和观念等渐趋统一。④专业发展与社区发展时期（1955年以后）。主要特征是以解决社会问题的社区发展为主要内容的社区工作专业得到了发展。第二次世界大战结束不久联合国成立"社区组织与社区发展小组"，倡导和推进社区发展工作，改善社区生活条件，解决社区问题，增进社区福利。1955年以后，在进一步运用社区工作的知识解决社会问题、促进社会变迁的同时，许多增进福利、促进社区发展的社区服务项目，如社会福利服务、合作服务、就业服务、生产服务、教育服务、医疗卫生服务、住宅服务、康乐服务等有较大发展，逐渐成为社区工作的重要部分。

史界往往认为，中国北宋时期（960—1127）产生的乡约制度是古代社区组织的创始。历代相传的乡约，自发地组织教化，结合政治、经济等方面的条件促进社区的福利和提高道德风尚，其内容和做法与现代社区发展、社区服务的要求有相通之处。自1921年中国共产党诞生以来，特别是在1949年中华人民共和国建立后，党和政府以“为人民服务”为己任，依靠社会基层组织，做了大量的社区工作。50年代初期，社区工作的具体任务，主要由居民委员会与村民委员会负责。居民委员会、村民委员会是群众性、自治性的社会基础组织，由基层政权组织进行经常性指导与支持，上下联系密切，成为基层社区组织。这样组织由当地众望所归的离休、退休人员和其他志愿人士组成。任务是办理本社区的公共事业、公益事业和基层民政工作。不同的社区还分别制定“街规民约”或“村规民约”，赋予社区成员认同的内容与目标，体现共同意识。居民委员会和村民委员会遍及全国，基层社区工作形成网络。

中国的社区服务主要是在政府的指导下，发动和组织社区内的成员开展社会服务、互助活动，解决本社区内的社会问题。目的是协调人际关系，缓解社会矛盾，创造一个和谐、良好的社会环境。50年代，街道、居民委员会开展了照顾老人、孤儿、残疾人和贫困户，挽救失足青少年等社会工作，把一些社会问题解决在基层。1987年以后，普遍开展了适应公共福利社会化要求的社区服务，建立了社区服务管理系统：市、县（市）、区分别成立了社区服务领导委员会；县镇、街道成立了社区服务工作委员会；居民委员会成立了社区服务站，直接推动居民组织及有关单位开展社区服务工作。中国的社会服务体系，大体可以概括为8类服务系列：①老年人服务系列。包括敬老院（老年人公寓、分散包户组）、托老所；老年人活动中心或活动站（室）；老年人法律咨询和婚姻介绍所；老年人学校。②残疾人服务系列。包括社会福利生产单位；精神病人工疗站；弱智儿童寄托所或启智班；残疾人活动站（室）；残疾人婚姻介绍所；精神病人看护组。③拥军优属服务系列。包括拥军优属服务小分队；拥军优属"一条龙"服务网；智力拥军、优属培训基地；扶持优抚对象勤劳致富服务站；烈军属包户组。④幼少儿服务系列。包括托儿所、幼儿园；学前班、校外辅导班；儿童食堂、少年之家；帮教小组。⑤婚丧服务系列。包括红白事理事会；婚前教育学校；婚、丧事服务组。⑥康复医疗服务系列。包括康复医疗、咨询站；楼院医务点。⑦救济、保险系列。包括扶持社会救济对象生产自救和贫困户勤劳致富；残疾人保险服务等。⑧便民服务系列。包括生活服务网点；家庭劳务服务；安全防范服务。此外，还开展了为双职工和较高层次人员提供的家庭服务，以及文化生活、心理咨询和为企事业单位提供的生活服务等。

社区内有许多有计划、有目的地建立起来的以满足一定需要的各种团体和机构，即社区组织（community organization）。它是社会组织在社区中的表现形式。它的类型多种多样，通常划分为经济组织、政府组织和文化组织等。各种组织相互影响、相互联系，共同形成社区的组织体系。就其活动方式和功能来说，有的社区组织主要是满足社区内的特定需要，活动范围主要在社区之内；有的社区组织的活动方式主要是外向型的，与本社区之外的更大社会系统保持结构和功能方面的关系。一定的社区组织还和社区内外的其他组织发生各种关系，形成一定的外部关系结构。社区组织内各种横向和纵向关系构成社区组织的网络。各种社区组织介入社区生活的程度是衡量社区组织化水平和结构有序性的重要尺度。

在社会工作的意义上，社区组织是指一种改进社区的方案和运动。旨在通过调查社区内的人力、物力和财力资源，发动社区内的各方面力量开展各种社区服务工作，解决社区问题，促进社区社会福利事业的发展，提高社区生活质量等。从20世纪20年代开始，“社区组织活动”首先在美国境内大多数社区兴起，至40年代告一段落，在50—60年代则演变为社区发展。

以社区为单位进行的规划，被称为社区规划（community planning），又称社区计划或社区设计。这是运用系统分析技术，决定最佳行动方案，以达到预定目标，解决社区共同问题，引导社区变迁的理性决策方法。社区规划是由社区决策机构统一主持、由社区各单位分别执行的多项行动方案的联合筹划工作。社区规划可分为两个层面：①全社区的总规划。是将整个社区的经济、教育、卫生、福利、交通等方面综合起来拟定的发展计划。②各部门的规划，即社区各业务机构按社区总规划的分工拟定的具体工作方案。社区规划可先从整体计划作起或由社区决策单位总揽，亦可由各业务机构自提计划后由决策单位予以协调。前一方式为集中式，后一方式为协调式。社区规划的总目标或长期目标是全面提高居民的生活水平，促进社区发展，实现国家整体建设；分目标或短期目标是，根据社区当前需要，解决社区面临的各种问题，逐步改善社区的生活条件和环境，等等。

形成社区规划的一般原则是：①目标明确，方法可行。目标必须具体化、数量化，并采取切实可行的方法实现既定目标。②效果可估，规划适宜。社区规划者应预计到规划实行的全部后果，规划的实施必须符合社区整体的最大利益。③项目完整、协调一致。一般规划都包括有原因、目的、方法、人员、时间、地点等要素。作社区规划时应做到内有各单位的协调，外有区域性以至全国性规划的配合，且使各年度计划前后连贯和一致。

社会工作者通常把社区规划理解为狭义的社会规划，认为社会规划的功能包容在社会组织的功能之中，他们往往更强调规划过程的社会意义。这与社会学通常所研究的社区规划呈现出较大的差异。

确立社区规划，一定要明确社区区位（community ecology）。这才能明确社区各个部分的区域位置及其相互作用的关系。早期都市社会学家以人文区位学的方法研究都市社区，认为都市社区有自己特定的地形、地貌和其他环境特征。人口在社区中的活动和分布往往以自然的和物质的环境特征为转移，在互相作用中形成一种自然限定的、特殊的空间布局和人群组织形式。城市社区中人口与环境的"自然"组织形式，同动植物群落在自然环境中形成的生态结构极其类似，故称为社区区位。古典都市社会学对社区区位的研究主要有：一是对都市区位结构的研究；二是对引起区位变迁的区位过程的研究。所谓区位结构，主要是指社区内不同人群与社会功能机构在空间中的地理分布，以及这种分布之间的相互关系。现有三种影响广泛的理论假说，分别提出了不同的都市区位结构模式。它们是同心圈理论、扇形理论和多核心理论（如都市空间结构理论）。对社区区位结构的研究，主要探讨社区活动中人群的社会结构、社会特征与空间关系，以及人群和社会功能机构因土地利用的需要形成一定的地理分布规律等等。区位结构并非固定不变，在时间上具有流动性。学界在总结社区区位结构的变迁时，对区位形成过程，常指出其表现为七种不同的形式，即浓缩、离散、集中、离心、隔离、入侵、接替等。社会学界还特别形成人文区位学。这些相关学向揭示了城市社区中人口和社会功能机构在空间位置上的各种变迁模式。对区位结构与区位过程的分析，具体地揭示了社区区位的面貌、人与环境的相互作用和相互关系。①

二、相对于社会规制的正向良性运行与反向非良性运行

（一）正向与反向。

郑杭生在其主编的《社会学概论新编》中强调，社会体系中有正向的良性化运行也有反向的非良性化运行。应当认为，这里的正向、反向，直接说，是相对于恰当的社会规制而言的。

社会处于运动之中，要把握社会就必须研究社会系统在人的社会行为及人的社会设置中的运行。社会系统中的人的社会行为及社会设置的运行或社会运行，表现着社会作为一个活的有机体的运动、变化与发展。社会的多种要素和多层次的子系统之间的交互作用以及它们的多方面功能的发挥，在恰当的社会规制统摄下，出现社会正向的良性运行。对此可以从纵向、横向两个方向加以解析。

1. 正向中的纵向与横向。

纵向运行也就是社会的变迁与发展。社会系统在其前后相继的纵向运行中表现出了如下一些基本关系。第一，继承的关系，即后来的社会接受了过去社会所留下的遗产。人类社会今天之所以形成了如此灿烂的文化，在很大程度是由于继承了数千年以至数万年的历史成果。当然，在继承关系中所继承下来的，不见得都是好的东西。历史上的一些糟粕，也常常被后来的社会系统或某些子系统所继承。第二，变异的关系。社会纵向运行虽然继承了过去的东西，但这不是一成不变的照搬，而是随时修改着、变化着。社会的变异有多种表现：有些仅在原

① 以上参见《中国大百科全书》（社会学卷），与解释“社区”相关的条目。中国大百科全书出版社 1971 年版，第 40～44、206～207、356～359、360～363、366～368、381～382、438～440 页。

来基础上发生微小的变化，如人的形体的变化；而另一些则是巨大的变化，甚至是根本的变革与创新，如社会由无阶级社会进入有阶级社会、精神文化的创造、蒸汽机等物质文化的发明。当然，无论怎样的创新，都不可能是"无源之水"，人们总可以从原来的社会系统中找到它的根源或根据。第三，中断的关系。在社会的纵向运行中，有很多东西被历史发展所抛弃。有些是因条件变化了，后来已无存在的必要；但另一些是至今仍有存在价值的，却因种种变故，出现了发展的中断，如我国历史上一些古方、古法、古书、古曲的失传等。

横向运行指社会发展某一阶段上，社会诸要素、社会诸系统有交互作用。横向运行也表现出了一些基本关系。第一，交叉与渗透的关系。社会是一个整体，社会各要素、各系统的区分是相对的，而不是绝对的。在现实生活中，它们是交织在一起的，你中有我，我中有你。例如，政府本是政治系统的重要因素，但它却总是同时承担着经济功能、文化功能、思想功能。第二，制约的关系，即社会某些要素、子系统的功能的发挥会限制和约束另一些要素与子系统的发展。如经济的不发达常限制了文化、思想的发展。当然，制约不一定是坏事，有些制约关系是发挥正功能的，如法制系统的健全，约束了违法行为的发展，现代人口理论的发展限制了无计划人口再生产状况的发展。第三，促进关系。与制约关系正相反，它指一个系统功能的发挥对另一个系统起着推波助澜的作用。例如，物质文明与精神文明的发展就是相互促进的。第四，转化的关系，即一种要素转变为另一种要素、一个系统的问题转变为另一个系统的问题。例如，一对本来是业缘关系的同事，通过接触、建立了感情，便可能发展成为具有血缘关系的家庭。[①]

总之，无论纵向运行还是横向运行，社会诸要素与诸系统都表现出了相互联系、交互影响、交互作用的特点。而塑造论哲学在关于社会学的论证中强调，这种运行是在社会规制统摄下运行的。于是，可以这样说，在社会系统交互影响、交互作用的情况下，处于社会规制统摄下的运行便可成为正向的良性社会运行，反之，便是反向的非良性的运行。

2. 反向与越规。

越规，是对于社会良性运行的逾越，充分表现出对于社会的反向非良性运行；犯罪，是严重违法，是要依法严惩的行为。越规的发展很容易走到犯罪；犯罪是严重的越轨。这表现于偷盗、砸抢、拐骗儿童、吸毒及贩毒、黑社会等等；而强奸、杀人、非法占有国家财产、严重危害国家安全等等，是严重的犯罪。

关于社会运行中反向的非良性的情况，对其所包括的越轨，可以作出这样的区分。一是对某地域的社会规制偏离，而对于其他地域的社会规制不偏离。例如：在某些少数民族区域形成的当地情况。二是对于过去的社会规制偏离而对于将来的社会规制不偏离，或对于过去的社会规制不偏离而对于现在及将来的社会规制偏离。例如：在人口、环境方面一系列问题。三是对于人类社会整个的社会规制的违背。例如：恐怖主义、反人类罪等。第一种情况会随着该地域的开放而在社会进步中，在开放中，发生改变；第二种情况会随着社会变迁逐步改变；第三种情况，任何社会都坚决抵制，并采取种种措施使之无以实现。

① 郑杭生主编：《社会学概论新编》，中国人民大学出版社 1987 年版，第 80～81 页。

讨论社会运行中的非良性的情况，不能不讨论到"越轨"。社会学视角下的越轨，与心理学的解释是有差异的。心理学的解释，非常强调那些能促使人们以越轨的方式行为的个人特征，而社会学视角则集中于对社会环境的分析。这两种情况分别被称为关于人的理论和关于情境的理论。[①] 关于人的理论试图解释，不论是从生物学还是从心理学角度看，越轨者同其他人不同。而关于情境的理论试图断定，哪种情境使一个普通人违反规制。对于这种关于情境的追踪，社会学家往往着眼于三个主要问题：为什么有些社会环境比其他环境更可能产生越轨？为什么在某些社会环境下的越轨行为而在另外情况下却是好事？为什么越轨者破坏这些特定的规则而不是别的规则？研究这些问题，可关注以下几种理论。

（二）涉及越轨问题的一些学术见解。

1. 结构性紧张理论。

早期一个特别有影响的关于越轨的社会学理论被认为是由罗伯特·默顿（R. Meton）于1938年提出的。社会学史家强调，默顿的理论建立于涂尔干的古典的失范概念（anomie）基础上。这里的所谓失范，是指规范和价值相互冲突或者规范与价值相对脆弱、阙如的一种社会情况。默顿指出，当社会的文化与结构之间存在紧张或冲突时，越轨就可能产生。

更具体点说，在默顿看来，所有文化都提出了作为普遍欲求的某些目标（如个人在金钱上获得成功），同时，也明确指出了实现这些目标的合法手段或社会认可的手段（如努力工作、读书求学）。但是，在社会快速变化和社会不平等广泛存在的环境里，属于某些群体的人可能很少或根本没有机会通过合法的

① 科恩（Albert Cohen）：*Deviance and control*. Englewood Cliffs, N. j. Prentice Hall. 1966.

途径去实现文化上成功的目标。社会结构限制了他们获得成功的机会。结果，这种群体中的人就会体验到社会失范，他们可能失去对这些目标的兴趣，或者失去通过合法的途径达到成功目标的兴趣，或者同时失去二者。因此，默顿的结构性紧张理论（structural strain theory）寻求解释在那些体验到机会被阻塞的人群中广泛流行的越轨行为，并把越轨当作是要实现目标却没有合法手段的文化压力的结果。

默顿指出，这些受阻群体中的成员基本上是少数民族和穷人，他们可能以五种方式对其社会失范的困境产生反应。①最通常的反应是遵从。运用文化认可的手段，通过努力工作去达到想要的且社会认同的目标，即使成功的机会比较罕见。幸运的是，这是对失范的最通常的反应。其他四种可能的反应或多或少地都是越轨。②“革新”，接受目标（如获得财富）但拒绝社会认可的手段，而代之以“新”的非法的手段，比如当一个人通过卖毒品去赚钱买辆新汽车时。③“仪式主义”，相对来说，这一类型不常见，这里，机会受阻的个人接受手段但拒绝目标。例如，当某人上学只为获得学位，而几乎可以确定获得学位并非为了找份工作时。④“退却主义”，既拒绝目标也拒绝手段，例如隐士，这类人抛开尘世生活，退隐山林。⑤“反叛”，拒绝文化上赞同的目标和手段，代之以新的与他人协调的目标和手段。例如，一群大学生可能退学并抛弃世俗社会的成功希望，代之以组成激进的环境行动小组，运用非传统的方法为新的目标工作。

默顿的理论遭到几个方面的批判。首先，某些越轨行为，例如抢劫，并不能简单地由这套理论加以解释（吉本斯和琼斯，1975）。而且，这一理论解释的仅仅是那些成功机会非常有限的群体中的越轨成员；它无助于解释社会上有特权的成员中存在的越轨行为。最后，它无助于我们预测当某一特定个人面临失范时将作何反应。

2. 文化传递理论。

多数社会学者认为，就其本身而言，失范并不一定导致越轨。例如，许多贫民区的孩子，受教育和挣钱的机会经常被抑制，但他们并未成为瘾君子、盗贼。心理学的学习理论指出，要变成越轨者，就得有机会去学习越轨。那些习得了赞成越轨行动的观念的人，比其他人更有可能采取越轨的方式。

这类学者注重指出，越轨，像遵从一样，是从一个人所生活的社会环境中习得的。这一观点得到由克里福特·肖（Clifford Shaw）和亨利·麦凯（Herry Mckay）所进行的一项研究的支持，他们的研究在芝加哥附近的一个高犯罪率的地区展开。肖和麦凯在调查中发现，尽管这一地区的民族构成几经发生大的变化，而犯罪率在这些地区仍持续走高，以至持续了 20 多年。研究者得出的结论指出，新来者总是受已经居住在此的人的影响，甚至往往通过孩子的游戏群体和青少年团伙学习越轨行为。[①] 理查德·克劳沃德（Richard Cloward）和劳埃德·奥林（Lloyd Onlin）（1964）指出，虽然社会环境试图劝导人们遵从社会规范，但教导的内容并非总是一致。父母、教师、宗教领袖以及其他社会化主体有时传达出的不是遵从而是越轨的态度。比如，一位母亲总是教导女儿守法，借此，她教导女儿遵从。但是当她和女儿在逛商店出来时收到了一停车罚款单，便说，"哦，我把它扔了；他们将永远不知道这有什么不同。"这时，她是在教育女儿，有些越轨是可以接受的。[②]

① ［美］Clifford Shaw and Henry McKay.：*Delinquency Areas*. Chicago：University of Chicago Press. 1929.

② ［美］Richard Cloward and Lloyd Ohlin.：*Delinquency and Opportunity*. New York：Free Press. 1964.

社会学家指出，在某些企图纠正越轨行为的地方实际上却在传授越轨行为。例如，在监狱里，新来的犯人完全暴露在同一监狱内老惯犯的影响之下。老囚犯常常向年轻的同监犯人传授更多更有效的犯罪方法。在精神治疗机构，通过机构的亚文化环境，越轨行为趋向于相互强化。

一些社会学家强调，没有一个人只是单一地受到越轨的影响。那些犯罪团伙的成员，在听老成员教唆他们怎样偷车的同时，其他人也教导他们说，偷车在道德上和法律上是错误的。许多邪教徒在传统的家庭中长大。然而，为什么越轨模式对有些人有新吸引力，而其他人却倾向于遵从呢？在回答这个问题时，埃德文·萨瑟兰（Edwin Sutherland）尝试提出一套被认为可能是最系统的理论。萨瑟兰的差异性联合理论（theory of differential association）认为，每个人都受到了遵从和越轨行为的双重影响。这些影响在个人的思想中展开了斗争，哪些方面在思想上占了上风，哪个方面就会去引导人们的行为。如果走向越轨的社会化强度超过走向遵从的社会化强度，一个人就会变成越轨者。萨瑟兰指出，有几个不同因素打破平衡偏向越轨：与教唆越轨的人联系越密切，与之交往的次数就越多、越频繁和越持久，且接触时年龄越小，当事人变为越轨者的可能性越大。

3. 冲突理论。

有学者主张，可以由功能主义的视角来讲越轨促进社会系统稳定。默顿的结构性紧张理论就来源于功能主义。功能主义假定，所有社会成员共享一套希望达到确定的成功目标的价值观。

冲突理论学家认为，不会有全部社会成员共享相同的目标和价值的情况。相反，他们认为，社会上有权有势的人同那些没有权力和地位的人的价值观大不相同。因为社会规则和法律是在社会权势参与下制定的，因此无权无势的人越轨频率较高。这只不过反映了如此一个事实，即社会规制并未反映他们看待事物的特殊方式。基于这一视角，如果穷人、少数民族和女人制定法律，那么富有的白人男子会比任何人更可能被判为罪犯。

许多学者认为，文化冲突理论（culuture conflict theory）与马克思主义的冲突理论（Marxism conflict theory）是两种传统的冲突理论学派。传统理论强调这样的事实：复杂的社会包含许多的亚文化，每一亚文化都有其自己独特的目标和价值。这些亚文化可能集中于某个种族、性观念、生活方式、地理位置或者其他因素。以此为中心会形成，被一个群体视为越轨的行为，而对另一群体来说可能是可接受的行为。然而，较为强大的亚文化能有效地将许多弱小的亚文化的价值界定为越轨。一些社会学者持这样的见解，马克思主义的冲突理论集中于社会阶级的不同权力，而非种种不同的亚文化。这种理论认为，最能够解释大多数越轨的，是阶级冲突，而不是一般的文化差异。

因此，文化冲突理论家经常问：为什么是这些群体而不是别的群体的规范，被定为法律？为什么这些法律针对某些群体的成员而不是别的群体的成员时，执行得更严厉？他们举例说，相对来说，大麻危害程度较小，而饮苏格兰威士忌酒与许多疾病的相关性明显得多，但是为什么吸大麻被视为越轨，饮威士忌却是完全可接受的呢？文化冲突理论家会指出，饮威士忌的人比吸食大麻者拥有大得多的社会权力。美国的另一位文化冲突理论家蒂尔克曾努力精确地定义文化差异转化为公开的法律冲突的条件。[①]

（三）对于社会反向非良性运行的矫正与控制。

1. 越规与失范。

作为对于社会良性运行逾越和对于社会规制的反向非良性运行的越规以至犯罪，表现出关于社会的严重失范。失范（anomie）一词因法国社会学家涂尔干（E. Durkheim）的使用而在社会学中被广泛使用。涂尔干用失范一词来描述因工业革命和城市化而带来的旧的道德规范失效，新的规范又未完善建立起来的社会混乱状态。在涂尔干看来，由社会转型造成的失范会导致犯罪率的增长。

受涂尔干的影响，默顿（R. Meton）提出了自己的社会结构与失范理论，这被称为“失范/压力”理论。默顿对失范的定义比涂尔干的更具体一些。默顿所使用的“失范”概念指的是由于个人目的不能通过合法手段实现所导致的一种状态。进一步说，在默顿看来，美国社会提供了一种公认的目标，即物质上或金钱上的成功。与此同时，该社会存在的种种不平等又使许多人（特别是下层阶级）失去了使用合法机制达到其物质成功的目标。这种失范状态致使社会中一部分人感到紧张和压力，因而采用非法手段即犯罪行为去实现其物质成功的目标。科恩（A. K. Cohen）在研究青少年犯罪时发现，物质成功并非青少年犯共同追求的目标。社会地位是青少年犯追求的重要目标。当社会体制造成他们不能取得社会认同的地位时，这种失范状态就会给他们造成一种精神上的挫折和压力。这种挫折和压力促使下层社会青少年形成一种反社会的亚文化并投入犯罪。克洛沃德（R. Cloward）和奥林（L. Ohlin）进一步扩展了默顿

① Austin Turk：*Criminality and Legal Order*. Chicago：Rand McNaily. 1969.

和科恩的思想，他们认为，青少年亚文化有多种，因此，他们的目标和实行目标的手段也是多种多样的。

尽管以默顿为代表的"失范/压力"理论在20世纪50—60年代被社会学界和犯罪学界广泛接受，但在70年代和80年代上半期其影响力大为下降。80年代下半期梅斯纳（S. Messner)、罗森菲尔德（R. Rosenfeld）以及阿格纽（R. Agnew）等人的研究使社会"失范/压力"理论重新受到重视。

1994年，梅斯纳和罗森菲尔德正式提出了制度失范理论(institutional anomie theory)。该理论与默顿的假设相似。他们认为，美国主流社会接纳一个认同的目标即物质上或金钱上的成功，这被称为美国梦。当为了成功而不顾人际关系以及社区凝聚和利益时，失范就会产生。制度失范理论与默顿的社会结构失范理论有两点不同：第一，梅斯纳和罗森菲尔德认为，除非用制度手段获取物质成功的美国社会文化得以改变，否则重新分配合法的致富机会可能实际上会增加而不是减少导致犯罪的压力。因为在竞争中总有失败者。按照流行的美国文化，失败者失败的原因是被归责于个人的，而不是不公平的制度。因此，他们可能面临更大的自责压力而选择犯罪。第二，美国的非经济制度如家庭、学校、政府机构等过分受到经济的影响。为了减少犯罪，必须加强这些非经济组织的功能。

与梅斯纳和罗森菲尔德不同，阿格纽从微观或个人层次发展了默顿的社会结构失范理论。在阿格纽看来，在争取致富的过程中，当一个人正面的刺激因素被切断而被负面刺激因素冲击时，压力就会产生。这种压力会导致消极情感反应如愤怒进而导致犯罪。阿格纽所指的压力来自于更广泛的原因，包括因不能实现目标而产生的压力，因珍惜或喜爱的东西被剥夺而产生的压力，因直接面对负面冲突而产生的压力。因此他的理论被称为一般压力理论。

当阿格纽将默顿的压力理论扩展为一般压力理论时，人们发现，默顿的理论虽然为后来的研究提供了失范和压力两方面的基础。但其宏观方面一直缺乏实证检验。梅斯纳和罗森菲尔德正式将默顿的失范理论发展为制度失范理论，该理论得到了一些实证研究的支持。阿格纽的理论引起了许多犯罪研究者的兴趣并得到大量实证研究的检验。一般说来，实证结果支持了阿格纽的一般压力理论。具体地说，实证研究发现，阿格纽列举的大多数的压力都直接影响犯罪或通过消极性的情感反应而影响犯罪。然而，也有研究发现，某些压力并不导致犯罪。另外，艾克斯和塞勒斯（Akers and Sellers，2004）又认为，一般压力理论面临的最大问题是它的下面这一论点：其他理论变量如社会控制等是影响压力与青少年犯罪关系的条件。尽管有部分实证研究发现，当一个青少年常与青少年帮交往或社会关系较弱时压力更容易导致他们犯罪，但另外相当多的研究并没有支持一般压力理论的上述论点。另外，一般压力理论从其他理论中借鉴了许多思想甚至具体的变量。这使得该理论与其他理论难以区分开来。总体而言，一般压力理论比以前的失范理论得到更多的实证支持。但是一般压力理论与其他理论之间的关联需要进一步澄清。①

2. 失范与犯罪。

失范的极端情况，导致犯罪。赫尔希（T. Hirschi）于1969年发表《青少年犯罪原因》一书。在该书中，赫尔希用社会凝聚（bond）理论解释为什么大多数青少年不投入犯罪的原因。这与其他许多犯罪理论不同，该理论假设，人人都会有犯罪的动机。问题是，为什么大多数人没有从事犯罪行为？对该

① 参见李捷理主编：《社会学》，江山河撰文第十三章，中国人民大学出版社2007年版，第294～295页。

问题的回答成为社会控制理论的核心。赫尔希认为，绝大多数人未从事犯罪活动是因为他们担心，犯罪将使他们失去与家庭、亲朋、邻里等凝为一体的联系，这是割舍不掉的重要社会因素。正是这些联系的作用，人们的犯罪动机和行为得以控制。赫尔希讲到社会凝聚，这主要由四个要素组成：联接感、大众性投入、常规活动参与和信念。联接感（attachment），指一个人对他人的关爱程度。他人主要包括父母等家庭成员、朋友、伙伴等，并泛指群体如家庭、邻里、学校等。对他人的关爱程度越高，犯罪可能性越小，反之则越大。大众性投入（commitment），指一个人对大众行为特别是对教育等职业，投入的时间、资金和能量有多少。投入越多，犯罪可能性越低，反之则越高。常规活动参与，指一个人参与日常活动的多少，包括用在学习、与家庭成员一起活动、以及课外活动等方面的时间。用在这类常规活动的时间越多，投入犯罪的可能性就越低。这里讲的信念（belief），主要是指一个人在多大程度上认同公众所接受的法制与道德观念。认同程度与犯罪可能性成反比。在实证研究中，对联接感、大众性投入与犯罪之间的相关性提供了比较一致的支持，对信念与犯罪的相关性则提供了不太一致的情况。也就是说，实证研究对违规活动参与的程度与犯罪的相关性没有提供明显的支持。[①] 戈特弗雷德森和赫尔希的一般犯罪理论在犯罪学理论界引起广泛注意。该理论进一步扩展了控制理论的解释力及其影响。同时，该理论也引来一些激烈的争论和批评。第一，一般犯罪理论认为，一个人的自我控制能力在8岁左右基本形成并固定下来。早期自我控制的能力不仅可用来解释青少年犯罪，也可以用来解释成年人犯罪。桑普森（R.

① George B. Vold, Thomas J. Bernard, and Jeffrey B. Snipes. 2002. Theoretical Criminology. New York, NY: Oxford University Press.

Sampson）和劳布（J. Laub）不完全赞同这种观点，不同意戈特弗雷德森和赫尔希提出的早年时期形成的自我控制能力不变论。他们假设并用事实证实自我控制能力在少年之后仍然可以变化。也就是说，他们认为，早年形成的自我控制能力是可以改变的。低自控力对有些犯罪者的影响可能从青少年延续到成年，对另一些犯罪者的影响则会因高质量的人际关系而得到改变。第二，一般犯罪理论具有同义反复的缺陷[①]，即用一个人是否参与低自控力行为来测量一个人是否具有低自控力。第三，一般犯罪理论难以用来解释某些犯罪，如白领犯罪或有组织犯罪，因为这类犯罪不是源于缺乏自我控制。1990 年，戈特弗雷德森（M. Gottfredson）和赫尔希（T. Hirschi）出版的《一般犯罪理论》一书，虽然并未完全取代社会凝聚理论在犯罪学领域中的地位，但它强调了早期社会化对自我控制形成的关键性影响以及自我控制对一般犯罪包括青少年犯罪的解释作用。总之，戈特弗雷德森和赫尔希的一般犯罪理论的核心概念是自我控制（selfcontrol）而不是社会凝聚及其四个要素；他们认为，自我控制能力低是犯罪的原因；戈特弗雷德森和赫尔希并未提供将理论重心从社会凝聚转移到自我控制的详细理由。

而不可忽视的是，以上讲到的桑普森和劳布的理论与戈特费雷德森和赫尔希的理论，两种理论的相似点在于二者都强调控制。二者的差异只表现为如下几点：①一般犯罪理论强调低自控能力，而社会凝聚理论强调社会凝聚及其四个基本要素。②一般犯罪理论强调自我控制是在儿童时期形成的内在化的控制，而社会凝聚理论强调这是外在性的控制，是通过与外在的联系而发生作用的。③一般控制理论适合于解释人生不同阶段

---

① Ronald L. Akers，1991. “Self Control as a General Theory of Crime.” Journal of Quantitative Criminology 7：201－202.

各种不同的犯罪，而伊尔希将其社会凝聚理论往往限制在解释青少年犯罪。尽管不同学者用不同的指标测量自控力的强弱，但一般都是用与冲动、追求冒险、体力活动、自我中心、脾气以及简单任务等相关的态度来测量。实证研究为一般犯罪理论提供了较强的支持。①

法学界一些学者指出，刚刚考察的社会学理论有助于解释越轨行为的原因，但是由此尚不能解释越轨的所有方面。有些人花时间与越轨者相处在一起甚至扮演越轨者，但是并不被公认为是越轨者。此外，在某些情况下，判定一个人有越轨行为会导致这个人以越轨为职业。为了解释这些事实，一些以标签理论家（labeling theorists）而知名的社会学家，吸收利用符号互动论的思想，集中探究了越轨的过程而非越轨的原因。标签理论家们突出地强调越轨是相对的这一事实。一个行为及其违反者只有当被他人标签为越轨时才变成了越轨。

美国学者埃德文·雷梅特（Edwin Lermert）是最先研究标签理论的社会学家之一。雷梅特区分了两种越轨：初级越轨（primary deviance），即偶尔卷入违反社会规范的行为，并未对个人的心理形象和社会角色扮演发生持续的影响；二级越轨（secondary deviance），卷入违反社会规范的行为，并被其他人标签为越轨而且越轨者本人也这么接受了。在二级越轨中，越轨者围绕越轨者的角色来认知他们的行为和自我观念。他们可能以某种方式穿戴，使用一种特殊的、只有他们自己人才知道的俚语。他们越清楚地将自己界定为越轨者，他们就越有可能

① George B. Vold, Thomas J. Bernard, and B. Snipes Jeffrey. 2002. Theoretical Criminology. New York, NY: Oxford University Press. 2002. 以上参见江山河：《西方犯罪学理论研究现状》，载李捷理主编：《社会学》（第十三章），中国人民大学出版社 2007 年版，第 296～297 页。

被其他人当作越轨者。经过一段时间后，即使那些对他们的名声一无所知的人，由于他们呈现出来的形象，仍可能一眼看出他们是越轨者。[①]

标签理论家们曾把成为一名职业越轨者的过程分为三个主要步骤：第一步是权威者或关系密切的人对越轨行为的察觉；第二步是对越轨者的标签；第三步是越轨群体或越轨亚文化为加入该群体或文化的人提供越轨行为的社会支持。一旦经历了这三个步骤，他或她就放弃不了越轨的方式，而回到遵从上来。这样个体持续着他的越轨生涯（deviant career），即接受了越轨亚文化中的越轨认同与生活方式。这个概念有助于理解越轨行为的阶段——不仅包括越轨的步骤，而且包括一个人成为越轨者的程度和认同越轨的程度。

有学者指出，在越轨者的眼里，一个破坏社会规则的行为可能对他而言没有什么社会后果，即使他经常表演此类行为。研究表明，这种行为极常见。美国有人进行了一项全国性的研究，选取了847个男女青年的样本，访谈后发现，88%的年轻人承认，在此前的三年中，至少有16%的人被送往过青少年法庭。[②] 可以得出这样的结论，大多数过失行为并未被发觉，至少未被有关当局发觉。对一个有社会后果的越轨行为而言，必须有重要的人看见它。知道这个行为的人的人数不必过大；重要的是谁知道这一行为。如果一商店雇员从银行里偷钱，并且仅被一人发现——一位不会对任何人说起这件事的消费者——那么，这位雇员可能不会有什么后果。但是如果看到的人是雇员的老板，结果会大不相同。

---

① Edwin. Lemert：Social Pathology. New York：Mcgraw-Hill. 1951.

② J. R. Williarns and Martm Gold. 1972. “From delinquent behavior to official delinquency.” *Social Problems*，20：209－229.

有关学者认为，在越轨生涯中，被公开标签为越轨者可能是最重要的步骤。越轨者被归入社会另册，给人留下反面印象。标签可能给越轨者一个公众形象，如"坚果""瘾君子""男同性恋""懒鬼"或者其他似乎符合情境的名字。当越轨者行为违反了法律，这个人也可能被称为罪犯。标签可能是正式贴上的，像庭审或精神检查。在这种情况下，常常会有一种"堕落典礼"（degradation ceremony）的仪式，把一个正常人公开地宣称为越轨者。标签也可以是由朋友或家庭非正式地贴上的。一个孩子获得坏孩子或捣蛋鬼的名声的过程就是一个例子。标签也可以是自封的。许多同性恋者自愿抖出秘密，并公开宣称他们的性倾向，以便避免由于"误解"所带来的负面影响。

美国林克、卡伦的书中讲到，标签越轨能产生持久的影响。[①] 那些获得这样标签的人，不再被简单地当作学生、水管工、父母亲或教堂职员，而多少被当作正常社会之外的人。即使个人实际上从未再犯标签所暗含的越轨行为，其社会后果是一样的。

美国学者霍华德·贝克尔（Howard Beckerd，1963）指出，越轨者身份常常成了他的主要身份（master status），一种居支配地位且限定一个人的社会地位的身份。他写道："一个人如果没有其他身份，就将被确认为越轨者。这是一个重要的规则。问题就产生了：'哪种人会破坏这样重要的规则呢?'答案是'一个不同于我们大家的人，他不能或不愿像一个正常人那样行动，因此还可能打破其他重要规则'。这样，越轨标签就支配了

① Bruce G. Link and Francis T. Cullen. "The labeling theory of mental disorder: A review of the evidence." 1990. Research in Community and Mental Health 6: 75—105.

他的行为。”①

研究者注意到，被标签为越轨者的人常被社会拒斥或疏远。这种拒斥可能是生理上的，比如，越轨者被送进监狱、医院或其他社会矫正机构。例如，朋友和家庭可能会减少一些曾经给予的支持和感情，或者老板将其解雇。在许多情况下，越轨者获得了一个将越轨者们当作不为社会所接受的污名。社会拒斥和疏远趋向于将被标签的个人进一步推向越轨生活。在工作、交友以及他们的生活前途等方方面面，他成为被打上越轨者烙印的人，慢慢地开始围绕越轨者角色构筑他们的全部生活。对许多越轨者来说，越轨生涯的最后步骤是加入和认同于一个其他越轨者组成的群体。加入这样的群体有两大功能。第一项功能是务实的。贝克尔讲：“当某人进入一个越轨群体……他学习怎样在采取越轨行动时最少惹麻烦。当他破坏某一规则后，他所面临的如何逃避惩罚的所有问题都是其他成员以前面临过的。因此，年轻的小偷同年长的小偷会面，后者比他经验丰富，向他解释怎样在偷物品时不冒被发现的危险。”②

研究者又注意到，加入越轨群体的又一功能是成员从中获得情感的和社会的支持。在群体内，人们相互理解并相互同情。有时，群体也使越轨行为合理化。例如，群体成员可能宣称，正常的世界里充满了伪善的越轨者；但对越轨行为，越轨群体对自己的成员至少是诚实可靠的。这样的解释代替了外部社会对他们刺耳的指责，这部分地为群体成员减轻了内疚和自我悔恨的心理负担。

① Howard S. Becker. *Outsiders*：*Studies in the Sociology of Deviance*. New York：Free Press. 1963.

② Howard S. Becker. *Outsiders*：*Studies in the Sociology of Deviance*. New York：Free Press. 1963.

研究者还注意到，加入越轨群体使他们更有可能持续越轨的生活方式。恪守常规的压力减小了，越轨者的自我形象加强了。正如一个女孩所说的，当她的朋友中除了吸毒成瘾者之外，不再有别人时，她意识到自己是一个瘾君子。① 某些遵从压力存在于所有的群体中，无论是社会接受的群体还是越轨群体，这是一个讽刺。一个人违抗社会规则而进入越轨群体后，可能发现自己又被置于遵从越轨生活方式的实实在在的压力之下。

有时，在从事越轨职业的成员中，特别在非法职业者之间，有着严格的等级关系。比如，一名研究者在芝加哥访谈了28名男妓后发现，在男妓中存在三个主要的等级：挤街头的（这些男妓在公园或公共汽车站兜售他们的生意）、钻酒吧的和有机构护卫的。大多数的男妓从街头游娼晋为酒吧野娼，有些最终升到有机构护卫的男妓之列。这些男妓获得的头衔存在明显的等级。这种等级因素决定着收入、隐私以及免遭被捕的安全性等。比方说，街头游娼每次接客获得大约10至15美元；酒吧野娼则为50至75美元；而最高等级的护送男妓则为100美元外加小费。

美国的卢肯比尔的书中讲到，研究人员还发现，在这个阶梯上每升一级，都需要某些必要条件。街头游娼只需看上去比较漂亮。酒吧野娼至少21岁，要有吸引力而且在与顾客相处时如鱼得水，自由自在。而现在，护送男妓则需填写职业申请表，涉及他们个人背景、教育程度和经验等。②

有著作论述道：标签理论并不是没有受到挑战。将人们标

① Howard S. Becker. *Outsiders*: *Studies in the Sociology of Deviance*. New York: Free Press. 1963.

② David F. Luckenbill. "Deviant career mobility: The case male prosti-tutes." 1986. *Social Problems* 33: 283—296.

签为越轨者就使他们成为越轨者的说法常常是一种夸张。许多罪犯从事他们的职业，主要是因为这种犯罪提供了大量的金钱回报，或者有与标签越轨无关的其他理由。即使标签可能是使之变成越轨者的部分原因，但它不能解释最初的越轨行为。标签理论的探讨不能代替其他试图从社会中探讨越轨原因的理论，但很明显，它的确对扑朔迷离的社会现实提供了重要洞察力。①

3. 犯罪与矫正。

（1）通常，在一些教科书中，犯罪被定义为，由当局所禁止并且受正式制裁予以惩罚的行为。犯罪（crimes）作为一种违反法律的越轨行为，与其他越轨行为相比，显然有如下三个特征：①对社会具有严重的危害性；②触犯了法律；③必须受到惩罚。

关于犯罪的类型，西方社会学主要归结为如下几种：①常规犯罪。指诸如谋杀、强奸、抢劫、暴力攻击等常见的侵犯人身与财产的严重犯罪。②白领犯罪。指利用职权和工作之便进行贪污、欺诈等经济犯罪。③有组织的犯罪。诸如开赌场、开妓院、贩毒品等较大规模的、以提供某种“服务”为伪装的犯罪。这类犯罪的对象不是以受到侵犯或损害为特征，社会学家称之为“无受害者犯罪”。④政治犯罪。指谋反、暴动、行刺领导人等与国家政权相关的犯罪。⑤青少年犯罪，即未成年人的犯罪。在中国现阶段，犯罪大致可分为：①反社会罪；②危害公共安全罪；③破坏社会主义经济秩序罪；④侵犯公民人身权利、民主权利罪；⑤侵犯财产罪；⑥妨害社会管理秩序罪；⑦妨害婚姻家庭罪；⑧渎职罪。

关于犯罪原因，人们曾从生理学、心理学和社会学等方面

① 参见［美］戴维·波普诺：《社会学》（第10版），李强等译，中国人民大学出版社。PRENTICEHALL 出版公司，第214～222页。

加以探讨，并作出种种解释。人们对生理因素与犯罪的关系虽然作了许多研究，但至今还没有一个因素被证明是犯罪的根本原因。在心理学方面，奥地利精神病学家 S. 弗洛伊德运用精神分析理论对犯罪作出探讨。他认为，犯罪是受挫者爆发出来的侵犯行为。有的学者用标签理论来解释犯罪现象，认为犯罪就是被社会贴上此种标签的行为。许多社会学著作从社会环境方面寻找犯罪的原因。如法国社会学家 E. 涂尔干用社会变迁中的"失范"解释犯罪；美国社会学家 R. K. 默顿用追求目标过高和机会、手段过少来解释犯罪；还有一些学者用亚文化解释犯罪，认为犯罪多有长期接触"犯罪亚文化"的经历。

关于犯罪的预防与治理，世界各国都十分重视，并加以探索，其措施包括立法、改革教育、完善社会保障系统、设立专门研究机构以及对青少年罪犯采取特殊司法程序等。中国不少社会学者提出应对犯罪加以综合治理，即将全社会力量动员、组织起来，充分运用政治、法律、经济、文化、教育、思想、道德和行政等有效手段，打击犯罪，改造罪犯，挽救失足者，消除犯罪原因，预防和减少犯罪。

(2) 犯罪社会学（sociology of crime）是研究犯罪社会因素的一门社会学分支学科，又称社会犯罪学或刑事社会学，主要研究犯罪现象及其与社会的相互关系，分析犯罪的社会因素，探索治理犯罪的对策。

19 世纪 30 年代，比利时统计学家 L. A. 凯特莱率先运用统计学方法，研究资本主义社会的犯罪现象与犯罪者的年龄、性别、种族、职业，及其所在社会的经济、地理位置和季节、气候等条件的关系，指出犯罪的发生和消灭、增加和减少以及犯罪的类型均受社会环境影响，提出犯罪的社会原因说。他认为，社会本身孕育着犯罪的胚胎，任何社会都会产生一定数量的犯罪行为。受这种观点影响，一批持犯罪社会原因说的学者，如德国刑法学家 F. von 李斯特、意大利犯罪学家 E. 费里等，于 19 世纪末和 20 世纪初形成了在刑法思想史上占有重要地位的刑事社会学派，创立和发展了犯罪社会学。1884 年费里发表了《犯罪社会学》一书，标志着犯罪社会学的形成。19 世纪 90 年代，刑事社会学派成立了国际刑法学会。

20 世纪以来，犯罪社会学有了进一步发展，在这一过程中，普通社会学理论、法律社会学、异常行为社会学、侵犯行为的社会心理学、政治社会学、组织社会学以及婚姻家庭社会学等分支学科的理论均起了重要作用。犯罪社会学成为综合犯罪学、社会学、心理学、生物学等多种学科知识的一个活跃的跨学科研究领域。在当代，犯罪社会学家加强了国际交流和比较研究。

西方犯罪社会学围绕犯罪原因问题形成了多种不同的理论，其中主要有：①社会原因说，代表人物是法国犯罪学家、社会学家 G. 塔尔德和法国法医学教授 A. 拉卡萨涅等。他们强调，不能否认犯罪的个人原因，更应重视其社会原因。塔尔德批评了以意大利犯罪学家 C. 龙勃罗梭为代表的刑事人类学派提出的犯罪人类学理论，认为犯罪实质上是一种社会现象，可以用一般的社会规律来加以说明。拉卡萨涅则把犯罪比作细菌，把社会比作培养基。法国社会学家 E. 涂尔干也用社会学方法研究犯罪问题，认为犯罪是正常的、必然的现象，不是社会的病理现象，原因是社会自身失去了控制力。当社会的尊严、权威、神圣逐渐削弱或丧失时，社会的连带性、结合性也随之崩溃，这种社会状况就是产生犯罪的母体。②三元犯罪原因说，代表人物是费里。他从个人原因、自然原因和社会原因三个方面分析犯罪，着重研究经济状况、工农业生产、社会教育、舆论、习惯等社会原因对犯罪的影响，主张进行社会改良。费里曾任意大利刑法修改委员会负责人，这使他的犯罪社会学理论体现在刑事立法和刑法改革中，影响到后来的刑法发展。③二元犯罪原因说，代表人物是李斯特。他批判龙勃罗梭的天生犯罪说，也不完全同意费里的三元犯罪原因说，主张从个人原因和社会原因两方面分析犯罪。他不否认遗传素质对犯罪的影响，但更强调造成犯罪的经济和社会的原因。④失范理论。"失范"的概念最早是涂尔干提出来的。美国结构功能主义社会学家R. K.默顿发展了这一概念，从社会结构的角度分析犯罪行为的原因。他认为，社会一方面大力强调成功，一方面却没有提供获得成功的可能性，或是社会结构本身限制了一部分人取得成功的可能性，人们不得不采取最有效的、尽管是非法的手段，造成犯罪。⑤随异交往说。此学说在1939年由美国学者E. H.萨瑟兰提出。他认为人的犯罪和其他异常行为并非生来就会的，而是通过随异交往学来的。一个人由于与有犯罪倾向的个人或群体之间经常和密切交往，通过文化传播过程学会了犯罪。犯罪的可能性取决于他的年龄，与别人接触的强度，以及与守法者和违法者接触的比率。西方学者还从社会冲突、社会控制等方面解释犯罪行为。有许多犯罪社会学理论认定，社会因素是青少年犯罪的主要原因，并致力于提出具体的预防措施。

犯罪社会学研究的基本内容有：①现实犯罪状况、犯罪类型、犯罪的地区分布；②造成犯罪的主客观因素，包括个人的生理因素、心理因素、社会因素、地理因素等；③犯罪的社会预测、社会防范、社会控制以及各种惩治对策等。犯罪社会学要求社会设法共同预防犯罪，避免个人因环境所迫而犯罪；强调对犯罪人区别对待，注重感化，对传统的报复主义和恐吓手段持批判态度。犯罪社会学的研究，对各国刑法和刑事政策的制定、对监狱和狱政管理的改良有直接影响，对于防止和减少犯罪给社会造成的危害，起着积极的作用。

犯罪社会学与犯罪心理学关系密切，在理论方面相互吸收和借鉴，在研究对象、研究方法上有共同之处。它们的区别在于：犯罪心理学是研究人的心理状态同犯罪的关系的学科，注意研究犯罪者的动机、目的和犯罪行为的内在联系，注意发现犯罪者的心理者的心理状态、精神状态及下意识活动与社会环境的联系，以此解释犯罪现象，揭示犯罪动机和行为的关系。它更多地借助于医学、生理学等自然科学的知识和技术。而犯罪社会学主要是从社会环境方面寻找犯罪原因。它承认人类学、生物学和心理学因素与犯罪的联系。但认为这些不是犯罪的主要原因。它注重用社会学方法，研究犯罪的社会性质。

中国在20世纪30年代就开展过犯罪社会学的教学。社会学家严景耀亲自体验铁窗生活，深入犯人之中，搜集研究犯罪问题的第一手资料，对犯罪现象作了深入的调查研究。其代表作有《北京犯罪之社会分析》(1928)、《中国的犯罪问题与社会变迁的关系》(1934）等。20世纪80年代以来，社会学家们努力从社会学的角度，通过调查青少年犯罪与家庭、学校、环境、交往、待业、文化生活等因素的相关程度，寻找青少年违法犯罪的社会原因和综合治理方案，并在教育、感化失足青少年方面摸索出了一些经验。这对于发展中国的犯罪社会学是个重要推动。①

(3）社会学领域中，有一个特定的工作领域，即矫治社会工作（correction social work)，亦称“矫正社会工作”或“社区矫正”。在国家法治的社会化方面，在对于犯罪的矫正方面，这是与监狱矫正相对的刑事执法模式或行刑方式，是非监禁的刑罚执行活动。

矫治社会工作作为对犯罪者在服刑、缓刑和假释期间，提供思想教育、心理治疗、行为纠正，以及生活福利、亲属照顾

① 参见《中国大百科全书》(社会学卷)，中国大百科全书出版社1991年版，第58～59页。

等方面服务的一种社会工作，往往主要放在社区内实施。当放在社区实施，此与监狱矫正相对，往往被称为社区矫正。目前，关于社区矫正的定义很多，在我国，根据《最高人民法院、最高人民检察院、公安部、司法部关于开展社区矫正试点工作的通知》规定，所谓"社区矫正是与监狱矫正相对的行刑方式，是指将符合社区矫正条件的罪犯置于社区内，由专门的国家机关在相关社会团体和民间组织以及社会志愿者的协助下，在判决、裁定或决定确定的期限内，矫正其犯罪心理和行为恶习，并促进其顺利回归社会的非监禁刑罚执行活动"。

社区矫正，在实行过程中，将符合社区矫正条件的罪犯置于社区内，在相关社会团体和民间组织以及社会志愿者的协助下，在判决、裁定或决定确定的期限内，矫正其犯罪心理和行为恶习，促使其顺利回归社会。社区矫正并不是一个纯粹的法学概念，而是一个涉及多门学科知识的概念，如法学、社会学、心理学、人类学、犯罪学等。人从本质上说是一个政治性和社会性动物，必参与到一定社会关系中去。因此，作为罪犯，虽然他的犯罪行为会给社会造成严重后果，有些罪犯还往往对于他人具有人身危险性，但这并非意味着罪犯没有社会需求。与外界隔绝的监狱矫正方式在很大程度上限制或剥夺了罪犯的社会需求，这虽然能够发挥惩治罪犯的作用，但教育改造效果可能并不明显。而且，从监狱矫正的实践来看，很多罪犯在刑满释放或假释以后，因为不适应社会，不久又会重新走向犯罪道路。面对这些问题，需要重新审视原有的监狱矫正方式，同时逐步稳妥地推进社区矫正方式。①

社区矫正（community correction）作为相对于监狱矫正

① 郑杭生：《减缩代价与增促进步——社会学及其深层理念》，北京师范大学出版社2007年版，第216～217页。

(prison correction）而言的一个专门性术语，是指由社区矫正组织依法对法院和其他矫正机关裁判为非监禁刑及监禁刑替代措施的犯罪予以在社区中行刑与矫正活动的总称。社区矫正在20世纪西方国家普遍盛行，已被联合国预防与控制犯罪组织予以肯定与倡导。它作为以社区为基础的矫正罪犯的制度与方法，既是法律教育思想的具体体现，也是刑罚原则的具体贯彻，还是刑罚社会化、个体化、人道化要求的具体落实。

西方国家主张的社会矫治起源于应对犯罪问题，其理念始于19世纪末近代法学、社会学的学派的行刑社会化思想。近代学派的学者们认识到监狱刑罚的缺陷和不足，提出了非监禁刑罚措施和对罪犯人格的改造，社区矫正便由此发端。

20世纪以后，一些国家对犯罪的个人因素和社会因素进行了深入的探讨，主张对犯罪的处置，不能靠单纯的惩罚手段，而应配以现代诊治性的再教育、再训练方式。一些社会工作者社会工作的专业知识与技能，对犯罪者进行思想、心理病态的矫治教育和人道主义的矫治服务，帮助他们重新获得正常的社会生活。矫治社会工作的基本方式有两种：通过监狱、感化院等机构，采取各种矫治措施，逐渐改变犯罪者的思想和行为；在社区范围内对犯罪者进行矫治教育和各种辅导训练，使他们逐步适应社会规范。矫治社会工作的内容主要有：改变罪犯的思想和心理状态，重建健康的社会人格；为解决因犯罪而带来的家庭与个人的困难问题提供服务；对罪犯服刑期间可能产生的家庭困难进行预防；为犯罪者创造适宜的社会环境，等等。一些国家由注重对青少年犯罪的教育、改造和预防工作，重视了矫治的社会工作。这对于预防和解决犯罪的社会问题，保障社会安定和维护犯罪者正当权益等，有着重要的积极作用。

在20世纪50年代兴起的关于使罪犯融入社会加以矫正的主张和理论思潮中，以安塞尔为代表的新社会防卫学派提出对罪犯实行人道的方式使之再进入社会，从而使社区矫正思想由孕育走向成熟，并逐渐由学说渗透到立法，再转化为行刑实践。注重对犯罪人的改造、完善而不是报复，刑罚的目的是将社会人格不完善、不能正常进行社会生活的犯罪人再融入社会，已成为现代社会的共识。实行社区矫正，由于其比监狱矫正有更大的优越性，目前已成为世界各国刑罚体制改革发展的趋势。到20世纪60年代，这个时期的矫正论者们首先想完成的第一项任务就是界定社区矫正的概念或称划分社区矫正与监禁处理（非社区矫正）的界限。但是，关于社区矫正的定义多种多样。美国学者大卫．E．杜菲在《美国矫正政策与实践》一书中这样描述："我们为社区矫正和非社区矫正迷惑不解，部分是由于对分析者有指导作用的目的不同，而导致他对于系统内容的描述不同，因而定义的外延也就不同。对于司法实践而言，他关心的不是监所与监所形式的矫正分界线。他想把看守所，通过工作释放和准备假释计划的实施，转变为以恢复犯人的人格，使之在再社会化为目的。他只关心目的，而不关心地点，也不关心做这些工作的人的头衔。"

20世纪60至70年代时期的社区矫正的有效组成方式，即审前释放和转外、缓刑、居住方案以及假释发生变化：居住方案和假释受到了许多指责，重归社会的方案减少。缓刑和审前释放、转外受到攻击。70年代后期至80年代后，出现了更新的社区刑罚方式（又称"中间惩罚"，这是一种比传统的缓刑制度有更多的限制条件、但比监禁的惩罚要相对轻微和节省花费的惩罚方式）。其中，包括：①社区服役。判处罪犯在一个非营利性、靠税收维持的机构里，以一个限定的时间作为其行刑的选择或条件，从事规定数量时间的无常的劳动或服务。这是介于监禁与缓刑之间的一种刑罚。罪犯所受刑罚要比判处罚金严重得多，具有与判处短期监禁的罪犯相似的特征。②赔偿。赔偿一般被定义为罪犯给被害人补偿损失的一种行为。既可以作为单独的刑罚适用，也可以作为其他刑种的附加条件。③复合刑罚。一种既包括社区监督，又包括监禁，但又不像缓刑的新型刑罚，表现为由法官判决的两种刑罚即社区监督和监禁的混合。④家庭拘禁。这是一种命令罪犯在一天的特定时间里不能离开其居住的家的判决。此可以用于缓刑的附加条件或作为监禁刑罚的一部分。⑤间歇监禁。这种刑罚规定，罪犯在特定的时间里，如果周末或晚上被监禁，而其余时间，如工作时间，允许享有正常的社会自由。这种刑罚的突出特点是以间歇监禁代替缓刑，这往往被说成是以定期向缓刑机构报告自己情况为条件的缓刑。

20世纪90年代，恢复性司法成为西方刑法学界的一大“显学”，并在几十个国家中发展了旨在替代正规刑事司法系统的恢复性司法。在对恢复性司法考察后，会发现恢复性司法的核心内容，包含有关于社区矫正的诸多基础理念。

中华人民共和国成立以来，人民政府以社会主义人道主义精神，把犯罪分子家属的救济等项社会服务，纳入政府部门统一管理的社会救济和社会服务范围之内。矫治社会工作主要是对犯罪者的改造、教养和生活服务，以及对犯罪行为的控制和预防。从事这项工作的公安、司法人员，依照政府的劳动改造、劳动教养工作的方针和政策，实行惩罚管制与思想改造相结合，劳动生产与政治教育相结合；对劳动教养人员采取“三个像”，即像父母对待子女、像老师对待学生、像医生对待病人，还采取“六个字”，即教育、感化、挽救的方法，协调他们重建正确的价值观念和行为规范，重新做人；对他们经常进行思想政治工作，进行政策法律教育、认罪服罪教育和文化技术教育；关心他们的吃、穿、住，并给予医疗、卫生服务。这些矫治社会工作措施在实践中已取得明显成效。有关部门在此基础上还不断改善管理和监督制度，实行文明管理、严格管理，以提高矫治社会工作的效能。

中国政府对防止犯罪和挽救失足青少年方面采取了综合治理的措施。在政府的统一领导下，组织公安、司法、民政、文化、教育、经济等部门和共青团、妇联、工会等群众团体，密切配合，依靠基层政权组织和群众性自治组织（居民委员会和村民委员会），以社区为工作范围，全面解决违法犯罪问题。早在20世纪50年代，人民政府对一些可以不送劳动改造或劳动教养场所的违法犯罪分子，采取了在社区内由群众监督、教育或进行管制，并由公安、司法等部门的专业工作人员进行辅导。这样使大批违法犯罪分子获得了新生。①

过去，中国少有使用社区矫正的称谓。但是，中国的刑罚制度中，包含了社区矫正的有关内容。例如，管制、缓刑、假释等。不过，与其他一些国家相比，特别是与一些发达国家相比，中国的做法在制度上、力度上，都有需要改进的地方。20世纪七八十年代以来，各国都在不断进行刑罚制度的创新，尝试用更好的方式处理犯罪和犯罪人，社区矫正就是这样一种刑罚方式的探索和实践。从国际社会的发展趋势来看，刑罚制度已经从以监禁刑为主的阶段进入了以非监禁刑为主的阶段。在许多国家中，适用社区矫正的人数大大超过监禁人数。国外社区矫正的方式主要包括缓刑、假释、社区服务、暂时释放、工作释放、学习释放、电子监控等。在中国，20世纪80年代以后，在全国范围内进行社会治安的综合治理，矫治社会工作得到进一步的开展。各地组织司法、公安和其他有关部门的工作人员经常深入基层社区和基层单位，通过法制宣传日、法制宣

① 《中国大百科全书》（社会学卷），中国大百科全书出版社1991年版，第115页。

传周、宣讲会、报告会、展览会等形式，进行广泛的法制宣传教育，提高社会成员遵纪守法的自觉性；依靠群众，建立和健全各种形式的安全保卫责任制；对民间发生的各种纠纷，及时调解与疏导，防止发展为刑事犯罪；对于偶尔失足和有轻微违法犯罪行为的青少年，进行耐心细致的教育、引导、感化，使之迷途知返。这些工作对预防和减少犯罪、改造罪犯、挽救失足者，对维护社会完全，促进社会稳定发展起了重要作用。

“矫正”概念被引入社会领域，显然是就社会规制而言的矫正，现已切实融入社会体现社会规制运行的过程。当然其作为司法方面的专门用语，准确说，曾意指国家司法机关和工作人员通过种种措施和手段，使犯罪者或具有犯罪倾向的违法人员得到思想上、心理上和行为上的矫正治疗，从而能够重新融入社会，成为其中正常成员的过程。而这同时是社会工作在矫正体系中的运用，成为基于专业人员或志愿人士，运用专业理论和方法、技术，为罪犯（或具有犯罪危险性的人员）及其家人，在审判、监禁或刑释期间，提供思想教育、心理辅导、行为纠正、信息咨询、就业培训、生活照顾以及社会环境改善的过程。这还被视为使罪犯消除犯罪心理结构，修正行为模式，适应社会生活的一种福利服务。

纵观矫正模式的演变，透视从单纯的刑事执法走向社区矫正，这体现着法律走向社会化并进入直接为社会服务而融入社会的过程。

三、社会规制与社会控制

（一）社会控制。

1. 以现代自组织系统理论的语言来讲，社会系统是一个自组织的系统，是按某种序参量运行的控制系统。这个控制系统必按该系统的某种软程序依托这个系统的硬件运行。也就是说，社会控制实现于这些硬件的运行之中，而其是按此系统的某种序参量运行的，特定情况下的社会规制就体现着这种序参量，其左右着实现出来的社会控制。

可见，从社会学的意义上讲，所谓社会控制（social control）被认为是社会组织体现着社会规制而利用社会规范对其成员的社会行为施行引导和约束的过程。国外一些社会学者强调，社会控制是一种社会约束。实施社会约束的是社会组织。任何社会组织，为了保证自身的社会活动及其有序性，都这样或那样地对其成员进行控制。校有校规、军有军令、党有党纪、国有国法，这些都是出于维护本组织的利益和正常的秩序而实施的社会控制。个人之间的冲突，个人意见的分歧，比如讨论中的争议、公共场合的纠纷，虽然有一方压另一方的现象，但不属于社会控制。如果个人争执影响到社会生活秩序，有人出面调解，使争执者的行为顺从社会规范，这种调解属于社会控制。这时调解者实际上出于社会需要，执行社会义务，而非个人活动。在革命时期或者社会动乱时期，某个阶级组织对于所提出的纲领、口号和进行的宣传活动，也是一种社会控制，不过是那种对当时社会或对当局的一种反抗形式的控制。社会控制包含着对社会行为的约束。社会行为不同于个人行为，它是个人之间互有影响的行为。当然，社会控制最终是对个人行为的控制，在社会控制意义上的个人行为已是社会行为，即有社会影响作用的个人行为或社会个体行为。社会控制的准则是社会规范。社会控制须有标准、有尺度，否则，非但控制不好，反而会造成混乱。

社会学家通常讲，社会控制（social control），作为社会组织体现着社会规制而通过社会规范对其成员的社会行为实施引导和约束的过程，它有广义和狭义之分。广义的社会控制，泛指对一切社会行为的控制；狭义的社会控制，特指对偏离行为或越轨行为的控制。

美国社会学家E. A. 罗斯在1901年出版的《社会控制》一书中首次在社会学意义上使用社会控制一词。在他看来，社会控制是指社会对人的动物本性的控制，限制人们发生不利于社会的行为。他认为，在人的天性中存在一种“自然秩序”，包括同情心、互助性和正义感三个组成部分。人性的这些“自然秩序”成分，使人类社会能处于自然秩序的状态，人人相互同情、互相帮助、互相约束，自行调节个人的行为，避免出现因人与人的争夺、战争引起的社会混乱。但是，罗斯为美国社会设想的这种“自然状态”被19世纪末20世纪初高速发展的城市化大规模移民所否定。在现代的美国社会，初级群体和社区迅速解体，人们不得不生活在完全陌生的社会环境中，社会交往的“匿名度”大为提高，人性中的“自然秩序”难以再对人的行为起约束作用，越轨、离轨、犯罪等社会问题大量出现。所以，罗斯认为必须用社会控制这种新的机制来维持社会秩序，即社会对个人或集团的行为进行约束。他还认为，舆论、法律、信仰、社会暗示、宗教、个人理想、礼仪、艺术乃至社会评价等等，都是社会控制的手段，是达到社会和谐与稳定的必要措施。

20世纪60年代以前，罗斯的社会控制理论曾在美国风行一时。此后，社会控制的理论不断得到修正和充实。有的学者认为，把社会控制仅仅归结为控制人的动物本性，带有根本性的偏差，它否定了人的社会性，无法解释复杂的社会问题。

关于社会控制的基本特点，人们认为主要是：①从社会控制的本质来看，它具有明显的集中性和超个人性。社会控制的集中性，是指社会控制总是集中地反映特定社会组织的利益和意志，不管它具有什么具体内容和采取什么具体手段，都服务于社会组织的总体利益和最高意志。超个人性，是指社会控制总是以某种社会名义，代表某个社会组织施行控制。正是这种凌驾于个人之上的超个人性，使它们更有力地控制个人。②从社会控制的作用来看，它具有明显的依赖性和互动性。依赖性指社会控制只有依赖社会实体才能起作用。这些实体包括社会组织、社会个人和传递社会规范内容的信息媒介。互动性是指社会控制通过社会行为之间的相互影响而起作用。③从社会控制发挥作用的过程来看，它具有多向性和交叉性。多向性指控制主体多方面地将各种信息发射出去，而作为中间环节的多种信息传递媒介，又把各种社会精神因素和众多的社会个体相互联系起来，从而使社会控制成为一个多向交叉和多层联结的复杂过程。

社会学家按照不同的标准，把社会控制区分为不同的类型：①正式控制和非正式控制。这是根据社会控制有无明文规定来划分的。政权、法律、纪律、各种社会制度、社会中有组织的宗教，均有明文规定，这属于正式控制的范畴；而风俗、习惯等则是非正式控制。②积极控制和消极控制。这是按使用奖励手段还是惩罚手段来划分的。前者如奖状、奖金、奖章、记功、晋升等；后者如记过、开除、降级、判刑等。无论正式控制或是非正式控制，既可以采取积极控制的手段，也可以采取消极控制的手段。③硬控制和软控制。这是按使用强制手段和非强制手段来划分的。政权、法律、纪律，都有强行的控制力，属于硬控制范畴。软控制则依赖社会舆论、社会心理进行控制，社会风俗、道德、信仰和信念的控制属于软控制范畴。④外在控制和内在控制。这是按控制是否依靠外部力量来划分的。内在控制即自我控制，指社会成员自觉地把社会规范内化，用以约束和检点自己的行为。外在控制是社会依靠外在力量控制其成员就范。外部控制与内在控制的界限是相对的，两者相互渗透和转化。

2. 社会控制体现于由社会规制来实现，这要通过一级级的社会统治和治理，并作用于交往和沟通。应当认为，从基层到地方到中央这一级级，在人员构成上是大体同构的；例如，在中国就各级的核心领导班子讲，一般说来，基本都是 6～7 人，中央政治局常委 6～7 人，省委常委领导班子 6～7 人，市、县、镇直到村的领导班子一般也是 6～7 人。如此等等。对此概括，这可叫作领导班子 6～7 人的理论。

大区（cdp）和小区（adp）按照一定的程序伦理或伦理程序，通过进行工作，通过诸如立法、行政，通过政府的职能（functions）和活动以及机构和地区所代表的选区（constituencies）来实现。以上各因素和方式是互相联系的。

对大区和小区各政府单位的运行程序、职能及选区的指派既可以是专属的，也可以是分享的。铸造钱币的职能只能专属于中央政府，而公共福利的职能则可以由中央到地方的一级级政府分担。对这些部分的区别可以有许多种详细的阐述。对分担某项职能、程序、选区的单位及地区的权力分派既可以允许最低限度的重叠或不一致，也可以用来达到催生或促进竞争和冲突。同时，专属的或分享的权力指派既可由单一渊源（而不是宪法）授予并由该渊源撤销，也可出自宪法规定；而这些规定的正式改变只能通过修订宪法来实现。

利用这个框架及自由、平等、幸福这些基本的社会价值取向，接踵而至的就要制定出在地区基础上分配政府权力的准则。耶维萨克较为明确地对使社会价值观得以最大限度地实现的 adp 条件作出了假设。这些条件被称作“适当的”权力的地区分配的准则。这涉及中央与地方的关系问题。

有学者指出，社会学强调“区域”，是因为它似乎最恰当地包容了这一领域内的角色和利益。这一概念的运用意味着分析方法的扩大。第一，要把地方共同体的和地方共同体内部的利益集团考虑在内。第二，人们承认，地方的利益集团经常是通过各个中央机构下属的各种地方组织连接在一起的。这就为传统的中央集权提出了许多问题。第三，在区域这一概念的框架内，需要对中央权威的资源、设想或意图予以特别的关注。不能想当然地认为"中央"总是希图更多地控制地方利益，或者说如果它们要这么做，它们就有资源来轻而易举地追寻这一目标。如何（在其所有方面）有效地管理领土是身居中央的政治家们所面临的最棘手任务之一。与之相联系的是，领土管理不能同其他政策领域的管理和政治相脱离。第四，在这些情况下，分析应特别集中在辨清中央政府一个时期所推行的有关区域管理的规则或治国之策。这导致了一个包括间接管理的复杂的体制。在这里，中央和它的地方合作者们彼此都要赢得一定程度的自主性。在各个国家，由于社会、政体或政府的部门不同，这方面的实施方式也不同。大地理区域和小地理区域之间、各级行政部门之间、政府与私营部门之间，职能配置，有其自身的过程、状况或倾向以及互为替代的特征。

与私营部门有关的分权，存在于政府部门在社会中起到最小作用之时；而相对的集权，存在于政府部门广泛管理并在财政上支持私人和私营企业、经营大型商业企业并消费国内生产总值的很大部分之时。作为整体的政府部门内集权与分权，特别指政府之间，也就是说在大的管理区域和那些较小的管理区域之间权力的纵向分配。

区域分权（Areal division of power）这一术语于1956年首次被人提出，用以比较不同地区间分配政府权力的选择性制度安排的分析模式。其目的在一定程度上是要成为指导地方政府及政府间关系研究的概念性框架。

民主集中制（Democratic centralism），最早是由列宁创立的学说，民主集中制有两个主要命题：第一，在权力结构（无论是党的权力结构还是国家的权力结构）中，每一机构的成员都是由其下级机构投票选举产生的。第二，虽然在政策形成的初期阶段鼓励自由讨论，可是，一旦最高机构作出决定，该政治权力结构中的各级下属机构就必须严格执行。这一组织原则贯彻于选举领导人和在各级组织中对政策进行自由讨论的过程，直到作出民主性的决定。一旦决定作出、讨论终止，这就成为一种必须服从或接受的，而不论他们的个人意见如何。①

3. 在社区范围内实施着各种形式的社会控制。这往往被称为社区控制（community control）。社区控制的目标在于，通过抑制社区成员违反社会规范和规划的行为，以稳定社区的秩序和保持良好的社会风气。这其中，社会的良性运行处于常态之中，非良性运行得到纠正，社会正常政策及对于不良人员的矫正等等得以落实。这其中有正式控制和非正式控制两种情况。正式控制是通过社区组织并运用正轨的社会制裁手段对社区成员控制。非正式控制是体现于日常性、大众性的控制。在社区中，社会控制的实施一般通过 4 种途径：①社区传统的规范和行为体系；②社区权力结构；③社区成员的响应和落实，他们对社区控制具有监督的功能；④强制，目的在于惩罚违反社区规范和规则的越轨者，手段可能是暴力或其他严厉的制裁，以迫使某些违法分子就范。与此相应，社区规划（community planning）在社区控制中是不可或缺的。

社区控制中贯穿着社会化过程。这里重要的是向社区中的儿童和青少年灌输正确价值观，使他们接受相应的行为规范，同时，在社区各社会组织中建立相应的规范和规则。为了强化社区的正面价值，控制者对符合社区价值的成员应适时给以奖

① 参见［英］戴维·米勒等（英文版主编），邓正来（中译本主编）：《布莱克维尔政治学百科全书》，中国政治大学出版社 2002 年版。

赏，并鼓励其他成员效法。为了达到价值观的共识，控制者应常利用大众媒介进行疏导或者通过非正式的和面对面的讨论，以谋求社区成员感情和意识的统一。①

4. 与社会控制理论相关，当面对社会冲突，社会学家提出一个"社会安全阀"理论。"社会安全阀"（social safety valve)，这是社会冲突理论中用以表示控制社会冲突作用的概念。这指各个社会都存在着这样一类制度或习俗，它作为解决社会冲突的手段，能为社会或群体的成员提供某种正当渠道，将平时蓄积的敌对、不满情绪及个人间的怨恨予以宣泄和消除，从而在维护社会和群体的生存、维持既定的社会关系中，发挥"安全阀"一样的功能。故称社会安全阀制度。

在社会学研究中，美国的冲突论代表 L. A. 科瑟明确提出和阐述了社会安全阀概念。他在《社会冲突的功能》（1956）一书中，以下述社会现象为例来说明"安全阀制度"：原始人有节制的复仇制度；早期社会中在狂欢节期间对性禁忌、性回避的解除；西方文明社会中曾盛行的解决私人仇怨的决斗；现代和早期社会中一切有助于缓和统治者与被统治者以及各阶层间紧张关系、消除人们平时紧张情绪的共同性的娱乐活动等。

社会安全阀概念带有明显的社会心理学特征。它强调消除心理紧张在解决社会冲突、排除敌对和不满情绪中的作用，并根据心理学关于对立、紧张情绪可通过向替代性对象发泄而予以消除的观点，提出了安全阀制度发挥作用的机制即"替罪羊机制"，主张将人们的敌对、不满情绪引离原来仇恨的目标，用其他替代性目标和手段，使它们得以排发和发泄。社会冲突论者认为，这是一种对所有社会都具有普遍意义的特殊心理（思

① 参见《中国大百科全书》（社会学卷），中国大百科全书出版社 1991 年版，第 99、313～314、363、374 页。

想）疏导理论。有的学者还认为，一个社会的结构愈是僵化，或愈是不容许对立的要求和主张表露出来，蓄积危险的、敌对的情绪便愈多，也就愈需要社会安全阀制度。

社会安全阀制度并不能从根本上解决社会冲突问题，它可能导致这样两种消极后果：①减少或解除迫使社会向前发展的正常的社会压力；②产生某些负功能。科瑟尔等冲突论者一方面肯定它的作用，另一方面又对它持保留态度。

20世纪80年代以来，中国有的学者提出了在社会主义社会采用安全阀制度的问题。如通过领导与群众之间的对话消除一些不安定因素、增进人民内部的团结、巩固和发展社会主义的同志式平等关系。有的学者还试图将科瑟提出的概念加以改造，提出形成“社会主义社会安全阀机制”的概念。这方面尚处于初步的探索之中。

前面曾讲到结构性紧张理论和文化传递理论，在由其视角进行的论证中，有一个共同的假定：遵从事情的常态，只有当违反规范时才需要解释。其他各种社会学理论则从相反的假设开始，认为为了实现愿望，大多数人都想走捷径，相应地，出现问题时重要的是遵从而不是越轨。这基于以下理论见解：

一是以心理学为基础的控制理论，认为某些人比他人更缺乏控制自己内在冲动的能力。根据沃尔特·雷克利斯（Walter Reckless）的“自制理论”（contain theory），罪犯是缺乏恰当的自我观念，结果未能抵制住越轨诱惑的普通人。同样，霍华德·贝克尔（Howard Becker，1963）认为，“正常”人通过思考他们在越轨后会发生什么来控制他们的越轨冲动。他们不想污损他们的自我形象。而越轨者在抑制这些冲动时存在困难，因为他们缺乏对自己的评价，或者说对自己与别人缺乏较强的认同意识。许多人并没有看到在未能控制越轨冲动者与成为越轨者的结果之间的联系，又有些人可能简单地将自己看得无足轻重并感到对他们来说发生了什么都没关系。

二是特拉维斯·伊尔希（Travis Hirschi）提出一个更详细的社会理论强调，犯罪是由人们社会联系的纽带弱化所引起的。他指出，在大多数人中起约束作用的四大关键社会纽带却在犯罪者那里典型地呈软弱状态。这些纽带包括，"附属"于其他遵从者，特别是父母和同辈；"奋斗目标"使之投入时间和汗水，为实现诸如上大学等传统目标而工作，而越轨行为则会威胁到这些目标的实现；"参与"常规活动，以减少可能越轨的时间；要有"信仰"，接受常规道德观念。

（二）社会秩序。

论说社会控制，如果将理论视点提升一下，扩大一下视野，总起来说，这针对着在社会规制作用下的社会秩序问题。

社会秩序（social order），这是表示社会有序状态或动态平衡的社会学范畴。

中外思想家很早就注意社会秩序的问题。中国古代思想家们提出的"治"，就表示社会的有序状态和社会秩序的维护与巩固，"乱"则表示社会秩序的破坏和社会的无序状态。在西方，16 世纪英国哲学家 T. 霍布斯用社会契约论来解释社会秩序的起源：独立的个人为摆脱"人自为战"的混乱状态，相互缔结契约，形成社会秩序。社会学创立之初，社会秩序问题就是 A. 孔德等人研究的中心问题之一。

社会学家通常认为，社会有序状态或动态平衡主要表现为三个方面：①一定社会结构的相对稳定。即所有社会成员都被纳入一定社会关系的体系，都有其某种社会地位。在一定意义上讲，封建的社会秩序、资本主义的社会秩序、社会主义的社会秩序，就是指不同社会类型的社会结构的相对稳定。②各种社会规范得以正常施行和维护。一定的社会关系体系要成为一种社会秩序并能维持下去，保持相对稳定，就必须借助于适合其需要的社会规范及规则，并努力使这些规范和规则得以广泛遵守和执行。这些规范和规则直接体现着它们所代表、维护的社会秩序，遵守与维护这些规范、规则，就是遵守和维护有关的社会秩序。③把无序和冲突控制在一定的范围之内。一个社会，不可能完全没有无序现象，不可能没有冲突，而把它们控制在一定的范围内，也是一种社会秩序。有些西方社会学家，常常把社会秩序同社会冲突完全对立起来，认为有冲突就是对秩序的破坏。实际上，社会秩序本身就包含着经常性的冲突。诸多国家在法律上承认并约束这种冲突，使其不越出社会所容纳的界限。把握好社会秩序，必须在社会控制中处理好社会秩序中的种种问题。

社会学家指出，从纵的方面看，社会秩序可按它们在社会历史过程中的作用划分为进步的和退步的、新的和旧的；从横的方面看，在一个社会内部，社会秩序通常表现为经济的、政治的，或劳动、伦理道德、社会日常生活秩序等方面。它们分别包含着相应的社会关系内容及体现这些关系的社会规范与规则。在这些秩序中，经济秩序和政治秩序，产生着相应的社会规范及规则。

历史学家指出，在原始社会，社会秩序是通过自发形成的风俗习惯，被全体成员自愿维护的。原始社会之后的有阶级社会，社会秩序则主要是凭借国家权力、通过强制的手段得以维护的。一种社会关系体系要成为一种社会秩序，必须通过国家政权使之合法化、制度化。在阶级社会中，社会秩序总是反映着统治阶级的利益、愿望和要求；一切统治者都会把他们肯定的社会关系和希望维持的社会状态，奉为不可侵犯的秩序。恢复社会秩序常常成为统治者维护旧秩序、镇压被压迫者反抗和起义的借口，被统治阶级往往反其道而行之。因而在人类阶级社会发展的历史中，充满着维护现存社会秩序与反抗现存社会秩序的斗争。无产阶级和劳动人民是旧的社会秩序的破坏者，当他们在夺取政权之后，尽快建立起新的社会秩序，不断巩固和维护新的社会秩序；以利于建立和发展新的社会关系，保障社会的稳定和经济的发展与文化的繁荣。

（三）社会解组与社会整合。

社会解组（social disorganization），是指当社会规范和制度对社会成员的约束力减弱、社会凝聚力降低的一种社会状态。当社会发生急剧变迁时，旧的规范不适用了，新的规范又未建立起来，或某些规范功能发挥受到阻碍，或几种规范体系互相冲突，人们失去了行为准则，于是发生社会解组。社会解组区别于社会解体。前者指社会中出现松散、分裂现象，尚保持在原有的社会制度结构、社会体系之内，后者指整个社会的制度、结构、体系遭受破坏，使原有的社会秩序无法维持和继续下去，而逐渐被新的社会制度所取代。社会解组理论在美国产生于芝加哥学派。

社会解组理论最初是由美国芝加哥大学社会学家肖（C. R. Shaw）和麦凯（H. D. McKay）等在20世纪20年代至30年代期间通过对芝加哥城区一般犯罪和青少年犯罪的研究而提出来的。此后，学者们以该理论为指导继续研究犯罪和青少年犯罪。社会解组理论的一般假设是，由工业化或城市化而形成的快速变迁导致城市社区或邻里正式控制与非正式控制功能的下降，这种社会解组助长一般犯罪及青少年犯罪的增长。

尽管芝加哥学派建立的社会解组理论在社会学及犯罪学领域都曾有较大的影响，但由于在测量社会解组这一基本概念方面的不确定性以及所使用的官方统计资料的局限性（Akers and Sellers，2004），该理论在犯罪学领域沉寂了相当一段时间。直到20世纪80年代末，由于桑普森（R. J. Sampson）等人的努力，社会解组理论才重新受到重视。桑普森等认为，社会解组瓦解了社区和邻里的非正式社会控制，因此导致这些社区高犯罪率的产生。桑普森等将社区或邻里运用非正式控制手段维持公共社会秩序的能力称作“集体效能”（collective efficacy）。这种集体效能是以邻里之间的凝聚力和互信为基础的。桑普森等人的实证研究为其集体效能理论提供了支持性依据。[①]

社会学对于社会解组的研究主要有三种观点：①文化堕距观点。这一观点认为，在文化变迁中，构成文化的各部分变化速度不一致，造成了相互间的差距和错位，由此导致社会解组。②异化观点。认为在传统社会向现代社会过渡的过程中，出现了个人在精神上与其周围世界相分离或相对立的现象，这是引起社会解组的重要原因。在传统社会里，人们从事农牧业生产，以家庭为中心承担特定角色，有特定的生活目标，然而，现代的工业化和城市化将这些秩序打乱了。在工业生产中，传统知识变成无用之物，家庭的管理、宗教、教育等功能逐渐丧失，它们不再是人们生活的中心。工业社会产生了一系列为人们所不熟悉的新角色，提出了一些新的生活目标。人们普遍感到已被置于一个完全陌生的世界之中，周围的一切都与自己相分离或相对立。现代大城市的“匿名式”人际关系、工业流水线以及事务性工作中那种“非人格”的劳动方式，进一步增加了异化的程度，从而导致社会解组。③社会机会结构与社会目标结构失调的观点。认为社会解组是在个人或群体目标无法充分实现条件下发生的社会问题。照此观点，任何社会均有两种因素起着重要作用：一是目标，即在某种社会或文化中为人们所追求的事物；二是规范，即该社会或文化所规定的、实现上述目标的合法手段。在理想状态下，社会机会结构为人们实现这些

① 参见李捷理主编：《社会学》，中国人民大学出版社 2007 年版，第 293 页。

目标提供了较充分的合法手段，机会与目标协调，因而越轨行为较少发生。但是在有些情况下，机会与目标之间发生矛盾，如积累财富的目标与致富机会的有限之间的矛盾。这样，许多很难通过社会认可的合法途径去实现目标的人就有可能违反规范，或认为没有必要遵守这些规范，于是发生社会解组现象。

社会整合（social integration），是指社会不同的因素、部分结合为一个统一、协调整体的过程及结果。亦称社会一体化。这是与社会解组相对应的社会学范畴，这与社会解体的范畴也相对。社会整合的可能性在于人们共同的利益以及在广义上对人们发挥控制、制约作用的文化、制度、价值观念和各种社会规范。

在社会学研究中，美国社会学家 T. 帕森斯明确提出社会整合概念并将其纳入自己的结构功能主义理论构架之中。他关于社会生存的四大基本功能前提假设，便包括社会整合。在很长时间内，社会整合曾成为结构功能主义表示社会基本功能的特有概念，与其阐述的社会"共意"或"一致性"假设密切结合。帕森斯在《社会体系和行动理论的演进》（1977）一书中，把社会整合概念规定为如下含义：①社会体系内各部门的和谐关系，使体系达到均衡状态，避免变迁；②体系内已有成分的维持，以对抗外来的压力。帕森斯还认为，一个社会要达到整合的目的，必须具备两个不可或缺的条件：一是有足够的社会成员作为社会行动者受到适当的鼓励并按其角色体系而行动；二是使社会行动控制在基本秩序的维持之内，避免对社会成员作过分的要求，以免形成离异或冲突的文化模式。[①]

继帕森斯之后，社会学家对社会整合概念的解释及运用，

---

① 参见《中国大百科全书》（社会学卷），中国大百科全书出版社 1971 年版，第 353～354 页，第 309 页，第 351 页。

逐渐分化为两种不同的倾向：一种是沿袭帕森斯的观点，继续将其置于宏观的社会理论体系中，只从抽象的意义上予以解释和运用；另一种则是朝着经验研究的方向，将这一概念用于研究各种社会群体内或群体之间的实际关系，特别是用于研究民族及种族群体的关系，研究多民族国家各民族在文化上的接近、融合等。

社会整合有许多具体形式并可分为诸多类型。除以上已提及的社会体系的整合、民族或种族关系方面的整合外，社会学经常论及的还有文化的整合、制度的整合、规范的整合、功能的整合等。

第二节　社会习性的显现

一、习性成为“身体化的社会结构”

布迪厄在他的理论中将习性表述为“身体化的社会结构”[①]以及“身体反应的社会必然性”。[②] 布迪厄这样论述：习性作为“身体的习惯”以一种稳定而直接的方式表现于人的“言谈举止”“感知和思维”。[③] 与此相应，身体在此本身就是习性的一个组成部分，它是社会结构直接的产物和生产者，是实践的直接

① Pierre Bourdieu Enturf Die feinen Unter schiede Kritik der gesell schaftlichen Urte ilskraft Frank furt am Main Suhrkamp 1981，p730.

② Pierre Bourdieu Sozialer Sinn Kritik der theoretischen Vernun ft Frank furk am Main Suhrkamp 1987，p. 127.

③ Pierre Bourdieu Sozialer Sinn Kritik der theoretischen Vernun ft Frank furk am Main Suhrkamp 1987，p. 127.

的生成即结构化。换句话说，习性指的并非只是社会行动者的心智结构，而同时也是身体化的结构。德国学者利保就此指出，在布迪厄的理论框架中，身体本身结构的社会性是被社会化了的。[①] 在社会化的过程中，"原始野性"的身体被变成了"习性化了的"身体。[②] 正如布迪厄所讲，"习性是社会化了的主体性"[③] 这才成为"身体化的社会结构"。

布迪厄进而指出，由于习性是"主体性"（subjektive）的，并不能因此就认为这只是个体性（individuell）的内化结构系统，他认为习性总是为同一阶级或群体的所有成员所共有；个体习性可被视为是阶级习性或群体习性在结构上的一种变化形式。[④] 固然，因为习性的生成来自外部的物质及文化生活向社会行为者内化；这其中，由于同一群体或阶级的成员所面对的社会物质文化生活条件类似，所以他们通过对其内化而生成的习性也相应地表现出类似性。而当其外化形成"身体化的社会结构"表现出个体性时，同一阶级或群体的社会成员因其在阶级或群体内部所处的位置不尽相同，在他们的个体习性之间同时也就有着不可否认的差异。用布迪厄的论证说，他们所持有的各类资本（如经济资本、文化资本、社会资本）的总量和结构不尽相同，他们每个人的社会生涯也不同。对于这种个体习性

---

① Eckart Liebau Gesellschaftliches Subjekt und Erizie hung Zurp dagogischen Bedeutung der Sozialisations theorien von Pierre Bourdieu und U lrich O evennann Weinheint Jur venta，1987，p63.

② Pierre Bourdieu Entwurf einer Theorie der Praxis auf der ethnologischen, Grundlage der kaby lischen Gesellschaft Frank furt am Main Suhrkamp. 1979. p199.

③ ［法］皮埃尔·布迪厄：《文化资本与社会炼金术：布迪厄访谈录》，包亚明中文译本，上海人民出版社 1997 年版，第 173 页。

④ Pierre Bourdieu Sozialer Sinn Kritik der theoretischen Vernun ft Frank furk am Main Suhrkamp 1987，p. 113.

与群体习性之间的类似与差异并存的关系，布迪厄认为其中有着“多样性中的均一性”(vielfalt in Hanogenität)[①]。也就是说，在作为同一个阶级或群体的成员的习性形式表现出类似性和同质性的同时，行动者的个体习性却变化多样。当其将内化的社会结构外化出来成为个体性，有行动者与他人所共有的群体习性，即习性的社会性。布迪厄说：“社会学将所有的生物性个体看成是相同的，他们是同样的客观条件的产物，具有同类的习性形式。”[②] 这形成一个个有个性的，由社会习性统摄着的个体习性；这是作为群体习性在结构上的一种变化形式才被纳入社会学的。

二、习性形成着社会场域

习性在自身确立及社会确立中，形成着社会习性场。“场”，这本是近现代自然科学特别是物理学的概念。在前面已经讲到，而且在后面还要专门论述的是，布迪厄引入“习性场域”这个概念，是值得重视的。

布迪厄将习性场域[③]称为社会现实的存在方式：“社会现实是双重存在的，一次存在于事物中，一次存在于头脑里；一次存在于场域中，一次存在于习性里；一次存在于行动者之内，一次存在于行动者之外。”[④] 布迪厄在其他的分析情境中也将习

---

① Pierre Bourdieu Sozialer Sinn Kritik der theoretischen Vernun ft Frank furk am Main Suhrkamp 1987，p. 113.

② Pierre Bourdieu Sozialer Sinn Kritik der theoretischen Vernun ft Frank furk am Main Suhrkamp 1987，p. 111.

③ Pierre Bourdieu Loc W acquaint Reflexive Anthiopologie Frank furt am Main Suhrkamp，1996，P. 161.

④ Pierre Bourdieu Sozialer Raum und K lassen Frank furt am Main Suhrkamp，1985，p. 69.

性和场域称为"变为身体和变为事物的历史"。[①] 从这些表述中不难看出，在习性和场域之间，一方面习性形成于特定场域之中，场域塑造着习性；另一方面，习性把场域建构成一个充满意义的世界，这是一个被赋予了价值、值得行动者去投入的世界。换句话说，如果没有与该场域相适应的习性让行动者对该场域之"游戏"深信不疑和给出"投注"，场域就不会持续存在。布迪厄将习性和场域之间的这种关系称为"本体论的对应关系"。[②]

塑造论哲学将"习性场域"的表述扩展为关于整个社会的"社会习性场"。塑造论哲学从关于社会学的基本图示说起，强调交往沟通就处在"社会习性场"中。人的习性，作为个体的，体现着社会。社会由各个人之习性的统一构成，"社会习性场"本身有着一种序参量。习性上升为规制体现着由"社会习性场"的序参量来左右整个社会的变化。这样"社会习性场"形成一种超越个体的社会系统整体力量。个体习性实现于社会的习性场。个体与个体、个体与集体、个体与社会共同形成着"社会习性场"。而且，用马克思主义的概念来讲，生产力和生产关系、经济基础和上层建筑、社会存在和社会意识，其总体体现着"社会习性场"。社会变迁，主要在于"社会习性场"中的个体与个体、个体与集体、个体与社会，受"社会习性场"发生改变而左右。社会改革体现着"社会习性场"的调适。社会革命体现着"社会习性场"的根本转换。

在社会化中，习性成为习俗，习俗成为民俗，民俗成为风

① ［法］布迪厄、［美］华康德：《实践与理性》，李猛、李康译，中央编译出版社1998年版，第171～172页。

② ［法］布迪厄、［美］华康德：《实践与理性》，李猛、李康译，中央编译出版社1998年版，第174页。

俗。习性一定统摄习俗，习俗却不一定能充分体现习性。习性成为民俗才谈得上风俗。习俗（习惯、惯习）、民俗（包括礼俗、时尚）、世俗（流俗）、风俗的总和，终究要体现习性，在习性统摄之下；习性改变着规制，习俗变、民俗变，世俗作为风俗就要发生变化，以至社会范式改变，习性社会场发生更替。

这其中，习性，就个体讲表现为习惯；习性，就群体讲表现为惯习；延伸于时尚、时髦、流俗，习性表现为世俗；总起来讲即风俗。习性成为习俗，习俗成为世俗，总起来讲成为民俗。这里有从个体化到社会化的过程，这里形成着社会场域。

通过分析习性和场域之间的关系，人们能够解释一系列社会学实践中的问题，比如行动的自动性或反思性的问题。一方面，当习性和场域之间存在一种契合关系时，行动者在行动时往往无须思考："在现实生活中，每当习性遭遇的客观条件就是产生它的那些客观条件或者类似于那些客观条件时，习性总能很好地'适应'那个场域而无须什么自觉地追求目的的明确调试。"[①] 另一方面，当习性和场域的关系不契合时，或者说，当习性遭遇到迥异于其生成场域的场域时，习性作为实践的生成原则和结构化原则便会受到挑战，甚至完全失效。在这种情况下，行为者可能会开始自动地调整自己的行动。总之，当习性和场域关系契合时，习性倾向于再生产生成它的社会结构。当习性和场域的关系不契合时，习性有可能会变革社会结构。[②]

---

① 参见［法］布迪厄、［美］华康德：《实践与理性》，李猛、李康译，中央编译出版社 1998 年版，第 174～175 页。

② 以上参见孙进：《布迪厄习性理论的五个核心性结构特征：德国的五个分析视角》，《哲学研究》2007 年第 6 期。

三、习性的规定显现为"统一的""实践生成"

布迪厄讲到，"习性"在"生成实践"中被施予各种不同的社会领域和情境，形成性情倾向系统：无论是在日常生活中还是职业生活中，也不管所涉及的是衣着服饰、饮食家居还是艺术偏好、言谈举止。正因为如此，社会行动者的各种行动，在实践上表现出"风格上的类似性"（stilistisch affiniat）。对此，布迪厄经常用"笔迹"作为一种形象性说明。他把社会行动者的习性比作一个人书写文章的特定方式和风格。不管他在什么情况下书写，不管他用什么笔写，也不管他所写字体的大小和颜色以及所用纸张材质，人们总是能从他的各类笔迹中看出其"家族类似性"。这也像是一个画家或作家的所有作品一样，人们总是可以从中看出这些不同作品之间的类似性，因为它们出自同一个人的手笔，或者说，是同一习性施用于不同领域和情境的结果。[①] 用布迪厄的表述，正如个体习性令行动者所有的行或动和实践具有风格上的类似性一样，阶级或群体习性则在一个集体的层面上令属于同一阶级或群体的社会成员的行动和实践具有类似性，并使他们区别于其他阶级或全体的社会成员。

布迪厄强调，习性并不是与生俱有的，而是社会行动者在社会化过程中通过对外在社会结构内化（身体化）而得到的；另一方面，当习性成为社会行动者行为的统摄者或统调者时，这时便形成对过去所有经验的整合和再现，并以此为基础不断建构着新的实践和经验。而且其作为社会历史地产物，是"处于不断地变动之中"。

于此，再以布迪厄的用语讲，这是在"外在的内化"（intri-

---

① Pierre Bourdieu Die feinen Unter schiede Kritik der gesell schaftlichen Urte ilskraft Frank furt am main Suhrkamp 1981, p. 282.

oriserung der exterioriät）基础上由“内在的外化”（exteriorisierung der interioriät）而实现的。这其中，结构塑造着习性，习性生成着实践，实践再制着结构。[①] 布迪厄曾对此以乔姆斯基（N·Chomsky）所说的“生成语法”（generative Grammatik）作为比喻：[②] 人们可以在符合语法规则的情况下，组成各种各样完全不同的新的、之前没有见过的句子，形成自己的语言风格；同样地，习性让人在特定的界限之内生成各种事先未曾见过和做过的行为和实践。这被视为像一种“被规导过的即兴表演”。[③] 对于这种社会与个体之间以及社会客观结构与主体结构之间的关系，布迪厄的见解是：一方面，就习性形成来说，特定类型的社会客观结构，特定的阶级或群体所拥有的物质及文化生活条件，经由社会行动者的内化（身体化）而生成特定类型的习性；另一方面，习性在这里作为一种“稳定的性情倾向系统”，一种“被结构化的结构”（strukturierte strukturen），在之后的社会实践中，又作为“结构性结构”（strukturierende strukturen）起作用，引领社会行动者自动做出“合适”而“有意义”的社会实践，进而再制或变迁社会结构。[④]

① Pierre Bourdieu Enturf einer Theorie der Praxis auf der ethnologischen Grundlage der kaby lischen Gesellschaft Frankfurt am Main Suhrkamp，1979，p. 164.

② Pierre Bbourdieu Satz und Gegensatz birdie Verantvortung des Intellektuellen Frankfurt an Main Fischer，1993，p. 33.

③ Pierre Bourdieu Enturf einer Theorie der Praxis auf der ethnologisc der kaby lischen Gesellschaft Frankfurt am Main Suhrkamp，1979，p. 179.

④ Pierre Bourdieu Enturf einer Theorie der Praxis auf der ethnologischen Grundlage der kaby lischen Gesellschaft Frankfurt am Main Suhrkamp，1979，p. 199.

第三节　社会人的显现

社会规制显现于社会的社区、运行、控制，而且总是凝结于社会角色及社会保障体系和社会人的发展之中，这使社会规制及社会习性在社会人身上得以显现。

一、社会角色

（一）马克思强调："人的本质并不是单个人所固有的抽象物，在其现实性上，它是一切社会关系的总和"[①]。而作为一切社会关系总和的社会人，总是显现为某种社会角色。

社会角色（social role）被社会学认为，这表现于与人的社会地位、身份相一致的一整套权利、义务和行为模式，既体现于对处在特定地位上人们行为的期待，也是社会群体或组织的基础。

"角色"原本是戏剧中的名词，指演员扮演的剧中人物。20世纪20—30年代一些学者将它引入社会学，进而发展为社会学基本理论的概念之一。社会角色理论来源于：①美国芝加哥学派最早在理论系统中运用这个概念，其中以G．H．米德的研究最为突出。米德使用此概念旨在说明，在人们交往中存在可以预见的互动行为模式，由此便于说明个人与社会的关系。他研究了儿童角色意识的形成，即从想象扮演某个角色（嬉戏阶段）发展成为成熟的承担某个社会角色（群体游戏阶段）。他认为角

① 马克思：《关于费尔巴哈的提纲》，《马克思恩格斯文集》（第1卷），人民出版社2009年版，第505页。

色是在互动过程中形成的，角色表演并没有一个先定的剧本，文化只能为角色表演规定大致的范围。②角色理论的另一个重要代表是美国人类学家R. 林顿。有人甚至认为角色理论是经由林顿创立的人类学而进入到社会学中来的。林顿认为角色可以定义为：在某种特定场合作为文化构成部分提供给行为者的一组规范。他区分了角色与地位，强调当地位所代表的权利与义务发生了效果时即为角色扮演。林顿将社会结构置于个人行为之上，视社会结构为一个行为规范体系，个人接受和遵循这些规范。因而角色是由社会文化塑造的，角色表演是根据文化所规定的剧本进行的。③完形主义心理学或称格式塔心理学。它使用角色概念旨在强调人类的一切心理过程都是通过整合模式的发现与创造而形成的。④拟剧论。这一理论认为，角色和角色扮演的概念有助于将人际关系的个人系统置于有意识状态。社会是一个大舞台，每个人都在扮演着具有高度创造性的角色。第二次世界大战后，许多社会学家，如T. 帕森斯、R. K. 默顿、R. 达伦多夫、E. 戈夫曼等，均对社会角色理论的发展作出了贡献。

研究角色理论的社会学家指出，角色类型主要有：①先赋角色与自致角色。这是以人们获得角色的方式区分的。前者指建立在血缘、遗传等先天因素基础上的社会角色，如种族、性别、年龄等。自致角色亦称成就角色，指主要靠个人活动与努力所获得的角色。②自觉角色与不自觉角色。这是以人们承担角色时的心理状态区分的。前者指角色承担者明确意识到自己所做的角色表演，因而尽力用行动去感染周围的观众，如讲演者等。后者指角色承担者并未意识到自己的角色表演，而只是照习惯去做。③规定性角色与开放性角色。这是以角色行为规范化程度区分的。前者指权利、义务有较明确的规定，不能随心所欲地自由发挥，如军人、警察、法官、公务员等。后者指对行为规范没有明确、严格的限制，承担者有较多自由发挥的余地，如父母、夫妻、朋友等。④功利型角色和表现型角色。前者指以追求经济效益和实际利益为目标的角色，如商人、企业家、经营者等。此种角色在社会上重在实现功利目标。后者指不以获得利益为目的，而以表现社会制度与秩序、社会价值观念、思想道德等为目的的角色，如学者、教授、宗教人士、公务员等。

研究者强调，应重视研究角色扮演。所谓角色扮演，是指个人具备了充当某种角色的条件并承担和表现角色的过程与活动。这其中主要内容包括：①角色的确定。在社会舞台上，人不能随心所欲地表演角色，角色的承担首先要有一个确定的过程，或者说需要经过"认同"来证明一个人的实际地位、身份等与其承担的角色相一致。角色确定是在长期社会互动中实现的。角色确定也常有失误的情况，如不能胜任角色、未承担合适的角色、选择了不适当的角色等。角色的确定是否合适而有效，最终是由社会决定的，而这也与个人的活动和努力密不可分。②角色距离。这指个人与他所承担的角色之间存在着差距的状况。所谓表现出"角色距离"者，包括那些行为、品质达不到角色规范的人，如守军纪不严的士兵、名不副实的教授，也包括那些素质远在角色之上的人，如大材小用等。当一个人不承担某种角色时，其行为便不构成角色距离。角色距离表明：自我与理想的角色模式是分离的，它妨碍一个人进入角色。③角色的表现。社会角色的表现需要一系列条件。如舞台上的表演需要装饰，需要布景和道具，所不同的是社会舞台上的背景是真景实物。这既是角色表演的标志，也是角色活动的场所。与社会表演者联系密切的是仪表和言谈举止。这是角色的外部表现，是角色内在品质的反映。社会角色表演有台前、台后之分。台前表演指人们正在扮演某种角色，台后表演是指正式表演的准备活动。将这两种情况区分开来具有实际意义。要使角色有出色的表演，还必须实现角色之间的配合，否则某一个角色的失误就可能导致整个“演出”的失败。④扮演过程。角色表演要有三个基本环节：一是角色期待。也叫角色期望，这是指社会对某一角色的期望和要求。人们在社会中获得或担任一定角色时，首先遇到的就是社会对这一角色的期待。角色期待可分为不同的层次：对角色的一般期待和特殊期待。关于前者，例如企业的经理或厂长，从目前情况看，职工对他们的一般期待是精明强干、才智过人、目光远大、熟悉生产、精通销售、个性坚毅等；关于后者，如人们对企业的经理不仅有共同或一般要求，而且有特殊要求。不同行业、不同规模、不同性质的企业的经理，由于企业目标、领导对象及所处环境等方面的不同，所扮演的角色也有所不同，其角色期待自然也有所不同。二是角色领悟。也叫角色认知，这是指角色扮演或承担者对其角色规范和角色要求的认识和理解。人们在扮演某一社会角色时，不仅要受制于角色期待，更重要的是取决于自己的角色领悟。由于人们的思想觉悟、认识水平及价值观念乃至看问题的角度的不同，以及所处环境的不同，对同一社会角色的理解常有差别，甚至截然相反。对于同一角色来说，其角色期待一般是相同的，而角色领悟往往是不同的。正是由于人们对同一角色的不同领悟，才形成了社会中千差万别的角色扮演。三是角色实践。也叫角色行为，这是角色领悟的发展，是角色扮演的实际过程或活动，是期望的落实，是在个人行动事迹中真正表现出来的角色。角色实践是人的社会行为。人的行为要接受其认识的引导，一般情况下，人们的角色领悟与角色实践是一致的。但由于主客观条件的影响或制约，在某些情况下，人们的角色领悟与角色实践存在一定的差距。社会角色的扮演要经历角色期待—角色领悟—角色实践的过程。在这一过程中，前后环节往往不能保持一致，这在社会学上被称之为"角色差距"。为了缩短或消除其角色差距，必须加强角色实践中的角色整合。

在社会角色研究中，还有这样的概念：角色集，指一组相互依存、相互补充的角色。角色集包括两种情况：①多种角色集中在一个人身上，如一个人同时承担着母亲、医生、教授、主任、工会会员等多种角色。②承担不同角色的人由于特定的角色关系而聚集在一起。如医院里，医生、护士、病人、病人家属等聚合在一起形成角色集。

人们在角色扮演的过程中，会出现以上所说的角色集中的角色差距，而且常常会遇到障碍，甚至失败，这是角色扮演的失调现象，叫角色失调。这里包括：①角色冲突。角色冲突是指人们在角色扮演的过程中，由于不同角色规范的不同要求，引起人们在某一具体角色扮演中的矛盾和冲突，妨碍角色扮演的顺利进行。角色冲突有三种情形：一是角色内冲突。这是指发生在同一个人所扮演的同一角色内部的冲突。一个人由承担多种社会角色，这多种社会角色同时对他有多种要求，这使此人在其角色扮演的实际过程中引起的在时间和精力上的紧张。这被社会学称之为角色紧张。当许多角色同时对一个人提出各种不同的角色要求时，角色紧张就易发生，即这个人不仅在时间和精力的分配上发生矛盾，而且导致角色内冲突。二是角色间冲突。这是指不同角色间的冲突。这种冲突一方面是因角色紧张引起的，另一方面是因不同的角色规范相互矛盾而引起的。三是角色外冲突。这是指不同个体所担任的角色，即发生在两个或两个以上的角色扮演者之间的冲突。它常常是由于各个人的角色期望不同，由于角色领悟的差别以及按不同的角色规范行事等原因而引起的。角色冲突的社会作用有积极的方面和消极的方面。从积极方面看，角色冲突可以推动角色规范的实现和完善，使社会角色协调发展；从消极方面看，角色冲突阻碍角色规范的实现，甚至破坏正常的角色规范，使社会角色发展失调。应尽量避免角色冲突的消极作用。②角色混同。对此往往也称作角色不清。每一个社会成员时时处处都在扮演一定的社会角色，如果在扮演某一社会角色时不遵从其相应的角色规范或行为模式，在扮演A角色时采取B角色的行为模式，而在扮演B角色时又采取A角色的行为模式，这就会出现角色混同。也就是说，角色混同是指人们在其角色的扮演中，将不同的角色规范或行为模式混淆了，甚至颠倒了。例如，某同志长期从事领导工作，领导角色的行为模式和习惯性行为在其行为系统中占主要地位，如果回到家中，遇到邻里，走访朋友，仍以领导者自居。这种角色混同往往会疏远亲朋好友。③角色中断。指处在某一角色地位的人，由于主观或客观原因不能将该角色扮演到底而出现的中断的现象。例如在业职工由于企业破产或重新组合而出现角色变化，甚至待业、失业；再就是因为角色前一阶段的一套行为规范与后一阶段的行为规范要求直接冲突，如进入另一文化群体的移民，由于客观情况的变化，不能充当新的角色。④角色失败。亦称角色崩溃。角色失败是角色扮演过程中发生的极为严重的角色失调现象。这是指由于多种原因而使角色扮演者无法进行成功的扮演，被证明不可能继续承担或履行该角色，或困难重重、步履维艰，或中止扮演、半途而废。角色失败通常可分为两种情况：一种是角色的承担者不得不半途而放弃该角色，退出角色；另一种情况是角色扮演者虽然没有退出角色，但实践证明其角色扮演已经失败了。角色失败是一种人们不希望的现象，会给社会和个人带来不利影响甚至恶劣后果。角色失败通常是件坏事，而作为反面教材，认真加以总结，又会有益于个人，有利于社会。

（二）从某种意义上来讲，社会角色是个人融入社会即社会化的结果。

1. 一个人融入社会，往往被称为社会化；简单地说，这是一个人从生物人而成为社会人并不断适应社会生活发展变化的过程。

首先，个人融入社会有广义和狭义之分。广义的理解认为，个人融入社会是一个人从出生到死亡的学习或接受社会化过程。有人说，"活到老，学到老"这一形象描述，适用于这一过程。这一过程可划分为以下阶段：少年儿童时期的个人融入社会（从出生开始）；青年时期的个人融入社会；中年时期的个人融入社会；老年时期的个人融入社会（到生命的终点）。狭义的理解则认为，个人融入社会主要是指一个人从出生到取得社会成员资格的过程。这一过程大致有婴儿期、幼儿期、学龄初期、学龄中期以及青年期这五个阶段，并认为这样五个阶段是个人融入社会的一般或基本过程。如果一个人经过个人融入社会而取得社会成员的资格，说明个人融入社会取得成功，否则就表明个人融入社会遭到失败。一个人融入社会的基本过程取得成功并不表明个人融入社会的结束，因此，此种观点将一个人在中年和老年阶段的融入社会称为继续融入社会的过程。此种继续实际上是指一个人在取得社会成员资格后，为了适应不断发展或变化的社会生活而继续学习或接受的过程。一个人在融入社会的过程中，遭到失败就需要向社会再融入，所谓向社会再融入，是一个人在融入社会的基本过程完成以后再学习、再改造的过程。这大体可分为两种类型：一是主动融入社会，即一个人自觉地学习和接受与现行社会规范相符的行为模式，主动抛弃与现行的社会规范相左或相反的行为模式；二是强制融入社会，即一个人的行为模式的改变或改造是在拘役、劳教、劳改、监改等强制措施的压力下进行的。

其次，个人融入社会使以下三个方面得以实现。

第一，个人融入社会使个人懂得并掌握一定的生活技能。一个人要在社会中生存，必须学会两方面的技能。一是衣食技能；二是职业技能。前者是维持生存的能力，后者是谋求生活的本领。无论是前者还是后者，都是在融入社会的过程中要习得或学会的。人不能总依赖他人生活，要通过劳动自我谋生，这就需要掌握职业技能。一个人的职业技能的习得，往往先是处于家庭内的社会互动中，之后处于学校内的师生及同学之间的互动中，处于职业组织内师徒及同事之间的长期互动中。

第二，个人融入社会使个人懂得并遵从一定的社会规范。从社会整体来看，人们的社会生活要能够有条不紊，需要有一套协调人们相互关系及制约人们社会行为的方式、规章制度。这些方式、规章和制度统称为社会规范。这些社会规范通过民风、民俗、世俗，习惯、时尚，道德、法律，以及各种各样的规章、制度、纪律等表现出来。对于这些东西，一个人出生时是不懂的，要经过长期过程，耳濡目染、潜移默化、教育灌输以及正反两方面的经验，才能逐渐学会，并使之内化为自己行为的准则。

第三，个人融入社会使个人懂得并扮演一定的社会角色。在任何一个社会中，人们只有相应地分别扮演不同的社会角色，这个社会才能达到良性运行和协调发展。而人们的角色学习和角色实践正是在个人融入社会的过程中实现的。譬如，作为女性，她们天生并不知道如何去扮演“母亲”这一角色，社会对之并没有作出如何扮演母亲角色的明文规定，然而，众多女性还是成功地扮演了这一角色，这是因为她们在扮演这一角色之前，在与她们的母亲以及其他母亲的互动过程中通过耳濡目染习得了这一角色的行为模式。“母亲”角色习得是这样，“父亲”“丈夫”“妻子”“儿子”“女儿”等等社会角色的习得又何尝不是如此。由此可见，此时的个人融入社会是人们学习并扮演一定社会角色的基础，而社会角色则是个人此时进入社会的结果。

2. 在个人融入社会获得其角色过程中，不同人生阶段形成着不同的特点。

（1）少儿期的特点。少儿期一般是指一个人从出生到 15 岁这一时期，这个时期还可以根据人的生理、心理、智能及个性上的差异而划分为婴儿期、幼儿期和少年期。人在少儿期融入社会有如下特点：①融入社会过程中，知识的增长与生理和心理的迅速发展同步进行；②社会沟通的手段逐渐由非语言手段发展到口头语言手段和书面语言手段；③社会交往的范围逐渐由家庭扩展到邻里和学校以至更广。与少儿期融入社会的上述特点相适应，这一时期个人社会角色的获得有一个鲜明的特点，即逐渐由获得先赋角色发展到获得自致角色。在这一过程中，一个人首先进入或出现在家庭，从而自然而然地获得并扮演子或女、兄或弟、姐或妹、孙子或孙女等角色；而后进入学校，通过选择或努力而获得并扮演小学生、中学生以及"三好学生""少先队员"等角色。这一时期个人社会角色的获得与扮演，实质上反映了个人是如何建立并处理血缘关系、地缘关系、趣缘关系及业缘关系的，个人在这一时期所建立的社会关系虽然是简单的、直接的，但"它们对个人社会性和个人理想的形成是基本的"[①]。因此，在这一时期依次与少儿相关的家庭、邻里和学校等等，应认真地正确地履行自己的教育职能，并加强联系、默契配合，引导和帮助少儿顺利地通过这一人生的起始阶段。

（2）青年期的特点。青年期一般是指一个人从跨出少儿时期到 30 岁左右。这个时期大体又可分为前后两个阶段。青年前

① ［美］C. H 库利：《社会组织》，纽约，1909 年版，第 23 页。

期个人在生理和心理上日趋成熟，世界观初步形成，个人将逐渐摆脱家庭和学校的监护，走向独立社会生活的道路，成为更广阔社会的一个正式成员。一些心理学家认为这是人生的一个重要转折时期，并称这一时期为“人生的第二次诞生”，或“心理上的断乳期”。这一时期因个人活动范围的扩大，个人的社会联系立体化，社会角色多重化。个人在其成长过程中随之而来的问题也复杂化。此时，更需要社会各个方面的引导和帮助。青年后期也就是孔子所讲的“而立”时期。这一时期，个人面临着多种选择：一是选择配偶，建立家庭；二是选择职业，建立事业；三是选择人生，建立信仰。这三个方面的选择对于个人的发展和个人社会角色的获得都具有十分重要的意义。配偶选择的结果将使个人相继获得丈夫或妻子、女婿或儿媳、姐夫或嫂子、妹夫或弟媳以及双方父母或双方祖父母等一系列有血亲联系的新角色；职业选择的结果将使个人获得同事、师傅或徒弟、管理者等一系列以业缘关系为基础的新角色；人生选择的结果将使个人获得志同道合者、领导或被领导等一系列以志缘关系为基础的新角色。由此可见，三大选择的结果将大大丰富和发展个人的社会性。而正确地顺利地实现上述选择是个人成为合格的社会成员的关键。作为个人，无论是在其选择过程中，还是在选择之后的角色扮演过程中，都应该正确处理自己与他人、个人与社会的关系，做一个合格的社会成员。

（3）中年期的特点。中年期一般是指一个人从跨出青年期到 55 岁左右。处于中年期的人各方面都比较成熟和定型了，他们是维护社会秩序，推动社会发展的骨干力量。中年人的历史责任是承“上”启“下”。一方面，中年人要接过老年人的“接力棒”，继承和发展他们的事业、知识和优良传统；另一方面，中年人要向青年人传递“接力棒”，引导和培养青年人步入更加广阔的社会，使他们对社会作出更大的贡献。我国的中年人不仅在社会上肩负着双重的历史责任，而且在家庭里承担着很重的生活负担：一方面要赡养老人，这是因为家庭养老仍然是我国社会的主要的或基本养老方式；另一方面是抚育孩子，这是做父母的天职。由此可见，相对青年人来说，中年人所承担的社会角色的分量大大增加了，角色要求也明显提高了。而且，往往是许多不同的社会角色在同一时间对同一个人提出不同的角色要求。因此，角色紧张和角色冲突是中年人在其角色扮演过程中所遇到的突出问题。

（4）老年期的特点。老年期一般是指一个人从跨出中年期到生命的终点。社会生活经验丰富，这是老年人的第一个特点。老年人的第二个特点是他们的身体机能处于逐渐衰退状态，社会生活经验日益丰富和身体机能逐渐衰退的巨大反差常常使老年人在社会生活和工作的许多方面感到力不从心。人到老年要从他们自己长期工作的岗位上退下来，停止他们的各种职业角色的扮演。但老年人从工作岗位上退下来并不等于退出社会。老年人从工作岗位上退下来后还要在社会生活领域里度过他们整个人生过程的 1/5 甚至 1/4 的时光。此时，他们原有的父或母、祖父或祖母、朋友、同事、老乡等角色不仅会得到强化，而且可能会获得某些社会活动职务，扮演一些新角色。如何帮助老年人克服从工作岗位上退下来后的失落感、孤独感、寂寞感，顺利实现其角色转换；如何帮助老年人在其最后的生命旅程中通过继续社会化来不断调适个人与社会的关系，并力图使他们老有所乐、老有所为；越来越成为我国社会发展中亟待解决的问题，越来越成为我国社会学研究的一项紧迫任务。

3. 要注意到的是，个人的社会角色转换往往会因社会变迁或社会流动而发生。从社会变迁的角度看，社会的变化特别是剧变一般要引起许多人的角色转换。例如，我国旧的剥削制度的废除和新的社会主义制度的建立就是一种社会剧变。这一社会变迁引起了整个社会大多数成员的角色转换，如被剥削者、被压迫者转变为社会的主人，有的成为领导者；而剥削者、压迫者经过改造逐步转变为自食其力的社会公民。由于这种角色转换是脱胎换骨式的转换，是一个人放弃原来的生活方式而适应另一种对他来说全新的生活方式的过程，因此，这种角色转换过程实际上是一种再社会化过程。社会变迁所引起的个人的角色转换一般具有两个特点：一是部分或相当一部分的社会成员的角色会同时发生同一方向的转换；二是一些人的角色转换有个艰巨的过程。从社会流动的角度看，无论个人的横向流动还是纵向流动，都会引起个人社会角色的转换。例如，一个人从城市工作调到农村工作，从当部长改为当省长，从讲师升为教授等，既是社会流动，也是个人的角色转换。这种角色转换的过程改变一个人在社会上的工作和生活方式。有人称之为继续社会化过程或再社会化过程。也就是说，社会流动必然引起个人的角色转换，而个人角色转换的实现或完成又取决于个人继续融入社会能否成功。

（三）角色的确立取决于其所处的社会地位（social status）。这是人们在社会关系网中所处的位置。这通常是根据财富多少、声望、受教育或权力的高低作出的社会排列。生产关系是一切社会关系的基础，在阶级社会中，由生产关系所决定的人的阶级地位是一个人的基本社会地位。

每一个人都在一定社会中结成多种社会关系，都可能获得多种社会地位。根据不同的标准，可以把人们的社会地位划分为不同的等级序列，如阶级地位、政治地位、经济地位、职业地位、权力声望地位等，这些社会地位之间互相交错，在很大程度上是一致的。对社会地位，大体上可分为先赋地位与自获地位两类。前者指先天固有的地位，如世袭贵族、世袭奴隶、父与子等；后者指靠后天努力获取的地位，如教授、工程师、厂长等。

社会学十分重视对多种地位间的相互关系加以研究。首先是关于地位一致和地位相悖的研究。地位一致指个人所具有的多种地位都处在大致相同的水平上，如一个人兼有较高的阶级地位、教育地位、职业地位。在社会流动较少和等级森严的社会里，地位一致性较强。地位相悖指个人在不同领域的地位高低层次不一致的情况，如一个阶级地位较低的人获得了较高的教育地位。社会经济地位与社会声望地位也有不一致的情况。社会学还十分关注首要地位的问题，这是指一个人在诸种地位不一致的情况下，有一种最突出的地位支配着其他地位，从而决定了他总的地位水平。在现代社会中，职业活动往往是人们最重要的活动，人们为之付出了主要精力，因而它通常是首要地位。首要地位随社会条件与主观条件的变化而变化。人们可以通过自己的努力改变不利的首要地位，获得自己所期望的首要地位。

社会地位不同引起社会分层。社会分层（social stratification）指按照一定的标准将人们区分为高低不同的等级序列。这是借用地质学上的"分层"概念来分析社会结构，才形成的社会学范畴。

关于社会等级分层，在古罗马，有贵族、骑士、平民、奴隶；在中世纪，有封建领主、陪臣、行会师傅、帮工、农奴，而且几乎在每一个等级内部还有各种独特的等级。到了 19 世纪，人们广泛使用"阶级"和"阶层"概念来描述社会中人们的地位等级。由封建社会转变为资本主义社会后，阶级对立简单化了。整个社会逐渐形成两大敌对的阶级：资产阶级与无产阶级。马克思和恩格斯对资本主义社会的阶级与阶级斗争作出了独特的分析，在理论和社会实践上有着重大的贡献。社会学家 M. 韦伯研究了阶级分层理论，提出一套多元社会分层理论。当代社会学者对社会分层进行了新的研究。

通常所讲的马克思主义，其社会分层模式是在社会分层研究领域中影响最为广泛与深远的理论模式之一。有学者指出，这种社会分层模式主要是阶级分析模式，“阶级”是马克思主义者们在对社会进行分层研究时所使用的主要概念。在研究者认为，在马克思、恩格斯的著作中，也常常用“等级”“层次”“阶梯”之类的术语来描述社会群体的地位，他们并未对这些术语与“阶级”一词在含义上作出明确的区分。在多数情况下，这些术语和“阶级”一词是像同义词那样被混合着交替使用的。例如马克思、恩格斯在《共产党宣言》中所写的这样一段话：“自由民和奴隶、贵族和平民、领主和农奴、行会师傅和帮工，一句话，压迫者和被压迫者，始终处于相互对立的地位，进行不断的、有时隐蔽有时公开的斗争，而每一次斗争的结局都是整个社会受到革命改造或者斗争的各阶级同归于尽。”“在过去的各个历史时代，我们几乎到处都可以看到社会完全划分为各个不同的等级，看到社会地位分成多种多样的层次。在古罗马，有贵族、骑士、平民、奴隶，在中世纪，有封建主、臣仆、行会师傅、帮工、农奴，而且几乎在每一个阶级内部又有一些特殊的阶层。”[①] 苏联科学院哲学研究所编写的《马克思主义哲学原理》一书，则是把“等级”解释为一种特殊的“阶级”，即其“阶级差别由国家政权在法律上用居民的等级划分固定下来”的那样一些“阶级”，如奴隶主和奴隶、领主和农奴等；在这里，“法律为每个等级规定它在国家中所占的特殊地位以及不同的权

① 马克思、恩格斯：《共产党宣言》，《马克思恩格斯文集》（第2卷），人民出版社2009年版，第31～32页。

利和义务"，因此，这些"阶级同时也是一些特殊的等级"[①]。艾思奇主编的《辩证唯物主义历史唯物主义》一书认为"等级不同于阶级"，"阶级是根据人们不同的经济地位来划分的"，"等级"则"主要是在法权上、道德上所规定的等级差别和一部分人的特权制度"。[②] 另外还有其他一些不同看法，但影响似乎并不大。因此，总体上看，在我国通行的马克思主义理论体系中，社会分层的理论模式主要就是"阶级分析"模式。

马克思主义阶级分层理论，在社会分层问题上，阶级分层揭示了私有制下社会不平等的根源，对阶级与阶层作出深入阐述和分析。这有以下要点：

1. 阶级的产生，阶级的出现，同生产发展的一定历史阶段相联系，是存在私有制社会的现象。"阶级"概念与"生产关系"概念密切相关。马克思明确指出，不能把"阶级"理解为有相同收入来源的一群人。"阶级"是从特定生产关系当中形成起来的那些具有共同利益的个人的集合，阶级是一种集体，而不是一种具有共同利益或地位之个人的简单集合。马克思、恩格斯明确地说："某一阶级的各个人所结成的、受他们的与另一阶级相对立的那种共同利益所制约的共同关系，总是这样一种共同体，这些个人只是作为普通的个人隶属于这种共同体，只是由于他们还处在本阶级的生存条件下才隶属于这种共同体；他们不是作为个人而是作为阶级的成员处于这种共同关系中的。"[③] "个人隶属于一定阶级这一现象，在那个除了反对统治阶

① 苏联科学院哲学研究所：《马克思主义哲学原理》，人民出版社 1959 年版，第 507 页。

② 艾思奇主编：《辩证唯物主义历史唯物主义》，人民出版社 1962 年版，第 275 页。

③ 马克思、恩格斯：《德意志意识形态》，《马克思恩格斯文集》（第 1 卷），人民出版社 2009 年版，第 573 页。

级以外不需要维护任何特殊的阶级利益的阶级形成之前，是不可能消灭的。”[①] 阶级是在生产资料和私人占有制这种特定生产关系基础上形成起来的社会关系。划分阶级的标准，基本的根据是依人们在生产关系中所处的地位，主要是对生产资料的占有关系，以及由此决定他们在生产方式中所起的作用与占有或领取社会财富的方式、数量等。

2. 阶级与分工有着密切关联。阶级起源于社会劳动分工。因为“分工从最初起就包含着劳动条件——劳动工具和材料——的分配……从而也包含着资本和劳动之间的分裂以及所有制本身的各种不同的形式”[②]，因此，“分工的规律就是阶级划分的基础”[③]；“分工的各个不同发展阶段”不仅同时是“所有制的各种不同形式”，而且由于它“还决定个人与劳动材料、劳动工具和劳动产品方面的相互关系”[④]，同时也是阶级关系发展的不同历史阶段。在私有制社会中，各阶级的地位与利益不同，存在着阶级之间的经济剥削与政治压迫关系，阶级斗争与阶级冲突从来就没有停止过。阶级斗争与社会革命成为社会发展的动力。在阶级斗争中，同一阶级的成员有着共同的阶级意识；同时，阶级内部成员之间越来越紧密地联系起来，采取共同行动以维护自己的利益。“阶级意识”的具备，影响到阶级存在及其集体行动的状况。马克思曾这样讲：“经济条件首先把大批的

---

① 马克思、恩格斯：《德意志意识形态》，《马克思恩格斯文集》（第1卷），人民出版社2009年版，第570页。

② 马克思、恩格斯：《德意志意识形态》，《马克思恩格斯文集》（第1卷），人民出版社2009年版，第579页。

③ 恩格斯：《反杜林论》，《马克思恩格斯文集》（第9卷），人民出版社2009年版，第298页。

④ 马克思、恩格斯：《德意志意识形态》，《马克思恩格斯文集》（第1卷），人民出版社2009年版，第521页。

居民变成劳动者。资本的统治为这批人创造了同等的地位和共同的利害关系。所以，这批人对资本说来已经形成一个阶级，但还不是自为的阶级。在斗争（我们仅仅谈到它的某些阶段）中，这批人联合起来，形成一个自为的阶级。他们所维护的利益变成了阶级的利益，而阶级同阶级的斗争就是政治斗争。"①

3. 阶级内部又可分为若干阶层。各个阶层的利益、价值观和政治倾向有所不同。在社会变革和社会革命中，不同阶层有不同态度。私有制社会中，各阶级之间的关系中，阶层存在是私有制社会中不平等的主要变现形式。

4. 阶级不是永恒存在的，它只是一种历史现象。阶级是生产力发展到一定阶段的产物，并最终也会由于生产力的高度发展而归于消灭。阶级的产生是以剩余劳动的存在为前提的。这时剩余产品已经出现但又不够丰富。在生产力发展水平很低因而几乎没有任何剩余劳动产品的原始社会，不可能产生阶级关系。只有当生产力达到一定水平因而出现了少量剩余产品之后，阶级关系才会产生。而当（且只有当）生产力发展到一个崭新的高度，使得通过阶级性的劳动分工来发展生产力成为不必要时，阶级才会最终消失并且必然消失。

5. 有阶级就会有阶级差别以至阶级对立，尽管这在不同历史时期和条下表现不同。无产阶级与资产阶级是社会历史上最后的两大对立阶级。无产阶级追求的平等就是消灭阶级。无产阶级的历史使命是消灭资产阶级，要铲除滋生阶级与社会不平等的主要根源——私有制。无产阶级本身也将随历史的发展而消亡。生产力的充分发展、私有制的废除、阶级的消亡是根除社会不平等现象的前提条件。

---

① 马克思：《哲学的贫困》，《马克思恩格斯文集》（第1卷），人民出版社2009年版，第654页。

谢立中在其著作《走向多元话语分析》一书中讲道："尽管马克思、恩格斯未曾给阶级做过明确界定，但在马克思和恩格斯那里，'阶级'是作为一种完全不以人的主观意志为转移的、纯粹客观的、结构性的现象而存在，这一点是无可置疑的。""在马克思、恩格斯对阶级现象的相关论述中，隐含着一个很重要的问题，这就是阶级现象与财产关系和分工关系之间的关联问题。在马克思、恩格斯的论述中，阶级关系就是人们在生产过程中所形成的不平等的地位关系，这种不平等的地位关系既通过一种分工关系（劳动职能的分配）体现出来，也通过一种所有制关系（劳动条件的分配）体现出来。因为在马克思、恩格斯看来，分工关系进而再到所有制关系，在一定社会条件下，成为同一种关系。这就意味着在阶级关系和分工关系及所有制关系之间有一种匹配关系，即：一种阶级关系＝一种分工关系＝一种所有制关系。然而，人们却可以发现，即使是在马克思主义的话语系统内部，这种等式也是难以成立的。一个关键的问题在于，即使在马克思主义者所提到的那些分工关系和所有制关系之间，也并不存在着一种严格的对应关系，同一种所有制关系（譬如资本主义私人所有制关系）可以与不同的分工关系（譬如经营权与所有权合一或经营权与所有权分离等）相结合，而同一种分工关系（如管理决策活动与执行活动之间的分工），也可以与若干种不同的所有制关系（资本家私人所有制、股份所有制、劳动者合作所有制、国家所有制）相结合。可见分工关系并不等于所有制关系，这是两种性质和演变规律都有所不同的'生产关系'。可是，人们在生产过程中的关系却是同时包含或结合了这两种不同性质的关系在内的"。"对于这一点，马克思本人实际上已经有所意识。他曾经明确指出存在着两种性质不同的监督和指挥劳动：一种是'由一切结合的社会劳动的性质引起的特殊职能'，是一种生产劳动，是每一种结合的生产方式中必须进行的劳动；另一种则是'由生产资料所有者和单纯的劳动力所有者之间的对立所引起的职能'，'是建立在作为直接生产者的劳动者和生产资料所有者之间的对立上的'，'由奴役直接生产者而产生的职能'。而这两种不同性质的监督、指挥劳动是可以直接结合在一起的，从而使得一个时期（如资本主义时期）生产过程中的'监督和指挥劳动'（因而也就是'监督、指挥者'与'被监督、被指挥者'之间的不平等地位关系）具有双重性质。[①] 那么，'阶级'到底是以其中哪一种关系为基础的呢？分工关系，还是所有制关系？抑或还是存在着两种性质不同的'阶级'类型，其中一种以分工关系为基础，另一种则以所有制关系为基础？这一问题在人们之间引发了持久的兴趣与争论。"[②]

此书还论述了，"列宁曾经试图对马克思主义的'阶级'概念作出一个较为明确的界定。列宁说：'所谓阶级，就是这样一些大的集团，这些集团在历史上一定社会生产体系中所处的地位不同，对生产资料的关系（这种关系大部分是在法律上明文规定了的）不同，在社会劳动组织中所起的作用不同，因而领得自己所支配的那份社会财富的方式和多寡也不同。所谓阶级，就是这样一些集团，由于它们在一定社会经济结构中所处的地位不同，其中一个集团能够占有另一个集团的劳动。'[③] 这个定义后来成为马克思主义教科书当中对于'阶级'概念的一个经典定义。但列宁的阶级定义其实也还是存在着含糊不清之处。

① 参见马克思：《资本论》（第3卷），人民出版社2004年版，第431、433页。

② 谢立中：《走向多元化话语分析：后现代的社会意蕴》，中国人民大学出版社2009年版，第84页。

③ 列宁：《伟大的创举》，《列宁选集》（第4卷），人民出版社2012年版，第11页。

譬如，无论是在这段话的前一句还是后一句当中，列宁首先说到的都是‘在社会生产体系（或经济结构）中所处的地位不同’，然后才说到其他方面的一些不同。这给读者留下的印象是列宁似乎是将‘在社会生产体系（或经济结构）中所处地位’而非‘生产资料的所有制关系’作为阶级的根本特征，因为在列宁的话语当中后者是跟在前者的后面才得到表述的。然而，什么又是‘在社会生产体系（或经济结构）中所处的地位’呢？是在社会生产体系的职能分工关系中所处的地位，还是在社会生产体系的财产占有关系中所处的地位？问题似乎又回到了原点。”①

谢立中讲到，布哈林曾经认为阶级关系指的是人们在生产过程中所发生的一切不平等或“统治与服从”的关系，它们是以“指挥和被指挥”这种人们在生产过程中所起的不同作用为基础的，并且归根结底和锻工、钳工一类分工关系一样也是随着“社会技术装备的变化”而变化的。② 这在一定程度上等于把职能分工关系说成是阶级划分的基础。米丁等人就此批评布哈林，认为他的这种说法无法解释“为什么在奴隶社会和封建社会内差不多同样的手工技术能够产生不同的阶级的生产关系”这一“事实”，主张阶级关系只能是以对生产资料的不同分配为基础的。由于斯大林后来在给“生产关系”下定义时也将“生产资料的所有制形式”提到“各种不同社会集团在生产中的地位以及他们的相互关系”和“产品分配形式”两项内容之前作为“生产关系”的决定性因素，这种将生产资料的所有制关系

① 谢立中：《走向多元化话语分析：后现代的社会意蕴》，中国人民大学出版社2009年版，第86页。

② 参见［俄］布哈林：《历史唯物主义理论》，人民出版社1985年版，第158～159页。

当作是"阶级"关系之基础的观点也就逐渐成为"正统"马克思主义者当中居主流地位的观点。原苏联的标准教科书《马克思主义哲学原理》中写道："无论是收入来源的不同，或者是在生产组织中的作用的不同，本身都还不能决定阶级的划分。各阶级之间的差别首先是由这些阶级对生产资料的关系以及因此而产生的每个阶级在历史上一定的社会生产体系中所处地位的不同来决定的。""对生产资料的不同的关系是一个根本的、决定性的特征，由此产生出阶级的其他一切特征，包括各阶级在社会劳动组织中所起的作用以及各阶级的收入的数量和来源的不同。"[①] 比较一下这段话与前引列宁的阶级定义，可以发现一个非常有趣的差别：列宁定义中所述的阶级之间四个方面的"不同"，在这段话中只剩下了三个，而被删去的恰恰是引起麻烦的第一个，即"在社会生产体系中所处的地位不同"。可见苏联学者在一定程度上是以一种偷梁换柱或回避疑难的方式来维护自己的"阶级"概念的。倒是某些中国的马克思主义学者对这一苏式的"阶级"定义作了相对来讲更为充分的诠释。这些学者认为，在列宁的"阶级"定义所讲的四个"不同"中，第一个"不同"即"在历史上一定社会生产体系中所处的地位不同"其实是一句"总述"，后面的三个"不同"则是这第一个"不同"的具体展开而已，而在后面这三个"不同"中，又以"生产资料的所有制形式"具有决定性的意义。[②] 按照这一界定，在对某一特定社会的阶级状况进行考察时，一个首要的或最根本的任务就是要去对该社会的成员们在生产资料占有方面的状

① 苏联科学与哲学研究所编著：《马克思主义哲学原理》（下册），人民出版社1959年版，第503页。

② 参见赵光武、李澄、赵家祥：《历史唯物主义原理》，北京大学出版社1982年版，第160～162页。

况进行了解，根据这种了解所获得的信息来确定该社会的阶级状况。

谢立中讲："然而，这种'正统'观点的形成并没有真正解决或消除马克思主义'阶级'概念中的上述矛盾。如何理解与说明并非由于'对生产资料的关系不同'而形成的那样一些地位集团的性质和意义，始终是这种'正统'马克思主义的'阶级'概念所必须面对的难题。正是围绕着这一难题，才又逐渐形成了由普兰查斯、达伦多夫、赖特、罗默等人所倡导的一些不尽相同的'新马克思主义'或'后马克思主义'阶级分析模式。"关于此，已翻译成汉语的文献，可参见格伦斯基编的《社会分层》，其中第三篇第一部分节选了"新"或"后"马克思主义关于阶级分析的若干最主要文献。另可见赖特的《阶级》《后工业社会中的阶级》，等等。[①]

谢立中认为，就如苏联科学院哲学研究所编写的教材所宣称的那样，在他们看来，"不管估计到属于不同阶级的人们的心理、观点和世界观是多么重要，但是这些并不决定阶级的存在。阶级是客观存在的，不管人们是否意识到这一点：人们的阶级意识只是人们的社会存在条件、人们的经济地位在不同程度上的反映"[②]。不管人们在阶级划分的基础问题上发生过怎样的争论，对于"阶级"是作为一种完全不以人的主观意志为转移的、纯粹客观的、结构性的现象而存在这一点，在客观主义（或科

① 参见［美］格伦斯基编：《阶级分层》，华夏出版社 2005 年版；参见［美］赖特：《阶级》，刘磊、吕梁山译，高等教育出版社 2006 年版；参见［美］赖特：《后工业社会中的阶级》，陈心想等译，辽宁出版社 2004 年版。

② 苏联科学院哲学研究所编：《马克思主义哲学原理》（下册），人民出版社 1959 年版，第 500 页。

学主义）取向的马克思主义者中间却始终是不会改变的。[①]

美国的约翰·J. 麦休尼斯在《社会学》中写道："马克思认为，大多数人与生产方式之间存在着两种基本的关系；他要么拥有生产的所有权，要么替别人劳动。生产中的不同角色受制于不同的社会阶级。在中世纪的欧洲，贵族和教会的领导人拥有土地，农民则在这些土地上劳作。在分工业社会的阶级体系中，资本家拥有工厂，工人作为劳动力在这些工厂中劳动。""马克思生活在19世纪，在那个历史时期的美国，只有很少的工业家聚集了大量的财富。卡耐基（Andrew Carnegie）、摩根（J. P. Morgan）、洛克菲勒、以及奥斯塔（John Jacob Astor）（他是'泰坦尼克'号中少数死亡的富人游客之一）生活在神话般的大厦中，有几十个佣人服侍着。即使是按照今天的标准，他们的收入依然是令人目瞪口呆的。有人举例说，卡耐基在1900年时年收入是2000万美元（相当于现在的1亿美元），而当时一个普通工人的收入仅500元美。""马克思论述到，资本主义阶级结构在代际之间进行着再生产，这种情形的产生是由于家庭获得财富并将财富在代际之间进行传递。但是，马克思断言，压迫和贫困将最终使得劳苦大众团结在一起并推翻资本主义。""马克思对社会学思想有着巨大的影响，但他的革命的观点——号召人们推翻资本主义社会——也为他的著作带来了很多争议。""对马克思主义最为强烈的批评之一是认为马克思主义否定了戴维斯—莫尔假设最核心的观点：不平等的社会回报系统对吸引有能力的人去从事恰当的工作，并且促使他们努力地工作是必需的。马克思将回报与工作表现分离开来，他的平等主义理想是建立在这样的原则上的：从按能力分配到按需

① 谢立中：《走向多元化话语分析：后现代的社会意蕴》，中国人民大学出版社2009年版，第84～86页。

分配”。“然而，没有按个人表现进行分配恰恰是导致苏联和世界上其他社会主义国家生产力低下的原因，有马克思主义的辩护者对这种批评回应道：为什么我们要假定人类天生就是自私而非社会性的呢？个人回报并不是促使人们去扮演社会角色的唯一方式。”①

韦伯同意马克思有关社会分层导致社会冲突的观点，但他认为，马克思以经济为基础的分析模型过于简单，他进而认为社会分层包括三个不同维度的不平等。

韦伯强调，第一个维度，即财富——经济标准。这个维度的不平等是经济上的不平等。经济上的不平等，对于马克思的论述来说，至关重要。韦伯将之称为阶级地位。韦伯认为，阶级内部并不是可以明确分为几个类别，而是一个从高到低的连续的序列。韦伯所谓的第二个维度的标准，即威望——社会标准。这个维度讲到的地位，是社会声望。韦伯所谓的第三个维度的标准，即权利——政治标准。

韦伯认为，财富涉及社会成员在经济市场中的生活机遇，这是个人用其经济收入来交换商品与劳务的能力，所以要把收入作为划分社会阶级、阶层结构的经济标准。社会标准包括个人在他所处的社会环境中所获得的声誉与尊敬。在西方分层理论中，常常按照这个标准把社会成员划分成不同的社会身份群体。所谓社会身份群体是指那些有着相同或相似的生活方式并能从他人那里得到等量的身份尊敬的人所组成的群体。政治标准指权力。韦伯认为，权力就是“处于社会关系之中的行动者即使在遇到反对的情况下也能实现自己的意志的可能性”。权力不仅取决于个人或群体对于生产资料的所有关系，也取决于个

① ［美］约翰·J. 麦休尼斯：《社会学》（第 11 版），风笑天等译，中国人民大学出版社 2009 年版，第 306～308 页。

人或群体在科层制度中地位。以上三条标准既是相互联系的，又是可以独立作为划分社会层次的标准。

按照韦伯的论证，马克思认为社会声望和权力仅仅是经济地位的反映，没有将其理解为衡量社会不平等的独立的维度。而韦伯则指出，现代社会的地位一致性通常比较低：一个地方官员也许拥有很大的权力，却有可能只拥有很少的财富或较低的社会声望。

于是，韦伯将工业社会的社会分层描述为多个维度的等级，而不是一个界定清晰的阶级等级。按照韦伯的观点，社会学家运用社会经济地位（SES）这个概念来衡量建立在多个维度社会不平等基础之上的复杂的社会等级。

韦伯宣称，他的有关社会不平等的三个维度中的每一个维度都分别在人类社会演进的不同时期表现得特别突出。地位，或者说社会声望是农业社会最主要的社会差别，它以荣誉的方式存在。

韦伯认为，工业化和资本主义的发展消解了传统的建立在出身基础上的等级制，但是带来了惊人的经济上的不平等。于是在工业社会，人与人之间至关重要的差别是经济维度上的阶级差别。随着时间的推移，工业社会见证了官僚国家的兴起。强大的政府和广泛分布的其他类型的社会组织使得权力在社会分层体系中非常重要。特别是在社会主义社会，在那里政府掌控着人们生活的多个方面，高级官员成为新的统治精英。

这种历史分析表现出马克思和韦伯之间的差别。在马克思看来，消除作为资本主义社会基础的私有制就可以使社会去阶层化。韦伯则怀疑推翻资本主义是否会导致社会分层的显著减弱。韦伯解释说，也许这会削弱经济上的差异，但是社会主义会因为政府的扩张和权力集中在一个政治精英的手上而导致不平等的加剧。

约翰·J. 麦休尼斯评论说，韦伯有关社会分层的多维度观点对社会学家们产生了深远的影响。而在批评者（尤其是那些偏爱马克思观点的人）看来，虽然社会阶级的界限可能变得模糊，但工业社会和后工业社会在社会不平等方面依然显著。“收入的不平等近来在美国有所加剧。尽管有人依然欣赏韦伯的多维度等级论，但是按照现实的趋势，另一些人则认为马克思有关富人与穷人之间的对立更加接近事实。”①

人们注意到，在韦伯的著作中，至少有两处比较系统地讨论到社会分层现象的地方。这两处都收在其未完成的著作《经济与社会》一书中。

首先，在《经济与社会》一书较早写成的部分（即该书现行第二部分）中，当讨论到“共同体内部的权力分配”问题时，韦伯论述了“阶级”“等级”和“政党”三个概念。

韦伯讲到，当出现下述情况时，我们就说有一个“阶级”：“1. 对于为数众多的人来说，某一种特殊的、构成原因的生存机会的因素是共同的；2. 只要这种因素仅仅通过经济的货物占有利益和获利利益来表现；3. 即它是在（商品和劳务）市场的条件下表现得（阶级状况）。”② 这样，人们认为，假如用一句话来说，那就是：在商品和劳务市场条件下，由于对经济货物占有和获利方面的不同而导致其生存的基础与机会也产生差异的那样一些不同类型的人，就叫作“阶级”。按照这一界定，在一切阶级状况中，“占有财产”和“毫无财产”都将是最基本的范畴；然后这两个范畴内部又将进一步分化：前者将根据“占有

① ［美］约翰·J. 麦休尼斯：《社会学》（第 11 版），凤笑天等译，中国人民大学出版社 2009 年版，第 309～310 页。

② ［德］韦伯：《经济与社会》（下卷），林荣远译，商务印书馆 1997 年版，第 247 页。

财产可以获利的方式"而进一步分化为房产占有者、矿产占有者、工厂占有者、土地占有者、吃租息者等等（这些范畴内部还可以有占有数量大小方面的差异），后者则根据"必须在市场上提供劳动效益的方式"进一步分化为不同的类型（如长工、短工等）。不过，必须注意的是，共同的阶级状况并不必然导致共同的利益追求，更不必然导致一个阶级的集体行为。①

等级则是一种与阶级非常不同的社会分层现象。韦伯指出："是经济的而且与'市场'的存在相结合的利益，才造就着'阶级'"②；"任何一种阶级状况，首先作为建立在纯粹财富占有基础之上的阶级状况，只有当所有其他相互关系的动机在其重要意义上尽可能被排除，并且因此让市场上占有财产的权力的利用不受限制地发挥作用时，才能最纯粹地产生影响"③。而"同纯粹由经济决定的'阶级状况'相反，我们想把人的生活命运中任何典型的、由一种特殊的——不管积极的还是消极的——受与很多人的某种共同特点相联系的'荣誉'的社会评价制约的因素，称为'等级的状况'"④。虽然等级状况与阶级状况之间存在着一定联系（占有常常会达到等级的效果），但等级荣誉并不必然要与阶级状况相联系（不同阶级的人完全可以属于同一等级；反之亦然）。"从内容上讲，等级的荣誉一般首先表现在向任何想属于那个圈子的人强行要求一种特殊方式的生活方式。

① ［德］韦伯：《经济与社会》（下卷），林荣远译，商务印书馆 1997 年版，第 247～250 页。

② ［德］韦伯：《经济与社会》（下卷），林荣远译，商务印书馆 1997 年版，第 249 页。

③ ［德］韦伯：《经济与社会》（下卷），林荣远译，商务印书馆 1997 年版，第 251 页。

④ ［德］韦伯：《经济与社会》（下卷），林荣远译，商务印书馆 1997 年版，第 253 页。

与此相关，表现在把‘社会的’交往——也就是说，并非服务于经济的或一般商业的、‘业务的’目的的交往——包括尤其是正常的联姻，限制在本圈子之内，直至内部完全封闭。只要出现一种不纯粹是个人的和在社会方面无关紧要的模仿外来的生活方式，而是一种这种性质的默契的共同体行为，那么‘等级的’发展就开始了。”[①]“等级的划分处处都以我们所熟知的现象的方式，与对思想的和物质的货物或机会的垄断化相辅相成。”[②]而“凡是得到最极端的结果的地方，等级就发展成为一种封闭的‘种姓’。也就是说，除了等级区分的惯例保证和法律保证外，还有一种礼仪的保证，直至这样的程度，即对于同一个被视为‘较低等的’种姓的成员中任何有形的接触，都会被看作是对‘较高的’种姓的成员们礼仪上不洁净的、在宗教上必须赎罪的污点，而且各个种姓部分发展着完全分离的迷信崇拜和各种神”[③]。

韦伯将“经济货物和劳动效益的分配与使用方式”称为“经济制度”，而将“在一个共同体内，参加者的现象的群体之间如何分配社会‘荣誉’的方式”称为“社会制度”。[④]韦伯说，“政党”的故土原则上在“权力”领域里。“政党”是为了争夺统治、获得权力而斗争的一种机构。政党可能代表由“阶级状况”所制约的利益，或者由“等级状况”所制约的利益，然而

① ［德］马克斯·韦伯：《经济与社会》（下卷），林荣远译，商务印书馆1997年版，第254页。

② ［德］韦伯：《经济与社会》（下卷），林荣远译，商务印书馆1997年版，第257页。

③ ［德］马克斯·韦伯：《经济与社会》（下卷），林荣远译，商务印书馆1997年版，第254～255页，译文略有修改。

④ ［德］韦伯：《经济与社会》（下卷），林荣远译，商务印书馆1997年版，第247页。

它们既不必是纯粹的"阶级"政党，也不必是纯粹的"等级"政党，"往往只有部分如此，或常常根本就不是这样"[①]。可见，韦伯强调"政党"是与"阶级"和"等级"都不同的另一种社会划分机制。

在《经济与社会》一书较晚写出的部分（即该书现行第一部分）中，韦伯又专辟一章进一步讨论了"阶级"和"等级"的概念。在这里，韦伯将"阶级"认定为"处于相同阶级地位的人的任何群体"[②]。而"阶级地位"则是就此而言："1. 货物供应的典型机会；2. 外在生活地位的典型机会；3. 内在生活机会的典型的机会。"[③] 在这一基础上，韦伯又将"阶级"区分为三种类型。第一种阶级类型是"财产阶级"，指的是一些"主要由财产的不同来确定其阶级地位的阶级"，它包括了"享有特权的财产阶级"（如奴隶占有者、土地出租者、矿山出租者、设备出租者、船只出租者、债权人、吃证券息金者等各种"吃租息者"）、"受到特权损害的财产阶级"（如无人身自由者、失去社会地位者、负债人、"穷人"等），以及处在两者之间的"中等阶级"（"形形色色的拥有财产或受过教育而以此获得收益的阶层"）。第二种阶级类型是"职业阶级"，指的是一些"主要由货物或劳动效益的市场利用机会来确定其阶级地位的阶级"，它也包括了"享有特权的职业阶级"（如各类企业家、具有卓越才能和受过卓越教育的"自由职业者"、掌握垄断性技能的劳动者等）、"受到特权损害的职业阶级"（各种工人），以及一些"中

① ［德］韦伯：《经济与社会》（下卷），林荣远译，商务印书馆 1997 年版，第 261 页。

② ［德］韦伯：《经济与社会》（下卷），林荣远译，商务印书馆 1997 年版，第 333 页。

③ ［德］韦伯：《经济与社会》（下卷），林荣远译，商务印书馆 1997 年版，第 333 页。

间阶级”（如独立农民和手工业者、官员等）。第三种阶级类型是“社会阶级”，指的是“前面那几种阶级地位的总体”，即货物供应的典型机会、外在生活地位的典型机会和内在生活机会的典型的机会。包括了“作为一个整体的工人”“小资产阶级”“无产业的知识分子和训练有素的专业人员”以及“有产者和由于受教育而享有特权的阶级”等。

在这一部分中，韦伯将“等级”界定为“一个团体的内部，有效地提出下述要求的很多人：①一种等级的特别尊重——因此可能也还要求；②等级的特别垄断”[①]。和“阶级”一样，属于同一等级的人也具有相同的“等级地位”。而所谓“等级地位”，按照韦伯的界定，则“是指一种在社会评价中典型有效的要求的特权化，或受特权损害”。它建立在下述事实之上：①生活方式；②正式的教育方式；③出身威望或职业威望。它首先通过以下几个方面表现出来：①联姻；②共餐；③垄断性地占有特权的获益机会或者坚决拒绝某些特定的获益方式；④其他形式的等级惯例（“传统”）；等等。[②] 等级可以由以下情况而产生：①由于生活方式和职业的等级化（生活方式及职业的等级）；②出身或荣誉继承的等级化（出身等级）；③通过对政治或僧侣传统的统治权力占有的等级化（政治的及僧侣统治的等级）。[③]“等级”和“阶级”有着重要区别：等级可以由阶级发展而来，但等级地位与阶级地位并不必然一致。“货币财富和企业家的地位本身并非就是等级的资格——虽然它们会导致等级资

① ［德］韦伯：《经济与社会》（下卷），林荣远译，商务印书馆 1997 年版，第 338 页。

② ［德］韦伯：《经济与社会》（下卷），林荣远译，商务印书馆 1997 年版，第 338 页。

③ ［德］韦伯：《经济与社会》（下卷），林荣远译，商务印书馆 1997 年版，第 338～339 页。

格"；同样，"毫无财富本身并非就是不具备登记的资格——虽然它可能会导致不具备等级资格"。军官、官员、大学生的"阶级地位"可能极不相同，但他们的等级地位却可能并无二致，因为他们"由于教育而形成的生活方式的性质，在对等级来说至关重要的根本点上，是相同的"[①]。

我国学者谢立中在作出以上引述后指出，无论是在前面提及的那一部分中还是在后面提及的这一部分中，韦伯似乎都认为"阶级""等级"和"党派"是一些在任何一个社会当中都可能普遍存在、普遍适用的社会分层范畴，但是在不同的社会中它们的主次地位可能会有所不同。一般说来，在市场经济所主导的社会或技术—经济变革的时代里，社会将主要是按"阶级"来划分的，而在市场经济受到限制的社会或货物生产和分配的基础条件相对稳定的时代里，社会就可能主要是按照"等级"来划分。[②]

综合起来看，有学者指出，韦伯由提出社会成员地位划分的三个基本维度，进而基于这三种不同的地位差别指出，由此形成了三种不同的地位群体。韦伯将他们分别称为"阶级""等级"和"党派"。与其"社会唯名论"立场相应，在韦伯那里，"阶级""等级"等不被视为一种实体；与其诠释社会学的立场相应，在韦伯那里，"等级"被视为一种由社会成员成员们的"社会评价"过程构建出来的。在韦伯那里，"阶级"和"党派"是指处于相同"地位"的人的某群体，而"地位"则是分别由"财产及市场获利与生存机会占有""权力占有"等所决定的。

---

① 参见［德］韦伯：《经济与社会》（下卷），林荣远译，商务印书馆1997年版，上卷第339页，第258～260页。

② ［德］韦伯：《经济与社会》（下卷），林荣远译，商务印书馆1997年版，第338页。

在韦伯对“阶级”“政党”的论述中，没有像他在对“家庭”“社团”“公司”“民族”“政府”“国家”“婚姻”等现象进行论述时所做的那样，给行动者的主观意识及其“诠释”过程的必要性留下任何余地，从而使得这些论述不仅与诠释社会学的内在逻辑不一致。还有学者将韦伯的上述思想加以归纳整理，引申出一些要么分别以经济收入“如收入五等分模型”或社会声望（如沃纳的分层模型）、政治权利（如达伦多夫的分层模型），要么将这三个维度结合起来（如布劳—邓肯的职业分层模型等）描述和刻画社会分层状况的研究模型。[①]

后来的西方社会学家对社会分层的研究，大多继承了韦伯关于划分社会层次的观点，并在此基础上提出了各种分层模式和理论，归结起来有：

一是把社会划分成几个大的阶级。由于划分阶级的标准不同，曾提出过许多划分阶级的模式，其中影响比较大的有：①三个阶级的理论，即把人分成上等阶级、中等阶级与下等阶级。②林德的两个阶级模式。美国社会学家R. 林德与H. 林德在《中镇》（1929）与《过渡的中镇》（1937）等著作中提出了“企业家阶级”与“工人阶级”的模式。企业家阶级由商业与工业管理者以及通常被称之为专家的人组成。其他人则属于工人阶级。美国社会学家C. W. 米尔斯在其著作《权力精英》（1956）之中，则以白领与蓝领加以区分。白领主要指从事脑力劳动的技术熟练的工人，也包括管理者阶层。蓝领则主要指少有技术者或技术非熟练的体力劳动者。

二是把社会成员划分成若干个层次。20世纪40年代美国社会学家W. L. 沃纳等人提出6个层次的划分方式。这实际上是

① 谢立中：《走向多元话语分析：后现代思潮的社会学意涵》，中国人民大学出版社2009年版，第94～98页。

把上、中、下三个阶级各分两层，即：①上上层。由世世代代的富有者所组成，这些人既拥有大量的物质财富，又有上流社会特有的生活方式。②下上层。他们虽然在财产上并不逊色于上上层，但他们还没有具备上流社会的生活方式。有人称之为"暴发户"。③上中层。他们是一些成功的企业家和专业技术人员，居住在环境优美的郊区，有自己舒适的住宅。④下中层。主要包括一些小店员、神职人员等。⑤上下层。他们的收入并不比上中层和下中层的人少，但他们主要从事体力劳动。⑥下下层。主要是指无固定收入者、失业者以及只能从事一些非熟练劳动的人。

三是续谱排列。这是根据人们在职业分工、工资收入与身份声望等方面的具体而细致的差别，把社会成员划分成连续排列的多个小层，即续谱。美国社会学家、结构功能主义的代表T. 帕森斯主张以职业作为社会分层的标准。他认为，在美国社会中最重要的分层标准是职业，财富与声望都依赖于职业。职业的等级是代表个人成就的，是社会对个人成就的一种认定与酬赏。酬赏分配制度就是社会分层的原因。结构功能主义的分层理论在美国长期占统治地位，采取这一分层方法的社会学家通过社会调查，把美国100多种职业按社会声望的高低排出名次来。具有代表性的是1964年美国进行的职业评分，这次评定的职业上至联邦最高法院的大法官、医生，下到清道夫、擦鞋童，共87种，所得分数最高的为94分，最低的只有34分，共列出40多个层次。

当代社会学者对社会分层有许多研究。第二次世界大战以后，西方社会学中对社会分层的研究曾主要表现为对职业声望的测评。此外，西方马克思主义者认为，现代资本主义社会的阶级结构呈现出多元化趋势，出现了庞大的中间阶级，即所谓管理者阶层。这个阶层没有资本，以从事脑力劳动为生，在社会发展中日益发挥举足轻重的作用。这方面学者的研究旨趣在于弄清楚“阶层”的定义和归属问题。研究者强调，在社会主义社会中，由于生产力的发展，生产关系的变革，阶级结构发生了重大的变化。有的社会主义国家曾提出，在“社会主义发达阶段”出现工人阶级、农民阶级与知识分子一体化趋势。20世纪80年代以来，有些社会主义国家，在经济体制改革的发展中，出现了一些新的社会分化现象。一些马克思主义社会学者在传统马克思主义阶级理论基本原理基础上，借鉴西方社会学分层理论，对社会分层作了新的探讨。①

关于社会分层在阶级社会中形式，许多学者讲，社会阶级一词在某种程度上是模糊的，因为它代表的是一个非常复杂的社会现实。在美国社会学里，社会阶级的概念通常定义得非常宽泛，使之既能够包容许多不同的经济集团，也能包容以权力和声望为基础的集团。然而，对于普通美国人来说，“社会阶级”的意义和“社会身份”是一样的，并不指向具体的集团。②

有著作写道：“是什么决定了主要的阶级划分？谁是哪一个阶级的成员？今天大多数社会学家把这些问题作为实证研究的重要领域。但是因为阶级是一个非常复杂的概念，所以没有简单的答案。像人们判定谁应属于集邮俱乐部或足球队那样，断定谁应属于某一个阶级的普遍标准并不存在。”③

总结一下，在一些从事社会学研究的人之中，确定个体属于哪个特定社会阶级的常用方式，可认为有以下几类：

---

① 《中国大百科全书》（社会学卷），中国大百科全书出版社 1991 年版，第 295～296 页。

② 科尔曼和霍恩沃特（Coleman，Richard，and Lee Rainwater.）：Social Standing in America . New York：Basic Books. 1978.

③ ［美］戴维·波普诺：《社会学》（第 10 版），李强等译，中国人民大学出版社、PRENTICEHALL 出版公司 1999 年版，第 250 页。

一是根据"财富"多少把人归到一定的社会阶级。这往往被称为"客观法"。这里连带涉及收入、工作类型以及受教育程度等等的客观标准。社会学家往往通过为每一个社会阶级的成员确定"切割点"而建立阶级界限。以往人们讲"资本家"和"工人"，以及现代关于中产阶级（或者叫白领）与工人阶级（或者叫蓝领）的区别，就是用这种方法来确定社会阶级的例子。很明显，用这种方法来确定社会阶级的位置序列，并不是没有困难。批评者认为，这样确定阶级之间的切割点有时没有意义。例如，按照客观法，如果年收入 25000 美元是较高阶级成员资格的切割点的话，一个年收入 24999 美元的人将被划分在比年收入 25000 美元者低的阶级里。此外批评者还担心这些"客观的"阶级成员往往没有意识到他们的阶级身份。然而，从积极的方面来看，这有助于社会学家进行定量研究。另外，虽然人们公认一个年收入 24999 美元的人的生活方式与年收入 25000 美元的人没有差别，但是他们都很可能与年收入 10 万美元的人生活有很大不同。

二是根据其"声望"确定他在阶级中的位置。持这种方式的社会学家认为只有"内部人"才能明白特定社区的社会阶级结构。批评者说，这种方式过于强调声望，而对客观的经济和政治因素重视不够。此外，也有研究者说，这种方式往往在大家相互认识的小社区来讲十分有效，而在一个较大的社区或进行社区比较时就不那么有效了。

三是根据政治倾向来划分阶级。这往往被称为"主观法"。调查员用这种方法要求被访者对他们自己的社会阶级进行定位。这种方法被认为抓住了社会阶级的主观方面，即人们自己如何看待阶级及制度以及他们自己在其中的位置。而这里的一个重要问题是，在有些文化中有忽视阶级差别的重要性的倾向。例如，美国社会学中，很重要的中产阶级与工人阶级之间的区别往往模糊不清。这使得媒体和政治家们常常认为并不富裕的人或是穷人具有“中产阶级”的特征。

另外，美国赖特和马丁的文献中写有，在美国许多工人阶级成员也认为他们自己具有中产阶级的地位而不是工人阶级的地位。出现这种情况的部分原因是，二战以来，他们的经济生活水平提高了。他们现在能够买得起曾经是白领中产阶级标志的物品，并在一定程度上享受曾是中产阶级标志的生活方式。①

有学者指出，有的社会学家及政治学家往往把社会阶级成员具有的、涉及他们共同处境和利益的共同意识，叫阶级意识。一些学者讲，与其他发达国家的公民相比较，美国人很少有阶级意识。人们往往评论说，这种低水平的阶级意识尤其是美国工人阶级身上的特点。一些马克思主义社会学家往往把美国这种低水平的阶级意识看作是虚假意识的例子。虚假意识是指一个人对现实的主观理解与客观事实不一致的情况。机会平等往往被说成是美国阶级制度的基础，许多美国人接受了这个观念；政治家及与美国上层社会相认同的知名人士反复宣称阶级不是美国社会生活的重要特征；这些都明显促成了虚假意识。一些美国人并不认为他们国家的社会制度是私人财产分配不平等的表现，并不认为这是保护少数精英阶级的利益的。

美国学者科尔曼和霍恩沃特的书中认为，美国社会阶级意识水平低也是种族、宗教、民族以及地区差异的结果，这些差异往往超过甚至掩盖了阶级差异。美国人在社会生活中存在着大量的差异，社会阶级只是美国人对此进行分析的一种方式。美国人往往把注意力集中在年龄、性别、教育、种族以及宗教方面的不平等，而不去考虑阶级问题。有社会学家指出，美国

① Wright，Erik Olin，and Bill Martin. “The transformation of the American class structure，1960—1980.”：1987. American Journal of Sociology 93：1－29.

人在生活中阶级意识水平最高的很可能是这个国家的上层阶级成员，特别是那些几代富有的人。这个群体强烈地意识到他们处于一个独特的位置，有着共同而明晰的背景，有着共同的利益。[①]

约翰·J. 麦休尼斯专门讲到，韦伯理论特别涉及"社会分层与技术：一个全球的视角"。他写道，"由于技术的进步带来了生产的剩余，不平等程度开始增加。在园艺与游牧社会，少数精英控制着大量的社会剩余。大规模的农业生产产量更高，但人类史上所罕见的分配不平等使贵族凌驾于大众之上，拥有上帝般的崇高地位。""工业化改变了整个趋势，使得不平等有所减缓。由于发展个人潜能的需要的推动，能人统治开始起作用并且削弱了传统精英的权利。工业生产也使得历史上贫困的大众生活水平有所改善。专门化的工作需要依靠学校教育，这使得文盲大大减少。受教育的人口在政治决策中施加了影响，减少了不平等，削弱了男人对女人的控制。""随着时间的推移，财富的集中化程度也有所缓和。在20世纪20年代，美国最富有的1%人口拥有全社会40%的财富，这一数字在20世纪80年代降低为30%。""但财富的不平等在20世纪90年代又开始如20年代那样增长。""然而在人类历史上，技术进步先加剧了社会分层，然后又减弱了社会分层。强烈的不平等在农业社会则受益于较为缓和的不平等系统。这种趋势被诺贝尔奖获得者经济学家库兹尼茨（Simon Kuznets）发现，并用库兹尼茨曲线描述出来"。"全世界范围内的不平等从总体上验证了库兹尼茨曲线。已经经历了工业化时期的高收入国家（包括美国、加拿大和西欧的一些国家）相对于那些大量劳动力依然从事农业劳动

① Coleman, Richard, and Lee Rainwater. Social Standing in America. New York: Basic Books. 1978.

的国家（一般为拉丁美洲非洲的一些国家）来说，收入的不平等程度反而要低。收入的不平等不仅反映技术的发展程度，而且反映政治和经济特权。在所有的高收入国家，美国的收入不平等程度最高。”“那么，未来的趋势是怎样的呢？库兹尼茨所描述的延伸到后工业社会时期的趋势揭示了社会不平等的上升。随着信息革命的到来，美国社会正在经历剧烈的经济不平等，表明长期的趋势可能有别于库兹尼茨在50年前所作的观察。”“在大多数历史进程中，技术的提高加剧了社会分层，但一些逆向的过程发生在工业社会，正如库兹尼茨曲线所显示的那样。尽管如此，后工业社会的美国的经济不平等有所加剧。”“人们对社会不平等的观念，不仅是社会分层事实的反映，同时也是有关社会应该如何被组织的政治和价值观念的反映。”①

全球化是当今国际学术界的热门课题之一。20世纪中后期，特别是90年代以来西方社会学者们以其独特的视角和方式对全球化进行了深入研究和分析，并逐步形成了各自的理论特色，在学术界产生了重要的影响。其中富有代表性的有I. 沃勒斯坦的世界体系论、A. 吉登斯的制度转变论、R. 罗伯逊的文化系统论、L. 斯克莱尔的全球体系论等。这些理论对于把握全球化中的社会学内涵具有十分重要的启示。② 这也明显使社会学中社会分层理论及阶层、阶级的分析面临大量新的课题。

① ［美］约翰·J. 麦休尼斯：《社会学》（第11版），风笑天等译，中国人民大学出版社2009年版，第311～312页。

② 文军：《90年代西方社会学视域中的全球化理论评析》，《开放时代》1999年第5期。

二、社会成员的社会保障

（一）社会角色是人处于社会之中的角色；社会角色必是社会成员；社会人作为社会成员处于社会保障之中。

社会保障（social security），是社会依法对社会成员的基本生活予以保障的社会安全制度。劳动者在丧失或中断劳动能力，以及遭受各种风险而不能维持最低水平的生活等情况下，有从社会获得物质帮助的权利。为社会成员提供生活保障是社会的责任。

社会保障一词最早出现于美国国会1935年颁布的《社会保障法》。这一制度，源于欧洲中世纪的世俗和宗教的慈善事业。那时，私人和宗教的慈善机构对社会贫困者施行恩赐性质的救济。15、16世纪之交，政府逐渐接管慈善事业。1601年，英国颁布伊丽莎白济贫法，授权教区摊派"济贫税"，用以建立贫民习艺所，救济老弱病残者。后来，这种救济事业发展为社会保障范畴之一的社会救助。现代社会保障制度的诞生，一般以德国首相O. von俾斯麦于1883—1889年间制定的疾病、伤残和老年三项社会保险法为标志。以此为起点，社会保障的发展可分为4个阶段：①成型阶段（1883—1935）。社会保障制度在欧洲逐步推行，1891年英国实行失业保险制度；1932年法国实行生育保险制度；奥地利、瑞典、丹麦、挪威等国先后实施部分单项保险。1918年苏俄人民委员会批准《劳动者社会保障条例》，这是第一部社会主义的社会保险和社会福利法令。在这一时期，社会保险处于形成阶段，社会保障制度的主体仍是社会救助。②发展阶段（1935—1948）。社会保障制度在美洲普遍实行。1935年，美国颁布了《社会保障法》，实行老年保险和失业保险。阿根廷、墨西哥、巴拿马等国也相继建立社会保险制度。这一时期，西方各国政府加强了对社会保险制度的干预；各种社会福利和社会保障理论如福利经济学、福利国家理论对社会保险的发展产生了极大的影响。③成熟阶段（1948—1979）。第二次世界大战后，西方许多国家相继建成了“福利国家”，它们在经济发展的基础上，建起了以社会福利为主体的内容广泛、项目繁多、标准较高的社会保障体系。后来，社会保障制度推广到亚洲、非洲、拉丁美洲国家。保障范围逐步扩大到全体劳动者乃至全体社会成员。社会保障计划趋向一体化。④改革阶段（1979 年以来）。1973 年西方国家出现了经济危机，“高福利”政策已难以为继。1979 年起，以英国为先导，“福利国家”相继对社会保障制度进行改革，主要是增加社会保障的财政收入，削减社会保障经费支出等。中国等社会主义国家在进行经济体制改革的同时，也开始了社会保障制度的改革。

20 世纪 80 年代以来，中国学术界和社会工作者对如何健全与完善有中国特色的社会保障制度进行了探讨，提出了一些设想。例如，坚持有利生产，保障生活，权利与义务统一、公平与效率结合的原则，明确国家、集体、个人三方的责任和义务，资金由三方合理负担；动员全社会力量因地制宜兴办多种形式的社会保障事业；坚持社会化管理与单位管理相结合，以社会化管理为主的方针，形成由国务院有关部门统一协调，基层政权机构、社区组织和群众团体充分发挥作用的社会化管理体制；健全和完善社会保障法制；切实发扬中国家庭、亲友和邻里间互济互助的优良传统。

社会保障被认为是一种社会稳定机制。社会发展和社会稳定是互为条件、相互作用的。社会保障对社会发展的作用主要表现为：通过提高劳动者的素质或劳动力再生产的质量，保证社会再生产的正常进行；为劳动力的自由劳动提供条件，促进产业结构的调整和商品经济的发展；引导消费方向，调整消费结构，变消费基金为建设资金，推动生产的发展；创造一个民主、和谐、安定的社会环境，使社会得以协调发展和良性运行。

世界上实行的社会保障制度，由其不同侧重点，大致可分为就业保障、社会救助、储蓄基金、雇主责任、普遍保障五种类型。

1. 就业保障。对工薪者实行社会保险，这一制度规定，受保人享受退休金和其他保障的标准，取决于就业的年限和交纳保险费时间的长短，其中工伤保险和家庭津贴则取决于是否存在受雇关系。个人领取长期年金（养老金）和短期补助（失业、疾病、生育等）通常与受保人先前的收入有关。基金主要来源于雇员和雇主按工资的一定比例交纳的保险费，国家酌情给予一定补助。世界上大多数国家采纳这一模式。有些国家的社会保险费用全部由国家和企业最担。社会保险一般由国家立法强制实行。少数国家允许劳动者及自我雇佣者自愿参加。

2. 社会救助。对此实施，以家庭经济调查为基础，由政府制定一个最低生活需要标准，即"贫困线"，根据家庭和个人的经济来源及状况，按标准决定是否给予提供社会救助。这一制度只适用于贫困的或低收入的申请者，待遇水平仅限于满足其最基本的生活需要。这是一种社会救济计划，资金来源于国家财政。世界上只有少数几个国家及地区单纯实行这种制度，多数国家把它作为社会保险的补充。

3. 储蓄基金。由政府通过立法强制实行。雇员和雇主按工资的一定比例交纳相应金额作为专用储蓄基金，当发生规定的保险事故时，将这笔专用基金连本带息一次性支付给受保人。国家不提供资金，但在政策及税收上给予优惠，并对这笔积累起来的基金通过运营使之保值和增值。这是一种"自助式"或"自供型"的社会保障模式。实行这一制度的国家主要分布在东南亚、太平洋岛国及非洲地区。

4. 雇主责任。国家通过立法，通常是劳动法，强制雇主在其雇员遭受某些特殊事故如工伤事故时，提供专门的补助金，向被解雇的雇员支付解雇赔偿金、对老年职工提供一次性退职金。这一制度规定了雇主的责任是独自承担的，风险不能分摊，雇主可向保险公司投保来确保自己承担风险的能力，这是一种比较古老的雇主责任保险，现已逐步向社会保险转变。

5. 普遍保障。对全体居民或公民，不论其收入多少，有无收入或是否就业，都提供平均水平的现金补助，基金由国家财政拨款，在某种情况下，也有由雇主和雇员交纳保障费的。所有达到规定居住年限的居民都可通过申请享受诸如养老金、伤残抚恤金、遗属及孤儿抚恤金、家庭津贴等待遇。采纳这一模式的国家有北欧的瑞典、挪威、丹麦及大洋洲的澳大利亚等。中国的社会保障制度除上述内容外，还特别包括优抚安置。

关于社会保障的管理体制大体可分为两大类型：①集中统一管理。依法建立全国性的统管机构，作为调控中心，实行专门管理，通常由雇员、雇主和政府三方代表组成委员会，接受政府监督，执行立法。统管机构有相对独立性，在制定社会保障政策、征收工资税、编制预算以及发放保险金等方面具有广泛的权力。有的统管机构就是中央政府的一个主管社会保障的职能部门。②多部门分散管理。按不同项目分别由不同部门分管，如卫生和福利部门分管年金和医疗保险，劳工部门分管职工的工伤和失业保险。由于社会保障对象分散在各个地区，有些国家委托社会保障机构的地方办事处、分支机构或地方劳动委员会办理社会保障事务。

（二）社会保障的内容各国不尽相同。大部分学者的意见认为，社会保障除了有社会保险、社会救助（社会救济）等之外，还特别有社会福利的设置。如果说社会保险是对未来风险的预防，社会救助是对现实贫困的救济。那么，社会福利提供的则是福利设施和社会服务。国家和社会为增进与完善社会成员的尤其是困难者的社会生活，形成一种社会福利（social welfare）制度，旨在通过提供资金和服务，保证社会成员一定的生活水平并尽可能提高他们的生活质量。社会福利狭义指当社会成员因年老、疾病，生理或缺陷而丧失劳动能力出现生活困难时向其提供服务措施；广义指为了改善和提高全体社会成员的物质生活和精神生活而形成各种社会服务措施。

社会福利一般包括现金援助和直接服务。现金援助通过社会保险、社会救助和收入补贴等形式实现，直接服务通过兴办各类社会福利机构和设施实现。主要内容有：医疗卫生服务、文化教育服务、劳动就业服务、住宅服务、孤老残幼服务、残疾康复服务、犯罪矫治及感化服务、心理卫生服务、公共福利服务等。服务对象包括老年人、残疾人、妇女、儿童、青少年、军人及其家属、贫困者，以及其他需要帮助的社会成员和家庭等。服务的形式有人力、物力、财力的帮助，包括国家、集体、个人兴办的社会福利事业的收养、社区服务、家庭服务、个案服务，群体服务等。

古巴比伦王国《汉穆拉比法典》强调保护孤寡，犹太教、基督教等教派宣扬博爱、助人、公平的宗教教义，都包含有福利的思想。中世纪的欧洲，出现了以宗教为主要形式的私人慈善机构和组织，专门从事救济贫民的工作。1601 年，英国颁布伊丽莎白济贫法，开始以立法形式对贫民实施救济。18 世纪中叶以后，西方国家的工业化、城市化、社会分工专业化的进程加快，随之带来了贫穷、伤残、失业、犯罪等日益严重的社会弊病，劳资冲突等社会矛盾大大加剧。家庭、私人慈善组织、社会团体已无力解决与日俱增的社会问题和福利需求。资产阶级经济学家、社会学家开始寻找产生社会弊病的原因和解决办法。19 世纪初叶，空想社会主义者 C. H. 圣西门、C. 傅立叶、R. 欧文设计并亲自实践了一系列社会改革的方案，试图建立平等、幸福、和谐的理想社会，提出了改善劳工待遇、增进社会福利、消灭贫穷的主张。18、19 世纪西方的社会福利工作受自由主义的影响，认为贫困是个人无能和懒惰所致，应由个人负费，国家不应负担救济和帮助贫穷者的责任和义务，私人可以举办社会救济和社会福利而不受国家干预。19 世纪末 20 世纪初，慈善组织运动发展成为推行社会福利的主要机构。英国于 1869 年和 1884 年先后建立了“慈善机关联合会”和托因比服务所；1886 年美国建立了邻里协会。这些慈善团体和社区睦邻组织的建立，标志着慈善事业开始向社会化、制度化发展，社会福利开始被列入社会制度和社会政策的范畴。英国统计学家 C. 布思在《伦敦居民的生活与劳动》（1891—1903）一书中提出，国家有责任通过抚养病人、老年人、残疾人及儿童，使他们摆脱就业竞争；有责任保障有生存能力者的生活。此后，逐渐形成国家应保障最低国民生活水平的福利观念。工人运动的蓬勃发展，有力地促使国家干预社会福利。政府开始介入对贫穷、失业、疾病等问题的处置，以广泛的社会福利规划和措施提供基本经济保障和社会服务，成为近代社会福利制度的基石。

在西方，1883 年，德国俾斯麦政府颁布《疾病保险法》，用法律的形式把国家的社会福利政策和社会责任固定下来。此后 50 年内，大多数欧洲国家相继采取社会保障立法和措施。1942 年。英国社会福利专家 W. H. 贝弗里奇领导的社会保险和联合事业部际委员会发表《社会保险和有关的福利问题》的报告，提出社会应保障人人享有免于贫困、疾病、愚昧、污染和失业的自由权利，根据这一思想，英国工党政府先后通过和实施了《家庭津贴法》（1945）、《社会保险法》（1946）、《国民健康服务法》（1946）、《国民救济法》（1948）等社会福利法案，推行高增长、高消费、高福利政策，主张政府对全部社会福利负责。

1948 年，英国宣布建成"福利国家"。西欧、北欧以及美洲等发达资本主义国家相继仿行。"福利国家"体现于西方发达国家的政府干预经济生活，这是通过税收政策重新分配国民收入的社会福利政策。这一政策宣称，要把国家对部分人的社会责任变为全体人民的权利，把消极的救助变为积极的预防，在一定程度上促进了社会福利的发展。70 年代爆发世界性经济危机，"福利国家"愈来愈感到政府已无力负担日益沉重的巨额福利开支，不得不调整政策，削减福利费用，主张政府部门、社会团体、私人合办福利事业，强调社区和家庭的作用。

在发展中国家，由于受社会经济发展水平的限制，社会福利事业难以全面展开。发展中国家的社会福利主要是社会救助，表现为救济。除政府向贫民发放有限的救济款物外，主要采取积极鼓励慈善团体和其他志愿机构赞助的办法，让它们充当主角。

中华民族在历史上早已形成扶贫济困、敬老助残的社会风尚和道德观念。先秦儒家提出了"使老有所终""矜寡孤独废疾者，皆有所养"① 等思想和主张，对中国福利思想的产生有积极影响。清朝末年发生的资产阶级改良主义的维新运动，宣扬西方资产阶级自由、平等、博爱、民权的进步思想，西方的福利思想和福利主张开始在中国传播。中国资产阶级民主革命的伟大先驱孙中山，把实现社会福利制度的理想通过自己的政治主张和革命实践表现出来。辛亥革命后，中华民国临时政府设置了内务部，掌管赈灾、救贫、慈善等社会救济和社会福利工作。政府、私人和外国教会办的救济福利事业，带有恩赐观点和人道主义思想。中国共产党成立以后，在国民党统治地区领导了

① 《礼记·礼运》。

广大工农运动，促进了劳动保护、劳动保险、救助贫困、保护妇女儿童等方面的福利思想的发展。在革命根据地则形成了一套以全心全意为人民服务为宗旨的关心人民群众生活的福利思想。在中国共产党领导的革命战争时期，社会福利工作主要为战争服务，表现为优待革命军人家属、烈属、残废军人。在中华人民共和国建立初期，为了医治战争创伤，根除贫困的根源，社会福利工作主要是以救济为主的救济性福利事业。国家接管和改造了国民党统治时期办的“救济院”，封建性的“善堂”“节妇堂”和接受外国津贴的各类慈善团体和救济机构；设立生产教养机构，改造妓女、游民、乞丐，收养无依无靠、丧失劳动能力、无法维持生活的孤老残幼；开展贫苦农民、城市贫民和残疾人的生产自救工作。20世纪50年代中期以后，国家和社会通过兴办各种形式的福利工厂，为残疾人提供广泛的就业机会；制定一系列扶持政策，保护残疾人充分行使劳动的权利；通过兴办各类福利设施，为孤老残幼等提供社会救济和福利服务；通过兴办各项社会事业，发展公共福利和集体福利，满足全体社会成员在物质生活和精神生活上的福利需求。1979年以后，中国的社会福利制度进一步完善、发展，逐步形成了具有中国特色的福利制度。在中国国民经济和社会发展计划中明确提出，要有步骤地建立起具有中国特色的社会保障制度。作为社会发展指标之一的社会福利工作，在保护和促进生产力的发展、缓解社会矛盾、稳定社会秩序，调解人际关系方面，越来越起到社会稳定机制的作用。中国制定社会福利政策的原则是：从国家的国情、国力出发，按照有利生产、保障生活的原则，有步骤地完善和发展。

（三）社会救济（social relief）是国家和社会对贫困者提供最低水平生活需求的物质援助，并增强他们适应社会生存能力的一种社会保障制度。又称社会救助。

对于社会救济，往前追溯，可认为其始于中世纪世俗和宗教的慈善事业。15、16 世纪之交，西欧国家的政府有的开始借助教会和私人的慈善事业来主办济贫工作，并予以立法干预。1601 年英国颁布的伊丽莎白济贫法，规定国家开征济贫税，将管理济贫工作的责任委交教区，并允许各教区征税充作济贫费用。17—18 世纪美国大体上仿照此法，但贫民所得的救济甚少，教会也只限于救济信徒中的贫民。19 世纪末到 20 世纪初，贫富悬殊的社会矛盾日益严重，劳工领袖们极力促使政府干预社会贫穷问题。在德国和英国，工人阶级开始在福利的立法方面显示政治力量，要求实施社会保险和公共救助的广泛规划。1897—1930 年间，大多数欧洲国家都采取社会保障措施，社会救济纳入社会保障体系之内，成为社会保障的一个重要组成部分。它的对象是没有劳动能力，或收入不足以维持法定的最低生活标准（贫困线）的家庭。救济金额常随救济对象的家庭人口和贫困程度（有的国家包括病残、老龄、孀居或被遗弃等情况）而定。这种社会救济以法律为依据，符合法律规定者，经过申请和核实，就可能享受救济。

中国历史上的"赈穷""恤贫"，含有恩赐、怜悯的意思，主要项目有：①抚恤鳏、寡、孤、独。汉代刘邦、唐代李世民、宋代赵匡胤、明代朱元璋得天下后，都曾采用遣使巡行四方等方式，赈济鳏、寡、孤、独和穷民。②假民田苑。将公有山林、陂池或荒地分给贫苦劳动人民耕种、渔猎，并减免租赋，有时还贷种贷食。③赈贷，包括无偿的赈济和无息有偿的借贷。④工赈，即以工代赈。主要是兴修农田水利及其他公共工程，计工给值。⑤平粜。丰年谷贱，朝廷则增价籴（买入），以免谷贱伤农，荒年谷贵则减价粜（卖出），以周贫民之急。此外，还进行移民就粟，或调粟就民。⑥施粥。古人认为救饥如救溺，施粥为最便捷、最有效的应急办法，历代多采用。如金章宗泰和五年（1205）三月，“命给米诸寺，自十月十五日至次年正月十五日作糜以食贫民”[①]。此外，还有为救贫设置的收容机构，史称“居养”。宋代设有福田院、安济坊、居养院，金朝有普济院，元、明两代有养济院、济众院，清代有栖流所、养济院、习艺所。太平天国在其所辖境内曾设有老人馆、能人馆，为其军民养老、养伤、治病之所。中华民国时期，类似的机构有三类：①官办的救济院，下设养老、残废、孤儿、育婴等所，设于各省、市、县政府所在地；②民间救助性和互济性的组织；③宗教团体办的慈善事业，多为收养孤儿、弃婴等的机构。中国共产党领导的革命战争时期，对社会救济工作采取了一些适应当时情况的措施。1937 年 8 月 25 日中国共产党中央政治局扩大会议通过《抗日救国十大纲领》，提出以救济失业、调节粮食、赈济灾荒作为改善人民生活的重要措施。1946 年陕甘宁边区参议会通过的《陕甘宁边区宪法原则》规定：“人民有免于经济上偏枯与贫困的权利。”边区政府采取了救济灾荒、扶养老弱贫困等措施。中华人民共和国建立初期，人民政府承担了大量的社会救济工作，如资遣国民党军队散兵游勇；接收、改造旧社会慈善团体，收容和改造烟民、游民、妓女，救济城市失业工人和贫民，以及安置孤老残幼、遣送外流农民等。从 1954 年起历次宪法都有关于社会救济的规定。1982 年制定的《中华人民共和国宪法》第 45 条规定：“中华人民共和国公民在年老、疾病或者丧失劳动能力的情况下，有从国家和社会获得物质帮助的权利。国家发展为公民享受这些权利所需要的社会保险、社会救济和医疗卫生事业。”根据这一规定，国家的社会救济工作，主要是依靠群众和集体，开展生产自救，实行邻里相助，

① 《金史·章宗本纪》。

国家辅之以必要的救济。

中国现行的社会救济工作，分为城市社会救济和农村社会救济两种。城市社会救济的对象包括：①城市中无依无靠、无生活来源的孤老残幼（定期定量救济对象），无固定收入或收入不足以维持当地生活水平的居民（临时救济对象）；②1961 年至 1965 年 6 月 9 日期间被精简退职的 1957 年年底以前参加工作的老弱残职工；③原国民党起义、投诚人员，被宽大释放的原国民党的党、政、军、特人员中无家可归者，生活困难的台湾同胞、去台人员亲属，因公致残、完全丧失劳动能力的下乡知识青年，计划生育医疗事故造成生活困难的人员，生活困难的刑事犯罪分子家属，生活困难的归国华侨和侨眷等。城市困难户救济标准，以保证救济对象的基本生活需要为原则，项目包括国家供应的生活必需品和其他一些必需品，以及一定数量的必要的生活费用。救济标准由各地区根据当地的具体情况规定，并随着群众生活水平的提高而适当调整。

中华人民共和国建立初期，农村社会救济主要由政府负责；农业集体化以后，主要由集体经济负担。20 世纪 80 年代以来农村社会救济的任务是：①对农村中无劳动能力、无生活来源、无依无靠的老人、残疾人和孤儿，采取依靠集体供养、辅之以国家必要救济的办法，实行"五保"，即保吃、保穿、保住、保医、保葬（孤儿保教），保证他们的生活达到当地一般群众的生活水平。供养的形式有集中供养（如敬老院）和分散供养。②对农村中全家收入维持不了当地最低生活水平的贫困户，发给救济费。随着国家经济建设事业的发展，中国的社会救济正在逐步由低层次向高层次过渡。经济不发达地区，已由单纯维持贫困人民的最低生活水平，发展为以扶优、扶贫为重心，解决贫困人口温饱问题，开始由救济型向福利型转变。经济比较发达的地区，社会救济原有的社会功能逐步由社会保险所代替，如建立合作养老保险，合作医疗保险等。

（四）在社会发展中，还生长、建构着一种社会慈善事业。社会慈善业作为以慈善组织为中介而发生的对陌生他者的伦理关怀，其基本理念和行为要求，包括权利保护、组织运营、分工协作和契约精神。一般而言，现代慈善的发展历程经历着共同体本位向个人本位，再向社会本位的转变。

社会慈善业的发展走过了由以一对一的直接捐助形式走向捐助者与受助者分离的过程。在此过程中建构起以三方关系为特征的慈善主客体关系。这体现于捐赠人、慈善组织和受益人之间的关系，志愿者、志愿服务机构和受益人之间的关系，或捐赠人、募捐人和受赠人之间的关系。这种分离同政府与市场分离、政府与社会分离一样，意味着分工的进化和社会的进步。

建立在人本价值基础上的人权保护是现代慈善的伦理基石，慈善法针对个人为不特定群体开展的公开募捐与个人为自身及亲友等发起的社会求助采取了区别规制方式。这充分体现了对公民财产权与公民结社权的宪法保护。

当代慈善事业往往出现“契约精神”的缺失。由于缺乏契约精神，主管部门自由裁量权过大、捐赠者可以随时不履行捐赠承诺、慈善组织可以背弃诚信谋取个人私利等，不一而足。不道德行为给慈善事业的发展带来了极大伤害。从私人契约和社会契约角度出发，慈善法分别明确主管部门、慈善组织、捐赠人和受益人的七契约责任，在控制公权力，保障和维护人权方面具有重要意义。

慈善事业的发展代表了人类向善的追求，而且体现着一种契约精神，推动着人类社会文明的不断进步。当前我国正处于中华民族伟大复兴的重要阶段，慈善法不仅深刻体现出慈善事业自身的制度变迁与创新，还助力政府和市场行为的转型并调动广泛的社会公众积极参与，是推进国家治理体系和国家治理能力现代化的重要突破口。中国慈善事业的发展呼唤个体本位向社会本位的转型。慈善法的出台彰显了现代慈善的新理念，这给社会本位为核心的现代慈善业创造了良好的制度环境，开辟了慈善事业新篇章。中国慈善法，作为一部适合我国国情的慈善事业的大法，其确立经过了，在立法之前的积极征询、立法过程中的广开言路以及最终定稿的严谨审慎。这部法律富有社会性并且充满善治气象。现在仍有一些问题大家还在深入讨论。对现代慈善理念进行诠释既是慈善法制定的题中之意，也是向公众普及慈善文化、在全社会范围内达成基本共识的客观要求。[①]

社会问题的复杂性要求慈善事业通过有限资源的投入带来慈善救助的好效果。这相应地催生了专业化与职业化的社会需求，一个突出表征就是大量具有以公益为目的，采取组织模式运作的慈善组织成立。作为联系捐赠者和受捐者的中介，慈善组织的存在会有效地完善慈善服务，避免慈善资源的浪费。借助组织化方式运营，公民慈善权利的行使可以得到充分保障；捐赠者的善良愿望能得以实现，慈善活动才会不断获得生命力。

（五）社会保险（social insurance）是国家和社会通过立法，在劳动者或全体社会成员中的年老、疾病、伤残人员或由于其他原因而丧失劳动能力的人生活发生困难时，向其提供物质帮助，以保证其基本生活需求的一种保障制度。与商业保险有所不同，它具有行政强制性和非营利性的社会福利性质。

社会保险渊源于社会成员间的经济互助，形成于19世纪末期的欧洲资本主义国家。在资本主义制度下，劳动人民经常处于失业、贫困的状况，常常自发地组织一些经济互助活动，以

① 综合：《慈善法充分彰显现代慈善新理念》，《大众日报》2016年4月19日。

解决因疾病、工伤、死亡和其他原因造成的生活困难。一些国家的工会对这些群众互助加以发展，成立带有保险性的组织，如由劳动者交纳保险费的疾病基金会等等。有些雇主协会则负责经营工伤方面的保险。1883—1889 年，德国俾斯麦政府迫于工人运动和日益严重的社会问题等压力，先后颁布了《疾病保险法》《伤害保险法》《残废和老年保险法》，使德国成为最早实行社会保险制度的国家。随后，英国、法国、瑞典、瑞士、意大利、美国和日本等国家相继建立起以养老、医疗、失业、工伤为主要内容的社会保险制度。第二次世界大战前的资本主义国家中，有 49 个国家设有疾病保险，41 个国家设有养老保险，53 个国家设有残废保险。第二次世界大战后，发达资本主义国家普遍实行社会保险，并增加项目，扩大范围，将社会保险纳入社会保障制度或社会福利计划。

在沙俄时代的 1903 年，制订了企业主对重工伤者承担责任的法律草案。1917 年十月社会主义革命胜利后不久，苏维埃政府陆续颁布了一系列社会保险法令，把重伤、疾病、老年、残废、怀孕和分娩等都列入保险范围，保险对象包括所有劳动者及其家庭、独身母亲、孤儿和失业者。20 世纪 20 年代中期，几乎所有企业和国家机关实行了各种形式的社会保险。第二次世界大战后，东欧各国也对旧的保险制度进行了改造，建立了项目比较齐全、水平比较高的新的社会保险制度，随着民族独立解放运动的发展，许多殖民地国家陆续宣布独立，社会保险制度在世界范围内得到不同程度的推广。至 20 世纪末，全世界已有 140 个以上的国家实行了不同内容和形式的社会保险制度。

世界各国社会保险的内容不尽相同，归结起来主要有：①老年保险；②医疗保险；③疾病保险；④伤残保险；⑤就业伤害保险；⑥失业保险；⑦生育保险；⑧遗属保险；等等。

世界各国的社会保险各有不同的特点、性质和作用。资本主义国家的社会保险，首先是一部分劳动力价值或价格的社会支付形式。社会保险的经费来源主要有：①工人所缴纳的保险费。形式上表现为工资以外的额外收入，实际上是工人应得的一部分工资。②资本家为职工缴纳保险费。这也是应该作为工资的一部分支付给工人的，但是资本家把它计算在成本中。把负担转嫁给广大消费者。③国家财政补贴。它来源于税收，很大一部分负担仍然落到工人身上。这3个方面都是资产阶级把工资低于劳动力再生产费用的差额，通过国民收入再分配的途径，先从工人手中取得，再以保险的形式不同程度地给予工人。它一方面是为了社会资本再生产的需要，另一方面也是客观要求。资本主义国家的社会保险是资本积累的条件和结果，根源在于雇佣劳动制度。资产阶级为了在相对过剩人口中寻找廉价劳动力，剥削更多的剩余价值，通过举办社会保险，使劳动者不至于因劳动能力的丧失等原因而无法生存下去，影响资本主义产业后备军的存在，以适应资本积累的需要。资本主义社会保险起着缓和阶级矛盾，维持资本主义社会"安全"和统治的作用。

在社会主义制度下，社会保险是社会主义生产目的的重要组成部分，是社会主义生产关系的一种分配形式。它适应有计划的商品经济的需要，作为社会化大生产的必要条件而存在。社会的成员以劳动为谋生手段，实行按劳分配的原则。在商品经济的条件下，当社会成员丧失劳动能力或暂时待业，不能从按劳分配的渠道以货币工资的形式获得生活资料时，他们的基本生活需要，由国家和社会通过保险和其他物质帮助给予保障。社会主义国家的社会保险，不反映任何剥削关系，维持劳动力再生产所需要的生活资料，主要部分以工资形式分配给劳动者，另一部分以社会保险和其他辅助的补充形式分配给劳动者。它起着鼓励劳动、促进生产、实现人的基本权利、使社会稳定发展等作用。

中华人民共和国建立前，中国处于半封建半殖民地的条件下，基本上没有建立起社会保险制度。除了少数官办企业、外资企业以及个别民族资本的大型企业有一些零星的保险福利待遇外，绝大多数企业的职工在遇到生育、年老、疾病、死亡、伤残等情况时，没有生活保障。中国共产党在新民主主义革命时期，为建立社会保险制度进行了长期的努力。1922 年中国劳动组合书记部拟定的《劳动法案大纲》，提出了一系列社会保险的规定，并号召全国工人开展劳动立法运动。1925 年，第二次全国劳动大会通过的《经济斗争决议案》明确提出，“应实行社会保险制度，使工人于工作伤亡时，能得到赔偿，于疾病失业或老年时能得到救济”。此后从 1926 年的第三次全国劳动大会到 1929 年的第五次全国劳动大会，都提出了实行社会保险的具体要求，并通过了一系列决议案。在中国共产党创建的革命根据地和解放区，社会保险制度得以逐步建立。中央苏区的工农民主政府成立后，于 1930 年颁布了《劳动暂行法》，作出了一系列有关社会保险的规定。1931 年第一次中华苏维埃共和国工农兵代表大会通过和颁布了《中华苏维埃共和国劳动法》（1933 年作了修订），其中有关于社会保险的内容。抗日战争时期，陕甘宁边区、晋察冀边区、晋冀鲁豫边区、苏皖边区和其他边区的民主政府都有社会保险的规定。在东北解放区，1948 年东北行政委员会颁布了《东北公营企业战时暂行劳动保险条例》。随着解放战争的胜利，解放区迅速扩大，不少地区和产业都根据自己的经济条件先后参照东北行政委员会的条例，制定了本地区、本部门的社会保险办法。中华人民共和国建立后，政务院于 1951 年正式颁布了《中华人民共和国劳动保险条例》。1954—1982 年，历次制定的《中华人民共和国宪法》中都有关于社会保险的规定。根据宪法，政府陆续颁布了一系列社会保险的专门法规，建立并逐步完善起社会主义的社会保险制度。

中国的社会保险制度是由政府各有关部门和社会各有关方面共同组成的保险系统，它包括劳动者生育、年老、疾病、死亡、伤残、医疗、疗养、休养等项待遇和各项集体保险事业。在不同经济形式的部门、企业和单位所实行的社会保险办法不尽相同，政府分别制定了与当时相应的条例、法规：①在当时的全民所有制企业中实行的是1951年正式公布、1953年修正的《中华人民共和国劳动保险条例》，这是中国实施范围最广、保险项目比较齐全的一种社会保险制度；1978年颁布的《国务院关于工人退休退职的暂行办法》，进一步完善了社会保险制度。②在国家机关、民主党派、人民团体和事业单位中实行的是以单项法规颁发的社会保险办法。例如，1950年政务院批准、内务部公布施行的《革命工作人员伤亡褒恤暂行条例》《民兵、民工伤亡抚恤条例》，1952年政务院颁发的《关于全国各级人民政府、党派、团体及所属事业单位的国家机关工作人员实行公费医疗预防措施的指示》，1978年国务院颁布的《关于安置老弱病残干部的暂行办法》等。③大部分当时的集体所有制企业（主要是区、县以上的集体所有制企业），参照《中华人民共和国劳动保险条例》实行社会保险。一部分集体所有制企业（主要是区、县以下的集体所有制企业），实行的主要是退休养老保险、医疗和疾病保险。④劳动合同制职工主要实行养老保险和待业保险，由各省、自治区、直辖市制订办法。⑤中外合营企业职工的社会保险，按照1980年国务院制订的《中外合资经营企业劳动管理规定》的有关条文实施。⑥在一些经济发达地区的农村，对农民（包括乡镇企业职工）主要实行退休养老、合作医疗、救灾保险等。一些经济水平较高的乡、村，实行病残、死亡、生育等项保险。

中国的社会保险制度具有鲜明的社会主义性质和作用，体现了国家和社会对劳动者与全体社会成员的关心，建立和实施社会保险制度的基本原则是：统筹兼顾全国人民生活，首先是工农生活；在发展生产的基础上，逐步丰富各项社会保险内容，提高社会保险待遇；实行专门机构的专业管理与群众参加管理、监督相结合，劳动保险费用主要由企业或国家负担；既要有利于保障劳动者丧失劳动能力时的基本生活，又要有利于生产的发展和社会的稳定。中国的社会保险具有保障公民权利和职工生活，促进生产发展、计划生育、社会稳定、精神文明建设等多方面的功能。

中国的社会保险制度中还存在一些问题，主要表现在：城镇集体经济和个体经济的劳动者、外资和中外合资企业职工以及待业人员的社会保险制度尚不健全；农村劳动者的社会保险在一些经济不发达的地区还没有建立或完善；退休养老保险社会化水平低，保险程度较差；职工个人在业期间不承担缴纳养老保险费用的义务，缺乏长期积累的储备基金；要适应迅速的人口老龄化而加强一系列工作，等等。①

三、社会人的自由而全面发展

马克思曾特别讲到过人的对象化问题，他把“对象性的人”“现实的因而是真正的人”理解为“他自己劳动的结果”。马克思在肯定黑格尔《现象学》的伟大之处时写道：“黑格尔的《现象学》及其后果……的伟大之处首先在于，黑格尔把人的自我产生看作一个过程，把对象化看做非对象化，看做外化和这种外化的扬弃；可见他抓住了劳动的本质，把对象性的人、现实的因而是真正的人理解为人自己的劳动的结果。”马克思同时论

① 参见《中国大百科全书》（社会学卷），中国大百科全书出版社1991年版，第275～276、286～288、310～311、273～275页。

述道："人同作为类存在物即自身发生现实的、能动的关系，或者说，人作为现实的类存在物即作为人的存在物的实现，只有通过下述途径才有可能：人确实显示出自己的全部类力量——这又只有通过人的全部活动、只有作为历史的结果才有可能——并且把这些力量当作对象来对待，而这首先又只有通过异化的形式才有可能。"①

马克思在《1844年经济学哲学手稿》等著作中常常一起使用Entfremdung（异化）和Entäßerung（外化）这两个词。在我们的翻译文献中，前者往往译为"异化"，后者往往译为"外化"。这两个词马克思都曾经用来表示现在通常理解的"异化"这一概念。但马克思讲到了积极意义或肯定意义的"异化"和消极意义或否定意义的"异化"。他明确讲道："意识的这种异化不仅有否定的意义，而且也有肯定的意义。"②

从肯定意义或积极意义方面说，马克思曾讲："异化——它从而构成这种外化的以及这种外化之扬弃的真正意义——是自在和自为之间、意识和自我意识之间、客体和主体之间的对立。"③"对象的否定，或对象的自我扬弃，对意识所以有肯定意义……是由于它（即意识——引者注）把自身外化了，因为它在这种外化中把自身设定为对象，或者说，为了自为存在的不可分割的统一性而把对象设定为自身"④。"这种对象性本质就是

① 马克思：《1844年经济学哲学手稿》，《马克思恩格斯文集》（第1卷），人民出版社2009年版，第205页。

② 马克思：《1844年经济学哲学手稿》，《马克思恩格斯文集》（第1卷），人民出版社2009年版，第211页。

③ 马克思：《1844年经济学哲学手稿》，《马克思恩格斯文集》（第1卷），人民出版社2009年版，第203页。

④ 马克思：《1844年经济学哲学手稿》，《马克思恩格斯文集》（第1卷），人民出版社2009年版，第207页。

它自己的自我外化”[①]。从否定意义或消极意义方面说，马克思讲：“对象化表现为对象的丧失和被对象奴役，占有表现为异化、外化。”[②]“被异化的对象性的本质的占有，或在异化——它必然从漠不相关的异己性发展到现实的、敌对的异化——这个规定下的对象性的扬弃”[③]。异化“是不依赖于他、不属于他、转过来反对他自身的活动。这是自我异化，而上面所谈的是物的异化”。[④]

为了使我们的叙述与人们对中文翻译的“异化”“外化”通常的理解相协调，我们暂时有区别地把“异化”偏重作为物化的消极或否定方面来理解。然而，“异化”在一定意义上讲也是一种外化。这样，我们讲“外化”虽然也涉及异化，但却是主要把“外化”作为物化的积极的或肯定的方面来理解。

意识的外化就是意识的对象化，把意识外化，以塑造论哲学的用语讲就是使潜意识外化于显意识。而这种对象化、物化、外化于显意识的东西，也就是马克思所说的：“人使自身作为现实的类存在物即作为人的存在物实际表现出来”；“人实际把自己的类的力量统统发挥出来……并且把这些力量当作对象来对待”；“这又是只有通过人类的全部活动、只有作为历史的结果才有可能”。

这“人类的全部活动”“作为历史的结果”的东西就是我们

① 马克思：《1844年经济学哲学手稿》，《马克思恩格斯文集》（第1卷），人民出版社2009年版，第212页。

② 马克思：《1844年经济学哲学手稿》，《马克思恩格斯文集》（第1卷），人民出版社2009年版，第157页。

③ 马克思：《1844年经济学哲学手稿》，《马克思恩格斯文集》（第1卷），人民出版社2009年版，第212页。

④ 马克思：《1844年经济学哲学手稿》，《马克思恩格斯文集》（第1卷），人民出版社2009年版，第160页。

所讲的在人的"塑造"中形成"塑造之物"这个系列上的显意识结果。这是"作为人的存在物实际表现出来"的与劳动行为同生的语言符号以及工具器具等等。总之，包括文化——人类所创造的整个人类文化，有此作为镜子就能照出人的本质，人的必然性。

而人的本质或人之必然性只能在这种塑造之物之中才能实现，从而确证人自己真正是人。正如马克思所说："通过实践创造对象世界，改造无机界，人证明自己是有意识的类存在物，就是说是这样一种存在物，它把类看作自己的本质，或者说把自身看作类存在物。诚然，动物也生产。它也为自己营造巢穴或住所，如蜜蜂、海狸、蚂蚁等。但是动物只生产它自己或它的幼仔所直接需要的东西；动物的生产是片面的；而人的生产是全面的；动物只是在直接肉体需要的支配下生产，而人甚至不受肉体需要的支配也进行生产，并且只有不受这种需要的影响才进行真正的生产；动物只生产自身，而人再生产整个自然界；动物的产品直接属于它的肉体，而人则自由地对待自己的产品。动物只是按照它所属的那个尺度和需要来构造，而人却懂得按照任何一个种的尺度来进行生产，并且懂得怎样处处都把固有的尺度运用于对象；因此人也按照美的规律来构造。"(以前曾有翻译版本此处译为"塑造"，本人认为译为"塑造"更准确些。——本书作者注)"因此，正是在改造对象世界的过程中，人才真正地证明自己是类存在物。这种生产是人的能动的类生活。通过这种生产，自然界才表现为他的作品和他的现实。因此，劳动的对象是人的类生活的对象化；人不仅像在意识中那样在精神上使自己二重化，而且能动地、现实地使自己二重化（以前的有关翻译版本此处译为"复现自己"，本人认为这里译为复现自己"更能体现马克思的意思——本书作者注），从而在他所创造的世界中直观自身。”[①]

由此我们说，真正现实的人是存在于人有意识塑造的，“塑造之物”既确证着人，使其直观自身，也使人“能动地现实地复现自己”而成为真正的人。

人在“塑造之物”中实现着对象化，又在对象化中实现着价值追求。价值的实现存在于对人的本质的确证之中。人所进行的理论、艺术、技术、道德的塑造，就实现着这种价值追求。恰恰是由于它在对象化中确证着人的本质，它才有价值。

马克思曾反复提到“现实的人”这个概念，从塑造论哲学观点来讲，“现实的人”必须是实现着由“塑造之物”内化外化的人，是实现着对象性，在物化中得到扩展并受其制约的人。在马克思的思想史上，《德意志意识形态》等著作曾经对这“现实的人”作过充分论述。在《德意志意识形态》中马克思关于“现实的人”有这样一些提法：“现实中的个人”[②]“现实的、从事活动的人们”[③]“现实的历史的人”[④]“处在现实的可以通过经验观察到的、在一定条件下进行的发展过程中的人”[⑤]等等。

对于这“现实的人”，马克思指出：“这是一些现实的个人，是他们的活动和他们的物质生活条件，包括他们已有的和由他们自己的活动创造出来的物质生活条件。”马克思紧接着论述

① 马克思：《1844年经济学哲学手稿》，《马克思恩格斯文集》（第1卷），人民出版社2009年版，第163页。

② 马克思、恩格斯：《德意志意识形态》，《马克思恩格斯文集》（第1卷），人民出版社2009年版，第524页。

③ 马克思、恩格斯：《德意志意识形态》，《马克思恩格斯文集》（第1卷），人民出版社2009年版，第524页。

④ 马克思、恩格斯：《德意志意识形态》，《马克思恩格斯文集》（第1卷），人民出版社2009年版，第528页。

⑤ 马克思、恩格斯：《德意志意识形态》，《马克思恩格斯文集》（第1卷），人民出版社2009年版，第525页。

说，"全部人类历史的第一个前提无疑是生命的个人存在"，[①] 马克思就此又指出然而仅仅根据这一点还不能把人和动物区别开来。应当说，人和动物的区别是多方面的，例如，可以根据意识现象、宗教活动和别的什么"来区别人和动物，但是，真正能够把人和动物完全区别开来的活动乃是物质生产活动。"一当人们开始生产自己的生活资料。即迈出由他们的肉体组织所决定的这一步的时候，人本身就开始把自己和动物区别开来。"由此，作为人"他们是什么样的，这同他们的生产是一致的——既和他们生产什么一致，又和他们怎样生产一致"[②]。马克思指出，生产本身又以个人之间的交往活动为前提，并由生产决定这种交往。因而出现了分工发展的各个不同阶段，出现了种种所有制形式，又产生社会结构和国家。总之，"事情是这样的：以一定的方式进行生产活动的一定的个人，发生一定的社会关系和政治关系"。[③] 由此马克思对"现实的人"作了一个明确的规定："这里所说的人们是现实的，从事活动的人们，他们受自己的生产力和与之相适应的交往的一定发展——直到交往的最遥远的形式——所制约。"[④]

正是由此，马克思在《关于费尔巴哈的提纲》中关于人的本质这样写道："人的本质并不是单个人所固有的抽象物。在其

① 马克思、恩格斯：《德意志意识形态》，《马克思恩格斯文集》（第1卷），人民出版社2009年版，第519页。

② 马克思、恩格斯：《德意志意识形态》，《马克思恩格斯文集》（第1卷），人民出版社2009年版，第519～520页。

③ 马克思、恩格斯：《德意志意识形态》，《马克思恩格斯文集》（第1卷），人民出版社2009年版，第524页。

④ 马克思、恩格斯：《德意志意识形态》，《马克思恩格斯文集》（第1卷），人民出版社2009年版，第524～525页。

现实性上，它是一切社会关系的总和。”[1]

马克思阐述“现实的人”旨在论证人的解放，在这个问题上他强调“人的全面发展”。

关于人的发展，在西方思想史上，许多人就此发表过见解。往前追溯，我们知道古罗马时期的西塞罗曾经用 humanitas 一词来指称使个人能最大限度发展的一系列教育。16 世纪的拉伯雷在批判经院主义的教育时指出，要从智育、德育、体育、美育和劳动教育去发展人的人性。18 世纪瑞士教育家裴斯泰洛齐则明确说：“除了体力与智力的和谐发展以外，教育没有其他的目的。”[2] 如此等等，后来的许多思想家围绕于此发表过一系列的见解。而他们在谈论这个问题时往往对“人的全面发展”是“现实的人”的全面发展，没能达到相应高度的认识。

马克思讲人的全面发展，牢牢把握“现实的人”来立论。而人之成为现实的人，就在于他是处在劳动、生产、现实活动之中的人。而且在马克思看来，人的全面发展是在劳动、生产、现实社会生活中的人的个性的全面发展。

在马克思的视野中，他所提出的共产主义，是“以每一个个人的全面而自由的发展为基本原则的社会形式”。[3]

应当注意到，关于人的全面发展马克思有这样一些提法：

“建立在个人全面发展和他们共同的社会生产能力成为他们的社会财富这一基础上的自由个性”。[4]

---

① 马克思：《关于费尔巴哈的提纲》，《马克思恩格斯文集》（第 1 卷），人民出版社 2009 年版，第 505 页。

② 转引自袁贵仁主编：《人的哲学》，工人出版社 1988 年版，第 550 页。

③ 马克思：《资本论》（第 1 卷），《马克思恩格斯文集》（第 5 卷），人民出版社 2009 年版，第 683 页。

④ 马克思：《政治经济学批判》，《马克思恩格斯全集》（第 30 卷），人民出版社 1995 年版，第 107 页。

"个人的全面发展，只有到了外部世界对个人才能的实际发展所起的推动作用为个人所驾驭的时候，才不再是理想、职责等等，这也正是共产主义者所向往的。"①

这是一个"个人的独创的和自由的发展不再是一句空话的唯一的社会"。②

这"将是这样一个联合体，在那里，每个人的自由发展是一切人的自由发展的条件"。③

可见，马克思讲人的解放，讲人的全面发展，突出地涉及"个性"这个概念。

关于"个性"，在我们塑造论的阐述中，揭示了它与"人格"属同一系列的概念，就如同讲理论体系时"概念"和"范畴"属同一系列的概念一样。

个性和人格在中文中可以作为两个词被写出来，而在西文当中与这对应的是一个词，如英文中的 personality。这个词来自拉丁语中的 persona 一词，原意指古希腊罗马时代戏剧演员在舞台上戴的面具，代表剧中人的身份。心理学曾大体沿用这个含义，把一个人在人生舞台上所扮演角色的种种心理活动的总体看成是个性。

Personality 在法文中相应的词是 personaaité，在俄文中相应的词是 личность。苏联心理学家鲁宾斯坦认为 личность 一词

① 马克思、恩格斯：《德意志意识形态》，《马克思恩格斯全集》（第 3 卷），人民出版社 1960 年版，第 330 页。

② 马克思和恩格斯：《德意志意识形态》，《马克思恩格斯全集》（第 3 卷），人民出版社 1960 年版，第 516 页。

③ 马克思、恩格斯：《共产党宣言》，《马克思恩格斯文集》（第 2 卷），人民出版社 2009 年版，第 53 页。

也源于 persona。[①]

Personality 或 личность 在使用上含义比较宽泛，除个性、人格外，还与“性格”“品格”“人物”“人”相接近。

Personality 所来自的 persona 一词，本指演员在舞台上戴的“面具”，这是很有寓意的。从一定意义上说，“塑造之物”就是外化着的人的“面具”，不然就显示不出其角色。当然，在此只是作为一个寓言式的比喻说到这一点。

问题的实质是：在自然塑造人与人塑造自然之中，形成文化人类塑造人类文化的历史。这历史在塑造之物中实现，塑造之物标志着历史；人既在塑造之物上既得到扩展，又在塑造之物上受到限制；塑造之物既发展着人又制约着人。

个性发展在塑造之物上所能扩展到何等程度，所受限制到何种程度，这是与被自然塑造的人去塑造自然所能达到的水平紧紧联系在一起的。马克思在论述社会史时充分涉及这个问题。这特别体现于马克思在《政治经济学批判》中曾将人类社会划分为三大形态的论述中。

四、人的死亡与永生

（一）作为生物的人必有死，而作为社会人特别是社会角色所形成的社会塑造之物是永存的，在此意义上人是永生的。

塑造论哲学强调，“塑造之物”是“出窍”的。由“出窍”来考虑，应注意到这样一种紧紧联系在一起的区分：一是作为“出窍经过的”；二是作为“出窍记录的”。

提出“塑造之物”或“我塑造之物”，本身就有二义：“塑造”或“我塑造”，这是“出窍经过的”；“之物”或“塑造之

① 见［苏］鲁宾斯坦：《心理学的原则和发展道路》，赵璧如译，生活·读书·新知三联书店 1965 年版。

物"，这是"出窍记录的"。作为"出窍经过的"，集中注意的是"行为处理"或"处理行为"；作为"出窍记录的"，首先要注目的是"符号语言"或"语言符号"。

对于"塑造之物"可以这样来提出："经过""行为处理"而在"语言符号"中得以"记录"；或者说在"符号语言"中"记录"着"处理行为"之"经过"。把所能涉及的各种因素综合起来考虑，可以提出以下种种相互交错的情况。

作为塑造"经过"的行为处理，如劳动、品用的活动等等，从人之个体即从出窍的"我塑"来说，它不是长期放在那里的，它往往随着人之个体的消失而消失，甚至是稍纵即逝，一闪而过的。作为塑造"记录"的符号语言，特别是人为制作的工具以及器具、用品等等，从它是人之个体即从出窍"之物"来说，它可以长期放在那里，它并不随人之个体的消失而消失，以至是世代相传而经久可考的。人的塑造之物连同着人借助塑造之物而附着其上体现的精神，可成为人们的历史遗存，成为人类文化经久不衰以至生长壮大而永具生命力的宝贵财富。另外，就人之个体讲，人的"塑造"包括人体的塑造，人的塑造"之物"包括人所繁衍的人体，这就涉及于人生与死亡的问题。总之，塑造论哲学力求在论证中指明，人总是社会的，人的生死，必成为社会的。这体现于作为生物个体的人死了，而其一生的塑造及塑造之物却可以是永存的。

（二）塑造论哲学关于人生与死亡的见解，是基于历代思想家的有关思想提出，而且是有别于以往思想家的见解的。

在原始社会，人们有一种超个体灵魂的信念，由此形成着原始死亡观。后来人们意识到自身的个体。这成为导致人对于死亡发现的重要条件之一。当时，以氏族或部落为单位、以血缘关系为纽带的群居生活，使原始人处于原始的集体性之中，使之不能不牢牢带上自己属于他所在氏族或部落而作为其中一员的特征。正是在这样一种背景下，原始社会中的人产生了一种以无个体性为特征的原始心理，滋生了对超个体灵魂的崇拜和信仰，这成为否定死亡不可避免性的重要根据。但是，这种状况随着父系氏族公社的出现，特别是随着作为新的社会结构单位的家长制家庭的出现而有了重要的转变。也就是说，从这个时候起，开始出现对超个体灵魂信仰的否定，形成对死亡不可避免性和终极性的承认。一些西方学者非常看重“人的个体化”在人类达到死亡必然性或不可避免性认识过程中的作用。保罗·L. 兰兹伯格在《死亡的经验》一书中就曾指出：“死亡意识是同人的个体化齐头并进的”，一旦“个体实现了唯他独有的内容……他就必定超越这个氏族的界限，超越这个氏族再生的界限”。[①]

按法国文化人类学家克劳德·列维一斯特劳斯的说法，在原始人那里，“历史性”是屈从于“同时性”的，“时间的不可逆性”是屈从于“时间的可逆性”的。而他们的生命“永恒性”和“周期性”观念也正是基于这种时间观念的。这也正是当时图腾文化的一般特征。后来，“历史性”观念压倒了“同时性”观念，时间的“不可逆性”观念压倒了时间的“可逆性”观念。于是，在原始进化观念的产生中，线性时间概念形成了，原始人对生命“永恒性”和“周期性”的迷信逐渐消除了[②]，新的死亡观念应运而生了。[③]

人类对死亡不可避免性及死亡终极性的思考，长期在实质上是对灵肉关系或身心关系的思考。这里的问题在于，人们的

① ［法］保罗·L. 兰兹伯格：《死亡的经验》，巴黎 1933 年版，第 18 页。

② 参见［法］列维一斯特劳斯：《野性的思维》，李幼蒸译，商务印书馆 1987 年版，第 247～278 页。

③ 参见段德智：《死亡哲学》，湖北人民出版社 1996 年版，第 34、36 页。

灵魂（人们的精神能力和精神活动）究竟是依赖于人们的肉体器官呢，还是独立于人们的肉体器官呢？相信人们的灵魂独立于或超越于人们肉体器官的，就会相信灵魂不死，会相信人的转生或死亡的可逆转性；如果认为人们的灵魂一刻也离不开肉体，承认人死了人体也就没灵魂了，这样才能发现人的死亡的终极性和不可避免性。

通常认为，古希腊米利都学派之后，西方对死亡的认识出现了一个大的飞跃。赫拉克利特和毕达哥拉斯被认为是迄今所知的西方哲学史上最早对死亡进行哲学思考的哲学家。

赫拉克利特讲，"我们既存在又不存在"，"对于灵魂来说，死就是变成水"[①]，"在我们身上，生与死始终是同一的东西"；"死亡就是我们醒时所看见的一切"[②]。"我们生于灵魂的死，灵魂生于我们的死"[③]，"有死的是不死的"[④]。

毕达哥拉斯学派认为，死亡是灵魂暂时的解脱。灵魂与万物一样，都是由"数"构成，而灵魂有一个与万物不同的重要特征，即人是由灵魂和身体结合在一块构成的，"它是自己推动自己的数"。

对于毕达哥拉斯学派说来，死亡并不是灵魂永久的解脱。因为人的不死的灵魂在人死时离开身体经过一个时期之后又会重新进入另一个身体。这也就是所谓的灵魂轮回转世说。

---

① 北京大学哲学系外国哲学史教研究室编译：《古希腊罗马哲学》，商务印书馆1982年版，第73页。

② 北京大学哲学系外国哲学史教研究室编译：《古希腊罗马哲学》，商务印书馆1982年版，第22页。

③ 北京大学哲学系外国哲学史教研究室编译：《古希腊罗马哲学》，商务印书馆1982年版，第26页。

④ 北京大学哲学系外国哲学史教研究室编译：《古希腊罗马哲学》，商务印书馆1982年版，第24页。

毕达哥拉斯学派所谓的灵魂轮回转世，并不一定意指灵魂在离开一个人的身体之后，一定要进入另一个人的身体之中，它也可能进入另一类动物的躯体。传说有一天，毕达哥拉斯看到有人在打一条狗，就哀求那人说："不要再打它了，因为我听出了它的声音，这里面表达了，一位朋友的灵魂附在了它的身上。"这样，毕达哥拉斯的灵魂轮回转世说向人们提出了灵魂净化的问题。在毕达哥拉斯学派看来，灵魂净化的至高目标，是灵魂同神的最终重聚。为达此目的，需要一个十分漫长、反复投生多次的过程。

毕达哥拉斯学派被认为是"哲学"一词的发明者，"哲学"亦即"趋向智慧的努力"，在他看来，这是灵魂净化的基本途径，是确保灵魂拯救和实现灵魂与神合一的生活方式。毕达哥拉斯学派从"数是万物始基"的观点出发，非常强调从事数学和音乐研究和操作的必要性，把这看作是灵魂净化的极其重要的方式。

苏格拉底讲，"对于死亡本性，我不自命知之"；"应当在平静中死去"，"死可能比生更好"。

公元前 5 至前 4 世纪，西方史书上通常称之为古代希腊的"古典时期"。从哲学及社会学死亡论的角度看，这个时期的对死亡提出许多哲学见解的主要代表人物是德谟克利特、柏拉图和亚里士多德，他们对死亡本性问题作了更深层次的探讨。德谟克利特和柏拉图分别继承和发展了赫拉克利特和毕达哥拉斯的哲学路线，亚里士多德虽然更多地倾向于柏拉图，但也明显地具有调和德谟克利特和柏拉图哲学路线的倾向。他们关于死亡的哲学理论，被认为是古希腊罗马这方面哲学的最高成就。

德谟克利特讲到，"死亡是自然之身的解体"，灵魂是"有形体的"和"有死的"，"愚蠢的人怕死"，"逃避死亡的人是追逐死亡"。

对于柏拉图，这位西方哲学史上影响最大的哲学家之一，著名现代哲学家怀特海曾经感叹道："两千五百年的西方哲学只不过是柏拉图哲学的一系列脚注而已。"[①]

柏拉图认为，"死亡是灵魂从身体的开释"，"灵魂不死需要许多证明才能使人信服"，哲学是"死亡的练习"。柏拉图讲："既然树立自觉的死亡意识的过程，就是不断地排练演习，为死亡，亦即为达到一种没有身体框架局限的存在做准备的过程。"这也就是他所谓的"死亡的练习"的过程。柏拉图认为，是否把哲学看作死亡的练习，有无自觉的死亡意识，是鉴别真假哲学家的试金石。在他看来，那些缺乏自觉地死亡意识、对死亡问题看不破和看不透的人，即便看起来十分博学，却终究算不上一个"真哲学家"。只有那些不懈地追求死亡和走向死亡、不懈地"专心致志与从事死亡"的人，才配得上"真哲学家"的称号。[②]

亚里士多德作为柏拉图的学生，他从 17 岁就进入柏拉图的"学园"，在那里一直学习和工作了近 20 年之久。柏拉图死后，他离开学园，曾一度应邀作马其顿太子亚历山大（后成为盛极一时的亚历山大帝国的缔造者）的教师多年。亚历山大即位东征后，他回到雅典创办了一所学校，组建了一个后人叫作"逍遥学派"的哲学团体。亚里士多德著作甚丰，马克思在《资本论》中称他为"古代最伟大的思想家"，恩格斯在《反杜林论》中称他为"最博学的人物"。

亚里士多德强调神圣的理性不死。他说："整个灵魂在人死后继续存在是不可能的"；"能动心灵"与"能动理性"不死；我们应当尽力"过理性生活"，"使我们自己不朽"。

---

① 见［美］威廉·巴雷特：《非理性的人》，纽约 1962 年版，第 79 页。

② 参见柏拉图：《斐多篇》67E。

世界各国封建社会时期的死亡哲学，受制于宗教及神学，这方面特点十分突出。任继愈先生指出："在封建社会，哲学只是宗教的附庸，没有能力从宗教神学的绝对权威下解放出来。中外的历史都已表明这一事实。"[①] 封建社会的死亡哲学十分强调世人对死亡的渴望和对天国、对佛界、对神仙世界生活的神往。

在西方，基督教对死亡的回答可以说也就是西方中世纪死亡哲学对死亡的一般回答。例如德尔图良、奥古斯丁和托马斯·阿奎那等人所论证的就是这样的回答。在中国，长期的封建社会中儒学占主要地位，道家也有重要影响，佛教形成了自身的特有体系。

基督教对死亡的回答，主要是："在耶稣基督中复活。"《圣经》包括《新约》和《旧约》。历史地看，《旧约》原本是犹太教的"经典"，《新约》才是属于基督教的经典。而基督教是由犹太教演变而来的，《新约》是在《旧约》的基础上形成和发展起来的。《旧约》中论述了"分别善恶之树"与人有死性之间的关系；并且说，耶和华已经吞灭死亡，直到永远。

依照《旧约》第1卷、《创世纪》的说法，最初人是被造得既非不死也非有死的。而且按照上帝的意图，它之造人是为了让人生而不是让人死。《创世纪》说，耶和华上帝用地上的尘土造人，"将生气吹在他鼻孔里"，他就成了"有灵的活人"。《创世纪》里还说，耶和华上帝在吩咐人"修理看守"伊甸园时，伊甸园里除了"分别善恶的树"外还有"生命之树"。上帝叮咛人说："园中各样树上的果子，你可以随意吃。只是分别善恶树

① 任继愈：《哲学与宗教》，见《宗教·科学·哲学》，河南人民出版社1982年版，第5页。

上的果子，你不可吃，因为你吃的日子必定死。"[①]"分别善恶的树"，又称作"知识之树"，它实质上就是一株"死亡之树"。人正是由于蛇的引诱，贪吃了"分别善恶之树"上的禁果，然后变成有死的了。这就是说，人本来是造得可以在有死和不死之间作出选择的，由于人的错误抉择，由于对上帝旨意的违背，有死性才落到了他头上来。正是因为上帝"恐怕人伸手又摘生命树的果子吃，就永远活着"，才打发他出伊甸园；同时又在伊甸园的东边安设守护天使，持一把四面转动发火焰的剑，把守通往生命树的道路。[②] 由此讲，死亡并非人的本性所有，只是由于人的过失即"原罪"才落到人的头上来的。这里显然在很大程度上保留着原始死亡观的陈迹。

《新约》中关于死亡问题强调，"我们藉耶稣基督取胜"。《新约》宣布了人死后仍可"复活"，然而，人类对死亡的胜利不是人类自己争得的，而是"借着我们的主耶稣基督"、借着他的死以及死而复活获得的。[③]

《哥林多后书》讲，基督教总是"叫我们不靠自己，只靠叫死人复活的上帝"。我们众人之能够"得救"，能够"死后复活"，全靠"上帝的恩惠"。[④]《哥林多前书》说："死啊，你得胜的权势在哪里？死啊，你的毒钩在哪里？死的毒钩就是罪，罪的权势就是律法。感谢上帝，使我们借着我们的主耶稣基督得胜。"[⑤]

耶稣作为"新约的中保"，"受死赎了人在前约之时所犯的

① 《创世纪》2：16—17。

② 参见《创世纪》3：22—24。

③ 《哥林多前书》15：57。

④ 参见《哥林多后书》1：9—12

⑤ 《哥林多前书》15：55—57。

罪过”，即赎了亚当所犯的罪过，从而“除去”了众人的死，使众人在死后得到拯救，可以复活和永生。[①]

基督教讲永生，并不是讲人不死。在基督教看来，“按着定命，人人都有一死”[②]；因此，这里所谓的永生，意指末日审判后的“复活”或“永生”。所以，在基督教看来，问题不在于人死与不死，而在于如何去死才能在末日审判后获得“复活”和“永生”。

那么，人如何才能在死后获得“复活”和“永生”呢？这就要“为主舍命”。《哥林多前书》在回答“死人怎样复活”时说，“若不死就不能生”[③]。其意思是说，如果不能“为主舍命”，就得不到恩典，不可能获得“永生”。所以耶稣对门徒说：“若有人要跟从我，就当舍己，背起他的十字架，来跟从我。因为凡要救自己生命的，必丧掉生命；凡为我丧掉生命的，必得着生命。”有人会问：“人若赚得全世界，赔上自己的生命，有什么益处呢？人还能拿什么换生命呢?”耶稣回答道：“人子要在他父的荣耀里，同着众使者降临；那时候，他要照各人的行为报应各人。”[④] 也就是说，耶稣将使为他舍命的人“复活”并且“永生”。如《罗马书》说：“我们若活着，是为主而活；若死了，是为主而死。所以我们或活或死，总是主的人。”[⑤]

基督教认为人的身体可分为两类，一类是“有血气的身体”，另一类是“有灵性的身体”。前者是“地上”的或“属土”的形体，后者是“天上”的或“属天”的形体，前者是“必朽

① 《希伯来书》9：12—15，9：27。
② 《希伯来书》9：12—15，9：27。
③ 《哥林多前书》15：35—36。
④ 《马太福音》16：24—27。
⑤ 《罗马书》14：8。

坏的形体"，后者是"不朽坏的形体"。而且，就人之为人而言，他最初总是具有"有血气"的、"必朽坏"的身体。因此，对人来说，唯一重要的是他如何在将来获得一个"有灵性"的、"不朽坏"的身体[①]。那怎样才能获得这"有灵性"的、"不朽坏"的身体呢？最根本的就在于你是否有一个"属灵"的灵魂，换言之，就是"圣灵"是否在你心中。如果你有一个"属灵"的灵魂，如果"圣灵"在你心中，那么你就成了"属基督"的人或"属灵"的人了。这样的人在世界末日到来时，就会因主的"恩典"而复活和永生，从而不仅拥有一个"不朽坏"的灵魂，而且拥有一个"不朽坏"的身体。如果用《罗马书》里的话说就是：如果你们心里有了"圣灵"，则"那叫基督耶稣从死里复活的，也必借着住在你们心里的圣灵，使你们必死的身体又活过来"[②]。

在西方中世纪，后来出现了许多对基督教死亡观的论证。例如德尔图良、奥古斯丁和托马斯·阿奎那的死亡学说。德尔图良讲：上帝之子死而复活，虽不合理，但却可信。奥古斯丁讲："天主负担了我们的死亡"，我们应上升到天主面前。奥古斯丁原来信摩尼教，后改宗基督教，并担任主教长达30多年之久。他除研读《圣经》外，还研读了西塞罗、古代怀疑派、亚里士多德和柏拉图等人的哲学著作。他自己的主要著作有《忏悔录》《上帝之城》《论灵魂的性质》和《论自由意志》等。在这些著作中，他提出并论证了"天主之道负担了我们的死亡"以及"我们应到上帝之城寻求永生"的死亡哲学命题。托马斯·阿奎那则讲："人在尘世生活之后还另有命运。"他认为，人是通过自身而存在的神圣理性不死，人的最后目的是享受来

① 参见《哥林多前书》(第15章)。

② 《罗马书》8：11。

世的天堂幸福。①

在中国的春秋战国时期，孔子、孟子、老子、庄子、墨子、荀子，都对死亡问题讲过自己的看法。就孔子而言，当他的学生季路向他“问死”时，他以“未知生，焉知死”作答，其用意很大程度上并不在于回避死亡问题，而在于说明死的学问比说明生的学问难度要大得多，像季路那样的弟子，对生的学问都没有掌握，何谈掌握死的学问。《死亡与西方思想》一书的作者雅克·乔朗曾谴责孔子讲“未知生，焉知死”是对由死亡所生的问题的简单回避，而且也不中肯綮。② 庄子在《大宗师》篇里把“外生”（无虑于生死）看得比“外天下”（遗忘事故）和“外物”（不为物役）都难，认为只有在“外天下”“外物”前提下才可能有“外生”和“见独”（体悟绝对的道）。荀子《大略》篇载，当孔子的高足子贡向他讨教死的学问时，他竟旁征博引，滔滔不绝，致使子贡最后发出“大哉死乎”的感慨。在一定程度上，可以说，强调死的学问至大至难，这成为中国死亡哲学的一个传统。

可以说，古代的谈生说死，最为打动人心的命题，莫过于“长生不死”了。中国古代的神仙思想一开始就与长生不死的观念相联系。《释名·释长幼》有所谓“老而不死曰仙”。《山海经·大荒南经》称“有不死之国”。《淮南子·时则篇》中有“三危之国，石室金城，饮气之民，不死之野”的记载；《淮南子·览冥篇》又云：“羿请不死之药于西王母，姮娥窃之以奔月。”《北堂书钞》引《归藏》曰：“昔嫦娥以西王母不死之药服

① 以上参见段德智：《死亡哲学》，湖北人民出版社 1996 年版，第 32 页。

② 参见雅克·乔朗：《死亡与西方思想》，纽约 1973 年版，第 271 页。他写道：“Confucius' retort that ‘we do not know anything about life what can we know about death?’ ……is a simple evasion and misses the point.”

之，遂奔为月精。"可见嫦娥窃不死之药奔月的故事，渊源古远，很可能是原始氏族社会的传说。神话传说中的西王母，号称仙人；嫦娥则是偷吃不死之药奔入月宫的仙子。神仙，便是所谓长生不死的人。

长生不死的命题，在中国历史上很早就被提出来加以讨论。《左传》记载昭公二十年，乐于饮酒的齐景公问晏子："古而无死，其乐若何?"晏子回答得很机智："古而无死，则古之乐也，君何得焉?"

汉代的司马迁、杨雄、王充等人，都曾在其论著中正视死亡问题。尤其值得一提的是王充，他在《养性》一书中，试着对生命问题作出回答："唯人性命，长短有期，人亦虫物，生死一时，年历但讫，孰使留之?犹入黄泉，化为土灰。"他在《论衡》一书中的《道虚》《论死》《死伪》《订鬼》《辨祟》《薄葬》等篇，成为东方死亡学的重要文献。

道教与春秋时道家学说关系甚大。通常认为，道教是唯一植根于中国、发源于中国古代文化的宗教。道教追求长生不死，得道成仙。据葛洪在《抱朴子内篇·对俗》中讲，得道成仙后，"饮则玉醴金浆，食则翠芝朱英，居则瑶堂瑰室，行则逍遥太清"，这反映了道家思想中关于极乐生活的追求。极乐的生活，总得有一个主体去享受，这个主体便是道家追求的长生不死的个体生命。

道教论"死"，颇有特色。兴于东汉的道教认为"人生有死"；"夫物生者，皆有终尽，人生亦有死，天地之格法也"①。可见，在道教的经典中，承认人生有死是不可违抗的自然规律。魏晋时期的道教，经过了大改造，生死观念的内涵也发生了重

① 《太平经》。

大变化。

道教抓住人们往往希望延年益寿，大做文章，强调经过一定的“修炼”，世间的个人可以脱胎换骨，超凡入仙。关键是要吃长生不死之药，练飞升成仙之术。从道教的思想来源来看，汇合了古代荆楚、燕齐、巴蜀文化的部分内容，特别是鬼巫之风、成仙方术，讲长生，论无死。道教理论的代表人物葛洪，他的《抱朴子内篇》20卷，大量地讲神仙方术，鬼怪变化、养生延年。

佛教论“死”宣扬轮回报应。佛教在汉末传入中国后不断注入新的内容，佛教讲，人在“前世”的行为种下了“因”，在“今世”要得到相应的“果”；同样，“今世”的行为又种下了来世的“因”。如果“前世”行善，则有善报，生有荣华富贵，“前世”行恶，则有恶报，生时卑贱，死入“地狱”。

人们常讲，佛教讲“无生”，道教讲“无死”，表面上看是不同的两极，实际上一致。一个讲“涅槃”成佛、一个讲“炼形”成仙，都在生命个体之外寻求寄托。

中国民间一直有一种关于“报应”的思想，但往往只限于现世这一生。佛教则强调了报应有三种：现报、生报（下世受报）和后报（在长远的转世中受报）。有所谓“三生”：前生、今生和后生。佛教的因果报应说，把人的生死和人的行为，以因果关系联系起来。佛教这种轮回报应说，给人面对生死问题一个解脱。佛教提出，人生是苦海，轮回再生，才可能有欢乐、幸福。

一系列宗教总是说，人死后可获得一种超自然的力量，生活在某种世界中。这里包含着很重的“冥事崇拜”的内容。在这种死亡观念中，总认为人死之后将到另一个世界去“生活”。而人死后也有苦乐，人死后也分等级。形形色色的“冥事崇拜”无不与此有关：安排好亡人在彼岸世界的衣食住行，万万不可亏待，否则就难免有报应。

与死亡的问题相伴随，在中国古代思想史上展开过关于形神关系的争论。宋尹学派的精气学说，荀子的"形具而神生"，司马迁的"形神离则死"，桓谭的"人死神灭"，王充的"安得有无体独知之精"，范缜的"形存则神存，形谢则神灭"等等，是对形神关系的种种回答。

要对此类问题作出恰当的说明，关键要回答人死后能不能还"活着"的问题，这才能对人之死亡的现象作出令人信服的解释。

桓谭有烛火之喻。他在《新论·形神》中说，精神是赖于形体的，形体对精神起决定性作用。他用蜡烛和烛火的关系说明形体和精神的关系。"精神居形体，犹火之燃烛矣……烛无，火亦不能独行于虚空"。脱离形体的精神纯属乌有，蜡烛点燃而有烛火，但蜡烛的灰烬却不能用火种使之复燃，"气索而死，如火烛之俱尽矣"。这个烛火之喻，说明不可能有所谓肉体死后的活灵魂。戴逵在《流火赋》中，进一步把桓谭的烛火之喻的意义引向深入，他说："火凭薪以传焰，人资气以享年；苟薪气之有歇，何年焰之恒延?"意思是说，生命知觉是以气为基础的，就如火的燃烧以柴为基础一样。没有柴，火就灭，人断了气自然也就没有生命了。

三国时杨泉有"人死如火灭"的比喻。他在《物理论》中用火来比喻人的生死，认为："薪尽而火灭，则无火矣。"既然人死如火灭，而火灭则无光，因此，他说："故灭火之余，无遗炎矣；人死之后无遗魂矣。"

东晋时的何承天，进一步发挥了杨泉的"人死之后无遗魂"的观点。他在《答宗居士书》中说："形神相资，古人譬以薪火。薪弊火微，薪尽火灭；虽有其妙，岂能独传?"这是说，如同火不能离开薪而独传下去，神也不能离开形而单独存在。他在《达性论》中还以“草木之荣落”为喻，说明死后不可能有来生：“生必有死，形毙神散，犹春荣秋落，四时代换，奚有于更受形哉?”意思是，人之生死，犹如草木之荣落，草木凋落没有来生，人死形毙神散，哪里会有什么来生呢?[①]

另一方面，在中国历史上，还涌现出许多舍生取义、视死如归的英烈及其关于生死的言论。如文天祥“人生自古谁无死，留取丹心照汗青”的豪言壮语。王阳明在《传习录》里讲，“脱落殆尽”一切声利嗜好固然很难，但由于生死念头“从生身命根上来”，要想于此处“见破透过”，就更其“不易”了。王船山在《读通鉴论》里也认为只有“有量”的人才能够识透“生死死生，成败败成”的道理。

中国当代哲学家张岱年先生曾说：“人生论是中国哲学之中心部分”，“中国哲学家所思所议，三分之二都是关于人生问题的。世界上关于人生哲学的思想，实以中国为最富，其所触及的问题既多，其所得到的境界亦深。”[②] 应当说，这番话是对中国人生哲学以及生死观很好的概括和评述。中国死亡哲学在世界死亡哲学史上无疑占有一席光辉的地位。[③]

在西方近代哲学中，出现一些以理性主义为其主要特征的哲学。笛卡尔、斯宾诺莎和莱布尼茨这些大陆理性主义哲学家的死亡观，基本是对彼世和对灵魂不死作理性辩护。学者们认为，在一定意义上说，可以把这看作是西方中世纪基督教的以信仰彼世和不死为中心内容的死亡观在近代的继续和复兴。笛卡尔哲学认为，人的灵魂此身体更经久。斯宾诺莎认为，人的心灵不可能绝对消灭。人的心灵不可能随身体而完全消灭。莱

① 参见郭大东：《东方死亡论》，辽宁教育出版社1988年版，第18～19页。

② 张岱年：《中国哲学大纲》，中国社会科学出版社1982年版，第165页。

③ 参见段德智：《死亡哲学》，湖北人民出版社1996年版，第24页。

布尼茨认为，"根本没有严格意义下的完全消灭"。

从伽桑狄到卢梭再到狄德罗，则对不死信仰进行了理性否定。伽桑狄及梅利叶强调，生命是物质的因而是有死的，灵魂是非物质的和不死的强调。狄尔泰和卢梭则认为，灵魂不死是无法证明的，憎恶死亡是人的天性。拉美特利、霍尔巴赫和狄德罗又讲，我们既不怕死，也不求死，灵魂就是身体本身，活要活得充实死要死的愉快。

意志主义往往被认为是当代西方哲学、特别是当代西方人本主义哲学的起始点，也是当代西方哲学中一个很有影响的哲学派别。叔本华、尼采和柏格森的死亡哲学是建立在他们的意志主义哲学的基础之上的，因此具有一系列与之相关的为其所特有的内容。有学者对其特征这样概括：意志主义死亡哲学的第一个重要特征是它明确地立足哲学本体（意志），从人的生存欲望的角度提出了死亡问题，给死亡问题重新戴上了哲学王冠，并把它纳入一种有别于如费尔巴哈自然主义人本主义那样的哲学人本主义的范畴。它的第二个重要特征是它把个体生命现象同生命本体（意志）严格区别开来，认为人作为个体生命现象是必死的，而作为生命本体（生命意志）则是不可毁灭的。它的第三个重要特征是它从生命本体不可毁灭的观点出发，对个体死亡普遍取漠视态度。它的第四个特征是它虽断言生命本体不可毁灭，但并不幻想个体死后过彼世生活；虽对个体死亡取漠视态度，而其归宿点是今世生活，即一个有意义的、非同寻常的今世生活。

叔本华讲，"死亡是哲学灵感的守护神"，[①] 个体必然有生有灭，死亡并不"触犯生命意志"。叔本华从这些基本原理出发，

① ［德］叔本华：《爱与生的苦恼》，陈晓楠译，中国和平出版社1986年版，第149页。

强调两个重要论断：一是“意志自由”，再是“处于死亡中生活”。尼采讲，生存就是不断从我们身上排除趋向死亡的东西。他指出，“苦难并不是反对生命的根据”，“我们的死是一种全然不同的死”。他强调“永恒重现”与“成就之死”。柏格森则讲：“死后继续存在非常可能。”①

德国古典哲学往往被人们认为是近代西方哲学的最高成就。德国古典哲学对死亡的思考在西方死亡哲学史上的地位，也是至关紧要的。

康德强调，灵魂不死只有道德的确定性。近代关于灵魂不死、彼世生活理性的证明和理性否定之可能性的非议，在康德之前就有人提出了。这些人中比较著名的有帕斯卡尔、洛克和休谟等人，可看作是康德理性批判的理论先驱。康德明确提出“关于灵魂不死的任何理性设定都是不允准的”。由此论证灵魂不死具有“道德的确定性”。他特别论证了自杀不可能成为“普遍的自然律”。他强调自由人“自己选择去死”，认为“想得越多，做得越多，你就活得越长久”。之后，费希特又对灵魂不死作出了新证明。费希特强调，“自然中的一切死亡都是诞生，正是在死亡中可以明显地看到生命的升华”。② 所以，“死亡现象是把我的精神眼光移向我自己的新生命，移向为我存在的自然界的向导”。③

黑格尔曾讲，死亡是精神同自身的和解。“死亡的根据是个体性转化为普遍性的必然性”。“死亡是意识的自然的否定”。在

---

① ［法］柏格森：《时间与自由意志》（英文版），第 73 页。

② ［德］费希特：《论学者的使命人的使命》，梁志学、沈真译，商务印书馆 1984 年版，第 217 页。

③ ［德］费希特：《论学者的使命人的使命》，梁志学、沈真译，商务印书馆 1984 年版，第 218 页。

黑格尔看来，精神生活既是充满否定的生活，也就是充满死亡的生活，他在《精神现象学》里强调说："精神的生活不是害怕死亡而幸免于蹂躏的生活，而是敢于承当死亡并在死亡中得以自存的生活。"① 因此，死亡是一种扬弃，它不仅含指取消，而且还含指保存和提高；它是否定和肯定的统一，取消和保存的统一；它既是精神的自我否定，又是精神的自我肯定，既是精神的自我取消，又是精神的自我提高，是精神的自我和解。因为在黑格尔哲学体系看来，精神的自我实现和自我认识过程从本质上讲也正是精神不停顿地克服自己原初的"个别的纯粹的个别性"而进展到普遍的个体性或绝对的普遍性的过程。因此，在黑格尔那里，所谓死亡是精神同它自身的和解，其最初的和最基本的意思便是死亡是精神的个体性同精神的普遍性的和解。这就是所谓"死亡的根据是个体性转化为普遍性的必然性"。依照黑格尔的观点，作为自身回复到自身的精神，作为自我实现、自我认识的精神潜在地就是个体性和普遍性的统一。而这种统一是一个过程，一个逐渐实现出来的过程，因而有它的逻辑和历史的起点。就死亡哲学来说，这个起点自然是以肉体形式表现出来的"个别的纯粹的个别性"。既然肉体生命或自然生命首先是一种"纯粹的个别性"，且不可避免地具有片面的个体性和直接性，从而也就在所难免地要为精神的更高阶段所扬弃。唯其如此，精神或理念才能突破自然生命的局限，使自身从片面的直接性和个体性中解放出来，达到自身的普遍性，达到现实的个体性与普遍性的统一。而自然生命达到这一步的最高手段便是死亡。所以，黑格尔说："死亡是个体的完成，是个体作为个体所能为共体（或社会）进行的最高劳动。""个别的人作为

① ［德］黑格尔：《精神现象学》（上卷），贺麟、王玖兴译，商务印书馆 1979 年版，第 21 页。

个体而达到的这种普遍性，是纯粹的存在，是死亡”。[①] 因为实际情况是“生命本身即具有死亡的种子”[②]，而且“生命的活动就在于加速生命的死亡”。可见，黑格尔在研究“自然的死亡”时，虽然强调它是“直接的自然地变化结果”，还“不是出于一种意识的行动”[③]，然而，既然他把死亡的根据规定为个体性向普遍性转化的必然性，则“自然的死亡”这种“无意识的行为”在他那里，就势必要成为意识和自我意识出现的前奏。正如黑格尔在《逻辑学》一书里在谈到“延种”时所说的：“个体生命分散的个别性在类的过程中没落了；类自身回归于其中的那个否定的统一，一方面是个别性的产生，另一方面又是个别性的消灭，所以它是与自身消融的类，是理念自为之变得普遍性。在延种中，有生命的个体性的直接性死去了；这种生命的死亡就是精神的出现。”[④] 也就是说，既然“死亡是意识的自然的否定”；这样，通过死亡，上帝使他本身同他本身和谐。这也带来，凡是开创新世界的英雄的死亡都是悲剧性的。

费尔巴哈强调，死属于“人的规定”或“人的本性”，必须由人本学观点来理解死亡。他讲到“属人地死去”；强调“必须从人本学观点来理解不死信仰”，不死信仰具有“主观必然性”，尽管有死，也定要充分地度过一生。

① ［德］黑格尔：《精神现象学》（下卷），贺麟、王玖兴译，商务印书馆1979年版，第10页。

② ［德］黑格尔：《小逻辑》，杨一之译，商务印书馆1980年版，第177页。

③ ［德］黑格尔：《精神现象学》（下卷），贺麟、王玖兴译，商务印书馆1979年版，第10页。

④ ［德］黑格尔：《逻辑学》（下卷），杨一之译，商务印书馆1981年版，第472页。

马克思在博士论文中提出，"死亡本身已预先包含在生命里面"。[①] 马克思在对柏拉图的理念论作出批评时，曾"责备"他"迂腐"地割裂了"感性的东西"和"被思考的东西"，割裂了"存在"与"生成"，并在此基础上提出了"死亡是不朽的本原"这一耐人寻味的哲学命题。

恩格斯在1874年写下"生和死"这个条目的"札记"，提出"生就意味着死"的命题，之后，在他《反杜林论》"哲学篇"的第七章和第八章更为明确地阐述了这一命题。恩格斯"生就意味着死"这一命题所内蕴的第一个重要思想就是坚持把死亡看作生命的重要因素，把生命的否定看作是包含在生命自身之中的东西。他根据19世纪生物学的最新成就探讨了生命的本质问题，指出所谓"生命"就是"蛋白体的存在方式"，这种存在方式的"基本因素"就在于和它周围的外部的自然界进行"不断地新陈代谢"。这种存在方式的"本质"在于组成生命的蛋白体的化学成分"不断的自我更新"。"有机体的新陈代谢，或通过起塑造作用的模式化而进行的新陈代谢"，也就是说，蛋白体是生命运动的物质承担者，没有蛋白体的自我更新，没有蛋白体同它周围的外部自然界的"不断地新陈代谢"，就不会有生长发育、繁殖、遗传、形态建成等基本的生命活动，也就根本不可能有生命。恩格斯又说："蛋白体在每一瞬间既是它自身，同时又是别的东西。"[②] 蛋白体的这种自我更新活动，凭借同化和异化作用同周围环境的新陈代谢过程，表明有机体内在每一瞬间都有一些东西在死亡，又有一些东西在产生。有机体

① 马克思：《博论文（德谟克利特的自然哲学与伊壁鸠鲁的自然哲学的差别）》，《马克思恩格斯全集》（第1卷），人民出版社2002年版，第16页。

② 恩格斯：《反杜林论》，《马克思恩格斯文集》（第9卷），人民出版社2009年版，第86～87页。

的生命过程就是生与死的矛盾运动和斗争、转化过程。恩格斯阐述了生命的本质，并以此为基础进一步阐述了死亡的本质。在恩格斯看来，既然我们理解了什么是生命，也就自然会理解什么是死亡。因为既然生命意味着蛋白体和它周围的外部自然界的不断新陈代谢，死亡就必意味着蛋白体和它周围的外部自然界的这种新陈代谢过程的停止；这种新陈代谢过程停止之日，也就是有机体死亡之时。“蛋白体内各成分的这种不断转化，摄食和排泄的这种不断交替一旦停止，蛋白体本身就立即停止生存，发生分解，即死亡。”[①]

如果说意志主义是19世纪西方世界大有影响的哲学流派的话，那么存在主义则是在20世纪西方世界很有影响的哲学流派。其主要代表人物有雅斯贝尔斯、海德格尔和萨特等。存在主义哲学的基本概念是“存在”，但存在主义哲学家们却对之强调了一些不同的概念。雅斯贝尔斯讲“生存”（existenz），海德格尔讲“此在”（Dasein），萨特讲“自为”（pour-Soir）。

雅斯贝尔斯十分关心死亡问题。他讲，“死亡是一种一直渗透到当前现在里来的势力”，“从事哲学即是学习死亡”。这使人想起古希腊哲学家柏拉图讲过的“哲学是死亡的练习”这一命题。而这一命题在雅斯贝尔斯那里带上了存在主义的含义。雅斯贝尔斯宣称，哲学信仰“要求采取高傲的人生态度，这种态度虽然并不‘盼望’死亡，但把死亡当作一种一直渗透到当前现在里来的势力而坦然承受下来”。[②] 这里，雅斯贝尔斯所表达的也正是后来海德格尔所讲的“向死而在”和“向死的自由”

① 恩格斯：《反杜林论》，《马克思恩格斯文集》（第9卷），人民出版社2009年版，第87页。

② 中国社科院哲学研究所西哲史所编译：《存在主义哲学》，商务印书馆1963年版，第191页。

的思想。

海德格尔是存在主义哲学的当代成就者。他著名的命题就是："死亡是此在的最本己的可能性。"他展开对"死亡是此在之不可能的可能性"加以论证，强调"向死而在"；阐述了"本真的向死而在"与"向死的自由"；阐述了只有死亡才可以把此在之存在的本真性与整体性从生存论上带到明处。

按照海德格尔的观点，哲学的基本目标是"存在意义的澄明"，也就是阐明此在之存在的本真性与整体性。而达此目标的基本途径，就是对死亡的生存论存在论分析。他认为，对死亡的生存论存在论分析是达到此在之存在的本真性的必要途径。这是因为，既然死亡是此在最本己的、无所关联的可能性，既然此在"就其存在来说本质上是将来的"，则只有先行到死和本真的向死而在。这样，此在才能够"本真地为它自己而存在"，就不言自明了。对死亡的生存论存在论分析也是达到此在之存在的整体性的必要途径。只有"生存论—存在论"意义上的死亡，才是组建"这一生存着的存在者（即此在）的整体存在"的根本因素。这首先是因为只有作为此在最本己、最极端的可能性以及作为它的不可能的可能性的死亡，才能够"把此在作为整体置于先有之中"，[①] 所以海德格尔在《存在与时间》一书中对从生存论上所筹划的本真的向死而在的特征，作出如下的概括："先行向此在揭露出丧失在常人自己中的情况，并把此在带到主要不依靠烦忙烦神而是去作为此在自己存在的可能性之前，而这个自己却就在热情的、解脱了常人的幻想的、实际的、

① ［德］海德格尔：《存在与时间》，陈嘉映、王节庆译，生活·读书·新知三联书店 1987 年版，第 281 页。

确知它自己而又畏着的向死亡的自由之中。”[①]

19 世纪上半叶，歌德在《浮士德》里曾借恶魔靡菲斯托菲勒斯之口提到一个著名的悖论，这个恶魔曾说，他自己是“黑暗”，但他却是“产生光明的黑暗”。海德格尔的死亡哲学也内蕴着一个巨大的悖论，这就是：死亡是此在的终结，它却是使此在成为此在的终结，如果套用歌德的话说，就是：死亡是黑暗，然而它是给此在之存在以光明、给此在之存在以意义的黑暗。这或许正是海德格尔重视死亡问题的根由所在。

萨特指认死亡是一种双面的“雅努斯”。萨特敏锐地意识到，在死亡哲学方面，他同海德格尔的对立带有根本的性质，而且这种对立归根到底是由死亡的两重性决定的。萨特接受了雅斯贝尔斯关于死亡是一堵墙的比喻，但赋予这个比喻一种更为宽泛的意涵。在萨特看来，既然死亡作为一堵墙，立于人与非人、生命与非生命的交界点上，我们就一方面可以把它看作“特别无人性的状态”，另一方面又可把它看作“人类生活的结局”。

萨特明确提出了死的两重性问题。他写道：“死是一个极(terme)，而任何极（无论它是目的的还是非目的的）都是一种双面的雅努斯。”[②] 雅努斯（Janus）是古罗马宗教所信奉的兽性精灵，司掌门。其形象或为门户，或为两面人，总之都带有两面性或两极性。萨特用古罗马宗教神话中的这尊神来比喻死，是想告诉我们，死亡就和罗马宗教神话中的神一样也具有明显的两面性。一方面，我们可以把它看作是对它紧附着限制着的

① ［德］海德格尔：《存在与时间》，陈嘉映、王节庆译，生活·读书·新知三联书店 1987 年版，第 319 页。

② ［法］萨特：《存在与虚无》，陈宣良译，生活·读书·新知三联书店 1987 年版，第 680 页。

人类生存过程的一个否定；另一方面，我们又可以"逆向而上"，强调它和它完成的人的生存过程和生命系列的"粘连"，强调它本身就属于这一生存过程和生命系列，强调它对人的生存过程和生命系列的决定性意义。对死亡的第一种理解强调的是死亡的非人性，是它对生命的外在化；而对死亡的第二种理解强调的则是死亡的人化，是它对生命的内在化。萨特自己显然是主张第一种而反对第二种死亡观点的，而且他心里也明白，他要反对的第二种死亡观点也就是海德格尔所主张和代表的死亡观点。但是，萨特也指出，这种把死亡生命化的企图最初并不是一种"哲学思辨活动"，而是一种像里尔克那样的诗人和马尔罗那样的小说家的事。在他们那里，生命系列"回收"了作为"趋向谋划的终点"（"Terminus ad quem"）的死亡，因而死也就作为生命的目的被内在化并且被人性化了。这样，就根本不存在什么"生命的另一面"，死成了一种"人的现象"，虽然是生命的终极现象，却"仍然是生命"；死也就因而"逆向"地影响着整个生命，并且成了生命的意义。萨特还进而指出，里尔克和马尔罗的死亡观并不仅仅总是停留在人类的水平上，而且还包容了死亡的个体性、单一性和唯一性，并由此而衍生出生命的个体性、单一性、唯一性和不可重复性。然而，海德格尔，把一种"哲学形式"赋予了里尔克和马尔罗的死亡观。因为，在海德格尔那里，死亡被规定成了此在的最本己的可能性，人的实在的存在被定义为"向死而在"，人的自由被定义为"向死的自由"，而且只有通过向死而在，"此在的存在"才能获得它的本真性和整体性。这样，死亡也就第一次明确地获得了"生存论—本体论"的意义。

萨特认为，海德格尔的死亡哲学，乃至他的整个哲学的基本思想，是死亡的个体化问题，这也就是海德格尔所谓死亡是此在"最本己的、无所关联的可能性"的问题。因为他正是从把我们每个人的死个体化开始，从宣布死是个人的死，是个别的，是“唯一的任何人不能替我做的事情”开始，“然后据此，他用他从‘此在’出发给予死不可比较的这种个别性来把‘此在’本身个体化”[①]。萨特强调，“死不能从外面把意义给予生命”，“我们的自由原则上是独立于死亡的”[②]。

（三）塑造论哲学认为，人作为生物的动物生命体总是要死的。而人是社会的动物，人的生死，特别讲到人的死亡，必成为社会的。这主要体现于作为生物的动物生命体死了，而印记着其生命创造的、特别是有别于普通动物的人之理性，借助人的活动行为、语言、符号等表现出来的塑造之物，却是在人死之后仍可显现着人的理性，存在于世界上的。

由塑造论哲学的原理讲，“自然塑造人形成文化人类”，“人塑造自然形成人类文化”。作为自然塑造人形成文化人类，这体现物种进化，这是走向有序；而人塑造自然形成人类文化，既可产生文明的文化，也可产生非文明的文化，因为既可加入有序，也可加入无序。塑造论哲学提出，应当由“负熵价值论”来统一人类生存与人类创造的关系。人的生命，人的生机体现于“负熵”。人和人塑造之物当它不体现人类的生机，它失去了负熵，那它是趋于无序并走向死亡的。人失去了负熵，人便死亡了。人的塑造之物体现负熵可以是仍具生命力的。如果人失去了负熵、人的塑造之物也失去了负熵，那必都要失掉生命生机，落于毁灭。如果人失去了负熵、人死亡，人的塑造之物加入于人类的整个创造物，仍保持负熵，那么人的塑造之物不会毁灭，会永保生机，实现永生。例如思想家、艺术家、工程师、

① ［法］萨特：《存在与虚无》，陈宣良译，生活·读书·新知三联书店 1987 年版，第 683 页。

② 参见段德智：《死亡哲学》，湖北人民出版社 1996 年版，第 41 页。

英雄人物等等，其创造物（塑造之物），当理论建树、绘画、乐曲、建筑物、技艺品、英雄业绩等等，加入体现负熵的人类文化创造物，这成为永存的。而作为创造主体，亦可认为是永生的。这连同他的作品一起，是永生的。为人类社会发展作出了贡献，必虽死犹生。所以有所谓"为人民利益而死，死得其所"。

人的塑造之物，使人之个体及其角色，成为整个人类社会之中的角色。人总是趋于愉悦，力求避开痛苦。所以个体生命总是努力保健、养生、养老，努力长生。但个体生命总是要死的。当个体为了不遭受痛苦，当肌体的大部分主要器官已死亡，于是出现了"安乐死"[①] 之处置行为。同意安乐死，决不等同于自杀[②]。轻生往往是弱者的行为。自杀可分为若干种情况：一是精神变态的自杀，这往往与一些精神失常的因素有关；二是在遭受痛苦时，自己结束生命，这是对自己生命不负责任的行为；三是在事业追求中，舍生取义，这是为事业成就而舍弃生命的英雄行为。安乐死往往是由于疾病而使生命健康不可挽回时，又为使自身不给他人给社会带来巨大麻烦而使自己安详地死去。这种对他人、对社会，同时也是对自己负责的死亡方式选择，是不应非议的；而要紧的是，"安乐死"呼唤着立法。

个体人总是寻求生命的长久、延续，个体人的生命死亡又总是不可避免的；重要的在于人的塑造之物可以使人之个体角色成为在世界上宇宙中永存的。重要的又在于，人类在个体人的延续中而成就的"人类角色"，当其塑造之物进入世界进入宇

① 参见［南非］克里斯坦·巴纳德：《安乐生安乐死》，陈彪、阳京译，中国工人出版社 1990 年版。

② 参见［法］埃米尔·迪尔凯姆：《自杀论》，冯韵文译，商务印书馆 1996 年版。

宙，体现着人的塑造即塑造之物的扩大、永生。这使人类及其个体的命运成为伟大的。当代学者，许多人由关心人类命运，进行未来学研究，有乐观结论的，也有悲观结论的。塑造论哲学由塑造之物永存，为肉身必定死亡的个体给出了乐观结论；同时也不回避，一些著作如《未来的一百页》[①]，由指出人类面临的严峻问题，而警示了人们不可回避的危险；从而强调，人类必须正视生态问题、全球问题，而恰当地确定自身角色定位，作出自身的行为选择。

① ［意］奥雷利奥·佩西：《未来的一百页——罗马俱乐部总裁的报告》，汪帼君译，中国展望出版社 1984 年版。

第　三　篇

超越："显意识—超意识"·向"超意识状态"升华

第一章　"社会""规制"与"值·法"

第一节　塑造单子的和谐

一、塑造论哲学提出"塑造单子"及"单子群"

如本书的开始所说，《塑造论哲学导引》中，提出了一个关于塑造论哲学所刻画的最基本关系图式解析。这是一种被称之为"塑造单子"的关系图式。塑造论哲学的系列著作，还根据展开的内容，对其中涉及的种种因素及其关系展开了细致论述，而且由单子圆作出了作为单子球和单子群的解析。

在关于单子群的解析中，标示出，当从一个单子看过去，它与周围其他单子相衔接出现的结合部，用来表示"交往"。由关于"塑造单子"及"单子群"的图解还可以看出，交往形成了若干条链：一是生产链；二是消费链；三是财富链；四是生活链。它们相互交错在一起，制约着单子群的和谐。这可被称为经济链。于是形成"生产—交换—流通—消费"这一公式的刻画。由此图又可以看出，另外两条线，这两条线与前四条链形式上有所不同。前面的链，其形式是，每一个链都是由单子之间互渗构成的。而这两条线却是分别直贯单子中介面的上下左右四极，并且处在与之相交的圆的切点上。这样，线是否落在每个单子元的四极上，是否正好切在相应圆的切点上，并且中间穿过某些圆心，分别与生产链、消费链、财富链、生活链相交叉，决定着单子圆的构成是否圆满，由此来标示它是四个链的集中表现。这可认为是政治线。于是，形成“占有—统治—治理—管理”这个公式的刻画。作为政治线，这其中：一是占有线；二是管理线。政治线：一是保证管理，涉及人的行为在社会符号中按规则化要求而指向和谐；二是保证占有，涉及人的活动中对工具及生产成果做出趋向和谐的社会支配方式。这两种线与四种链一起，不论哪一个发生偏差都影响单子及单子群的协调和谐。

综合起来，涵盖“线”与“链”形成“网”。此“网”的联接，统摄与归摄、统调与被调于“线”与“链”，这共同表示着“交往”“沟通”；这便形成“（人口繁衍）生存（活动行为）—交往沟通—（工具符号）建设（进步发展）”的“社会网”。当单子圆趋于圆满，这基于“线”“链”综合的“网”，在总体上形成着在塑造论单子群中表示的和谐。

“塑造单子”及“塑造单子群”的和谐意味着“超越”。

在单子群中，整个的和谐圆满有赖于每个单子诸因素的和谐及其圆满；而单子群的整体和谐圆满又制约着每个单子自身诸因素的和谐及其圆满。这种圆满和谐，标示着在超越中所走向的文明。

每个“单子”是一个单位，而由诸多单子构成的单子群，又形成一个大的单位，这又可看成是一个大单子。其中，单子的诸极是要发展的，在发展中带来单子或单子群的不协调，这带来单子诸因素、单子群的诸链和诸线的变化运动，而趋于协调、圆满。在新的协调中，单子或单子群又形成着新的圆满及和谐。新的圆满和谐又形成着一个更大单子圆的圆满及和谐。塑造单子诸要素达到和谐，便会出现意识的超越……这不断地扩充发展，显示着不断从一级文明走向新的文明。

二、值与法·文明·超越

在塑造论哲学看来，对于价值，应当在塑造论哲学关于价值这一概念的统一规定下，在关于经济价值、政治价值、社会价值的各自不同规定性中加以考虑；进而了解经济政治社会"值及价值"与"法及法律"的统一性。这才能理解什么是文明。

《塑造论哲学导引》主张，对于"文明"加以解析，可由"信息熵"的公式刻画的"有序度"与"信息"的关系，打通其中"值"与"法"的关系，由此便可打通"法·法度·法规""法律"与"值·值得·值当""价值"的联系。

对于"价值"，塑造论哲学提出，应当由"负熵价值论"来整合，从而统一整个的价值概念。这里强调，在揭示什么是价值时，应当注重考虑其与"序""信息"的关系，这意味着注重考虑人处于有序度之中的关系。其中便关涉了一般意义上的"法""法度"及作为"法"和"规"的"法规"延伸于社会中的"法律"。这又指向着"价""价值"。

塑造论哲学强调，"负熵"与"信息量"是等价的，可基于 $H(x)=-K\sum_{i=1}^{i=n}P(X_i)\log P(X_i)$ 这一"信息熵"的公式来刻画；"熵"与"负熵"可成为判定一个系统是失去还是获得了"信息"或"有序度"的量度；这里"熵减""有序化"和"熵增""无序化"互为负值。由此，价值的含义应突出体现着：人之行为注入负熵的飨成才形成良性的有序系统，人的实践和衍生活动终究要相随于社会协调、持续而全面发展的进步，在这过程中经济的、政治的、文化的乃至整个社会的关系确证和实现着人与自然、人与社会、人与人、自然与社会的必然性。[①]

这样，笔者在构建塑造论哲学体系过程中，曾发表著述多次强调：从经济价值来讲，塑造论哲学提出，劳动价值论和效用价值论应当归为一个统一的价值理论。依照以上的见解，对这种价值论可称作“劳动和效用的负熵价值论”。在此，以劳动分配和效用配置是否为生产和消费、为经济社会、为人类发展给出负熵为理论基点，来解释劳动价值的更深刻意义，来解释效用价值的更深刻意义。也就是说，应通过在“劳动价值”与“效用价值”中引入负熵的参量，在其中特别注意考虑“劳动时间和边际效用”与负熵的关系。基于这样一些因素来把劳动价值与效用价值统一起来加以判定和计量，再考虑市场经济的均衡，考虑经济计划的平衡；同时可综合起来以关于诸如耗散结构理论体现的方式来考虑均衡系统和非平衡系统的经济模型，等等。而这是通过“看不见的手”与“看得见的手”来实现的；这里“自然法”“人定法”能够“值”，从而体现“法”“法度”“法规”“法律”及“值”“值得”“值当”“价值”的关系。总之，这里价值的含义突出体现着：由经济行为注人负熵的飨成，这形成着良性的有序系统，实践和衍生中的经济活动终究要相随于社会协调持续而全面发展进步，在这过程中经济关系确证和实现着人与自然、人与人、人与社会、自然与社会的必然性。这才谈得上是文明的，有价值的；与此相反，那便是无价值的，是非文明的。

塑造论哲学还相对称地指出，应考虑到“自然法价值”与“人为法价值”的统一。依照这一见解，对这里的价值论可称为“自然法与人为法的负熵价值论”。在此，对这种价值论以“自

① 参见张全新：《关于劳动价值论和效用价值论的协调性问题》，《理论学习》2001年第1期。另见《新华文摘》2001年第8期。

然生成的法"和"人为制定的法"是否为占有和管理、为经济政治社会、为人类社会发展给出负熵为理论基点，来解释作为自然法的政治价值的更深刻意义，来解释作为人定法的政治价值的更深刻意义。也就是说，应通过在"自然法"与"人定法"中引入负熵的参量，在其中特别注意考虑"自然成法和人为立法"与"负熵"的关系。基于这样一些因素来把自然成法的价值与人为立法的价值统一起来加以认识和把握，再考虑法制中的政治均衡，考虑法治中的政治平衡；同时可综合起来以关于诸如耗散结构理论体现的方式来考虑均衡系统和非平衡系统的政治模型，等等。而这是通过"自然法""人为法"来"法""看得见的手"和"看不见的手"，从而体现"值""值得""值当""价值"及"法""法度""法规""法律"的关系。总之，这里法律的含义突出体现着：由政治行为注入负熵的飨成，这形成良性的有序系统，实践和衍生中的政治活动终究要相随于社会协调持续而全面的发展进步，在这过程中政治关系确证和实现着人与自然、人与人、人与社会、自然与社会的必然性。这才谈得上是文明的，有价值的；与此相反，那便是无价值的，是非文明的。

这样，综合前面的内容，由塑造单子图式，在经济与政治的比照中，形成这样一个具体展开的关系图表：

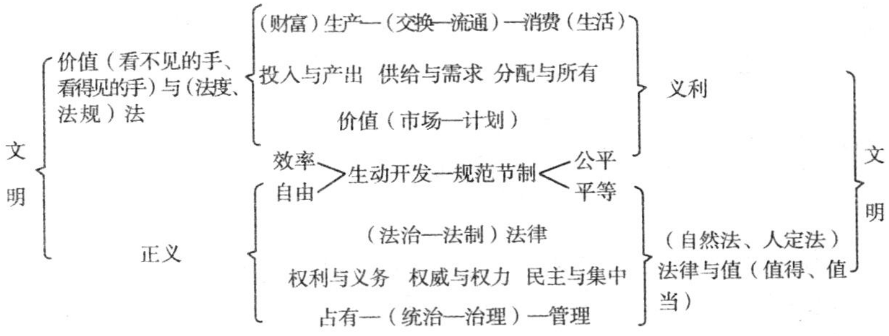

塑造论哲学强调，当我们主要是仅从“经济”的和“政治”的角度去解析，显然有着这样的情况：如果说，对“经济”的解析应当对于人们进入社会经济过程中，所体现的从“值”（“值得”）到“价值”以至又回归到“值”（“值得”）的演化系列，看过去；那么，对“政治”的解析则应该对于人们进入社会政治过程中，所体现的从“法”（“法则”）到“法律”以至又回归到“法”（“法则”）的演化系列，看过去。

正如我们在前面已详细论述了的，种种辨析都体现出：“程序”与“伦理”，“法”与“值”或“法则”与“值得”，“法·法则”与“法律”，“值·值得”与“价值”，“法律”与“价值”，它们之间有着一种微妙的贯通性。这贯通于社会学中以体制、制度、规制来构成，以习性化和规制化所形成的关系图式：

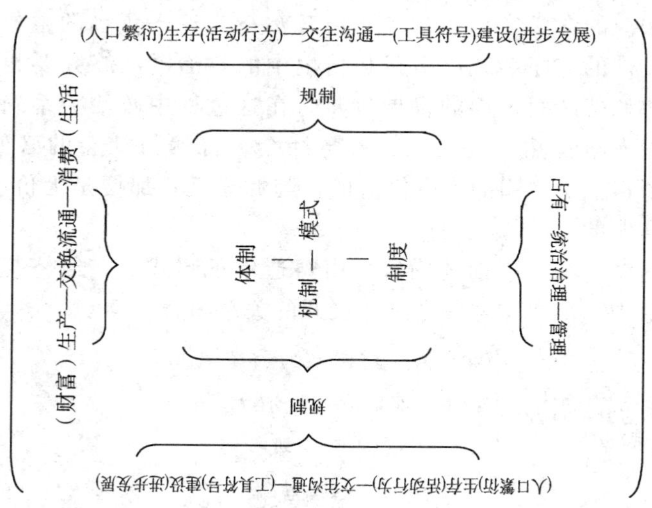

三、关于“值（价值）—法（法律）”与社会和谐

这里我们强调，正是在归结到塑造单子的和谐与不和谐这

一观点上，我们才能展开讨论法则或法与值或价值以及综合起来并面向整个社会规制的问题。

如《塑造论哲学导引》所述，从贯通意义上讲，可以认为，法即法则，法则体现着规律。对于符合人与自然、人与社会相互飨成的法或法则、规律，人们遵循它而依次进行塑造并且形成塑造之物，才有价值。又如《塑造论哲学导引》所说，价值是关于对与不对、适与不适、行与不行以及该与不该的综合评价，是真、美、益、善的统一。概括起来讲，人们在对应性中求真，在取悦性中求美，在权变性中求益，在共生性中求善。但总起来讲，善的包含着益、包含着美、包含着真；但真的不一定美、美的不一定益、益的不一定善。如果把这四个方面分别来讲，那可能只"对"而不"适"，只"适"而不"行"，只"行"而不"该"，等等。离开综合评价，固然可使其中某个方面成立，但不可能真正实现"价值"。①

通常说，"价值的一般本质在于它是现实的人同满足其某种需要的客体之间的一种关系"。也就是说，满足了需要才有价值，不满足需要就没价值。然而人的需要是分层次的。应当对满足需要作出综合考虑。在种种需要中，从哲学上概括，根本在于实现和满足对人的本质加以确证的"需要"。真正现实的人存在于人能有意识塑造之中，"塑造之物"既确证着人，使其最终能直觉自身，也使人"能动地现实地复现自己"，而成为真正的人。人在"塑造之物"中实现着对象化，又在对象化中实现着价值追求。价值的实现在于对人的本质的确证之中。人所进行的理论、艺术、技术、道德的塑造，就实现着这种价值追求。恰恰是由于人在对象化中飨成于人自身并确证着人的本质，才

① 见张全新：《塑造论哲学导引》，人民出版社 1996 年版，第 894 页。

有价值。

单讲理论真，无所谓价值，但理论真对于人的本质之确证来说，有价值。单讲艺术美，也无所谓价值，但艺术美对于人的本质之确证来说，有价值。技术益，本身就有价值。就其本身的价值讲：一方面是因为它基于科学真实地把握客观规律，基于按美的规律来制造，这本身由于确证着理论、艺术的价值，才使技术益得以实现；同时另一方面，技术上获益意味着在成果中得到体现于使用的效用价值并占有着可以用来进行交换的劳动价值。这里，在使用中确证着人的消费、生产能力，在交换中确证着人不仅需要这种塑造之物而且需要其他方面的塑造之物来实现自己。伦理善，本身就有综合的价值；真、美、益、善的统一，才意味着全面地实现人生价值。马克思曾反复提出“现实的人”这一概念。从塑造论哲学观点来讲，“现实的人”必定是实现着由“塑造之物”内化外化的人，是在社会中实现着对象性而且在物化中得到扩展并受其制约的人。价值调控的意义就在于：横向说，主体要在“对、适、行、该”这几个方面的协调中确证自己的本质；纵向说，主体在塑造之物中完善着自我、完善着人我、完善着社会，这满足着人的需要，并按是否能确证自己的需要，调整着自己的塑造；分层说，要在内化外化，在抽象化具体化、典型化具象化、优选化具备化、理想化具在化，以及在发散收敛中使意识的理论、艺术、技术、道德活动达到真、美、益、善的统一。这是一个由一系列反馈控制系统构成的大的反馈调控系统。这其中显然体现出按照一定法则而实现的价值调控。①

由此而论，经济是体现着值或值得、值当（价值）而形成

① 见张全新：《塑造论哲学导引》，人民出版社 1996 年版，第 894 页。

的，这又不能不关涉于法或法度、法规（法律）；这是内在着真美益善，或者说以真美为"底衬"，指向着善，在益上聚焦，而充分体现着益和善的、以劳动和效用决定的值（价值）以及内在于其中由法则引申于规范作用的法（法律）。这形成着关于法经济的研究。在历史上，经济学及政治经济学是从哲学及伦理学、政治学、法学和神学等诸多学科中逐渐分离出来的社会科学领域。政治经济学形成之初，其中的法律问题就是早期的经济学家们从事研究的内容之一。后来，由法经济的研究又拓展于经济社会学的研究。

而就政治学领域言之，在以往的政治学说中通常认为，政治价值（political value）主要是指，人们对政治活动和政治现象所作出的价值判断，也指人们所希望得到的具有政治意义的事物。这样一些关于"政治价值"的看法，曾使"政治价值"随着西方行为主义政治学的兴起而逐渐成为政治学的重要概念之一。西方的诸位政治学者对这一概念有不同理解。如有人认为，权力、尊重、正直、仁爱、财富、幸福、技能等等，这些人们希望的事物都是有价值的事物。也有人认为，价值指权力、财富、技能、知识、安全、声誉等有形或无形的事物，而政治是对"价值的权威性分配"；用这"政治价值"指谓人们在政治活动中关于道德、伦理的评价和判断，这主要涉及与人们"应该做什么"的信仰规范相关的观念。

本书强调："法（法度·法规）与法律"同"值（值得·值当）与价值""价值与法（法度·法规）"和"（值当·值得）值与法律""（法制一法治）法律"同"价值（市场一计划）"、正义同义利，在整个构成中成为相对称的范畴和论述。这里相辅相成的整体结构，运行起来体现为社会潜意识与社会显意识由对立统一而到同一的过程。

在塑造论哲学看来：从无意识的没分化，到分化成社会的

“经济潜意识”“经济显意识”以及“政治潜意识”“政治显意识”，再到其在统一中成为同一而实现超越；这也正是从“值”（“值得”“值当”）到“经济价值”再回归到（“值当”“值得”）“值”的历程，以及从“法”（“法度”“法规”）到“政治法律”再回归到（“法规”“法度”）“法”的历程。也正是社会从没分化出经济政治到出现经济政治再回归于无所谓经济政治的历程。其中包括从社会没产生所有制到有所有制再到无所谓所有制而回归于社会的历程。其中也包括从社会没产生国家到有国家再到国家消亡而回归于社会的历程。这指向着：从直观的即从自生的“值”（自生地内在“值得”），到自发的“值”（自发地体现“值当”）而形成“价值”，经过自觉的“值”（自觉地意识到“价值”）进入直觉的“值”（直觉地体现“价值”），实现超越。这里历经“自生—自发—自觉”—“直觉”而走向的超越，这是在社会发展中各因素愈益走向和谐统一的超越。这指向着：从直观的即从自生的“法”（自生地内在“法度”），到自发的“法”（自生地出现“法规”）而形成“法律”，经过自“自觉的法”（自觉地意识到“法律”）进入直觉的“法”（直觉地体现“法律”）实现超越。这里历经“自生—自发—自觉”—“直觉”而走向的超越，这是在社会发展中各因素愈益走向和谐统一的超越。

在塑造论哲学体系中，指向“超越”，就“经济”来讲，这是通过“经济的社会化”或“社会化的经济”而朝向未来社会的超越。就“政治”来讲，这是通过“政治的社会化”或“社会化的政治”而朝向未来社会的超越。就社会来讲，这是通过“社会和谐”或“和谐社会”而朝向未来社会的超越。

这里的“超越”是社会潜意识社会显意识实现统一以至达到同一而实现的超越。这是在“在成”的升华中由“诚是”而实现的超越。“在成”“诚是”升华于“潜‘在’—显‘成’”

"显'是'—潜'诚'"，并融为统一达到同一。这是在"衍生实践""实践衍生"中实现的同一，这统一于塑造，统一于"自然塑造人""人塑造自然"。

第二节　"习性""规制"，走向"在成""诚是"的升华

一、"（自然生长的）规制→习性""习性→（社会规定了的）规制"

前已论述，就社会潜意识与社会显意识的相互作用、相互渗透、相互成就讲，就客体发生史与主体理论史统一的视域讲，当"原初状态"形式得到进一步生长并由之统摄社会生活；于是在社会运行及其理论体系表现中，体现历史和逻辑的一致以及发生史和建构史的一致，经历着两条交织进行的"道路"：由自然的规制形成习性规定，习性规定在社会运行中展现于规制。

这里，"第一条道路"可认为是习性化过程（这主要体现于社会潜意识生成社会显意识的作用和过程）；"第二条道路"可认为是规制化过程（这主要表现为社会显意识成就社会潜意识的过程和作用）。这"两条道路"的详细展开，是这样：

一是"（自然生长的）规制→习性"。这是自然规制在社会的生长中，即在社会的"性（人性、社会性）"生长之中，形成习性规制的过程。这在社会潜意识生成社会显意识的作用和过程中体现出来。

首先，基于自然民俗。就社会的获益至善而言，作为前提的主要是权变共生性机制。如果说，就社会经济来讲，社会在

自生中形成作为经营体的生意，生意支撑着民生；就社会政治来讲，社会在自生中形成作为共同体的社群，社群发生着世情；那么，就整个社会来讲，社会在自生中形成作为生活体的群落，群落生成着民俗。在体现社会“程序伦理”形式的性（人性、社会性）作用下，社会意识的“性（人性、社会性）”使民俗社情由社会规律统摄。社会规律是民俗社情的“反思”。社会规律寓于民俗社情之中，民俗社情为社会规律所规范。社情呈现的民俗十分多样，然而在社会的“性（人性、社会性）”还没凸显社会规律的情况下（即还没在显意识中使社会规律以意识符号外化地显现出来规范社会行为的情况下），这只是自然生长的规制。这样，社会的建设要达到带和谐性，关键在于能在社会的“程序伦理”——性（人性、社会性）的形式中，由民俗社情的总和经过习性化过程凸显社会规律的通则。由于社会规律是寓于民俗社情之中的，在民俗社情的总和中才能提升出社会规律的通则，所以凸现社会规律通则，有一个重要基础是在自然中出现的初始民俗社情要得以整合，这样，有助于自然整合的大量协调是必有的。

其次，形成习性的规定。习性的规定不一定可称得上是社会规律的通则。而习性的规定，内在着社会规律的通则。社会规律通则规范着民俗社情的总和。也就是说，因为社会规律的通则寓于民俗社情的总和之中而且规范着民俗社情的总和，所以社会规律的通则作为关于民俗的习性规定，其形成有一个习性化过程。当理论地把握实际中的社会变革、把握建设，在实现这一要求时，总是暂时地忽略种种复杂的民俗因素。这里，习性化不足和习性化过限都不会形成良好的社会运行系统。习性化不足会陷在纷繁民俗社情中，使习性化结果无足够的普适性；习性化过限会导致其所寓于的民俗社情总和缺失因而丧失其应有的实则性。这一过程，在习性化中处理着自然规制和习性规定的矛盾。这里自然规制是起点，习性规定是终点，它们是这一过程的两极，处于对立统一之中。经过这一过程，民俗社情体现社会规律，社会规律与民俗社情相互对待。

二是"习性→（社会规定了的）规制"。在塑造论哲学对社会学的论证中，这被看成是体现为习性规定在社会运行中展开为具体规制的过程。这在显意识成就潜意识的过程和作用中表现出来。

首先，以习性化的基本规定为起点。提升出的社会规律通则是一个习性规定。这里提出的习性规定应实现于社会变迁和变革。达到具体地把握民俗社情，不是只停留于习性规定，要在此基础上使之生成于民俗社情的整个具体规制。这是一个规制化过程。这个任务只有实现由习性上升为规制才能完成。在这个过程中往往是以习性化的基本规定为统摄，向规制展开。关于习性化的基本规定之特点，总起来说：一是超然于种种偶然因素；二是规范着民俗社情的范围；三是集中着某范围民俗社情一切因素的胚芽或萌芽。

其次，通过中间环节上升到具体规制。如果说在规制到习性的过程中，就凸现习性规定来说，暂时忽略了种种偶然的民俗因素，而当由它展开整个发展了的规制时，则又一层层地把这些复杂的民俗因素作为不同层次的规定性整合了进去。这样，在注视或提取习性规定时忽略了的种种因素，在这时又成了向具体规制系统上升的一阶阶的中间环节。正是通过把一系列复杂民俗作为向不同阶次法则上升的中间环节，实现着习性规定向具体规制的发展，才构成了由社会规律规定了的种种民俗在不同范围上的联系和发展，在这种习性向规制的一层层发展中，于是形成了有社会翕合纾解机制的从习性导致为规制的具体社会体系。这一过程，在规制化中处理着习性规定和社会规定了的具体规制的矛盾。这里习性规定是起点，规定了的具体规制是终点，它们成为这一过程的两极，处在对立统一之中。经过这一过程，由社会规律规定了民俗，民俗成了社会规律规定下的民俗。这就达到了对于民俗的规制性的建设，在建设中形成了一个关于社会的“程序伦理”“伦理程序”的“性（人性、社会性）”携带着民俗社情而指向私与公统一的社会体系。

二、习性化规制化由其内在矛盾，在经对立走向统一乃至同一的趋势中，潜在着习性规制向“诚是”“在成”升华的可能性

这是“诚”与“是”走向统一乃至同一的趋向，这指向“诚”“是”的升华，这使“‘诚’‘是’”内含着的“实是”（“寔事”）和“义诚”（“宜成”）真正统一乃至同一于习性规制而实现超越。

（一）关于实是（寔事）。

“实是”强调着“实”。关于“实是”中的“是”，在中国古典语言中，与之大体接近，常以“寔”字谓之。关于“寔”（shi）字之义：（1）“寔”为“是”之借字。《尔雅·释诂》中写道：“寔，是也。”《穀梁传》桓公六年：“寔来者何，犹曰是人来也。”《公羊传·桓六》云：“犹云人也。”《诗·召南·小星》中有“寔命不同”。传：“寔，是也。”（2）此、这。张衡《西京赋》中写有“寔为咸阳”。在此处，“寔”即“这就是”。（3）实、实在。“寔”“实”通用。《礼记·访记》中有“寔受其福”，疏：寔，实也。《增韵》：“寔，与实通。”《尚书·仲虺之诰》写有“寔繁有徒”（这类人实在很多）。《释文》对“寔”注解道：此为“《韩诗》作实，云有也”。《春秋》桓公六年，“寔来”，注：“寔，实也。”《左传》注作“实来”。《诗·大雅·韩奕》孔疏引《左传》云：“《春秋》桓六年‘州公寔来’，而《左传》作‘实来’，是由声同故字有变异也。”阮元《校勘记》云，实、寔是古今字。《大雅·韩奕》："实墉实壑。"笺："实当作寔。赵魏之东，实寔同声。"（4）止也。《玉薰》："寔，止也。"（5）正也。《说文解字》讲："寔，正也，从宀是声。"段注："正，各本作止，今正。"由关于"寔"字的定义，可认为"实是"等于"寔在"，这也是"和是"的"和在"。综上所述可见，在中文里，可以认为，"寔""是"具有一定的同义。然而，"寔"不局限于"s是p"，不局限于仅是逻辑学意义的"是"；也就是说，"寔"的指谓，内在着"s是p"，又不局限于"s是p"的"是"。

另外，"诚是"在中国语言中，还有"如果是""确实是""实在是"多种意思。关于"如果是"，《荀子·富国》曰："仁人之用国，将修志意，正身行，伉隆高，致忠信，斯文理。布衣穿履之士诚是，则虽在穷阎漏，而王公不能与之争名，以国载之，则天下莫之能隐匿也。"这是讲，"如果是，怎样，那必有这样"。在此情况中，常先讲"诚然"如何如何，指出"固然"有某种情况，即承认有某种情况，再对此情况予以澄清，进而表达其主张。延伸讲，如果是怎样，那必然如此"在成"。关于"确实是"，《荀子·荣辱》中讲："己诚是也，人诚非也，则是己君子而人小人也。"《楚辞·惜誓》："伤诚是之不察兮，并纫茅丝以为索。"王夫之释："诚是，是非之实也。"这是讲，某些情况，确实是这样的，实是正确之"在成"。关于"实在是"，唐陈子昂《申宗人冤狱书》中有："幸能察罪明辜，穷奸极党……诚是陛下神断之明，抑亦尽忠之效。"这是讲，某些实在是这样的，或"在成为"这样。

（二）关于"义诚"（"宜成"）。

"义诚"中强调着"诚"。在中国古代的文字中"诚"与"成"是相通的。先秦思想家子思就讲："诚者自成"，"不诚无物"，这里既指谓人的"诚心"，也指谓物的"成就"。子思强调，"诚者，物之始终，不诚无物，是故君子诚之为贵"，"诚则形、形则著、著则明、明则动、动则变、变则化。故唯天下至诚为能化”。因此，“唯天下至诚，为能尽其性；能尽其性，则能尽人之性；能尽人之性，则能尽物之性；能尽物之性，则可以赞天地之化育；可以赞天地之化育，则可与天地参矣”。子思强调，“诚者，自成也”，“道，自道也”。这样“诚”与“道”相通。在中国历史上，“道”这个概念带有规律性的意义。所以子思又讲，“成己仁也，成物知也，性之德也，合内外之道也”。“内”指向着人之主体，“外”指向着世界客体，“道”可认为是规律，这样，便在“诚”中统一了，所以讲，“道不远人”，“诚者天之道也，诚之者人之道也”。“至诚”与“道德伦理”联系，而“道德”与“得到”“值得”也联系。趋向“值当”的“值得”，其中的“得”与“道德”的“德”原本就是相通的。我们已多次说过，作为老子书的《道德经》在马王堆汉墓出土帛书中是“德经”在前，而“道经”在后，所以有学者讲老子书本应是《德道经》。在此意义上，“道德”实际上是“德道”。在中国古代通假字的意义上，“德”与“得”通，“德”也就是“得”。也就是说，“得道”，这才有“价值”，包括人生价值及取得生存发展的价值并创造确立自身及飨成他人的“价值”。可见，有“诚”即有“成”，有“道德”便能“得道”，才能创造价值，才能把握规律而成就。后来张载发展了这一思想，他讲“大其心则能体天下物”，故达到“民胞物与”，即“民吾同胞，物吾与也”，于是“无我而后大，大成性而后圣”。由此，张岱年先生特别重视中国思想史上的“厚德载物”这四个字。这是一个极高的境界。

值得注意的是，在外文翻译中，对于“诚”似乎要么只能找到与心“诚”相对应的词，其中没有物“成”的含义；若只翻译为物“成”，则带不上心“诚”的含义；“心诚”“物成”这两个概念是分开的。而在中国传统文化中以上两个含义确实是可以合为一体的。这很有特点，发人深省，十分卓越。《说文》中讲，“信，诚也。从人言”，“人言无不信”。有所谓“言而有信”及“言必信、行必果”，否则就会“失信”。所以要“敬事而信”“谨而信”。这内在着“实事求是”。没有信则“失信于民”，有了信才“取信于民”。所以我们现在通常讲，做人做事，要“为人诚实”即“为人信实”“讲信用”“有信誉”，即“诚信”。在人类社会活动中，“诚信”是一定要有的。讲无私奉献，这体现着“诚”；讲实事求是，这体现着“信”。由我们塑造论哲学的论证讲，这实现于潜意识与作为显意识的行为处理及语言符号的统一。在中国思想史的概念生成中，“诚”即“信”，“诚”讲“诚义”，内在着“义成”，也就是“义诚”。

在汉语的原初文字中“义”通“宜”。“宜”在甲骨文中写作“”，此形为切肉板。这样，有学者认为，“义”同作“宜”，是讲合理地宰杀包括杀人。由于有利，有争夺，这就需要规范，所以要有“义”。“义”这个概念在孔子之前便被重视，孔子也重视这个概念，却很少说“利”；他是从“仁”出发而“罕言利”[1]，甚至把“义”和“利”完全对立起来。认为“放于利而行多怨”，“君子喻于义而小人喻于利”[2]；以致宋襄公在战争中唯“仁”是举，成为愚蠢的战争指挥者。墨家哲学虽然也讲“仁”，但更重“义”，常常用“仁义”这个概念，认为“天下莫贵于义”[3]。墨家十分重视把“义”与“利”相联系，甚至把“利”与“义”相等同，强调“义，即利也”。[4] 正如张岱年先生所讲的，“墨子哲学之出发点是利”。“自孔子以仁为人生之道，

① 《论语》，《子罕》。
② 《论语》，《里仁》。
③ 《墨子》，《贵仪》。
④ 《墨子》，《经上》。

仁亦成了一般人的最高理想。墨子亦说仁，但以利言仁”。“墨子亦以利言义”，“在墨子，义也即是当然、应该的意思”。[①] 因此墨子说“所为贵良宝者，可以利民也。而义可以利人，故曰：义天下之良宝也”。[②]

既然“义”与“宜”相通，宜即“适宜”“合适”，并且与“当然”相联系。这样，“义”既涉及利己也涉及利人，很自然，墨子得出了这样的命题：“顺天意者，兼相爱，交相利，必得赏。”因此他强调“天意而不可不顺”，“反天意者，别相恶，交相贼，必得罚”[③]。在此，墨子使用了“天意”这个概念，并确立了一种“天志”。这便带上了天有意志的色彩。如果在客观化的意义上来理解这个“顺天意”才能利人，显然包含着强调人的行为必须与人之行为处理的对象同律的思想。又如《墨子》书所说：“子墨子曰：我有天志，譬若轮人只有规，匠人只有矩。轮匠执其规矩度天下之方圆，曰：中者是之也，不中者非也。今天下之士君子之书不可胜载，言语不可尽计，上说诸侯，下说列士，其于仁义则大相远也。何以致之？曰：我得天下之明法以度之。”[④] 墨子书中还列举禹、汤、文、武作为顺天意而得到奖赏的例证与反天意而得到惩罚的桀、纣、幽、厉相对照，写道：“故天意曰：‘此之我所爱，兼而爱之；我所利，兼而利之。爱人者，此为博焉；利人者，此为厚焉。’”[⑤]

可见，墨子把“兼相爱，交相利”作为顺天意，即义和仁的根本，而这里指向的主要就是利。反过来也就是说，要实现

① 张岱年：《中国哲学大纲》，中国社会科学出版社 1982 年版，第 270 页。

② 《墨子·耕柱》。

③ 《墨子·天志》。

④ 《墨子·天志》。

⑤ 《墨子·天志》。

仁必须有义，义是应该、应然，这就是顺天意。这样，人的行为与所处世界的互利关系问题在墨家哲学体系中具有了重要地位。因此在其哲学体系中就不能不重视人面对社会面对自然如何行为才能有利的问题。孔子讲仁讲义也讲爱，但在论证上似乎更强调超功利的实现；而墨子讲仁讲义讲爱，则是以现实的物质功利为根本。他特别考虑了人和人在其中的自然，这是人与人、人与自然互利的义和仁。也正因为这样，墨家哲学在自然观方面有它特殊的论证，而且对于逻辑和技术的研究比当时中国的任何一个哲学体系都要充分。

总之，从经济学角度讲，"义"指向着经济的义利；从政治学角度讲，"义"指向着正义；从社会学角度讲，"义"指向着义成。"义"通"宜"，"宜"在于"和谐"，所以说"宜成""义成"内在着"和谐而成"，即"谐成"，这融和于"诚成"。义，含着经济的义利、政治的正义，如此等等；从社会学角度讲，"义诚"通"宜成"，与"实是"（寔事）相辅相成，这构成"诚是""在成"的内在含义。

既然"义成"通"宜成"，显然与"实是"（寔事）相辅相成；这构成"诚是""在成"的内在含义。正是在"实是"（寔事）"义成"（宜诚）统一中形成"诚是""在成"的同一；当达到如此的统一、同一，"诚是""在成"得到升华。

三、塑造论哲学强调，当"实是"（寔事）"义成"（宜成）达到统一、实现同一，"是在""诚成"融合于一起，"诚是""在成"便得到升华

（一）就塑造论哲学的社会学论证来讲，这里指向三个命题：社会人的"诚是""在成"指向作为"社会关系总和"的人实现个性化与社会化统一。社会人的"诚是""在成"指向在个性化与社会化统一中人"自由而全面发展"。社会人的"诚是"

“在成”指向“自由而全面发展”的人构成的“和谐社会”。

（二）正是在人是“社会关系的总和”与人“自由而全面发展”的张力中，在个性化与社会化的张力中，落实于人的个性，出现了作为“自我”的自己与作为“他人”自我的人格，这之间形成着“成己”“成人”的对立统一。

人要在追求效率中实现公平，这就要既充分发展自己，也成就别人；这是在成己成人中实现自由发展的追求。

人们要在追求自由中实现平等，这就要既正确面对他人，又成就自己；这是在成人成己中实现全面发展的追求。

人类要在追求寔事中实现适宜，这就要建好人的社会，以成就社会的人，这是在成己成人中实现和谐社会的追求。

显然，当问及自己“诚是”他人“在成”如何可能，当问及他人“诚是”自己“在成”如何可能，这似乎形成一种悖论，也就是说，既成己又成人是何以可能的。这里的回答是：在和谐社会的升华中，人不仅在“社会关系总和”中确立自己，而且在这种关系总和中使“每个人自由而全面发展”，成己成人才是可能的，即才成为可能。

（三）人具有自然属性和社会属性，而决定人的本质的是人的社会属性，即由现实的社会关系所决定的人的属性。

人的肉体存在是人现实存在的直接物质承担者，由此产生人的自然属性。自然属性是人和动物的所共有的属性，只讲到此，难以将人和动物区别开来。正如马克思指出的那样，饮食、男女是人的自然属性，如果离开人的社会活动，并使它成为最后的和唯一的终极目的，那么，“在这种抽象中，它们就是动物的机能”。而在现实社会中，人的自然属性不论以怎样的形式表现出来，最终都是由人的社会属性所支配的，不是人的自然属性决定了人的社会属性，而是人的社会属性规定着人的自然属性。

马克思在《关于费尔巴哈的提纲》中指出："人的本质不是单个人所固有的抽象物，在其现实性上，它是一切社会关系的总和。"[①] 这里强调，人是由"一切社会关系的总和"所规定的。首先，人类要生存和发展，就要进行生产。人们进行生产必定以一定的方式结合起来共同活动并互相交换其活动及成果，这就结成一定的生产关系。因此，生产关系是最基本的社会关系，如列宁所说，它是决定其余一切关系的基本的原始的关系。由此决定着上层建筑及意识形态。其次，每一历史时期的社会关系都有其特定表现，这是社会关系的历史性。生产力是历史发展中最活跃的因素，人类改造自然进行生产，促使生产力的水平不断提高，从而导致生产关系的变革，随着生产关系的变革，整个庞大的上层建筑或迟或早也要发生变化。这就决定了各种社会关系总是处在不断的发展变化中。因此，在研究人的本质时，必须对人的社会关系作出具体地历史地考察。既然社会关系是变动的，那么作为社会关系总和的人的本质也就不是固定不变的。正确理解人是一切社会关系的总和，必须考虑到各种社会关系在不同社会社会形态下的具体情况。再是，以往哲学往往要么把人从处于其中的社会关系中孤立出来，然后在单个的个体身上去抽取人的本质规定；要么认为人们之间只存在动物界中所具有的那种自然联系，对作为本质的社会联系却视为不见。马克思指出："成为奴隶或成为公民，这是社会的规定，是人和人或A和B的关系。A作为人并不是奴隶。他在社会里并通过社会才成为奴隶。"[②] 社会是由一

---

① 马克思：《关于费尔巴哈的提纲》，《马克思恩格斯文集》（第1卷），人民出版社2009年版，第501页。

② 马克思：《政治经济学批判》，《马克思恩格斯全集》（第30卷），人民出版社1995年版，第221页。

个个的个体组成的。马克思、恩格斯强调，共产主义是以“每个人的全面而自由的发展为基本原则的社会形式”，“是一个以各个人自由发展为一切人自由发展的条件的联合体”。集体是一个个人的个人所集合起来构成的，只有个人的全面发展和个性的丰富，集体才更全面、更丰富、更有活力。只重视集体的发展而抹杀自由个性，就会背离人类社会进步所要达到的目标。总之，个人的全面发展与整个社会的全面发展进步互为前提、互相促进。个体与集体的关系放大为个人与社会的关系。依据马克思的结论，在高级形态的社会中，集体的发展为每个社会成员的个性发展提供着越来越多的有利条件；个人的发展又为集体的巩固和发展建立着越来越丰富的基础；个人和集体的发展表现为一个相互依存、共同增进的过程。

（四）由社会发展的长期历史来说，作为“社会关系总和”的人，指向实现个性化与社会化的统一。

1. 关于“个性”（Individuality），在我们塑造论的阐述中，它与“人格”（personality）属同一系列的概念，就类似讲理论体系时“概念”和“范畴”属同一系列的概念。

个性和人格在中文中可以作为两个词被写出来，而在西文当中与这对应的可以是一个词。英文中的 personality。这个词来自拉丁语中的 persona 一词，原意指古罗马时代戏剧演员在舞台上戴的面具，代表剧中人的身份。心理学曾大体沿用这个含义，把一个人在人生舞台上所扮演角色的种种心理活动的总体看成是个性。personality 在法文中相应的词是 personaaité，在俄文中相应的词是 личность。苏联心理学家鲁宾斯坦特别强调，личность 一词源于 persona。[①] personality 或 личность 在使用上

① 参见［苏］谢·列·鲁宾斯坦：《心理学的原则和发展道路》，赵璧如译，生活·读书·新知三联书店 1965 年版。

含义比较宽泛，除个性、人格外，还与"性格""品格""人物""人"相接近。

personality 所来自的 persona 一词，本指演员在舞台上戴的"面具"，这是很有寓意的。从一定意义上说，"塑造之物"就是外化着的人的"面具"，不然就显示不出其角色。当然，在此只是作为一个寓言式的比喻说到这一点。

问题的实质是：在自然塑造人与人塑造自然之中，形成文化人类塑造人类文化的历史。这历史在塑造之物中实现，塑造之物标志着历史；人既在塑造之物上得到扩展，又在塑造之物上受到限制；塑造之物既发展着人，又制约着人。也就是说：①人的塑造之物是理论的、艺术的、技术的、道德的意识之综合显现；②人的个性全面发展，是在理论的、艺术的、技术的、道德的各个方面，特别在社会的"塑造之物"上来确证实现人的价值；③只有各个方面得到综合发展，才能使其某个方面得到充分发展，才能实现人的个性真正全面发展。

2. 人的个性化过程，其中形成着人的个体化过程，这伴随着社会化过程。

（1）社会学中，人的社会化（socialization）过程，往往被认为是自然人成长为社会人的过程。人出生以后在社会生活中经历着自然人成长为社会人的过程。人在成为社会人中得以角色化，人在角色化中体现出个性化。人在社会化中得以个性化。自然人成为社会人，人才成为成熟的个体；成熟的个体是有个性的个体；人的个性化趋向于自由而全面发展。这与人之个体的社会化相伴随。就人类社会历史长河讲，经济在社会化中走向成为社会的经济；政府在社会化中走向成为社会的政府；国家在社会化中走向成为社会的国家，从而指向国家消亡；政党在社会化中，走向成为社会的政党，从而指向政党消亡。这里贯穿着：习性化规制化交融于社会化的过程，人是在习性化中个体化的，人是在个体化中社会化的。

从一定意义上讲，刚出生的婴儿是同其他动物无多大差别的生物人或自然界中之人。社会通过各种教育及种种的影响方式，使自然人有人的行为，即逐渐得到社会知识、技能与规范，从而形成自觉遵守与维护社会秩序和价值观念及与此相应的行为方式，取得社会人的资格。以往的社会学书籍往往把这一教化过程称作社会化。社会不断发展变化，人的社会化是一个长期的过程，伴随人的一生。社会学家们一般把人的一生的社会化过程划分为早期社会化（儿童、青少年期）、继续社会化（中年、老年期）和再社会化几个阶段与类型。

关于自然界中之人成为社会人的理论。19 世纪 90 年代欧美社会学著作中开始有“社会化”的提法，后来引起人类社会学界与心理学界的关注。德国社会学家 G. 西美尔用此社会化概念形容群体的形成过程。美国社会学家 T. 帕森斯在《关于一般行为理论》（1951）与《社会系统》（1951）等书中指出，人性是经验的结果。他认为，没有必要把人性陶冶得完全符合社会的要求，只需使他们知道社会对特殊的角色有哪些特殊的要求就行了，使他们成为在社会体系中发挥作用的成员。这种角色学习的过程就是自然界中之人成为社会人的社会化的过程。人类学家从文化角度研究社会化，把社会化看成是文化延续与传递的过程，认为社会化的实质是社会文化的内化。心理学家提出了划分人的发展阶段的理论，主要是从个性发展的角度研究社会化，认为社会化是个人的个性形成和发展的过程，社会人就是通过这一社会化过程形成社会中有个性的人。人的社会化对于传递人类文化，提高人的素质，促进社会发展具有重要的作用。

关于自然界中之人成为社会人的社会化条件。人能够由自然转化为社会人，是因为具有特殊的生理条件：①人类具有超越本能的能力。动物在进化过程中，形成并遗传下来的固定行为叫本能。本能包括与生俱来的欲望与满足这类欲望的生来就会的行为方式，如鸡孵蛋、鸟筑巢之类。人类则具有超越本能的高级神经活动，在适应自然中能动地改造自然。②人有较长的依赖生活期，在成长中有一个生理上不能独立生活的童年时期，这是人之所以能成为社会人而必须有的接受广泛而深入的社会化的基础条件。人生下来的初期，生活几乎完全不能自理，要依赖父母或其他养育者的关怀与照顾；这就决定了一个人开始就要在一定的社会中生活，耳濡目染地接受现实社会规定的生活方式；人在生理上与心理上的成熟，从乳儿期一直延长到少年期甚至青年期，特别是人脑的结构，要到十三四岁才基本成熟，进行较完备的高级脑力劳动，积累大量的知识，为承担社会所赋予的事业奠定坚实的基础。③人有较强的学习能力。人与其他动物相比，在学习能力上相差很大。一般动物也有学习与积累知识的能力，但仅限于模仿，没有抽象思维的能力，没有创造力。人则有抽象思维与创造力，学习与积累知识是在加速的状态下进行的。通过实践使知识内化为自己的思想、动机和行为，形成独特的见解；认识事物的本质，有目的、有计划地从事一定的活动。这种学习能力是接受社会化的重要条件之一。④人有语言的能力。学习与语言是密切相关的。语言是人类特有的现象，是劳动的产物。它是客观事物在人类头脑中形成的表象、概念和思想的外部表现。人可以通过口头和文字语言传达信息、沟通思想，学习社会知识、技能和规范，达到社会化的目的。

就个体社会化的途径来说，个体人成为社会人的社会化主要是通过社会教化和个体内化得以实现的。社会教化与个体内化两者相辅相成。没有社会的教化，便谈不上个体内化；没有个体的内化，社会教化便成为不可能。社会教化更多地是由社会环境因素作用于个体人而使之社会化，而个体内化则较多地是从个体的能动作用方面影响其社会化。另外，大众传媒对于社会化过程具有不小的影响。

社会教化要通过社会化的教育来实施，这属广义的教育。一个人要成长为一个合格的社会成员，就要接受教育。在个体发展的不同阶段，社会化教育的主体及其所起的作用各不相同。社会化教育的主体，包括家庭、学校、社会组织以及社会制度、社会文化等。社会制度、社会文化对于个体的社会化，具有决定性的影响。而在社会化的初步阶段，对个体最直接的相互作用最多的是家庭和学校。社会教化有民族性、地域性、历史性，在阶级社会中还涉及阶级性。不同的民族、国家和阶级，在不同的历史阶段，社会教化的内容是有区别的，但是社会教化也有其共同的内容，这主要是：

①教授基本生活技能。这主要包括生活自立能力、职业技能和掌握一定的科学文化知识。新生儿是生理上的弱者，缺乏必要的自理能力，因此社会教化首先要教会他们自理生活，如吃饭、穿衣等。在个体成长发育过程中，还必须掌握一定的职业技能。在现代社会里，对职业技能的要求越来越高。这里，既有普通正式教育又有专业教育则显得越来越重要。人们通过各种类型的科学文化技术教育，使社会成员掌握一定的职业技能，以适应科学技术高度发展的社会。

②教导社会规范。这通过各种形式的教育和社会舆论的力量，使个体逐渐形成一种信念、习惯、传统，用来约束个体的行为，调整个体与社会、个体与个体、个体与群体、群体与群体之间的关系。教导行为规范，首先是教导一般性规范，如日常生活中的进食、如厕的规矩、待人接物的礼节、交通规则、机关团体制定的规章等，这都需要从小时候起不断地灌输。其次是教导法律、道德等社会行为规范，其中法律是最具有强制

性的，道德次之。然而，道德和其他规范相比，对个体的约束力最强、最有渗透力，因为人们往往会从内心深处产生一种按道德规范行事的义务感，正如俗话所说，"做人要讲道德"，"要对得起自己的良心"。这种义务感、自觉性，乃是道德社会化教育的结果。

③树立生活目标。社会教化的意义，不仅在于培养符合现今社会要求的社会成员，而且还要在此基础上培养出具有创新意识、胸怀大志、面向未来的一代新人。社会教化一方面要把社会目标内化为个人的生活目标，另一方面要造就出一大批勇于开拓的后来者。只有这样，社会才能不断发展进步。

总之，这一切都围绕着培养社会角色。社会教化的目的在于培养合格的社会成员，即形成社会角色。每个人在社会生活中都有自己的特定位置，担当一定的社会角色。角色是一整套权利、义务和行为规范的体系。通过教授基本生活技能和教导社会行为规范，为个体胜任各种角色创造必要的条件。

（2）社会化过程广泛涉及一系列的个人、群体和机构。这些群体中最重要的和最有影响者往往被一些社会学家称为社会化的主体。自有人类历这里最重要的被认为是家庭。它主要由有婚姻关系和血缘关系的成员组成。学者们指出，家庭生活一般伴随人的一生，个体早期生活的最基本的环境是家庭，社会化从家庭开始。就一般情况而言，儿童的社会生活知识、道德规范，首先是从家庭中获得的。在婴儿期，个体基本上是在家庭中生活的。进入幼儿期，就开始和诸多孩子一道生活，过上了以幼儿园为中心的社会生活。当进入学龄期以后，以学校为中心，其生活的环境逐步扩大。从婴儿期到青年期，家庭的影响逐渐减弱，而当进入成年，组织起自己的家庭时，家庭对于个体又显得十分重要。社会心理学的研究，对婴幼儿生活期家庭生活的作用已提出了一些规律性的东西。大量的研究证明，婴幼儿期的生活经验将深刻地影响人的整个一生。个体向什么方向发展，成为什么样的人，往往与这个阶段的家庭生活的影响密切相关。

可见，作为社会化的具体方式，家庭在社会结构中是一个独特的社会化场所。当儿童进入学龄期以后，学校的影响逐渐上升到首要地位，成为重要的社会化途径。学校向学生传授科学知识，激发学生取得社会成就的愿望，为学生提供与更多的同伴以及成年人相处的经验与机会，使学生步入社会后能够更加自如地迎接各种挑战。学校的历史渊源流长，更是近代文明的产物，它本身也自成一个小社会。学校的校风、校规，学生组织，学生阅读的教科书等，都对个体的社会化产生影响。这一切通过教师与学生的相互作用，以及与同辈群体的相互作用得以实现。

另外，社会群体内部影响对于社会化过程是重要的。造成这种影响的社会群体，可能是同辈群体，也可能是阶级集团或一定的社区、工作单位。同辈人中的同学、同乡具有许多相同的思想感情与语言习惯，在相互交往中容易彼此交流社会知识与处世经验等。在阶级社会中，人们处于不同的阶级地位，有着不同的利益与要求，从而形成了迥然有别的价值标准、规范、心理、思想、习惯与气质。在社区内，人们通过一系列频繁的相互作用，形成一定的价值观念、习惯、心理。对许多人来说，工作是生活的主要内容，一生中大部分时间是在工作单位中度过的，不同的工作单位以多种形式影响着人们的社会化。还有大众传播工具。在现代社会里，大众传播是十分重要的社会化手段。报纸、杂志、书籍、广播、电视、电影、录音与录像等迅速地向人们大量提供有关社会事件与社会变革的各种信息，使人们开阔视野，看到一些自己无法亲身经历的情景，很快地学到各种知识与规范。

人在家庭、学校、社会中得到初步社会化后，还需要继续社会化。继续社会化就是指成人继续接受社会知识、社会规范，不断适应社会发展变化的过程。也就是说继续社会化是一个人从青年到老年的连续学习过程。某种意义上说继续社会化是比初步社会化更重要的社会化。继续社会化主要包括两个方面，一是继续接受文化传统和社会经验；二是不断进行知识更新和观念更新。后一点尤为重要。由于科学技术突飞猛进的发展，现代社会发展的速度大大加快。所以说，仅靠"一次教育"或者"二次教育"是不行的，应该强调终身教育。一个人只有终生坚持学习，才能跟上时代的步伐。观念更新是创造性学习的一个重要方面。这是指个人放弃已经不适应时代要求的思想观念，树立适应时代要求的新的思想观念的过程。这个过程不是指某一种具体的思想的变更，而是指一个社会政治、经济、思想、文化、伦理、法律诸方面构成的观念群。

社会学中有一个重要概念："再社会化。"再社会化被认为是社会化的非常重要的形式，这导致与先前社会化不一致的新价值观和行为得以更新。这里有两种类型：一是用温和的形式使人告别原来的生活方式和文化，接受一套完全新的生活方式和文化，即温和的再社会化。这种形式主要的是以温和的教化方式和个人自愿的方式来促进社会化进程。二是强制性的再社会化。这种方式主要是强制性的教化。再社会化无论是温和的还是强制的，总伴随着对个体一定的控制作用。

如前所说，人在成为社会人中得以角色化，人在角色化中体现出个性化。人有个性才成为真正个体化意义上的个体的人。这样他（她）才超出自然的作为生物、动物的自然人而成为社会人。自然人成为社会人，人才成为成熟的个体；成熟的个体是有个性的个体；人的个性化趋向于自由而全面发展，这与人之个体的社会化相伴随。塑造论哲学关于社会学的论证，十分强调，这里贯穿着：习性化规制化交融于社会化的过程，人是在习性化中个体化的，人是在个体化中社会化的。

（3）鲍曼在为乌尔里希·贝克、伊丽莎白·贝克、格恩斯所著的《个体化》一书写的序言里说道："'个体化'（Individualization）在于，把人的'身份'从'既定的东西'转变成一项'责任'，要求行动者承担执行这项任务的责任，并对其行为的后果（包括副作用）负责。换句话说，'个体化'在于确立合法的（de jure）自主性（尽管这种自主性在实际中并不一定能获得）。人的身份不再是'与生俱来'的；正如萨特（Sartre）的名言所说：光有资产阶级出身还不够，还必须像资产阶级那样生活。（对前现代时期的王公、骑士、农奴和市民则不能这么说，那个时代也不会出现这种情况！）一个人要成为他所是的那样，这是现代生活的特征，也只是现代生活的特征（而不是现代'个体化'的特征，这个表述显然有重复累赘之嫌；所谓个体化和现代性，指的是同样的社会状况）。现代性用强制性的、义务性的社会地位自决（self-determination），取代了社会地位的被决。""对各种类型的'个体化'、对整个现代、对社会的各个时期和各个部分而言，这都是成立的。但在这个公共的处境中，差异也很大。这些差异把前后相继的几代人区分开来，把处在同一历史阶段中的各类行动者区分开来。一旦僵化的等级结构被打破，摆在现代早期的男男女女面前的'自我—认同'（self-identilication）任务，就成了如何过'真正的'生活（即'向邻居看齐，生活不输他人'）；积极遵从既有的社会类型和行为模式；模仿、遵循这种模式，'融入它的文化'，不要掉队，不要背离规范。'阶层'取代了'等级'。后者是一个归属问题（ascription），而成就则是前者成员资格的一个非常重要的衡量标准；与等级不同，阶级是需要'加入'的，其成员资格需要在日常行为中不断更新，再确认并得到检验。"

鲍曼又说："从事后来看，可以说，阶级分化（或由阶级分化导致的性别分化）是获得资源机会的不平等导致的，而获得资源则是实现自主的条件。在能够获得的身份范围以及在此范围内选择身份的条件上，各阶级都是不同的。资源越少的人，选择空间就越小，只能通过'数量优势'——通力合作和集体行动——来弥补个体的弱势。正如克劳斯·奥菲（Claus Offe）所指出的那样，采取阶级取向的集体行动对社会下层者而言，与雇主追求生活品质一样，是'自然而然'、'切合实际'的。""也就是说，剥夺'累计起来'，固结成'共同利益'，被认为只能动用集体力量予以疗治：对那些被动接受个体化，但却因个体拥有的资源明显不足、尚不是自主个体的人，'集体主义'是最佳选择策略。条件较好的人则正好相反，其阶级取向是有偏向的，在某种意义上因循他人、缺乏独立性；当资源的不平等分配受到挑战和置疑时，这种取向通常就会凸显出来。无论如何，大体上我们可以说，古典'现代性'时期'抽离'（disembedded）的个体，利用他们作为自主行动者所获得的新的授权和权利，迫不及待地寻求'重新嵌入'（reembeddedment）。有足够多的'床位'（beds）（bed作动词有嵌入之意，"床位"是比喻说法，其实是指可供嵌入的空间。——中译注）可以容纳他们。尽管阶级格局是形成的、能够改变的，而不像过去那样，地位是可以承袭的，或者完全是基于'家庭出身'的。但这种格局也会变得像前现代的等级格局一样牢不可破，不受个体行为的左右。阶级的性别牢牢地限制着个体的选择范围；要逃脱它们的制约，绝不会比挑战个人在'神圣的存在之链'中的地位更容易。实际上，阶级和性别是'自然的事实'，留给大多数个体的自决任务就是去'适应'，即像其他的位置占据者一样，去适应已经安排好的位置。""准确地说，这就是把以往的'个体化'与它在风险社会中、在'自反性现代性'或'第二现代性’（贝克从多个层面用它来指称当今时代）下呈现的形态区分开来的东西。至少目前而言，还没有可供‘重新嵌入’的‘床位’，有的只是尺寸不同、风格不一的演奏凳（music chairs），它们的数量和位置会发生变化，迫使男男女女忙碌奔波，无休无止，没有‘到达’的满足，也没有抵临终点时忧虑顿失的惬意。在抽离的个体所走的这条路（如今这是一条漫长的路）的尽头，看不到‘重新嵌入’的希望。”

鲍曼特别指出：“有一点大概不会错：如今，像以往一样，个体化依然是命定之事，而非可以选择之事；在个体自由选择的范围内，逃避个体化和拒绝参与个体化游戏这种选择，显然还没有提上议事日程。对男女众生来说，找不出给自己制造挫折和麻烦的谴责对象，这和过去一样，并不意味着他们可以借助自己的家用电器来避免挫败，或者像明希豪森（Baron Münchhausen）一样。”“18世纪德国汉诺威有一乡绅名叫明希豪森（1720—1797），早年曾在俄罗斯、土耳其参与过战争。退役后为家乡父老讲述其当兵、狩猎和运动时的一些逸闻趣事，从而名噪一时。后出版一部故事集《明希豪森男爵的奇遇》，其中有一则故事讲到，他有一次行游时不幸掉进一个泥潭，四周旁无所依，于是他用力抓着自己的辫子把自己从泥潭中拉了出来。这个故事被德国当代批判理性主义法哲学家阿尔伯特（Hans Albert，1921—）用来批判启蒙时期的两个传统哲学，即理性主义和经验主义。明希豪森困境也被称为继休谟问题之后困扰我们智慧的又一难题。”鲍曼由此讲道：若这样，“凭自己的力量脱离困境，实现自保。如果他们病了，那是因为他们没有持之以恒地恪守养生之道；如果他们尚未就业，那是因为他们没有掌握面试技巧，没有努力去找工作，或者纯粹只是因为讨厌工作；如果他们担心自己的职业前景，对未来感到焦虑，那是因为他们在赢得朋友和影响他人方面做得还不够好，缺乏本该具有的自我表达和给人留下深刻印象的艺术。无论如何，他们被告知情况就是这样，并且他们自己也认为的确是这样，以致在行事时表现得仿佛这些果真是事情的真相一样。贝克恰当而尖锐地指出：'生活中的个体，终生都要去解决各种系统矛盾。'风险和矛盾依然会被社会地生产出来，只有应对风险和矛盾的职责和必要性正在被个体化。""简而言之：在命定的个体性和作为自决实践能力的个体性之间（后者对应着'个性化'[individuation]——贝克用这个词来区分自我维持、自力推进的个体和仅仅被'个体化'的个体，后者指的是别无选择、只能如此、仿佛个性化并未实现那样去行动的人），有一道正在逐渐拓宽的裂缝；关键在于，弥合这条裂缝不在这种能力范围之内"。

鲍曼提醒人们要注意到的是："被个体化的男女众生，其自决能力作为一种规则，并不符合真正的自我建构的要求。正如列奥·施特劳斯（Leo Strauss）所指出的那样，毫无阻碍的自由的对立面是选择的无关紧要——这两个面向互为条件：为何要自寻烦恼去阻止无论如何也没有多大意义的东西呢？愤世嫉俗的人可能会说，自由只有当其无足轻重的时候才会来临。在个体化压力下塑造出来的自由的香膏上，有一只肮脏的、无能为力的苍蝇，鉴于人们指望自由能带来权力，这种无能为力就让人觉得更加可恶和不快。""或许，像过去一样，并肩协力和步调一致能够提供一种解决办法？也许，无论个体的力量多么贫弱，只要凝聚成集体立场和行动，就能协力完成个人连做梦都不敢想的事情？但是，困难在于，任由命运摆布的个体最普遍的困扰在于，他们是不能累加的（not additive）。他们根本就不能为一个'共同目标'拧成一股绳。从一开始，被塑造出来的个体就缺乏能与他人的困扰相接合的边界。这些困扰可能相似，但是，由于个体不能携手面对和对抗困扰，所以这些困扰并未形成一个‘比它的各部分之和更大的’总体，也没有获得新的、更容易对付的特质。有其他受害者相伴，其唯一的好处在于使每个人都相信，独自与困境抗争是其他所有人每天都在做的事——于是重振那低落的决心，继续走独自抗争之路。人们也许还能借鉴他人的经验，学会如何在下一轮‘裁员’中不被淘汰，如何对付那些自认为是青少年的孩子和不愿长大的青少年，如何把脂肪和其他讨厌的‘异物’从‘自己的体内排出去’，如何戒除不再令人满意的嗜好或摆脱不再合意的合伙人。但是，人们从他人的陪伴中首先学到的东西是：陪伴者只能告诉你如何经受住自己无法逃避的孤独；每个人的生活都充满了风险，需要独自面对并与之抗争。”“因此，还有另一个障碍。正如托克维尔早就觉察到的那样，让人获得自由会使他们变得对一切都漠不关心。他认为个体是公民的头号敌人。个体往往对‘公共利益’、‘良好社会’或‘公正社会’漠不关心，疑虑重重，或者心怀警惕。除了能使个体满足自身以外，‘公共利益’还能意味着什么呢？无论个体聚集起来会做别的什么事情，都会限制他们自由地追求自认为适合自己的东西，而不会对这种追求有丝毫助益。人们只能期望‘公共力量’提供两样有用的东西：其一是保护人权（让每个人自行其是）；其二是让每个人都能和平地做到这一点——通过保护人身和财产安全，把犯罪分子关进监狱，清理大街上的抢劫者、堕落者、乞丐及心怀叵测且令人生厌的陌生人。”

鲍曼举例说：“在浏览美国人非常渴望参加的‘成人夏季课程班’的虚构广告传单时，伍迪·艾伦（Woody Allen）凭借无与伦比的智慧，准确无误地把握住了晚期现代命定个体（individuals-by-decree）的嗜好与怪癖。在这些课程班中，经济理论课目包括‘通胀与萧条——如何穿着打扮’，伦理学课目包括‘绝对命令和让它为你服务的六种方法’，天文学课程介绍中的内容则包括'太阳是由气体构成的，它有可能在任何时刻爆炸，使整个行星系瞬间灰飞烟灭；所设课程将向学生讲解普通公民在这种情况下如何应对。'"

鲍曼就此指出："总而言之：个体化的另一面似乎是公民身份的腐蚀和逐渐瓦解。《精神》（Esprit）杂志编者之一乔·罗曼（Joël Roman）在他新近出版的《个体的民主》（*La Démocratie des lndividus*，1998）一书中指出，'人的警惕性降格成了监视，既卷入了集体情感之中，又对邻人心怀戒惧。'因此他敦促人们去寻求'共同决策的全新能力'，正因这种能力的缺失，它在今日才越发引人注目。""倘若个体是公民的头号敌人，倘若个体化给公民身份和基于公民身份的政治招来麻烦，那是因为作为单个人的个体所关心的事情和他们的当务之急占据着公共空间，并宣称自己是公共空间唯一合法的占据者，把其他东西都从公共话语中挤出去了。'公'被'私'给殖民化了，'公共利益'退化成了关于公众人物私生活的奇闻轶事，公共生活的艺术也缩减成了私人事务的公开展示和私人情感（越私密越好）的公开表白。本身不容许做这样简化的'公共问题'，已经变得无法理解。""个体化了的行动者，要想'重新嵌入'基于公民身份的共和政体内，其前景是暗淡的。促使他们冒险走上公共舞台的原因，与其说是对公共事业的追求，探索就公共利益的内涵达成共识的途径，寻找共同生活的原则，不如说是急需建立'关系网络'。正如理查德·桑内特（Richard Sennett）反复指出的那样，共享私密往往是首选的、甚至可能是仅存的'构筑共同体'的方法。这种构筑技术，只能产生像支离破碎、游离不定的情感一样脆弱短命的'共同体'，它们毫无规律地变换着目标，茫然无计地寻找永远也找不着的安全港湾；在这些共同体中，人们共享着苦恼、焦虑或怨恨，但它们都是'钉子'共同体，众多孤独的个体短暂地围绕在钉子周围，并把他们孤独的个体恐惧悬挂在这颗钉子之上。正如贝克［参见他的论文《论工业社会的致命之处》（On the mortality of industrial sociecty.)］[①] 指出的那样：‘随着社会规范的衰退，赤身裸体、惊恐万状而又富有攻击性的自我涌现出来，寻求关爱和帮助。自我在寻找自身和寻求充满友爱的社会性（sociality）的过程中，很容易迷失在自身的丛林里……一个在自身的迷雾中游荡的人已经注意不到，这种孤独，这种‘自我的孤立禁闭’，是对大众的惩罚’。”

鲍曼指出：“个体化已经来临并将持续下去；无论是谁，如果要通过思考找出一些方法，来应对个体化给我们的生活方式所带来的影响，就必须首先承认这个事实。个体化给越来越多的男女众生带来了前所未有的尝试自由（freedom of experimenting），但是（对送你礼物的敌人，千万要提防），它也给男女众生安排了应对个体化后果这个前所未有的任务。在自决权和对左右着这种自决是否可行的社会环境进行掌控的能力之间，有一道鸿沟，这道鸿沟似乎就是‘第二现代性’的主要矛盾。我们必须通过不断摸索、批判反思和大胆试验，共同认识并解决这一矛盾。”

鲍曼援引贝克的论述，以支持自己的见解：“在《再造政治》[②] 一书中，贝克指出，［我们］需要进行‘再一次变革’，而变革离不开‘现代性的彻底化’。他认为，‘这离不开政治尝试中的社会创造和集体胆气’——只是他跟着便补充说，这些‘趋势和品质……并不是很常见，或许已经不再能够赢得多数大众’。但是，我们已经身陷此境，不可能在其他条件下行动。无

① In U. Beck, *Ecological Enlightenment*: *Essays on the Politics of the Risk Society*. Atlantic Highlands, NJ: Humanities Press, 1995.

② U. Beck, *The Reinvention of Politics*. Cambridge: Polity Press, 1997.

论喜欢与否，我们都将在这些条件下行动，并承担我们行动或不作为的种种后果。"①

3. 前已提及，从整个社会的历史长河讲，就整个人类的发展史讲，人的个性发展的程度，与文化人类塑造人类文化的历史水平有关。

马克思在《政治经济学批判》中曾将人类社会划分为三大形式。他写道："人的依赖关系（起初完全是自然发生的），是最初的社会形式，在这种形式下，人的生产能力只是在狭小的范围内和孤立的地点上发展着。以物的依赖性为基础的人的独立性，是第二大形式，在这种形式下，才形成普遍的社会物质变换、全面的关系、多方面的需要以及全面的能力的体系。建立在个人全面发展和他们共同的、社会的生产能力成为从属于他们的社会财富这一基础上的自由个性，是第三个阶段。第二个阶段为第三个阶段创造条件。"②

在"最初的社会形态"里，由于人的生产能力只是在狭窄的范围内和孤立的地点上进行。人的"我塑造之物"，远远没能展开其丰富性；人进行塑造的劳动，作为体现"我塑造之物"以及"人我塑造之物"的工具十分简单，"一切劳动首先并且最初是以占有和生产食物为目的的"③；作为"社会塑造之物"，由于人们之间的交往只进行于单个共同体的狭小疆域，所以还形不成超越特定共同体的特定文明系统。这样的塑造之物所能联结的只能是起初自然发生的以血缘关系为基础的"人的依赖关

① ［德］乌尔里希·贝克、伊里莎白·贝克—格恩斯海姆：《个体化》，李荣山、范譞、张惠强译，北京大学出版社2011年版，第22～27页。

② 马克思：《〈政治经济学批判〉（1857—1858年手稿）摘选》，《马克思恩格斯文集》（第8卷），人民出版社2009年版，第52页。

③ 马克思：《资本论》（第3卷），《马克思恩格斯文集》（第7卷），人民出版社2009年版，第713页。

系”。这时主要是自然经济。在经济关系上，要么是原始社会那样，工具主要是对自然提供的东西稍作加工而直接与人结合；要么是奴隶社会那样劳动者本身同劳动资料一样，只“被作为生产的无机条件与其他自然物列为一类，即与牲畜并列，或者是土地的附属物”[①]；要么是封建社会如在中世纪的行会里，劳动者“和他的生产资料还是互相结合的，就像蜗牛和它的甲壳互相结合一样”[②]。在政治关系上，要么是一种狭小血缘共同体的绝对服从，要么是一种奴隶主义，要么是一种封建专制主义。而这种联结在很大程度上由这样的情况来维系：对当时的人来说，自己的塑造之物的性质似乎是神秘的、望而生畏的，这些塑造之物有的成为（或与之相联系）图腾或禁忌的符号，有的给以人格神的意义，社会塑造之物异化为与人疏远的超人力量，崇拜偶像与服从权威同被纳入受人格神的支配。对人的依赖，与其说是依赖的是人，不如说是依赖的是作为人显意识塑造之物的偶像或神。个人完全或基本上由这种依赖性而生活在社会群体中，割断了这种依赖关系，就很难想象这个人是否还能生存。在这种情况下个人是没有独立性的，不可能有自己独特个性的发展。这种情况一直延续于中世纪：“人都是互相依赖的：农奴和领主，陪臣和诸侯，俗人和牧师。物质生产的社会关系以及建立在这种生产的基础上的生活领域，都是以人身依附为特征的。”[③] 这时的战争也是以占有这种人身依附或确立新的人身依附为焦点。

---

① 马克思：《政治经济学批判》，《马克思恩格斯全集》（第30卷），人民出版社1995年版，第481页。

② 马克思：《资本论》（第1卷），《马克思恩格斯文集》（第5卷），人民出版社2009年版，第415页。

③ 马克思：《资本论》（第1卷），《马克思恩格斯文集》（第5卷），人民出版社2009年版，第94～95页。

在"第二大社会形态"里，由于"塑造之物"的日益丰富性和多样性，一方面不能不带来分工有很大发展，另一方面发展了交换。在交换中，一方面形成着以物的依赖性为基础的人的独立性，另一方面在普遍的交换中形成着"多方面的需求以及全面的能力的体系"。这一过程，从劳动产品间的物与物交换，到产生出能够承担使交换相对等的等价物，以至出现可称得上是符号化了的金钱、货币等。马克思曾在《资本论》中详细分析了这种情况的演化，这表明在这种塑造之物上所形成的人与人之间新的关系。马克思讲，这时"金钱贬低了人所崇奉的一切神，并把一切神都变成商品。金钱是一切事物的普遍的、独立自在的价值。……金钱是人的劳动和人的存在的同人相异化的本质；这种异己的本质统治了人，而人则向它顶礼膜拜"。[①]这形成着商品拜物教、形成着货币拜物教。正是在这种塑造之物中，体现着人的关系、人的社会关系。马克思对此作了充分强调，他的《资本论》，他的整个学说正是在这种物的关系中来分析人的关系，透视人发展的历史必然性，揭示社会的必然规律。历史表明，在这种物的关系中，一方面"贸易关系和世界交换的巨大发展，广大居民群众的经常流动，摧毁了氏族、家庭和地域性公社自古以来的束缚，造成了西欧现代史中起着巨大作用的多种多样的发展，'不同的才能……丰富的社会关系'"[②]，用列宁的话说，这带来了"人格普遍提高"[③]。另一方面，由于商品拜物教、货币拜物教的作用，"个人只有作为交换

① 马克思：《论犹太人问题》，《马克思恩格斯文集》（第 1 卷），人民出版社 2009 年版，第 52 页。

② 列宁：《民粹主义的经济内容及其在司徒卢威先生的书中受到的批评》，《列宁全集》（第 1 卷），人民出版社 1984 年版，第 375 页。

③ 列宁：《民粹主义的经济内容及其在司徒卢威先生的书中受到的批评》，《列宁全集》（第 1 卷），人民出版社 1984 年版，第 376 页。

价值的生产者才能存在，而这种情况就已经包含着对个人的自然存在的完全否定”[①]；因为这可把人与人的一切关系变成货币之间的关系，金钱升值，人被贬值，在商品货币的价值追求中，占有生产资料的人成为资本的人格，而失掉生产资料的人连自身也成为商品而加入资本。这使在人塑造自然中因不断丰富和多样而产生的大机器劳动方式，也资本化了。这带来人显意识外化了的塑造之物的异化越来越加强，机器工具本来应成为劳动者自身的延长和支持，现在却成了统治人的东西，人成了由机器工具运转而迫使自己不得不随之运转的零件，而且工人生产得越多自己受到的压迫越大。马克思非常深刻地论述道：“工人在劳动中耗费的力量越多，他亲手创造出来反对自身的、异己的对象世界的力量就越强大，他自身、他的内部世界就越贫乏，归他所有的东西就越少。……工人在他的产品中的外化，不仅意味着他的劳动成为对象，成为外部的存在，而且意味着他的劳动作为一种与他相异的东西不依赖于他而在他之外存在，并成为同他对立的独立力量；意味着他给予对象的生命是作为敌对的和相异的东西同他相对立。”[②] 这“把工人变成畸形物，它压抑工人的多种多样的生产志趣和生产才能，人为地培植工人片面的技巧，这正像在拉普拉塔各国人们为了得到牲畜的毛皮或油脂而屠宰整只牲畜一样”。[③]“他的片面性甚至缺陷就成了

---

① 马克思：《政治经济学批判》，《马克思恩格斯全集》（第 30 卷），人民出版社 1995 年版，第 203 页。

② 马克思：《1844 年经济学哲学手稿》，《马克思恩格斯文集》（第 1 卷），人民出版社 2009 年版，第 157 页。

③ 马克思：《资本论》（第 1 卷），《马克思恩格斯文集》（第 5 卷），人民出版社 2009 年版，第 417 页。

他的优点"。①

马克思所讲的"第三个阶段"社会形态，就是他所设想的经过社会主义的共产主义社会。马克思对此论述道："私有财产的运动——生产和消费——是迄今为止全部生产的运动的感性展现，就是说，是人的实现或人的现实。……因此，对私有财产的积极的扬弃，作为对人的生命的占有，是对一切异化的积极的扬弃，从而是人从宗教、家庭、国家等等向自己的合乎人性的存在即社会的存在的复归。"②"共产主义是对私有财产即人的自我异化的积极的扬弃，因而是通过人并且为了人而对人的本质的真正占有；因此，它是人向自身、也就是向社会的即合乎人性的人的复归（《马克思恩格斯全集》1972 年版第 42 卷此处译为："向社会的（即人的）人的复归"——引者注），这种复归是完全的复归，是自觉实现并在以往发展的全部财富的范围内实现的复归。这种共产主义，作为完成了的自然主义，等于人道主义，而作为完成了的人道主义，等于自然主义，它是人和自然界之间、人和人之间的矛盾的真正解决，是存在和本质、对象化和自我确证、自由和必然、个体和类之间的斗争的真正解决。它是历史之谜的解答，而且知道自己就是这种解答。"③

马克思讲，这时"人以一种全面的方式，就是说，作为一个完整的人，占有自己的全面的本质。人同世界的任何一种人的关系——视觉、听觉、嗅觉、味觉、触觉、思维、直观、情

① 马克思：《资本论》（第 1 卷），《马克思恩格斯文集》（第 5 卷），人民出版社 2009 年版，第 405 页。

② 马克思：《1844 年经济学哲学手稿》，《马克思恩格斯文集》（第 1 卷），人民出版社 2009 年版，第 186 页。

③ 马克思：《1844 年经济学哲学手稿》，《马克思恩格斯文集》（第 1 卷），人民出版社 2009 年版，第 185～186 页。

感、愿望、活动、爱，——总之，他的个体的一切器官，正像在形式上直接是社会的器官的那些器官一样，是通过自己的对象性关系，即通过自己同对象的关系而对对象的占有，对人的现实的占有；这些器官同对象的关系，是人的现实的实现”。马克思写到这里还特别对此加注脚说：“因此，正像人的本质规定和活动是多种多样的一样，人的现实性也是多种多样的。”①

在马克思看来，到这种社会形态，人们的生产工具更进一步发展，产品得到极大丰富。这时解决了劳动者与生产资料相分离的状况，而实现了在这种联合体中的真正结合，所以改变了生产工具被劳动者创造出来却与劳动者疏远化异己化而成为统治劳动者的资本的情况。同时与此相适应的是劳动者真正成为社会的主人。在马克思看来，这时，旧式分工对人全面发展的影响逐步被消除。马克思、恩格斯在《共产党宣言》中讲的，此“将是这样一个联合体，在那里，每个人的自由发展是一切人的自由发展的条件”。②

马克思还讲到，到这种社会形态，人们的生产工具更进一步发展，产品得到极大丰富。这就是说，人对自然的塑造得到充分发展。这时社会不仅可在工具、机器的塑造中生产丰富的产品，而且可依新的工具“有计划地分配劳动于不同的生产部门”。围绕于此，马克思在《政治经济学批判》中使用了“社会簿记”这个词。“社会簿记”既是符号化了的计划，又是人制造出来的高速统计运算工具。

对这种人之“塑造之物”，实际上可看作就是我们今天所称

---

① 马克思：《1844年经济学哲学手稿》，《马克思恩格斯文集》（第1卷），人民出版社2002年版，第189页。

② 马克思、恩格斯：《共产党宣言》，《马克思恩格斯文集》（第2卷），人民出版社2009年版，第53页。

的计算机，或电脑形成了的网络，或者诸如以此构成的有人曾经所称的"信息高速公路"之类的东西，以及将来充分发展起来的人工智能，等等，当人们有了这种塑造之物，把它用于组织社会生产之中，就使社会生产发生了重大变化。这又引起社会关系、社会构成的重大变革，马克思认为这要通过社会革命来实现，由此建立起一个新型的社会。

马克思设想，这时由于全社会只要花费较小的力量，就创造出能够满足社会全体成员物质需要的产品，这就"给所有的人腾出了时间和创造了手段"，使他们能够从事多种最能体现人的本性的创造性活动。"任何人都没有特殊的活动范围，而是都可以在任何部门内发展，社会调节着整个生产，因而使我有可能随自己的兴趣今天干这事，明天干那事，上午打猎，下午捕鱼，傍晚从事畜牧，晚饭后从事批判，这样就不会使我老是一个猎人、渔夫、牧人或批判者"。[①]

当然，马克思的这段话，只是试图对摆脱了旧式分工后的人的活动，作出一种描述。关于这种情况的实现涉及一系列复杂问题，在此暂不加以讨论。实质性的问题在于，人在某些条件下特别在社会化条件下能全面地确证自身本质。其真实含义是指每个社会成员能在人类物质和精神文化的全部成果中，自由地选择它们，占有它们，在最符合个体本身的兴趣、爱好的各种社会活动中，最大限度发挥自己的聪明才智和操作技能，以使自己的个性得到自由、全面的发展。在扬弃了生产资料被少数私人占有而归社会所有因而能与劳动者结合的联合体中，集体的发展为每个社会成员的个性发展提供越来越多的条件，个人的发展为集体的发展建立越来越坚实的基础，"每个人的自

① 马克思、恩格斯：《德意志意识形态》，《马克思恩格斯文集》（第1卷），人民出版社2009年版，第537页。

由发展是一切人的自由发展的条件”。

（五）在马克思的视野中，他所提出的共产主义，正是以“更高级的、以每一个人的全面而自由的发展为基本原则的社会形式”[①]。应当注意到，马克思有这样一些提法：“建立在个人全面发展和他们共同的、社会的生产能力成为从属于他们的社会财富这一基础上的自由个性。”[②]“个人的全面发展，只有到了外部世界对个人才能的实际发展所起的推动作用为个人本身所驾驭的时候，才不再是理想、职责等等，这也正是共产主义者所向往的”。[③] 这是一个“个人的独创的和自由的发展不再是一句空话的唯一的社会”。[④] 这“将是一个以各个人自由发展为一切人自由发展的条件的联合体”。[⑤]

以上可见，马克思讲人的解放，讲人的全面发展，突出地涉及社会化中的“个性”这个概念。同时又说明，在真正充分的社会化中，才能实现作为“社会关系总和”的人与人“自由而全面的发展”的统一。正如马克思又说，只有当“社会化的人，联合起来的生产者，将合理地调节他们和自然之间的物质变换，把它置于他们的共同控制之下，而不让它作为一种盲目的力量来统治自己；靠消耗最小的力量，在最无愧于和最适合

① 马克思：《资本论》（第 1 卷），《马克思恩格斯文集》（第 5 卷），人民出版社 2009 年版，第 683 页。

② 马克思：《政治经济学批判》，《马克思恩格斯全集》（第 30 卷），人民出版社 1995 年版，第 107～108 页。

③ 马克思、恩格斯：《德意志意识形态》，《马克思恩格斯全集》（第 3 卷），人民出版社 1960 年版，第 330 页。

④ 马克思、恩格斯：《德意志意识形态》，《马克思恩格斯全集》（第 3 卷），人民出版社 1960 年版，第 516 页。

⑤ 马克思、恩格斯：《共产党宣言》，《马克思恩格斯全集》（第 4 卷），人民出版社 1958 年版，第 491 页。

于他们的人类本性的条件下来进行这种物质变换"[①] 的时候，"在这个必然王国的彼岸，作为目的本身的人类能力的发挥，真正的自由王国，就开始了"。[②]

这样，体现着三个层面的社会化，形成着真正实现社会化的历史过程。一是个体的社会化。个人融入社会，个体的人充分个性化。二是经济、政治的社会化。社会的经济，经过自然经济、小农经济、门阀士族经济、资本主义经济、社会主义经济走向社会化的经济。社会的政治，经过初始民主政治、专制主义政治、资本主义民主政治、社会主义民主政治，走向社会化的民主政治。政府走向成为社会的政府，政府回归社会；国家在社会化中走向成为社会的国家，指向国家消亡；政党走向社会的政党，指向政党的消亡。三是全社会的社会化。经过以上过程，通过建立社会的股份制，重建个人所有制，形成社会所有制；通过充分的社会民主，人民当家作主，国家走向社会；人的个性真正得到自由而全面发展。全社会实现社会化。

这个自由王国同时是真正意义上的和谐社会。实现人的个性化、社会化的统一，才能实现真正意义上的和谐社会。

于此，"习性（人性、社会性）"到"习性规制"，社会习性与社会规制的内在矛盾达到统一，形成个性化、社会化的统一，超越为社会的人与人的社会达到同一的社会

"个性化"，是一个人在一定社会条件下所形成的特性；是在社会化中的人的解放；是"社会的人"与"人的社会"的统一。

---

① 马克思：《资本论》（第3卷），《马克思恩格斯文集》（第7卷），人民出版社2009年版，第928～929页。

② 马克思：《资本论》（第3卷），《马克思恩格斯文集》（第7卷），人民出版社2009年版，第929页。

这统一构成如此的概念系列：（成）人的社会（在）—社会化（成）—社会的人（诚）；（是）社会的人—（诚）个性化—（成）人的社会。于是，“人的社会”使人在社会化中升华为真正的“社会的人”；“社会的人”在个性化中使社会升华为真正的“人的社会”。

这样，习性化的身体与身体化的社会结构在超越中而实现统一；社会结构中的人的个性得以健康地发展，个性化与社会结构在超越中实现统一；习性、习性规制、习性场域，在超越中实现统一，习性的个性场与习性的社会场在超越中实现统一，习性的社会场与社会的习性场在超越中实现统一。

就塑造论哲学体系整个地讲，如果说，塑造论哲学关于经济学的哲学论证，由解析效率何以可能、公平何以可能，论证了经济关于利益义善的义利何以可能；如果说，塑造论哲学关于政治学的哲学论证，由解析自由何以可能、平等何以可能，论证了政治关于道义正当的正义何以可能。那么，塑造论哲学关于社会学的哲学论证，则由解析实事（寔事）何以可能、义成（宜成）何以可能，论证了社会关于“诚是”“在成”的“和谐”何以可能。

四、塑造论哲学基于“‘是’‘在’”“‘诚’‘成’”的展开

塑造论哲学在展开中，对于人与社会的成立何以可能，对于经济学、政治学及社会学的成立何以可能，对于形而上统摄经济、政治、社会的形而下，给出拓展论证。同时各作为《塑造论哲学全书》的组成部分，与其他关于各个领域的论证一起，共同构成塑造论哲学的严整体系。这体现于塑造论哲学，其认为：哲学体系应能展开对所有部门学科加以证明，而这又成为关于塑造论哲学的证实。基于此，塑造论哲学体系拓展到了关于经济学、政治学、社会学各领域的论证。

（一）《塑造论哲学之经济学哲学论证》这一卷，首先从"塑造论哲学对哲学何以可能的回答"论述起，把经济学涉及的主要方面纳入"塑造单子的基本解析图式"，形成关于经济的"（财富）生产—交换流通—消费（生活）"这样一个解析图式。这是绪论部分的主要内容。然后，沿着"无意识—潜意识—显意识—超意识"分一、二、三篇。第一篇把"无意识"前提作为"前阶"，由此说起。第二篇论述作为"枢纽"的"经济潜意识—经济显意识"关系，就此展开。先由"社会潜意识"层面，就作为经济的"'程序伦理'之'值'的（形式）公设"或就体现"值（值得、值当）"的"原初（经济）状态"，论述了"经济义利（经济的利益义善）的必然性形式是何以成为可能的"；再由"社会潜意识和社会显意识"的关系，解析了经济人悖论，之后就作为经济之"值（值得、值当）"体现于"民生世事"的"义利"，论述了"经济义利的普遍性统摄是何以成为可能的"；又在"社会显意识"层面上就经济"'值'体现于'民生世事'"而指向"经世济民"所显现出来的经济体系，论述了经济何以获"益"至"善"，论述"经济义利（效率公平）的绩效性显现是何以可能的"。这里"看不见的手"和"看得见的手"实现着对于"值（值得、值当）价值"的调节。第三篇关于向"超意识"状态升华，指向着超越。由值（价值）与法（法律）的关系通过解析"看不见的手"和"看得见的手"及其学说构建史，阐述了"潜意识—显意识"经"对立统一"走向"同一"从而实现经济发展中的一级级文明，走向和谐与超越。这一系列论证，归结到回答"经济必然性是何以成为可能的"并且是"经济学所描述和论证的经济必然性是何以成为可能的"，从而对经济学意义的形而下支持哲学意义的形而上是何以成为可能的，作出结论。[①]

（二）《塑造论哲学之政治学哲学论证》与《塑造论哲学之经济学哲学论证》相对称，首先从“塑造论哲学对哲学何以可能的回答”论述起，把政治学涉及的主要方面纳入“塑造单子的基本解析图式”，形成关于“政治”的“占有—统治治理—管理”这样一个解析图式。这是绪论部分的主要内容。然后，沿着“无意识—潜意识—显意识—超意识”分一、二、三篇。第一篇把“无意识”前提作为“前阶”，由此说起。第二篇论述作为“枢纽”的“政治潜意识—政治显意识”关系，就此展开。先由“社会潜意识”层面，就作为政治的“‘伦理程序’之‘法’的（形式）公设”或就体现“法（法规、法度）”的“原初（政治）状态”，论述了“政治正义（政治的正当道义）的必然性形式是何以成为可能的”；再由“社会潜意识和社会显意识”的关系，解析了政治人悖论，之后就作为政治之“‘法’（法度、法规）”体现于“世情民事”的“正义”，论述了“政治正义的普遍性统摄是何以成为可能的”；又在“社会显意识”层面上，就政治“‘法’体现于‘世情民事’”而指向“布政治世”所显示出来的政治体系，论述了政治何以至“善”获“益”，论述“政治正义（自由平等）的合法性显现是何以成为可能的”。这里“自然法”和“人为法”实现着对于“法（法度、法规）法律”的调节。第三篇关于向“超意识”状态升华，指向着超越。由法（法律）与值（价值）的关系，通过解析“自然法”和“人为法”及其学说构建史，阐述了“潜意识—显意识”经“对立统一”走向“同一”从而实现政治发展中的一级级文明，走向和谐与超越，这一系列论证，归结到回答“政治必然性是

① 参见张全新：《塑造论哲学之经济学哲学论证》（上下卷），齐鲁书社 2006 年版。

何以成为可能的"并且是"政治学所描述和论证的政治必然性是何以成为可能的"，从而对政治学意义的形而下支持哲学意义的形而上是何以成为可能的，作出结论。[①]

（三）《塑造论哲学之社会学哲学论证》体现了进一步的综合。这里首先从"塑造论哲学对哲学何以可能的回答"论述起，把社会学涉及的主要方面纳入"塑造单子的基本解析图式"，形成关于"社会"的"（人口繁衍）生存（活动行为）—交往沟通—（工具符号）建设（进步发展）"这样一个解析图式。这是绪论部分的主要内容。然后，沿着"无意识—潜意识—显意识—超意识"分一、二、三篇。第一篇把"无意识"前提为"前阶"，由此说起。第二篇论述作为"枢纽"的"社会潜意识—社会显意识"关系，就此展开。先由"社会潜意识"层面，就作为社会的"'真美益善'之'性'的（形式）公设"或就体现"性（人性、社会性）"的"原初（社会）状态"，论述了"社会在成（社会存在生成）的必然性形式是何以成为可能的"；再由"社会潜意识"和"社会显意识"的关系，解析了社会人悖论，之后就作为社会之"'性'（人性、社会性）"体现于"社情民俗"的"存在""生成"，论述了"社会存在社会生成的普遍性统摄是何以成为可能的"；又在"社会显意识"层面上，就社会"'性'体现于'社情民俗'"而指向"社缘会通"所显示出来的社会体系，论述了社会何以达到"真美益善"统一，论述"社会存在社会生成（社会实在成就）的和谐性显现是何以成为可能的"。这里"人塑造（自然）社会"和"社会（自然）塑造人"实现着对于"性（人性、社会性）"的调节。第三篇关于向"超意识"状态升华，指向着超越。由值（价值）法（法律）性

① 参见张全新：《塑造论哲学之政治学哲学论证》，山东人民出版社 2005 年版。

（人性、社会性）的关系，通过解析“人塑造（自然）社会”和“社会（自然）塑造人”及其学说构建史，阐述了“社会潜意识—社会显意识”经“对立统一”走向“同一”从而实现政治发展中的一级级文明，走向和谐与超越。这一系列论证，归结到回答“社会必然性是何以成为可能的”并且是“社会学所描述和论证的社会必然性是何以成为可能的”，从而对社会学意义的形而下支持哲学意义的形而上是何以成为可能的，作出结论。

第三节 “经济政治社会化”“社会化政治经济”·在社会化中和谐

一、趋于社会化的经济和政治，学科新发展、新建树

（一）经济的“市场化和计划化”发展，趋于“经济社会化”“社会化经济”。

1. 社会化经济原本是与自然经济相对而言的。自然经济（natural economy）是以自给自足为特征的经济形式。这种情况下，生产是为了直接满足生产者及家庭或经济单位（如原始公社、封建庄园）本身的需要，而不是为了投入社会交换或主要不是为追求货币增值的社会生产，生产品不进入流通过程或只有极小部分进入流通过程。在生产单位中，经济条件的全部或绝大部分，是在本单位中生产的，并直接从本单位的总产品中得到补偿。

在自然经济条件下，每一个生产者及家庭或经济单位利用自身的经济条件，几乎生产自己所需要的一切产品，交换极为

有限，产品主要不具有商品的性质。列宁说："在自然经济下，社会是由许多单一的经济单位（父叔制的农民家庭、原始村社、封建领地）组成的，每个这样的单位从事各种经济工作，从采掘各种原料开始，直到最后把这些原料制作得可供消费。"[①] 作为一个自然经济的生产单位，不仅生产农产品，也可能生产手工业产品，而其手工业产品是作为农业的副业而存在的。农业和手工业紧密结合，农民不仅从事农业，而且从事手工业，这就是自然经济赖以成立的条件。农业和手工业的紧密结合，使各个经济单位孤立、分散，少有互相往来；社会分工不发达，造成生产规模狭小、生产力水平低下。这就导致自然经济带有因循守旧、墨守成规的特征。原始社会的经济是自然经济，在奴隶社会和封建社会里自然经济仍占主要地位。到封建社会末期，随着社会分工的发展和生产力水平的提高，商品经济有所发展，才使建立在自然经济基础上的生产方式趋于瓦解，最终为资本主义商品经济所代替。到资本主义社会充分发展起来，自然经济就保留得很少了。

在马克思主义看来，资本主义生产方式与以往生产方式相区别的重要一点是：一方面，此时社会的生产力获得了很大发展，生产达到了高度社会化的水平；而另一方面，社会的生产资料和生产成果被少数资本家私人占有。正是这种生产的社会性同生产资料和生产成果的私人资本占有形式之间的矛盾，成为资本主义生产方式的基本矛盾。

在生产高度社会化的条件下，社会生产各个部门和各个企业之间的联系空前地扩大和加强了，整个社会经济已经结成一个统一的有机体。这种社会化的大生产，客观上要求由社会共

---

① 列宁：《〈俄国资本主义的发展〉（节选）》，《列宁选集》（第 1 卷），人民出版社 1995 年版，第 164 页（译文有所调整）。

同占有生产资料和对社会生产进行统一的计划和管理，同时还要求生产成果也归社会共同占有和分配。实现这一要求，才会使社会生产各个部门和各个企业之间的比例关系以及生产和消费之间的比例关系协调起来，从而使社会再生产得以顺利进行。马克思主义强调，由于资本主义的实际情况并非如此，随着资本主义的发展，社会的生产资料和生产成果日益集中到少数资本家手里，归他们私人占有，服从于他们获取剩余价值的目的。这样，就不能不在资本主义的经济生活中引起一系列的对抗和冲突，并不可避免地导致经济危机的爆发。关于此，马克思主义的论证是：

首先，资本主义的基本矛盾，表现为资本主义各个企业内部生产的有组织与整个社会生产的无政府状态之间的矛盾。生产资料的资本主义所有制决定了资本家对自己企业的生产活动有绝对的支配权，企业生产什么，如何生产和生产多少，是由各企业的资本家决定的。资本家为了获取更多的剩余价值，总是力求采用先进技术，改进生产条件，调整劳动组织，加强生产管理，因而就单个资本主义企业的生产来说，能够具有一定的组织性，并在一定程度上或一定时期促进了生产力的提高。但是，就整个社会的生产来说，由于生产资料归私人占有，互相联系的各个生产部门和各个企业都被这种私有制分割开了，因而完全处于竞争和无政府状态之中。每个资本家都是在竞争规律的支配下盲目地进行生产，他们顾不得其他企业的生产情况，也顾不得自己的商品是否符合社会的需要因而是否能在市场上按照社会需求的条件销售出去，而只顾为了自己争夺利润而进行着尖锐竞争。因为个别企业生产的组织性，不仅不能限制社会生产的无政府状态，而且加剧着这种无政府状态，这主要是因为：第一，每个资本家越是改进企业的技术装备、改善企业的经营管理，也就越能降低商品的生产成本和扩大生产规模，从而就会把数量更多和价格更低的商品投入市场。这样，就会进一步加强他们之间的竞争，加剧整个社会生产的无政府状态。第二，个别企业生产规模的扩大，生产组织性的加强，意味着它们竞争实力的加强，而竞争的手段也会更加多样、复杂，在资本主义生产关系中，这会进一步加剧整个社会生产的无政府状态。一个小作坊不仅竞争能力薄弱，而且竞争手段也是很有限的。但是，一个资本雄厚的现代化大企业就不同了，它可以采取各种各样的竞争手段，譬如实行倾销、收买专利权、操作金融、连同政府官员向竞争对手挑起无休止的争讼，乃至雇佣侦探专门刺探情报和收买代理人搞颠覆活动，等等。总之，资本主义企业内部越是有组织，资本主义社会的竞争和生产无政府状态便会更加尖锐和剧烈。随着竞争和生产无政府状态的加剧，资本主义各生产部门之间的比例失调现象就会日益严重；当这种比例失调的现象达到一定程度之后，社会总产品首先是其中的某些重要产品的实现条件就要遭到破坏，从而不可避免地就要发生普遍性的买卖脱节，爆发生产过剩的经济危机。

其次，资本主义的基本矛盾，还表现为资本主义生产无限扩大的趋势和劳动人民有支付能力的需求相对缩小之间的矛盾。资本主义生产之所以具有扩大的趋势，是由资本主义的基本经济规律即剩余价值规律所决定的。资本家对剩余价值的一味追求，外部竞争的压力，促使他们必须不断地改进生产技术和扩大生产规模；所以，在资本主义经济中，客观上存在着一种竭力冲破市场限制而竭力提高生产能力和扩大生产规模的驱动力和趋势，以至达到十分盲目的程度。同时，由于生产的社会性质，也有可能把生产迅速地扩大起来。这是因为，高度社会化的大生产是以现代机器工业作为技术基础的。大机器工业拥有先进的生产技术，它可以在新的合理的基础上改造生产，可以有系统地将新的科学成就应用于生产；这样，就使生产取得了一种突然跳跃的伸张力，造成了生产规模无限扩大的可能性。但另一方面，马克思特别指出，与资本主义生产无限扩大的趋势同时并存的，却是劳动人民有支付能力的需求相对缩小的趋势。在资本主义制度下，生产发展的目的并不是为了提高劳动人民的生产水平，而是为了资本家获得超额的高额利润。因此，资本家在改进生产技术和提高企业生产能力的同时，又总是尽量地加强对工人的剥削，降低他们的工资，使工人阶级日益相对贫困化和绝对贫困化。此外，资本家还利用大生产的优越地位，不断地排挤和剥夺中小生产者，使他们破产。这样，资本主义制度就把广大劳动人民有支付能力的需求限制在一个极其狭小的范围内，并且同日益扩大的生产规模越来越不相适应。社会生产的增长，归根结底要依赖于人民群众的消费。资本主义既然在无限扩大生产的同时相对缩小了广大劳动人民的购买力，相对降低了他们的消费水平，这就在生产和消费之间造成了日益尖锐的对抗性矛盾。当这种矛盾发展到一定的程度，即当若干重要的商品由于群众无力购买而找不到销路的时候，社会总产品的实现条件就要遭到猛烈的破坏，于是普遍性的生产过剩的危机就会爆发。马克思曾强调指出："一切现实的危机的最终原因，总是群众的贫困和他们的消费受到限制，而与此相对比的是，资本主义生产竭力发展生产力，好像只有社会的绝对的消费能力才是生产力发展的界限。"① 资本主义制度下之所以不可避免地爆发生产过剩的危机，并不是因为资本主义社会生产的巨大增长超过了民众的绝对需要，而仅仅是因为它超过了民众有支付能力的需求。马克思说："生产过剩同绝对的需要

① 马克思：《资本论》（第3卷），《马克思恩格斯文集》（第7卷），人民出版社2009年版，第548页。

究竟有什么关系呢？生产过剩只同有支付能力的需要有关。""如果仅仅在一个国家的全体成员的即使最迫切的需要得到满足之后才会发生生产过剩，那么，在迄今资产阶级社会的历史上，不仅一次也不会出现普遍的生产过剩，甚至也不会出现局部的生产过剩。"① 这样，特别在自由资本主义时期，在生产过剩的危机期间，千百万劳动者比任何时候都更加感到生活必需品的缺乏，之所以如此，正是由于他们生产了"太多的"粮食和燃料等等。空想社会主义者傅立叶就此说：这成为"富裕变成贫穷和困苦的源泉"。所以，资本主义制度下的生产过剩，并不是绝对的过剩，即超过了人民大众的绝对需要而形成的过剩；而只是一种相对的过剩，即和人民大众有支付能力的需求相对而言的过剩。经济危机实际上就是资本主义商品生产的相对过剩的危机。马克思由以上的分析，其结论是，生产过剩的危机，完全是资本主义生产方式内部矛盾的产物，是资本主义经济制度本身造成的。这是资本主义生产方式特有的经济现象，也是资本主义制度的自然伴侣。有人说，如果资本主义能够把生产不用于获取最大限度的利润，而用于不断改善人民群众的物质生活状况，那就不会发生危机了。但这样一来，资本主义也就不成其为资本主义了。只要存在着资本主义制度，资本家就不会放弃剥削，资本主义的深刻矛盾就难以从根本上解决，工人阶级和其他劳动人民就不能摆脱经济危机这种社会灾难。斯大林就此讲："要消灭危机，就必须消灭资本主义。"②

在马克思的论述中，应当可以看出，他认为，股份制经济

---

① 马克思：《剩余价值理论》（第2册），人民出版社1975年版，第578页。

② 斯大林：《联共（布）中央委员会向第十六次代表大会的政治报告》，《斯大林全集》（第12卷），人民出版社1955年版，第215页。以上论述见徐禾等编：《政治经济学概论》，人民出版社1973年版，第470～475页。

在经济社会化中起着很大作用。马克思讲道："在股份公司内，职能已经同资本所有权相分离，因而劳动也已经完全同生产资料的所有权和剩余劳动的所有权相分离。资本主义生产极度发展的这个结果，是资本再转化为生产者的财产所必需的过渡点，不过这种财产不再是各个互相分离的生产者的私有财产，而是联合起来的生产者的财产，即直接的社会财产。"[①] 显然，在马克思的思考中，有着这样的思想，股份制经济能够成为社会占有生产资料的实现形式。股份制经济之所以能够成为社会占有生产资料的实现形式，主要在于以下几点：

（1）生产的社会化。产业革命和资本积累的发展替那些要有资本的预先集中才能建立起来的大型企业，一方面创造了社会需要，另一方面也创造了技术手段。而股份制经济的出现则创造了经济上的实现条件。由于个别资本的数量有限，不足以创办规模巨大的企业，这就有必要组织股份公司，把许多个别资本联合起来。这种通过集中而在短时期内集合起来的资本量，会以更快的速度不断地扩大再生产，成为社会积累的新的强有力的杠杆。

（2）资本的社会化。股份制的产生和发展意味着私人资本向社会资本的屈服，是"转化为联合的生产方式的过渡形式"[②]。随着社会化大生产的不断发展，客观上要求生产资料和资本的社会化。于是，股份制产生了。在股份制中，一旦投入的资本成为企业的资本，它就获得了社会资本的性质，股东们不可以随意收回资本，只可以转让或买卖，由股东们选出的负责人往

① 马克思：《资本论》（第 3 卷），《马克思恩格斯文集》（第 7 卷），人民出版社 2009 年版，第 495 页。

② 马克思：《资本论》（第 3 卷），《马克思恩格斯文集》（第 7 卷），人民出版社 2009 年版，第 499 页。

往成为法人代表，来实现财产的支配权。股份制，客观上产生这样一种事实：私人资本在社会化大生产的生产力的发展要求下，必须变成社会资本的形式，转化为生产者的社会财产。这样，从某种意义上讲，股份制是对私人资本的扬弃。

(3) 经营的社会化。股份制经济使资本所有权与支配权发生了分离，一部分资本所有者转化为单纯的货币资本家，而另一部分职能资本家转变为经理阶层，专门从事生产经营管理。企业实际的经营权落在具有经营管理知识和经验的经理肩上。马克思正是针对这一情况指出，职能已经同资本所有权分离，因而劳动也已经完全同生产资料所有权相分离。这个结果是资本再转化为生产者的财产所必需的过渡点，不过这种财产不再是各个分离的生产者的私有财产，而是联合起来的生产者的财产，即直接的社会财产。这里所指的"过渡点"当然是指迈向新生产方式的过渡点。也就是说，股份公司的出现和发展，强化了旧生产方式解体的各种因素，同时，为向新生产方式过渡提供了基础。正如马克思在《资本论》第3卷中所写的：由于股份公司的成立，"生产规模惊人地扩大了，个别资本不可能建立的企业出现了。同时，以前曾经是政府企业的那些企业，变成了社会的企业"[①]。对于《资本论》第3卷写到这里所用的"社会""社会的"，编者专门注释道："这里的'社会'、'社会的'，德文原文为'Gecellschaft'，'Gesellschaftlich'又有'公司'和'公司的'含义。"

2. 在经济学家的视野中，许多人光顾到经济与社会的联系。不同学科或学说曾对之从不同视角进行过许多研究，提出一些见解。这里涉及"经济"与"社会"，可认为是把经济学命题拓

① 马克思：《资本论》（第3卷），《马克思恩格斯文集》（第7卷），人民出版社2009年版，第494页。

展于社会学视域加以研究。

应当说，经济本来就是指向社会并拓展于社会的，是嵌入社会构成的，是弥散于整个社会系统中的。讨论走向“经济社会化”或形成“社会化经济”，这是就讨论总的社会经济的宏观趋势来说的；而在整个社会经济的微观构成来讲，也是对经济进行更宽范围或说涉及更多因素的社会因素进行讨论。由此往往形成了许多关于经济的社会学研究。从某种角度讲，这形成了经济社会学这样一门学科。应当明确，“经济社会化”与“经济社会学”不是同样的概念也不是同一系列的概念。但关涉于“经济社会学”研究，以社会学的视角关注经济学的社会学问题，把研究的视域带入或扩展于整个社会的范围，可以使我们更看得出经济本来就离不开社会，可以从经济及其渗透、扩散于社会的一系列社会学问题来看待经济学问题及经济带来的社会发展问题，并考虑其中的“经济社会化”有待解决的问题及其未来趋向。从这一角度或情况说，了解这些研究，能更有利于在整体历史趋势上认识向“经济社会学”或“社会化经济”超越的问题。

就学科讲，应重视一个趋势：经济学经常与社会学结缘。19 世纪～20 世纪，逐步发展起来的被称为经济社会学（economic sociology）的学科，作为在经济学和社会学基础上形成的交叉学科，在经济学和社会学的发展过程中都可以找到其历史源流。

很显然的是，有关“经济与社会”的研究，历史上并行出现过“经济社会学”或“社会经济学（social economic）”两个名称。“社会经济学”这个概念最早是由 19 世纪中期的经济学家小穆勒（J. Mill）提出的，但他所提出的“社会经济学”概念，由其所述，似乎只是用以涵盖政治经济学遗漏了的某些方面，而不是提出一个明确的新学科概念。如果说，对于“经济社会学"按字面上理解，可以认为是一门用社会学的理论和方法研究经济问题的社会学分支学科；同样，在此意义上，"社会经济学"则可认为是一门用经济学理论和方法研究社会问题的经济学的分支学科。主要作为社会学家的韦伯（M. Weber）倾向于使用"社会经济学"这一称谓；而主要作为经济学家的熊彼特（J. Schumpeter）却倾向于使用"经济社会学"，这个名称。有学者认为，韦伯的"社会经济学"与其说是社会问题的经济学研究，毋宁说是"政治社会学"的另一个名称。当然，韦伯的"社会经济学"一词与以往的"政治经济学"有所不同。而熊彼特使用"经济社会学"一词是因为，"经济分析所讨论的问题是：人们在某个时候怎样行为以及产生什么经济效果；经济社会学处理的问题是：他们怎么会这样行为的。如果我们把人类行为的定义下得广泛一些，不仅包罗行动、动机、偏好，而且也包括与经济行为有关的社会制度如政治制度、财产的继承、契约等等，那么讲这句话就把我们所需要的一切都包括在内了"。[①] 显然，熊彼特讲的"经济社会学"更类似于后来的新制度经济学，他所强调的仍是经济学的研究，即使是社会学研究本身，他也是在"社会科学"意义上理解的。[②] 自20世纪80年代中期以来，有学者使用了"新经济社会学"（new economic sociology）这一概念用以称谓他们的学说之后，这个概念的使用频率开始逐渐增加。这在很大程度上，主要是源于格兰诺维特于1985年在《美国社会学杂志》上发表的著名文章《经济行为与社会结构：嵌入问题》。格兰诺维特把社会网络分析方法引

① ［美］熊彼特：《经济分析史》，李宏、朱泱译，商务印书馆1991年版，第49页。

② 朱国宏、桂勇主编：《经济社会学导论》，复旦大学出版社2005年版，第2页。

入了经济社会学的研究中，并在同年举办的美国社会学学会年会中使用了“新经济社会学”这一名称，以区别于“旧经济社会学”。①

朱国宏、桂勇等学者在对“经济学的社会学的学科定义”进行讨论、辨析中，加以历史综述。下面大体原本地照搬其材料，作出陈述：

从字面上看，经济社会学是关于“经济的社会学研究”这样一门学科。虽然经济社会学作为一门学科正式确立，通常被认为是以 1956 年帕森斯与其学生斯梅尔瑟出版的《经济与社会》一书为标志的，但正如他们所宣称的，该书是“为说明经济学和社会学的理论耦合而作”。② 在该书中，他们只是强调了经济学和社会学的关系以及社会学所能为经济学领域所作的贡献，并没有明确说明经济社会学的定义。

此后，斯梅尔瑟于 1963 年发表的《经济生活社会学》一书明确指出，经济社会学是“研究社会生活中经济方面和非经济方面之间的关系，即两者是怎样交叉重叠，怎样互相影响的”。更明确一点说，就是“运用社会学的基本参考框架、变量和解释模型，研究同稀缺物品及服务的生产、分配、交换、消费有关的复杂行为”。③ 根据斯梅尔瑟的定义，似乎可以将经济社会学区分为狭义和广义的两种：狭义的经济社会学所研究的是“同稀缺物品及服务的生产、分配、交换、消费有关的复杂行为”，广义的经济社会学，除此之外，还包括经济组织、经济制

① 朱国宏、桂勇主编：《经济社会学导论》，复旦大学出版社 2005 年版，第 2 页。

② ［美］塔尔科特·帕森斯、［美］尼尔·斯梅尔瑟：《经济与社会》，刘进等译，华夏出版社 1989 年版，第 1 页。

③ ［美］尼尔·斯梅尔瑟：《经济社会学》，方明等译，华夏出版社 1989 年版，第 51 页。

度、经济发展，甚至包括与经济有关的政治、文化、社会、环境等许多方面。斯梅尔瑟在为《国际社会科学百科全书》撰写"经济与社会"词条时，将经济社会学分为微观、中观和宏观三个层次，分别对应于经济行为、经济结构和经济体系，进一步发展了其原先的定义。他指出："经济社会学是运用社会学原理和方法，探讨经济行为对于社会生活的作用，并且科学地分析经济结构和社会其他各种结构之间的关系的学科。经济社会学可以从三个方面加以探讨：（1）研究特定经济行为的各种角色和组织，如职业形态、生活方式和技术工人等，研究社会本身的组织，分析职位、能力和权威的关系；（2）分析各种经济结构和其他结构之间的关系；（3）研究经济学（因素）和社会变迁的关系，诸如有组织地分析制度，并具体地研究社会结构与各种制度之间的关系。"①

除了斯梅尔瑟以外，其他学者还对经济社会学下过不同的定义。以斯廷施凯姆（A. Stinchcombe）为例。他对经济社会学的定义和斯梅尔瑟的定义有着很大的不同。在《比较经济社会学》一书中，他说："经济社会学是通过审查制度的类型和社会谋求生计的技术限制把经济力量的巨大运动和个人行为联接在一起的。"② 朱国宏、桂勇等学者认为：这里，他所说的"制度的类型"与"技术限制"实际上对应于马克思主义的"生产关系"和"生产力"，其"理论核心，正如马克思自己的著作所列举的，应该是一个社会的生态和技术以及在这个基础上由该社会的企业所从事对产品流的权利要求——以及这些要求所需

① 汪和健：《现代经济社会学》，南开大学出版社1993年版，第7页。

② Stinchcombe, A. I., 1987, "On the virtue of the old institutionalism", Annual Review of Sociology, Vol, 23, pp. 1～18.

要的政治支持——生产关系”[①]。从斯廷施凯姆的定义中可以看到，他更注意强调区分“生产力”和“生产关系”，并在这一框架之下阐明经济社会学的研究对象。不过，学界一般认为，他所指的“生产力”和“生产关系”的内容并没有超出斯梅尔瑟所定义的范畴。他所说的“企业所从事的生产活动”属于狭义的经济社会学范畴，而“生态和技术”“权利和要求”和“政治支持”则属于广义的经济社会学范畴。

相比之下，日本学者富永建一的定义与斯梅尔瑟的定义更为接近。富永建一在其主编的《经济社会学》一书中指出：“经济社会学，是把经济行为及经济体系分别看作社会行为及社会体系中的一种形态或下属部门。从这种观点出发，使用社会学的概念工具及理论体系，说明经济行为及经济体系的经济社会学是社会学的一个外延的独立分支。”[②] 这个定义有两个要点：“（1）把经济行为及经济体系分别看作社会行为及社会体系中的一种形态及经济部门；（2）用社会学的概念工具及理论体系说明经济行为及经济体系。强调这两点，无非是为了具体地反映经济社会学的上述性质，即简单说来，（1）是说明经济学使用社会学的观点；（2）是说明经济社会学使用社会学的概念结构。”[③] 可见，富永建一对于经济社会学的定义强调的是两点：其一，经济社会学是社会学研究，即运用社会学的概念工具和理论体系进行研究；其二，经济社会学研究经济行为和经济体系。可以说，这一观点与斯梅尔瑟的定义是一脉相承的。通常

① Stinchcombe, A. I., 1987, “On the virtue of the old institutionalism”, Annual Review of Sociology, Vol, 23, pp. 23～24.

② ［日］富永建一：《经济社会学》，孙日明、杨建梁译，南开大学出版社 1984 年版，第 1 页。

③ ［日］富永建一：《经济社会学》，孙日明、杨建梁译，南开大学出版社 1984 年版，第 7 页。

认为，这里既研究狭义的经济行为，又研究广义的经济体系。

斯威德伯格和格兰诺维特指出，虽然经济社会学的研究范围很广，但其共同的核心主题无非是三个：①"经济行为是社会行为的一种形式"；②"经济行为是在社会中定位的"；③"经济制度是社会建构（结构）"。按照这种概括，经济社会学的第一个主题属于微观经济社会学的范畴，而第三个主题则属于宏观经济社会学的范畴；至于第二个主题，从某种意义上说，正是结构的另一种表达方式。因而，新经济社会学的研究同样可区分为微观、中观和宏观三个层次。

在前人的基础上，中国的有关学者也提出了自己的定义。有人在1985年召开的中国社会学会首届经济社会学研讨会上对经济社会学所下的定义是："经济社会学以经济和社会现象的相互关系为研究对象。经济社会学应该运用社会学的观点和方法，把经济现象置于广阔的社会背景中进行分析研究。既研究经济政策、经济发展引起的社会后果，也要研究影响经济发展的各种社会因素。"[①] 由朱国宏、桂勇主编，复旦大学出版社出版的《经济社会学导论》[②] 在作出以上综述之后，又这样写道：这种定义既反映了中国20世纪80年代社会经济现实问题对社会学学科的要求，又反映了当时中国学者对交叉学科所持有的一种普遍观点，亦即，凡涉及交叉学科，如经济社会学，一般的定义方法是：将两个学科研究的对象体——如经济和社会——的关系作为其研究对象而加以定义。这样，经济社会学也就是研究经济与社会相互关系的一门学科。在以上论述之后，《经济社会学导论》还这样对经济社会学作出定义：经济社会学就是运

① 汪和健：《现代经济社会学》，南开大学出版社1993年版，第13页。

② 以下参见朱国宏、桂勇主编：《经济社会学导论》第二章，复旦大学出版社2005年版。

用社会学的理论和方法来研究经济行为、经济结构和经济体系的一门学科，对应于研究对象在经济行为、经济结构和经济体系上的分别，可分别划分为微观经济社会学、中观经济社会学和宏观经济社会学。

对于经济社会学的学科发展历程，斯威德伯格从社会学的角度把经济社会学的发展划分为三个阶段：第一阶段是在 19 世纪末 20 世纪初，以韦伯、涂尔干和西美尔为代表；第二阶段是 20 世纪 50 年代，以帕森斯、斯梅尔瑟和波兰尼为代表；第三阶段是 20 世纪 80 年代以后，这一阶段被称为新经济社会学时代，代表人物有怀特、格兰诺维特和扎利泽等人。

周长城在其所著的《经济社会学》一书中重新划分了经济社会学的三个发展阶段。第一阶段从 1890 年至 1930 年，这期间德国和法国的社会学家对经济社会学发展产生了重大影响。韦伯、熊彼特、马歇尔和涂尔干等人是其中的代表人物。第二阶段是在 20 世纪 50 年代，随着社会学中心由欧洲转向美国，经济社会学在欧洲的研究一蹶不振，但在美国，由社会学家帕森斯和其学生斯梅尔瑟为领军人物，经济社会学在这段时期有了长足的发展。第三阶段是 20 世纪 70 年代以后，经济学中“新制度主义经济学”的出现激励着社会学家重新考虑人们在经济现象研究中的地位，其中以怀特和他的学生格兰诺维特为代表。[①]

由以上的划分，论者又强调，经济社会学的发展大致经历了三起三落的过程。虽然在 19 世纪末 20 世纪初的经济学家和社会学家的著作中包含有丰富的经济社会学思想，但是，作为社会学的一门分支学科并没有形成，其形成主要是在 20 世纪五

① 周长城：《经济社会学》，中国人民大学出版社 2003 年版，第 23～29 页。

六十年代。学者还指出，尽管 20 世纪 50 年代有一些研究被视作经济社会学的研究，但是，明确以社会学的理论与方法来研究有关经济的问题，并有着独特的社会学视野的经济社会学研究无疑是帕森斯和斯梅尔瑟合著的《经济与社会》一书。该书的发表不仅标志着现代经济社会学研究的开端，而且也为后来经济社会学学科的正式形成奠定了基础。《经济与社会》一书体现出，19 世纪丰富的经济社会学思想，特别是帕累托的研究——从瓦尔拉斯那里吸收并予以发展的经济学的均衡理论一度要与一般社会系统理论融为一体了——为经济社会学的学科形成奠定了基础。但是，这种大有希望的开端并没有带来进一步的发展。有研究者指出，究其原因，主要是：在经济学方面，还存在三个障碍：一是经济学家越来越关注经济理论的技术手段所展示的巨大潜力；二是那些涉及公共政策的紧迫问题要求经济学家立即提出解决方法，要在这种压力下去探讨与相邻学科的理论联系是不可能的；三是经济学家认为社会学本身的基本理论在相当长时间里没能提出什么有用的见解。在社会学方面，那种由孔德、涂尔干开始的对经济学的"概念体系"扩散弥漫于学术界的微妙局面所持的一贯反感也是一个主要的隔离因素。人们对于夭折了的制度化运动所产生的幻灭情绪拉大了两个学科之间的距离。在英国，人们对于除原始部落之外的社会学研究所持的消极态度也起了相应的作用，因为经济学家对于原始部落研究历来是不感兴趣的。此外，当时两国普遍存在的那种对于高度概括性理论均形成怀疑的学术气氛，这也起到了一定的作用。[①]

在这种情势之下，经济社会学的形成和发展困难重重，而

① ［美］塔尔科特·帕森斯、［美］尼尔·斯梅尔瑟：《经济与社会》，方明等译，华夏出版社 1989 年版，第1～2 页。

帕森斯和斯梅尔瑟试图接续19世纪的经济社会学研究，并为此而共同撰写了《经济与社会》一书。值得指出的是，该书的社会学视野是独特的，即应用帕森斯独创的社会系统理论来分析经济行为和经济过程的方方面面。不过，人们指出，在该书中，作者并未正式提出作为一门学科的"经济社会学"，更未试图建立作为一门学科的经济社会学学科体系。这一工作是由作者之一的斯梅尔瑟在该书之后的研究中完成的，那就是1963年发表的《经济生活社会学》一书。人们注意到，尽管书名采用"经济生活的社会学"（sociology of economic life）而不是"经济社会学"，但是，在书中，凡是代表学科的地方，作者都明确地使用"经济社会学"而不是"经济生活的社会学"。

与《经济与社会》一书不同的是，斯梅尔瑟这时不再对经济社会学采取专题研究的方法，而是一开始就表明试图建立作为一门学科的"经济社会学"。他从五个方面来建立"经济社会学"的学科体系：一是从思想史的角度研究经济学、社会学乃至人类学有关经济社会学问题的各种观点；二是从理论的角度探讨经济学和社会学作为两门学科的异同；三是从社会系统角度考察与非经济因素的关系；四是从经济过程的角度分析经济过程的各个环节；五是从经济变迁与社会变迁的角度研究两者的关系。① 学界通常认为，应当讲，由五个方面构成的经济社会学学科体系是相对完整的，这也代表了斯梅尔瑟对经济社会学作为一门学科的总体看法。就研究主体而言，上述的后三个方面构成了斯梅尔瑟对经济社会学研究对象的看法。这三个方面大致对应于经济社会学的微观研究（第四方面）、宏观研究（第五方面）和经济因素与非经济因素的关系研究。这一思路基本

① ［美］尼尔·斯梅尔瑟：《经济社会学》，方明等译，华夏出版社1989年版。

上为后来的日本学者富永建一所接受。在其主编的《经济社会学》一书中[①]，学科体系基本上沿用了斯梅尔瑟的思路。所不同的是，他特别论述了一个"经济体系的结构与功能"部分，这被有关学者认为，大致可看作是在斯梅尔瑟体系基础上增加的"中观研究"的部分。

从 20 世纪 50 年代到 80 年代初，经济社会学的研究分散在不同的领域，就学科建设而言，基本没有大的突破。可看作经济社会学研究重大突破的研究是从 20 世纪 80 年代开始的、被称为"新经济社会学"的研究。

3. 在社会科学的历史上，经济社会学可谓一门新兴的边缘学科，若追溯经济社会学的思想源流，可以在经济学和社会学两门独立学科中找到萌芽，事实上，经济社会学就是在经济学和社会学两门学科的互动、互渗基础上产生的，在此过程中，既有经济学家对社会问题的研究，又有社会学家对经济问题的研究。《经济社会学导论》一书对这方面提供了详细的概述材料。

（1）关于经济学家的经济社会学思想。

①英国：斯密与马歇尔。

经济学史上的古典政治经济学时代主要是从 17 世纪中叶开始到 19 世纪初。古典政治经济学的创始人，在英国是配第（W. Petty），在法国是布阿吉尔贝尔（P. Boisguillebert），期间经过洛克（J. Locke）、诺斯（L. North）、休谟（D. Hume）、魁奈（F. Quesnay）及斯密（A. Smith）等人，直到李嘉图（D. Ricado）结束。其中，斯密无疑是最重要的一位。他以其 1776 年发表的《国民财富的性质和原因的研究》（简称

① ［日］富永建一：《经济社会学》，孙日明、杨建梁译，南开大学出版社 1984 年版。

为《国富论》）一书，奠定了在经济学史上的地位。该书似乎成为现代经济学诸多研究领域的源头，并因此而被奉为具有划时代意义的经济学经典著作。巴克豪斯曾有这样的话："说到底，古典经济学没有李嘉图是可以理解的，然而，没有亚当·斯密和《国富论》，古典经济学便全然不可理解了。"在这个意义上说，斯密是一位更为不可忽视的古典经济学家。斯密不仅是一位经济学家，他所涉及的领域远远超出了经济学的范畴，而旁及伦理学、政治学、哲学，乃至法学、文学、神学、数学等领域。而这里更为关心的是斯密关于经济社会学的见解和论述。早在1907年，社会学家斯莫尔（A. Small）就指出："斯密的社会学哲学传统是通过社会学家而不是经济学家继承下来的。社会学家们一直生动地保持着斯密道德哲学的充满活力的火花。"经济学社会学者和新经济社会学者都把斯密的《国富论》看作是对经济与社会的结合体的研究，因此亦可认为他是一位经济社会学家。

斯梅尔瑟曾对斯密的国家与经济关系的论述作过分析，指出斯密抛弃了重商主义的观点，认为国家和经济应该实现各自特定的目标，尽可能相互独立，互不干涉。在不受政治干预的自由竞争条件下，经济才能出现最大限度的增长。[①]

斯密的这种观点，基于他对社会经济运行的认识。他认为，人都是利己主义者，利己的人不会无代价地帮助别人，因此，互通有无、相互交易成了人类的自然倾向。每个人都追求自己的利益，一般情况下，并不打算去促进公共利益，但是，他却受到一只"看不见的手"的作用，在他追逐个人利益的同时，

① ［美］尼尔·斯梅尔瑟：《经济社会学》，方明等译，华夏出版社1989年版，第15页。

"往往使他能比在真正出于本意的情况下更有效地促进社会的利益"。[①] 在斯密看来，在资本家经营各种企业，唯一的目的是获取利润，但在追求利润的同时，为社会提供了各种社会需要的产品，满足了人民多方面的欲望。如果想得到更多的利润，就必须千方百计地供应更多的满足人民各种欲望的质优价廉的商品。他劝告政治家们实行自由放任的经济政策，不必自寻烦恼地去干预私人的经济活动，"一切特惠或限制的制度，一经完全废除，最明白最单纯的自然自由制度就会树立起来。每一个人，在他不违反正义的法律时，都应听其完全自由，让他采用自己的方法，追求自己的利益，以其劳动及资本和任何其他人或其他阶级相竞争"[②]。"竞争愈自由，愈普遍，那农业亦就愈有利于社会。"[③]

当然，这并不意味着斯密漠视国家的存在及其必要性，只不过是强调了这个国家不能为所欲为。斯密认为，国家只需尽三个方面的职责：一是保障国家安全，不受外来敌人的侵犯，为此，需要维持一支军队；二是保护人民大众的安全，保护私人财产不受侵犯，为此，需要设立严正的司法行政机构；三是建立和维持某些公共机关和公共工程，这些事业为社会所必需，并有利于整个社会，如由私人兴办往往不能收回费用的青少年及成人教育以及组织建设道路、桥梁、港湾、运河等公共工程，还有邮政局、造币厂等。

除了国家与经济的关系，斯密还分析了有关社会分工、社

---

① ［英］亚当·斯密：《国民财富的性质和原因研究》（下卷），郭大力、王亚南译，商务印书馆1974年版，第27页。

② ［英］亚当·斯密：《国民财富的性质和原因研究》（下卷），郭大力、王亚南译，商务印书馆1974年版，第253页。

③ ［英］亚当·斯密：《国民财富的性质和原因研究》（下卷），郭大力、王亚南译，商务印书馆1974年版，第303页。

会阶级结构、社会不平等等问题，他因此而被认为是一个重要的社会学家。斯密这种既论述经济又论述社会、既研究经济又研究社会的做法，从某种意义上说是古典经济学者的普遍特征。也就是说，古典政治经济学时代，学者的特征是多学科性的，往往既是经济学家，又是哲学家，乃至同时还是政治学家、伦理学家、社会学家等，而其著作往往也不是专为某一学科而设，而是一个综合的体系，或者在一部著作里论述这一学科的问题，而在另一部著作里却是论述另一学科的问题。这样，也就形成了一种现象，即这些古典经济学家时常也被作为古典哲学家、古典社会学家、古典政治学家等而加以讨论。举例而言，洛克作为哲学家、政治学家和社会学家的贡献可能要胜过其作为经济学家的贡献；休谟的《人性论》可能比其经济学著作更为重要；而美国的富兰克林（B. Franklin），还是杰出的政治家和物理学家。所以，如果在既研究经济又研究社会的意义上来理解经济学家的话，那么，大多数古典经济学家都可列为经济社会学家，尽管他们既没有明确的经济社会学概念，也不是为经济社会学家而研究经济或社会。

由马歇尔（A. Marshall）开始的新古典经济学（neoclassical economiics），形成于19世纪末20世纪初，在20世纪由希克斯（J. Hicks）和萨缪尔森（P. Samuelson）发展成为主流经济学的理论体系。由他们对古典经济学的继承，此被看作新古典经济学。而其与古典经济学不同的是：古典经济学以“看不见的手”来解释经济状态的变化，而新古典经济学家则试图通过把注意力集中在引起经济状态发生变化的实际机制上，从而对经济作出解释。

马歇尔作为新古典经济学的代表人物。他于1890年发表的《经济学原理》将“政治经济学”正式改名为“经济学”，并因其兼收并蓄的综合性特征而成为一部重要的著作。经济学史界往往认为，这部著作足可与斯密的《国民财富的性质和原因的研究》和李嘉图的《政治经济学和赋税原理》相提并论。在其著作中，马歇尔一方面对斯密、李嘉图以来古典经济学关于生产费用决定价值、价格等观点提出修正见解；另一方面对边际效用派的理论进行补充，创建了一个利用代数和几何等数学方法来说明经济现象，把经济理论经济政策联系在一起的理论体系。

在马歇尔的理论体系中，由于综合了各家理论，如生产费用论、供求论、节欲论、资本生产力论、边际效用论以及社会达尔文主义进化论和历史方法等，因而反映了他关于经济中社会问题的看法。譬如，在经济政策上，他回归到斯密的立场上，主张放任自由，反对国家干预经济；主张通过市场机制的自动调节，达到供求和充分就业的均衡。又如，关于社会发展，他认为人类社会发展和生物的发展是相同的，支配生物发展的规律，同样适合于人类社会；因此，经济学只是广义上生物学的一部分。由此他甚至认为，人类社会和生物的发展一样，只有渐变，而没有飞跃。

马歇尔的经济社会学思想主要体现在三大方面：第一，偏好是如何产生的。马歇尔非常关注偏好是如何让形成的问题，而通常经济学家总是把其看作为事先已经给定的要素。研究这一问题为经济学和社会学两门学科进行合作提供了可能；第二，行为理论。马歇尔认为偏好是由人的活动产生的，从这种意义上来讲，马歇尔偏离了主流经济学，被认为在方法论上是个人主义者；第三，组织是生产的第四要素。马歇尔最先把组织作为一个独立的生产要素，并强调了它在发展生产力方面的重要作用。[①]

②德国：马克思与“旧”“新”历史学派。

法国社会学家阿隆（R. Aron）把马克思看作为“经济社会学家”：“马克思是一个社会学家，即经济社会学家。”[②] 富永健一也曾指出：“‘马克思经济学’本身并不能叫社会学，但可以说历史唯物论整个体系提出了一种经济社会学。”[③]

阿隆持有这样的观点：“马克思为自己确定的目标是，既要根据资本主义的社会结构来说明资本主义制度的运行方式，又要根据它的运行方式来说明资本主义制度的变化。换句话说，《资本论》是一项伟大的工程，既说明了资本主义制度的运行方式和社会结构，又说明了资本主义制度的历史。……对资本主义的运行方式及其变化的分析，同时也向人们提供了一部人类的生产方式的历史。《资本论》是一部经济学著作，又是一部资本主义社会学著作，也是一部在史前时期一直受到自身冲突麻烦的人类的哲学史著作。”[④]

这些学者论述道，马克思关于经济社会学的见解，充分体现在《〈政治经济学批判〉序言》中。马克思说：“我所得到的、并且一经得到就用于指导我的研究工作的总的结果，可以简要地表述如下：人们在自己生活的社会生产中发生一定的、必然的、不以他们的意志为转移的关系，即同他们的物质生产力的

---

① 转引自周长城：《中国经济社会学恢复和发展的回顾和展望》，《社会学研究》1999年第4期。

② ［法］雷蒙·阿隆：《社会学主要思潮》，葛志强等译，上海译文出版社1988年版，第154页。

③ ［日］富永健一：《经济社会学》，孙日明、杨建梁译，南开大学出版社1984年版，第4页。

④ ［法］雷蒙·阿隆：《社会学主要思潮》，葛志强等译，上海译文出版社1988年版，第165～166页。

一定发展阶段相适合的生产关系。这些生产关系的总和构成社会的经济结构，即有法律的和政治的上层建筑竖立其上并有一定的社会意识形态与之相适应的现实基础。物质生活的生产方式制约着整个社会生活、政治生活和精神生活的过程。不是人们的意识决定人们的存在，相反，是人们的社会存在决定人们的意识。社会的物质生产力发展到一定阶段，便同它们一直在其中运动的现存生产关系或财产关系（这只是生产关系的法律用语）发生矛盾。于是这些关系便由生产力的发展形式变成生产力的桎梏。那时社会革命的时代就到来了。随着经济基础的变更，全部庞大的上层建筑也或慢或快地发生变革。在考察这些变革时，必须时刻把下面两者区别开来：一种是生产的经济条件方面所发生的物质的、可以用自然科学的精确性指明的变革，一种是人们借以意识到这个冲突并力求把它克服的那些法律的、政治的、宗教的、艺术的或哲学的，简言之，意识形态的形式。我们判断一个人不能以他对自己的看法为根据，同样，我们判断这样一个变革时代也不能以它的意识为根据；相反，这个意识必须从物质生活的矛盾中，从社会生产力和生产关系之间的现存冲突中去解释。无论哪一个社会形态，在它所能容纳的全部生产力发挥出来以前，是决不会灭亡的；而新的更高的生产关系，在它的物质存在条件在旧社会的胎胞里成熟以前，是决不会出现的。所以人类始终只提出自己能够解决的任务，因为只要仔细考察就可以发现，任务本身，只有在解决它的物质条件已经存在或者至少是在生成过程中的时候，才会产生。大体说来，亚细亚的、古代的、封建的和现代资产阶级的生产方式可以看作是经济的社会形态演进的几个时代。资产阶级的生产关系是社会生产过程的最后一个对抗形式，这里所说的对抗，不是指个人的对抗，而是指从个人的社会生活条件中生长出来的对抗；但是，在资产阶级社会的胎胞里发展的生产力，同时又创造着解决这种对抗的物质条件。因此，人类社会的史前时期就以这种社会形态而告终。”[①]

德国历史学派有旧新之别。被称为旧历史学派的主要代表人物是罗雪尔（W. Roscher）、希尔德布兰德（B. Hildenbrand）和克尼斯（K. Knies）。而其先驱者是李斯特（F. List）。

作为旧历史学派先驱代表的李斯特，其经济学思想体现在1841年发表的《政治经济学的国民体系》一书中。在该书中，他指责斯密等人倡导的世界主义经济学，认为这种世界主义经济学只适合于英国。对于相对落后的德国来说，不能接受这种经济学，而应当研究“国民经济学”。同时，他强调发展生产力，并认为生产力比古典经济学所重视的财富更重要。李斯特书中有这样的话：“财富的生产力比之财富本身，不晓得要重要到多少倍；它不但可以使已有的和已经增加的财富获得保障，而且可以使已经消失的财富获得补偿。”李斯特所说的生产力几乎包括全部社会条件的综合。李斯特对于经济历史，认为有五个阶段或时期：原始未开化时期、畜牧时期、农业时期、农工业时期和农工商业时期。

罗雪尔是历史学派的创始人，主要著作有《历史方法的国民经济学讲义大纲》(1843)、《国民经济学体系》(1854—1894)。他认为政治经济学应叫作“国民经济学”，是政治学的一个重要学科。在经济发展阶段上，他没有沿袭李斯特的五阶段论，而是提出三阶段论，即将历史划分为自然、劳动和资本三个时期。在国家政策上罗雪尔和李斯特一样，主张德国实行保护主义。

新历史学派开始于19世纪60年代的德国，影响较广泛，

① 马克思：《〈政治经济学批判〉序言》，《马克思恩格斯文集》（第2卷），人民出版社2009年版，第591～592页。

特别是对 19 世纪末 20 世纪初的美国经济学界有较大影响。其代表人物是施穆勒（G. Sehmoller）、布伦坦诺（L. Brntano）、瓦格纳（R. Wagner）、谢夫莱（A. Schaffle）和桑巴特（W. Sombart）等。

新历史学派比以往的历史学派更强调心理和伦理道德在经济生活中的决定作用和法律对经济的制约作用。施穆勒说："我们称作'经济'的，是指由互相联网的个人所构成的或大或小的集体，构成这种联属的因素是心理的、道德的或是法律的因素。"施穆勒还认为，国家是经济的神经中枢，"没有一个'国家经济'构成其余一切经济的中心，就很难设想有一个高度发展的国民经济"。[①]

作为新历史学派最后一个代表人物的桑巴特，最著名的著作是《现代资本主义》。他在书中概要地展示了资本主义在被社会主义取代之前所经历的几个历史阶段，即前资本主义阶段、早期资本主义阶段和晚期资本主义阶段。他认为，在这历史发展过程中曾出现过不按时间顺序的联接顺序，即混合型的甚至是平行发展型的顺序。

③美国：熊彼特与制度学派。

熊彼特出生于奥地利，后来入了美国国籍，所以人们将其归入美国经济学家。熊彼特是一位被称为"社会科学大师"的经济学家。他成名很早，在不到 30 岁时就以《经济发展理论》而蜚声经济学界。此前，他还发表过《理论国民经济学的本质与主要内容》。最能体现他的经济思想的是"创新理论"，该理论最早于《经济发展理论》一书中提出，后来，又在《资本主义、社会主义与民主》一书中得以完善。此外，他的重要著作

① 转引自朱国宏、桂勇主编：《经济社会学导论》，复旦大学出版社 2005 年版，第 12 页。

还包括《经济周期》和《经济分析史》。

按照熊彼特的创新理论，资本主义经济活动本身存在着这样一种机制：破坏均衡，使一个均衡过渡到另一个新的均衡，并促进经济的发展。这就是企业家的创新活动。所谓创新，就是建立一种新的生产函数，即企业家对生产要素和生产条件实行的一种新组合。

熊彼特对“社会”的研究集中反映在他对资本主义发展及其前途的分析上。他认为，随着企业家不断的创新活动，技术不断革新和进步，资本主义企业一切都已自动化，创新功能日益衰弱，投资机会不断消失，资本主义也就开始萎缩，并被自身的技术进步所消灭，企业家也要被它建立起来的巨型产业单位所驱赶。因而，资本主义企业家为社会主义的到来开辟了道路。他认为，通过对资本主义宪法的修改或实行社会主义的政策，如把银行、保险、运输、采矿、电力和钢铁等部门国有化，用和平的方式，在资本主义体制范围内逐渐实现社会主义化，这是很有可能的。因此，从资本主义过渡到社会主义，不一定如马克思所分析的那样，非要用暴力方式不可。

学界认为，制度学派从某种意义上说，是德国历史学派在美国的一个“变种”。制度经济学出现并流行于19世纪末20世纪初的美国，以凡勃伦（T. Veblen）、康芒斯（J. Commons）和米歇尔（W. Mitchell）等人为其代表人物。

以凡勃伦为例。凡勃伦运用心理学来解释制度的由来，并用社会达尔文主义进化论来说明制度的发展和演变。他说：“制度实质上就是个人或社会有关的某些关系或某些作用的一般思想习惯；而生活方式所由以构成的是，在某一时期或社会发展的某一通行的制度的综合，因此从心理学方面来说，可以概括地把它说成是一种流行的精神态度或一种流行的生活理论，如果就其一般特征来说，则这种精神态度或生活理论，说到底，可以归纳为性格上的一种流行的类型。"①

凡勃伦用制度分析的方法，分析和说明社会经济问题和发展趋势，分析研究从远古以来与经济有关的各种制度不同形态的变化过程，解释这些制度的作用，以及与其相适应的社会经济关系；他还从"制度趋势"出发，对资本主义社会进行了具体分析。他认为，在人类社会经济生活中，存在者两种主要的制度，一是生产技术制度，另一是财产所有制度。前者以人类的工艺本能为基础，后来则以获得本能为基础。在资本主义阶段，前者表现为由机器利用而形成的现代工业体系，后者则表现为企业经营。这两种制度是现代资本主义社会经济制度最典型和最主要的表现，也是对资本主义制度进行分析的出发点。资本主义社会的缺陷，实际上在于是现代工业体系与企业经营之间存在的矛盾。现代社会中，一个是物质生产者，另一个是企业者。其中，企业者居于主导地位。企业经营为了摆脱慢性萧条而形成了垄断组织。在财产私有制和金钱关系下，形成了"有闲阶段"。垄断组织代表"既得利益"，他们损害了社会的利益。

20 世纪 20 至 30 年代，是制度学派的鼎盛时期。凯恩斯理论出现后，制度学派曾趋于衰落。第二次世界大战后，制度学派再次复兴，主要代表人物是贝利（A. Berle）和加尔布雷斯（J. K. Galbaith）等人。

以上经济学家由分析经济而研究社会学理论，关注的是经济学的社会学问题，反映了也越来越表现出人的经济行为离不开社会，关注经济不能不研究社会。前面我们用了很大篇幅引述了朱国宏、桂勇等学者所提供的学界关于"经济社会学"的

① Veblen, T, 1934, The Theory of the Leisure Class, New York: Modern Library.

综述，这可认为是“在社会学视野下的经济学问题研究”，这里旨在把人们关于经济学研究的视野带向关于整个社会的更大研究范围。因为很显然，经济发展恰恰赖于整个社会的发展。这就必定面临解决大量的、一系列的社会学问题。然而，作为主要在于经济学问题研究的论证，就经济这个特定对象说，毕竟有其特有的规定性或特定的规律性。而讲到“经济的社会化”或“社会化的经济”，按照马克思的见解，根本要关注的在于作为“生产关系总和”的“所有制”问题。也就是说，从所有制发展趋向上说必定从制度上走向社会化的经济、走向经济的社会化，而这里最根本的在于生产的社会化、在于所有制的社会化、经济关系的社会化。这样，必须基于社会发展的整个趋势，对于经济何以成为适应社会大生产的经济社会化及社会化经济作出阐述。

(2) 关于社会学家的经济社会学思想。

①法国：孔德和涂尔干。

作为被学术界认为的真正意义上的社会学的创始人，孔德之所以提出社会学这个名称，是想创立一门纵观历史的科学，希望以人类的社会历史作为社会学的研究对象。他对社会学的正式命名是在《实证哲学教程》第 4 卷中作出的。在此之前，他还曾用“社会物理学”这一概念。他将社会学区分为社会静力学和社会动力学两大部分。社会静力学主要研究社会协调问题，包括对某一特定时期的社会结构的分析和对决定“协调”的一个或几个因素的分析。社会动力学则是要研究人类理性和人类社会发展先后经历的阶段并描述其过程。

孔德被视作“具有社会学思想的哲学家”或“具有哲学思想的社会学家”，并不被视为一个经济学家。但这并不意味着他对经济问题不感兴趣。事实上，他在《实证哲学教程》第 4 卷中就专门讨论了同时代的政治经济学研究问题，只是他对当时的政治经济学研究持批判态度。他说："要是我们的经济学家确定是斯密的科学的后继者，那么请他们给我们说一下，他们究竟在什么地方完善和补充了这位不朽的导师的理论，在他的独到的创始的见解中增添了些什么真正的新发现。相反，这些独到之见却被无谓多余的卖弄科学形式从根本上歪曲了。毫无疑义，道德异议在价值、效益、生产等基本的概念上使他们之间产生分歧，公正地研究这些异议不就好像看到了中世纪学究们就纯粹的形而上学实体的基本作用进行的奇怪辩论吗？这种形而上学实体的经济观念越是教条化、越是钻牛角尖，其特性也就越分明。"[①] 他又指出："在研究社会和生命体时，由于主体的性质，各种普遍的现象都必然是互相依存、有机地联系在一起的，以致无法恰当地用一些现象来说明另一些现象……脱离实体世界进入实际思辨时，除了对社会的过去或现在作智力、道德和政治分析外，可以肯定分析社会的经济和工业这任务是无法实证地完成的。其结果是这种不合理的分离方法反过来提供一种本质上是形而上学的理论的无可辩驳的征兆，而这种理论就是以形而上学的性质为基础的。"[②]

孔德的经济思想是在批判政治经济学研究中形成的，主要是为确立其关于工业社会的理论。他认为，政治经济学者的理论是形而上学的，并犯了把经济现象从整个社会中分裂开来的错误。这一观点后来被涂尔干所继承。按照孔德的观点，工业社会具有三个决定性特征：其一，工业社会是建筑在科学的劳动组织的基础上的，生产不是按照习俗进行组

① 转引自［法］雷蒙·阿隆：《社会学主要思潮》，葛志强等译，上海译文出版社1988年版，第130～131页。

② 转引自［法］雷蒙·阿隆：《社会学主要思潮》，葛志强等译，上海译文出版社1988年版，第131页。

织，而是以获得最大效益为目的而组织的；其二，由于科学组织劳动，因而人类得以大量开发资源；其三，工业生产要求在工业和城镇集结工人，这样就出现了一种新的社会现象，即工人的大量存在。

孔德认为，资本和生产资料的集中，是不可避免的和有益的。与人们看到的人类历史进程中的基本倾向相一致，生产资料的资本化具有发展物质文明的特点，并导致集中。他还认为，工业社会远离战争，在这个社会里，劳动至上，劳动价值至上，军人阶级已不复存在，因而战争也就没有理由了。这些观点被许多人认为是错误的，以至于他的工业社会概念“一直被视为一种古怪的东西游离在理论竞争之外。除了……个别人外，没有任何一个右翼或左翼的政党真正承认过它”。[①] 也许是由于孔德对政治经济学理论说法的“古怪”，他对经济的研究始终没有得到经济学界的承认，甚至被认为是在讨论他自己也完全看不懂的东西。然而，他对工业社会的看法不妨被看作是一位社会学家的经济观点，虽然，这种观点却未必正确，也未必可取。

涂尔干是作为关注过“工业社会”的理论家出现的。其代表作主要有三部：《社会分工论》《社会学研究方法》和《自杀论》。其中《社会分工论》被看作是经济社会学的研究成果。不过，有关学者指出，虽然这部著作体现了部分经济社会学思想，但恐怕不能说就是经济社会学著作。因为，在这部著作中，涂尔干继承了孔德的思想，目的还是在于探讨：一群人怎样才能组成一个社会，这些人怎样才能使社会赖以存在的“协调一致”这一环境得以实现。换言之，人们往往认为，他所要研究的中心问题是个人与集体的关系。当

① 转引自［法］雷蒙·阿隆：《社会学主要思潮》，葛志强等译，上海译文出版社 1988 年版，第 90 页。

然，为此目的，他对工业社会进行了分析，并将工业社会的整合区分为"机械关联"和"有机关联"两种。"机械关联"是一种由于彼此相似而形成的关联。当这种形式的关联主宰社会时，个人之间的差异并不大。同一团体的成员彼此相似，因为他们有着同样的情感，赞同同样的道德标准，承认同样的神圣事物。社会是"协调一致"的，因为个人之间没有分化。而"有机关联"则是指个人不再彼此相似，而是彼此有别，正是由于不相同，"协调一致"才得以某种方式实现。在涂尔干思想中，这两种形式的关联是与社会组织的两种极端形式相呼应的，即氏族社会和工业社会。

涂尔干试图确立其含义的劳动分工和经济学家所讨论的劳动分工是不一样的。职业分化、工业活动的增多等等，都是涂尔干所关注的社会分化的表现。他认为，在劳动分工中，个人意识全部在自我以外的社会，这种社会在历史上具有优先地位；必须用集体状态来解释个人现象，而不是用个人现象来解释集体状态。因而，对涂尔干来说，劳动分工是全社会的某种结构，社会的技术分工或劳动经济分工只不过是一种表现而已。

涂尔干这种不同于经济学家对劳动分工问题的研究，从某种意义上说，可以看作是社会学家对经济问题的研究。其实，涂尔干的思想实际上和孔德的有相似之处，即对经济学研究持批评或敌视态度，并试图从它所说的"社会事实"出发研究社会现象。这种思想集中表现在他在《社会学研究方法论》一书中对经济学研究的看法上。

②德国：马克思、韦伯和波兰尼。

马克思主义产生于19世纪中叶的欧洲。马克思立足于当时资本主义世界中社会化生产与资本主义私人占有之间日趋尖锐的矛盾，曾明确指出，要解放和发展生产力，必须改变生产资料私人占有的生产关系，社会主义制度必将代替资本主义制度。而如何实现这一点，对于马克思、恩格斯在《共产党宣言》中提出的设想，有三点值得我们注意：其一，马克思、恩格斯在《共产党宣言》里指出："共产主义的特征并不是要废除一般的所有制，而是要废除资产阶级的所有制。""现代的资产阶级私有制是建立在阶级对立上面、建立在一些人对另一些人的剥削（1888年英文版中是"少数人对多数人的剥削"——引者注）上面的产品生产和占有的最后而又最完备的表现"。"从这个意义上说，共产党人可以把自己的理论概括为一句话：消灭私有制"。[①] 其二，马克思、恩格斯在《共产党宣言》中认为，消灭私有制的目的是为了真正实现社会的每一个成员对于社会财富的占有。他们讲道："我们决不打算消灭"那种"供直接生命再生产用的劳动产品的个人占有。""资本是集体的产物，它只有通过社会许多成员的共同活动，而且归根到底只有通过社会全体成员的共同活动，才能运动起来。""资本不是一种个人力量，而是一种社会力量。""因此，把资本变为公共的、属于社会全体成员的财产，这并不是把个人财产变为社会财产。这里所改变的只是财产的社会性质。它将失掉它的阶级性质。"[②]"代替那存在着阶级和阶级对立的资产阶级旧社会的，将是这样一个联合体，在那里，每个人的自由发展是一切人的自由发展的条件"。[③] 其三，在《共产党宣言》中，马克思、恩格斯提出："无产阶级将利用自己的政治统治，一步一步地夺取资产阶级的全

① 马克思、恩格斯：《共产党宣言》，《马克思恩格斯文集》（第1卷），人民出版社2009年版，第45页。

② 马克思、恩格斯：《共产党宣言》，《马克思恩格斯文集》（第2卷），人民出版社2009年版，第46页。

③ 马克思、恩格斯：《共产党宣言》，《马克思恩格斯文集》（第2卷），人民出版社2009年版，第53页。

部资本，把一切生产工具集中在国家即组织成为统治阶级的无产阶级手里，并且尽可能快地增加生产力的总量。"① 而且《共产党宣言》还围绕着国家占有生产资料的设想，明确列出"剥夺剥夺者"的十项具体措施。

现在人们注意到，如果看一下后来马克思和恩格斯的思想发展，会发现，他们的见解发生着变化，即越来越多地围绕社会占有生产资料的问题，提出进一步的看法。

这时，在原来思想的基础上，马克思、恩格斯十分突出地反复阐述这样的观点：要在未来社会中，使全体劳动者成为生产资料的主人，达到劳动者与生产资料直接结合，应当使"生产资料归社会所有"，即"一方面由社会直接占有，作为维持和扩大生产的资料，另一方面由个人直接占有，作为生活资料和享受资料"②。这样，劳动者构成"自由人联合体"，"他们用公共的生产资料进行劳动，并且自觉地把他们许多个人劳动力当作一个社会劳动力来使用"。③ 而"生产力归国家所有不是冲突的解决，但是这里包含着解决冲突的形式上的手段，解决冲突的线索。"④ "国家真正作为整个社会的代表所采取的第一个行动，即以社会的名义占有生产资料，同时也是它作为国家所采取的最后一个独立行动。那时，国家政权对社会关系的干预在各个领域中将先后成为多余的事情而自行停止下来。那时，对

① 马克思、恩格斯：《共产党宣言》，《马克思恩格斯文集》（第2卷），人民出版社2009年版，第52页。

② 恩格斯：《反杜林论》，《马克思恩格斯文集》（第9卷），人民出版社2009年版，第296页。

③ 马克思：《资本论》（第1卷），《马克思恩格斯文集》（第5卷），人民出版社2009年版，第96页。

④ 恩格斯：《社会主义从空想到科学的发展》，《马克思恩格斯文集》（第3卷），人民出版社2009年版，第560页。

人的统治将由对物的管理和对生产过程的领导所代替。”[①] 恩格斯还郑重地告诫说：“自从资本主义生产方式在历史上出现以来，由社会占有全部生产资料，常常作为未来的理想隐隐约约地浮现在个别人物和整个派别的头脑中。但是，这种占有只有在实现它的实际条件已经具备的时候，才能成为可能，才能成为历史的必然性。”[②] “要实现这一点，只有由社会公开地和直接地占有已经发展到除了适于社会管理之外不适于任何其他管理的生产力”。“随着社会占有生产力，这种社会性就将为生产者完全自觉地运用，并且从造成混乱和周期性崩溃的原因变为生产本身的最有力的杠杆”[③]。

还要充分注意到的是，马克思在《资本论》第1卷中论述道：“从资本主义生产方式产生的资本主义占有方式，从而资本主义的私有制，是对个人的、以自己劳动为基础的私有制的第一个否定。但资本主义生产由于自然过程的必然性，造成了对自身的否定。这是否定的否定。这种否定不是重新建立私有制，而是在资本主义时代的成就的基础上，也就是说，在协作和对土地及靠劳动本身生产的生产资料的共同占有的基础上，重新建立个人所有制。”[④]

针对有关该范畴的各种解释，恩格斯在《反杜林论》中明确指出：“对任何一个懂德语的人来说，这就是说，社会所有制

① 恩格斯：《社会主义从空想到科学的发展》，《马克思恩格斯文集》（第3卷），人民出版社2009年版，第562页。

② 恩格斯：《社会主义从空想到科学的发展》，《马克思恩格斯文集》（第3卷），人民出版社2009年版，第562页。

③ 恩格斯：《反杜林论》，《马克思恩格斯文集》（第3卷），人民出版社2009年版，第296页。

④ 马克思：《资本论》（第1卷），《马克思恩格斯文集》（第3卷），人民出版社2009年版，第874页。

涉及土地和其他生产资料，个人所有制涉及产品，也就是涉及消费品。"[①] 恩格斯还在此处引用马克思在《资本论》中的另一个相似的表述："自由人联合体，他们用公共的生产资料进行劳动，并且自觉地把他们许多个人劳动力当作社会劳动力来使用。……这个联合体的总产品是社会产品。这产品的部分重新用作生产资料。这部分依旧是社会的。而另一部分则作为生活资料由联合体成员消费。因此，这一部分要在他们之间进行分配。"[②]

对此论述，有人强调应作出如下理解：马克思、恩格斯和列宁是在社会发展否定之否定规律的意义上来思考这个问题的。马克思运用"否定之否定"的观点来揭示所有制发展轨迹和规律，出于形式上表述否定之否定规律的概念对称的需要，才没有直接点名而只是隐含"重建个人所有制"的对象和范围——消费品。这样，都是在"所有制"的同一形式上运用否定之否定的表述方法，但其经济内容却不完全重复和同一。也就是说，对资本主义生产资料所有制否定的是生产资料和消费资料均属个体私有的"个人所有制"；而否定资本主义所有制的结果，是在生产资料共有制发展过程中和基础上重建消费资料可属于私有的"个人所有制"。这种否定之否定的实现是对之前否定的超越，是达到经济社会更加和谐发展的超越。人们往往重视恩格斯的这样一段话：到这时，"人们第一次成为自然界的自觉的和真正的主人，因为他们已经成为自身的社会结合的主人了。人们自己的社会行动的规律，这些一直作为异己的、支配着人们的自然规律而同人们相对立的规律，那时就将被人们熟练地运

① 恩格斯：《反杜林论》，《马克思恩格斯文集》（第 9 卷），人民出版社 2009 年版，第 138 页。

② 马克思：《资本论》（第 1 卷），《马克思恩格斯文集》（第 5 卷），人民出版社 2009 年版，第 96 页。

用，因而将听从人们的支配。人们自身的社会结合一直是作为自然界和历史强加于他们的东西而同他们相对立的，现在则变成他们自己的自由行动了。至今一直统治着历史的客观的异己的力量，现在处于人们自己的控制之下了。只是从这时起，人们才完全自觉地自己创造自己的历史；只是从这时起，由人们使之起作用的社会原因才大部分并且越来越多地达到他们所预期的结果。这是人类从必然王国进入自由王国的飞跃”[①]。

在社会学史上，韦伯（M. Weber）被认为是重要的人物之一。他一生发表了大量的论著，被称作是“社会科学大师”。他被认为是最早使用经济社会学（Wirtschaftssoziolgie）术语的学者。[②] 韦伯的著作大致分为四类[③]：一是方法论性质的著作，如《社会科学方法论》；二是历史类著作，如《经济通史》；三是宗教类论著，如《儒教与道教》；四是社会学著作，如《经济与社会》。经济社会学论者认为，其中大部分论著可归入“经济社会学”范畴。其《经济与社会》自不待言，《新教伦理与资本主义精神》研究的是宗教与资本主义起源的关系，当然也是经济社会学的研究，而《经济通史》原是为《经济与社会》所作的通俗读本，其内容同样也是经济社会学性质的。至于方法论性质的论著，如“论社会学和经济学中价值哲学的中立性意义”，也可看作是经济社会学的方法论。正因为如此，人们认为韦伯的经济社会学思想是十分丰富的。阿隆就说，“论述经济社会学是要花许多笔墨的”，而“归纳政治社会学不如概述经济社会学困

① 恩格斯：《社会主义从空想到科学的发展》，《马克思恩格斯文集》（第3卷），人民出版社2009年版，第564～565页。

② 周长城：《经济社会学发展的三个阶段》，《国外社会科学》1995年第12期。

③ 转引自［法］雷蒙·阿隆：《社会学主要思潮》，葛志强等译，上海译文出版社1988年版，第585～586页。

难"。可能也正因为如此，阿隆对韦伯的经济社会学思想并没有作出多少归纳。在这里，可用《新教伦理与资本主义精神》和《经济与社会》两书的一些观点，来简要地考察一下当时的经济社会学思想。

《新教伦理与资本主义精神》是韦伯的《宗教社会学论集》的第一部分，主要是考察新教伦理与资本主义起源的关系。他的研究基于这样一种假设：新教教义的某种解释曾经造成某种有利于资本主义制度形成的条件及动机。他从三个方面来论证这一假设：首先，他用统计数字分析宗教观念对个人或群体的行为的影响，即新教徒所拥有的财富是否超过其他人群。其次，分析新教伦理与资本主义精神在理智或精神上的共同性。最后，他研究宗教条件在其他文明（如中国、印度等）中是否或在多大程度上有利或不利于资本主义制度。由于资本主义在西方文明以外的地方未曾出现发展，问题也就可以归之为：由宗教信仰决定的对劳动的特殊态度在多大程度上成为西方历史进程中所独有的东西。为此，必须深入研究西方的新教伦理，即新教的经济伦理观（economic ethics）。

韦伯对资本主义经济行为的定义是："资本主义的经济行为是依赖于利用交换行为来谋取利润的行为，亦即是依赖于（在形式上）和平的获利机会的行为……只要资本主义的获利活动是按照理性来追求的，相应的行为就总要根据资本核算来调节。"[①] 这种资本主义在西方发展了一种不同于其他文明的形式，即自由劳动之理性的资本主义组织形式。在韦伯看来，理性主义是西方文化所特别持有的。而"我们的当务之急就是要找寻并从发生学上说明西方理性主义的独特性，并在这个基础上找

① ［德］马克斯·韦伯：《新教伦理与资本主义精神》，林荣远译，生活·读书·新知三联书店1987年版，第8页。

寻并说明近代西方形态的独特性”。“经济理性主义的发展部分依赖理性的技术和理性的法律，但与此同时，采取某些类型的实际的理性行为都要取决于人的能力和气质。如果这些理性行为的类型受到精神障碍的妨害，那么，理性的经济行为的发展势必遭到严重的、内在的阻滞。各种神秘的和宗教的力量，以及它仍为基础的关于责任的伦理观念，在以往一直都对行为发生着至关重要的和决定性的影响。”①

《经济与社会》一书被看作是韦伯的普通社会学著作。在这部文字很多的著作中，第一部分“社会学的范畴理论”曾经被抽出作为小册子出版，这被认为是有关社会学理论和方法的专门之作；而第二部分“经济与社会制度及权力”，不仅讨论了经济社会学的有关问题，还专章讨论了宗教社会学、法律社会学、政治社会学、统治社会学等。所以，这部著作也可看作是韦伯的社会学通论。在这里，不妨对韦伯在此书中的一个核心概念——理想类型（ideal type）作些解释。韦伯的理想类型，是指对经验世界的复杂现象进行抽象、简化，将那些分散的、非连续性的、时隐时现的具体个别现象综合起来，纳入一个统一的分析框架。这种理想类型有三种：一是历史事件的理想类型，如资本主义或西方城市。在这种情况下，理想类型就是把总的历史实在性和独特的历史实在性加以重现，使之易于被人所理解。二是确定历史实在性的抽象组成部分的理想类型。历史实在性的抽象组成部分存在于许多情况之中，这些概念一经糅合就有助于确定真实历史总体的特点，并理解这一总体，如官僚主义。三是由具有独特性质的行为的理想化再现组成的，如经济行为。

① ［德］马克斯·韦伯：《新教伦理与资本主义精神》，林荣远译，生活·读书·新知三联书店 1987 年版，第 15～16 页。

谈到经济行为，又涉及韦伯对行为的理解。在韦伯的理论中，行为有四种类型，即有目的的理性行为、有价值的理性行为、富有感情或充满激情的行为和习惯行为。对行为的这种分类，实际上代表着韦伯对他的那个时代的解释，也代表着他的社会学思想。他对社会学的理解显然和孔德、涂尔干、帕累托等人不同。他首先认为，社会学这个词在使用上含义十分模糊，而他的定义是，这"应该称之为一门解释性地理解社会行为，并且通过这种办法在社会行为的过程和影响上说明其原因的科学"。[①] 由于他十分强调"理解"，所以，韦伯的社会学也被称作"理解社会学"；由于这种"理解"不只是现实的"理解"，更是解释性的"理解"，所以其社会学又往往被称为"解释社会学"。

对于经济行为的社会学解释，韦伯在《经济与社会》中有专章讨论。他说："一个行为，只要当它根据其所认为的意向，以设法满足对有用效益的欲望为取向时，就应该叫作'以经济为取向'。'经济行为'应该叫作一种和平行使主要是以经济学取向的支配权力，而'合理地经济行为'应该叫作目的合乎理性地即有计划地行使以经济为取向的支配权力。'经济'应该叫作一种自主安排的持续的经济行为，而'经济企业'应该叫作一个按企业方式安排的持续的经济行为。"[②] 在这里，"有用效益"是指一个或若干经济行为者本身所估计的具体的、单一的、成为关心对象的、当前或未来应用可能性的（真正的或者臆想的）机会，它们作为手段对于经济行为者（或者经济行为者们）的目的只有宝贵的意义，其经济行为是以之为取向的。经济的

① ［德］马克斯·韦伯：《经济与社会》，林荣远译，商务印书馆1997年版，第40页。

② ［德］马克斯·韦伯：《经济与社会》，林荣远译，商务印书馆1997年版，第43～54页。

取向可以依传统或者目的的合乎理性进行，合理的经济行为，可区分为形式上的合理和实质上的合理。形式上的合理可称之为它在技术上可能的计算和由它真正应用的计算程度；而实质上的合理则是指通过一种以经济为取向的社会行为的方式，从曾经、正在或可能赖以观察的某些（不管方式如何）价值的基本要求的立场看，允许用货物供应现存人的群体的程度。[①]

在经济社会学发展的这一阶段，德国和法国的社会学家们同时不谋而合地开始对经济社会学产生影响。

德国的经济社会学最早出现约在20世纪初。德国的经济社会学具有明显的历史比较的特征。从一开始，德国的经济社会学家就极力使经济研究具有“文化科学”的味道，也就是说，主张用解释的方法去分析经济问题。有研究者指出，就研究的主题而言，德国经济社会学的研究论题着重于经济发展和国家在经济中的作用，这方面的研究取得了很大的成就，韦伯、桑巴托和熊彼特的著作说明了这点。

德国经济社会学试图消除源于经济学家的历史和理论之间在方法论上的差异，尤其是韦伯为此做了大量的工作。韦伯指出，经济社会学应同时吸收历史研究和理论分析的精华，这应该是历史研究和理论分析的纽带。在这一时期，除韦伯外，对这一问题作过探讨的还有卡尔·比歇尔（Karl Bücher）、奥托·欣策（Otto Hintze）、约瑟夫·熊彼特（Joseph Schumpter）、乔治·西美尔（George Simmel）和维尔纳·桑巴特（Werner Sombart）。

在韦伯的学术生涯中，他研究了许多经济社会学论题，如中世纪的贸易公司、股票交易、古代经济史、经济学的历史学

① ［德］马克斯·韦伯：《经济与社会》，林荣远译，商务印书馆1997年版，第43～54页。

派和主要宗教的经济伦理等等。在韦伯的后半生中，他一直试图建立经济社会学的理论基础，他的未完成的巨著《经济与社会》就是这种努力的结果。韦伯在《经济与社会》第二章"经济行为的社会学范畴"中阐述了他的经济社会学理论见解。韦伯的《经济与社会》和《经济通史》是其经济社会学思想的精华，这也被认为是德国经济社会学走向成熟的标志。

在韦伯的经济社会学理论范畴中，其论题主要集中于两个方面，即经济社会学必须是解释性的；权力在经济中起着关键作用。韦伯强调："所有'经济的'过程的宗旨都是有明显特征——人的行为意义的。"① 韦伯认为权力概念与社会是不可分的，在他看来，许多重要的经济现象，如获得、消费行为等，只有适当地考虑经济权力的作用，才能正确地理解。

在经济社会学发展的这一阶段，德国的其他学者也研究了诸多经济社会学论题：桑巴特在他的著作《现代资本主义》中，对资本主义特征和起源进行了探讨，在《三种国民经济学》中，概括了"解释性经济学"的方法论；欣策在关于18世纪普鲁士的商业政策研究中，特别注重国家和经济的关系问题，他关心的是国家在市场结构中的作用；熊彼特试图分析国家的财政问题，他受马克思主义的影响，在他的《资本主义、社会主义和民主》一书中对资本主义体系的结构矛盾作了精辟的分析；比歇尔在《工业进化》中对阶段理论和制度主义的解释在欧美引起了很大的反响；齐美尔在《货币理论》中，就货币社会学作了论述，他更着重于经济行为中信托作用的研究。②

学界许多人认为，韦伯之后的最重要经济社会学思想家可

① ［德］马克斯·韦伯：《经济与社会：解释性社会学的提要》，加利福尼亚大学出版社1978年版，第64页。

② 周长城：《经济社会学发展的三个阶段》，《国外社会科学》1995年第12期。

能要数波兰尼（K. Polanyi）。他的主要著作，如《大转折》(1944)、《早期帝国的贸易和市场》（1957）等，都带有很重的经济社会学性质；他对当代新经济社会学的研究，有十分广泛的影响，如新经济社会学的开创者格兰诺维特在《经济行动与社会结构：嵌入问题》中所讨论的“嵌入”思想就直接来自于波兰尼。在《早期帝国的贸易和市场》一书中，波兰尼认为，在前资本主义社会，经济（被定义为人类的物质需要得到制度化保证的社会）嵌入于受价值支配而非利益支配的社会关系之中。这一观点在20世纪60年代经济人类学界的实证主义者和规范主义者之间引起过热烈而短暂的争论。[①]

由于波兰尼的观点对经济人类学乃至经济史学研究有着重要的影响，所以，波兰尼本人有时也被看作一位经济人类学家和经济史学家。作为经济人类学家的波兰尼被归为“制度学派”，倾向于经验主义。他较多地注意，在经济中发现社会组织的差别。波兰尼认为，土地和劳动包含着所有经济现象的基本原则，而这些基础性的成分在制度上是按照交换的不同模式组织的，这些不同的模式包括互惠交换、家庭交换、再分配交换和市场交换等。按照波兰尼的观点，研究者应当设法揭示土地和劳动基础与可见的但有区别的交换模式之间的关系，在非市场经济中，每一次交换都存在于一种独特的社会背景之中，不同的交换模式不可能通过市场的消融互相归并。

波兰尼等人的《早期帝国的贸易和市场》研究也被看作是“贸易和市场人类学”，即研究一个民族如何组织与理解贸易和市场，以及贸易和市场怎样和社会中的其他活动联系在一起。

---

① Humphrey. J. and H Schmitz, 1998. “Trust and Inter-Firm Relations in Developing and Transition Economies”, The Journal of Development studies, Vol. 34. 32—61.

在波兰尼的研究中，贸易科区分为四种情况：①发生于不同的通常是敌意的文化之间的中立地带的沉默贸易。契约十分简单，只使物件放在地上，然后又从那里取出来。贸易者除了项目的数量之外不提供任何信息。这种贸易根据的纯粹是自身利益，提示着贸易最初是在群体之间进行的，是由不同的资源和新的需求所造成的，而敌意是以经济需要和相互依赖为中介的。原始的沉默贸易是神秘的，这种神秘性被用于证明西方类型的贸易的普遍性。②在早期近东和非洲海岸有一些贸易口岸，它们是永久的市场所在地，坐落在中间地带，其作用是促进群体之间的贸易。在这些口岸之间的贸易对于物件及其数量是作严格调节的。③各种不同的非市场贸易网络。参与这样一种贸易网络可以为人们带来物质利益，也可以带来特权。④商场是到处都有的，在极为不同的社会中都可以找到市场。由于市场位置和专业化方面的原因，商人需要从一地到另一地旅行，在有些系统中，中心市场会向一些较小的卫星市场供应货物，这样的时空范围内的等级制反映了社会的政治组织，市场的内部模式也表现了这种差异。在市场上的经济交易也许是与其他社会关系紧密联系的，市场可以是闲话与新闻传播的场所，也可以是寻找异性伙伴的地点。在市场所在地，货物的等级，商人的身份和交易的形式都表现和展现了特权和权力的关系。[①]

德国的经济社会学的发展，与法国相比，有着共同的特点：都把文化—符号放在中心位置，如德国经济社会学采用弗里德里希·戈特勒（Friedrich Gottle）的"相互理解"（Verstehen）概念；法国经济社会学采用涂尔干的"集体观念"（collective

① Polanyi. K. [1957] 1992，"The economy as instituted process"，pp. 29～50，in The sociology of economic Life，edited by M. Granovetter and R. Swedberg，Boulder co：Westview Press.

representations）的概念。

法国经济社会学和德国经济社会学又各有其特征，韦伯、桑巴特和熊彼特等德国经济社会学家最为关心的是资本主义以及资本主义斗争；而涂尔干等法国经济社会学家却热衷于“工业社会”以及工业社会的粘合问题。德国社会学试图在经济学理论中为经济社会学寻找一席之地；而涂尔干则与经济学家作斗争，试图用经济社会学替代经济理论。两国经济社会学有差异的原因是两国经济社会学有不同渊源，德国经济社会学源于历史经济学和马克思主义；而法国的经济社会学却源于圣西门和孔德的思想。圣西门是第一个分析“工业社会”的思想家，他定义了工业社会。受圣西门的影响，孔德提出了“三阶段规则”，同时，孔德认为要解决工业社会的问题，需要一种与经济理论不同的社会理论；涂尔干在《社会的劳动分工》中把现代社会视为失范的、无规则的，在这种失范的、无规则的社会中，使社会无力控制经济；西米昂（Simiand）认为社会科学应研究历史的长期过程，而不能仅仅研究特殊的突发性事件。法国的经济社会学家普遍认为现代经济制度在宗教行为中必有其根源，因而，经济社会学也应运用人类学的理论。

③美国：帕森斯、斯梅尔瑟、格兰诺维特等。

19 世纪末 20 世纪初，当欧洲的经济社会学思想萌芽刚开始成长时，这一学科尚未在美国大陆上出现。对社会学作出突出贡献的芝加哥学派对经济并不是十分感兴趣，他们认为经济问题应该由经济学家来研究，而社会学家研究的主要方向应该集中在社会问题上。经济学者与社会学者们互相排斥，使得经济社会学直到 20 世纪 50 年代才开始在美国发展起来。

随着在社会学发展中对社会学研究占统治地位的国家由欧洲向美国转移，经济社会学在欧洲（主要是德国和法国）的研究每况愈下。同时在全球，经济社会学在 20 世纪 30 年代后一直处于低谷；主要原因是30年代后，数量经济学盛行而排斥社会学家涉足经济领域。在经济社会学发展的第一阶段，经济社会学尚未在美国出现，美国当时及之前的作为社会学家的那时学者没有关于经济社会学方面的著作问世。经济社会学第一阶段在美国受到冷漠的原因，很大程度上在于，美国的经济学家认为社会学家应该专注于一些如婚姻、家庭、越轨行为和贫穷等社会问题的研究，而不应该涉入经济领域。美国的经济学家和社会学家对他们所处的状态感到很自然，因此，经济学家和社会学家之间的交往甚少，此种现象一直持续到20世纪50年代。

很多人认为，美国的经济社会学的创立应归功于社会学家帕森斯。帕森斯如同大多数美国学者一样，在欧洲获得了博士学位（原因是在经济社会学发展的第一阶段，美国还没有这方面的研究生教育）。他是韦伯和桑巴特的学生。帕森斯起初是一名制度主义者，后来，他对制度主义丧失了信心，而相信新古典主义理论必将流行，所以他转向对新古典主义理论的研究。帕森斯在《社会行为结构》中声称"分析因素法"代表了经济—社会思潮的早期观点。

20世纪50年代，经济社会学在美国越来越受到学者们的重视。经济人类学、经济心理学、行为经济学的诞生以及现代化理论和工业社会学的分析研究，使得经济社会学在美国显得十分活跃。1951年被一些人说成是美国经济社会学界激动人心之时。帕森斯的学生沙顿（Sutton）在哈佛大学开设"经济行为的社会学分析"课程；同时，沙顿鼓励经济学家凯森（Kaysen）、托宾（Tobin）和哈里斯（Harris）从事经济行为的社会学分析；他们几位合作在1956年出版了《美国商业纲领》一书，在此书中，他们论及了美国商人的信条是商人在社会生活中的角色紧张所致。帕森斯本人与斯梅尔瑟合作出版了他们的巨著

《经济与社会》。在《经济与社会》一书中，帕森斯提出了自己的新观点，即经济是社会系统的一个子系统，经济理论只是社会理论的特例。

经济社会学发展的第二阶段与第一阶段有着显著不同的特点。这种不同点在帕森斯和斯梅尔瑟的《经济与社会》中有着详细的阐述。① 首先，他俩创立了包括社会理论在内的一般行为理论，他们没有（像韦伯那样）进行宏大的文化和制度的比较研究；没有（像熊彼特那样）提出发展资本主义动力和矛盾的历史特定理论，他们旨在以抽象的分析术语展示社会面临的迫切需要，划分出以满足这些需要为取向的分化的子系统的主要类型，以及识别出这些子系统之间的重要关系。其次，帕森斯和斯梅尔瑟的分析是在功能主义理论框架内进行的，这使他们离开了他们的先驱。最后，与第一阶段的先驱者相比，帕森斯和斯梅尔瑟接受了形式经济学理论大量的范畴，及其关系分析方式，如生产因素、供给和需求、信贷及货币理论以及均衡分析法，并把它们作为合法的理论框架，将某些方面甚至作为社会科学理论化的模式。②

在《经济与社会》一书之中，帕森斯提出了七个论点：第一，经济学理论是一般社会系统理论的一个特例，因此也是一般行动理论的一个特例。第二，经济，作为经济学家通常使用的概念，是一种特殊的社会系统。第三，经济像所有的社会系统一样，超越它的界限与其情境进行投入与产出的交换。第四，经济同经济情境之间的交换不是随意分布的，但具体的投入与产出范畴所集中针对的是其他特定的同类社会子系统。第五，

① 参见［美］A. 马蒂内利、N. J. ［美］斯梅尔瑟：《经济社会学：历史线索与分析的问题》，张旅平译，《国外社会学》1992 年第 2 期。

② 周长城：《经济社会学发展的三个阶段》，《国外社会科学》1995 年第 12 期。

具体的非经济子系统的参数特征中表现得最为明显。第六，唯有确立一种经济学理论以外的理论体系才可能成功地结合经济学理论对这些非经济因素进行分析。第七，论点"第六"的一个特别引人注意的问题是经济中的体制变化问题。

帕森斯等在《经济与社会》一书中，从结构功能主义的角度把经济看作是整个社会系统中的一个子系统，并力图从社会文化层次上研究包括生产、分配、交换和消费在内的整个经济过程（Parsons，1984）。

斯梅尔瑟在帕森斯转向其他研究领域之后仍在继续研究经济社会学。此时，他更注重经济社会学中的社会变迁问题，这种研究集中反映在他的《工业革命的社会变迁》一书中。斯梅尔瑟不同意将经济独立于政治与法律的控制之外的观点，不同意把经济作为一个独立的现象进行研究的观点。1963 年，他在其经济社会学科教书《经济生活中的社会学》中文版序言中指出："不管怎么说，经济总是一种制度，既然它是一种制度，也就不可避免地受到社会上各种制度的社会因素和心理因素的影响，认识经济，就必须深入认识整体社会。对各种不同经济——资本主义，社会主义，共产主义，自由的，受控制的，混合的经济——的比较研究足以证实这一基本原理。"①

斯梅尔瑟从三个方面考察了经济社会学的研究方向。一是在经济与社会的关系问题上，他指出，经济社会学研究经济与其他类型的社会变数之间的关系，以那些不同的变数之间的相互冲突的方式来解释这些变数。经济与社会变数之间的关系可以从三个层次来研究。最具体的层次即研究经济活动中特殊的角色和组织；第二个层次是分析经济结构与其他结构之间的关

① ［美］尼尔·斯梅尔瑟：《经济社会学》，方明等译，华夏出版社 1989 年版，第 1 页。

系；第三个层次是研究经济的和其他社会类型的体系之间的关系。二是在经济社会学的研究重点上，他认为经济社会学有两个研究重点。第一个重点是研究经济行为本身，即这些经济行为如何把不同的角色和集体结合在一起。何种价值观念使这些经济行为得以合法化，何种规范和制约手段使这些经济行为得以调节、管理。第二个重点是研究经济背景中的社会学变项之间的关系。三是在经济社会学如何解释变迁的问题上，他指出，经济、社会发展以一定的方式与社会结构相联系。研究变迁主要围绕于三个范畴：①分化，这是一种社会结构日益变得复杂时的特征；②整合，涉及分化后不同部分的平衡；③社会紊乱，是由分化和整合之间的断裂造成的。[①]

1994 年斯梅尔瑟和斯威德伯格核编的《经济社会学手册》中收入了 31 篇论文[②]。其中既反映了经济社会学传统的研究领域，如分配、消费、市场、组织、经济与环境等，还反映了相关学科的最新研究，如交易成本经济学、制度经济学、理性选择社会学等。从中可以看到，新经济社会学的研究已经大大拓展了传统经济社会学的研究领域，几乎涉及经济生活的所有方面。

2000 年成立的美国社会学学会经济社会学分会提出，经济社会学的研究对象包括四个方面：宏观社会学视角下的经济；经济制度和经济行为的社会学分析；社会学视角下的公司、组织和产业；经济与社会系统、政治系统的关系。[③] 朱国宏、桂勇

---

① ［美］尼尔·斯梅尔瑟：《经济社会学》，方明等译，华夏出版社 1989 年版，第 51～52 页。

② Smelser，N.，and R. S. wedberg，1994，The Handbook of Economic Sociology，Princeton：Princeton University Press.

③ 周长城：《经济社会学》，中国人民大学出版社 2003 年版，第 36～37 页。

主编的《经济社会学导论》在作出以上综述时，又讲道："综观经济社会学百年来的发展历程，经济社会学的研究主要可分为微观（经济行为）、中观（经济结构）和宏观（经济体系）三个层次，其研究则主要包括两大部分：一是经济的社会学研究；二是经济与非经济领域的关系研究。""经济社会学到目前为止虽然只有百年的历史，但要归纳其理论体系仍然是非常困难的，我们可以在经济学和社会学两门学科的相似性与非相似性中窥见一斑。"[①]

按照帕森斯和斯梅尔瑟的观点[②]，经济学和社会学在分析范畴上有三个方面的共性：其一，经济学家关于短期供应与需求的区分是社会互动理论中行为和约束间的特例；其二，作为"商品"或"服务"的商品经济的分类是自然和社会事物之间的基本区分的一个特例；其三，在行为和约束的任一均衡状态下，存在着各方都予以重视又取决于另一方面的行为和事物。此外，他们从社会系统论出发还分析了经济学和社会学在社会系统上的共性，即经济与社会两种系统之间的共性：在已确定生产要素和收入份额了的经济分类同社会系统投入与产出的范畴之间存在一致性。

关于此，富永建一在《经济社会学》中曾从行为分析、交换理论和系统理论三个方面分析了经济学与社会学的相似性，又从行为理论的性质、经济性交换与社会性交换和系统与均衡三个方面分析了经济学与社会学的非相似性。[③] 从相似性上说，

① 朱国宏、桂勇主编：《经济社会学导论》，复旦大学出版社 2005 年版，第 22 页。

② ［美］塔尔科特·帕森斯、［美］尼尔·斯梅尔瑟：《经济与社会》，刘进等译，华夏出版社 1989 年版，第8～9 页。

③ ［日］富永建一：《经济社会学》，孙日明、杨建梁译，南开大学出版社 1984 年版，第22～44 页。

富永建一认为社会学分析的规范形式是从分析人类的社会行为开始的，地位、作用、集团、制度、价值、态度、社会意识等社会学研究的中心概念，都可以从行为分析入手，然后逻辑地推导出来。从这个意义上说，行为理论是社会学分析的基础理论。经济学分析的规范形式，也是从分析消费、生产这种特定方式的人类社会行为开始的。经济价值、价格、需求、供给、工资、利润等经济学研究的中心概念，完全可以从对个人经济行为的分析入手，从逻辑上推导出来。从这个意义上说，行为理论也是经济学分析的基础理论，此其一。其二，社会学和经济学一样，都研究通过相互行为实现的欲望满足问题，这一点是共同的。其三，市场经济体系这一整体概念是以作为社会事实的价格为基础而建立起来的。根据帕森斯的社会系统论，经济是社会系统的一个子系统，经济学和社会学在系统理论上是一致的。

然而，尽管经济学与社会学在其大框架上是相似的，但一进入其内部，在思考方法上就表现出明显的差异。这种差异或非相似之处主要表现在三个方面：首先，经济学和社会学在行为理论作为理论的性质上，是不同的。在经济学理论中，大量地使用有关人类行为的基本假定，这个假定把某个特定的变量作为目的变量，把其他变量作为实现该目的的手段变量，假定了行为者为实现目的变量的最大化，不断探讨那些手段变量。作为社会学分析基础理论的行为理论，并不是这样看问题的。韦伯、帕森斯以来的唯意志论的行为理论，固然认为行为是满足欲望的实现过程，但是，这种行为理论研究的主题，是依据事实，对消费者、企业家、工人等行为者主体为什么有这种行为而没有那种行为，产生其行为动机的要素是什么等问题进行实证的说明，并不是从实践者的观点出发、从目的和手段的关系上来分析行为。其次，经济学和社会学对交换的理解范围，即通过交换而满足的欲望性质和对被交换的商品的性质的理解根本不同。经济性交换的对象是经济性商品和服务。与此相反，在社会性交换中，价值标准并未如此一元化。社会学在分析社会交换时，是多元性地研究多元性的事物的实际情况。最后，在建立系统这一总体概念时，经济学和社会学对总体的理解是不同的，经济学是机械论的，社会学是有机论的、功能主义的。效用是经济学一般均衡分析的中心概念，功能是社会学的结构功能分析的中心概念。这种系统概念的区别，表现是均衡概念的区别，经济学的一般均衡理论和社会学的结构功能理论虽然都使用均衡概念，但其实质性的内容是不同的。一般均衡理论所使用的均衡概念有两类：一类是把实现目标函数最大化的状态叫作均衡，往往用主体均衡表示；另一类是指这样一种状态，即同时满足把各变数的相互依存关系公式化了的全部方程式体系，又叫作市场均衡。社会学结构功能分析中的AGIL模式的功能要素满足，也用市场均衡的公式来表示，但增加了一般均衡分析中没有的系统的功能性要素及系统结构的分析。

在方法论上，斯梅尔瑟在《经济社会学》一书中从相关变量、自变量、变量间的关系和"假定"的重要性等四个方面对经济学和社会学在方法论上的异同进行了比较。这里概括如下[①]：第一，相关变量。经济学最基本的相关变量是生产、资源配置方式和收入的分配。在凯恩斯的理论体系中，相关变量是就业水平和国民收入。社会学所要研究的则是有规则、有意义的社会行为的某些方面。他们所要解释的而是个人行为取向、个人行为、群体行为、社会结构、制约和价值观念这些现象的规律性和变化。第二，自变量。经济学的自变量是供求关系。

① ［美］尼尔·斯梅尔瑟：《经济社会学》，方明等译，华夏出版社1989年版，第35～51页。

供求规律可以解释所有相关变量的变动。商品的产量、品种比例构成是由供求关系决定的，生产要素的构成、组合是由供求状况决定的，收入分配则是由劳动力的供求状况决定的。社会学一般从其所要解释的现象中寻找解释变量，即自变量，如用选民的态度、隶属的群体、社会地位或不同的价值观念这些变量来解释选民选举行为的差异。同样，用群体成员成分、社会地位、文化背景等变量解释人们态度的差异。第三，变量间的关系。在经济学的模型中，相关变量是两组自变量的函数。如凯恩斯建立的模型，自变量是消费偏好、资本边际效率和利率，根据这些自变量的值，预测一个社会的失业状况和国民生产总值。和经济学相比，社会学使用的解释变量要多得多，任何一个相关变量都有大量的各种各样的自变量。通过这些变量建立起来的理论模型大致有三种类型：一是静态模型，即用一个或多个变量解释某种行为模式或结构特征；二是过程模型，研究社会结构内部各种变量的变化；三是变迁模型，研究社会结构本身的变化。第四，“假定”的重要性。在经济学模型中，各种相关变量，如价格、产量等，随供求关系的变化而变化，但在现实生活中，许多因素（如政治、经济、法律、宗教等因素）都会影响价格和变量。在这种情况下，为了达到研究目的，经济学假定这些因素是不变的。如在凯恩斯的模型中就假定：劳动力的熟练程度是既定不变的，设备、技术、竞争程度、消费者偏好、人们对工作的态度、社会结构都是既定不变的。在传统经济学分析中，还有一个最重要的假定，就是经济理性：如果一个人处于一种经济情境中需要抉择时，必定作出最大限度获取经济效益的选择，一个厂商必定作出追求最高投入产出比例的选择。在社会学中，由于使用的变量在种类上和数量上都很多，对这些变量进行理论性结合时不像经济学那样严格，也很难在解释模型中十分清楚地规定哪些是既定不变的假定。但是，在解释问题时还是使用了一些假定，这些假定通常是心理方面的，就像经济学使用经济理性这个假定一样。无论是经济学还是社会学，如果要以有限的变量作出适合各种情况的一般性解释，就必须把自己的分析建立在某些基本假定之上。

朱国宏、桂勇等学者认为：到 20 世纪 80 年代中后期，经济社会学开始进入一个以"嵌入"和"经济的社会建构"为核心概念的新阶段。1945 年出生于美国新泽西市，1965 年毕业于普林斯顿大学的格兰诺维特，1985 年在《美国社会学杂志》上发表了《经济行为与社会结构：嵌入问题》一文①，同年美国社会学学会（ASA）正式提出了"新经济社会学"这一概念。作为经济社会学的最新发展，新经济社会学既是经济社会学这一领域长期学术积累的结果，同时也是学科交叉、互动和融合的结果。

诸多学者指出，经济社会学往往被视为思考经济与社会之关系的三种主要视角之一。另外两类视角分别是政治经济学和经济学自由主义。学界认为，作为有别于传统经济学的研究，"新经济社会学"这个概念主要是指那些采用网络理论、组织理论以及文化理论来研究经济现象的社会学取向。与此相对，在此之前的"经济社会学"常常被称为"旧"经济社会学，主要指工业社会学和帕森斯、斯梅尔瑟等人关于经济和社会的观点。这两种理论取向在 20 世纪 60 年代都曾经风靡一时，但后来却都销声匿迹了，取而代之的是劳动社会学的崛起，后者被认为是新经济社会学的主要源流之一。

有研究者指出，显然新经济社会学有三个基本主题：根植

---

① Granovetter, M., 1985, "Economic Action and Social Structure: The Problem of Embededness", American Jorunal of Sociology, Vol. 91 (3), pp. 481—510.

性、社会网、制度。新经济社会学作为起源于20世纪80年代中期的学说，它的成就主要表现在：提供了经济学不能提供的理论视角，即把社会结构及制度引入分析之中；发展了“根植性”和“经济的社会结构”的概念；提出了网络理论、文化社会学和组织理论等新经济社会学的主要理论基础。

第一，关于“根植性”。“根植”，也有人译为“嵌入”。“根植性”概念及其理论，是在批评经济学理论的局限性时提出的。人们认为，经济学理论模型的主要缺陷在于：它假设行为者能准确决定所有行为的后果和潜在效用。经济学的最大化假设在不确定的情境中是没有充分根据的，而大多数情境都是不确定的。经济社会学主要关注理性行为者如何在不确定的情境中作出决定。这样把经济决策和社会理论以及文化、权力、制度、社会结构概念、认知过程结合起来。经济行为的不确定性把社会秩序问题重新引入经济体系，这使经济社会学和社会学理论联系起来。经济社会学的社会学方面，使经济行为的不确定性有其根植性（Jens Becrkert，1996）。

一些经济社会学家特别强调经济行为的社会和文化根植性，以及经济制度的社会建构。当经济社会学走到20世纪80年代时，熊彼特被许多人认为是最为重要的经典人物之一。他的关于企业家的理论，分析了竞争性资本主义，关注了在资本主义经济这时的过渡中，暗含了经济的社会组织的作用。这被认为代表了一个很好的框架，以证明社会根植性概念的可行性。

1985年，马克·格兰诺维特（Mark Granovetter）发表《经济行动与社会结构》一文，发展了卡尔·波兰尼（Karl Polanyi）有关“根植性”的论述，强调“社会网”对经济行为的作用。他在《经济制度的社会建构》（1990）一书中强调，经济制度产生于社会关系网络并根植其中。他用三个例子对这一观点加以说明：其一，企业家如何从更为个体化的经济行为中建构出企业，特别是在经济欠发达的如东南亚地区的海外华人是如何成功的；其二，像拉美国家中那样的强大跨行业的投资群体是如何通过家庭的联合而建立起来的；其三，以美国电力应用工业的起源为例，说明生产组织是怎样成为一种社会建构的。他认为即使是在完全相同的经济和技术条件下，如果社会结构不同，收益也会极大的不同。

在格兰诺维特之前，波兰尼在《伟大的转折》（1944）中，突出了历史维度在经济与社会理论中的重要性。他在《早期帝国的贸易与市场》一书中，对作为制度过程的市场进行了分析，认为经济与非经济制度的作用都是为了便于经济交换。在他看来，制度具有工具性。显然，他还保留着经济学中传统的"工具理性观"。波兰尼在20世纪中期首创"根植性"（em-beddedness）这一概念，分析了经济学理论家缺少关注的制度特征和市场的社会体系支持的影响力。社会学家们欢迎根植性概念，但他们的重视仅仅影响一小部分经济体系的研究。因此，根植性概念，尽管可能普遍运用于所有的经济体系，但实际上只得到有限的理论思考。

提出经济的社会根植性概念是新经济社会学的重要表征。

有研究者指出，这个有人译为"嵌入"的"根植"概念及其理论取向是多元的：有人认为经济是更大制度结构的有机组成部分，有人认为经济行为是在构成社会结构的社会关系网络中发生的，有人认为经济行为不仅在社会结构而且是在文化中发生的。因此，区别出认知的、结构的、文化的和政治的不同根植方式，并使这些多元取向综合在一起，有利于我们全面认识经济现象，因为经济行为依靠这些类型的因素。有研究者指出，根植性理念显然挑战了那些对社会因素有所忽略的倾向，例如挑战了新古典经济学中忽视了社会情感联系、不受个人情感影响的理性的行动者的观点，同时引入了社会资本的概念

(Zoltan Szanto，1995)。

第二，关于“社会网”。英国的托德育利夫·布朗在《论社会结构》(1940) 一文中，首次使用“社会网”概念。到 20 世纪 70 年代中期，社会网研究成为一个新的社会学领域。其中，格兰诺维特作出了突出的贡献。他在《寻找工作》(1974) 一书中，研究利于流动的信息是如何获得和传播的，这是关于流动的直接原因的研究中很重要的一部分。实证社会学的研究不断证明了在正式理性的体系中非正式互动的极端重要性 (Selanick，1949；Dalton，1959；Crozier，1964)。格兰诺维特的经验研究提供了另一个例子：个人为获得工作变迁机会的信息而严重依赖个人接触的存在背景。个人受到身处其中的社会网络的强大的而少为人所注意的束缚。早期研究表明，引导行为的信息更多是通过个人接触的方式而流动，而较少通过大众媒介或更为非个人化的路线 (Katz，1957；Coleman etal.，1966；Lee，1969)。新古典经济学假设信息在市场中是均衡的。社会学者的研究结果则表明，劳动市场中信息的传递并不均衡。找到工作的方式可分为正式和非正式两种：正式的，即商业的和公共的雇佣机构和广告；非正式的，即各种类型的个人接触的使用，和工作寻求者直接向雇佣者（或人事机构）应聘。

罗纳德·伯特 (Ronald Burt) 1992 年发表《结构洞》(Structurial Holes) 一文，他认为经济中供求不一定直接见面。以个人、单位或部门 A、B、C 为例，C－A－B 的模式是常见的。在这种模式中，必须通过 A、B 与 C 才能发生关系。A 的资源多，而 B 与 C 无直接关系，这是一个洞。“结构洞”越多，则该经济的活动性越大。在经济组织中，占有“结构洞”多的人更有地位与声望。显然，“结构洞”是“社会网”的一个部分。伯特试图在微观层次上说明市场中经济资本与社会资本的关系，说明私人关系是经济行动的前提。

研究者强调，"社会网"理论还可以用于解释社会分配，解释社会支持。同时，"社会网"在革新扩散中的作用，也受到社会学家的重视。

第三，关于制度。资源、技术与人的偏好，是传统经济学解释经济增长的三个要素。近一二十年来，一些经济研究者对这种传统经济学思想提出了挑战。他们认为，过去经济学家们之所以不能够充分解释经济增长，关键是由于第四个要素——制度——受到忽略。他们证明，制度的影响是相当大的；制度建立的基本规则支配着所有公共的和私人的行为，即从个人财产权到社会处理公共物品的方式，以及影响着收入的分配、资源配置的效率和人力资源的发展，经济力量与社会中存在的制度和政治安排是相互作用的（Vincerrt Ostrom，Davidfeeny，Hartmutpicht，1988）。这种思路，已经明显突破了传统经济学，并同新制度经济学区别开来。这种主要来自经济学家的努力与社会学家的取向是一致的。在社会学者看来，"新制度经济学的要害，在于把制度分析偏离了社会学的、历史的和法律的论证，而认为制度的出现是对经济问题的有效解决。这种自命不凡的和其中隐含的功能主义阻碍了人们对社会结构进行详尽的分析，而在我看来社会结构是理解现存制度何以如此的关键。"（MarkGranovetter，1976）

市场社会学是新经济社会学的一个重要领域。美国的约翰·列指出，考察市场的传统经济学视角是反社会学的，在这种模式中的社会图景就像是一个远离尘世的沙漠，完全忽视了外部性和制度的问题。不过，经济学视角本身也不是铁板一块。道义经济学的视角促使人们注意到，任何自我维持运作的市场实际上都有赖于大量隐含的规则或制度的支撑。正式契约和企业背后的各种制度形式使资本主义的竞争结构成为可能。而现代制度理论家的贫乏观点则将竞争概念化减为组织之间的关系，忽视了许多传统制度理论家对竞争的深刻洞察力，交易成本方面的研究保留许多这方面的思想，但却没有对市场的合法性进行研究。20 世纪 80 年代以来，欧洲一些社会学者对市场与市场交换的制度加以研究的成果，也值得注意。伯恩斯认为，现代市场正常运行需要市场交换有高度的选择原则（Barns，1985，1995），通货膨胀是一种解决收入分配中引起的紧张与冲突的主要社会机制——至少短期是如此，而长期的问题是可能加强和导致主要的经济与社会——政治危机（Baumgartner and Burns，1986）。鲍格勒和马蒂尔利认为，市场和财政系统等资本主义制度在产生经济增长促进社会进步的同时，也产生了一些出乎意料的负效应和社会的非均衡发展（Baumgartner1986，Martinelli，1986）。①

作为独特的学科发展，新经济社会学在很多方面与以往的“旧”经济社会学有所不同。特别是从研究主题、研究方法等方面来看，20 世纪 80 年代中期以后的新经济社会学研究与以前相比发生了很大的变化。②

这些变化首先体现在新经济社会学的理论取向上。尽管“新”“旧”经济社会学的研究都涉及了三个理论层面，但是它们各自的侧重点是截然不同的。在“旧”经济社会学中，尤其是在所谓的“工业社会学”的早期阶段，研究者注重的是微观层面，中观（工作团体）和宏观（经济结构）层面被视为行动的外部条件，或者是行动的副产品。但是在“新”经济社会学中，研究者强调的则是中观层面，尤其是强调中观层面在联接宏观和微观两个层面时的作用。

① 宋林飞：《经济社会学研究的最新发展》，《江苏社会科学》2000 年第 1 期。

② 陆德梅、朱国宏：《新经济社会学的兴起和发展探微》，《国外社会科学》2003 年第 3 期。

新经济社会学的研究主题也发生了变化："旧"经济社会学讨论的是人际关系、人与机器的关系、社会分层、团队的团结等，它探索的是如何最大限度地发掘劳动者的生产潜能，因而特别关心何种情况下劳动者才会形成最紧密的合作群体、他们如何才能在劳动时获得更大的心理满足感、工作团体的团结怎样才能实现，以及诸如此类的内容。新兴经济现象的出现转移了研究者的兴趣，因势而起的新经济社会学更关注经济行为者何以是社会行为者的一分子，经济行为者的行为又是如何嵌入于他们所置身于其中的社会结构中，以及这些社会结构是如何被社会性地建构起来的。

新经济社会学的研究成果应用也形成了自己独特的倾向。"旧"经济社会学被视为"管理社会学"，其目标是直接用来指导企业对劳动者的监督，改善企业或其他经济组织的管理，因此也被贝尔等学者斥之为"奶牛社会学"，意指这种社会学为了提高劳动产量而竭力强调提高劳动者满意度的必要性，就像为了生产更多的牛奶而想方设法让奶牛获得满足一样。相比之下，新经济社会学更强调理论性，它的研究成果与现实生活中的经济目标往往不直接相关，大多被用于解释新兴的经济现象。

在对待相关学科——特别是正统经济学——的态度上，"新""旧"经济社会学也是不同的。按照格兰诺维特的观点，"新"经济社会学对正统经济学更不恭敬。对于新经济社会学家来说，经济社会学的贡献"不仅仅是小心翼翼地送上新古典经济学遗漏的一点点变量以补上回归方程末尾最后的5%误差"，他们的研究领域已经突破传统社会学的领域，他们思考的问题包括那些通常被认为是经济学核心命题的东西，如生产、消费、交换等，而且他们的观点在某些情况下甚至"可以取代经济学的解释”。①

尽管“新”“旧”经济社会学之间存在着如此巨大的差异，但这并不能否认“新”经济社会学与“旧”经济社会学之间的学术传承。事实上，无论是新经济社会学，还是旧经济社会学，两者都是以特定的经济现象为研究对象的，它们的研究都或多或少地应用了人类学的研究方法，而且都涉及宏观、中观和微观三个理论层面。正是在这个意义上，一些学者甚至主张，经济社会学的“新”“旧”之分实际上只是某种“伪区别”。实际上，“新”“旧”经济社会学的分野，是学术不断应对实际问题的挑战，学科发展和学科间交流不断得到加强的结果，经济学——特别是新制度主义和经济史学派——新经济社会学的产生和发展提供了丰富的启迪。

前面已论述到，在新经济社会学的产生和兴起过程中，来自经济学、社会学或其他相关学科的研究者逐渐在研究内容和主题上达成了共识，由此，产生了新经济社会学的两个核心概念——“嵌入”和“经济的社会建构”。许多学者指出，无论站在哪个角度，研究哪个具体领域，新经济社会学家对经济现象的解释最终都可以归结到这两个概念上。因此，从某种程度上来说，这两个概念是建构新经济社会学这一大厦的基石。前已讲到，通常认为，最早提出“嵌入”的是波兰尼的《伟大的转折》一书，但这个概念在该书中只是漫不经心地出现了两次，作者本人并未加以重视，也不足以引起读者的注意。直到1957年，波兰尼才在《贸易与市场》中对它进行了理论阐释。用波兰尼的观点来说，前资本主义经济是社会的有机组成部分，因此不能用经济理论来分析，“嵌入”为此提供了一种替代性的

① ［美］理查德·斯威德伯格：《经济学与社会学》，安佳译，商务印书馆2003年版，第145页。

选择。

"嵌入"之所以能成为新经济社会学重要的甚至是核心的概念，这在很大程度上还归功于格拉诺维特对这一概念的扩充和发展。一方面，格兰诺维特承认波兰尼在使用"嵌入"这个概念时恰当地指明了社会因素在很大程度上塑造着前资本主义经济；另一方面，他进一步强调，在现代市场中，各种社会因素对经济行为不仅有作用，而且是有着相当重要、甚至是决定性的作用。在这个基础上，格兰诺维特还区分了不同的"嵌入"，指出经济行为是嵌入于个人关系之中的（关系性嵌入），而经济行为者们又是嵌入于更为广阔的社会关系网络（结构性嵌入）中的。

经济社会学、特别是"工业社会学"与社会组织理论的联系由来已久。早在 20 世纪 60 年代，美国的组织理论就对"工业社会学"产生了浓厚的兴趣。随着学科交流的深化，新经济社会学中的理论思想和组织理论的交流沟通日益频繁，一个很好的例子就是，商学院中的组织理论往往都是由社会学家来教授的[①]。新经济社会学对组织理论的贡献在于，它完成了对传统组织理论的扬弃，增强了组织理论对现实生活中各种经济现象的解释力。所以人们对其学论特点，往往揭示为"组织：对传统的扬弃"。

作为新经济社会学的领军人物，格兰诺维特于 20 世纪 80 年代提出了有关经济组织的社会学问题：社会关系总是渗透于各个经济企业间的，经济组织和个体经济行动者一样是受社会关系网络的限定的。这表现为两个方面：一方面，企业间的交往和联系并不是通过证实的经济交易规范而达成的，在很大程

① Swedberg. R., 1997, "New Economic Sociology: What has been accomplished, What is ahead?", Acta Sociologia, Vol. 40 (2), pp, 161—182.

度上它是通过社会关系网络来实现的；另一方面，企业内部的等级制度也常常为非正式的社会关系网络所取代。

与经济学假定的纯“趋利”行为不同，社会学认为企业在合作时往往会采用非正式关系，如互派董事、企业领导人之间存在的非正式社会关系、由于长期合作而建立起来的伙伴关系等都会促进企业间的合作行为。与此同时，在企业内部，企业员工在具体的行为中也会利用非正式的社会关系，部门间的合作、员工间的合作甚至企业内部的冲突的协调都可能涉及非正式社会关系。《管理者》一书的作者达尔顿就指出，企业成员完全可能利用已有的社会关系网络来抵抗企业的正式权威。[①]

新经济社会学还形成了一些新的组织理论概念，伴随而来的是一批极有吸引力的研究。譬如，弗里格斯坦的《公司控制的转变》用社会学的视角和方法分析美国公司的形成，而杜宾的《打造行业政策》则比较研究了法国、美国和英国的铁路政策的变迁。二者都是新经济社会学组织理论的研究范本。

不过，就目前的情况来看，组织理论似乎又受到了冷落，一些学者甚至在努力地把组织理论整合到其他社会学理论中去。例如，组织社会学中的新制度主义越来越强，一些组织社会学家也再努力沟通组织研究和社会分层研究[②]。如果这种趋势保持下去的话，组织理论可能很快就会被同化到其他理论中去。

文化社会学对经济社会学也有重大的影响，而且其影响显然要比其追随者的数量要大。这样，“文化”成为更深的“嵌入”。在新经济社会学家中，明确可以称得上用文化来探讨经济

---

① Dalton，M.，1959，Men who manage，New York：Wiley&Sons.

② Guillen，M. F. R. Collins，P. England，and M. Meyer，2002，” the Revival of Economic Sociology”，pp. 1—34. in the New economic sociology：Developments in an Emerging Field，New York：Russell Sage Foundation.

问题的学者恐怕可首推扎里泽（V. Zelizer）和迪马乔（P. Dimaggio）两位，但新经济社会学研究中受到文化观影响的学者却不计其数。不计其数的原因，一方面是由于人数之多，难以统计齐全；另一方面，也是由于散播之广，文化观的影子在许多学者的研究中都可以发现，但这些学者又不是公认的文化论者。

文化论对经济社会学研究的影响始于20世纪六七十年代的文化人类学家，他们对经济生活的研究对社会学的研究取向产生了不小的震动，早期的文化人类学研究——特别是考察发展中国家的经济行为的研究——中提到的一些概念后来成了经济社会学中的重要概念。典型的例子就是波兰尼于《伟大的转折》中提到的"嵌入"概念，经由格兰诺维特的努力，现在已经发展成经济社会学中的核心概念了。

在新经济社会学的文化论研究中，有两方面的成就特别突出。其一是对新经济社会学对象的再确定，其二则是将文化观点应用到新经济社会学中的代表性言论，以及相关的经典研究案例。

在第一个方面，扎里泽可谓劳苦功高。从20世纪80年代开始，扎里泽就表示对当时经济社会学家和文化社会学家之间的合作深为担忧，因为在她看来，这两类学者的合作常常表现得非常表面化。而且，经济现象应当包含生产、分配、消费的所有形式，但经济社会学往往喜欢将视野局限在企业和市场中发生的事情，对非市场领域的经济现象——例如，家庭中的生产、分配和消费，以及由此带来的经济变迁——视而不见。扎里泽认为，发生在非市场领域内的生产、分配、交换等经济行为往往都带有浓厚的文化色彩，这与"市场化"经济行为是完全不同的。因此，扎里泽强烈呼吁社会学家应当关注这些经济现象，提倡从"文化"的角度来研究这些现象。

这样，文化与经济行为，社会关系或社会关系网络就构成了社会体系中的双重“嵌入”；在经济行为嵌入于行为者的社会网络的同时，社会网络本身受到更为宏大的社会文化背景的制约。正如渡边深在比较研究美国和日本的白领求职者时所发现的那样，日本人独特的文化（例如人际交往中的互惠模式）是导致“强关系”对日本求职者的影响大于其对美国求职者的影响的因素。① 相比之下，前一种“嵌入”能否被广泛接受还有待于更多实证资料的论证。

就新经济社会学的发展而言，其“文化”观点还有另一个贡献，即对非市场领域的经济现象的强调，开创了经济社会学家研究“经济”的新局面。按照传统观念，货币、价格这些内容几乎一直都为经济学所垄断，但当扎里泽以社会学家的身份来分析货币的意义、评估价格，似乎意味着社会学家已经开始进入传统的“经济学”领域。与贝克尔用经济学理论分析非经济问题的“经济学帝国主义”形成强烈对比的是，扎里泽使用了社会学理论分析了“经济学”的核心问题。这一努力被视为社会学反抗“经济学帝国主义”的另一个重要成就，它表明社会学家已不满足于保守地批判经济学理论（如格兰诺维特对经济学中“方法论个人主义”的批判），而是勇敢地挺进了经济学的核心。

从全球范围来看，经济社会学起源于欧洲，但新经济社会在很大程度上则是北美现象。学者们认为，20 世纪 30～50 年代，社会科学研究力量的中心从欧洲转移到了美国，这也导致了经济社会学学术重心的地域转移。在随后几十年的时间里，

① S. Watanabe，1987. “Job-Searching：A comparative Study of Male Employment Relations in the United States and Japan”，Unpublished Ph. D. dissertation，Department of Sociology，Univerity of California，Los Angeles.

美国一直引领着经济社会学的发展潮流。20 世纪 60 年代后，随着"经济学帝国主义"对社会学、政治学、历史学等学科的入侵，社会学家开始反思"社会学"这一学科本身的发展，开始探索经济学和社会学学科边界的再界定问题，新经济社会学正是在这样的背景下被激发起来的。

（3）经济社会学有三个主要学术传统，除了美国的"经济与社会"传统以外. 法国和德国都曾为经济社会学的发展贡献过相当大的力量。尽管 20 世纪 20 年代以来欧洲的经济社会学有些衰退，但熊彼特、波兰尼等学者的成就都曾为 20 世纪 80 年代新经济社会学的发展添砖加瓦。不过，与美国的新经济社会学不同的是，欧洲各国的新经济社会学大多与该国在 20 世纪 80 年代以来的社会经济发展有着千丝万缕的联系，因而这些国家中的新经济社会学研究往往都带着很强的实证性和应用性特点。

作为经济社会学三个主要学术传统之一，法国的社会学对经济现象的关注由来已久。早在 19 世纪末，涂尔干等学者就在社会学杂志上发表了一系列有关经济社会学的评述，成为法国社会学家对经济社会学研究最早的系统性尝试。20 世纪早期，西蒙（F. Simiand）在涂尔干的基础上对经济社会学作出了严格的学术界定，认为经济社会学应当是"以观察为基础的'积极的经济学"（positive economlcs），为经济社会学在当代法国的发展奠定了良好的基础。尽管在 20 世纪 50 年代末到 70 年代法国应用科学迅速发展的阶段中，经济社会学并没有得到足够的重视，但由于其良好的学术基础，到 20 世纪 80 年代，经济社会学在法国还是出现了盛极一时的复兴趋势。①

① J. Heilbron，2001. "Economic Sociology ln France"，European Societies. Vol. 3（l），pp. 41～67.

学界认为，经济社会学在德国很有根基，特别是马克思，以及韦伯、西美尔是世界公认的经济社会学家。只是到了20世纪30年代，随着德国历史学派的显赫地位逐渐下降，德国的经济社会学才开始受到冷落。但即使在这个时候，德国学者的成就也有目共睹，当时该国的社会学家和经济学家对对方学科的兴趣仍然相当浓厚，洛厄（A. Lowe）的《经济学和社会学——呼吁社会科学的合作》（Economics and Sociology-A Plea for Cooperation in the Social Sciences），曼海姆（Karl Mannheim）的《重建时代的人和社会》（Man and Society in the Age of Reconstruction）就是很好的例证。二战后，经济社会学在德国的传统没有得到很好的继承，经济社会学在德国社会学中一直处于边缘地位。尽管韦伯的经济社会学自20世纪50年代开始就一直以工业社会学的名义在关注诸如劳动力市场社会学、教育社会学等相关领域，科恩（O. Kern）、舒曼（M. Schumann）等学者在国际上也享有较高的声誉，但与法国的情况相比，新经济社会学在德国的发展要含蓄得多。德国社会学学会中现在也有经济社会学分会，但会员中杰出的经济社会学家寥寥无几。话虽如此，到20世纪晚期，新经济社会学在德国仍然形成了几个比较集中的、同时比较有代表性的研究领域。根据伯科特（J. Beckert）的观点，这几个领域分别是货币社会学（The sociology of money），政治学、制度和经济，经济学和社会学，市场社会学（sociology of Markets）。[①] 对货币的社会学研究是以韦伯和齐美尔的学说，以及帕森斯的“交流媒介”概念为基础的。德国的经济社会学家认为货币媒介是一种重要的社会机制，它有助于克服双重可能性问题（the problem of

① Jens Beckert，2000，“Economic Sociology in Germany”，European Electronic Newsletter，vol.（2），pp. 2～7.

double contingency)，因而有助于社会的协调。还有学者提出，货币从本质上来说就是目标，对资本主义动力学（capitalist dynamics）的理解应当以货币的运行原则为基础。所以，与韦伯所认为的宗教有助于发展资本主义的观点不同，德国当代的经济社会学家认为，资本主义本身就是一种重要的宗教体验。[①] 政治和经济的分界是当前德国经济社会学感兴趣的第二个主题，它既包括政治体系——如集体谈判制度、贸易协会、企业家协会等具体制度，又如法律规则等——对经济运行的影响。也包括东欧的经济和政治转型过程，还包括东德自身的转型。以东德的转型为例，德国经济社会学家通过实证研究，揭示出东德一些较大的企业中的所有权大多为联邦德国的企业家所有，因为联邦德国的经理人有着广泛的董事互锁（interlocking directorates）网络。将经济学和社会学结合起来解释经济现象是德国经济社会学的另一个兴趣点所在，外部效应（external effects）和主体行动问题（principal agent problems）是这个领域关注的焦点。例如，在有关自然环境经济系统的外部效应问题上，德国经济社会学家指出，只要环境的消极影响不能够用价格来衡量，市场调控就不可能达到治理环境污染的最优。一些学者因此建议用社会规范——如环境意识——来解释国家和企业的环境保护行为。又如，在主体行动问题上，社会学家在讨论"劳动者为什么劳动"时，他们也开始强调行动所发生于其中的社会背景都具有一定的先在条件，正是这些条件使得行动者可能预期其合作行为的利弊得失，并进而调整自身的行为。最后，德国的经济社会学家还关心现在社会中越来越多的由市场调节的交换关系将导致什么样的社会结果和文化结果。另外，对社

① Jens Beckert，2000，"Economic Sociology in Germany"，European Electronic Newsletter，vol.（2），pp. 2～7.

会中的权力关系、自然资源的使用、市场参与者的身份建构等问题的思考无疑将有助于德国经济社会学对市场的文化效应的理解。

学者们指出，与法国和德国相比，意大利的经济社会学既没有显赫的学术思想传承，又存在语言交流的障碍，因此该国的经济社会学研究在我国几乎没人注意。但是，一方面，由于意大利在自身的发展过程中遭遇的许多问题——如本国的地区发展问题——是许多国家发展过程中的常见问题；另一方面，也因为普特南的社会资本研究采用了该国的实证数据，对该国感兴趣的学者也在增加。因此，它的经验对我们来说也有不少借鉴意义。意大利的经济社会学研究带有强烈的实证倾向，研究的出发点大多为解决本国的实际问题，而不是因为受了理论发展的驱动。当前，意大利的经济社会学比较关注的领域有两个，其一是行业区划和意大利发展的问题，其二是行业关系和经济的社会调控（social regulation of economy）。就行业区划和意大利的发展而言，该国的经济社会学家认为，意大利的中部和东北部地区与西南部和南方的发展都不同，这些地区的企业大多为中小型企业，它们的发展与信任、互惠以及共同的地方认同是密不可分的，这些地区存在着某些制度上的先在条件——小型农业企业，农村和城市地区之间的特殊关系，扩展家庭以及相同的政治亚文化等——因而“共产主义市场行为”（communitarian market behavior）得以成为现实（Barbera，2002）。该国的一些学者甚至认为，社会学家应当研究合法的政治体系如何通过积极或消极的刺激来产生信任、发展和合作，因为信任不仅仅是历史和市民社会的产物，它也可以由国家有意识地培养出来。就行业关系和经济的社会调控而言，意大利的经济社会学家摒弃了“新合作主义”（neo-corporatism）的观点，认为“政治交换”（political exchange）能更好地解释二战以来意大利公有部门的私有化现象。这个概念意指国家不参与经济体系的调控，而个人利益则为了尽可能获取公共资源而不断挤压国家公有部门。不过，正如一些研究也指出的那样，个人利益在特定条件下也会有利于公共利益的实现。在这些学者看来，个人利益和组织利益之间的关系既不能看成是个人利益必须服从组织利益，也不能把两者看成是统一或接近的。实际上，在"政治交换"中，国家和组织利益的代表（如贸易协会）往往是既处于"政治市场"中，同时也遵循着"交换"的原则。20世纪90年代以来，意大利经济社会学家一直在努力探讨经济社会学的理论问题，经济社会学家中既有人关注经济和社会的普遍关系，也有人关心特殊的具体问题。不过，意大利当前的学术氛围受政治经济学的影响似乎比新经济社会学的影响更大。

《经济社会学导论》一书讲到，新经济社会学的兴盛是社会学、经济学、政治学——特别是社会学和经济学——等多门学科交流和互动的结果，这些交流和互动首先突破了经济学之于其他社会科学的优越性，突破了学科间的藩篱，使日渐远离现实生活的经济学重新找到了"血和肉"，回到了活生生的社会现实中。一直以来的"清洁模型"和"肮脏的手"的争论终于取得了某种协调。同时，就社会学而言，使用社会学方法分析经济现象不仅仅改变了其相对于经济学而言的"剩余学科"的被动地位，帮助它拓展了自身的研究领域，而且也加强了社会学观察经济结构和经济过程的敏锐性，增强了学科创始人之一的韦伯所强调的"经济与社会"的传统。

而且，正如一些学者指出，当前经济社会学所处的境地与一个多世纪前所处的境地是完全不同的。首先，一个明显的变化就是社会学家开始掌握新的工具——如网络分析（network analysis）、帕森斯等人的功能主义分析（functionalist analysis）等——这为学科的新发展提供了良好的条件。但与此同时，随着学科交流的深入和边缘学科问题的不断涌现，新经济社会学需要解决的问题也将越来越复杂难懂。[①] 正因为如此，一些学者提醒，今后的新经济社会学首先需要对学科中的一些基本概念进行更深入的思考。其次，新的研究主题和研究领域陆续涌现。到目前为止，新经济社会学的研究主要集中在几个主题上。但是随着学科自身的发展，经济史研究、性别研究、法律与经济的关系、对世界各国所作的具体研究都有可能受到垂青。有学者呼吁，新经济社会学应当对这些方面多加关注。[②] 以法律和经济的关系为例：法律在任何情况下都是相当重要的，因为它可以解决冲突、确保财产安全，有助于维护社会稳定和经济繁荣。因此，有识之士认为，对法律在经济生活中的作用进行实证分析，这是相当必要的。[③] 第三，新经济社会学本身就是在学科交流的背景下产生的，经济学、人类学、政治学都为它的发展贡献了智慧。但另一方面，社会现象本身非常复杂，正如阿克洛夫在谈到经济学和社会学的关系时所言："或许存在大量的能合并经济学和社会学的领域，在这些领域中，我们或许能得到大量有意思的经验性成果。"[④]

人们认为，新经济社会学提供了新的研究途径，不仅如此，而且拓展了新的研究领域。面对"经济学帝国主义"对社会学

① P. Steiner，1995，"Economic Sociology：a Historical Perpective"，the European Journal of the History of Economic Thought，Vol，2（1），pp. 175－195.

② R. Swedberg，1997，"New Economic Sociology：What Has been Accomplished，What Is Ahead?"，Acta Sociologia，vol. 40（2），pp. 161－182.

③ R. Swedberg，2002，"Lay and Economy：The Need for a Sociologica Approach"，Economic Sociology-European Newsletter，Vol，(3).

④ ［美］理查德·斯威德伯格：《经济学与社会学》，安佳译，商务印书馆 2003 年版，第 95 页。以上大量利用了朱国宏、桂勇等学者主编的《经济社会学导论》第 1 章、第 2 章中的材料内容，复旦大学出版社 2005 年版，第 7～45 页。

研究领域的入侵，如阿克洛夫在经济模型中采用了心理学、社会学、人类学的解释因素，贝克尔则将理性方法扩展到非经济学的领域——新经济社会学家不仅守卫了自己的阵地，维护了社会学对社会现象的解释力，而且把社会学研究的触角延伸到了社会的经济生活中，其研究还触及了某些经济学的核心概念，从而获得了"广泛而未经开垦的处女地"。[①] 现在，新经济社会学已经在市场的起源、市场作为一种社会制度的形成等方面取得了相当成就（如怀特、迪马乔等人的著作）。正如有学者如李猛、李放春所评论的那样："新经济社会学的贡献在于使经济学和社会学在一个微观的层面上进行对话……新经济社会学的好处就是在一些具体而微的层面上进行对话……新经济社会学的好处就是在一些具体而微的经济——社会现象上能够把社会网络导入到分析之中，然后对经济学家的解释给予补充，至少是提供了把社会关系结合到经济模型的可能性。"

4. 由以上进而论之，我们所论的走向"经济的社会化"或"社会化的经济"，是指向个人与社会统一的经济。这指向经济学与社会学融为一体。这走向着商品的"市场与计划"趋向于外化，使商品的"市场与计划"的机制本身就成为社会所显现出来的运行。这是经济潜意识向经济显意识的外化。这样，商品的市场与计划就成为潜意识所显现的，即显现为社会的，而这又是趋向复归于关于直接"产品"的。同时，这一过程，又在经济发展中，在作为经济潜意识走向显意识统一乃至同一的过程中，指向着社会得到新的呈现。这里与其说社会是经济显意识的，不如说社会本身就是潜意识的。这里是社会潜意识走向社会显意识的新的呈现。在这种呈现中，社会潜意识外化为

---

① R. Swedberg. 1997，"New Economic Sociolgy：What has been accomplished，What is ahead?"，Acta Sociolgia，Vol. 40 (2)，pp，161—182.

社会显意识的，不再是商品及其市场与计划，而是社会潜意识本身就表现为社会显意识，不再有商品及其市场与计划插入其间，甚至如同马克思主义所说的，商品消亡了，表现为作为商品肌体的经济不需要了，由此而形成一种社会潜意识与社会显意识的高度统一。这时商品价值也就无所谓了，即无须商品价值（体现于商品市场及计划）插手其间。这时，人们“生产—流通—消费”的经济真正成为社会的经济。

（二）政治的“法制化和法治化”发展，趋于“政治社会化”“社会化政治”。

1. 政治社会化（political socialization），诸多学者往往在如此意义上使用：是指个体逐渐学会接受和采用现有的政治制度的规范、态度和行为的过程。这里，社会指向的是将个体培养成为在政治生活中发挥作用的成员，使个体成为一名合格的公民，能将社会的政治规范内化，并将这些规范传递给后代。

学界通常认为，个体的政治社会化过程是与整个社会化过程同步发生的，个体在生理、心理发展成长的同时，也逐渐走向政治上的成熟，形成自己的政治立场和政治观点。这种政治社会化的过程有时是有意识地进行的，也有许多是个体于不知不觉中进行的。家庭、学校及其他社会群体在个体政治社会化中具有重要作用，政治社会化也有其发展阶段。美国教育心理学家 R. D. 赫斯和 J. V. 托内在《儿童政治态度的发展》(1967) 一书中指出，美国儿童的国家意识观念的发展经历了三个连续阶段，即国家象征期、抽象国家观念期和国际组织系统期。

这种意义上的政治社会化是社会学、心理学、政治学研究的重要课题。心理学家比较注重个体的心理发展与政治行为之间的重要联系，社会学家和政治学家则比较注重使人社会化的社会机构的作用。此外，伦理学家和教育学家对于向年轻人灌输何种信仰显得颇有兴趣。美国学术界对于政治社会化的研究内容大体有：①生命周期中的政治社会化；②政治学习过程；③政治社会化对不同个体的影响；④特殊人物尤其是精英人物的政治社会化；⑤代际的政治社会化；⑥跨文化的比较；⑦教育内容；⑧亚群体和亚文化的多样性；⑨政治社会化的因素和政治社会化的机构；⑩社会化过程与制度的关系。

2. 在政治学者视野中，一直没离开政治与社会的联系。历史上出现了以政治与社会的相互关系作为研究对象的一门社会学分支学科，称政治社会学（political sociology），又称政治关系社会学。这门学科从社会现象的总体中研究各种政治现象，其中包括政治秩序、政治行为、政治权力、政治过程，以及政治对社会经济、文化的影响等。

人们往往认为，政治社会学产生于19世纪末，当时，资本主义已经暴露出来的矛盾日益尖锐，阶级斗争日趋加剧；社会学研究开始走向成熟，研究范围逐渐扩展并深入到社会现象的许多方面，对各种政治现象的社会学研究也更加深入、更加系统。19世纪末20世纪初，一些社会学家围绕"制度建设"问题提出新的社会政治理论。如法国的涂尔干从社会分工、道德整合等客观事实出发，提出了他的宗教改革、集体主义等社会政治理论。德国的M. 韦伯通过对国家的社会经济体制的比较分析，论述了宗教观念与经济活动、社会分层之间的关系，各种文化因素之间的相互关系，以及官僚制度、政治组织和权力等问题。意大利的V. 帕雷托把社会分为精英和民众两部分，提出精英循环论。K. 马克思的思想，尤其是有关阶级结构、阶级冲突的分析，对社会政治理论的发展起了重要的推动作用，愈来愈引起学者们的重视，促进了有关阶级结构对政治行为的影响的研究。第二次世界大战后，西方行为主义政治学家提出政治学研究应重视政治学鼻祖亚里士多德的传统，对人的政治行为作出科学的解释，即不仅要分析人的外在行动，还要分析人的心理活动和影响人们行为的周围的刺激因素。他们把社会学、心理学、统计学以及自然科学的一些知识运用到政治学的研究领域。同时，在战后新型的经济学分析的影响下，西方社会学家开始探讨最大限度地实现政治民主的社会前提、心理前提和经济前提。这使得政治社会学逐步发展起来，成为社会学的一门主要的分支学科。

在不同政治制度的国家中，政治社会学的研究内容很不相同。一些西方国家的政治社会学主要研究：①国家的社会性质、作用及其“合法性”和“有效性”；②政治党派和政治运动的性质、组织和功能；③精英人物的政治观点、政治修养、行为动机、行为方式和个性特征等；④阶级的演变和阶级联合、阶级冲突的规律性；⑤意识形态同政治的关系，包括个人的思想信念对其政治倾向和参与政治活动的影响；⑥国与国之间的政治冲突和斗争。一些原社会主义国家的政治社会学主要研究：①国家权力机构如何反映不同民族、不同阶级和不同社会集团的利益；②苏联共产党和国家如何确定方针、政策和任务，以及执行这些方针、政策、任务的过程和效果；③党政机关和各种社会组织的设置、活动、工作作风和工作效果；④如何发扬社会主义民主，发动人民群众积极参与政治生活，并对党政机关的工作进行监督；⑤国家应如何保障公民的权利和自由，公民应如何加强公民责任感。

政治社会学依据不同的研究方法可分为宏观政治社会学和微观政治社会学。前者研究政治权力的社会基础、社会阶层和集团冲突与政治制度的相互作用和影响；后者研究具体的政治制度，包括正式的和非正式的机构、领导模式、处理冲突的方法，以及与其他组织的关系，等等。

在西方国家的政治社会学中，M. 韦伯的理论占据着十分重要的地位。韦伯探讨了权威的合法性问题，把权威分为三种类型：①传统权威，依靠人们对传统和世袭的崇拜而建立起来的权威；②感召权威，依靠领袖人格的感召力使人们顺从；③法理权威，即一切按照章法办事的法治权威。他对法理权威的组织结构进行了深入分析，并提出官僚制的概念。他一方面认为以官僚制为代表的理性化是现代社会的发展趋势，同时指出它压抑人的个性、妨碍个人创造力的发挥和导致官僚主义的消极方面。韦伯还研究了社会分层问题，认为阶级直接与财富相联系；在阶级社会中，声望和地位往往来自对财富的占有，地位群体直接与声望和地位相联系；声望和地位是获取财富的起点；政党是权力和利益的体现，庇护性的政党旨在维护其党员的利益，信奉"主义"的政党也将趋于官僚化而最终走上"庇护党"的道路。

关于当代西方国家中的政治社会学理论，人们往往认为主要有：①精英理论。研究在现代社会的关键部门内占据关键地位的"社会精英"的性质和作用。②群体理论。通过研究群体的本质和交往活动来解释政治行为。③组织理论。主要研究组织的本质和功能以及组织内的群体或个体行为和组织决策过程。④政治行为理论。主要研究与政治过程有关的人的思想和行动，如判断、信仰、竞选、投票、抗议、游说等。⑤社会分层理论。它按财富、声望或其他社会特征把社会划分为不同的阶级或阶层；将经济、职业，组织，甚至种族和宗教团体都视为利益集团，认为社会阶层之间的冲突和斗争体现了不同利益集团的要求；将政府官僚机构和政党视为一种新的阶层。⑥比较理论。主要研究非政治形式和政治形式的竞争同社会的关系。⑦冲突理论。主要研究利益、观念、政策、纲领、个人或其他实体间的相互对抗。⑧功能主义理论。强调政治系统的功能，着重研究社会安定和政治平衡的实现。

政治社会学和政治学都在自己的研究对象中面对政治现象，但二者又有所不同。有论者这样强调，二者主要区别是：政治学主要研究政治制度本身的结构、过程、活动及其规律；政治社会学则主要研究政治与社会的关系。政治学是一门独立的关于政治的学科体系；政治社会学则属于社会学的分支学科，或者说它是社会学与政治学之间的边缘学科。

当代的政治社会学研究，不仅关注一般理论和现实政治问题，而且不同的国家有各自的特殊的研究课题。比如，西欧着重研究民主理论、阶级理论、政治权力、暴力和统治等问题；印度重点研究农村政治、农村公社结构、不同种姓间在政治上的相互关系、占支配地位的种姓的作用、选举程序、政党作用等问题；日本主要研究经济迅速发展带来的各种社会问题和如何进行创造性的政治领导问题；如此等等。在研究理论和方法上各国学者相互吸收和借鉴，在研究内容上普遍关注政治精英、组织行为、民意、政治冲突、政治意识形态和政治参与等问题；越来越强调对全球性政治问题的研究，如：人口迅速增加、工业化的发展给人类造成的污染、资源枯竭问题；不同国家和地区之间的国际合作的前景；爆发核战争的可能性；发展中国家取得经济和社会发展必需的政治领导形式，发达国家的发展前途等。①

3. 政治学中，一个很重要的命题，即国家与社会的关系问题。如前所说，国家是政治机器，同时是社会要素的符号化“印章”（恩格斯语）。符号化映照于社会，社会因符号化而被映照。国家，在人类社会中有这样的过程：从没有到有，从在社会中显不出独立作用到凌驾于社会之上而强有力地发挥作用，

① 参见《中国大百科全书》（社会学卷），中国大百科全书出版社 1991 年版，第 472～473 页。

到国家在走向社会过程中，与社会越来越一致，走向政治圆满地实现其价值，以至于国家与社会走向完全一致。而不需要再提出或再有"国家"居于社会之上，国家消亡。当社会既是其本身决定的基础又成为其外化形式，这时，社会本身就成为法的体现，关于法的法律即法制法治与社会完全成为一体。于是实现了国家向社会转移，国家就完全走向了与社会同一。那么，国家融于社会，也就不必要区分为二元的了。

这里有着不分化到分化、分化与异化、异化到同化的过程。

恩格斯讲："国家并不是从来就有的。曾经有过不需要国家，而且根本不知国家和国家权力为何物的社会。"① 国家是社会发展到一定阶段的产物。从社会总体发展来说，国家本是从属于社会的东西，社会才是使之依附的基础。用塑造论哲学的语言讲也就是，社会历史发展有其社会潜意识运行机制，国家成为社会显意识的机器或工具。而在人类社会产生国家后的很长一段历史当中，这种关系被扭曲了。在发展中出现了人们通常所讲的"异化"现象。的确"国家是以一种与全体固定成员相脱离的特殊的公共权力为前提的"②。后来，国家才越来越被视为一种凌驾于社会之上的力量，而被盲目崇拜；国家的权力被故意弄得独立于社会，被当作最终的东西，使之成为一种基本与社会相脱离的、至高无上的权力。这种状况在社会历史中是终究要改变的，现代社会发展的一个重要历史使命，就是通过社会机体的发展和发育，逐步消灭国家权力异化现象，从而实现"把国家由一个高踞社会之上的机关变成完全服从这个社

① 恩格斯：《家庭、私有制和国家的起源》，《马克思恩格斯文集》（第4卷），人民出版社2009年版，第193页。

② 恩格斯：《家庭、私有制和国家的起源》，《马克思恩格斯文集》（第4卷），人民出版社2009年版，第110页。

会的机关”。[①] 从而，“社会把国家政权重新收回”，“变成社会本身的充满生气的力量”[②]。随着社会的发展，当建立起社会主导的国家政权以后，无产阶级执政党与其他政党的一个重要区别就在于，它申明要努力把国家由一个高踞社会之上的机关变成真正服从、服务于社会发展的机关，实现国家向社会转移，使国家走向社会，让国家政权的力量统一于社会本身的生命力。这是历史的必然。

马克思主义认为，在这一历史进程中出现的社会主义国家或讲社会主义的国家政权，是从无产阶级组织成为统治阶级开始的。无产阶级国家同一切剥削阶级国家相比有着全新的内容：这是第一次人民真正当家作主的国家。以工人阶级为领导的人民大众是国家和社会的主人。在这种社会制度下，全体人民享受着广泛的民主、自由和人权。从这个意义上讲，马克思指出它“已经不是原来意义上的国家了”，列宁认为它“显然是从国家到非国家的过渡形式”。

这也就是说，在打碎旧的国家机器的基础上建立起来的社会主义国家机器，在本质上已经不是原来意义上的国家，而是一种过渡性国家，或列宁所说的“半国家”。这种国家所形成的在其职能配置上的总要求，就是通过促进社会机体的发育和发展，逐步削弱对社会强制干预的职能，逐步拓展为社会发展协调服务的职能。全心全意为人民服务，为社会发展服务，是社会主义国家的鲜明特征或如人们所说的是本质。国家服务于社会的职能或说本质的实现，绝不是只随着社会主义国家机构的

---

① 马克思：《哥达纲领批判》，《马克思恩格斯文集》（第3卷），人民出版社2009年版，第444页。

② 马克思：《法兰西内战》，《马克思恩格斯文集》（第3卷），人民出版社2009年版，第195页。

建设就可以很快自然实现的，而是一种需要国家机构进行长期的、艰苦的、革命性的自我改革过程。实际中常常会出现这样的情况，出于历史的延续性，特别是封建专制主义的深重影响，社会主义国家机构会长期存在着把自己凌驾于社会之上的现象以至成为弊端；在国家工作人员中则会长期存在着把自己看成是社会赖以生存的力量的认识误区；同时由于现实的社会主义建设往往是在经济、文化比较落后的基础上进行，社会机体发育程度和自我管理水平较低，某些方面甚至十分薄弱，这就进一步强固了国家凌驾于社会之上而强行包揽社会事务的弊端。有学者特别指出，实际上，社会主义国家作为公共权力组织体的本质决定了其组织实体及各类国家机制的根本职能在于规划社会发展的方面，协调各种社会组织和社会行为，办理各类公共事务，保障公共权益。这就是说，国家机构的管辖范围涉及一切社会组织和社会角落，但国家机构的行为不是代替诸社会组织和个体去活动。目前我国所提出的政事分开、政企分开，尊重社会事业，特别是尊重经营实体和生产者及个人的独立地位，都是以此为理论根据的。

国家作为建筑在社会之上的机器系统，在国家产生之初，当国家的社会功能尚不完善而社会的大部分功能又被完全纳入国家的直接管治之中时，这就会使人们看不到国家与社会的区别，把二者直接等同起来。应当说，在特定历史条件下这是不可避免的。而从历史发展大势上讲，随着社会的不断发育，社会将逐渐伸展其身躯而能行使本属于自身的功能，使社会委托组织包括国家在内逐渐削弱或失去一些功能，直到社会组织和社会个体自立能力发育完全。这样，把社会从国家的超常控制中区分出来，建立充分发育健全的社会肌体自身，才能为新的融合奠定基础，显示社会的发育与进步状态。这常常首先表现于社会组织与各类群众团体组织的发育与壮大、社会的服务与保障设施的完善。社会之所以让渡权力组建国家，往往在于通过国家可以解决社会自身无力办到的事，满足自身各方面的需求。因为社会对民众的吸引力最终也取决于社会对民众利益需求的满足程度。当社会还无力实现这一切的时候，通过国家来解决是必然的和不可避免的。就这一问题讲，应当确立起对国家服务与保障行为的正确认识。国家对社会的庇护在历史上是必要的，在社会功能尚未充分发育的意义上不能说是错误的。问题只是在于，国家会走向利用这种庇护作用，毫无限制地扩大自身的权力，从而带来社会与国家关系的颠倒。因而，当社会发育到可以自立自理的程度时，就应当把这些功能转归于社会自身，使社会事务在社会中得到解决，使国家只从事规划协调之功能，甚至到连这也不需要的地步。

诸多论者指出，马克思和恩格斯有分析政治现象的丰富著述，这些著述大多是对历史上和当时的政治运动进行分析和描述，至于建立起社会主义制度之后的政治发展，他们并没有集中的很多论述，实际上他们也避免这种超前的详细描述，论断多是基本原理式的。恩格斯在批评空想社会主义的未来方案时曾经说过："这种新的社会制度是一开始就注定要成为空想的，它越是制定得详尽周密，就越是要陷入纯粹的幻想。"[①] 根据历史唯物主义的基本观点，社会政治、法律和文化等上层建筑受制约于社会经济运动的发展，要适应社会经济运动的要求，因此在没有确定未来社会经济发展的水平和规模时，具体构思社会的上层建筑是不合乎历史唯物主义的理性的。但这不等于说马克思、恩格斯轻视对关于社会主义社会政治发展的研究。可以大致从两个方面来得到启示：一是历史唯物主义关于社会运

① 恩格斯：《社会主义从空想到科学的发展》，《马克思恩格斯文集》（第3卷），人民出版社2009年版，第528～529页。

动一般规律的论述；二是他们在各类著作中表述的有关未来政治格局和政治形式的构想。①

关于这方面的原理，人们常列举出马克思和恩格斯这样一些经典论述：

"无产阶级将取得公共权力，并且利用这个权利把脱离资产阶级掌握的社会化生产资料变为公共财产。通过这个行动，无产阶级使生产资料摆脱了它们迄今具有的资本属性，使它们的社会性质有充分的自由得以实现。从此按照预定计划进行的社会生产就成为可能的了。生产的发展使不同社会阶级的继续存在成为时代错乱。随着社会生产的无政府状态的消失，国家的政治权威也将消失。人终于成为自己的社会结合的主人，从而也就成为自然界的主人，成为自身的主人——自由的人。"②

"当人们按照今天的生产力终于被认识了的本性来对待这种生产力的时候，社会的生产无政府状态就让位于按照社会总体和每个成员的需要对生产进行的社会的有计划的调节。那时，资本主义的占有方式，即产品起初奴役生产者而后又奴役占有者的占有方式，就让位于那种以现代生产资料的本性为基础的产品占有方式：一方面由社会直接占有，作为维持和扩大生产的资料，另一方面由个人直接占有，作为生活资料和享受资料。"③

"在共产主义社会高级阶段，在迫使个人奴隶般地服从分工的情形已经消失，从而脑力劳动和体力劳动的对立也随之消失

① 参见王沪宁主编：《政治的逻辑——马克思主义政治学原理》，上海人民出版社1994年版，第673页。

② 恩格斯：《社会主义从空想到科学的发展》，《马克思恩格斯文集》（第3卷），人民出版社2009年版，第566页。

③ 恩格斯：《社会主义从空想到科学的发展》，《马克思恩格斯文集》（第3卷），人民出版社2009年版，第560～561页。

之后；在劳动已经不仅仅是谋生的手段，而且本身成了生活的第一需要之后；在随着个人的全面发展，他们的生产力也增长起来，而集体财富的一切源泉都充分涌流之后，——只有在那个时候，才能完全超出资产阶级权利的狭隘眼界，社会才能在自己的旗帜上写上：各尽所能，按需分配！”①

“当国家终于真正成为整个社会的代表时，它就使自己成为多余的了。当不再有需要加以镇压的社会阶级的时候，当阶级统治和根源于至今的生产无政府状态的个体生存斗争已被消除，而由此二者产生的冲突和极端行动也随着被消除了的时候，就不再有什么需要镇压了，也就不再需要国家这种特殊的镇压力量了。国家真正作为整个社会的代表所采取的第一个行动，即以社会的名义占有生产资料，同时也是它作为国家所采取的最后一个独立行动。那时，国家政权对社会关系的干预在各个领域中将先后成为多余的事情而自行停止下来。那时，对人的统治将由对物的管理和对生产过程的领导所代替。”②

“把社会组织成这样：使社会的每一个成员都能完全自由地发展和发挥他的全部才能和力量，并且不会因此而危及这个社会的基本条件。”③“个人的全面发展，只有到了外部世界对个人才能的实际发展所起的作用为个人本身所驾驭的时候，才不再是理想、职责等等，这也是共产主义者所向往的。”④

---

① 马克思：《哥达纲领批判》，《马克思恩格斯文集》（第 3 卷），人民出版社 2009 年版，第 435～436 页。

② 恩格斯：《反杜林论》，《马克思恩格斯文集》（第 3 卷），人民出版社 2009 年版，第 297 页。

③ 恩格斯：《共产主义信条草案》，《马克思恩格斯全集》（第 42 卷），人民出版社 1979 年版，第 373 页。

④ 马克思：《德意志意识形态》，《马克思恩格斯全集》（第 3 卷），人民出版社 1960 年版，第 330 页。

可见，马克思主义创始人虽然没有对未来社会作出很详细的描绘，但他们确定了未来社会的基本原则。共产主义社会的形成是一个长期的发展过程，但它是人类历史发展的必然趋向。①

基于以上原理，马克思主义认为，国家作为人类社会的历史现象，最终必然会消亡。正如恩格斯所说："阶级不可避免地要消失，正如它们从前不可避免地产生一样。随着阶级的消失，国家也不可避免地要消失。在生产者自由平等的联合体的基础上按新方式来组织生产的社会，将把全部国家机器放到它应该去的地方，即放到古物陈列馆去，同纺车和青铜斧陈列在一起。"② 阶级的消失是国家消亡的前提，只有剥削阶级消失，一切阶级和阶级差别消失，阶级产生和存在的根源消失，国家才会消亡。马克思主义强调，只有到了共产主义社会的高级阶段才具备这样的条件。那时，生产力高度发展，物质财富极大丰富，阶级差别消失，分配领域实行"各尽所能，按需分配"，对人的统治将被对物的管理和对生产过程的领导所取代，到那时国家便自行消亡了。国家的消亡是一个长期的历史过程，不是什么人发布命令的结果，而是国家在充分发挥自己的职能后的必然归宿。关于国家消亡的具体时间和采用什么形式的问题，马克思并不是当作空想来讲的，而是实实在在地指明了这一历史趋向。列宁强调说："我们只能谈国家消亡的必然性，同时着重指出这个过程是长期的，指出它的长短将取决于共产主义高

① 见王沪宁主编：《政治的逻辑——马克思主义政治学原理》，上海人民出版社1994年版，第672页。

② 恩格斯：《家庭、私有制和国家的起源》，《马克思恩格斯选集》（第4卷），人民出版社2009年版，第193页。

级阶段的发展速度。"[①] 然而，处于初级发展阶段的社会主义社会，国家不但是必要的，而且应当充分运用社会主义国家政权的力量，消灭阶级，组织经济建设，"逐步实现社会主义现代化，建立高度文明、高度民主的社会主义社会"。这个过程就是为将来的国家消亡，为实现共产主义的社会制度创造条件。正是在此意义上，可以认为社会主义就是关于国家逐步消亡而走向社会的主义。

说到"政治社会化"（Political socialization）这一概念，其他不同学科或学说也曾对之从不同角度进行许多研究，提出一些见解。美国人伊斯顿 1958 年也曾出版《政治社会化》一书。之后不少学者对此予以很大关注，研究这一问题的著作和文章大量出现。伊斯顿和丹尼斯等人认为，政治社会化是人们获得其政治倾向和行为模式的发展过程，是社会将关于政治的知识、态度、规范、价值等，将政治取向从一代传到下一代的方式。阿尔蒙德和鲍威尔指出，政治社会化是政治文化形成、维持和改变的过程。每个政治体系都有某些发挥政治社会化功能的结构，它们影响政治态度，灌输政治价值观念，把政治技能传授给公民和精英人物。格林斯坦认为，就狭义而言，政治社会化是负责政治教育的机构对政治知识、政治价值与政治实践的反复灌输；就广义而言，政治社会化这一概念囊括了个体一生中每一阶段的各种政治学习——正式的和非正式的、有意的和无意的、直接的和间接的。法国学者拉扎尔则认为，政治社会化不是中性的，它总是宣传占统治地位的思想，每个社会成员都应该学会在所处的政治制度中生活。

可见，关于政治社会化含义的界定，各说是不一的。《中国

① 列宁：《国家与革命》，《列宁选集》（第 3 卷），人民出版社 1995 年版，第 198 页。

大百科全书》政治学卷这样写道：政治社会化（Political socialization）是个体逐渐学会接受和采用现有的政治制度的规范、态度和行为的过程。其目的是将个体培养成为在政治生活中发挥作用的成员，使个体成为一名合格的公民，能将社会的政治规范内化，并将这些规范传递给后代。这里强调，个体的政治社会化过程是与整个社会化过程同步发生的，个体在生理、心理发展成长的同时，也逐渐走向政治上的成熟，形成自己的政治立场和政治观点。这种政治社会化的过程有时是有意识地进行的，也有许多是个体于不知不觉中进行的。家庭、学校及其他社会群体在个体政治社会化中具有重要作用。政治社会化也有其发展阶段。美国教育心理学家 R. D 赫斯和 J. V. 托内在《儿童政治态度的发展》（1967）一书中指出，美国儿童的国家意识观念的发展经历了三个连续阶段，即国家象征期、抽象国家观念期和国际组织系统期。

这样，政治社会化又成为心理学、社会学、政治学、心理学等学科共同关心的课题。政治学家和社会家家比较注重使人社会化的社会机制的作用。心理学家则比较注重个体的心理发展与政治行为之间的重要联系。此外，伦理学家和教育学家对于向年轻人灌输何种信仰显得颇有兴趣。美国学术界对于政治社会化的研究内容大体有：①生命周期中的政治社会化；②政治学习过程；③政治社会化对不同个体的影响；④特殊人物尤其是精英人物的政治社会化；⑤代际的政治社会化；⑥跨文化的比较；⑦教育内容；⑧亚群体和亚文化的多样性；⑨政治社会化的因素和政治社会化的机构；⑩社会化过程与制度的关系。

有学者通过种种分析，将政治社会化的含义界定为：就社会而言，它是指政治体系经由各种途径，使社会成员逐步具有合乎其要求的共同的政治准则、政治价值和政治认同等过程，是社会政治体系的功能运行机制和自我延续机制；就个体而言，它是指社会成员在社会政治互动中学习、接受现存政治制度所肯定的政治信念、政治知识、政治情感和价值观即政治文化，形成稳定的政治态度、政治人格和政治参与行为的过程。从这一含义的界定，一方面，强调了政治社会化是社会与个体间的政治互动过程；另一方面，也强调了政治社会化是政治文化传播、交流、继承和发展的过程，是社会政治体系得以自我延续和发展的保证。[①]

人们还认为，社会化作为属于社会学、心理学和文化人类学等学科，特别是社会学等学科的专用语。不同学科对它的研究是有不同的视角和侧重点的。例如，被叫作政治社会学（Political socialization）的学科通常被认为是以政治与社会的互相关系作为研究对象的一门社会学分支学科，又称政治关系社会学。它从社会现象的总体中研究各种政治现象，其中包括政治秩序、政治行为、政治权力、政治过程，以及政治对社会经济、文化的影响等。

当然，这里所讲到的政治社会学通常是指西方学术界所讲的，产生于19世纪末，由对各种政治现象的社会学研究更加深入系统而出现的学科。

国外有文献这样介绍："政治社会学这一术语有时会被人误解，它听起来很不顺，或至少可以被认为是用词不当。该术语是指对社会结构与政治制度之间，亦即社会与政治之间的相互关系的研究。政治社会学介于政治学与社会学两者之间，并包括这两门相邻学科相互交叉的部分。尽管它是一门年轻的学科，却已作为一门真正的边缘学科而不是作为社会学或政治学的一个特殊的分支而得到了承认。它的基本目标是分析社会结构与

① 岳彩新：《政治社会化研究》，《理论学习》2004年第4期。

政治之间的关系。而不是提出一个政治行动纲领。政治社会学决不比其他社会分支更带有政治色彩。因此当有人问为什么不用'政治的社会学'这一术语（它与称谓社会学特殊分支的一般术语更加契合）时，答案是：人们有理由保持政治学与社会学之间的区别。"

以上文献还指出："许多社会学研究都基于某种分层。多样化的社会现象，包括政治行为，都是根据那些构成社会结构的社会因素和经济因素加以解释的。政治被看作是能在社会和经济集团的基础上得到解释的许多现象中的一种，而它本身并不提供或包含什么解释因素。对于这种方法来讲，'政治的社会学'，这一术语通常是可以使用的。而政治学所突出的常常是那些可被称作制度的方面。社会现象被描述为政治行为的结果或现行政治制度的后果；而且人们假设，政治就是形成有关社会的大多重大决策的制度化领域。但是另一方面，政治社会学的典型特征却是力图平衡分层与制度的诸方面，并研究社会结构与政治制度之间的相互关系。""政治社会学的研究领域非常广泛，包括革命、官僚体制、国家建立的过程、选举行为、政党制度的历史与未来等方面。一些一般性的理论主题会重复出现，其中，包括在社会发展过程中冲突和共识的作用、社会权力的源泉、民主政体的先决条件、行政官僚体制的地位和膨胀、自由与权威以及在政治行动中表现出来的理性思考与情感的作用。这些问题都是当代社会学和政治学的先驱者和经典作家们最为热衷的课题，例如马克思、托克维尔、韦伯、杜克海姆、帕累托、莫斯卡及其他很多人。"①

直到第二次世界大战以后，政治社会学才得到发展。20 世

① 参见［英］戴维·米勒等主编：《布莱克维尔政治学百科全书》，邓正来中译本主编，中国政法大学出版社 2002 年版，第 617～618 页。

纪 50 年代末，政治社会学这一领域不仅得到了制度化，而且作为一门独特的分支学科得到了确立。20 世纪 60 年代初期，出现了一种新的趋向。政治社会学被作为一个专门术语而得到采纳。

研究者们在对制度方面产生新兴趣的同时，历史研究的倾向也日益加强。民族和国家的建立过程开始成为现代政治社会学的中心课题。这一点在 S. 艾森施塔特 1971 年出版的规模庞大的综合性作品《政治社会学》（Political Sociology）中十分清楚地反映出来。该书各个部分的副标题，诸如“前现代政治体系的主要类型及其社会条件”“发达的传统社会的中央模式”“现代政治体系的主要类型：现代国家的政治现代化和政治社会学”，清楚地揭示出上述倾向。这时人们十分关注研究历史发展进程中的政治制度和社会结构二者之间的相互影响：历史学家和政治地理学家也日益卷入这一领域的研究。在比较政治社会学中，一部反映许多传统和新取向的著作乃是胡安·林菠和阿尔弗雷德·斯捷潘 1978 年编辑的《民主政体的崩溃》（the Breakdown of Democriatic Regimes），这是一部比较性的和历史性的书籍，论及民主政体的先决条件和自由与权威的关系，并把分层和体制性问题融为一体。

在第二次世界大战后的政治社会学发展过程中，和对于制度方面的研究相比较，关于分层方面研究的影响似乎有所削弱。人们对马克思主义社会学的研究，给关于政治社会学的研究起起到了很大推动作用。这在 20 世纪 70 年代社会学发展中显得十分突出。同时，马克思主义也促使西方学者对经济的作用和经济所产生的制约力的研究予以特别的关注。再就是把国家作为经济制度的表现来进行分析。

20 世纪 70 年代初期，有新的主题以及一些政策研究成为政治社会学的一部分，它们是：新合作理论、理性选择理论和种族性研究。上述三方面的研究在 20 世纪 70 年代初期尤为重要。

一些人强调新合作主义（neo-corporatist）方法，它反映出这样一个事实：发达社会的决策变得日益集中。此种模式在西欧社会进行决策时显得很典型。由于与新合作主义方法相结合，出现了一种对现代福利国家管理能力和未来相关问题的强烈兴趣。关于福利国家，在 20 世纪 80 年代初，人们进行了大量有关社会政策对政治和社会结构的影响的研究。

特别是，在 20 世纪 70 年代，种族性（ethnicity）作为论证政治动力和政治联盟的基础，在政治社会学中成了重要的研究兴趣所在。种族因素的重要性在 20 世纪 50 年代到 60 年代期间，很大程度上被否认或者遗忘了，在 60 年代和 70 年代之交，重新对之发生兴趣显然是种族动员再度兴起的反映。这不仅表现在第三世界，而且特别表现在那些发达的工业国家。对种族动员的研究已经引入了新的概念系统，并提出了人们往往忽略了的方法论问题。由于许多以人种和语言为标准划分出的少数民族往往住在边远地区，所以，对种族性的研究通常非常强调中心地区和边远地区的差异，种族研究也提出了关于对社会阶级解释的意义问题。当然，正如人们所评论的，这些研究中，关于种族活动兴起时的经济、政治、文化、地理诸因素的相互影响仍没有得到令人满意的概括。但是，对种族的研究在政治社会学领域中已被确立为一个重要的分支。

"由于政治社会学的注意力曾长期集中于社会与政体的相互作用方面，因而社会变迁问题在政治社会学中引起了人们的特殊关注。政治社会学家们常常试图预言未来的发展。在 20 世纪 80 年代，新兴的信息技术对未来政治体制的影响也引起了人们的特殊兴趣。"[①] 这使得此种政治社会学更加发展起来，成为社

① 参见［英］戴维·米勒等主编：《布莱克维尔政治学百科全书》，邓正来中译本主编，中国政法大学出版社 2002 年版，第 619 页。

会学的一门重要的分支学科。

由一些关于政治社会学的见解来看待政治社会化，有学者专门强调，这里有如下几个特征：

第一，个体受动性与主动性的统一。个体只有在社会中才能生存和发展，任何个体都要适应其身处的社会。生活于政治中的个体总是接受社会组织和群体的政治文化教育。从这个意义上说，政治社会化中的个体具有受动性。然而，人作为社会历史的创造者，是具有能动性和创造性的社会个体。这就决定了其在政治社会化的过程中，一方面能够根据需要、目标和自我取向，主动地选择政治教化的内容和方式，以实现自己的目的。另一方面，又能以实际的政治参与行为影响政治体系的构成、运行方式、运行规则和政策过程。从这一意义上讲，社会个体又充分展示了其在政治社会化中的主动性和创造性。因此，政治社会化是个体受动性与主动性的统一。

第二，社会化与个性化的统一。也就是说，在政治社会化的过程中，一定社会的群体和组织必定要求生活于其中的个体接受和遵循共同的政治文化，并使之转化为个体内在的价值取向和行为准则，因而，政治社会化在此意义上会具有相当的普遍性。但由于社会个体所处的具体社会环境不同，自我意识的发展程度、成熟程度、完善程度也存在差异，因此，在接受和吸收社会政治文化的过程中便显示出不同的个性特征，表现出一定的特殊性。社会化与个性化是政治社会化过程的两个方面。其中，社会化强调求同—继承的一面，而个性化则注重求异—创新的一面。而在其走向统一的过程中，社会化成为个性化的前提，个性化成为高层次的社会化，二者形成一个有机的动力整体，共同构成了政治社会化的显著特征。

第三，连续性与阶段性的统一。于此意义上应当强调，政治社会化是连续不断的渐进过程，政治共同体为了保证其政治体系的稳定和正常运转，要在不断充实发展自身政治文化体系的同时，持之以恒地把自身的政治价值观灌输给社会成员，这就要求社会成员在不断地学习政治文化而提高政治认知水平的过程中，逐渐完善自身的政治素质。但是，政治文化及其社会化都是社会互动的产物，随着社会中经济关系的发展变化，政治文化也必然发生改变，既可能表现为同一政治文化体系的兴衰进退，也可能表现为新旧政治文化间的反复斗争，呈现出一定的阶段性。同时，由于个体心理、智力等发展的阶段性及其生活空间的性质、范围不断改变，连续不断的政治社会化过程也会呈现出阶段性发展的特征。因此，可以说，政治社会化是连续性与阶段性的统一。

政治社会化作为社会政治生活的重要环节，它对于社会的政治系统的正常运作具有独特的功能。而关于政治社会化的功能，论者们常主要归纳如下三个方面：

第一，塑造成熟的政治角色。可以认为，政治角色是指与人们某种政治地位、身份相一致的一整套权利义务规范与行为模式。政治社会化的过程就是政治角色学习的过程：一方面政治社会化通过政治体系内的各种社会政治组织和群体，以一定的方式、渠道向社会成员传播政治知识、政治思想、政治价值观念和政治行为规范等政治文化信息；另一方面社会成员则经过一系列的心理行为过程，加工、转化政治信息，充实政治自我，更新政治观念，成为符合社会要求的政治成员。评价一个社会成员的政治社会化过程是否实现，关键是看他所承担的政治角色能否适应社会化需要；而能否塑造出在社会化政治中的合适政治角色，这关系到整个社会政治生活的正常运行。

第二，维护社会政治稳定。政治稳定是社会正常发展须臾不可轻视的条件，它标志着一个国家政治体系的有序性和政治发展的持续性。社会成员形成和具备被现有政治体系所接受和认可的政治态度及信念，是社会政治体系具有合法性基础，也是保证社会政治稳定的重要前提。政治社会化的社会政治稳定功能是通过其对社会成员持续地进行政治文化教育来实现的。政治体系要维护社会政治稳定，就必须持续不断地对其成员进行政治价值观、政治信念、政治态度以及政治行为方式等方面的教育，使社会成员能够自觉地接受该社会的价值标准，承担其应当承担的责任和义务。

第三，推动社会政治发展。这是与上一个功能相衔接的方面，这里涉及在政治社会化过程中，社会要具有更新政治文化、变革现存政治体系、推动社会政治发展的功能。同时，这又表现在两个方面：一方面，社会政治共同体会根据自身变革和发展的需要，在即存的社会政治文化基础上，吸收和借鉴当今世界先进的政治文化，创造出新的政治文化，并通过政治社会化将之持续地传播、灌输给社会成员，以获得他们的认同和支持，从而推动现存政治体系的变革与发展。另一方面，社会成员在接受政治教化的过程中，会联系自身的利益和要求，部分或全部地更新社会政治文化，创造出新的政治文化；通过吸收先进的政治文化，形成新的政治理念和政治态度，影响现有政治体系的结构和形态，从而推动社会政治的发展。

关于政治社会化实现的具体途径，论者们往往这样指出：在政治体系里特别是在现代先进的政治体系中，应充分激活完成政治社会化功能的组织和机构，如家庭、学校、大众传媒、职业群体、社会组织等，这成为实现政治社会化过程的途径。

首先，一系列家庭形成着政治社会化实现的广泛途径。作为社会的细胞，这成为个体成长的主要环境，也是人生的第一课堂。家庭在个体政治人格的塑造、人生观的形成、基本政治生活规范的获得等方面，都起着很重要的作用。尽管父母并不一定是有意识地把政治问题作为教育子女的内容，但父母的政治态度、政治价值观念、社会政治地位及政治参与行为模式等，都会使子女受到潜移默化的以至是无法抗拒的影响，从而建立起最初的某种政治态度与情感基础。

其次，学校承担了政治社会化的早期教化功能。在现代社会，由于义务教育的普遍实施，从儿童到青年时期，个体总要接受系统的、正规的和较为长期的学校教育，这种教育实际上是一种有意识、有目的和正规的政治文化培养过程。学校有一套完整的课程体系，有比较严格的纪律，能够把政治理论知识传授给学生，引导学生的政治兴趣，培养学生的政治信仰，训练学生初步的政治活动能力；同时，能够从正面灌输统治阶级的政治思想，对个体在家庭教育中所形成的政治情感、政治倾向、政治态度等进行强化和校正，以此来保证所培养的人才为社会发展服务。

再是，社会实际上是扩大化了的学校，是政治社会化的场所和归宿。人是社会关系的总和，这是一个综合体，社会环境无时无刻不在给人以各种影响。一方面，群体成员会在日常交往中潜移默化地相互影响；另一方面，个体会通过参加各种不同的正式或非正式的社会组织，如政党、工会、学会、协会、俱乐部、职业群体等，直接或间接地参与各种政治活动，积累政治经验，提高政治技能。同时，社会中的大众传播媒介也是促进政治社会化的一个重要途径，它对家庭和学校所给予的政治社会化意识具有强化作用，其特点是在社会成员中传播广泛，并且形式纷繁、易于接受。随着科技的发展，卫星电视和电脑普及、互联网络扩大，会极大地缩小不同国家、民族、地域的经济和文化等差异，为政治社会化提供更开放、更全面的条件，这都会对加快政治社会化的进程，起到相当重要的作用。[①] 也正是在此意义上，人们提出要建立“学习型社会”，这会表现出其特有的意义。

4. 由塑造论哲学综而论之，这里所论的走向“政治的社会化”或“社会化的政治”，使国家的“法制和法治”趋于外化，是使国家的法制和法治本身就成为社会的，这是政治潜意识向政治显意识外化。这样，国家的法制和法治就成为政治潜意识所显现的，即显现为社会的。同时，这一过程，又在政治发展中，在作为政治潜意识走向与显意识统一乃至同一的过程中，指向着社会得到新的呈现。这里与其说社会政治是显意识的，不如说在政治走向社会中使其本身是趋于与社会潜意识统一乃至同一的。这是社会潜意识走向社会显意识的新的呈现。在这种呈现中，社会潜意识外化为社会显意识的，不再是国家及其法制和法治，而是社会潜意识本身就表现为社会显意识，不再有国家及其法制和法治插入其间；甚至如同马克思主义所说的，国家消亡了，作为国家机器的政治不需要了。由此形成一种社会潜意识与社会显意识的高度统一。这时法律也就无所谓了，即无须法律（法制法治）插手其间。社会生活中本身就体现着顺应社会发展规律的“法则”或“法”，社会依照其本身的“法则”或“法”而和谐运行。这形成着一种大的超越，社会在政治充分实现其价值之中，回归到社会自身。这在塑造单子的刻画中便是形成充分的圆满和谐。

---

① 参见《中国大百科全书》（政治学卷）；岳彩新：《政治社会化探究》，《理论学习》2004 年第 4 期。

二、"社会主义"一词强调了"社会"这一概念

有学者在指出这一点时，展开了详细解释。[①] 这里重视了关于"社会主义"一词是怎样产生的。"据证，最早是德国神学家、天主教本尼迪克派教士安塞尔姆·德辛于1753年在与人论战时使用了'社会主义'一词，当时主要的意思是指人的社会性而言"[②]。另外据说，"社会主义"一词是由第一个社会主义者B. 勒鲁最先提出的。勒鲁在1814年提出"社会主义"一词。"勒鲁论述社会主义的第一篇论文，起名为《论个人主义和社会主义》。其中，勒鲁反对两个极端：个人主义和纯粹的社会主义。自由主义夸大个人及其在社会中自由的作用，这就导致无政府主义思想，社会性因素和个人所处的某个整体的消逝。同时，勒鲁反对抹煞人、把社会变成某个完整的机构的'纯粹的社会主义'。在这种社会主义下，人只是作为一种功能，而不是作为历史发展的目的本身"[③]。由此来看，不管是谁最先提出"社会主义"这一概念，社会主义最初就是具有"社会性"内涵的。勒鲁创造这一名词的目的，是以它抗击当时社会中盛行的、夸大个人及其在社会中的作用的个人主义。因此，关于社会主义，就有了与个人主义内涵相对立的"社会性"的内涵，强调合作、集体、整体等要素。持该见解的学者刘京西指出，从最本源的意义上讲，社会主义是个人主义的对立面，其核心是提倡有利于整个社会利益的生产管理和社会管理。个人主义只强

---

① 参见刘京西：《从国家化社会主义到社会化社会主义——兼论社会主义的本质特征》，《文史哲》2000年第4期。

② 高放：《最早提出"社会主义"一词的德辛是何许人也》，《社会主义研究》1994年第3期。

③ 斯拉温：《我们为之奋斗的是什么样的社会主义》，《现代外国哲学社会科学文摘》1998年第5期。

调个人或个人权利，声称社会是自然法则的产物，否认社会机构人为地增进人类幸福的可能性；社会主义则注重集体的权益和福利，认为人类通过理性和行为能够决定自己的社会制度和社会关系，主宰自己的命运。换言之，社会主义追求的是公众的有计划的社会变革，摒弃个人的自由放任，独裁专制和极端无政府主义都是它的敌人。[①] 有学者这样说：社会主义作为对个人主义的否定力量，内含着一种与个人主义截然相反的政治社会学观点。个人主义与社会主义之间的对立是一种价值观上的对立，在此意义上可认为，社会主义是集体主义的代名词。

那么，从本源意义上说，社会主义与资本主义有无关系呢？就此，论者讲到，“社会主义”一词产生于 18 世纪末或 19 世纪初的西方，而此时的西方正是自由资本主义的上升时期。资本主义的自由竞争和工业化创造了巨大的财富，但在创造财富的同时，资本主义也造就了少数富人和大量穷人。在以“自由放任”为准则的自由资本主义时代，政府是绝不插手经济事务的，干预经济无异于妨碍个人的自由发展。因此，生存被看作是纯粹个人的事，它既不需要、也不允许别人干涉。于是，富人的财富是不可侵犯的，穷人的贫穷也同样是不可侵犯的。[②] 由经济领域的这种无序竞争而引起的财富高度集中和贫富极大悬殊，自然会使社会主义者痛心疾首。因此，当时的社会主义是直指个人主义的，但这种个人主义必是以自由资本主义为背景的，是资本主义的个人主义。所以说，当时的社会主义是个人主义的对立面，同时是反对资本主义的。埃里克·霍布斯鲍姆讲到，“‘社会主义’之所以具有反资本主义性只是因为，在 19 世纪，

① 陈林：《社会主义需要研究新问题》，《中国特色社会主义研究》1998 年第 1 期。

② 钱乘旦：《第一个工业化社会》，人民出版社 1988 年版，第 95 页。

从逻辑上看，似乎完全可以说，个人主义的核心就是竞争，也就是市场，因此社会主义社会的基础就必须是合作和团结。这就使社会主义有了各种可能性，从为了社会利益而对自由放任经济做些许修正，到彻底废除私有制的共产主义实验，都可以归之于社会主义"①。论者指出，可见，一旦把社会主义置于和资本主义相对立的一面来理解，它就获得了一种社会形态的内涵，即社会主义是作为一种在制度上超越资本主义的新型社会形态，获得了其经济和道德上的合理性。"人力资源和物质资源充分利用的前景构成了社会主义宣称经济上优越于资本主义的重要支柱"②。研究者就此说，可见，社会主义在其原初意义上是指以社会为基础的合作、团结、协作和管理。它不仅在价值层面上，而且在制度层面上，揭示了社会主义乃是以社会化为其本质特征的一种新型社会形态。波兰学者 W. 布鲁斯、K. 拉斯基就曾这样说："在生产资料所有制被认为是纯粹共同的、因而消除了委托人和代理人之间差别的基础上，预料经济人与社会人将结合在一起，竞争将被分享和合作的精神所取代。"③

有研究者指出，马克思主义经典作家是这样看待社会主义本质特征的：

马克思根据他对资本主义发展趋势的把握，对未来共产主义社会（包含第一阶段）的基本特征进行了推测。概言之，这些特征主要包括：①在社会化大生产基础上的生产资料的社会化占有；②计划生产与按劳分配（在共产主义的第一阶段），直

---

① 埃里克·霍布斯鲍姆：《从历史看社会主义的未来》，《马克思主义与现实》1998 年第 2 期。

② ［波］W. 布鲁斯、K. 拉斯基：《从马克思到市场：社会主义对经济体制的求索》，银温泉译，上海三联书店、上海人民出版社 1998 年版，第 7 页。

③ ［波］W. 布鲁斯、K. 拉斯基：《从马克思到市场：社会主义对经济体制的求索》，银温泉译，上海三联书店、上海人民出版社 1998 年版，第 51 页。

到按需分配（共产主义的高级阶段）；③阶级消亡基础上的国家职能的社会化；④人的发展的社会化。

研究者的具体论证，关键在于：

第一，生产资料的社会化占有，这是社会主义的经济基础，是社会主义社会最为重要的经济特征。这一特征产生的根据是什么呢？马克思认为，资本主义在科技革命的推动下，已经进入以大机器工业为特征的社会化生产阶段，但生产资料与产品仍为私人所占有。于是，生产过程的社会化与生产资料的私有化形成了不可调和的矛盾与冲突。解决这一矛盾的唯一出路，在于实现生产资料和产品的社会化占有，而社会主义就是“一个集体的、以生产资料公有为基础的社会”[①]。

第二，计划生产与按劳分配，是以生产资料与劳动的社会化为前提的，没有生产资料的社会化和劳动的社会化，就不能派生出计划生产和按劳分配。一直到物质财富达到极大丰富而实现按需分配。

第三，阶级消亡基础上的国家职能的逐步社会化，是针对阶级社会中国家职能的阶级性而提出的。“由于国家是从控制阶级对立的需要中产生的，由于它同时又是在这些阶级的冲突中产生的，所以，它照例是最强大的、在经济上占统治地位的阶级的国家，这个阶级借助于国家而在政治上也成为占统治地位的阶级，因而获得了镇压和剥削被压迫阶级的新手段。”[②] 而在社会主义社会，当着私有制，当着旧的分工以及在分工基础上出现的阶级消亡之后，国家的镇压职能也就相应地消亡了，剩

① 马克思：《哥达纲领批判》，《马克思恩格斯文集》（第3卷），人民出版社2009年版，第433页。

② 恩格斯：《家庭、私有制和国家的起源》，《马克思恩格斯文集》（第4卷），人民出版社2009年版，第191页。

下的，也就是国家的公共管理职能了。从而，政治化的国家职能为社会化的国家职能所取代。这里涉及马克思、恩格斯所讲的，"当阶级差别在发展进程中已经消失而全部生产集中在联合起来的个人的手里的时候，公共权力就失去政治性质"[①]。这里的意义在于强调公共权力失去阶级属性，但并不是指失去公共权力本身。马克思、恩格斯就此紧接着说："原来意义上的政治权力，是一个阶级用以压迫另一个阶级的有组织的暴力。"[②] 未来社会需要变革的正是这一点，而不是说社会不需要作为社会调控杠杆的公共权力。马克思、恩格斯经过对巴黎公社的考察，十分强调运用政治权力来达到目的。1883 年，恩格斯指出："未来无产阶级革命的最终结果之一，将是称为国家的政治组织逐步解体直到最后消失。……同时我们始终认为，为了达到未来社会革命的这一目的以及其他更重要得多的目的，工人阶级应当首先掌握有组织的国家政权并依靠这个政权镇压资本家阶级的反抗和按新的方式组织社会。"[③] 关于未来社会的构想，从某一时期的政治组织形式上来说，马克思将其确定为"社会共和国"。马克思在讲到巴黎公社的经验时多次表达了这一想法："夺得了共和国的无产阶级，在共和国上面盖上了自己的印记，并把它宣布为社会共和国。"[④] 这种共和国应该夺去资本家和地主阶级手中的国家机器，而代之以公社；公社应该公开宣布

---

① 马克思、恩格斯：《共产党宣言》，《马克思恩格斯文集》（第 2 卷），人民出版社 2009 年版，第 53 页。

② 马克思、恩格斯：《共产党宣言》，《马克思恩格斯文集》（第 2 卷），人民出版社 2009 年版，第 53 页。

③ 恩格斯：《致菲力浦·范派顿》，《马克思恩格斯文集》（第 10 卷），人民出版社 2009 年版，第 506 页。

④ 马克思：《路易·波拿巴的雾月十八日》，《马克思恩格斯文集》（第 2 卷），人民出版社 2009 年版，第 476～477 页。

"'社会解放'是共和国的伟大目标，从而以公社的组织来保证这种社会改造"。[①] 作为一种政治形式，"社会共和国"与"资产阶级共和国"是相对的。马克思、恩格斯在《共产党宣言》中就指出："现代的国家政权不过是管理整个资产阶级的共同事务的委员会罢了。"[②] 马克思在《路易·波拿巴的雾月十八日》中系统地分析了这种资产阶级共和国的形成、机制和作用，把《共产党宣言》中的这段定语发挥得淋漓尽致，是一部卓越的政治学著作。马克思之所以揭露批判资产阶级共和国的资产阶级性质，关键在于马克思认为资产阶级革命没有完成人类解放的目标。马克思的分析方法论与资产阶级革命时期的方法论不同，启蒙思想家总体上是法学世界观，把政治变革仅仅视为体制和法制上的变革，结果这种变革带来的只是形式上的解放。马克思认为，人类的解放应当在整个社会领域中得到实现，即在社会物质生产领域中得到实现。马克思认为，资产阶级革命强化了国家机器，沿着历史上历次变革强化国家机器的轨道在走，而且是大大推进了这一过程，它并没有改变国家机器作为统治阶级工具的性质。国家依然是凌驾于社会之上的权力，"是和人民大众分离的公共权力"。这样一种形式在马克思看来必然要被历史所超越。马克思专门讲到"社会解放的政治形式"[③]，并涉及一对概念："政治解放"和"社会解放"。有学者指出，这一对概念表明了马克思在政治理想上的选择，那就是要超越资产阶级民主共和国的纯形式的政治解放，完成对社会的改造，实

---

① 马克思：《法兰西内战》，《马克思恩格斯文集》（第3卷），人民出版社2009年版，第205页。

② 马克思、恩格斯：《共产党宣言》，《马克思恩格斯文集》（第2卷），人民出版社2009年版，第33页。

③ 马克思：《法兰西内战》，《马克思恩格斯文集》（第3卷），人民出版社2009年版，第197页。

现社会解放，将政治形式和社会关系的内容统一起来。可以说："社会的解放"是"社会共和国"的主要目的。马克思在分析巴黎公社时，再次提到"社会共和国"，并认为巴黎公社就是社会共和国的标本。"社会共和国"的总原则可以从这里推论出来。在《法兰西内战》中，马克思指出："公社——这是社会把国家政权重新收回，把它从统治社会、压制社会的力量变成社会本身的充满生气的力量；这是人民群众把国家政权重新收回，他们组成自己的力量去代替压迫他们的有组织的力量；这是人民群众获得社会解放的政治形式，这种政治形式代替了被人民群众的敌人用来压迫他们的假托的社会力量，（即被人民群众的压迫者所篡夺的力量）。""原为人民群众自己的力量，但被组织起来反对和打击他们。"[①] 有论者这样认为，马克思"社会共和国"的基本命题或曰总原则是：将产生于社会但与社会相脱离的力量重新还归社会，或曰社会收回，使社会公共权力与社会本身融为一体，不再构成超脱于社会之上的强制力量。马克思在《政治人类学笔记》、恩格斯在《家庭、私有制和国家的起源》中，运用丰富的历史材料说明了国家或曰社会权力产生和发展的过程，证明了这种权力怎样从社会产生又怎样变为社会的强制力量。而未来社会的发展将是在更高形式上复归到似乎是历史本来的面貌。[②] 但这是进一步的飞跃。恩格斯在《家庭、私有制和国家起源》的最后一段，意味深长地引用了摩尔根《古代社会》的一段话作为结束语："这将是古代氏族的自由、平等和

① 马克思：《法兰西内战》，《马克思恩格斯文集》（第 3 卷），人民出版社 1995 年版，第 195 页。

② 参见王沪宁主编：《政治的逻辑——马克思主义政治学原理》，上海人民出版社 1994 年版，第 677～678 页。

博爱的复活，但却是在更高级形式上的复活。”①

第四，人的发展的社会化，既是社会主义的本质特征，又是社会主义的根本目标。在社会主义社会，固定分工的消失，生产资料的社会化，阶级的消亡，为人的全面而自由的发展，为人的各方面能力的提高，创造了必要的条件。同时，人的社会化的发展，也使每个人的自由发展成为一切人自由发展的条件。《共产党宣言》宣布：“代替那存在着阶级和阶级对立的资产阶级旧社会的，将是这样一个联合体，在那里，每个人的自由发展是一切人的自由发展的条件。”②

引述以上见解的学者充分注意到，马克思主义经典作家所给出的社会主义社会的本质特征，是围绕着一个中心内涵而展开的，这个中心内涵就是社会化。无论是对生产资料归属和分配方式变革的判断，还是对国家职能变迁和人的发展前景的展望，无不体现着一个共同的特征——社会化。可以这样认为，科学社会主义创始人所设想的社会主义，是社会化的社会主义。可见，社会化的社会主义，既合于社会主义的初意，又合于马克思社会主义观的本意；同时，它又吻合于时代发展的步伐。基于以上论述，人们特别强调，社会主义的本质特征，就是社会化。③

涉及人们所说的，应提出与国家化社会主义相对应的社会化社会主义，另一位学者讲道：“20 世纪全世界的历史事实证明：靠单一的国有经济，不行。一切交给国家政府去包办，不

① 恩格斯：《家庭、私有制和国家的起源》，《马克思恩格斯文集》（第 4 卷），人民出版社 2009 年版，第 198 页。

② 马克思、恩格斯：《共产党宣言》，《马克思恩格斯文集》（第 1 卷），人民出版社 2009 年版，第 53 页。

③ 参见刘京西：《从国家化社会主义到社会化社会主义——兼论社会主义的本质特征》，《文史哲》2000 年第 4 期。

行。不是天天说坚持社会主义道路吗？社会主义者，以社会为主义，为社会而主义。不要迷迷糊糊，被人牵着鼻子走，把国家主义误为社会主义，进而去崇拜那个国家主义。""回归社会，就是社会的问题主要由社会自身去解决，也就是由各种类型和各个层次的社会群体自己去解决，而不是由国家包办，国家只是从上面给出一个规范，维持一种秩序。这是国家和社会相互之间的一种全新的关系。社会主义的问题应该从这种全新的关系出发重新思考。"①

赞成此说的学者指出："社会主义者，以社会为主义，为社会而主义。"既道出了社会主义的本质特征，又为社会主义的价值取向进行了重新定位。社会化，就是社会主义的本质特征和价值取向。"社会的全面社会化才是社会主义最概括的整体特征。传统所描述的社会主义社会的各个方面的特征，不过是'社会化'的具体展开和表现。作为在资本主义社会基础上产生的与资本主义社会相区别的社会主义社会应该是一个建立在生产社会化基础上的经济、政治、文化等社会各领域全面社会化的高度文明和高度民主的社会形态"②。社会主义，是靠经济生活、政治生活、社会文化生活诸领域的社会化来体现的。这样，可以认为，没有社会生活诸领域的社会化，就没有社会主义。参照刘京西同志的论述，从我们关于社会学的论述角度，可作出以下论述。

（一）经济生活的社会化。

经济生活的社会化，是政治生活社会化的基础。这集中体现在以下诸方面：

---

① 朱厚泽：《以社会为主义，为社会而主义》，《政治中国》，今日中国出版社1998年版，第25页。

② 王永昌：《社会化与社会主义》，《光明日报》1988年9月6日。

1．生产资料所有制结构形式的社会化。在曾被认为是传统社会主义的模式之下，以全民所有制为主体并辅之以集体所有制的单一所有制结构形式，要为国有制、集体所有制、合作制、股份制和共同占有生产资料基础上的社会化所有制结构形式所取代。在这诸种所有制结构形式中，国有制、集体所有制、合作制的社会化（或社会性）性质无须证明，但要说股份制、个人所有制具有社会化特征，按照人们的传统思维，恐怕难以认同。就股份制而言，人们往往认为它是私有制的一种形式，因为它说到底是占有股份的私人所有。但不要忘记，在股份制企业中，股份是由成千上万而又不断变化的股民所“共有”，因此它应该属于社会所有制，是公有制的一种形式[①]。“在资本主义内部，股份制的出现是对私有制的一种自我否定，而社会主义选择股份制则是根据生产力发展水平的客观要求所确定的公有制的较恰当的实现形式”[②]。就个人所有制而言，正如人们所论及的，它是在土地等自然资源的公共所有制基础上的个人所有制，具有社会化占有的特征，因而它是对资本主义私有制的否定。同时，重建个人所有制，意在探讨公有制的新的实现形式，寻求公平与效率的统一。[③] 有学者指出：“实践中传统的社会主义经济模式虽然按照马克思的理论铲除了生产资料私人占有制，但并未建立起共同占有生产资料上的个人所有制，相反，由于混淆了资本主义私有制和个人所有制的区别，事实上完全消灭了个人所有制，换言之，消灭了产权。结果，传统的社会主义全民所有制经济的产权处于虚置的无人负责的状态，与这种产

① 翁杰明：《与总书记谈心》，中国社会科学出版社 1996 年版，第 145 页。

② 翁杰明：《与总书记谈心》，中国社会科学出版社 1996 年版，第 161 页。

③ 可同时参见张全新、孙文利：《股份制经济与社会直接占有生产资料》，《理论学习》2000 年第 9 期。

权非个人化的高度集中和虚置相应，是劳动者对国家的全面依赖和劳动者个人选择自由（涉及劳动积极性、创造性——引者注）在服从国家或整体利益下降到很低的程度。"①

2．市场经济条件下的经济民主。在现阶段实行纯粹的或单一的大一统的计划经济无法实现经济生活社会化的目标。因为这种计划经济的前提必须是经济成分的单一国有化。没有国有化，无以计划化。在单一国有化条件下，经济主体是国家。国家集所有者与经营者于一身；而社会成员则是属体，作为国有单位的成员，只从属于单位这一"母体"，并通过单位而隶属于国家，这才成为国家的一分子。经济成分的这种单一国有，加上社会成员身份上的从属性，使得在计划经济下的社会化成为无源之水。在经济的单一国有化被以公有制为主体的经济多样化所取代后，计划经济让位于市场经济，使得社会成员从国家的一分子而跃升为经济主体，在多种经济成分并存的格局中显示作为经济主体的能动性和创造力。此时，市场经济就成为他们展示自我的天然手段。由于市场化打破的是垄断、保守，打破的是经济运作的神秘性和暗箱操作，因而它为经济的社会化、民主化提供了现实可能。

3．与之相应，在经济发展驱动力上，实现了从单一政府能动到包括政府在内的社会全员能动的社会化转变。在盲目主张计划经济的时期，由于主体单一和产权不明，经济活动的动力只在政府，社会化程度极度低下，大众参与因缺乏利益驱动而多处于受动状态。在市场经济中，随着主体的多样化和产权的明晰化，经济发展由政府单一动力模式向社会全员动力模式转变，大众参与经济由受动向能动转轨，经济发展的政府行为转

① 张道根：《中国深化经济改革的深层理论反思》，《新华文摘》1993年第2期。

化为政府与社会的共同合作行为。

（二）政治生活的社会化。

政治生活的社会化，既是指政治权力的社会化、政治生活的民主化，又含有国家权力有限化的内容。政治生活民主化与国家权力有限化，二者互为条件。国家权力有限化，才会限制人民行使民主权利的足够空间；政治生活民主化，才能够限制国家权力的无限膨胀。但是，国家权力有限化不等于国家权力弱化，通过民主形式广泛汲取民智的有限政府，同时也会是最得民心因而也最有效率的强力政府。需要引起注意的是，不能把政治生活的社会化颠倒为社会生活的政治化。政治生活社会化，是人民获得参与政治生活、行使民主权利的广泛权力，从而使人民成为政治生活的主体；而社会生活的政治化，则是指社会生活各领域的“政治泛化”，整个社会被强行纳入政治上层建筑系统，经济、社会、文化生活被政治取而代之，政治成为唯一目的。这是与政治生活社会化的进程相违背的。

（三）社会生活的社会化。

关于社会生活的社会化，刘京西教授指出，这既是对传统社会主义模式中社会生活国家化的拨乱反正，也是使社会主义回到马克思主义的科学轨道上去的必然选择。传统社会主义模式没有摆正国家与社会的关系，国家不断侵蚀社会的“领地”，“不是国家进入社会，而是社会为国家所‘浸润’，所同化”。[①]这往往是不断强化“无产阶级专政”的结果。有的论者指出，社会生活中某一方面的强化，肯定以与之相应的另一方面的弱化为代价，这是社会物理学上的能量守恒定律。国家机器侵蚀社会“领地”，就意味着组成社会的人及其组织的功能的弱化，

① ［苏］尤里·阿法纳西耶夫：《别无选择——社会主义的经验教训和未来》，王复士、赵玉玲等译，辽宁大学出版社 1989 年版，第 908 页。

作为社会生活之主人的人也就被"物化"为国家机器上的一颗钉子。人的主体性没了，人的社会性也就丢了。这正是传统社会主义的悲剧！这也是对马克思主义社会民主与自治理论的严重违背。恩格斯认为，只是在社会主义社会，"人在一定意义上才最终地脱离了动物界，从动物的生存条件进入真正人的生存条件。人们周围的、至今统治着人们的生活条件，现在受人们的支配和控制，人们第一次成为自然界的自觉的和真正的主人"[①]。这就是说，只有当人们摆脱了剥削和压迫，并且通过各种形式的社会结合，进而成为社会结合的主人，从而使人居于社会生活的中心，并创造可能的条件。许多论者强调，在社会化过程中，使每个人的自由发展成为一切人自由发展的条件，这样一种社会化的社会，才配得上是社会主义，才得以社会为主义，为社会而主义，这也是我们所应追求的。

刘京西在专文作了以上分析后指出，从"社会主义"一词的释意，到马克思主义经典作家对科学社会主义的阐释，可见，社会主义以趋于社会化为其特征。社会主义通过社会化对资本主义的个人主义进行历史否定。在一个时期里，被认为是传统社会主义的模式中以国家化社会主义否定社会化社会主义，最终付出了惨痛的代价。在新的历史条件下，反思社会主义，使社会主义以更加健康的形象前进，必须抛弃传统的国家化社会主义模式，走社会化社会主义之路。"以社会为主义，为社会而主义"，实现经济、政治、文化生活的全民的社会化，是社会主义走向新生的必由之路。[②] 这是和谐社会的趋向，总之，走向社

---

① 恩格斯：《反杜林论》，《马克思恩格斯文集》（第3卷），人民出版社2009年版，第300页。

② 以上参见刘京希：《从国家化社会主义到社会化社会主义——兼论社会主义的本质特征》，《文史哲》2000年第4期。

会化，这是历史发展的趋向。

三、社会网络与社会化

（一）前已说到，在经济社会学中，当一些人主张社会关系网络理论时，例如一些学者说到“嵌入”理论；一些反对者指出，社会网络理论过于狭窄，这不能解释社会学者们所陈述的丰富社会现象，因为这一理论不能说明行为者如何建构世界。因此，格兰诺维特作为对此批评的回应，进一步提出了“经济的社会建构”论，把社会建构理论和社会网络理论联系起来。

按照格兰诺维特的观点，行为者在社会空间（social space）中的行为往往混杂着多种动机，仅仅用“理性行为者”或“利益驱动”来解释所有的经济行动是不充分的（Granovctter，2001）。而且，更重要的一点是，“社会空间”本身也不是自在自为的东西，它们深深地依赖于社会的网络、制度、文化、历史等背景条件。不管是水平层面上的合作和信任关系，还是垂直层面上的权力和遵从关系，都受到这些关系本身以及特定的历史背景条件的限制。

现在，随着文化社会学、组织理论等对新经济社会学的影响增大，“嵌入”和“经济的社会建构”逐渐被注入了新的内容，变得越来越丰满。例如，一些学者从文化社会学这个角度上提出了“政治嵌入”“文化嵌入”等概念，认为文化因素可以通过信仰或信念、习惯或假设以及正式的规范系统塑造和影响经济（行为）（DiMaggio，1990）。还有一些学者认为，由于“嵌入”和“经济的社会建构”本身就是两个非常有弹性的概念，它们有丰富的内涵和外延，有很大的拓展余地。正如斯威德伯格（Swedberg，1997）所说，这两个概念就像新经济社会学的两把有力的“概念伞”（conceptual umbrella），它们将为新经济社会学的发展开拓广泛的前景。

自格兰诺维特于1985年发表《经济行为与社会结构：嵌入问题》。开始，在短短的三至五年时间里，新经济社会学就吸引了大批学者的关注。1988年，《美国社会学杂志》（American journal of Sociology）专门发行了一期增刊，其主旨就是"持着对其他学科的开放态度，通过对共同主题的思考和对每门学科就现实问题给出的问题和证据的观察"，使得"社会学家和经济学家都可能因此而获得进步"（Winlship andRosen，1988）。新经济社会学研究领域可谓相当庞杂，讨论的主题涉及劳动力市场、家庭、流动和职业选择以及组织结构等各个方面，对各种制度、组织环境、社会网络以及行为本身的研究更是吸引着许多新经会学家的研究兴趣。一些学者形成了讨论社会网络、组织以及文化因素等等的新经济社会学的主要研究领域及其成果。

1. 从20世纪60年代开始，经济社会学就已经开始关注社会网络了，当时的研究兴趣主要围绕着公司互锁（corporate interlock）问题，讨论当个体行为者占据两个或更多的合作性位置时所形成的社会结构。[①] 到了新经济社会学兴盛时期，一方面，新兴的经济现象为实证研究提供了丰富的素材，另一方面，相关数学理论的发展又为社会网络分析提供了强大的工具，因此社会网络研究越来越复杂，其研究课题囊括了新工业区（new industrial regions）、结构洞（structural hole）、商业集团（business groups）等诸多问题[②]。

对新经济社会学家来说，社会网络分析不仅仅是一种分析方法，而且也是一种具体的理论框架。他们认为，借助于"网

① R. Swedberg. 1997， "New Economic Sociology：What has been accomplished，What is ahead?"，Acta Sociolgia，Vol. 40（2），pp，161—182.

② R. Swedberg. 1997， "New Economic Sociology：What has been accomplished，What is ahead?"，Acta Sociolgia，Vol. 40（2），pp，161—182.

络”这个概念可以说明经济生活的社会本质。新经济社会学家最初借助于社会网络分析来展开研究，一开始只是站在社会网络分析的学术源流中来分析问题。只是到了后来，随着经济的社会学研究越来越多时，新经济社会学才作为一个学术流派而正式存在。从某种程度上说，新经济社会学是在社会网络分析基础上诞生的。

在这里，所谓“社会网络”，是“同事、朋友和更普遍的联系”（Burt，1992），是“联结行为者的一系列社会联系或社会关系”（Emirbayer and Goodwin，1994）。依此类推，经济网络就是相互之间存在持续重复关系的行动者所构成的群体（Podolny and Page，1998）。对社会网络的研究，不仅仅是对网络形态学的探索，更重要的是社会网络之于工具性行为的意义。

于是，认真解构社会网络，提出网络形态学，研究“行为者所构成的群体”，成为重要的理论要求。社会网络本身就像一个复杂的有机体，自身就包含着丰富的内涵。从静态的角度来看，对社会网络的探究主要集中在以下几个概念上：

网络规模。处于特定社会网络中的行为者都与其他行为者有着或多或少、或强或弱的关系，网络规模指的就是行为者之间关系的数量。如果把研究的焦点集中在某一特定行为者（节点）上时，对关系数量的考察就变成了对网络集中性（centrality）——即特定行为者身上凝聚的关系的数量——的考察。

网络强度。行为者之间关系的密切程度即关系强度，测量关系强度的变量包括花在关系上的时间量（包括频度和持续时间）、情感紧密程度、熟识程度（相互信任）以及互惠服务。如果花在关系上的时间越多、情感越紧密、相互间的信任和服务越多，这种关系就越强，反之则越弱。

网络密度。网络中一组行为者之间关系的实际数量与其最大可能数量之间的比率（ratio）称为“密度”（Emirbayer and-

Goodwin，1994）。当实际的关系数量越接近于网络中的所有可能关系的总量，网络的整体密度就越大，反之则越小。

关系内容。所谓网络关系的"内容"，主要是指网络中各行为者之间联系的特定性质或类型。任何可能将行为者联系（tie）起来的东西都能使行为者之间产生关系（relation），因此内容的表现形式也是多种多样的，交换关系、亲属关系、信息交流关系、感情关系、工具关系、权力关系等都可以成为具体的内容。

关系的对称性。在对称关系中，行为者的关系在这些方面的表现都是相同的。而当信息只从行为者 A 流向行为者 B，行为者 B 却不向行为者 A 提供信息时，两者之间的关系则是不对称关系。在不对称关系中，相关行为者的关系在规模、强度、密度和内容方面是不同的。

位置（position）。行为者在社会网络中的"位置"主要是指在结构上处于相同地位的一组行为者或节点，这是被剥落了行为者而剩下的结构性特征，哪个行为者处在这个位置上并不重要，重要的是这个位置在网络本身中的处境。

角色（role）。这是与"位置"密切相关的另一个概念。它是在结构上处于相同地位的行动者在面对其他行动者时表现出来的相对固定的行为模式。反过来说，具有相同社会角色的行为者往往在社会网络结构或地位网络结构中处于相同的位置。因此，角色在某种程度上是位置的行为规范。

结构等效（structural equivalence）。当两组或两组以上的行为者（他们之间不一定具有关系）与第三个行为者具有相同的关系时，即为"结构等效"。这里强调的是，在同一社会网络中所谓的"等效点"必须与同一个点保持相同的关系。网络中等效点的数量和质量将对网络的驱动力产生很大的影响。

关于社会网络对于工具性行为的意义。行为者在社会关系网络中的地位会推动或阻碍其经济行为，"社会资本"这个概念为经济社会学家解释为什么有些行为者在获取资源或实现工具性行为时会比其他行为者更成功，提供了合理的解释[1]。一个稳定的社会网络或多或少都有社会资源嵌入于其中，这是有助于行为者实现工具性行为的“社会资源”嵌入其中。这就是有助于行为者实现工具性行为的“社会资本”（Lin，1999）。不管是在微观、中观还是宏观的层面上，社会资本都可能是“处于网络或更广泛的社会结构中的个人动员稀有资源的能力”。[2]

从微观的角度来看，劳动者的求职，被以上理论的提出者看作是一个典型的例子。尽管学者们围绕关系强弱对所获职位、收入的影响大小一直存在着争论[3]，就求职者在社会网络中所处位置导致其求职结果的优劣也众说纷纭[4]，但绝大多数研究者都通过有力的实证数据来证明一点，即：社会网络的确是求职者实现就业的有效方式之一，在某种程度上还是一种重要的方式——几乎每一项研究都表明超过一半的求职者是通过社会网络实现就业的。[5]

同样，在中观和宏观的层面上，社会网络中产生的社会资本同样有助于行动者实现目的性行为。凭借社会网络产生的社会资本优势，那些在技术上互相依赖的企业可以形成经济总体增长的多种均衡[6]；匿名市场（anonymous market）和网络也可

---

① Guillen，F. Mauro，Randall Collins，Paula England，and Marshall Meyer，2002，“The Revival of Economic Sociology”，pp. 1－34，in The New Economic Sociology.

② A. Portes，1998，“Social Capital：Its，Origins and Applications in Modern Sociology”，Annual Review of' Sociology，Vol. 24，pp. 1－24.

③ Granovetter，［1974］1995；Lin and Dumiri，1986；Bian，1997.

④ Hurlbert and Marsden，1985；Wegener，1991；Montgomery，1992.

⑤ Marsden and Gorman，2001.

⑥ Durlauf，1993.

以形成正式市场以外的交换形式；如果没有可靠的法律环境，网络的存在也可能对匿名市场的运作产生消极影响（Kali，1999）。还有一些学者发现，社会网络的差异还导致了韩国、中国台湾和日本出口商品的质量和种类的差异①。另外，受诺思（D. North）的新制度经济学和奥尔森的总和社会资本（aggregated social capital）理论的启发，形式化的制度关系和制度结构（如政府、政治领域、法律、法院系统、市民自由和社会自由等）都被认为是促使规范发展成社会结构，或至少对社会结构产生影响，并最终影响经济发展的模式和速度的因素。②

新经济社会学所使用的网络分析方法为社会学研究提供了新思路。这种分析方法本身是在综合图论（graph theory）、概率论以及各种几何学的发展和完善的基础上发展起来的，使之同时具备经济学的数学性和社会学的实证性，因此对社会事件的分析往往能更加全面又增加深度。正因为如此，社会网络分析理论正在受到越来越多的研究者的关注，其中的理论见解已经被广泛地应用于心理学、经济社会学、政治社会学等多门学科。现在，网络分析不仅拥有自己的学术期刊——《社会网络》（Social Networks）和《关系》（Connections）——而且还拥有一个国际性的互联网站点 INSNA（International Network for Social Network Analysis），这使得网络分析方法正在为越来越多的学者所认识和接受。③

应当强调，关注共同体的共同体，有重要意义。有学者讲，

---

① Feenstra，Yang and Hamilton，1999.

② Christian Grootaert，1998，"Social Capital：the Missing Iink?"，Social capital initiative working paper of the World Bank，http：//www. world bankorg.

③ 朱国宏等：《社会学视野里的经济现象》，四川人民出版社 1998 年版，第 9 页。

“今天，我们常常谈到‘互联网’（networking）。网络能发展为一种‘共同体的共同体’（community of communities）；其中包括的共同体是由更小的共同体组成的，它们和这些更小的共同体的关系就像它们与其成员的关系一样”。“共同体的共同体”这种提法出现在艾特兹尼的著作第五部分的开头。第五部分讨论的是认同政治，讨论在地理上被定义的共同体的共同体。约翰·B. 科布讲到，对这个词语的使用，扩展到了在地理上被定义了的共同体的共同体。[①]

2. 现在许多人认为，20 世纪 90 年代以来，互联网的发展已使人类突破了传统的时空界限，创造着一个全新的世界——网络世界，“天涯近在咫尺”的幻想成为现实，这昭示着人类正进入网络化时代。固然，这个意义上的互联网发展与社会网络不是一个概念；而对此认识有益于对社会网络的认识。

首先，网络化扩大了人类实践的范围，倍增了人类实践的能力，改变了人类交往实践的方式。人们曾经反复提到，按照马克思的理解，人的发展与社会的发展可说到三种形态：①“人的依赖关系”形态；②“以物的依赖性为基础的人的独立性”形态；③“建立在个人全面发展和他们共同的社会生产能力成为他们的社会财富这一基础上的自由个性”的形态。在第一形态中，由于个体力量的软弱，人无法面对自然和个体生存的压力，只得依赖人群共同体的力量征服与应付自然。在这种形态下，个体只是通过血缘纽带来维持自己的生存与发展，这时个人只是“狭隘的人群的附属物”，在这个阶段人与人之间交流的形式与实践基础是面对面的直接依赖型。按照某些学者

① ［美］小约翰·B. 科布：《后现代公共政策——重塑宗教、文化、教育、性、阶级、种族、政治和经济》，李际译，社会科学文献出版社 2003 年版，第 182 页。

的理解，这包括两种形式：一种是基于血缘、地缘等自然关系的共同体范围内的自然的依赖关系；另一种则是基于暴力的非自然的或权力结构中的依赖关系。进入第二形态，商品交换关系的发展，市场经济的建立，实现了人对"人的依赖关系"的解放，这用物的经济联系、商品交换与货币关系代替了人的依赖关系。人由此获得了自由，个人成为市场的主体，开始走向独立，在这一阶段，社会交流的实践基础是间接中介型。社会分工与交换把不同地域的人们联系在了一起。走向第三形态，社会逐步建立起生产力与生产关系及上层建筑能使共同的社会生产成为使个人发挥自由个性及全面发展条件。现在看来，网络的发展是社会指向这一发展的重要条件之一。以网络为技术支撑的交往实践会冲破直接依赖型和间接中介型的模式，实现直接而无须复杂中介的交往形式，同时人类交往的内容又具有了广泛的、高度的信息化特质。

其次，很显然在网络化的时空环境中，在个体信息交换足够方便、人们平等交流的时代，能够促进个体充分保持独立性。在网络空间里，每个个体作为独立的端子，可以自主选择自己的运作对象。以致有诸如"支付宝"之类行为的出现。人们可以自由改变自己的网上行为，这符合个性化价值的要求。个体充分运用自己的判断力，作出对自身发展有利的决策，并按网际要求，对自己的行为负责。在网际系统中，没有强制、没有中心，没有垄断，网络空间是一个敞开的多元化视界。业内所称的美国网络精英约翰·P. 巴鲁在《网络空间独立宣言》（A Declaration of Independence of Cyberspace）中说："我们正在创造的世界，是一个任何人都能够进入的世界，它没有任何由种族、经济权力、军事力量或出生所带来的特权与傲慢。我们正在创造的世界，是一个任何人在任何地方都能表达他或她不论是多么单一的信仰的世界。”[①] 这恰好指向着人类在网络社会中寻求自觉和自主的一种历史选择倾向。这种倾向带有强烈的个性化色彩，从而使网上丰富多彩的多元世界成为可能。以至于有社会学家惊呼：“已经不存在任何习惯上定义的社会了，现在只剩下个别的个体，而他们早已不再在传统的社会结构下活动了。”有的学者还说，网络时代能为人们提供达到全面获取、解释与发布信息的可能性；能在此基础上，在保障每个个体在无损他人的前提下，使人人都有对信息全面获取、解释和发布的合法权利；有这个条件，个体的自由而全面的发展才成为可能。网络鼓励人的个性化发展，网络给人们以更自由的空间。

再次，网络化在理想与现实之间架起一道桥梁，保持一种张力，为创造可能世界提供了条件，有利于我们打开未来世界的大门。在网络化空间这样一个全新的人类生存与发展的平台上，许多理想可以显现与展示出来。在网络化的生存境遇中，网络不仅是工具与手段，在人类的经济、政治、文化和生活中占据重要位置，而且在构建人类未来理想的生存模式方面发挥巨大的作用。从超越的意义上来看，网络化无疑是牵引与构造现实与未来的力量。固然网络世界构造的虚拟世界，往往大量并不具有也不可能具有真正的现实性。但是不可否认的是，网络世界当由人的科学理念牵引，通过虚拟来超越现实和构造未来的能力很强。我们可以说，网络世界在为人们提供现实中没有原型的东西时，也为人类敞开了一个未来的生活境界，今天的虚拟世界可能就是明天的真实世界。事实上，人类的可能世界正是在理想与现实的张力下，在不断的虚拟过程中创造出来的。

① 转引自 http：//www. eff. Org//～Barlow。

当然，由于网络在世纪之交毕竟是刚刚出现的人类创造物，它的发展在当代社会经济、政治、文化的制度碰撞中，难以有真正全面的社会历史条件与之相匹配。所以往往尚有发育不良以至被落后的经济、政治、文化所利用的情况。这就是人们常讲到的，在目前赞美网络化给人类带来福音的同时，应正视它的负面影响。第一，虚拟空间的出现。这确实引起了人类交往及生存模式的巨变，使人类发展具有了更加广阔的前景，但网络技术的方便实用，又带来一种消解优秀文化价值的力量。网络作为一种技术，它仅仅是一种手段。有人认为："我们在现实中已经有感于这样的情形：发明了书信，人们就懒得上门访友了；而电话的普及，人们就连书信也懒得写了；至于到了网络时代，人们只需发个电子邮件，连书信中的签名也省了。人类的交往就这样随着交往手段的更新和进步，反倒愈益显得陌生化和有距离感了。在此，技术的世界、信息的世界凸显了，人性世界、心灵世界、情感世界和体验世界隐退了。"① 当人通过先进而神奇的网络技术，在虚拟空间进入平常无法经历和体验的世界时，人离现实世界越遥远，越活动在虚幻的世界中，冷漠了人的情感和人类的价值关怀。第二，网络霸权与网络殖民主义。一方面，从现实的网络架构与运行状况来看，可以说网络是一个全球性的公共领域，它不属于哪一个国家或地区，但网络是一个技术平台，谁拥有最先进的技术，谁就能够占领平台制高点。埃瑟·戴森说："今天的 Internet 带有明显的美国味道。……美国文化与网络文化的微妙交织是一个很大的谜团。"目前国际互联网上 90％的信息为英文信息，英文国家正是借助语言这一优势，将自己的价值观与经济触角渗透与伸展到世界

① 引自胡伟希、田薇：《网络文化与人的生存状态》，《开放导报》2000 年第 12 期。

的每一个角落。以致发展中国家一再惊呼：传统的殖民者隐退以后，新的殖民形式——网络殖民与网络霸权却光临了。西方发达国家凭借自己的科技强势地位，扮演着信息输出与发布者的角色，而广大发展中国家只得被动地接受信息，长此以往，必会受制于发达国家而不能自拔。在当今互联网上占据支配地位的协议（ICP/IP）、最流行的操作系统（DOS与WINDOWS）、最流行的网络浏览软件（Netscape和Internet Explore）以及网络搜索引擎（YAHOO）都是美国的产品。美国在网上的技术创新实力，相应地也建构出了美国在网上的优势和所谓的“文化霸权”“网络霸权”地位，从而使得网络规范系统表现出一种明显的“美国中心主义”色彩。由是观之，西方国家在政治、经济、技术、价值观各个层面正通过网络潜在地与其他国家争夺受众群体，这应该引起高度重视。第三，网络失范。这里所说的“范”是就社会规范而言。网络社会规范可认为是指建构和维系一个合理有序的网络社会系统所要遵循的社会性规范、准则和价值观念等。要维持正常的网络秩序，就要求网民遵循这些准则和规范，否则，网络社会生活就会陷入一片混乱与无序之中。在实际的网络社会生活中，“电脑黑客”“计算机病毒”“网上欺诈”“网络色情”等等，都在严重破坏网络规范，不利于人类健康发展。这些情况，特别在形成诸如入侵电子邮箱、私自穿越防火墙、私自解密入侵网络资源、制造与传播计算机病毒等等不良行为滋生以至泛滥的情况下，在网络社会中这已经被大多数网民看成是造成网络失范的罪魁祸首。因此，建构与维护网络社会规范的路还很长，任务还很艰巨。

而不论怎样讲，无可置疑的是，网络作为人类以往没有体验过的生存模式，改变着人类的生存方式、交往方式和实践方式。许多学者有这样的认同：手推磨是农业社会的标志，蒸汽机是进入工业社会的标志，因而，因特网可以说是知识经济或信息经济型社会的技术标志。网络化，对人类生活的最大改变是它创造了一个网络空间、虚拟空间（Cyberspace）或者亦可以说创造了一种虚拟生存方式，使人类可以在信息化、数字化中创造、沟通。我国学者韩璞庚在其著作和一些文章中基于以上的大量分析，特别指出，如果用"网"这一个概念来考察人类文明形态的话，可以将文明进程分为三个时代：以灌溉网（水网）为标志的农业文明时代，以公路网、铁路网为标志的工业文明时代，以因特网为标志的信息时代，这被认为是一种信息文明时代。在实践的维度上，网络大大拓展了人类的活动空间，丰富了人类的生活；倍增了实践主体认识、利用自然的力量，使以往人们可望而不可即的理想变成了现实；张扬了人类主动求索、应对挑战的智慧，创造了理想与可能性的实验场域。在交往方式上，网络改变了以往人类的交往形式，这表现为交往的直通性与对话性增强。网上的人类交往是自由自在的，网络在个体与全球之间架起了直通的交往桥梁，从而深刻地影响了人类的生存方式。在思维方式上，网络使人类思维的扩张性、创造性增强，使思维方式的整合性增加，使思维的开放性与动态性更加显著，使思维方式的个性化和超越性更加突出。有人认为，Internet 作为交流的载体，它不仅为人类提供了交互式、开放性、交流身份的自主弹性等方便条件，更为每个个体提供了机会均等的权利和地位。[①] 然而无论如何，网络的发展，这为建立合理的公共秩序也创造着条件，这是毫无疑义的。

3. 我在 20 世纪 80 年代写的《塑造论哲学导引》一书中最

① 以上参见韩璞庚等：《网络与人类生存》，陕西人民出版社 2000 年版，第 6～13、234～235 页。

后部分专门援引了大量文献论述道：由于世界范围的通讯能力变得越来越复杂、密切，社会的联系显得越来越依赖于地球的“神经系统”。现在正在兴起的“信息高速通道”或“信息网络”似乎正是这些“神经”的构成。“地球大脑”的神经系统越来越完善越来越敏捷。有学者指出，全球的数据处理能力每两年半提高一倍。如果这一增长速率继续下去，全球通信网络有可能在21世纪与人脑相匹配。如果今后以较短时间而获得的信息多得让人难以置信的话，那么大概是因为我们现在没人能够真正想到其增长速度有多快。这一切带来的变化将是如此之大，以致它们造成的影响是我们想象不到的。我们再也不会感到自己是孤立的个体。我们将感到，我们自己是迅速一体化的全球网络的组成部分，是觉醒的地球大脑的神经细胞。如果进化确实使世界跨入高度协同的社会，生活会是什么样子呢？有的学者作了这样的列举：第一，高度协同的本质是个体的目标与整体系统的需要相协和。结果，使系统中各元素之间及这些元素和整个系统之间的不协调达到最低限度。第二，高度协同社会的到来要经过广泛的从自我获得意识到普遍“自我”意识的转变。结果，人们会像“感觉到”自己身体一样感觉到世界的其他部分。这会对人们处理外界事物的方法产生重要影响。现在我们中的多数人都对故意伤害自己身体的念头——比如，剁掉一根指头，有一种本能的反感。这是由于我们从内心深处知道那指头是我们身上的一部分。如果人们开始对身外的世界有相同的感觉方式，就会不仅仅作为理智的理解，而且作为直接的不可避免的知觉，就像了解自己身体的一部分那样了解世界的各个方面。于是人们就会发现，为了短期目标疯狂地大批毁坏森林就犹如砍掉手指一样，因为这是有害的或者是妨碍人类生存的。人类将开始一种自身与环境更为协调一致的生活。第三，在高度协同社会里，社会对增长的态度将发生重大的变化。现在多数人占优势的是注重物质方面的增长。在向更高级意识状态的普遍转移中，人们会看到一种作为发展的更加广泛的增长。这里特别包括个性的和社会的全面发展。人们可能扭转各种不适当的浪费现象，以及经常的破坏行为。人们的行为将能够更多地遵循社会的总需求而不只是个人的自我需求。此外，高级意识状态的广泛传播将产生一个人们普遍把精神价值接受为自己生活一部分的社会。自我开发和内心精神发展会被当作全体人类努力的合理归宿以及人类继续进化的基础。然而，人类和身外环境互相协调并不意味着人们将在行为和需求上都变得很相似，你身体内的细胞不必变成相似的，但可以使你有一个健康的器官。自我，体现在更深层次的水平上。在高度协同的社会中，人及其兴趣的多样性必会更加丰富。的确，人们从归属和符合某种规范的心理需要中解放出来，就能更加随意地表达个性。人们不是趋向于变得更加相同，而是增加了多样性。这将被看成是一个进化着的有机社会的健康和创造性的表现。同样，在各地域也不会失去多样性。其中的差异增加倾向绝不会与更大规模的整体相抵触。就像在我们自己的身体内部心脏、肺、肾以及肝的功能都是高度自主的，同时又一起作为更大整体的一部分进行工作一样；所以，在高度协同的社会中，会走向从个体到家庭、团体、民族以至全世界的层次上的自主性与合作性间的综合协调。

由这一论题讲，当然还应涉及更广泛的因素，但这毕竟都显示着：大自然的灵性使人的意识带上灵性，人的意识的灵性又给予大自然，这形成着在灵性上的统一。人所塑造而成的任何一种与自然熵减一致的塑造之物，都体现着这种灵性，它既是人之显意识的，又成为超意识的。只有在自然塑造人和人塑造自然中让"灵性"贯通于其中，才能使人与自然、人与人、人与社会相辅相成。这一切有赖于人的意识，同时又超越于人的意识，要实现显意识与潜意识的统一，有意识与无意识的统一，实现有灵性的人与自然与社会的灵性的统一。英国化学家詹姆斯·罗夫洛克由地球是生命系统，提出使用 Gaia Hypothesis 一词为生态命名，以示对古希腊神话中“大地之母”女神该娅的赞美。该娅显示出一切生命系统都拥有的特征：共生状态（homeostasis）。这一术语来自希腊文，有“使之保持同一”之意。近代以来，它由 19 世纪法国生理学家克劳德·伯纳德重视引用。伯纳德指出：“一切生命机制，无论其差异如何，都只有一个共同的目的：维持生命条件使之稳定不变。”人的意识本身与该娅相统一，便可共同形成一种人类社会与自然相统一的社会超有机体。这是一种“多组织的有机体”。人类社会诸因素是极为多样化并且是专业化的，由许多种不同的类型组成，每种类型都能对整体起着作用。在组成社会的各种团体中，每个人虽然作为“细胞”，但仍然保留相当大的独立性。转化成社会超有机体，在本质上意味着社会变成了更加一体化的有生命系统。但这似乎导致了个体更大的自由度和在个体上的自我表现力。总之，在超社会有机体中，应当既有每个人的个性全面发展，又形成一个有机的社会整体。马克思提出的建立在自由人联合体基础上的共产主义社会设想，是指向社会超有机体的。马克思讲道：“共产主义是私有财产即人的自我异化的积极的扬弃，因而是通过人并且为了人而对人的本质的真正占有；因此，它是人向自身也就是向社会的即合乎人性的人的复归，这种复归是完全的复归，是自觉实现并在以往发展的全部财富的范围内实现的复归。这种共产主义，作为完成了的自然主义，等于人道主义，而作为完成了的人道主义，等于自然主义，它是人和自然界之间、人和人之间的矛盾的真正解决，是存在和本质、对象化和自我确证、自由和必然、个体和类之间的斗争的真正解决。它是历史之谜的解答，而且知道自己就是这种解答。"[①]

（二）马克思指出："每一个单个人的解放的程度是与历史完全转变为世界历史的程度一致的。……只有这样，单个人才能摆脱种种民族局限和地域局限而同整个世界的生产（也同精神的生产）发生实际联系，才能获得利用全球的这种全面的生产（人们的创造）的能力。各个人的全面的依存关系、他们的这种自然形成的世界历史性的共同活动的最初形式，由于这种共产主义革命而转化为对下述力量的控制和自觉的驾驭，这些力量本来是由人们的相互作用产生的，但是迄今为止对他们来说都作为完全异己的力量威慑和驾驭着他们。"[②] 马克思还说，共产主义和所有过去的运动不同的地方在于：它推翻了一切旧的生产关系和交往关系的基础，并且破天荒第一次自觉地把一切自发产生的前提看作是先前世世代代的创造，消除这些前提的自发性，使它们联合起来的个人的支配。"共产主义所造成的存在状况，正是这样一种现实基础，它使一切不依赖于个人而存在的状况不可能发生，因为这种存在状况只不过是各个人之间迄今为止的交往的产物"。[③] 总之，"每一个单个人的解放的程度是与历史完全转变为世界历史的程度一致的"[④]。

应当重申，马克思主义强调，人类社会向更高文明发展，

① 马克思：《1844年经济学哲学手稿》，《马克思恩格斯文集》（第1卷），人民出版社2009年版，第185～186页。

② 马克思、恩格斯：《德意志意识形态》，《马克思恩格斯文集》（第1卷），人民出版社2009年版，第541～542页。

③ 马克思、恩格斯：《德意志意识形态》，《马克思恩格斯文集》（第1卷），人民出版社2009年版，第574页。

④ 马克思、恩格斯：《德意志意识形态》，《马克思恩格斯文集》（第1卷），人民出版社2009年版，第541页。

最根本的在于由生产力和生产关系、经济基础和上层建筑、社会存在和社会意识的矛盾运动，在不断解决这些矛盾中前进。在历史发展中，关于合理的公共秩序的观念及其标准受一定的生产力和生产关系、经济基础和社会上层建筑、社会存在和社会意识的影响和制约，它们既是人类认识水平和社会发展水平的反映，也随着人类认识水平和社会发展水平的改变而改变。人类的实践本性决定了，人是不会满足于现状的，人总是有一种超越现实的理想和追求。人们对当下的公共秩序是否合理的反省，人们对什么是合理的公共秩序的追问，人们对理想的公共秩序的描绘，这本身就表现了人类对现实的超越性追求。[①]

这种“超越”指向着共产主义社会。其本身意味着，体现为关于法制法治之法律的政治的消解以及体现为关于商品货币之价值的经济的消解，直接在整体社会上就显现其关于文化的文明形态，而省略了政治、经济这样作出区分的外化形态。直接指向着文明社会的文化或者说指向着社会的文化文明，这是哲学所指向的，这是塑造论哲学所重在揭示的，这是朝着塑造论哲学关于超越所描述的、朝着未来社会的指向。

（三）解析到此可以看出，这恰恰与塑造论哲学由单子圆、到单子球、到单子群而形成的经济链、政治线以及社会刻画所强调的情况相切合。

这样，有必要重看塑造论哲学关于塑造单子的刻画。由关于单子群的解析，可以看到这样的标示，当从一个单子看过去，它与周围其他单子相衔接出现的结合部，用来表示“交往”。由图上还可以看出，交往形成了若干条链：一是生产链；二是消费链；三是财富链；四是生活链。它们相互交错在一起，制约

① 周光辉：《政治文明的主题：人类对合理公共秩序的追求》，《社会科学战线》2003年第4期。

着单子群的和谐。这是关于经济链的刻画。由塑造单子图上可以看出，另外还有两条线，这两条线与前四条链形式上有所不同。前面的链其形式是，每一个链都是由单子之间互渗构成的。而这两条线却是分别直贯单子中间贯通上下或左右四极，并且处在与之相交的圆的切点上。这样，线是否落在每个单子元的四极上，是否正好切在相应圆的切点上，并由中间穿过某些圆心，分别与生产链、消费链、财富链、生活链相交叉，决定着单子的构成在单子群中是否圆满，由此来标示它是四个链的集中表现，这可认为是政治线。这其中，作为政治线，一是占有线，二是管理线。如前所说，这里的政治线：一是保证管理，涉及人的行为在社会符号中按规则化要求而指向和谐；二是保证占有，涉及人的活动中对工具及生产成果做出趋向和谐的社会支配方式。这作为经济链的四种链与政治线的两种线一起，不论哪一个发生偏差都影响单子群的协调和谐。

在单子群中，整个的和谐圆满有赖于每个单子诸因素的和谐及其圆满；而单子群的整体和谐圆满又制约着每个单子自身诸因素的和谐及其圆满。这种圆满和谐标示着所走向的理想化文明。

每个单子是一个单位，而由诸多单子构成的单子群，又形成一个大的单位，这又可看成是一个大单子。其中单子的诸极是要发展的，在发展中带来单子或单子群的不协调，这带来单子诸因素、单子群的诸链、诸线的变化运动，而趋于协调、圆满。在新的协调中，单子或单子群又形成着新的圆满及和谐。新的圆满和谐又形成着一个更大单子圆的圆满及和谐。……这标示着社会文明不断地扩充发展，标示着不断在社会潜意识与社会显意识对立统一中实现超越，标示着不断从一级文明走向新的文明。[①]

这里的“圆满”显然是有其具体的历史性的。因此社会文明作为一个动态过程，由此来关照什么是合理合法的公共秩序，会看到其历史性。

从历史的层次上讨论什么是合理合法的公共秩序问题，我们会发现，关于公共秩序的合理性和合法性观念及其标准一定受到社会多方面因素的影响和制约。如前所论，用马克思主义的论述讲，就是说这里一定要受到社会经济基础和上层建筑的影响和制约，它们既是其表现，又随之改变而改变。人类的不断实践性决定了，人们总有一种超越现实的理想和追求。人们对当下的公共秩序是否合法合理的反省，人们对什么是合法合理的公共秩序的追问，人们努力向理想公共秩序超越，这本身就表现了人类对现实的超越性追求。但是，正如马克思所说：“人们自己创造自己的历史，但是这种创造活动并不是随心所欲的，并不是在人们选定的条件下进行的，而是在直接碰到的、既定的、从过去继承下来的条件下进行的。”这就是说，人们对合理的公共秩序的追求，对现实的超越，只能在继承传统的基础上进行，只能在历史的延续中实现对现实的超越。要强调的是，这是要和一定的社会历史相吻合的，同时又向着更高的文明进步。合理的公共秩序观念的历史性表明，只有历史地具体地看待公共秩序的合理性问题，才能真正地理解，为什么公共秩序类型会发生历史性的变化[②]，也才能真正地理解，表现为某种与另一种公共秩序的变更，人类是如何在一级级文明的不断超越

---

① 参见张全新：《塑造论哲学导引》，人民出版社1996年版，第933～935页。

② 周光辉：《政治文明的主题：人类对合理公共秩序的追求》，《社会科学战线》2003年第4期。

中，如何不断地向更高的文明进步。

人自由而全面发展和社会全面发展，如中国共产党人强调的，这是在推进物质文明、政治文明、精神文明等一系列文明的基础上所实现的很高水平的文明发展。在马克思主义看来，共产党带领人民所追求的共产主义社会，就是每个人自由而全面发展的社会。这是马克思主义者对人类社会发展历史进程的客观规律作出认真研究后得出的结论。又如前所说，马克思曾讲到，在人类的文明史中，人的发展经历着若干阶段。在人类文明史的"最初的社会形态"中，由于社会形式基本上以有赖于人的依附关系形成的自然经济为基础，所以不可能有人的独特个性的发展。到了"第二大社会形态"，资本主义的发展打破了封建专制中人主要以人的依附性而生存的状况，发展了人的独立性，却又陷入对物的依附性中。机器、资本与劳动者相对立，无产者创造的财富不仅不能为发展自己的个性服务，相反成了以新的形式压制和摧残劳动者自身的手段，人只能是片面的人。而当人类社会进入"第三阶段"，即社会主义或共产主义，人的发展既不是只依赖于人的依附关系，也不是只依赖于物的依附关系，而是依赖于社会的协调发展和持续全面进步，这才开始有真正意义上的人的自由全面发展，也才能有真正更加充分意义的社会全面发展。

《塑造论哲学导引》讲到，"塑造单子"走向圆满的和谐体现着人们意识到的形而下与形而上经由"对立统一"走向同一。这可比附于圆和多边形所标示的例子，它们之间的接近或走向同一，就像渐近线一样，在延伸中彼此不断接近，既永远不会重合，而其极限状态又是重合的。它们之间经由对立统一而达到同一，似乎是在渐近中的无止境过程，而同时又是可以在突变的超越中经由"对立统一"形成同一的过程。这使得哲学并不是无条件地直接就是科学，而科学也不直接就是哲学；然而哲学是统摄科学的，并且科学是指向哲学的；同时在趋于极限的意义上科学走向超越的指向便是哲学的指向。概言之，哲学追求的是形而下与形而上的统一，在这里，形而上要达到的是普遍必然性，形而下应当体现这种普遍必然性。这是揭示哲学与社会学关系的非常重要之点。